I0334343

www.ingramcontent.com/pod-product-compliance
Lightning Source LLC
Chambersburg PA
CBHW051541010526
44118CB00022B/2542
9781088174593

تار

نوشته:

عطا ثروتی

تــــار

نویسنده: عطا ثروتی

ثبت @ ۲۰۰۷ و ۲۰۲۱ کتابخانه کنگره ایالات متحده آمریکا
۳۳۷-۰۲۱-۲ - TXu 2-021-337 شماره ی ثبت

COPYRIGHT @ 1989

ثبت درانجمن نویسندگان آمریکا شماره ی ثبت ۵۱۴۳۷۰
ISBN # 978-17358163-8-8
شماره ی کنترل ISBN= ۹۷۸۱۷۳۵۸۱۶۳۸۸

تمام حق و حقوق این قصه به نویسنده متعلق است و هر گونه برداشت از این قصه غیر مجاز است و تحت پیگرد قانونی قرار می گیرد.

این کتاب در سال ۲۰۲۲ منتشر شده است. این کتاب در ایالات متحده آمریکا چاپ و صحافی شده است
با تشکر از خزان که در پیرایش این کتاب کمک کردند.
طرح روی جلد: الی
جهت خرید کتابها به سایت:
www.amazon.com - www.ataservati.com / www.atalove1.com
و تمام کتابفروشی های محلی در سراسر دنیا
کتاب‌ها به زبان فارسی، انگلیسی و چینی

کتاب‌های منتشرشده‌ی عطا ثروتی:

(مجموعه‌ی شعرهای معنوی)
من لوتوس هستم

رمان‌ها:

در جستجوی بهشت
(داستان هوارد باسکرویل)
تار
در جستجوی عشق

تراژدی سه‌گانه
عقد قنات
(شامل سه کتاب)

آسیه
گداالله
امامزاده

نمایشنامه‌ها:

سر پل ته رودخانه
آرامش بعد از طوفان
پنجره

جهت تهیه کتاب‌ها:
۱. سایت www.eeiff.com
۲. انتشارات اینگرام
۳. سایت www.amazon.com
٤. کتابفروشی‌های سراسر دنیا

به یاد...

دوست دبیرستانیم، مرحوم حسین نواب صفوی، که ایستاد به خاطر آنچه به آن اعتقاد داشت و توسط رژیم فاسد جمهوری اسلامی اعدام ناعادلانه شد. او تصمیم گرفت از جان خود برای کشور عزیزمان ایران، بگذارد. و به یاد پری و سایر کسانی که خون خود را برای آزادی وطن خود، ایران ریخته اند.

عطا ثروتی

فهرست مطالب

مقدمه	۱۲
فصل ۱	۱۲
وقتی مجبورید میانِ عشق به وطن یا خانواده یکی را انتخاب کنید...	
فصل ۲	۲۱
تنها شکست واقعی ناامیدی است...	
فصل ۳	۲۸
وقتی چشم باز می‌کنی و خود را در سرزمینی نا آشنا می‌بینی، برای پشیمان شدن از تصمیم خود دیگر بسیار دیر شده است...	
فصل ۴	۳۹
وقتی سفارت آمریکا تنها امیدی تو است برای یافتن دخترت...	
فصل ۵	۴۷
وقتی نمی‌توان به سایه‌ی خود هم اعتماد کرد...	
فصل ۶	۵۵
شور جدید، قوانین دیگر، چشمان آنها در هم قفل شد وتولد یک عشق نو و ممنوع...	
فصل ۷	۶۸
تولد دوستی ناگسستنی و غیرقابل باور با دشمن خود...	
فصل ۸	۷۴
وقتی مطمئن‌ترین دوست به شما خیانت می‌کند...	
فصل ۹	۸۳
وقتی به خاطر کمک به دیگران تسلیم دشمن خود می‌شوید...	
فصل ۱۰	۹۰
تنها در یک اتاق با شبح مرگ دست و پنجه نرم می‌کنی...	
فصل ۱۱	۹۶
وقتی در اتومبیل ساواک نشسته‌ای و به‌جای نامعلومی برده می‌شوی...، مرگ و یا...؟	

فصل ۱۲	۱۰۹

به دنبال یک سفر نامشخص، در سرزمینی ناشناخته به نام ایران...

فصل ۱۳	۱۱۶

برخورد دو فرهنگ و دو نسل که در مقابل هم قرار می‌گیرند، به‌خاطر آنچه رخ داده است و آنچه نباید رخ می‌داد...

فصل ۱۴	۱۲۱

نگامی که شما از حد و مرز عبور می‌کنید و فرهنگ خود را به چالش می‌کشید، به خیال اینکه هیچ کس نمی‌بیند...

فصل ۱۵	۱۲۹

هنگامی که شما آداب، رسوم و فرهنگ میزبان خود را نادیده می‌گیری...

فصل ۱۶	۱۳۴

کاوش‌های قلبی از فرهنگ قدیم ایرانی و تراژدی غیرمنتظره...

فصل ۱۷	۱۳۹

وقتی گذشته و حال با ورود مهمان غیرمنتظره‌ای زنده می‌شود...

فصل ۱۸	۱۴۸

وقتی مهمان غیرمنتظره‌ی شما، دیوار بین گذشته و حال را خرد می‌کند...

فصل ۱۹	۱۵۹

زمانی که آدم جانش را به خطر می‌اندازد تا جان عزیزش را نجات دهد...

فصل ۲۰	۱۷۴

یکی پس از دیگری ناپدید می‌شوند...

فصل ۲۱	۱۸۸

جمعه سیاه، نقطه عطف جنبش ۱۹۷۹ میلادی ...

فصل ۲۲	۲۱۳

آتشی که راه و روش زندگی را نابود می‌کند...

فصل ۲۳	۲۲۱

وقتی که خشونت و خشم غیرمنتظره بر آرامش و صلح غلبه می‌کند و کشور را در بر می‌گیرد...

فصل ۲۴		۲۳۹

توطئه در فرانسه... جنونِ منطق است...

فصل ۲۵		۲۵۵

وقتی سایه‌ی مرگ و اندوه، امید و نور زندگی را از یک ملت می‌گیرد و منطق را به جنون می‌کشد....

فصل ۲۶		۲۶۷

یک مبارزه‌ی دیگر...، وقتی که سایه‌ی امید و اعتماد دروغین، نور زندگی را از یک ملت دور می‌کند...

فصل ۲۷		۲۷۳

وقتی دوستانت سلاخ و قاضی اعدام هموطنانت می‌شوند....

فصل ۲۸		۲۹۳

یک خانواده‌ی جدید...

فصل ۲۹		۳۱۸

وقتی که تصمیمات مربوط به آینده‌ی شما در پشت درب‌های بسته و بدون دانش شما توسط بیگانگان گرفته می‌شود...

فصل ۳۰		۳۳۷

وقتی پدیده‌ای که در ابتدا شریف به نظر می‌آمد، با غم، ترس، وحشت و بیهودگی جایگزین می‌شود...

فصل ۳۱		۳۴۹

اگر حالا وقت گریه کردن نبود....، پس هیچ وقت گریه کردن معنی نداشت....

فصل ۳۲		۳۶۸

هنگامی که زندانی عقاید و اعمال خود می‌شوی...

فصل ۳۳		۳۷۸

وقتی به اشتباه خود پی می بری که بسیار دیر شده و در آتش آن می‌سوزی...

فصل ۳۴		۳۸۹

وقتی تمام داشته‌هایت را از دست داده‌ای و تحت تعقیب پاسداران جوخه‌ی اعدام هم قرار داری...

فصل ۳۵		۳۹۴

وقتی تو بیشتر از یک تاریخچه را با هم به اشتراک می‌گذارید...

فصل ۳۶	۴۰۳
قدم زدن در جاده‌ی بهشت به قیمت ریختن خون مردم...	
فصل ۳۷	۴۱۷
وقتی در مکانی پنهان می‌شوی که فقط مرگ می‌تواند تو را پیدا کند...	
فصل ۳۸	۴۲۰
وقتی مایلی به هر اقدامی دست بزنی تا از دوستانت محافظت کنی حتی اگر به قیمت مُردَن یا کشتن باشد...	
فصل ۳۹	۴۴۱
وقتی که ملودی سکوت بوسه می‌زند، درخشش نور و امید آغاز می‌شود...	
فصل ۴۰	۴۴۶
وقتی که معجزه‌ی درمان درد تو کسی است که بی‌نهایت دوستش داری...	
فصل ۴۱	۴۵۴
ازدواج مصلحتی در سایه‌ی احساس گناه و برای زنده ماندن...	
فصل ۴۲	۴۶۰
وقتی زندگی طبق برنامه پیش نمی‌رود و عشاق جدا می‌شوند...	
فصل ۴۳	۴۶۹
هدف از دیدن خواب آینده این است که زندگی را هدایت کنید تا واقعیت مسیر شما را تعیین کند...	
فصل ۴۴	۴۷۲
هنگامی که شما مجبور هستید به دشمن خود اعتماد کرده و از او طلب کمک کنید...	
فصل ۴۵	۴۷۹
وقتی که هیچ راهی برای فرار از خطر مرگ نداری و مجبوری با خونخوارترین دشمن خود روبه‌رو شوی...	
فصل ۴۶ ۴	۸۸
هنگامی که امید برای بقاء به معنای پنهان کردن حقیقت است...	
فصل ۴۷	۵۰۹
صدای تار غذای روح...	

مقدمه:

عطـا ثروتی در مورد کشـوری نوشـته اسـت که تاریخ بسـیار پیچیـده‌ای دارد. او در طول انقلاب ۱۹۷۹ زندگـی کـرده اسـت. خانواده، دوسـتان و همسـایگان او تحت تأثیـر حوادثی قرار داشـتند که بـه آشـفتگی سیاسـی و پیامدهـای بعـدی منجر شـد. وقتـی برای اولیـن بار بـا عطا روبه‌رو شـدم، او بـه مـن گفت کـه دولت آمریکا مسـتقیماً سیاسـت‌های ایـران را دسـتکاری و هدایـت می‌کند. چون مـن آدم سـاده لوحـی نیسـتم در آن موقـع حرف‌هـای عطـا را جِـدی نگرفتـم و معتقـد بـودم که او مبالغـه می‌کنـد، امـا اکنـون می‌توانیـم حقیقـت تلـخ انقـلاب ۱۹۷۹ ایـران را بـه سـادگی در گوگل جسـتجو کنیـم و بـه واقعیـت دخالت آمریکا و غرب دسترسـی داشـته باشـیم و به اشـتباه بزرگی که آقـای کارتـر رئیس‌جمهـور وقـت آمریـکا در جریان انقـلاب ایران مرتکب شـد پِی ببریـم و همچنین دریابیـم کـه جمهوری‌خواهـان چگونه توانسـتند با یک بازی سیاسـی که در پشـت پـرده اجرا کردند بـه کاخ سـفید برسـند. می‌توانیـم از ایـن حقیقت آگاه شـویم که معمـر قذافی، شـانزده میلیون دلار بـه خمینـی کمک مالـی کرد تـا برنامه‌هـای انقـلاب ۱۹۷۹ ایران را پیـش ببرد.

به‌طور خلاصه آغاز انقلاب ایران از آمریکا شروع شد و با اشخاصی مثل دوریان مک‌گری، سرهنگ سالیوان آمریکایی، صادق قطب‌زاده، دکتر ابراهیم یزدی (که با یک زن آمریکایی در تگزاس ازدواج کرده بود) و بسیاری دیگر رهبری شد. مهمترین عنصر و رهبر این انقلاب، نماینده‌ی سازمان سیا، دوریان مک‌گری بود که در سن ۱۶ سالگی به‌عنوان کارمند سازمان سیا در ایران مشغول به کار شد. دوریان رهبری کل عملیات را بر عهده داشت. او معشوقه‌ی آیت‌الله محمد بهشتی بود که در آن زمان برای ساواک کار می‌کرد. دوریان در واقع چشم و گوش خمینی بود و خمینی بدون مشورت با او، آب هم نمی‌خورد. شاید گزاف نباشد اگر بگوئیم دوریان کسی بود که به تنهایی شاه را از قدرت برداشت و خمینی را به جای او نشاند. در بیشتر فیلم‌ها و عکس‌هایی که از فرانسه به‌جا مانده می‌توان او را در کنار خمینی مشاهده کرد. دوریان یک زن آمریکایی بود که لباس اسلامی می‌پوشید و در تمام مصاحبه‌های خود در کنار خمینی می‌نشست. در حقیقت او خمینی را ترغیب کرده بود تا به فرانسه برود. صادق قطب‌زاده، ابوالحسن بنی‌صدر و دکتر ابراهیم یزدی مشاوران اصلی خمینی بودند و خمینی از طریق این افراد با دولت‌های آمریکا، انگلیس و اسرائیل ارتباط داشت.

هیچکـس داسـتانی کـه عطـا در کتـاب تـار بـه رشـته تحریـر درآورد را نشـنیده اسـت این‌کـه چگونـه مقامـات آمریکایـی، خمینـی را متقاعـد کردنـد تـا از عـراق بـه فرانسـه سـفر کنـد.

تـار داسـتانی‌ست کـه برمـلاء می‌کنـد چگونـه بـه همـه و خصوصـاً به مـردم دو کشـور ایـران و آمریـکا دروغ گفتـه شـده اسـت. تـار یک داسـتان در مـورد مقاومـت زنان بـر علیه اسـتکبار مذهبی اسـت. تـار قصـه‌ی یـک دختـر ایرانـی آمریکایی‌سـت کـه بـرای یافتـن پـدر گمشـده‌اش بـه ایـران

مسافرت می‌کند و در خلال جستجویش با طرز تفکر، زندگی، احساس، هویت شخصی و ایدئولوژیکی ایرانیان، عشق به خدا، خانواده و دوستان جدید آشنا می‌شود و معشوق خود را می‌یابد. همزمان که رکسانا به وقایع تلخ پشت پرده‌ی انقلاب پِی می‌برد خواننده هم از این جریان‌ها آگاه می‌شود. تار یک داستان عاشقانه است که با انقلاب و آدم‌هایش پیوند خورده و تمام لحظاتش در وحشت، اضطراب و مقابله با مرگ می‌گذرد. رکسانا باید تصمیم بگیرد که آیا می‌خواهد پدر خود را پیدا کند یا نه، در حالی که ادامه‌ی جستجو ممکن است به کشته شدنش بیانجامد. رکسانا با این پرسش در تمام مدت کاوشی که دارد با تصمیم‌گیرهای ناخوشایندش مبارزه می‌کند. در این قصه ما شاهد فسادهای شخصی، سیاسی و بازی‌های پشت صحنه هستیم که می‌تواند همزمان با یک شورش اغواکننده همراه باشد.

عطا از زندگی کسانی می‌گوید که با این انقلاب درگیر بودند و پس از اینکه برای رسیدن به آزادی از همه چیز خود گذشتند چه سرانجامی داشتند.

تار هیجان‌انگیز، نفسگیر، سرگرم‌کننده و آموزنده است. نویسنده تغییرات سیاسی ایران را در قالب یک رمان عاشقانه به ما ارائه می‌دهد. اهمیت این کتاب در این واقعیت نهفته است که دریچه‌ی کوتاهی از یک فرهنگ غنی را در ذهنیت خواننده می‌گشاید که با آن بیگانه نیست. تار مبین این موضوع است که اطلاعات خارجی‌ها و حتی اکثر ایرانی‌ها راجع به انقلاب ۱۹۷۹ بر اساس ظواهر مبتنی بر دانش کاذب است نه حقیقت. عطا به ما کمک می‌کند تا از ماجرای طوفانی که ناگهان ایران را فرا گرفت به‌طور صحیح آگاه شویم. او از مبارزه‌ی ملتی صحبت می‌کند که در جهت نیل به آزادی گام برمی‌دارند اما نیروهایی نامرئی مبارزات آنها را به سمت بیراه هدایت می‌کند.

تار یک داستان واقعی است اما نام برخی از شخصیت‌ها و مکان‌ها تغییر کرده‌اند. عطا دو گروه مختلف از دوستان را با هم تلفیق می‌کند تا داستان همه‌ی ایرانیان و تلاش آنها برای بازگشت به سلسله امپراطوران پیشین پارسی را که قبل از قرن سیزدهم حکمرانی می‌کردند تحقق بخشد.

دخالت و نفوذ رادیو بی‌بی‌سی لندن مهمترین موضوع سوال برانگیزیست که در تار بدان پرداخته می‌شود و روشن می‌کند که این رادیو چگونه مردم عادی را جادو کرد و آنها را به سمت بیراهه‌ی درماندگی کشاند و انقلاب ۱۹۷۹ ایران را کنترل و رهبری نمود. در واقع استعمار انگلیس توسط رادیو بی‌بی‌سی در خدمت ملایان قرار گرفت و از آنها حمایت کرد و از این پشتیبانی‌اش دست برنداشت.

این داستان، صدای ملتی است که آرزو دارند به زندگی ارزشمندی بازگردند که قبل از حمله‌ی اعراب در ایران وجود داشته است. بازگشت به فرهنگ بزرگ پارسی که حمله‌ی اعراب و نیروهای استعماری به کمک ملایان آن را در طول تاریخ به طرز فجیعی تغییر داده است.

عطـا ثروتـی در ایـن داسـتان، آینـه‌ای را در معـرض دیـد مـردم ایـران قـرار داده و در ایـن آینه اندیشـه، احساسـات و عواطـف آنهـا در جریـان انقلاب و بعد از پیـروزی منعکس کرده اسـت. در یک عمـل متعـادل ظریـف، بازی‌هـای اشـخاص عـادی و دولتـی را کـه در پشـت درب‌هـای بسـته انجام شـده بـود برمـلاء می‌کنـد و بـه همـه اجـازه می‌دهـد تـا ایـن جریـان را بـر اسـاس فهـم و تجـارب شـخصی خـود قضـاوت کننـد.

از عطـا در خصـوص نـگارش تار اینچنین شـنیدم: «امیـدوارم مردم ممالک انگلیس، آمریکا، فرانسـه، اعـراب و دیگـر نام‌هایـی کـه در کتـاب تار از مشـارکت آنهـا در انقلاب‌های گذشـته و انقلاب اخیـر ایران مطالبـی عنـوان شـده اسـت از مـن دلگیـر نشـوند، امیـدوارم کـه آنهـا درک کننـد کـه من هرگـز قصد نداشـته‌ام کـه در ایـن کتـاب به ملت و یا بـه فرهنگ آنها توهین کنـم. در این کتاب صرفاً سیاسـت دُوَل آنهـا زیـر سـوال رفته اسـت. درسـت یـا غلط، صرفـاً قصد داشـتم حـوادث و احساسـات مردم ایـران و به خصـوص گروهـی کـه مـن در آن زمان و در جریان انقلاب ۱۹۷۹ با آنها سـر و کار داشـتم را به رشـته‌ی تحریـر درآورم تـا بتوانـم دریچـه‌ی روشـنی به روی آینـدگان باز کنم. بنده سـعی کردم تـا در این کتاب صادقانـه بنویسـم و بـا نظـرات شـخصی خـود در حـوادث انقلاب دخـل و تصرف نکنم. بناسـت تـا مردم ایـن کتـاب را بخواننـد و بـه اشـتباهات خود پی ببرند تا شـاید بـا این روشـنگری در آینده فریـب افراد و رسـانه‌هایی نظیـر رادیـو بی‌بی‌سـی را نخورنـد. هر چنـد اقـدام دولت‌هـای خارجی صدمات گسـترده‌ای بـه مـردم ایـران وارد کـرده اسـت اما به شـخصه معتقدم که مـردم غالبـاً سـاده‌لوح و دنبالـه‌روی ایران و بعضـاً فرصت‌طلـب، خائـن و آزمنـد در بروز این حوادث تلخ نقش اساسـی ایفـا کردند. در واقع از ماسـت کـه برماسـت. مـردم ایـران باید بـه این درجه از آگاهی برسـند تـا به ملت‌هـای دیگر اجـازه ندهند که با انجـام بازی‌هـای سیاسـی تمـام منابـع زیرزمینی‌مـان را به تـاراج ببرند. مـردم باید حقایـق را آن‌طور که هسـتند ببیننـد و بپذیرنـد و از پیـش داوری بپرهیزند. شایسـته اسـت آنچـه که برای خود می‌پسـندیم بـرای دیگـران هـم بپسـندیم. ما باید یاد بگیرم که انسـانیت داشـته باشـیم...»

البتـه هیـچ شـکی نیسـت که نظـرات و اعتقادات عطـا در کل کتاب منعکس شـده اسـت، او مروج صلـح، عشـق، بردبـاری و بخشـش اسـت. او معتقـد اسـت کـه همـه‌ی مـا بایـد اشـتباهات گذشـته را فرامـوش کنیـم و بـا افکار و اعمال شایسـته، برقـراری گفتمان نیک و سـودمند، فصل جدیـدی را آغاز نمائیـم. ایدئولـوژی عطـا در شـعر، رمـان و فیلم‌های او منعکس شـده اسـت.

شـاید ایـن جملـه را شـنیده باشـید: «هـر چـه بیشـتر یـاد می‌گیریـد، بیشـتر می‌فهمیـد کـه نمی‌دانیـد...»، بنابرایـن هـر چـه بیشـتر در مـورد دولت‌هـا و دلایل دخالـت آنها در سیاسـت جهانی یـاد بگیریـم، بیشـتر متعجـب می‌شـویم....

کریستی ایبوتسون

فصل ۱

وقتی مجبورید میانِ عشق به وطن یا خانواده یکی را انتخاب کنید...

ناامیدی قلب را خالی از عشق و روح را حبس می‌کند و رفته‌رفته احساس تنهایی در وجود آدمیزاد قُوَت می‌گیرد. سال ۱۳۳۱ بود. محلّی در حومه‌ی فرانکفورت، آلمان. بارانی ملایم بر شاخ و برگ درختان فرو می‌نشست و گردوغبار را از دامان طبیعت می‌شست، قطرات باران از روی برگِ درختانِ سر به فلک کشیده فرو می‌چکید. قطرات در کف زمین به‌هم می‌پیوستند و به رودخانه‌ای خروشان می‌ریختند، جریان قطرات باران بر شدت طغیان آب رودخانه می‌افزود. تا جایی که چشم کار می‌کرد پوششی از درختان بلند و چمنزاری سرسبز در کرانه‌های رودخانه موج می‌زد. صدای ریزش باران که بر روی برگ درختان دست می‌زد با صدای پای آب رودخانه درهم آمیخته بود، از این تلاقی نوای دل‌انگیزی به گوش می‌رسید.

در طنین سمفونی طبیعت، مردی با موهای تیره به تنهایی در کنار رودخانه، ایستاده بود. اسعد، ایرانی بود. خوش‌ذوق، دل‌نشین و در عنفوان سی‌سالگی. هر واژه و گفتاری که بر زبانش جاری می‌شد سنجیده بود و با قصد و نیتی بیان می‌شد. اسعد در میان بیشه‌ای که دیگر برایش تازگی نداشت قدم می‌زد و در افکار خویش غرق بود. آنچنان غرق که از پیراهن خیسش غافل شده بود. پیراهنی که به صورت مضحک بر تنش چسبیده بود. گرفتن تصمیم غیرقابل اِغماز بود. اسعد امیدوار بود که به سرعتِ یک بارانِ زمستانی بتواند به وظیفه‌ی دلهره‌آوری که پیشِ روی خود قرار داده است غلبه کند. برای استراحت به درخت تنومندی تکیه داده بود که برای او یادآور اَیامی بود که وِی در خاک ایران و در جوار خانواده‌اش می‌زیست. اسعد برای لحظاتی پیرامون رودخانه را آکنده از آرامش و مصالحه یافت اما در یک چشم بهم زدن یأس و پوچی بر او مستولی شد. نگاهش از جانب رودخانه‌ی اَمن و بیشه‌زار سرسبز به سمت منزلش که در لابه‌لای درختان پیدا بود برگشت. کلبه‌اش محکم و پابرجا خودنمایی می‌کرد، خانه‌اش با کرکره‌های آبیِ تیره و سقفِ پوشیده با کاشی جلوه دلپسندی داشت. دیدگان اسعد همانند لنز دوربین تصاویر بدون حاشیه‌ای را در خود ضبط کرده بود که گوشه‌ای از خاطرات

مانـدگار ذهنـش را تشـکیل مـی‌داد. ضمیـر ناخـودآگاه او بـه آلبـوم عکسـی تبدیل شـده بـود که با گـذر سـالیانی مدیـد، پیوسـته در جسـم‌وجانش منعکـس می‌شـد. پنجـره خانـه توجـه اسـعد را به خـود جلـب کـرد. او قـدو قامت همسـرش را که یـک آمریکایی بـود، در داخـلِ قابِ پنجره مشـاهده می‌کـرد. درسـت ماننـد یـک اثـر هنری نفیـس. نامش لینـدا بود. گویـی در قـاب پنجره پنـاه گرفته بـود. لینـدا در اَوان سی‌سـالگی و بسـیار زیبا و دوست‌داشـتنی بـود. او ویژگی‌های ظریفی داشـت که سـتون فقـرات شـخصیت‌اش را تشـکیل مـی‌داد. لب‌های کامـل او یک رنـگِ نرمِ غیرمعمول داشـت درسـت ماننـد یک هلوی تازه‌رسـیده. بسـیار باهـوش ومهربان بود. او گوهر عشـقی پیچیده شـده در یـک بسـته‌ی شکسـت‌ناپذیر بـود. لیندا جلـوی پنجره‌ی اتاق نشـیمن، رکسـانا، کودک خردسالشـان را در آغـوش داشـت. رکسـانا تـازه به سـن چهارسـالگی وارد شـده بـود. لینـدا در حالی کـه نگاهش بـر روی اسـعد قفـل شـده بـود، کودکـش را تکان مـی‌داد و آهنـگ لالایی برایـش زمزمـه می‌کرد تا او را بخواباند.

- عزیزم، عزیزم یک کلمه بگو بابا داره میره برات پرنده‌ی ماکینگ بخره!

صدای رادیوی بی‌بی‌سیِ فارسی، که مشغول پخش اخبار ایران بود مانند همیشه شنیده می‌شد.

پخش اخبار از رادیو بی‌بی‌سی لندن:

- صبـح به‌خیـر فرانکفورت!، آخریـن اخبـار در صحنـه‌ی بین‌المللـی...، در ایـران هـزاران تظاهرکننـده بـه خیابان‌هـا ریختنـد و شـعارِ مـرگ بـر شـاه و زنـده بـاد مصدق سَـر دادنـد، اوضاع ایـران بسـیار آشـفته اسـت!...

از اخبـار بی‌بی‌سـی می‌شـد بـه ایـن موضـوع پِـی برد کـه ایـران در شُـرفِ یک انقلاب سیاسـی اسـت. اخبـار رادیـو بی‌بی‌سـی بـا تلاطـم وحشـت‌انگیزی از تغییـر اوضـاع در ایـران خبـر مـی‌داد. تَحقُـقِ ایـن تحـولات بسـیار نزدیک به‌نظـر می‌رسـید. پیروزی مصـدق علیـه دولـت انگلیـس کـه در نـزاع بین‌المللـی دادگاه لاهـه بدسـت آمـده بـود او را بـه یـک قهرمـان ملّـی تبدیـل کـرده بـود، توفیقـی کـه بـه ملـی شـدن صنعت نفـت در ایران منجر شـد، ایـن کامیابی بـدان معنا بـود که دیگر دولـت انگلیـس نمی‌توانسـت گنجینه‌هـای طبیعـی ایـران را بـدون قیـد و شـرط از اهـل و ملتـش بـه یغمـا ببـرد. او پیش‌بینـی می‌کـرد کـه ایـران از نظـر اقتصـادی مسـتقل و مردم‌سـالار و بـه دور از دخالـت و تأثیـرات خارجـی باشـد. مصدق از حـزب جبهـه‌ی ملـی ایـران بـود، در اختیـار گرفتن صنعـت نفت، شکسـتن زنجیرهای اسـتعمار انگلیس بود. این پیـروزی پیامدهای مثبت دیگری هم داشـت، فصـل جدیـدی در تاریـخ سیاسـی ایران باز شـده بود، این کشـور بـزرگ را با یـک امید تازه بـه سـمت اسـتقلال، خودکفایـی ملـی و احتـرام جهانـی روبـرو کرده بـود. مـردم انتظار داشـتند که ایـن قهرمـان ملـی قـدرت را در دسـت بگیرد. آنها خواسـتار اجـرای برنامـه‌ای بودند تا شـاه از قدرت

کناره‌گیری کرده و فقط سلطنت کند. اما این انتقال قدرت قطعاً بدون خون‌ریزی بدست نمی‌آمد و در حقیقت خوفناک بود.

لیندا وقتی می‌دید اسعد به اتفاقات درون ایران واکنش نشان می‌دهد دچار تشویش می‌شد. نگران بود که این رویدادها می‌تواند بر روی خانواده‌ی گرم و کوچک او تاثیر منفی داشته باشد. لیندا از احساسات درونی اسعد آگاه بود. اسعد به ملت و خاک میهنش عشق می‌ورزید و از بروز شرایط متشنج ایران می‌رنجید. لیندا خوف داشت که در این سیل ویرانگر شوهرش را از دست بدهد. لیندا همچنان کودکش را در آغوش داشت و او را آرام می‌کرد. نگاه‌های اسعد و لیندا درهم دوخته شده بود. راضی نبودند چشم از یکدیگر بردارند. در سکوت معنیداری که با نگاهشان گفت‌وگو می‌کردند. گویی اسعد افکار لیندا را به درستی حدس می‌زد و صدایش را می‌شنید:

- دختر و همسرت به تو بیشتر احتیاج دارند تا ایران...، تو همه‌چیز ما هستی...، میلیون‌ها ایرانی هستند که می‌توانند به کشورتان خدمت کنند!

نگاه اسعد برای لحظاتی از روی لیندا برداشته شد و به‌سمتی که رودخانه خروشان قرار داشت چرخید. به‌نظر می‌رسید درونِ اسعد همانند این رودخانه‌ی افسارگسیخته در تلاطم است. نگاه اسعد مجدداً به‌طرف پنجره‌ی منزلش برگشت اما اکنون قاب پنجره‌ی اتاق از وجود همسر و دخترش خالی شده بود. پنجره باز بود و گویی کرکره‌ها شروع کرده بودند تا به دیوارهای بیرونی کلبه، لبخند زنند. باران شدیدتر شده بود. لیندا دومرتبه به اندازه‌ای ظاهر شد تا کرکره‌ها را ببندد. نگاهِ اسعد به دوردست‌ها، جایی که رودخانه قرار داشت، دوخته شده بود. کرکره‌ها کشیده و پنجره اتاق بسته شد. لیندا دوباره ناپدید شد. روشنایی روز به تاریکی شب گره می‌خورد. اندوه و افسردگی تمام وجود لیندا را دربرگرفته بود. او از پیکار درونی اسعد آگاه بود. این زوج، همدیگر را خوب می‌شناختند و از تغیرات روانی و رفتاری هم اطلاع داشتند. لیندا از سرِ استیصال به انجام امورات روزمره‌اش مشغول شد، اینطور دریافته بود که از افکار آزاردهنده‌اش دور خواهد شد.

این دو زوج می‌دانستند که ارتباطشان وارد مرحله‌ی حساسی شده است، از این‌رو سعی می‌کردند تا با تمرکز و توجهی که نسبت به کودکشان دارند، خود را از این رویارویی آشکار دور کنند.

در هنگام صرف شام‌شان که با یک سکوت تنشزا همراه بود، تلاش می‌کردند سرگرمِ رکسانا باشند تا بتوانند از گفتگو با یکدیگر طفره بروند. به هرشکل این رفتار غیرعادی موجب می‌شد تا ظاهراً احساسات خود را بروز دهند. اسعد گویی در طوفانی زمستانی گرفتار شده بود، بدون اینکه بداند، چنان با بی‌تابی پاهای خود را بر پایه میز و صندلی می‌زد که صدای

خشـک نخراشـیده‌ای شـنیده می‌شـد، صدای به‌هم خـوردن چنگال و بشـقاب غذای لینـدا بر حجم ایـن صداهـای نابهنجـار می‌افـزود و سـکوت ناخوشایندشـان را درهـم می‌شکسـت. گویـی ایـن طرز رفتـار بـرای آنهـا بـه شـیوه‌ای از گفتگو تبدیل شـده بود. هـر چند پیدا بـود که مایلنـد از هر حرکت کوچکـی بـرای برقراری ارتباط و شکسـت سکوتشـان بهـره بگیرند.

ایـن طـرز رفتـار بـه انتظار گشـودن کلامـی ادامه داشـت. اسـعد به گهـواره‌ی قدیمـی کودکش چشـم دوخـت. رکسـانا غافـل از دنیـای ناملایـم پـدر و مـادرش در آن بـه خـواب رفته بـود. از میان چوب‌هـای قدیمـی گهـواره کـه از رکسـانا محافظـت می‌کردنـد، چشـم‌های اسـعد به رکسـانا خیره بـود، گویـی آن لحظـه در قـاب عکسـی تثبیـت شـده بـود. مانـده بـود خوشـحال باشـد یـا غمگین. مایـل بـود پیـش از تـرکِ منـزل، فرزنـد خردسـالش را در آغـوش بگیـرد، با او حـرف بزنـد و برایش آواز بخوانـد، او را ببوسـد و اندکـی بـا او بـازی کنـد، حتی در نظر داشـت پوشـک کودکـش را عوض کنـد. امـا انـدوه بـر وِی چیـره شـد. نگاهـش در فضـای اتـاق چرخیـد. بـه غـذای خوشـمزه‌ای کـه همسـرش پختـه بـود نظـر دوخـت. از این‌کـه در آلمان زندگـی می‌کرد شرمسـار بـود، جایی‌که مواد غذایـی بـه وفـور یافـت می‌شـد. اما در بسـیاری از نقـاط ایـران، میلیون‌ها نفر گرسـنه بودنـد. به این می‌اندیشـید کـه برخلاف رکسـانا که در ناز و نعمت می‌زیسـت، میلیون‌هـا کـودک در ایـران بـدون غـذا بـه خـواب می‌رفتنـد و نـه تنهـا از درد گرسـنگی رنـج می‌بردنـد بلکه ناامیـدی درد اصلـی آنها را تشـکیل مـی‌داد، دردی کـه بـر رنـج گرسـنگی می‌افزود و چه بسـا در اولویـت بود. به این مسـئله می‌اندیشـید کـه آیـا شایسـته بـود بـه پشـتوانه‌ی پـدر ثروتمنـدش متفاوت‌تـر از دیگـران زندگـی می‌کـرد؟ چگونـه می‌تـوان شـاکر خداونـد عادلـی بـود کـه مابیـن او و همنوعانـش عدالتـی برقـرار نکـرده اسـت؟ چگونه می‌توانسـت قضـاوت کنـد و بـر رفتـار نادرسـت هموطنانش خُـرده بگیرد حال آنکـه به‌شـخصه در جهت خدمت به کودکان سـرزمینش گامی برنداشـته اسـت؟ ناخـودآگاه نگاهش بـه سـمت لینـدا برگشـت و بـر دیدگانش قفل شـد. اگرچـه صدایـی از لینـدا شـنیده نمی‌شـد امـا باطنـش از فـرط انـدوه، فریـاد می‌کشـید. اسـعد ایـن فریاد تلـخ را احسـاس می‌کرد. حزن، خشـم و ناامیـدی در چشـمان لینـدا مـوج می‌زد. هنوز اسـعد می‌توانسـت نگاه آشـنای عشـق را در چشـمان او بخوانـد و صـدای سـکوت او را بـه خوبی بشـنود:

- آیا می‌توانی با گناه رها کردن ما زندگی کنی!؟

از غـذا خـوردن دسـت کشـیدند و یکدیگـر را در آغـوش گرفتنـد. می‌دانسـتند کـه پاسـخ آن پرسشِ ناپرسـیده آزارشـان می‌دهـد از این‌رو نمی‌خواسـتند تا زمانـی که شـهامت رویارویی و درکِ آن پاسـخ را نداشـتند سـخنی بگویند و یا تصمیمی بگیرند. در آن لحظه هیچ منطقی وجود نداشـت و گفتگوهـا بـه یـک مشـاجره و شـکاف عاطفـی تلخ ختم می‌شـد.

اسعد از گرمای بدنِ لیندا، به نجوای دردمندش گوش سپرده بود:

- مهم نیست چه اتفاقی بیفته هر دوی ما بازنده خواهیم بود...!

لیندا در آغوش اسعد به خاطرات شیرین گذشته سفر کرد. به آن زمانی که برای نخستین بار نگاهایشان درهم تلاقی کرد. به آن لحظه‌ی تعیین‌کننده‌ی سرآغاز زندگی مشترکشان. پدر لیندا از پرسنل سفارت آمریکا در آلمان بود و این فرصتی بود برای آنکه لیندا در کنار زندگی با خانواده در آلمان تحصیل کند. اسعد هم با هدف بازگشت به ایران، برای تحصیل به آلمان غربی مهاجرت کرده بود. سال ۱۳۲۶ بود. لیندا با دوست خود نزدیک پاسیوی روبازی که دانشجویان پیش و پس از کلاس دور هم جمع می‌شدند ایستاده بود و همانطور که به بالا و به سمت اسعد نگاه می‌کرد نگاهشان درهم قفل شد و زمان برای هر دو ایستاد. از آن ساعات صفر عاشقی بود که با تاب و تحمل فراق کنار نمی‌آمد. آنها پس از دوره‌ای آشنایی که با عشق، شادی و لذت همراه بود، با یکدیگر ازدواج کردند. اما اکنون دیگر نشانی از آن لحظات ناب نبود. لیندا هرگز حاضر نبود آن لحظات خوش را از دست بدهد، می‌کوشید خاطرات آن دوران شیرین را همواره در ذهن و قلب خود زنده نگاه دارد.

*****

اسعد سعی می‌کرد تا بتواند میانِ عشق به همسر زیبا و فرزند دلبندش تا عشق قاطعانه به میهنش رابطه‌ای مناسب و عادلانه برقرار کند. به دنبال پیدا کردن کلماتی بود تا بتواند به همسرش بقبولاند که سرزمین مادری‌اش او را فرا می‌خواند و آواز سرودهای فردوسی، خیام، حافظ و مولوی را در مجرای گوشش زمزمه می‌کند. می‌طلبید تا او با جریان انقلاب ایران همراه شود، انقلابی که در شُرفِ وقوع بود. خیزش گسترده‌ای که به تغییر مثبت ملت و آزادی خاک وطنش می‌انجامید. می‌خواست به آنها بگوید او به همان اندازه عاشقِ ایران است که عاشق آنهاست. می‌خواست بدانند که در رگ‌هایش عشق و علاقه به ایران موج می‌زند. اسعد کاملاً از تاثیر منفی تَرک خانواده‌اش آگاه بود. می‌دانست که زندگی آرام آنها دچار تلاطم خواهد شد. این را هم می‌دانست که اگر نرود برای همیشه احساس گناه می‌کند احساسی که روحش را می‌خراشید و هرگز خود را به خاطر آن نمی‌بخشید. اسعد از تبعات چنین تصمیمی آگاه بود. تصمیمی که استحکام خانواده را دچار تزلزل می‌کرد. به هر شکل می‌دانست چه می‌رفت و چه می‌ماند پیامدهای آن همیشه ماندگار بود و هیچ‌چیز مانند گذشته آرام نمی‌ماند.

قلبش در میان گزینش دو ساحل ارزشمند به تپش افتاده بود. گریزی نبود، بجای حساس و نامطلوبی رسیده بود، جایی که میهن و خانواده‌اش قرار داشتند و او ناچار بود انتخاب واحد و یگانه‌ای داشته باشد. برای او، میهن و خانواده مثل مروارید گرانبهایی بودند که همواره

می‌درخشـیدند. اسـعد بـا نخسـتین تصمیـم جدی و اخلاقـی خود روبه‌رو بـود. او برای یـک گزینش صحیـح مُـردَد و درمانـده نشـان می‌داد. او می‌توانسـت از زادگاهـش روی گرداند و بـه زندگی‌اش در آلمـان ادامـه دهـد، امـا مـردم ایران بـه کمکش نیـاز داشـتند. چگونه می‌توانسـت همسـرش را برای رفتـن بـه ایـران متقاعد کند؟ همسـر آمریکایی اسـعد هرگز شـرایط زندگی در خاک ایـران را تجربه نکـرده بـود. چگونـه می‌تـوان انتظـار داشـت کـه قلب لینـدا برای ایـران بتپد و یـا میـل و تعهدی به آن سـرزمین ناشناخته داشـته باشد؟

اسـعد بـا غـرور و تعصبـی کـه نسـبت به مملکـت و نژادش داشـت هـر روز صبـح با آمیـزه‌ای از خواب‌هـای تلـخ و شـیرین ملـت ایـران برمی‌خاسـت. از منظـر او ایران سـنگ بنـای تمـدن دنیا بود. هـر چنـد از طریـق دوسـتانش کـم و بیـش در جریـانِ اخبار کشـورش قـرار می‌گرفت امـا از آنجایی کـه قـادر نبـود در آن رویداد حضور داشـته باشـد، بسـیار ناخرسـند بود.

*****

سـرانجام بـا سـفر غیرمنتظـره‌ای کـه دوسـت دوران کودکـی اسـعد بـه آلمـان داشـت، او را در دیـداری دوسـتانه دچـار تغییـر و تحـول کـرد. مهـدی، دوسـت دوران کودکی اسـعد آمده بـود تا او را متقاعـد کنـد تـا بـه ایـران بازگـردد و بـه انقـلاب مصدق یـاری برسـاند. ملاقات با مهـدی، آتش عشـق اسـعد را نسـبت به زادگاهش بیشـتر شـعله‌ور کرده بود، اکنون تمام وجودش غرق در روزگار کودکـی‌اش بود. بارانـی ملایـم می‌باریـد امـا تنهـا چیزی کـه در افکار اسـعد برتری داشـت خاطرات گذشـته بـود. در خاطرش، یـاد و چهـره‌ی دوسـتان عزیـزی چـون انـور، محمـد و مهدی زنده شـده بودند. داشـتند کنار نهری پنیر و سـبزی را لای نان سـنگک داغ می‌گذاشـتند و با نشـاط و شـادابی می‌خوردند. اسـعد رهبـر گـروه بود و سـایر اعضای گـروه همواره دنبالـه‌روی او بودند. احتمـالاً به این دلیـل کـه او قویتریـن فـردِ گـروه، دسـت‌کم از نظـر مالـی بـود. به یـادش آمد کـه به هـم می‌گفتند کـه در بزرگسـالی بـه چـه اقـدام و حرفـه‌ای دست خواهنـد زد. محمد دوسـت داشـت معلم شـود، مهدی تصمیم داشـت در ورزش کشـتی به قهرمانی برسـد، انور می‌خواسـت مهندس شـود و اسـعد تمایـل داشـت بـه دنیـای سیاسـت ورود کنـد. ایـن آمـال و آرزوهایشـان مربـوط بـه دو دهـه پیش بـود. بعدهـا اغلـب اعضـای گروه اسـعد در مسـیر دیگـری گام برداشـتند. آنهـا اکنون دریافتـه بودند کـه رویاهـای آدمیـزاد بارهـا به سـبب رویدادهـای غیرقابـل پیش‌بینی دسـتخوش هرگونـه تغییر و دگرگونیست.

البتـه اسـعد از سـایر دوسـتانش خوشـبخت‌تر بود. پـدرش در بـازار تاجـری ثروتمند و برجسـته بود، بنابرایـن ایـن فرصـت در اختیـارش قـرار گرفـت تا بـرای تحصیل در رشـته‌ی اقتصـاد مدرن به کشـور آلمـان مهاجرت کند. در ایـران آن زمان، بازار نبض اقتصاد کشـور را کنترل می‌کرد. بسـیاری

از بازرگانان باورهای دینی داشتند و حامی گروه‌های مذهبی بودند. اگر یک فرد مذهبی برای به دست آوردن قدرت سیاسی پا پیش می‌گذاشت تبعاً به حمایت مالی بازاریان نیاز مبرم داشت. برنامه‌های مصدق نیازمندِ حمایت مذهبیون و بازار بود. اسعد به واسطه‌ی پدر متمولش می‌توانست در ایجاد این پل ارتباطی نقش داشته باشد، بنابراین حضور او در ایران می‌توانست با پیامدهای مثبتی همراه باشد. خصوصا که مذهبیون مشکل بزرگی در سر راه اهداف مصدق بودند، آنها جیرخوران دولت انگلیس بودند و در بازار هم بسیار طرفدار داشتند، و اسعد می‌توانست تا اندازه‌ای این مشکل را حل کند و از حمایت مذهبیون کاسته و به حمایت مصدق بیافزاید و از کارشکنی مذهبیون بر علیه مصدق جلوگیری کند. و این بخاطر پدر بانفوذ و روشنفکرش در بازار بود. از این‌رو با خواست مصدق، مهدی به آلمان سفر کرده بود تا بتواند اسعد را برای بازگشت به ایران متقاعد کند. بازگشت اسعد می‌توانست زمینه را برای حمایت از شخص مصدق فراهم سازد. مهدی هفت روز در آلمان سکونت داشت. در طول اقامتش مُدام از وجود اسعد استمداد می‌طلبید تا به یاری مردم سرزمینش بشتابد.

مهدی گمان نمی‌کرد که با اطلاعاتش، اسعد را متحول کرده است. به‌ویژه با نَقلِ جریان ملی شدن صنعت نفت که باعث شده بود، مصدق به نیت پلید انگلیسی‌ها پایان دهد. انگلیسی‌ها از طریق ارتشاء و نفوذ در کالبد آدم‌های خائن و خصوصا مذهبیون، به انعقاد قراردادهای ننگین بلندمدت مبادرت می‌ورزیدند. قراردادهای ننگینی که بر سطح معاش مردم ایران تاثیر می‌گذاشت. مردمی که از فقر و گرسنگی رنج می‌بردند. انگلیسی‌ها با اجرای معاهدات ننگین، ثروت و ذخایر نفتی ملت ایران را به غارت می‌بردند. مصدق توانسته بود دست استعمار انگلیس را از خوان ملت ایران کوتاه کند. اما مصدق واقف بود که انگلیسی‌ها کوتاه نمی‌آیند و ساکت نمی‌نشینند. آنها با بهره‌گیری از عوامل خود خصوصاً آخوندها، در حال ایجاد اغتشاش و تشکیل مقدمات برکناری او بودند. از همین‌رو مصدق تصمیم گرفت تا سفارت انگلیس را ببندد و همه‌ی اعضای سفارت را از ایران بیرون کند. امیدهای ناپاک انگلیس پس از شکست در دادگاه لاهه و متعاقباً با بسته شدن سفارتش در ایران به یأس تبدیل شده بود. از این رو دست به دامان آمریکایی‌ها شدند، آنها خواستار کودتا در ایران و برکناری مصدق بودند. اما هری ترومن رئیس‌جمهور وقت آمریکا نپذیرفت و مایل نبود سازمان سیای آمریکا وارد کسب‌وکار برکناری حکومت‌ها در سایر کشورها شود. انگلیسی‌ها که اکنون دستشان از همه‌جا کوتاه شده بود تصمیم گرفتند تا با یک حمله‌ی نظامی تمام یا فقط بخشی از شهرهای نفت‌خیز جنوب ایران را به تصرف خود درآورند. هری ترومن که از نقشه‌ی انگلیسی‌ها آگاه شده بود به کمک ایران آمد، او به انگلیسی‌ها التیماتوم داد که هرگز اجازه نمی‌دهد انگلیس وارد خاک ایران شود. بدین‌شکل آمریکایی‌ها و هری ترومن ایران را نجات

دادند. هرچند این مهم بعدها توسط رئیس‌جمهور بعدی آمریکا که دوایت دیوید آیزنهاور نام داشت به رشته‌ی عمل درآمد.

مهدی سرانجام به مأموریتش پایان داد و بدون نتیجه‌ی مشخصی آلمان را به مقصدِ ایران ترک کرد. او نمی‌دانست که ثبات زندگانی اسعد را به‌هم ریخته است. اسعد حسابی دگرگون شده بود، گویی دیگر آن اسعدِ سابق نبود.

*****

بالاخره زمان انتخاب فرا رسیده بود. تصمیمی برای رفتن یا نرفتن. اسعد ناگزیر بود تا از خانواده یا میهنش بگذرد. واقف بود که برای جلب حمایت بازاریان به کمک او نیاز است تا انقلاب مصدق رشد کند و زیرساخت‌های اقتصادی ایران تشکیل شود. در افکارش به این برنامه می‌اندیشید که بعد از پیروزی انقلابِ مصدق با خانواده‌اش به ایران نقل مکان خواهد کرد. زندگی در آلمان هرگز جزئی از آرمان و الویت‌هایش نبود. از طرفی آموخته بود که دست روزگار همواره به ساز آدمیزاد نمی‌رقصد و به او احترام نمی‌گذارد.

اسعد در امتداد رودخانه قدم می‌زد . کشمکش و درگیریِ درونی‌اش ادامه داشت. روزی سرد و بارانی بود. به آرامی زمزمه‌ای آغاز کرد و رفته‌رفته بر سرعت گام‌هایش افزود. حجم صدایش اندک اندک قُوَت می‌گرفت. پنداری ریزش باران سازش را با اسعد میزان کرده بود و هم‌صدا با اسعد اوج می‌گرفت. از نفس نفس زدن، کلمات آوازش بریده بریده به گوش می‌رسید. از سَرِ استیصال و تشویش از یک ترانه به ترانه‌ای دیگر می‌پرید.

- می‌خوام برم کوه/ شکار آهو/ تفنگ من کو، لیلی جان تفنگ من کو؟ رکسانا تفنگ من کو؟

سرما اندک‌اندک در جسم‌وجانش رخنه می‌کرد. با وجود اینکه لرزَش گرفته بود همچنان به خواندن ادامه می‌داد. گویی حتی متوجه نبود که چه بر زبان می‌آورَد. تمام فکر و ذکرش پیش مصدق و نجات ایران بود. نارضایتی فزاینده‌ای از ادامه‌ی حکومت شاه در ایران وجود داشت و جنبشِ اعتراضی مردم و آتش برکناری او آغاز شده بود. از سویی دستیابی به یک ثبات سیاسی، دشوار و تقریباً غیرممکن به‌نظر می‌رسید. اسعد از این‌که نمی‌توانست در ایران باشد و به وظیفه‌اش عمل کند به ستوه آمده بود. به یک‌باره شروع به دویدن کرد، خیلی سریع و سخت می‌دوید. گویی می‌خواست به شکلی خودش را تنبیه کند.

پاهایش که با ریزش شدید باران همگام شده بود به داخل چاله‌های گل‌آلود فرو می‌رفت و درمی‌آمد. داخل کفش‌هایش از آب گل‌آلود پُر شده بود. قطرات باران به شکلی تند و تیز، بدن او را مجازات می‌کرد. گویی اکنون به این یقین رسیده بود که او نمی‌تواند در آلمان

منتظـر بمانـد و شـاهد ورودِ بیگانگانـی باشـد کـه از انگلیـس بـه خـاکِ کشـورش یـورش برده‌انـد. دورادور متوجـه ایـن اتفـاق بـود کـه گلبرگ‌هـای گل سـرخ را از سـاقه‌ی میهنـش می‌کَنَنـد و در عـوض بـذر خفـت و خـاری می‌کارنـد تـا از نگاهبانـان ایـن گل‌های سـرخ انتقـام بگیرنـد. آنها قصد داشـتند ایـن فدائیـان اسـتوار را از میـدان خارج کرده و خونشـان را بریزند. اسـعد کامـلاً آگاه بود که دکتـر مصـدق بـه اتـکای دانـش و چرخش‌های سیاسـی خـود به دفعـات ایـران را از خطر فروپاشـی حفـظ کـرده اسـت. اسـعد وقتی به این اسـتقامت و فداکاری می‌اندیشـید، شـاکیانه بـر طبل رفتنش می‌کوبیـد:

- اگر من ساکت بنشینم گناه کرده‌ام...، وطنم به من نیاز دارد...، باید بروم!

ایـن فکـر و ذکرهـا، اسـعد را منقلـب می‌کـرد. یقین داشـت بـرگ تـازه‌ای در صحنه‌ی سیاسـی ایـران شـکل خواهـد گرفـت. مشـتاق بـود تـا از فاصلـه‌ی نزدیک ایـن رویـداد را لمس کنـد. اما در ایـن بحبوحـه تـرکِ خانـواده بسـیار تلـخ و دشـوار بـود. زمـان انتخـاب فرا رسـیده بـود. خانـواده یا میهـن. از رویـت همسـر محبـوب و طفـل زیبایـش، دچـار خودبیـزاری می‌شـد کـه از فکر تَرکِشـان سرچشـمه می‌گرفـت. حـسِ گنـاه بازگشـت بـه ایـران بـا تمـام وجودش بـازی می‌کـرد، امـا مجدداً چـاره‌ای می‌اندیشـید تـا خـود را بـرای رفتـن بـه ایـران قانـع کنـد. در واقع خـود را بـا آن روی تلخ روزگار توجیـه می‌کـرد. آری گاهـی زندگـی بی‌رحـم اسـت، بایـد قربانی شـد.

اسـعد دسـتش را از جیب شـلوارش بیرون آورد. سـاعت جیبی‌اش هویدا شـد. با انگشـتی خیسی روی سـطح سـاعت را پـاک کـرد. چنـدان توجهی بـه عکسِ داخلِ سـاعت نشـان نـداد. تصویری که اسـعد را در کنـار کـودک و همسـرش نشـان مـی‌داد. سـاعت بـه پخشِ صدای آهنگی مشـغول شـد کـه لیندا همـواره آن را بـرای فرزند خردسـالش زمزمـه می‌کرد:

- هاش لیتل بی‌بی...!

صـدای آهنـگ لینـدا بـا آوای ریزش بـاران و نـوای ذهنیـت اسـعد اوج گرفـت و با طنین شـعار خیزشـی مـرگ بر شـاه مـردم ایـران کـه از داخل رادیوی بی‌بی‌سـی فارسـی شـنیده می‌شـد درهم آمیخـت. اینـان بانگ‌هایـی بودنـد که از سرتاسـر وجـود اسـعد می‌غُریدند.

****

فصل ۲

تنها شکست واقعی ناامیدی است...

بیســت‌وپنج ســال بعــد، ۱۹۷۶، در شــهر وســت وود، کالیفرنیا، دختــر جوان زیبایی چهــار زانو بر روی تختــش نشســته و مشــغول تماشــای مجموعــه‌ای از عکس‌هــای قدیمی بود. در اواســط بیســت ســالگی بــود. موهــای تیــره‌ی بلند و صاف، چشــم‌های درشــت و لب‌هــای ضخیم و ســرخش از جمله خصوصیاتــی بــود کــه او را به میــراث و عقبه‌ی پارســی‌اش مرتبط می‌کــرد. عکســی از دوران نوزادی خــود را در دســت داشــت و بِدان زُل زده بــود. او در عکــس، بیــن مــادرش لیندا و پدرش اســعد قرار داشــت. رکســانا سـعی می‌کـرد دوران کودکـی خـود را به‌یـاد آورد. به‌طـور مشـخص خاطراتـی کـه بـا پـدرش داشــت. امــا حافظــه‌اش یاری نمــی‌داد. دیــوار اتاقش بــا تصاویر و آثــار هنر ایرانی پوشــیده شــده بــود. نقشــه‌ای از ســرزمین ایــران بــر روی دیــوار نصــب بــود کــه در آن تهــران بــه رنــگ قرمــز مشــخص شــده بــود. یــک تخته فــرش دســتباف ابریشــمی زیبــا در کف اتــاق گســترانیده شــده بود. چنــد نقاشــی مینیاتــوری در قاب‌هــای عــاج، دیوارهــای اتاق زینــت می‌داد. یک فیلم ســیاه و ســفید قدیمــی از صفحــه‌ی تلویزیــون پخش می‌شــد. فیلمــی بود که از طریق یک دســتگاه پخــش ویدئو به نمایــش درآمــده بــود. رکســانا به ناگاه و بــه کمک کنترل دســتگاه، فیلــم ویدئو را به عقــب برگرداند. صــدای گفتــار فیلــم را بلندتــر کــرد. در ادامــه ســیبی را برداشــت کــه بر روی میــز کنار تختــش قرار داشــت. در حــال تماشــای فیلم به ســیبش گاز زد.

"و اکنون یک گزارش ویژه در مورد دخالت آمریکا"

"در ســال ۱۹۷۲، ســازمان ســیای آمریــکا گزارشــی بــه کنگــره تقدیــم کــرد کــه از فعالیت‌هــای مخفــی خــود در ســایر کشــورها خبــر مــی‌داد، که هــدف از ایــن اقدامات، محافظــت از منافــع آمریکا بوده"

تمام تمرکز رکســانا به گزارش و تماشــای فیلم ســیاه و ســفیدی جلب شــده بود که از صفحه‌ی تلویزیــون پخــش می‌شــد. فیلــم کمــی قدیمــی بــود با تصویــری بعضــا″ تار و مخــدوش. امــا آنچه که بــه نظــر می‌رســید رکســانا به کیفیت فیلــم اهمیتی نمــی‌داد، او غالــب توجه‌اش صــرف محتوایی بود کــه در فیلم جریان داشــت.

"مصـدق، نخسـت وزیـر منتخب دموکراتیک ایران، در یک کودتای سـازماندهی شـده‌ی سـازمان سـیا سـرنگون شـد تـا راه بـرای ایجـاد روابط نزدیک میان واشـنگتن و سـلطنت محمدرضا شـاه پهلـوی هموار گردد...."

صفحـه‌ی نمایـش تلویزیـون، شیشـه‌ی ویتریـن فروشـگاهی واقـع در تهـران را نشـان می‌دهـد کـه در حـال شکسـتن و خُرد شـدن اسـت، گروهـی از معترضیـن با هدایـت یک کلاه نظامی، سـگ بزرگـی را در خیابـان حرکـت می‌دادنـد. معترضیـن شـعار می‌دهنـد، "مـرگ بـر مصـدق"

همـگام بـا صـدای گوینـده‌ی خبـر، صدایی از معترضیـن به گوش می‌رسـید." بسـیاری از حامیانی کـه بـرای کمـک بـه مصـدق وارد ایران شـده بودنـد، ناپدیـد شـده‌اند، گمانه‌زنی‌هایـی وجـود دارد که برخـی از آنهـا بـه زنـدان افتاده‌انـد و برخـی دیگر اعدام شـده‌اند، امـا بسـیاری از آنها بـدون هیچ اثری ناپدید شـده‌اند..."

در ایـن هنـگام تمـام حـواس رکسـانا بـه صفحـه‌ی تلویزیـون دوختـه شـده بـود. به خبـری که نشـان مـی‌داد مایـک والاس بـا کرمیـت روزولـت مصاحبـه می‌کنـد. "کرمیـت روزولـت فرزنـد دوم تئـودور روزولـت، یکـی از اعضای سـازمان سـیا بـود که ماموریـت کودتا بـر علیه مصـدق را به عهده داشـت" مایـک والاس پرسـید: "شـما یـک میلیـون دلار پـول نقد بـرای اجـرای کودتا داشـتید؟"

کرمیت روزولت، پاسخ داد: «این درست است، اما ما بیش از شصت هزار دلار از آن را استفاده نکردیم...!"

تمـام حـواس رکسـانا همچنـان بـه صفحـه‌ی تلویزیـون معطـوف شـده بـود. او داشـت در مورد پـدرش تحقیـق می‌کـرد. می‌خواسـت بدانـد چـه بـر سـر پـدر غائبـش، کـه در آن زمـان بـه یـاری مصـدق شـتافته بـود، آمـده؟، اندکـی بعـد درب اتـاق رکسـانا باز شـد و مـادرش، لیندا در آسـتانه‌ی درب اتـاق ظاهـر شـد. سـیگاری در دسـت داشـت و یک جامه‌ی سـاده‌ی رنـگ پلنگی بر تـن. دیگر از آن جوانـی و زیبایـی نشـانی نداشـت، ولی هنوز نسـبت به سـنش زیبـا به نظر می‌رسـید. پاکیزگی همچنـان در قامـت کشـیده‌ی لینـدا پیـدا بود. موهایش بُـور و چشـم‌هایش سـبزتر از برگ درخت فنـدق جلـوه داشـت. مشـخص بـود کـه او بـا کهولـت و تنهایـی دسـت‌وپنجه نـرم می‌کـرد. وقتـی نگاهـش بـا تصویر تلویزیون آشـنا شـد، معترضانه زبان گشـود:" این زباله‌ای اسـت که دوباره دوسـت پسـر ایرانیـت به خـورِ تـو می‌دهد؟"

رکسـانا نمایـش فیلـم را بـرای لحظاتـی متوقـف کـرد. تعدادی مـرد بازداشـتی از تـرس بر روی صفحـه‌ی تلویزیـون یـخ زده بودنـد. یـک سـکوت طولانـی و تلخ بیـن دختر و مـادر فاصلـه انداخت. پرسشـگرانه بـه یکدیگـر زُل زده بودنـد، رکسـانا سـکوت را شکسـت: "تو هنوز هم عاشـق او هسـتی و ایـن‌را خـودت خـوب می‌دانی!، اما خشـمت نسـبت بـه او، عقلُـو منطقِتُو کـور کرده و همـه چیز را سـیاه می‌بینـی...! "

لینـدا بـرای لحظاتـی سـعی کـرد خـودش را کنترل کنـد و پاسـخی ندهد. امـا نگرانی لینـدا قابل درک بـود. او بـه هـر اقدامـی دسـت مـی‌زد تا بتوانـد دختـرش را در برابر همـان صدماتـی که متحمل شـده بـود حفـظ کند. لینـدا هرگـز مایل نبـود ماجرای زندگـی زناشـویی او برای رکسـانا تکرار شـود. سـرانجام از کـوره در رفـت و تلویزیـون را خامـوش کـرد. صدایـش با نارضایتی بلند شـد: " چنـد بار به تـو گفتـم پدرتُـو فراموش کـن...؟، گفتـم او مرده اسـت...!، فرهنگ او مرده اسـت...!، تو یـک آمریکایی هسـتی نه یک ایرانی...!"

رکسـانا در حـال مشـاجره از تختـش پایین آمد. از اتاقش وارد یک نشـیمن بسـیار اشـرافی شـد و در حالی‌کـه بـه طـرف آشـپزخانه حرکـت می‌کـرد با خونسـردی جـواب مـادرش را مـی‌داد: "مادر اینـو قبـول کـن کـه مـن یـک ایرانـی آمریکایـی هسـتم، در ثانـی فکـر می‌کنی سـفیدها کـه آنقدر سنگشـان را بـه سـینه می‌زنـی از کجـا آمدنـد...؟، اگـر کمـی مطالعه کنی متوجه می‌شـوی از نسـل آریایـی هسـتند کـه از کوه‌هـای قفقاز پایین آمدنـد و عده‌ای از آنها در سـرزمین آریایـی یعنی ایران امـروزی مقیـم شـدند و عـده‌ای دیگـر راهی اروپا شـدند، تنهـا چیزی که مـن انتظار دارم این اسـت کـه دیگـر در مـورد پـدرم بـه مـن دروغ تحویل ندهـی...، خواهـش می‌کنم قبـول کن که مـن دیگر بچه نیسـتم...، بزرگ شـدم...!

لبخنـد و آرامـش رکسـانا بیشـتر لینـدا را عصبانـی می‌کنـد. او در حالـی کـه دختـرش را دنبال می‌کرد متوجه خاکسـتر سـیگارش می‌شـود که در نقاطی از کف خانه ریخته شـده اسـت، خاکسـتر سـیگارش را داخـل یـک فنجان قهوه‌ی سـرد تـکان می‌دهد. ناخودآگاه به سـمت رکسـانا می‌چرخد و بـا او شـاخ بـه شـاخ می‌شـود. بـا کلامی تنـد و تیز حـرف می‌زند:

"مـن بـه او حـق انتخـاب دادم کـه یـا خانواده‌اش را انتخـاب کند و یـا ایـران و انقـلاب را...؟، او ایـران و انقـلاب را بـه مـا ترجیح داد و رفت...!، متوجه شـدی او بـرای ما مرده اسـت...!، بنابراین هیچ چیـز دیگـری معنـی و مفهـوم نـدارد که ما بـه آن فکر کنیـم...! "

رکسـانا معترضانـه زبـان می‌گشـاید: "چرا کور و کر شـدی و نمی‌خواهی بفهمی کـه من می‌خواهم پـدرم را بشناسـم...؟، بدانـم او کیسـت و چه شـکلی اسـت...؟، می‌خواهم بفهمم که چرا مـن را رها کرد و رفـت...؟، ایـن حـق منـه مـادر...، مـن نمی‌تونم تا ابد بـه او فکر کنم و بـه این چرا، چراهـا...!، خواهش می‌کنـم اینقـدر خودخـواه نبـاش...!، مـن می‌دونـم که خشـم تو بخاطـر رفتـن او نمیذاره درسـت فکر کنـی و داری انتقامـش را از مـن می‌گیـری...!، چـرا می‌خواهیـد این‌قـدر تلـخ و خودخواه باشـید؟، اگر شـما نمی‌توانسـتید او را داشـته باشـید، آیا هیچ‌کـس دیگری هـم نمی‌تواند...؟ "

عصبانیت لیندا به سرحَدِ جنون رسیده بود:

"وقتی که واقعیت را نمی‌دونی با من اینجوری صحبت نکن، من مادر تو هستم...!"

رکسانا رویکرد خود را تغییر داد و تصمیم گرفت مادرش را به چالش دعوت کند. از این‌رو به اتاق خواب خود بازگشت و در ادامه با یک جعبه‌ی قدیمی برگشت. جعبه برای لیندا بسیار آشنا بود به گونه‌ای که از مشاهده آن تعجب کرده بود. بنابراین با اخم اَبروانش را درهم کشید. گویی تصور نمی‌کرد که رکسانا این جعبه‌ی به‌ظاهر خصوصی را پیدا کند. رکسانا با قیافه‌ای برآشفته، نامه‌های بسیاری را از داخل جعبه بیرون آورد و به سمت مادرش پراکنده کرد. نامه‌ها همانند برگ‌های پاییزی بر کف اتاق سقوط می‌کردند:

" مادر، اگر پدر به ما اهمیتی نمی‌داد پس چرا این‌قدر نامه و پول برای ما فرستاده...؟، به چه حقی من را از پیدا کردن پدرم محروم کردی؟، چرا اینها را از من پنهان کردی؟، فکر نکردی یک روزی بالاخره من آنها را پیدا می‌کنم و تو باید با حقیقت روبه‌رو بشی...؟ مام این نامه‌ها امید مرا بسیار زنده کردند...، چه تو بخواهی و چه نخواهی من او را پیدا خواهم کرد...! "

لیندا طی سالیان متمادی نامه‌های فراوانی را از طرف اسعد دریافت کرده بود. اما او تمام این نامه‌ها را از چشم رکسانا دور نگه داشته بود. اکنون همه‌ی آن نامه‌ها آشکار شده بودند و با صدای بی‌پروای رکسانا خوانده می‌شدند. شنیدن مطالب نامه‌هایی که آمیخته با احساسات اسعد بود به شدت قلب گرفته‌ی لیندا را می‌آزرد. اشک چشمان لیندا با رنگ لبِ آغشته به رژ قاطی شده بود. اکنون به یاد مردی افتاده بود که یک زمانی او را تحسین می‌کرده و به او عشق می‌ورزید. هر گفتاری از خواندن نامه‌های اسعد، دنیایی از خاطرات گذشته را برای لیندا زنده می‌کرد. خاطراتی را که در یک جعبه‌ی مقوایی پنهان کرده بود و می‌خواست به باد فراموشی بسپارد.

رکسانا با شوق و ایمان ، نامه‌ها را می‌خواند:

"رکسانا و لیندای عزیزم، چند سالی است که برای شما می‌نویسم ولی هیچ جوابی نمی‌گیرم...، من نگران شما هستم...، تعداد نامه‌ها از دستم در رفته است...، لیندا خواهش می‌کنم مرا ببخش و عکسی از دخترم راکسیِ زیبا و دوست داشتی را برایم بفرست...، من به امید دیدن او زنده هستم...! "

لیندا شتاب‌زده و در اوج خشم و ندامت، نامه‌ها را یکی‌یکی از دست رکسانا می‌قاپد. رکسانا نامه‌ای دیگر برمی‌دارد و مشغول خواندن می‌شود:

"لیندا و رکسانای عزیز، امیدوارم همه چیز خوب باشد، دلم برای شما خیلی تنگ شده، این نامه را از آلمان می‌فرستم، درخواست ویزای آمریکا را کردم ولی تقاضای مرا رد کردند و به من ویزا ندادند...، دوازده سالی می‌شود که از شما خبر ندارم...، من یک زندگی مخفی را در پیش گرفته‌ام و مثل یک روح زندگی می‌کنم، بزرگترین آرزوی من دیدن شما است حتی اگر یک بار هم باشد، لطفاً به من اطلاع دهید پول‌هایی را که برایتان فرستادم دریافت کرده‌اید؟، لیندا

می‌دانـم کـه حـق داری از مـن عصبانی باشـی ولی خواهـش می‌کنم مرا ببخـش، از دخترمان رکسـانا بـه مـن خبری برسـان ...! "

تقـلای لینـدا بـرای گرفتـن نامـه‌ای دیگـر باعـث می‌شـود تعـادل خـود را از دسـت داده و بر کف اتـاق وِلـو شـوند. لینـدا کـه اکنون آسـیب دیـده با لَبـی خون‌آلـود و دیدگانـی غمناک و اشـک آلود زبـان می‌راند:

"چـه انتظـاری از مـن داشـتی؟، برم دنبالـش؟، نمی‌دونـی آدم را آنجـا می‌دزدند؟، بـرم که مورد تجـاوز قـرار بگیـرم؟، آنها در یـک دنیایی متفـاوت از ما زندگـی می‌کنند...! "

"پس چرا با او ازدواج کردی؟، چرا عاشقش شدی؟"

"من جوان و احمق بودم! "

حـالِ لینـدا چنـدان مسـاعد نبـود و داشـت بهـم می‌خـورد. تـازه متوجه خونی شـده بـود که از لبـش سُـر خـورده و به چانه‌اش رسـیده بود. رکسـانا آگاهانه صورت خـود را در مقابل لینـدا قرار داد و در حالـی کـه خـون هـای روی چانـه و لب مـادرش را تمیـز می‌کرد:

"عاشـقش بـودی؟، فقـط اعتـراف کن مام، ایـن هیچ ارتبـاطـی با ایرانی بـودن یـا آمریکایی بودن نـدارد، تـو عاشـق او بـودی و هنـوز هم هسـتی!، عصبانیت شـما از او به خاطر این اسـت که او عشـق و علاقـه خـود بـه کشـورش را بـه تو ترجیح داد و ایـن حسِ تنفر تـو را به او به حد جنون رسـاند... "

رکسانا به طرف اتاقش حرکت کرد. در جلوی درب اتاقش ایستاد و رو به مادرش برگشت:

"او را پیدا می‌کنم و ازش می‌پرسم آیا این کارش واقعا ارزشش را داشت...؟"

سپس وارد اتاق شد و درب اتاقش را پشت سرش بست.

لینـدا آهسـته و خسـته بـه دیوار تکیـه داد و به درب اتاق رکسـانا خیره شـد. حالا گذشـته برای او زنـده شـده بـود و گویـی داشـت در آن زندگی می‌کـرد. به صحت و سُـقم رفتاری می‌اندیشـید که مابیـن یـک دختـر و پـدرش فاصلـه انداختـه بـود؟، اکنون او شـاهد واکنـش دختری بود که نسـبت بـه عشـق بـزرگ گذشـته‌اش بی‌تـاب اسـت. لیندا به این مسـئله می‌اندیشـید کـه از چـه رو و با چه حقـی، عمـری فرزنـدش را از نعمـت پدر و تمنای شـناختش محروم کرده اسـت؟

اکنـون در ذهنـش بـه گذشـته‌های دور سـفر کـرده بود، احسـاس یک عشـق تازه‌ی تکـراری در تمـام وجـودش دسـت و پـا مـی‌زد. از اینکـه فرزندش را بـه دلیـل بی‌مبالاتی خویش از دسـت بدهد رنـج می‌کشـید. فقـدان تنها بازمانـده‌ی عشـق روزگار جوانیـش را قریب‌الوقوع می‌پنداشـت. لیندا از کوتاهـی و تعلـل خویش احسـاس گنـاه می‌کرد.

*****

توپی به حلقه‌ی بسکتبال برخورد کرد و به طرف زمین بازی برگشت. توپ در دستان آماده‌ی حسین جای گرفت. حسین در اَوانِ بیست سالگی قرار داشت. بلند بالا و بسیار خوش تیپ بود. با اندامی تراشیده ، تک و تنها بازی می‌کرد. در حالی که می‌خواست یک پرتاب صحیح داشته باشد از گوشه‌ی چشمش می‌دید رکسانا وارد سالن بسکتبال شده است. محل سالن بسکتبال، دانشگاه یوسی‌ال بود. توپ پس از برخورد با حلقه‌ی بسکتبال به سمت جایی که رکسانا حضور داشت منحرف شد. رکسانا قبل از رسیدن حسین، توپ را قاپید و مشغول بازی با حسین شد. لحظاتی به اتکای نگاهشان منتظر گشایش کلام بودند. رکسانا که تا اندازه‌ای بی‌تاب بود توپ را به سمت حسین فرستاد و با صدایی بلند زبان گشود:

"خُب، پس خبر خوب چیه؟"

حسین توپ را گرفت و در حال عبور با یک پوزخند حیرت‌آوری جواب داد:

"قصد داشتم امشب توی آپارتمانم خبرو بِهت بدم اما...! "

"اما چی؟، او زنده است؟"

رکسانا با اضطراب توپ را گرفت و بازی او را قطع کرد. حسین ایستاد و مستقیماً به رکسانا نگاه کرد:

" پدرت زنده است...، منابع من می‌گویند که او از زندان فرار کرده است و اکنون با نام دیگری در جایی در ایران زندگی می‌کند، من چند دوست دارم که می‌توانند کمکت کنند که او را پیدا کنی "

رکسانا توپ را به سمت حسین پرت کرد. توپ بر صورت حسین سیلی زد. حسین با تعجب پرسید:

"این بار بخاطر چی بود؟"

رکسانا از شادی و شعف در پوست خود نمی‌گنجید. از خبر پیدا شدن پدرش به وَجد آمده بود. با شوق و ذوق به سمت حسین رفت و بوسه‌ای مبسوط به او هدیه کرد. سپس توپ را از چنگ حسین قاپید و به طرف حلقه‌ی بسکتبال دوید. پرتاب توپش با گُل همراه بود.

*****

حسین دو مسلسل کوچک را در پارچه‌ای پیچید و آنها را درون یک چمدان متوسط و در لابه‌لای پوشاکی دیگر پنهان کرد. درب چمدان را قفل کرد و با شتاب‌زدگی کلید قفل را در جیب شلوارش جای داد. در همین هنگام رکسانا از حمام خارج شده بود. حسین با لبخند شیطنت‌آمیز محتوی چمدان را در کنار یک چمدان آبی دیگر قرار داد.

حسین به چمدان مذکور اشاره‌ای کرد و گفت:

"مـن چنـد تـا هدیـه بـرای یکی دو تـا از دوسـتهایم گذاشـتم، همان‌هایـی که قصد کمـک به تو را دارنـد...، فقـط چمـدان را بـه پری یا هر کسـی که به اسـتقبال شـما در فـرودگاه می‌آید بـده...، او خـودش می‌دانـد هدیه‌هـا را به کـی باید بدهـد...! "

حسـین خـوب می‌دانسـت کـه بایـد موضـوع حرفش را عـوض کنـد. رکسـانا نمی‌بایسـت مجال آن را پیـدا می‌کـرد تـا در مـورد هدایا و قفل بودن چمدان سـوالی داشـته باشـد. از ایـن رو با زیرکی سررشـته‌ی گفتگو را به سـمت و سـوی مـادرش لینـدا تغیر داد:

"حالا چه کسی می‌خواهد خبر عزیمت تو به ایران را به مادرت بده؟ "

رکسانا با لبخندی پاسخ داد:

" چه کسی بهتر از تو...؟، البته بعد از این که من از خاک آمریکا بیرون رفته باشم...! "

حسین با خاطری نگران به او خیره شد:

"چی...؟ "

*****

فصل ۳

وقتی چشم باز می کنی و خود را در سرزمینی نا آشنا می بینی، برای پشیمان شدن از تصمیم خود دیگر بسیار دیر شده است...

یک روز آفتابی دیگر محیط دانشگاه کالیفرنیا در لس‌آنجلس (UCLA-یوسی‌ال‌ای) را گرم کرده بود. دانشجویان در رفت و آمد بودند. اتومبیل بی‌ام‌دبلیو قرمز رنگ لیندا با سرعت سرسام‌آوری وارد محوطه دانشگاه شد. با ترمزی نسبتا" شدید در مقابل ساختمانی توقف کرد. به گونه‌ای که صدای اصطکاک ترمز ماشین در محیط دانشگاه پیچید. لیندا به اندازه‌ای عجله داشت که متوجه نبود در یک محل ممنوعه پارک کرده است. پیاده شد و به سمت داخل ساختمان شتافت. آن‌چنان نگران و خشمگین بود که افسار فراست و بیداری از دستش خارج شده بود. دو تن از پرسنل حراست دانشگاه که توجه‌شان به حرکت غیرعادی لیندا جلب شده بود، از اتومبیلی پیاده شدند.

برای نخستین بار در چند سال اخیر بود که لیندا آرایشی بر چهره‌اش نداشت. حتی همان رخت و لباس داخل منزل را هم تعویض نکرده بود. لیندا با عصبانیت در طول یک راهروی بی انتها حرکت می‌کرد. تعدادی از کلاس‌های درس را پشت‌سر گذاشت. او به مانند یک بازرس برخی از کلاس‌ها را از محل نصب پنجره تفتیش می‌کرد. پُر واضح بود که در جستجوی یافتن فردی است. سرانجام بدون اِذنِ ورود داخل یکی از کلاس‌های درس شد. حسین که دستیار پرفسور بود، در غیاب او مشغول تدریس بود. لیندا به طرف حسین هجوم برد و سیمای بیمناک حسین را با چند سیلی سرخ کرد. دانشجویان از ورود غیرمنتظره‌ی لیندا متعجب شده و شاهد ماجرایی بودند که هیچ انتظارش را نداشتند. آنها که حسابی جا خورده بودند در انتظار واکنش حسین، پرسشگرانه صحنه را تماشا می‌کردند. لیندا شاکیانه صدایش را بلند کرد:

"با دختر من چه کردی؟، کجا فرستادیش؟، من از اول می‌دانستم که تو نقشه‌ای تو سر داری؟، اگر اتفاقی برای دخترم بیافتد خودم تو را می‌کشم...، با چند تا گلوله...!"

صدای لیندا به تدریج ضعیف و غمناک و فرسوده می‌شد. سکوتی محض در کلاس حکم

فرمـا بـود. دانشـجویان بی‌حرکـت نشسـته بودنـد و بـه رفتـار استادشـان نـگاه می‌کردنـد. حسـین کامـلاً از روحیـه‌ی بـد خـود آگاه بـود. بـا یک آه و نفسـی عمیق سـعی کـرد خودش را جمـع و جور کنـد. حالـش چنـدان مسـاعد نبـود. بـرای حسـین کـه از یـک خلق‌وخـوی تنـدی برخـوردار بـود، حفـظ کنتـرل و آرامـش سـاده به نظـر نمی‌رسـید. لیندا در میان سـکوت حسـین، سـوالش را تکرار می‌کـرد:

"دختر من کجاست؟ "

حسـین بـه هیـچ عنـوان انتظار نداشـت که با مادر رکسـانا روبه‌رو شـود. هـاج و واج مانـده بود تا پاسـخی بیابـد. حسـین کـه طبعاً بسـیار عصبی مـزاج بود و زود از کـوره در می‌رفـت آن روز تا جایی کـه مقـدور بـود سـعی می‌کـرد تـا خـود را کنترل کنـد و موفق هم شـده بـود. دو تـن از افـراد کادر پلیـس دانشـگاه سـر رسـیدند. همـان افرادی بودنـد که در جلـوی درب سـاختمان از اتومبیـل پیاده شـده بودنـد. افـراد کادر پلیـس بـه لینـدا نزدیک شـدند. در بَـدوِ اَمر بـرای هرگونه برخـوردی تردید داشـتند. حسـین بـا زبـان اشـاره مانـع از دخالـت آنها شـد. لینـدا همچنـان جویای جوابـی از طرف حسـین بـود. حسـین از بیـان هـر گونه پاسـخی امتناع می‌ورزیـد. او به انـدازه‌ی کافی عاقـل بود که خامـوش بمانـد. حسـین در عیـن حـال از درماندگـی لیندا بسـیار متاثر بـود. اما در این تصمیم شـد کـه حوصلـه اختیـار کنـد تا لیندا خـودش را خالـی کند و بر احساسـش فائق آید. حوصله‌ی حسـین کارگـر شـد و لینـدا بـا دیدگانی نمناک به تدریج خسـته و آرام شـده و به سـمت درب کلاس حرکت کـرد. قبـل از خـروج ایسـتاد و به طرف حسـین برگشـت. درمانده و شـیدا به حسـین نظـر دوخت و در ادامـه بـا مکثـی خـارج شـد امـا نه تـا وقتی کـه حـرف آخـرش را هـم زده باشـد: "آرزو می‌کنم وجدانت راحت باشـد... "

لینـدا در بیـرون از سـاختمان دانشـگاه، ناخـودآگاه بـر روی نیمکتـی نشسـت. به حدی پریشـان بـود کـه متوجـه حضور حسـین نشـده بود. حسـین کـه او را دنبـال کرده بـود به طـرف نیمکت آمد و بـا تانـی در کنار لیندا نشسـت.

سـرانجام چشـمان نمنـاک لینـدا بـه حسـین افتـاد. مـرد جوانـی کـه در ناپدید کـردن دخترش نقـش داشـته اسـت. در چشـمان هـم نظـر دوختنـد. انـگار قـادر نبودنـد اظهارنظـر کنند. لینـدا هر چنـد بـا اِکـراه امـا ناتـوان و تلخ زبان گشـود:

"چـرا بايد مـن همیشـه بـرای مبارزات شـما هزینـه کنـم؟، من شـوهرم را از دسـت دادهـام...، نمی‌خـوام دختـرم را هـم از دسـت بدهـم...، چرا دختـر مـن بایـد انتخاب شـود کـه فـدای مبارزات شما شـود...؟"

حسـین بـه شـدت تحـت تاثیر صـدای غمنـاک لیندا قـرار گرفته بـود. لینـدای درمانـده در انتظار

پاسخ حسین لحظه‌شماری می‌کرد. حسین با وجود اینکه مایل بود جوابی برای او داشته باشد اما از بیان هر گونه پاسخی ناتوان بود. او عضو یک گروه کمونیست رادیکال زیرزمینی علیه شاه بود. حسین جدا از عطوفت و مهربانی، فردی جدی و سرسخت بود که برخی از اعتقادات وِی بسیار رادیکال و ریشه‌دار بودند. یکی از روسای سازمان سیاسی قدرتمند زیرزمینی بود. با این وجود، حسین توان این را نداشت تا با لیندا همدردی کند و به وِی بگوید که او احساسات مادرانه‌اش را درک می‌کند. حسین به‌خوبی از احتمال مرگ و نیستی رکسانا آگاه بود از این‌رو به نشانه‌ی ندامت مایل بود لیندا را در آغوش گرفته و از او طلب عفو و بخشش نماید. اما خود را برای ابراز چنین تمایلاتی عاجز می‌دید. گویی این جریان عجز و ناتوانی او از تعصب و غرور کاذبی آب می‌خورد که بسیار خطرناک بود.

حسین از ناراحتی اشک‌آلود لیندا، بی‌اختیار به فصل کودکی‌اش سفر کرده بود. او از یادآوری دورانِ دیرینش بیزار بود. حالا دیگر چشم‌های حسین شاهد درماندگی لیندا نبود. او مادرش را می‌دید که خوار و خفیف و ناتوان‌تر نشان می‌داد. مادرش را می‌دید که زیر تازیانه‌ی سنگین پدرش عجز و لابه می‌کرد. اکنون اشک‌های لیندا تداعی‌کننده‌ی اشک‌هایی بود که او نثار مظلومیت مادرش می‌کرد. هیچ دستاویز قدرتمندی نداشت تا در برابر ستم و استبداد پدر رو کند. مادرش به حمایت از او همواره کتک می‌خورد. ضجه‌های دوچندان مادر، بر خشم و اندوه حسین می‌افزود. به شدت خواهانِ قتل پدر بود، اما ضعف و توان ناچیز کودکی‌اش اجازه نمی‌داد تا در مقابل قوای پدرش بایستد. تنها سلاحش فغان و ناله‌ای بود که به پای پشتیبانی‌های بی‌نظیر مادرش خرج می‌کرد. مادری که صمیمانه به فرزندش عشق می‌ورزید. حسین از مشاهده‌ی ضعف و ناتوانی لیندا، درد می‌کشید و از او ناتوان‌تر به‌نظر می‌رسید. مایل بود تا به توجیه اقدام اشتباهی بپردازد که در قبال رکسانا مرتکب شده بود. احتمال می‌داد تا مورد عفو لیندا قرار گیرد. اما او رکسانا را در یک مسیر تاریک و گمراه‌کننده‌ای قرار داده بود. از این‌رو برملاء کردن حقایق، بسیار دشوار و گویی غیر ممکن به نظر می‌رسید. حسین از آثار سوء دوران تلخ کودکی‌اش دچار آسیب‌های روانی و اجتماعی شده بود. بر رفتار و عملکرد کینه‌جویانه‌اش واقف نبود. گویی نمی‌پنداشت که تقاص روزگار تلخ کودکیش را نه از دیوِ ظالم بلکه از دامان مظلومان معصوم می‌ستاند.

حسین گرچه بر علیه شاه و به شدت مخالف دولت ایران بود، اما گهگداری به این موضوع می‌اندیشید که او گام‌ها و خدمات فراوانی را در جهت پیشرفت و شکوفایی ایران برداشته است. هر چند زندگانی مردم مطلوب و چشمگیر نبود، اما ایران به تدریج تحت رهبری شاه پله‌های توسعه و ترقی را طی می‌کرد. در مدت کوتاهی به یک کشور قوی و ثروتمند تبدیل

شده بود. هر چند شاه مملکت، فریفته‌ی اقتدارش بود، اما همگان بر این باور بودند که او به ملت و میهنش عشق می‌ورزد. شاه مصمم بود تا سرزمین ایران از زیر بار استبداد و استثمار دولت‌های متخاصم خارج گردد. او انتظار داشت ایران را تبدیل به یکی از قدرت‌های اصلی منطقه و به سمت ایجاد یک پایگاه اقتصادی و نظامی هدایت کند تا در عرصه‌های مختلف بتواند به تنهایی بر روی پایش بایستد. در واقعِ کشور ایران در چنین جایگاهی حضور داشت. غرب، عامل مخربی بود که در مقابل شاه و برنامه‌های متعالی او قرار گرفت. انگلیس، فرانسه و آمریکا از جمله این دولتهای غربی بودند که از توسعه ایران هراس داشتند. آنچه که برای غرب اهمیت داشت، دریافت نفت ارزان بود، اما هیچکدام از این واقعیت‌ها باعث نمی‌شد که لیندا برای یافتن دخترش نگران نباشد.

*****

در حالی‌که حسین و لیندا بر روی نیمکت نشسته بودند و با اتفاقات تلخ حال و گذشته دست و پنجه نرم می‌کردند، در آن سوی جهان، دختری بود که به سراغ وعده‌ای پوچ و توخالی فرستاده شده بود. رکسانا از شور و شوق فراوان لبریز بود و بی‌صبرانه انتظار می‌کشید تا هواپیمای مسافربری در باند فرودگاه مهرآباد بنشیند. هرگز نمی‌پنداشت که به زودی خود را در مرکز آشفتگی سیاسی ایران خواهد یافت. او از دروغ و ترفندِ نابحق حسین بی‌خبر بود. نمی‌دانست که در ایران کسی از وجود پدرش خبر ندارد. نمی‌دانست او را برای اهداف سیاسی به ایران فرستاده‌اند. سفری که می‌توانست به قیمت از دست دادن جانش تمام شود. از منظر رکسانا هواپیمای مسافربری، او را به دنیای جدید و ناآشنایی وارد می‌کرد. آنجا سرزمین آرمانی‌اش بود که در خواب‌های کودکانه‌اش می‌دید. در این اوج شادی ناگهان به یاد سخن مادرش افتاد که همواره تکرار می‌کرد:

"مواظب باش چه آرزو می‌کنی، شاید واقعیت پیدا کند...! "

صدای یک مهماندار زن ایرانی از نزدیک شدن به لحظه‌ی فرود هواپیما خبر داد. رکسانا بیش از پانزده ساعت پرواز کرده بود. ناگهان حالتی از دلهره در سیمایش پیدا شد. همه چیز کاملاً آرام بود. اغلب مسافران بیدار شده بودند و سعی می‌کردند خواب را از چشمانشان دور کنند. اثرات یک پرواز طولانی بر روی تمام چهره‌ها پیدا بود. مهمانداری جوان در کنار رکسانا مکث کرد. دستی بر روی شانه‌ی او کشید و به زبان اشاره خواست تا رکسانا کمربند ایمنی‌اش را ببندد. رکسانا کمربندش را بست و سرش را به پنجره‌ی کوچک هواپیما چسباند. به امید مشاهده‌ی نشانه‌هایی از شهر تهران به پایین نگاه کرد. ناخودآگاه چشمانش به یک زن ایرانی مُسن افتاد که در کنار او نشسته بود. این زن ساعاتی می‌شد که در یک خواب بسیار عمیق

به سر می‌برد. رنگ رژ بر روی سطح لبش پوسته پوسته شده بود. وقتی مهماندار هواپیما به آرامی شانه‌اش را لمس کرد، او از خواب بیدار شد. به اطرافش نگاه کرد. وقتی می‌دید که اکثر خانم‌ها به تر و تمیز کردن آرایش خود مشغولند، بدون فُوتِ وقت دست به کار شد. او به نگاه رکسانا، تبسم دلنشینی تحویل داد.

سرانجام رکسانا چراغ‌های باند فرود را از راه دور مشاهده کرد. دیری نپایید که هواپیمای هما بر روی باند فرودگاه مهرآباد به زمین نشست و به سمت ساختمان برج مراقبت حرکت کرد. هر چند از مسافران خواسته شده بود تا بر جا بنشینند، اما آنها بی تاب برخواسته بودند و با تعجیل می‌خواستند وسایل خود را جمع و جور کنند. ایران برای آنها بسیار آشنا بود. آنها در ایران متولد و بزرگ شده بودند. رکسانا به حال و روز مسافران هواپیما غبطه می‌خورد. او پیش‌تر از همان پیرزن کنار صندلی‌اش شنیده بود که چگونه از مسافران ایرانی که به خانه برمی‌گردند پذیرایی و استقبال می‌شود. از یک وعده غذای گرم، متشکل از چندین خورش خوشمزه، نان سنگک معروف، برنج گرم زعفرانی، کباب‌های آماده شده از گوشت بره، گوشت گاو و مرغ، مخلوطی از ماست که با نعناع خشک و خیار مخلوط می‌شود، میوه‌های تازه، آجیل تا چای داغ در انتظارشان است و آنچه مهم بود، فرقی نمی‌کرد که آنها چه موقع به خانه می‌رسیدند.

سرانجام پای رکسانا به سرزمین ایران باستان رسیده بود. در پِی سایر مسافران در راه گمرک فرودگاه بود. از اینکه یک ترس و دلهره‌ای به جانش افتاده بود رنج می‌کشید. اکنون در مقابل یک مامور گمرک ایستاده بود. از برخورد گرم و محترمانه‌ی مامور، شاد شد و بر ترس و اضطرابش غلبه کرد. آرامش بر وجودش حاکم شد. مامور حتی بدون یک پرسش دلهره‌آور، پاسپورتش را مُهر کرده و به او برگردانده بود. تنها یک جمله‌ی معروف بر زبانش جاری شده بود: "به ایران خوش آمدید "او سعی داشت با انگلیسی نامسلطش با رکسانا گفتگو کند.

لحظاتی بعد، رکسانا با یک پیرمرد باربر داخل گمرگ همراه شد. پیرمرد چمدان‌های او را بر روی گاری کوچکی حمل می‌کرد. چمدانی که مسلسل‌ها را در خود جای داده بود بر روی بار خودنمایی می‌کرد.

به ماموری که باید بارها را ترخیص می‌کرد رسیدند. کلام پیرمرد با خنده‌ای آرامش‌بخش بلند شد. فارسی و انگلیسی را قاطی کرده بود. می‌کوشید همان انگلیسی دست‌وپا شکسته‌اش را به رخ رکسانا بکشد:

"آمریکایی...، آمریکا...، مردم خوب...، دوست ایران...، دوست خانواده‌ی من...! "

افسر گمرگ با لبخند و انگلیسی شکسته‌اش به رکسانا خوش‌آمد گفت و به پیرمرد باربر

اشـاره نمـود تـا حرکـت کنـد. رکسـانا هرچـه پیش می‌رفـت از تشویشـش کاسـته و بـر آرامشـش افـزوده می‌شـد. سـرانجام از بخـش گمـرگ خارج شـدند و به سـالن انتظار فرودگاه رسـیدند. سـالن مملـو از جمعیتـی بـود که برای اسـتقبال از مسـافران خـود آمده بودند. رکسـانا آنچنان در تماشـای بوسـه و پیشـواز جماعـت ایرانـی محـو بود کـه نفهمید پیرمـرد باربـر چمدان‌هایـش را از روی گاری برداشـته و بـر روی زمیـن گذاشـته اسـت. رکسـانا نمی‌دانسـت پیرمـرد باربـر یکـی از طرفدارهـای خمینـی و مذهبیـون بـوده اسـت. پیرمـرد حتی می‌دانسـت کـه در داخل یکـی از چمدان‌ها شـیئی را مخفـی نموده‌انـد. قبـل از انقـلاب بـار مسـافران خارجی، خصوصـاً اتبـاع آمریکایـی را در گمرک وارسـی نمی‌کردنـد مگـر آنکـه مورد سـوءظنی قـرار گرفته باشـند.

اکنون ناراحتی رکسـانا به آرامشـی دلچسـب تبدیل شـده بود. نگاهش در پیرامون و در لابه‌لای زن‌هـای جـوان می‌چرخیـد. او می‌خواسـت تـا بـا دختـری بـه نـام پـری ملاقات کنـد. همـان دختر جوانـی کـه بـه گفتـه‌ی حسـین، بـه دیـدارش خواهـد آمـد. در ایـن هنـگام و در حالـی کـه پیرمرد باربـر در مقابـل دیـدگان رکسـانا قـرار گرفتـه بـود تا حـواس او را پـرت کند، زن جوانی سـر رسـید. او چمدانـی شـبیه چمـدان مسلسـل‌ها در دسـت داشـت. با مهـارت و احتیـاط چمدان‌هـا را جابه‌جا کـرد و از محـل دور شـد. در سـر راهـش از کنـار مـرد جوانی عبـور کـرد و در میان جمعیـت ناپدید شـد. مـرد جـوان کـه نادر نام داشـت بـه طرف رکسـانا در حرکت بـود. به نظر می‌رسـید کـه تقریباً هم سن‌وسـال حسـین باشـد.

پیرمـرد باربـر انعامـش را گرفـت و دور شـد. رکسـانا از دیـدن آخریـن مدهـای لبـاس و موهـای حاضریـن شـگفت‌زده شـده بـود. او زن و دخترهایـی را مشـاهده می‌کـرد کـه در نیمه‌هـای شـب با آخریـن مدهایـی کـه در آمریـکا ندیـده بـود و دامن‌هـای کوتاهـی کـه او هرگـز بـه تـن نکـرده بود، خـود را آراسـته بودنـد. سـاعتی که بر روی دیوار و در پشـت سـر نـادر نصب بود دو بامداد را نشـان می‌داد.

" شما باید مواظب چمدان‌های خود باشید، ممکنه به یکباره گم شوند...!"

ناگهـان از پشـت سـر، صدایـی بـا لهجـه‌ی سـنگین ایرانـی او را بـه خـود آورد و بـه طـرف صدا برگشـت. نـادر را می‌دیـد کـه چمدان‌هایش را در دسـت داشـت. نادر در میـان جمعیت بـه راه افتاد و رکسـانا سرآسـیمه و نگـران در پِـی‌اش قـدم برداشـت. وقتی به او رسـید و خواسـت چمدان‌هایش را از او پـس بگیـرد، نـادر ایسـتاد و با انگلیسـی دسـت و پا شکسـته‌اش زبان گشـود:

"نگران نبـاش، مـن نـادر دوسـت حسـین هسـتم...، پـری قـرار بـود شـما را ملاقـات کنـد ولی نتوانسـت بیایـد، مـن نـادر بـرادرش هسـتم و شـما را می‌بـرم پیشـش...!"

حسـین گفتـه بود که پـری او را از فرودگاه برمـی‌دارد و حالا مرد جوان تنومنـدی چمدان‌هایش

را در دست داشت. رکسانا یقین داشت که پری می‌بایست به سراغ او می‌آمد. لحظاتی تامل کرد. سرانجام تصمیم گرفت به نادر اعتماد کند. در اعتمادش جای سوال دیده می‌شد. نادر صدای بسیار آرامی داشت. پوستش تیره و نگاهش نافذ بود. یک ژاکت مشکی چرمی و شلوار جین آبی رنگی بر تن داشت. رکسانا هر چند مُردَد اما تصمیم گرفت با نادر همراه شود.

نادر بر آستانه‌ی درب خروج مکث کرد و به نشانه‌ی ادب خواست تا رکسانا ابتدا خارج شود. همین که پایشان به پیاده‌روی خیابان رسید با اصرار چند راننده‌ی تاکسی روبه‌رو شدند که در انتظار جذب مسافر بودند. دیری نگذشت که در صندلی عقب یک تاکسی کنار نادر نشسته بود. او از نحوه‌ی راندن راننده‌ی تاکسی که از چراغ قرمز عبور کرده بود و بدون رعایت مقررات می‌راند، مبهوت بود. رکسانا با این طرز رانندگی آشنا نبود و حتی نمونه‌ای از این نوع رانندگی را در آمریکا مشاهده نکرده بود. خیابان‌ها ساکت و آرام بود و پیرامونش از لس آنجلس سبزتر و تا اندازه‌ای تازه‌تر به نظر می‌رسید. رکسانا با اینکه نگران طرز راندن راننده‌ی تاکسی بود، اما نمی‌توانست خود را از تماشای بلوار زیبا و ساختمان‌های مرتفع محروم کند. درختان چناری که در داخل دو جوی کوچک آب روییده بودند، جلوه زیبایی داشتند. جویی که در طرفین بلوار به طور موازی در جریان بود. ردیف درختان چنار و تیرهای چراغ برق، پیاده‌روها را از سطح بلوار جدا می‌کرد.

رکسانا هنوز به دنبال یافتن پاسخ تردیدهای سفرش بود. مادرش نسبت به حضور در خاک ایران، حساسیت منفی خاصی داشت. حساسیتی که ناشی از تصمیم نادرست پدرش بود. او حتی از شنیدن نام ایران هم عصبانی می‌شد. اما مادرش از تمام دنیا دلخور و عصبانی بود. بدون هر گونه انتظار و شادی زندگی می‌کرد. رکسانا از این رو بدون اطلاع مادر به ایران سفر کرده بود. او مایل نبود تا بر خشم و ناراحتی مادرش بیافزاید و یا مادرِ نگرانش، او را عصبانی کند.

تاکسی در مقابل یک کوچه‌ی کوچک که در ضلع جنوبی تهران واقع شده بود، توقف کرد. نادر پس از پرداخت کرایه‌ی راننده، چمدان‌های رکسانا را برداشت و در کوچه‌ی سرد و باریک حرکت کرد. رکسانا مشکوک و متفکر به دنبالش. از منظره‌ی فقیرانه‌ی کوچه که متشکل از خانه‌های کوچک و کهنه بود، دچار تعجب شد. به این پرسش می‌اندیشید که آیا او هنوز در شهر تهران حضور دارد. کوچه فاقد هر گونه درخت سرسبز بود. نادر در مقابل یک درب چوبی قدیمی که یک پوشش برنجی زنگ‌زده‌ای داشت، ایستاد. رکسانا از رویت این محل بیشتر نگران شد. آنچنان که به فرار هم می‌اندیشید. ولی قبل از اینکه تصمیمی بگیرد در انتظار باز شدن درب حیاطی ماند که نادر به صدا درآورده بود. پیرمردی درب حیاط را گشود. لبخند صلح‌آمیزی نثارشان کرد. این برخورد خوشایند به رکسانا امید بخشیده بود. نادر از او خواست

تـا وارد شـود. رکسـانا داخـل شـد و نادر بـه دنبالش قدم برداشـت.

از چنـد پلـه پاییـن رفتنـد و بـه داخـل یـک حیاط وسـیع پـا گذاشـتند. حیـاط از چنـد درخت کوچـک، تعـدادی بوته‌ی گل رُز و یک حوض نسـبتا" بزرگ که در وسـط قرار داشـت تشـکیل شـده بـود. سـاختمان اتاق‌هـای بسـیاری داشـت کـه در دو طبقـه مانند یک هتـل کوچک به هم پیوسـته بودنـد. آنهـا از کنـار حوض وسـط حیاط که از تعدادی ماهی طلایی تشـکیل شـده بود عبـور کردند. سـپس از چنـد پلـه‌ی سـاختمان بـالا رفتنـد. در بالکنی کوچـک از جانب تعـدادی اتاق گـذر کردند. از طریـق پنجره‌هـای اتاق‌هـا می‌شـد خانـواده و افـرادی را دیـد کـه در رختخواب آرمیـده بودند.

درب اتاقـی کـه بـه طرفـش می‌رفتنـد بـاز شـد. یک زن جـوان و زیبـا در میـان قـاب درب اتاق ظاهـر شـد. موهـای تیـره‌ی بلندش به گونـه و صورت کشـیده‌اش می‌آمد. او بیسـر و صدا رکسـانا را در آغـوش گرفـت. گونه‌هـای او را بوسـید و بـه گرمی دسـتانش را فشـرد. رکسـانا برای نخسـتین بار احسـاس امنیـت کـرد. احساسـی شـیرینی که تا پیـش از این و پـس از ورود به خاک ایران نچشـیده بـود. او انتظـار نداشـت کـه از طـرف یـک فرد غریبـه مورد توجه و اسـتقبال گـرم قرار گیـرد. نادر به کسـانا رو کـرد: " ایـن خواهـر من، پری اسـت، دانشـجوی رشـته‌ی انگلیسـی دانشـگاه تهـران، پری، این رکسـانا دوسـت حسـین است"

وقتـی پـری او را بـه داخـل اتـاق نیمه تاریـک دعوت کرد، رکسـانا احسـاس ناخوشـایند و در عین حـال تسـکین یافتـه‌ای داشـت. لحظاتـی طـول کشـید تا چشـمانش به نـور ناچیـز اتاق عـادت کند و یـک میـز کوچـک را بـا یـک لامـپ مرکـزی تشـخیص دهـد. در جـوار آن میز یک جـا نمـازی بر کف اتـاق پهـن بـود. زن ریـز نقشـی از خـواب برخاسـت، وقتـی متوجه‌ی حضـور نادر شـد او را بغـل کرد، سـپس نوبـت بـه رکسـانا رسـید، او را در آغوش گرفت و بـا خوش آمدگویی بوسـید. در ادامـه به آماده کـردن غـذا مشـغول شـد، غذایـی بـود کـه او از قبـل پخته بـود و بـر روی چـراغ کوچکی کـه در کنار اتـاق قـرار داشـت گـرم می‌شـد. نـگاه رکسـانا جلب هیاهـوی دختر و پسـر نوجوانی شـد کـه از خواب پریـده و بـه سـمت نـادر یـورش برده بودنـد. آنها خـود را در آغوش نـادر جـای داده و او را بوسـه باران می‌کردنـد. طولـی نکشـید کـه نادر خـود را به یـک کـودک بزرگ تبدیـل کرد و در جنگ متکایی‌شـان شـرکت نمـود. رکسـانا همچنان شـاهد ایـن صحنه بود. آنـان آهسـته و آرام بازی می‌کردند تـا مبادا به آسـایش همسـایه‌ی دیـوار بـه دیوار خـود لطمه‌ای بزنند. اشـک در چشـمان پری و مـادرش حلقه زده بـود. رکسـانا متوجـه این موضوع شـده بـود. پری با صدایـی گرفته و آهسـته برای رکسـانا توضیح داد:

"اون تـازه از سـفر هشـت ماهـه برگشـته، بچه‌هـا عمـو نـادرو خیلـی دوسـت دارنـد...، همـه اینجـا گریـه می‌کننـد...!، وقتـی یکـی میـره گریـه می‌کننـد و وقتـی هـم برمی‌گـرده بـاز هـم گریه می‌کننـد...، امـا این اشـک شـوق و شـادی اسـت، بچه‌ها به خواهـر مرحومـم تعلق دارنـد، او در یک

تصادف رانندگی با پدرشان درگذشت، حالا با من و مادرم اینجا زندگی می‌کنند... پدر ما نیز در سنین پایین درگذشت، من و نادر از خانواده پشتیبانی می‌کنیم...! "

نادر سعی داشت تا بچه‌ها را آرام کند ولی موفق نشد. سرانجام تسلیم آنها شد و بر کف اتاق دراز کشید. بچه‌ها بالاخره ساکت شدند. همگی می‌دانستند که باید آهسته حرف بزنند تا مزاحم خواب همسایه‌ها نشوند. اندکی بعد سکوت و آرامش در محیط اتاق برقرار شد. رکسانا بر روی یک صندوق رنگی نشسته بود و استکانی چای می‌نوشید. هنوز برایش قابل قبول نبود که همه‌ی آنها در این اتاق کوچک زندگی می‌کنند. اصلاً چرا نادر او را به یک خانه‌ی تک اتاقی آورده بود. برای رکسانا یک چیزهایی داشت روشن می‌شد. صدای نادر سکوت را شکست:
"خُب، حالا که دیر وقته، بهتره چند ساعت دیگه اینجا سر کنید تا فردا یک جای مناسب برای شما پیدا کنیم... "

رکسانا سردرگم و متعجب می‌خواست بپرسد که چرا نادر از همان ابتدا او را به یک هتل نبرده است، اما حواسش به طرف حرکت دخترک نوجوان پرت شد. دخترک پس از لمس کردن دست رکسانا به لمس و امتحان موهای او مشغول بود.

هنوز رکسانا با دخترک کوچک سرگرم بود که مادر سفره را انداخت و غذا آماده خوردن شد. پری رکسانا و نادر را به سر سفره دعوت کرد. ساعت سه بامداد بود. رکسانا از اینکه در این ساعت از شب سفره‌ی غذا گسترانیده شده متعجب بود. او واقف نبود که مادرهای ایرانی برای پذیرایی از بچه‌های خود وقت و زمان نمی‌شناسند. با توضیحاتی که پری داد، رکسانا مجاب شد تا پای سفره بنشیند و غذایی میل نماید. ساعتی بعد نادر رفته بود. رکسانا مابین پری، دو کودک نوجوان و مادر سالخورده دراز کشیده بود و سعی می‌کرد تا بخوابد. او به سخن پری فکر می‌کرد که به او گفته بود: "دیر وقت است و اگر خانه‌ی آنها را ترک کند باعث ناراحتی مادرشان می‌شود"

رکسانا ساعتی بعد، از خواب بیدار شد. او نیاز داشت تا به توالت برود. نگاهی به اطراف اتاق انداخت. توالتی یافت نمی‌شد. همه در خواب بودند. رکسانا از محل توالت بی‌خبر بود. او تصمیم گرفت تا بجای بیدار کردن اهل خانه، صبر پیشه کند. بنابراین چشم‌هایش را بست و برای انحراف ذهن خویش به یک بازی فکری مشغول شد.

هنگام طلوع آفتاب، رکسانا با نوازش دستان کوچکی بیدار شد. چشم‌هایش را گشود. نگاهش به سارا افتاد. همان دخترک نوجوان. سارا با لبخند شیرین و آن چشمان درشت سیاه معصومش مشغول بازی با موهای رکسانا بود. تبسمی شیرین بر سیمای روشن رکسانا نشست. توجه‌اش به سمت جایی که علی پسرک نوجوان قرار داشت چرخید. او در گوشه‌ای نشسته بود و با چهره‌ای

بشـاش آنهـا را تماشـا می‌کـرد. بوی نـان تازه‌ی پخته شـده فضای اتـاق را پر کرده بود. پـری و مادرش در فاصلـه‌ای از او صبحانـه را آمـاده کـرده بودند. کل آشـپزخانه آنها چیزی به غیر از گوشـه‌ای کوچک از اتـاق نبـود. ابعـادی در حـدود پنـج تا شـش فوت مربـع. از نحوه‌ی تهیـه‌ی آرام صبحانه شـگفت زده بـود. چگونـه بـدون بیدار کـردن او توانسـته بودند صبحانه‌ای آمـاده کنند. پنـداری او در خواب عمیقی فـرو رفتـه بـود کـه از شـنیدن انعـکاس هـر گونـه صدایـی بـی خبر بـود. بـوی معطر پنیـر و نـان تازه سـنگک کـه مـادر پـری قبـل از بیدار شـدن آنهـا از نانوایی خریده بود به مشـام می‌رسـید.

امـا رکسـانا قبـل از چشـیدن طعـم نخسـتین صبحانـه‌ی ایرانـی، ابتـدا نیاز بـه توالت داشـت. به دنبـال پـری کـه آفتاب‌هـای را حمـل می‌کـرد از اتاق خـارج شـدند. اکنـون در بالکن جلـوی اتاق‌ها حضـور داشـتند. چشـم‌های رکسـانا بـه داخـل حیـاط افتـاد. دو تـن از زنـان همسـایه پـای حـوض نشسـته بودند. آنها به شستشـوی رخت و لباس و ظروف آشـپزخانه مشـغول بودند. عده‌ای دیگر در صفـی ایسـتاده بودنـد و انتظار می‌کشـیدند. در دور دسـت، رقص شـعله‌های پالایشـگاه نفـت تهران پیـدا بـود. نفـت در کنـار رفاه و توسـعه، در ایجاد مشـکلات بسـیاری نقش داشـت. کشـورهای غربی بـرای دریافـت نفـت ارزان همـواره در تکاپـو بودنـد. آنها بـا شـیوه‌های بی‌ثبات‌کننده، می‌کوشـیدند تـا بر مسـائل و مشـکلات کشـورهای نفتـی بیافزایند.

رکسـانا کـه تحـت توجـه و نـگاه همسـایگان قـرار داشـت بـه دنبـال پـری از پله‌هـای سـاختمان پاییـن آمـد. آنهـا در حیـاط به سـمت آخر صـف حرکت کردنـد. در ته صف ایسـتاده و منتظـر ماندند. رکسـانا تـازه پـی بـرده بـود که ایـن صفِ تنها توالتی‌سـت که همـه از آن اسـتفاده می‌کردنـد. توالتی کـه رکسـانا بـه آن نیـاز مبـرم و فوری داشـت. حـالا همه‌ی اهل صـف که انـگار عمری بوده انگلیسـی می‌دانسـتند بـا مهمـان خارجی خـوش و بش می‌کنند. عـده‌ای هم به فارسـی مـزاح می‌کردند، گویی کـه رکسـانا می‌فهمـد. مـردی از توالـت بیـرون می‌آید. دختر بچـه‌ای که نوبـت توالتش رسـیده بود به سـمت رکسـانا حرکت می‌کند. او به رسـم تکریم و شـیفتگی، دسـت رکسـانا را گرفت و نوبتش را به او تقدیـم کـرد. اهالـی صـف در تشـویق مهمان‌نوازی دختـرک هم صدا می‌شـوند.

در ایـن هنـگام پیرمـردی کـه از اتاقـش خـارج شـده بـود با آفتابـه‌ای عجولانه سـر رسـید. کمر شـلوارش را بـا دسـتی نگـه داشـته بـود که مبـادا پاییـن بیاُفتد. او قبـل از اینکـه رکسـانا وارد توالت شـود از او پیشـی گرفـت و خـود را در توالـت جـای داد. رفتار ناشایسـته‌ی پیرمرد موضـوع گفتگوی اهـل صـف شـد. همسـایه‌ها همه بـا نگاه‌هایـی که بـر روی رکسـانا باقی مانـده بود سـعی می‌کردند تـا بـا لبخندهـای مهربان و کنجـکاو از او اسـتقبال کنند.

در تمـام ایـن مـدت پـری حـرکات و رفتار رکسـانا را زیر نظر داشـت. از حرکات رکسـانا می‌توانسـت بفهمـد کـه او بـا نحـوه‌ی زندگی در ایران بیگانه اسـت. رکسـانا به واسـطه‌ی اینکـه ایـران از منظر نفت،

بسیار غنی بود، انتظار داشت همه‌ی مردم باید ثروتمند بوده و یا حداقل در آسایش بیشتری زندگی کنند. رکسانا خبر نداشت که با طرح یک نقشه قبلی به خانه‌ی مادر پری آورده شده است. او نمی‌دانست که پری با مادرش زندگی نمی‌کند و به او دروغ گفته است. نمی‌دانست مادر پری خودش مایل نبود که در جای دیگری زندگی کند. رکسانا نمی‌دانست که حسین و دوستانش می‌خواهند تا با احساسات او بازی کنند. آنها قصد داشتند تا با فراهم کردن شرایطی بغرنج، رکسانا را با هدف خود همراه کنند. سرانجام پیرمرد با لبخندی از توالت خارج شد و نفسی به راحت کشید. سپس به رسم ادب و به مانند یک خدمتکار، درب توالت را بر روی رکسانا باز کرد تا او داخل شود. رکسانا با تردید و پرسش منتظر ماند. پری توضیح داد که او میهمان است و تا زمانی که او از توالت استفاده نکند، اهل خانه معذب خواهند بود. رکسانا وارد توالت شد. اما از رویت توالت ایرانی که با نوع فرنگی تفاوت فاحشی داشت تعجب کرد. پری که منتظر چنین واکنشی بود با آفتابه‌اش داخل شد. سپس به او نشان داد که چگونه باید از توالت در ایران استفاده کرد:

"ما اینجوری روی دو پا می‌نشینیم که البته از نظر علمی بهترین طریق برای توالت رفتن است بعد هم بجای کاغذ توالت با آب اینجوری خودمان را تمیز می‌کنیم..."

چشمان رکسانا، پری را به سمت خروج از توالت دنبال کرد. همسایگان با لبخندی نظاره‌گر این صحنه بودند. پری درب توالت را بست. رکسانا لحظاتی به سوراخ توالت خیره ماند. او همچنان مُردد بود که از توالت استفاده کند.

ساعتی بعد، رکسانا بر کف اتاق دور یک سفره نشسته بود و به اتفاق خانواده‌ی پری صبحانه میل می‌کرد. همه سعی داشتند تا از او پذیرایی کنند. صبحانه شامل شیر داغ، چای داغ، تخم‌مرغ سرخ شده، کره، پنیر و البته نان سنگک تازه بود. رکسانا از وجود آن همه غذا دچار پرسش و تعجب بود. آنها در آمریکا عادت کرده بودند تا فقط از یک نوع غذا استفاده کنند. خانواده‌ی گرم و کوچکِ پری، رکسانا را به یاد کودکی و دوران زندگی در آمریکا انداخته بود. رکسانا به این نکته فکر می‌کرد که او چقدر تنها بود. از اینکه تنها فرزند خانواده بود و با مادرش به تنهایی زندگی می‌کرد، حسابی بَدش آمده بود. از اینکه شب‌ها تنها همدمش عروسکی بود که آهنگ بچه‌ی "کوچولو" را برایش می‌نواخت و او بارها و بارها به آن گوش می‌کرد تا خوابش ببرد، بَدش آمده بود. به اینکه در تمام عمرش چقدر تنها بود، فکر می‌کرد.

ساعتی پس از صرف صبحانه، رکسانا، عقب یک تاکسی کنار پری نشسته بود و دوباره داشت خیابان‌های تهران را تماشا می‌کرد. تاکسی در مقابل یک متل کوچک که در جنوب شهر تهران واقع شده بود ترمز کرد.

*****

فصل ۴

وقتی سفارت آمریکا تنها امیدی تو است برای یافتن دخترت...

آفتابـی درخشـان بـر فراز تپه‌هـای سـانتا مونیـکا در کالیفرنیا طلوع کـرده بود. نسـیم دریا، نوید زندگـی را مـی‌داد. در یـک روز معمولـی، لینـدا سـاعت شـش صبـح از خـواب بیـدار می‌شـد، او روز خـود را بـا چـای بـدون قنـد، ورزش و پیـاده‌روی در کنـار سـاحل آغـاز می‌کرد تـا ریه‌هـای خود را پـاک کنـد. سـگ کوچـکِ لـوس و عبوسـش همیشـه در کنارش به بـازی مشـغول بـود و او را دنبال می‌کـرد. سـگ را رکسـانا بـه مـادرش هدیـه داده بـود کـه شـاید از تنهایی خلاص شـود، اسـمش را هـم ببـر گذاشـته بـود چرا کـه بـا آن جثه‌ی کوچکـش به سـگ‌های بزرگ‌تـر حمله ور می‌شـد. ببر عاشـق پریـدن روی تخـت و لیسـیدن لینـدا بـود، اکثر صبح‌هـا با ایـن کارش لیندا را از خـواب بیدار می‌کـرد کـه بـه او یـادآوری کنـد وقت قـدم زدن و بازی کنار سـاحل اسـت. اگر هم لینـدا بیمار بود، بـه نحـوی، ببـر می‌دانسـت و روی تخـت لینـدا می‌خوابیـد که با او باشـد.

در صبحـی خـاص، لینـدا هیـچ تمایلـی بـرای خـروج از رختخـواب یا رفتن بـه پیاده‌روی نشـان نمـی‌داد، چشـمان متورمـش از یک شـب بی‌قـرار و بی‌خواب خبر مـی‌داد. در تمام طول شـب نگران رکسـانا بـود و بـه گذشـته و همسـرش فکـر می‌کـرد. می‌دانسـت کـه بعد از گذشـت این همه سـال هنـوز هـم عاشـق اسـعد بـود. قبـل از اینکه اسـعد آنهـا را به قصد ایـران ترک کنـد، در نظـر لیندا او مهربان‌تریـن، حسـاس‌ترین و دلسـوزترین پـدر و همسـر شـناخته می‌شـد. او هرگـز خـواب چنیـن بخـت خوشـی را هـم ندیـده بـود، امـا در یـک لحظـه همـه چیـز از بیـن رفـت. وقتـی کـه اسـعد با تصمیمـی متکبرانـه بـه ایران برگشـت، خوشـبختی او با غم و ناامیدی همنشـین شـد. اکنـون واهمه داشـت کـه سرنوشـت فرزنـدش به سرگذشـت مـادرش دچار شـود. احسـاس گنـاه می‌کـرد که چرا و چطـور نتوانسـته بـود رکسـانا را از افتـادن در چنیـن دامـی محافظت کنـد. او باور داشـت که تمام سـعی خـود را کـرده بـود، هر چنـد حاصـل امیدوارکننـده‌ای نداشـت. حالا امـکان داشـت فرزندش بـه سرنوشـت تلخ مـادرش دچـار شـود. گمـان می‌کـرد کـه بـه اتهـام سـهل‌انگاری مـورد خشـم و کینـه‌ی رکسـانا قـرار گیـرد. بـه ایـن موضـوع می‌اندیشـید، مردانـی هسـتند کـه بـه همسرانشـان عشـق می‌ورزنـد، در خدمت‌شـان هسـتند و خـود را وقـف خانـه و خانـواده می‌کنند. مردانـی وجود

دارند که غالباً نقش‌های واحد و مفردی را دنبال می‌کنند، کسب و کار و ورزش عمده‌ی مشغله‌شان را تشکیل می‌دهد. اما مردانی هم زندگی می‌کنند تا به مانند اسعد و حسین، ملت و میهن‌شان را در خط مقدم زندگانی خود قرار می دهند.

لیندا از اینکه قدم‌های پای حسین در مسیر زندگانی فرزندش نقش بسته بود در پرسش و بُهت به سر می‌برد. در حقیقت، حسین تقریبا آینه و نمونه‌ی تمام‌قَدِ همسرش بود. لیندا می‌دانست که حسین از احساس عمیق رکسانا سوء استفاده کرده و او را برای سفر به ایران فریفته است. قلبش گواهی می‌داد که فرزندش در محاصره‌ی اتفاقات نامیمون قرار دارد. برایش قابل هضم نبود که فرزندش، اعتقادات حسین را بر مِهر مادرانه‌اش ترجیح داده بود. می‌دانست حسین ذهن فرزندش را از آمال و افسانه پُر کرده بود. رکسانا با همان سرعت و شتابی ناپدید شد که اسعد از زندگانی لیندا غیب شده بود. لیندا کاملاً واقف بود که باید کاری کند کارستان. بنابراین از سفارت آمریکا در ایران شروع کرده بود. مُدام به سفارت تلفن می‌زد. دیگر تمام اعضای سفارت در جریان اطلاعات زندگی رکسانا و اسعد قرار گرفته بودند. اعضای سفارت، حتی لیندا را از قصد مسافرت به ایران منصرف کرده بودند. آنها کاملاً مخالف مسافرت او بودند. اعضای سفارت آمریکا به لیندا اطمینان داده بودند که دیگر نیازی به حضور او نیست، به او قبولانده بودند که در صورت ورود به ایران با مسائل و مشکلات مضاعفی مواجه خواهد شد. به لیندا وعده داده بودند که فرزندش را پیدا می‌کنند و به آمریکا برمی‌گردانند. اکنون لیندای درمانده فقط می‌توانست در انتظار خبری خوش به گوشی تلفن چشم و گوش بسپارد. در واقع اعضای سفارت آمریکا می‌کوشیدند اوضاع داخلی ایران را اَمن و آرام نشان دهند تا از نگرانی و اضطراب لیندا بکاهند. برخلاف تظاهر اعضای سفارت، اوضاع سیاسی و اجتماعی ایران ناامن و ملتهب بود. اعضای سفارت آمریکا هرگز مایل نبودند تا با ورود یک زن آمریکایی دیگر، بر دامنه‌ی مشکلات خود بیافزاید.

گرچه لیندا صدای زنگ تلفن را شنید، اما بی‌حرکت نشست و به آن خیره شد. سرانجام صدای مردی از دستگاه پاسخ‌دهنده شنیده شد که باعث بالا رفتن ضربان قلبش شده بود. "خانم فاطمی؟، من فِرد از سفارت آمریکا در تهران هستم" با شنیدن صدای فِرد لیندا از دنیای تفکرات خود خارج شد و بی‌درنگ گوشی را برداشت:

"بله فِرد؟، من خانم فاطمی هستم، دختر من را پیدا کردی؟ "

صدای فرد در گوشی:" بله خانم فاطمی، او اینجا است، گوشی را نگه دارید تا با شما صحبت کند..."

با شنیدن بله، اشک در چشم‌های لیندا حلقه زد. صدای رکسانا در گوشش پیچید و مادر آرام شد: "مام، من حالم خوبه، خواهش می‌کنم دیگه به سفارت زنگ نزنید، شما من را

خجالـت‌زده می‌کنیـد...، مـام خواهـش می‌کنـم قبـول کـن که من دیگـه بچـه نیسـتم و می‌تونم از خـودم مراقبـت کنـم...؟، قـول می‌دهـم امشـب از هتـل با شـما تماس بگیـرم...“

لینـدا مانـده بـود چـه پاسـخی بدهـد. هر چـه می‌گفت بـرای رکسـانا قابل قبـول نبـود و ممکن بـود باعـث شـود کـه رکسـانا دیگر بـا او تماس نگیـرد. فقط گفـت: ”من نگرانـت بودم...، بایـد بدانم حالـت خوب اسـت؟، لطفـاً، لطفاً مراقب بـاش... “

” من خوبم، من خوبم...، بعدا با شما تماس می‌گیرم، خواهش می‌کنم دیگه به سفارت زنگ نزنید...!“

*****

بـه محـض اینکه رکسـانا گوشـی تلفن را گذاشـت، چشـمش به فِرد افتـاد که در تمـام این مدت بـه او خیـره شـده بـود. گویـی بـه نوعـی او را تجزیـه و تحلیل می‌کـرد. فِـرد در سی‌سـالگی حیاتش بـود. موهـای طلایـی و لهجـه‌ی تگزاسـی‌اش داد می‌زد کـه یک امریکایی اصیل اسـت. فِـرد که انگار از رکسـانا خوشـش آمـده بـود سـعی داشـت تا آنجا کـه ممکن اسـت، خـودش را در دل او جـا کند. رکسـانا آن افـکار و تقاضـای قبـل از تمـاس تلفنـی‌اش را گم کرده بود. نمی‌دانسـت چگونـه و از کجا بایـد شـروع کنـد. انـگار آمـده بـود به سـفارت که برای پیـدا کردن پـدرش از آنهـا کمک بگیـرد. اما نخسـتین سـفارش فِـرد ایـن بود که او هـر چه زودتر ایـران را ترک کنـد، گفته بود ایـران آن طوری کـه او می‌بینـد، آرام نیسـت. اتفاقـات ناخوشـایند بسـیاری در شُـرُفِ وقوع اسـت که سـلامتی‌اش را تهدیـد می‌کنـد. رکسـانا بـرای شـنیدن ایـن قبیـل حرف‌هـا، علاقه‌ای نشـان نمـی‌داد. اکنـون مُردَد بود کـه به انتظـار و تقاضایـش بپردازد:

”تشکر از نگرانی شما، اما من نگران نیستم، فقط آمده بودم اینجا که شاید شما برای پیدا کردن...“

فِرد، گویی که در زیبایی رکسانا محو بود، کلام او را قطع کرد:

”پدرتـون بـه شـما کمـک کنـم؟، پـدری کـه وقتی شـما سـه یـا چهار سـالتون بـود شـما را در آلمـان ول کـرد و آمـد اینجـا بـه مصـدق کمـک کنـد و دیگـر هیـچ خبـری از او نشـد...؟ “

حـالا رکسـانا بـه نگرانـی و تردیـد دوچندانـی دچار شـده بود. بـه این فکـر می‌کرد کـه چگونه و از کجـا ایـن غریبـه کـه بـرای اولیـن بـار او را می‌دید همه چیـز را در مورد پـدرش می‌دانسـت. او از حقایقـی پـرده برمی‌داشـت کـه بـرای رکسـانا تا مدت‌هـا پنهان و ناشـناخته بود. رکسـانا ایـن را هم فهمیـده بـود کـه فِـرد از او خوشـش آمده و قصـد کمک به او را داشـت.

هنـوز رکسـانا بـه خـودش نیامـده بـود که فِرد کـه حالا خیـال می‌کرد سرکنسـول آمریکا اسـت بـا قـدرت و اتـکاء بـه نفـس ادامه‌ی صحبـت داد، هدفش هـم جلب‌توجهی رکسـانا بـود و اینکه خود را پیـش او بـزرگ، دانـا و مهـم جلـوه دهـد. اما فِـرد دریافته بـود که او با یـک زن جـذاب، یک دنده

و باهوش طرف است و باید اندکی تعادل رفتار خود را حفظ کند:

"خانم فاطمی، مادر شما بارها با ما تماس گرفته است...!، شاید خنده‌دار باشد اما همان‌طور که گفتم من باید با ایشان هم‌عقیده باشم...، دوست پسر شما به خاطر نیت دیگری شما را راهی ایران کرده است و کوچکترین نشانی از پدر شما ندارد، نگرانی مادرتون درست است...، اینجا جان شما در خطر است...!"

فِرد همچنان مشغول صحبت بود، اما فکر رکسانا، حالا با فِرد نبود، رفته بود به طرف مادرش، او خیال می‌کرد وقتی مادرش باخبر شود که او به ایران سفر کرده است دیگر کار از کار گذاشته باشد. دیگر نمی‌توانست برای سرزنش و نصیحت به او دسترسی داشته باشد، بنابراین بالاخره آرام خواهد شد، او هرگز پیش بینی نمی‌کرد که مادرش به عالم و آدم زنگ بزند و آرامش همه را بگیرد و او را زبانزد خاص و عام کند. او از این نوعِ رفتار مادرش، سرافکنده بود. رکسانا از مادرش حسابی دلخور بود که بدون جلب رضایت او با سفارتخانه تماس گرفته و آنها را در جریان همه چیز قرار داده بود، از طرفی به سخنان فِرد مشکوک بود، آیا او در مورد خطرات و شرایط ناامن ایران غُلو کرده بود و یا شایدم در نظر داشته او را بترساند تا از شرِ مشکلاتش فارغ شود. به نظر می‌رسید همه چیز آرام و عادی بود، اما این سخن فِرد هنوز در گوش‌هایش انعکاس داشت:

"به‌ظاهر به نظر می‌رسد همه چیز اینجا آرام است...، اما در واقع، وضعیت در این کشور بسیار متفاوت از آن چیزی است که ما می‌بینیم...، به مراتب پیچیده‌تر است، مثل دودی است که در زیر خاکستر دفن شده است، درست مثل آرامش قبل از طوفان...، هنگامی که وزش باد در جهت اشتباه تغییر کند، خاکستر پراکنده می‌شود و دود از زیر خاکستر بیرون می‌زند...، وقتی که دود با هوا قاطی شد دوست و آشنا نمی‌شناسد، بد و خوب همه آن هوای آلوده را استنشاق می‌کنند، چشم‌های بسیاری را نابینا می‌کند و عده‌ی کثیری را هم خفه خواهد کرد...!"

رکسانا کنترل و آرامش خود را از دست داده بود و با هضم آنچه را که شنیده بود، مشکل داشت. معده اش از غیظ و قهر به درد آمده بود. دیگر تحمل نداشت تا بنشیند و به سخنان فِرد گوش بِسپارد. در آن هنگام، هیچ چیز برایش معنی و مفهوم نداشت.

خیال می‌کرد شاید همه اینها یک شوخی بود، یک شوخی وحشتناک. اما هیچ‌کدام از اینها برای رکسانا اهمیت نداشت. او علاقه‌ای نداشت که از نظرات فِرد یا نصایح مادرش برخوردار شود. خودش را قدری جمع جور کرد. با فکری متمرکز و با اطمینان خاطر کوشید کنترل اوضاع را در اختیار بگیرد. در حالی که به فِرد رو کرده بود، از جایش برخاست و به سمت خروج از اتاق

حرکـت کرد:

"چـه قـدر قشـنگ گفتیـد کـه مـن همـه چیـزو فرامـوش کنـم و برگـردم بـه آمریـکا پِـی کار خـودم...، بـه هـر حـال متشـکرم "

اما قبل از اینکه بتواند از درب اتاق خارج شود، فرد راهش را سد کرد:

"خانـم فاطمـی مـن اینجا هسـتم که بـه شـهروندان آمریکایی مثل شـما کمک کنـم...، که دچار مشکلی نشوند...!"

بـه همـان سُـهولتی کـه فِرد راه او را سَـد کـرد، رکسـانا متقابلا" قدم بـه دور او گذاشـت و گویی کـه آنهـا یک والـس آرام می‌رقصیدنـد، از درب خارج شـد.

*****

رکسـانا از در سـاختمان سـفارت خـارج شـد، وقتـی مطمئـن شـد کـه فِـرد دیگـر او را دنبـال نمی‌کنـد، در قسـمت بـالای پله‌هـا مشـرف بـه بـاغ بـزرگ سـفارت نشسـت و در افـکار خویـش گم شـد. پرسـش‌های بسـیاری در ذهنـش زنـده می‌شـد. چـرا بـرای دریافـت کمک بـه سـفارت آمریکا مراجعـه کـرده بـود؟، چـرا بـدون تحقیقـات کافی به حسـین اعتمـاد کرده و بـه ایران آمده بـود؟، به چـه کسـی می‌بایسـت تکیـه می‌کـرد؟، اصلاً او در ایران چـه می‌کرد؟، قبـل از ورود به ایـران، هرگز انتظـار نداشـت کـه بـا چنین سـوالاتی مواجه شـود، می‌دانسـت که با فهرسـت کـردن ایـن چراها و بـا دلخـوری از لینـدا، مشـکلاتش برطرف نمی‌شـود. صـدای زنـی او را از دنیای تفکـراتِ بی‌حاصلش خـارج کرد:

"من مطمئنم، تو این فکری که آیا سفرت به ایران تصمیم درستی بوده یا نه؟"

سـر رکسـانا برگشـت و نگاهـش بـه یـک زن بلند بـالا افتاد. زیبـارو و با پاهایـی کشـیده. در اَوانِ چهـل سـالگی خـود قـرار داشـت. او دوریـان مک‌گـری بـود کـه پشـت سـر او ایسـتاده بـود. از سـر و شـکل و طـرز لبـاس پوشـیدنش پیـدا بـود کـه یـک آمریکایی اسـت. رکسـانا بـرای لحظاتـی او را ورانـداز کـرد، نمی‌توانسـت تشـخیص دهـد کـه او از کارمنـدان سـفارت اسـت یا بـرای انجـام کاری بـه سـفارتخانه مراجعـه کـرده اسـت. البتـه ممکن هـم بـود که فِـرد او را فرسـتاده باشـد، از این‌رو در برخـوردش جانـب احتیـاط را رعایـت کـرد. دوریـان رفت و در کنار رکسـانا بـر روی پله‌ای نشسـت:

"امـکان نـدارد کـه بـه ایـن زودی بـه این نتیجه برسـی کـه تصمیم درسـت گرفتـی یا نـه؟، اما تا وقتـی کـه پـای عقیـده خـودت محکـم بایسـتی و به عقـب نگاه نکنـی و به خودت شـک نکنـی، هیچ پشـیمانی نخواهـی داشـت، فقـط بـه این فکر کـن که تصمیـم آمدنت بـه اینجا بـر پایه‌ی احساسـات قـوی درونـی گرفتـه شـده، اگـر آسـوده می‌شـوی بایـد بگویـم این همـان کاری بـود که مـن را حدود

بیست و پنج سال پیش به اینجا آورد و من هنوز نصف وقتم را در اینجا می‌گذرانم، بنابراین فقط باید به آینده فکر کنی...“

رکسانا متعجب بود که چگونه این زن غریبه که هیچ شناختی از او ندارد، فکر او را خوانده و مشکل او را می‌داند. به فکرش رسید که لابد فِرد او را فرستاده است:

”به نظر می‌رسد مادرم یا فِرد با شما صحبت کرده باشند...؟“

”شاید هم من کسی باشم که در مورد شما به فِرد گفته باشم...! “

رکسانا می‌خواست به مزاح دوریان بخندد، اما سعی‌اش بی‌فایده بود:

”شاید هم من باید از مادرم به خاطر همین تشکر کنم“

”در حقیقت من و فِرد با هم کار می‌کنیم، البته گاهی اوقات...، در حقیقت من با سفارت در اینجا کار می‌کنم، نه برای سفارت، من به آمریکایی‌هایی که برای دیدن به اینجا و کشورهای دیگر می‌روند، کمک می‌کنم چطور رفتار کنند که دچار دردسر نشوند...، البته اگر با من همیشه در تماس باشند...!“

دوریان تکه کاغذی را از یک دفترچه‌ی یادداشت جدا کرد و شماره‌ی تلفنش را بر روی آن نوشت:

”این شماره‌ی منه، یک جای اَمن نگه دارید، اینجا یک کشور امن است، اما در عین حال می‌تواند خطرناک هم باشد، آدم خیلی راحت می‌تواند اشتباه کند و دچار دردسر بشود...، من حتم دارم که این اتفاق خواهد افتاد...، به هر حال من همیشه بین ایران، اروپا و آمریکا در سفر هستم...، اما همیشه می‌تونی با این شماره با من تماس بگیری...، اوه یادم رفت، اسم من دوریان است و اسم شما هم رکسانا...“

رکسانا با نگاهی عمیق مشغول تجزیه و تحلیل او بود، اما دوریان از جایش برخاست و به داخل سفارت رفت. رکسانا ناگهان به یادش افتاد که دوریان از کجا اسم او را می‌دانست؟

داخل سفارت، دوریان پشت پنجره ایستاده بود و رکسانا را تماشا می‌کرد. رکسانا از درب سفارت خارج شد و در یک تاکسی نشست. آدرسش را به راننده داد. راننده نگاهش به طرف سفارت برگشت، انگار داشت علامتی به کسی می‌داد و یا در جستجوی چیزی بود. با احتیاط آیینه‌اش را بر روی رکسانا تنظیم کرد و به راه افتاد.

در داخل سفارت، دوریان مشغول مطالعه و بررسی پرونده‌ی ضخیمی بود که به اسعد، پدر رکسانا مربوط می‌شد. دوریان خوب می‌دانست که حسین به منظور اجرای اهداف بدی رکسانا را به ایران فرستاده بود. ولی نمی‌دانست چه باید می‌کرد. فقط امیدوار بود رکسانا سر عقل

آمـده و ایـران را تـرک کنـد. امـا همان‌طور که سـرگرم بررسـی پرونده بـود ناگهان به فکرش رسـید کـه اسـعد می‌توانـد مهـره‌ی مهمـی بـرای او باشـد. اما چطـور؟، بایـد او را پیـدا می‌کرد و چـه راهی بهتـر از آن بـود کـه از طریـق فرزنـدش وارد عمـل شـود. امـا بـرای نخسـتین بـار یـک حـس ترحم در وجـودش رخنـه کـرد. خـودش از دلایـل بـروز چنیـن عطوفتـی بی‌خبـر بـود. شـاید هـم بـه یاد دختـر خـودش افتـاده بـود و یـک نـوع وجـه تشـابهی در بین‌شـان وجـود داشـت. گویی بـه وجدان خـود رجـوع کـرده بـود، آیـا درسـت اسـت کـه از رکسـانا سوءاسـتفاده کنـد؟، آیـا عاقلانه اسـت که زندگـی دختـر جوانـی را بـه خطـر بیانـدازد؟، اگر رکسـانا در جایـگاه فرزندش قرار داشـت، آیـا باز او را بازیچـه‌ی اهـداف سیاسـی خویش قـرار می‌داد؟

*****

بیـش از یـک هفتـه از زمـان ورود رکسـانا بـه تهـران گذشـته بـود و او تقریبـا" در این شـهر جا افتـاده بـود. در طـول ایـن مـدت بـا گشـت‌وگذار و امکان تمـاس با مـردم، با اوضـاع و احـوال تهران تقریبـا" آشـنا شـده بـود. امـا متأسـفانه تغییـر چندانـی در زندگـی او ایجـاد نشـده بـود. او هنوز هم در تـلاش بـود تـا بـا حسـین تمـاس بگیرد. بعـد از تـرک آمریکا، حسـین صرفـا" یکبار آن هـم برای مـدت یـک دقیقـه بـا او تمـاس گرفتـه بود. نـادر هم به همیـن رویه انـگار آب شـده بـود و رفته بود زیـر زمیـن. مجـددا" بـه این فکـر افتاده بـود که احتمالا" حـق با لیندا بـود و او می‌بایسـت به نصایح مـادرش عمـل می‌کرد.

رکسـانا امیـدوار بـود حداقـل تا زمانی‌که می‌توانسـت راه و چـاه را در ایران پیدا کنـد و پری با او در ارتبـاط بمانـد، امـا پـری او را در مُتـل کوچـک جنوب تهران رها کـرده بود. او به رکسـانا اطمینان داده بـود کـه در روز بعـد باز خواهد گشـت امـا هیچ خبری از او هـم نبود. مراجعه به سـفارت آمریکا و تقاضـای کمـک از آنهـا هـم به جایی نرسـیده بـود. آنها صرفـا" بر اضطـراب اقامتش افـزوده بودند. رکسـانا بـا صـدای بـوق یک تاکسـی کـه در مقابلش ترمز کـرده بود، از دنیـای تفکراتش بیـرون آمد. سـوار تاکسـی شـد و در سـطح خیابانهـای تهران بـه حرکت درآمـد. از رویـت تابلوی یک رسـتوران، شـکمش دچـار درد شـد، دردی کـه بـه او یـادآوری می‌کرد کـه او در تمـام طـول روز فراموش کرده اسـت که باید غذایـی بخورد.

هـوا تقریبـاً تاریـک بـود کـه تاکسـی در مقابـل متل ایسـتاد. رکسـانا بلافاصلـه پـس از پرداخت کرایـه از تاکسـی پیـاده شـد، منتظـر نمانـد تـا باقیِ پـول خُـردش را دریافت کنـد، او به طـرف متل حرکـت کـرد. ناگهـان یـک اضطرابی در ته دلش زنده شـد. یادش آمد که وقتی سـوار تاکسـی شـده بـود، راننـده را در جریـان مقصدش قـرار نـداده بـود. پـس چگونـه راننـده‌ی تاکسـی او را بـه همان متلـی کـه در آن اقامـت داشـت، آورده بـود. بـه طـرف خیابان برگشـت، راننده تاکسـی هنوز بر سـر

جایش ایستاده بود. به نظر می‌رسید سن و سالش از مرز چهل سالگی گذشته بود. قیافه‌اش نشان می‌داد که از طبقه‌ی کارگر است. اَبروان پُر پشت، چشم‌های ریز و نگاه خسته‌ای داشت. رکسانا نگاهش را از او برگرداند. دچار خوفی شد و ناگهان احساس استفراغ به او دست داد. رکسانا مطمئن بود که تحت نظر قرار دارد. هنوز از سر جایش حرکت نکرده بود که با ندای بلندی سرش دوباره برگشت، راننده‌ی تاکسی را در برابر خود یافت. چنان گیج و سرگردان نشان می‌داد که متوجه‌ی دست راننده نشده بود، راننده داشت اضافه‌ی کرایه‌ی پرداختی او را پس می‌داد. رکسانا در تلاش برآمد تا از او پرس وجو کند:

"از کجا فهمیدی من در این متل اقامت می کنم؟، من که به شما نگفتم کجا میرم؟"

اما تلاش برای برقراری ارتباط با او کاملاً غیرممکن بود، رکسانا فارسی نمی‌دانست و راننده انگلیسی بلد نبود. رکسانا هر چه می‌پرسید، فقط با خنده و تکرار "بله مادام" راننده روبه‌رو می شد.

فصل ۵

وقتی نمی توان به سایه‌ی خود هم اعتماد کرد...

تنها صدای پنکه‌ی سقفی بود که در فضای اتاق متل شنیده می‌شد. رکسانا پنجره‌ی اتاق را باز کرد، نسیم ملایمی وارد شد و با موجی نوازشگر سیمای او را خنک نمود. رکسانا از همان ابتدا خود را عادت داده بود که همیشه با شلوار جین و جامه‌ای پوشیده بخوابد. از این رو گهگاهی بدنش گرم می‌شد. شب از نیمه گذشته بود. رکسانا بر روی تختخواب سِفت و سخت متل خوابیده بود. چشمانش به تیغه‌های پنکه‌ی سقفی اتاق خیره مانده بود. حرکت تیغه‌ها در بازتاب نور چراغ‌های بیرون چشمک می‌زد. صدای نامفهومی از سمت بالکن مقابل پنجره‌ی اتاقش بلند شد. با یک تشویش فراوان، دچار ترس شد. خود را جمع کرد. انگار بدنش زودتر از مغزش فرمان می‌داد. به دنبال ادامه‌ی صدا، نگران نیم‌خیز شد و بر روی تخت نشست. با احتیاط به بالکن خیره شد، اما چیزی را نمی‌دید که باعث ترس او شود. شهر در خواب بود و ترافیک فقط به یک یا دو ماشین که از خیابان مقابل متل عبور می‌کردند، خلاصه می‌شد. دوباره دراز کشید و به پنکه خیره شد، ولی بیم و نگرانی دوباره وجودش را فرا گرفت. تا جایی که انگار داشت کنترل خود را از دست می‌داد.

نزدیک سحر بود و هوا هنوز تاریک. رکسانا با صوتی غیرعادی که از صدای برخورد چیزی با شیشه‌ی پنجره بود، بیدار شد. لحظاتی طول کشید تا عقل و هوش خود را جمع‌وجور کند. با احتیاط و اضطراب از گوشه پرده به بالکن نگاه کرد. دو کبوتر به جستجوی غذا مشغول بودند و انگار با هم گفتگو می‌کردند. خیالش اندکی آرام شد. پرده را بیشتر کنار زد تا خوب اطراف متل را ببیند، گویی با نگاهش پی جوی همان راننده تاکسی بود. از اینکه راننده‌ی تاکسی بخواهد کشیک او را بکشد، نگران بود. تنها، شاهدِ حضور پیرمرد سوپری در پیاده‌روی مقابل متل بود. پیرمرد آشغال‌های سطح پیاده‌رو را به درون جوی آب جارو می‌کرد. به نظرش می‌آمد که پیرمرد سرگرم انجام پانتومیم بود و احساسات خود را در سکوت ریتمیک، گویی با موسیقی، از طریق حرکات صلح‌آمیز و تکراری به نمایش می‌گذاشت. احساس می‌کرد که پیرمرد با پاک‌کردن پیاده‌رو، کمک می‌کند تا او نیز ترس‌هایش را پاک کند. به رختخواب برگشت، چشم‌هایش را

بسـت و بـه خـواب عمیقی فـرو رفت.

*****

از گوشـه‌ی بـاز پـرده، نـور خورشـید دزدکی بـه داخل اتاق تابیده می‌شـد و به سـیمای رکسـانا گرمـا می‌بخشـید. در تمـام طول شـب گذشـته به خاطـر بیم و تشـویش هنگام خواب، چنان خسـته می‌نمـود کـه از گرمـای نـور آفتـاب نه تنهـا آزار نمی‌دید بلکـه مانند یـک ترنم لالایی لـذت می‌برد. امـا صـدای زدن درب اتـاق بالاخـره او را از خـواب عمیقـش بیـدار کـرده بـود. به طرف صـدای درب خیـره شـد. سـاعت، ده صبح را نشـان می‌داد. هنـوز لباس معمولـی روزانه‌اش را بر تن داشـت. کمی طـول کشـید تـا بـه خـودش بیاید. نگـران بود که چه کسـی می‌توانسـت پشـت درب باشـد؟، پری؟، نـادر؟، چـه کسـی؟، تـا بالاخره صدای خدمتکارِ مُتل از پشـت درب شـنیده شـد:

"مادام...، مادام...، تلفن...، تلفن... "

بـا شـناختن صـدا، اندکـی نگرانی‌اش برطرف شـد و درب را باز کـرد. خدمتکار مُتـل تلاش کرد تـا بـا زبـان اشـاره و بـا به کار بسـتن کلمات فارسـی آمیختـه با انگلیسـی، به رکسـانا بفهمانـد که او تلفن دارد:

"مادام...، هِلُو تلفن...، تلفن...، هِلو، تلفون...!"

رکسـانا او را بـه سـمت لابـی متـل دنبـال کـرد و خدمتـکار گوشـی را که بـر روی میز گذاشـته شـده بـود، بـه دسـت او سـپرد. رکسـانا بـرای لحظـه‌ای اطرافـش را کاویـد و بعـد از اینکـه خیالـش راحـت شـد گوشـی را بـا تردیـد بر روی گوشـش گذاشـت. ولی هنوز سـاکت بـود، تا بالاخـره صدای حسـین از آن طرف گوشـی شـنیده شـد:

"هِلُو...؟، هلو...؟ "

بـا شـنیدن صدای حسـین، رکسـانا یکـه‌ای خورد و در اندیشـه‌ی پاسـخ، مات و مبهوت سـکوت کـرد. آیـا بایـد جواب او را می‌داد؟، حالا حسـین برای رکسـانا دیگر آن دوسـت پسـر محبـوب نبود و نسـبت بـه او بی‌احسـاس شـده بـود. در واقـع هنوز مطمئن نبود تا چه احساسـی به او داشـته باشـد. تـازه متوجـه شـده بـود که چرا او هیچگاه دوسـتان حسـین را به غیـر از یک یا دو نفر نمی‌شـناخت. در بیـن حالتـی از بدحالـی و خوشـحالی مُـردَد بـود. صـدای مُکررِ شـلیک تیـر از آن طرف گوشـی شـنیده می‌شـد. بنابرایـن تنهـا بـه ذهنش رسـید تا بـه محل حضور حسـین پِـی ببرد:

"صدای شلیک تیر می‌آید؟، کجا هستی؟، ایران؟"

"نه من...!، من آمدم بیابان‌های یوما با بچه‌ها تمرین تیراندازی...، مثل گذشته...، سلام...!"

رکسـانا نمی‌دانسـت که حسـین باز بـه او اطلاعات کذب داده اسـت. او از یـک اردوگاه نظامی در

دمشـق تمـاس گرفتـه بـود. اردوگاهی که بـرای تعلیم مـزدوران خارجی و متعصبـان مذهبی که یک هـدف مشـترک داشـتند دایـر شـده بود. از سراسـر جهـان در آنجـا گـرد می‌آمدند تا تحـت آموزش رزمـی، نظامـی و تروریسـتی قـرار بگیرنـد. حسـین و دوسـتش و عـده‌ی کثیـری دیگـر بـرای مدت کوتاهـی شـرکت کـرده بودنـد. مأموریـت ایـن گـروه که تعـداد آنها کمی بیشـتر از سـیصد نفـر بود، بازگشـت بـه ایـران بـرای نبـرد بـا حکومت شـاه بود. امـا به غیـر از چند نفر که حسـین یکـی از آنها بـود بقیـه اطـلاع نداشـتند که بـه زودی عازم فرانسـه می‌شـوند تا از جـان خمینی محافظـت کنند.

بـه دلایـل نامعلومـی صدای حسـین حالت منحـوس و چنـدش‌آوری را برای رکسـانا تداعی کرد. شـاید از اینکـه فهمیـده بـود، حسـین از اعتمـاد او سوءاسـتفاده کـرده و او را فریفتـه بـود. رکسـانا متوجـه شـده بـود کـه حسـین نـه بـه نیت یافتن پـدرش بلکـه بـه منظـور اهـداف دیگـری او را به ایـران فرسـتاده و جانـش را بـه خطـر انداختـه بـود. او جسـت و گریختـه شـنیده بـود کـه در ایـران امـکان بـروز انقلابـی بـر علیـه شـاه در جریان اسـت و حدس مـی‌زد حسـین در این جریـان انقلابی نقش داشـته باشـد. رکسـانا آنچنـان در افکار خویـش غرق بود کـه انگار صدای صحبت‌های حسـین را نمی‌شـنید:

"مـن متاسـفم کـه زودتـر تمـاس نگرفتم، یکـی از نزدیـکان نادر و پری فـوت کـرده و آنها درگیر مراسـم بودنـد و مـن نمی‌توانسـتم بـا آنهـا تمـاس بگیـرم کـه تلفُنَـت را بگیـرم...، نمی‌دانسـتم کجا هسـتی...، بعـدش هـم یک سـفر چنـد روزه داشـتم کـه از آنجا نمی‌شـد تماس بگیـری...! "

رکسـانا دیگـر تحمـل نداشـت کـه پای سـخنان کذب حسـین بنشـیند، احسـاس می‌کـرد که او بـاز در حـالِ چیـدن دروغ اسـت. از این رو صدای رکسـانا که مملو از خشـم و ناباوری بود، بلند شـد:

" کـی می‌خواهـی دروغ گفتـن را تعطیـل کنی...؟، تـو می‌دونی که مـرا بخاطر پیدا کـردن پدرم اینجـا نفرسـتادی؟، تـو هدفـت اسـتفاده از مـن برای چیـز دیگری اسـت...، یـک دفعه بـرای آخرین بار راسـت بگو...!"

"ایـن درسـت نیسـت رکسـانا...!، نـادر تازه از سـفر برگشـت و بـه من گفـت کجا هسـتی و تلفن تـو را به مـن داد..."

واضـح بـود کـه حسـین سـعی می‌کـرد تا موضـوع را تغییـر دهـد. صدایش گرفتـه و خفه بـود و با خِش خِش بـه گـوش می‌رسـید. رکسـانا حواسـش نبود کـه دسـتش را جلوی گوشـی تلفـن گرفته بـود تـا از آمـدن سـر و صداهـای موجـود در قـرارگاه نظامی که مـردان در حـال تمرین نظامـی بودند، جلوگیـری کرده باشـد.

سـر رکسـانا از خشـم و ناراحتـی چرخیـد. بـه فکر این بود تا پاسـخی دندان‌شکن برای حسـین بیابـد. در ایـن حیـن چشـمانش بـه زن زیبایـی افتـاد کـه پیراهـن راحتـی پوشـیده بـود و موهـای

بلندِ سیاهش روی شانه‌هایش می‌رقصید. چشمان درشت و قهوه‌ای‌اش به لبخند شگفت‌آورش زیبایی دو چندانی بخشیده بود. او داشت به طرف رکسانا می‌آمد. رکسانا با مشاهده‌ی پری از یاد حسین غافل شد. بین خوشحالی و نگرانی گیر کرده بود. خوب می‌دانست پری یکی از دوستان نزدیک حسین بود پس چرا باید به او اعتماد می‌کرد. اما به خاطر هر دلیلی که خودش هم نمی‌دانست، از دیدن پری به اندازه‌ای خوشحال شد که از یاد حسین بازماند. صدای حسین از پشت خط تلفن می‌آمد:

"راکسی...؟، راکسی...، صدام میاد...؟"

پری به رکسانا نزدیک شد. رکسانا بدون اینکه بداند گوشی تلفن را گذاشته است در آغوش پری جای گرفت. برای رکسانا هم عجیب بود، با وجود اینکه احتمال می‌داد پری با حسین همدست باشد، اما در آغوش پری احساس امنیت می‌کرد. انگار حضور پری باعث شده بود تا بار سنگینی از روی دوش رکسانا برداشته شود.

*****

سوءظن رکسانا در مورد حسین بی‌جا نبود. پس از آن روزی که رکسانا به ایران پرواز کرده بود، حسین به دمشق رفته و مشغول تمرینات نظامی بود. حسین وقتی که صدای بوق قطع تلفن را شنید گوشی را گذاشت و از اتاقک تلفن خارج شد. در حال پیوستن به تیم برای تعلیمات بود که چشمش افتاد به صادق قطب‌زاده که او هم لباس نظامی پوشیده بود. حسین، قطب‌زاده را خوب می‌شناخت و در آمریکا با هم در تماس بودند. صادق قطب‌زاده داشت با دو جوان ایرانی گفتگو می‌کرد. حسین در مورد آن دو از صادق قطب‌زاده شنیده بود. مخصوصاً از رضا چایچی که یکی از بازجوکنندگان و گردانندگان آنجا بود. بسیار دوست بودند و همیشه قصه‌های بازجویی و شیوه آن را برای حسین تعریف می‌کرد. حسین از دور داشت قیافه‌های آنها را می‌دید که حسابی نگران و گیج و گنگ بودند. حسین پیش خودش اسم آنها را تکرار می‌کرد تا ببیند هنوز اسم آنها را به خاطر دارد یا نه:

"عبدالرضا تقوی‌نیا، جمشید نعمانی، مهدی امیر حسینی ... "آن دو نفر، هم‌افران ایرانی بودند که برخلاف حسین با میل خودشان به آنجا نیامده بودند. حسین به طرفشان حرکت کرد و به آنها پیوست.

*****

شهر نیویورک در آمریکا، یک شب آرام و دوست داشتنی....

آخرین سری از وقایعی که به یاد سه هم‌افر، عبدالرضا تقوی‌نیا، جمشید نعمانی و مهدی

امیـر حسـینی می‌آمـد ایـن بـود که در شـهر لانـگ آیلند بالای شـهر نیویـورک یـک دوره تعلیماتی را در هواپیماسـازی کرومـن کـه بعضـی از قطعـات فانتـوم اف ۱۴ را می‌سـاخت، می‌گذراندنـد. آخـر هفتـه بـرای بدرقـه دوستشـان کـه عـازم ایران بـود به شـهر نیویورک آمـده بودنـد تا روز و شـبی را خـوش بگذراننـد. شـب هنـگام در یکی از بارهـای نیویورک با سـه دختر زیبـای آمریکایـی بنام‌های جـودی، کارول و سـونیا آشـنا می‌شـوند و بـه شـراب‌خواری و عیـش و نـوش می‌پردازنـد. طولـی نکشـید کـه بـا دخترهای مـو طلایـی در خیابان بـرادوی نیویورک مشـغول قدم زدن بودنـد. بعد هم بـه پیشـنهاد سـونیا بـه آپارتمـان او رفتـه بودنـد و بعـد از آن هیـچ چیز را بـه یـاد نمی‌آوردند.

حـالا بـه یکبـاره چشم‌هایشـان در یـک اتـاق سـرد و زُمُخت، باز شـده بـود . هیچ نمی‌دانسـتند کجـا هسـتند و چگونـه بـه آنجا آورده شـده بودنـد. صادق قطـب‌زاده که مـردی قد بلند و ورزشـکار بـود جلـوی درب ظاهر شـد. صـادق قطب‌زاده بـرای آنها ناآشـنا بـود، خصوصاً که یـک ژاکت نظامی سـبزرنگ کـه بیشـتر بـه ژاکـت نظامـی آمریکایی شـبیه بود بر تن داشـت. قطـب‌زاده بسـیار محکم حرف مـی‌زد و آدم غُـدی بود.

بـدون گفتـن کلمـه‌ای، او مـردان را به سـمت بیرون دعوت کرد. وقتـی سـه همافـر از درب خارج شـدند حسـابی تعجـب کردنـد. چشمانشـان بـه عـده‌ای مـرد عـرب افتـاد کـه در پانصد متـری آنها مشـغول تعلیمـات نظامـی بودنـد. قطـب‌زاده که حرکات آنهـا را خوب زیـر نظر داشـت، آرام، آگاهانه و بـا اعتمـاد به نفس سـکوت را شکسـت:

”به لیبی خوش آمدید...!“

اگـر چـه آنهـا در دمشـق بودنـد، اما به آنهـا می‌گفتند که در لیبی هسـتند، بعد از کمی سـکوت، قطب‌زاده ادامه داد:

”شـما دو گزینـه داریـد، بـه مـا بپیوندیـد و بـرای حقیقـت بجنگیـد، شـاه را از ایـران بیـرون می‌کنیـم... سـه برابـر حقـوق فعلی‌تـان را هـم بـه حسـاب هرکـس کـه بخواهیـد در ایـران واریـز می‌کنیـم... در ضمـن در حکومـت جدیـد حقـوق شـما بیشـتر هـم خواهـد شـد“

بعـد اندکـی سـکوت کرد تا آنها کمی وقت داشـته باشـند گفته‌هـای او را هضم کننـد و به صلاح کار خویـش بیاندیشـند. سـپس سـه جلـد پاسـپورت از جیبـش درآورد و بـا خواندن اسـم روی آنها، هرکـدام را بـه صاحب پاسـپورت تحویـل داد و دوباره زبان گشـود:

”آدم بایـد بهتـر از پاسـپورتش نگهـداری کنـد، بله و اگـر نمی‌خواهید بـا ما همکاری کنید شـما را سـوار هواپیمـا می‌کنیـم و راهـی تهـران می‌شـوید...، آنجـا باید به سـاواک جـواب بدهیـد که چرا بـا میـل خودتـون به لیبـی آمدید و بـرای چی...؟“

آنهـا وقتـی پاسـپورت‌های خـود را دیدنـد بسـیاردر تعجـب شـدند کـه چگونـه از خانـه سـونیا در

لیبی سر درآورده بودند، گیج و گنگ به قطب‌زاده و اطراف خیره شده بودند، قطب‌زاده با شگرد ماهیگیرها قلاب را انداخته و منتظر بود. صلاح ندید تا بیشتر بیشتر آنها را در انتظار بگذارد، بنابراین سخنش را ادامه داد:

"مخصوصاً وقتی مهر خروج و داخل شدن از نیویورک به لیبی و از لیبی به تهران را از طریق گمرک دو تا کشور توی پاسپورت‌های شما ببینند....، که با میل خود به لیبی آمده اید، حتم دارم که ساواک می‌خواهد بداند که شما در لیبی چه کار می‌کردید؟"

با شنیدن با میل خود به لیبی آمده‌اید و مهر خروج و داخل شدن به دو تا کشور توی پاسپورتتون خورده شده، هر سه نفر با تعجب پاسپورت خود را وارسی کردند. با دیدن مهر خروج و جابجایی از آمریکا به لیبی، حسابی از این‌رو به آن‌رو شدند، به گونه‌ای که اگر پای آبرو و حیثیت در میان نبود گریه و زاری می‌کردند. قطب‌زاده که می‌دانست حالا حواس آنها کاملا به او است، ادامه داد: "البته چیز مهمی نیست....، بدترین حالتش اینه که به زندان‌های طولانی می‌افتید هیچ، حقوق تون هم قطع میشه، و شاید هم زیر شکنجه که می‌خواهند ازتون اطلاعات بگیرند بمیرید، یا آخرش هم اعدام بشید....!"

نگاهی به میدان مشق کرد و برگشت، این بار جدی‌تر ادامه داد:

"یا اگر عاقل باشید به ما بپیوندید و ما سه برابر حقوقی که دارید الان می‌گیرید به حساب هر کسی که بگویید سر هر ماه واریز می‌کنیم....، بگذریم که در حکومت آینده‌ی ایران رده‌های بالایی در انتظارتان خواهد بود....، حال خود دانید....!"

حسین به اتفاق قطب‌زاده و چایچی دو همافر را زیر نظر داشتند و منتظر جواب آنها بودند. سکوت حکومتش را آغاز کرده بود. تقوی نیا که انگار به گریه هم افتاده بود با تعجب صدایش بلند شد:

"ما نمی‌دانیم چطوری به اینجا آمدیم...؟"

قطب‌زاده پوزخندی زد و توی حرفش پرید:

"شاید بهتر باشه دفعه دیگه و البته اگر دفعه‌ی دیگری وجود داشته باشد، مواظب باشید با کی مشروب می‌خورید....، خصوصاً اگر موطلایی باشند....، شاید هم عضو سازمان سیای آمریکا...؟، حتما باید بدانید که آمریکایی‌ها وقتی شما را به‌عنوان یک همافر در تگزاس یا رود آیلند نیویورک تعالیم نظامی می‌دهند، از همه شما پرونده دارند....، روی همه شما تحقیق و سرمایه‌گذاری می‌کنند و همه چیز شما را بهتر از خودتون می‌دانند، برای همین هم شما سه نفر را برای این ماموریت انتخاب کردند.... به هر حال اگر عاقل باشید تا حالا باید برایتان روشن شده باشد که آمریکا تصمیم گرفته شاه باید برود....، و باید خوشحال باشید و به خودتون افتخار کنید که جزء

انتخاب‌شـده‌ها هسـتید...، و در اینجـا...!"

قطـب‌زاده حرفـش کـه تمام شـد منتظر جـواب نمانـد و حرکت کرد. بعـد از چند قدم ایسـتاد و برگشـت و آخریـن اتمـام حجت را هـم با آنها کـرد و رفت:

"شـما سـه روز فرصـت داریـد تـا تصمیـم بگیریـد کـه آیـا می‌خواهیـد بـا مـا همـکاری کنید یا سرنوشـت خـود را در اختیـار سـاواک قـرار دهیـد، البته اگر از زیر شـکنجه‌های سـازمان جاسوسـی لیبـی جـان سـالم بِدر ببریـد...! "

یـک ماهـی می‌شـد که قطـب‌زاده دیگـر در لیبی نبـود، حالا سـعید رجایی، عبدالرضـا چایچی و جعفـر شـفیع‌زاده با رهبری عبدالسـلام جلـود و عبدالعامر وارد عمل شـده بودند، آنهـا با مجموعه‌ای از بـلا و بازی‌هـای دردآمیـز باعـث شـده بودنـد که آن سـه همافر جوان بـه دفعات مرگ را به چشـم خـود ببیننـد. ضـرب و شـتم فیزیکـی، شـکنجه‌های روحـی و روانـی، اتهـام قتـل، تهدیـد بـه مرگ، تحقیـر شـخصیت از جملـه برنامه‌هـای بود کـه در جهت پذیرش خواسته‌هایشـان پیاده کـرده بودند. تـا بلاخـره، همافـران جـوان بـه ایـن نتیجـه رسـیده بودنـد کـه در کنارشـان بماننـد و با اهدافشـان همـکاری کننـد تـا شـاید از بنـد و شـکنجه و مـرگ بِرَهنـد، از طرفـی چگونـه می‌توانسـتند امیدوار باشـند کـه اگر بگذارند سـالم بـه ایران برگردنـد، در همانجا اعدام‌شـان نکنند؟، از ایـن رو خیلی زود خـود را در میـان سـی تـا چهارصـد نفر پارتیـزان از کشـورهای عربی یافتند که بعداً سـی نفـر از آنها بـرای محافظـت از شـخص آیت‌الله خمینی به فرانسـه برده شـدند و بقیه با هواپیماهـای نظامی وارد ایـران شـدند کـه به‌عنـوان همافـر جلوی خمینـی رژه رفتنـد و بعـد از آن زندگی گذشـته آنها دیگر معنـی و مفهومـی نداشـت، مـرده بـود. امـا چیـزی را کـه هنـوز هیچ یـک از آنهـا نمی‌دانسـتند این بـود کـه ایـن دو چگونـه به لیبـی آورده شـده بودند. سـخن‌ها زیاد بود، خبـر بود که مورنی سـازمان جاسوسـی لیبـی آنهـا را بیهـوش کـرده بودند و در داخـل دو جعبه‌ی چوبـی به لیبی منتقـل کردند. هدف‌شـان هـم گرفتـن اطلاعـات در مورد هواپیماهـای اف۱۴ و پیوسـتن آنها به گـروه خمینی بوده اسـت. امـا چگونـه مهـر خروجی گمـرک آمریـکا در نیویـورک روی پاسـپورت آنها خورده شـده بود، برایشـان هنـوز کـه هنـوز اسـت معمـا باقی‌مانـده اسـت؟، آنهـا تصـور می‌کردنـد کـه در ایـن ماجرا دسـت سـازمان جاسوسـی آمریکا در کار بوده اسـت.

*****

ایـن واقعیـت کـه گذرنامه‌هـای آنهـا بـه نوعـی مهـر شـده بـود کـه نشـان مـی‌داد آنهـا بایـد از گمـرک ایـالات متحـده عبـور کـرده باشـند و همچنیـن هنـگام ورود به لیبـی از گمـرک و مهاجرت لیبـی نیـز عبـور کرده‌انـد. بنابرایـن دولت‌های آمریـکا و لیبی باید در این جریان مهم دسـت داشـته باشـند؟، ولـی از هـر آنچـه که به ذهنشـان می‌رسـید مطمئـن نبودند. امـا برای حسـین اوضاع کمی

روشن‌تر می‌نمود، می‌دانست که اف.بی.آی آمریکا باید از تمرین‌های دانشجویان ایرانی در سراسر آمریکا و خرید مسلسل‌های گوناگون آنها مطلع بوده باشند. مهم‌تر از همه چگونه آنها این همه مسلسل را در چمدان‌های خود از گمرگ آمریکا رد کرده بودند که حتی یک نفر هم گیر نیافتاد؟، به هر حال بعد از اینکه حسین به وسیله‌ی یکی از دوستان زن ایرانی خود به نام سودابه با دوریان مک‌گری آشنا شد، بسیاری از معماها کمکم برایش حل شدند و فهمید که دوریان جزء تیمی بود که برای سرنگونی شاه کمر بسته‌اند. به تدریج، حسین بیشتر با تیم آمریکایی که برای تغییر دولت ایران تشکیل شده بود آشنا شد و فهمید آنها شامل دوریان مک‌گری، رمزی کلارک، سرهنگ ادوارد تامپسون، ژنرال رابرت هوزر، کلونل بیکر و سفیر آمریکا در ایران یعنی ویلیام اچ سالیوان جزء آنها بودند. اما دوریان برای حسین همیشه یک شخصیت مرموز و معما بود و باقی ماند.

فصل ۶

شور جدید، قوانین دیگر، چشمان آنها در هم قفل شد و تولد یک عشق نو و ممنوع...

با دیدن پری، رکسانا بسیار راحت و خوشحال شده بود. وارد خیابان که شدند بلافاصله تاکسی مقابل آنها ترمز کرد. به نظر می‌رسید انگار منتظر آنها بود. در صندلی عقب جا گرفتند و تاکسی به راه افتاد. هنوز زمان چندانی از حرکت تاکسی نگذشته بود که پری متوجه تعجب رکسانا شد. رکسانا به یک قسمت پاره شده‌ی عقب صندلی راننده‌ی تاکسی خیره شده بود .کاملا واضح بود که یک موضوعی او را نگران کرده بود. به خیال رکسانا ممکن بود آن قسمت شکافته‌ی صندلی توسط سگ کوچک مادرش یعنی ببر و در حین بازی ایجاد شده باشد. این تجسم، او را به یاد مادر و سگ کوچک‌شان انداخته بود. حس می‌کرد که چقدر دلش برای آنها تنگ شده و چه بیقید و شرط آنها را دوست دارد. اما نکته‌ای که بیش از پیش خاطر او را می‌آزرد، شکافی بود که او خیال می‌کرد چنین شکافی را در همان جا و در تاکسی گذشته دیده است، همان تاکسی مشکوکی که او را به متل اقامتش رسانده بود. به راننده نگاهی کرد، راننده فَردِ دیگری بود اما اطمینان داشت که این همان شکاف و تاکسی دیشب بود. پری که شاهدِ نگرانی رکسانا بود، دستی به نشانه‌ی تسکین بر روی دست رکسانا قرار داد:

”نگران هیچی نباش...، همه چیز خوب است...، من مطمئنم پدرتو پیدا می‌کنیم...، اما امروز می‌خواهم قسمتی دیگر از تهران و آدم‌هایش را به تو نشان بدهم...، یک روز تفریحی...!“

رکسانا از گرمای دست و صدای دلنشین پری، انگار دوباره آرام و امیدوار شده بود. از وقتی که تاکسی به قسمت شمالی تهران وارد شده بود، رکسانا با اشتیاق محو تماشای امکانات شهر بود، خیابان‌های تمیز با ردیف درخت‌های سبز و بلند، جاری بودن نهرِ آبِ طرفین خیابان، لباس‌ها از آخرین مدهای پاریس با دامن‌های بسیار کوتاه و کفش‌های پاشنه بلند، موهای رنگاورنگ، رستوران‌های قشنگ، فانتزی و با نام‌های خارجی، ماشین‌های آخرین مدل، پارک‌های زیبا و با طراوت، تا جایی که رکسانا خیال می‌کرد در کشور دیگری قدم گذاشته بود. حالا آنچه که تازه به ذهن رکسانا خطور می‌کرد، این نکته بود که شاید پری و نادر او را

به نامناسب‌ترین محله‌های تهران برده بودند، اما مطما نبود، اما اکنون در بهترین مناطق شهر تهران حضور داشت تا فرق طبقاتی را به او نشان داده و با احساسات او بازی کنند. در تمام این مدت، پری رکسانا را زیر نظر داشت و کاملاً شاهدِ تغییر احساسات او بود.

دیری نگذشت که در یک رستوران بسیار مدرن نشسته بودند. برای رکسانا قابل باور نبود که جوان‌های ایرانی به مراتب در مُدِ لباس، مو، سر و وضع و دکوراسیون رستوران‌هایشان جلوتر از آمریکا قرار داشتند. او از مشاهده‌ی آثار هنری، نقش و نگار، کریستال‌های آویزان از سقف با لامپ‌های رنگارنگ، معماری و تزیین رستوارن شگفت‌زده بود. به این موضوع می‌اندیشید که مردم و جوان‌های آمریکا در مقایسه با جوان‌های ایرانی خیلی ساده لباس می‌پوشیدند و تا چه اندازه در سطح پایین‌تری قرار داشتند.

پری به واسطه‌ی حضور جوانی که معلوم بود می‌خواهد او را ببیند، از رکسانا خواست تا منتظرش بماند. سپس به طرف مرد جوان رفت و به فارسی با او گرمِ صحبت شد. رکسانا به دلیلی که برای خودش هم آشکار نبود از حضور مرد جوان احساس پسندیده‌ای نداشت. با شروع شدن رقص در یک محل زیبا که برای همین منظور درست شده بود، فکر و خیال رکسانا از روی پری و مرد جوان منحرف شد. اکنون محوِ تماشای رقص نورهایی بود که از کریستال و چراغ‌های رنگی سقف بر روی رقصندگان تابانده می‌شد. بوی چای و عطر ادویه‌های ایرانی و خارجی رکسانا را به دیار دیگری برده بود و داشت هنر رقصش را با جوان‌های ایرانی و با آهنگ‌های انگلیسی امتحان می‌کرد. خیلی دلش می‌خواست یک آهنگ فارسی پخش شود تا بتواند هنر رقص ایرانی‌اش را به رخ آنها بکشد. اما متعجب بود که چرا هرگز یک آهنگ فارسی پخش نشد و همه آهنگ‌ها انگلیسی بودند.

رکسانا از آنچه که داشت برای او اتفاق می‌افتاد متعجب بود و انتظارش را نداشت. ساعت، ده‌شب را نشان می‌داد. تاکسی در شمال شهر در مقابل یک خانه‌ی اشرافی توقف کرد. پری و رکسانا پیاده شدند. خانه آنچنان عظمت داشت که حتی راننده‌ی تاکسی تحملش را از دست داد و صدایش درآمد:

"دوست شما باید خیلی پولدار باشند...!"

رکسانا به دنبال پری وارد شدند. آنها در مسیری که طرفینش دو ردیف اتومبیل پارک شده بود، به طرف عمارت قدم می‌زدند. رکسانا نمی‌توانست نسبت به ماشین‌های آخرین مدل بی‌تفاوت باشد. بنز، بیامِوه، پروشه، پژوه ۵۰۴ سال ۱۹۷۸، سیتروئن دِیاِس، مازراتی مراک قرمز، کوروت فراری زرد تا سایر اتومبیل‌ها در طرفین مسیر درازی که به یک ساختمان منتهی می‌شد، پارک بودند. اگر چه شامگاه بود اما نه فقط در آن خانه، بلکه در هر گوشه‌ای از آن

تار

محیط، وجود یک نقش و نگاری جلوه‌گری می‌کرد. قصری از سنگ مرمر، چراغ‌های گوناگون، مجسمه‌های مُنَقَش، استخر مُزَیَن با کاشی‌های آکوامارین، یک چشمه‌ی آب داخلی با طرح گل‌های مختلف، باغچه‌ای با گیاهان و گل‌های رنگارنگ از جمله جاذبه‌هایی بود که روح هر آدمی را تازه می‌کرد.

رکسانا وقتی داخل عمارت شد تحیُرش افزون گشت. کاخی بود با نشانه‌هایی از ثروت، زیبایی، رنگ‌های روشن با آثار هنر خوشنویسی و مدرن که در سرتاسر خانه به نمایش گذاشته شده بود. ستون سنگ مرمر رنگارنگ، نقاشی‌ها، فرش‌های قدیمی ایرانی و لوسترهای بزرگ که با کریستال‌های آویزان بِسان اشک چشم آدمیزاد می‌درخشید.

این عمارت او را به یاد قصر هرست انداخته بود، قصری که در زمان کودکی و به اتفاق مادرش لیندا از آن دیدن کرده بود. فقط این عمارت هزار بار شادتر خودنمایی می‌کرد. او متوجه شده بود که همه‌ی مهمانان از دختران و پسران جوان تشکیل شده‌اند و به نظر نمی‌رسید کسی در دهه‌ی سی‌سالگی خود باشد.

پری دوباره او را تنها گذاشت و گویی برای گفتگو با شخصی به سمت طبقه‌ی دوم از پله‌ها بالا رفت. یک موسیقی خشن راک دهه‌ی ۱۹۷۰ در تمام قصر طنین افکنده بود. ترکیبی از سازهای بومی و گیتارهای الکتریکی وارداتی بود که امواج بلندش از قدرت شنوایی انسان می‌کاست. مرد جوانی با موهای بلند که تا روی شانه‌هایش آمده بود و با شلوار تنگی که به سختی می‌توانست قدم بردارد، در مقابل رکسانا ظاهر شد. از او تقاضای رقص کرد. رکسانا در تردید بود اما بالاخره قبول کرد که مبادا به او توهینی کرده باشد.

مرد جوان در رقص تِلُوتِلُو می‌خورد و نمی‌توانست تعادل خود را حفظ کند، انگار سرمست از مصرف مواد مخدر بود. برای رکسانا این تنها راه گریزی بود تا از شَرِ او خلاص شود. رکسانا به بهانه‌ی پیدا کردن دوستش پری، از او جدا شد. در این جستجو چشمانش به جمال یک مرد جوان خوشتیپ، روشن شد. آن جوان اندام باریکی داشت و در محاصره‌ی عده‌ای از دوستانش در حال اجرای نمایشی بود. او آنها را برای کشیدن یک سیگار در یک نفس طولانی سرگرم می‌کرد. نتیجه‌ی تلاشش با موفقیت همراه بود. او پس از سرفه‌هایی خشک برای همه‌ی دوستانش تقاضای مشروب کرد. رکسانا در بین هیاهوی جمع می‌شنید که او را فریدون صدا می‌کردند. رکسانا برگشت و در بالای پله‌ها پری را دید، او در کنار یک مجسمه‌ی بزرگ مرمر ایستاده بود و گویی با یک جوان در حال یک گفتگوی جدی بود، پری در عین حال مواظب رکسانا هم بود. به نظر می‌رسید رکسانا در کویری سرگردان است، در نقطه‌ای بود که هیچ معنی و مفهومی ندارد. گویی برهنه‌ای در زیر آبشار رنگین‌کمان ایستاده بود. به نظر می‌رسید

نقشه‌ی پری و نادر اِفاقه کرده بود.

طولی نکشید که پری با خبرهای خوشی که انگار داشت، برگشت:

" اینجا یکی از محله‌ای اعیان‌نشین تهران است، من تکلیف‌های پسر صاحب‌خانه را انجام می‌دم و به او درس خصوصی میدم...!"

*****

ساعتی بعد تاکسی آنها در خیابان قدیم شمیران توقف کرد. پری و رکسانا پیاده شدند و به طرف چایخانه‌ای زیرزمینی حرکت کردند. فقط یک تابلوی کوچک رنگ‌ورو رفته‌ای در بالای درب چایخانه نصب شده بود، جوری بود که اگر به آن توجهی نمی‌شد امکان تشخیص وجودچایخانه میسر نبود. رکسانا به دنبال پری از چند پله پایین رفتند تا به داخل چایخانه برسند.

رکسانا وقتی وارد محیط چایخانه شد به خوبی می‌توانست به تفاوت مکان‌های مختلف پِی ببرد. این محیطی بود که رکسانا در ذهنش از ایران ساخته بود. هیچ کدام از صندلی‌ها با هم یک جور نبودند. روی میز هم آثاری با خطاطی‌های زیبا نوشته شده بود. لباسِ همه خیلی ساده بود. روی دیوارها نقاشی‌های قدیمی و جدید و شعارهای فلسفی دیده می‌شد. به محض دخول، مثل برق و باد می‌توانستی بوی سیگار، قلیان و حشیش را بفهمی. یک یا دو فواره در وسط حوضچه‌ی کوچکی قرار داشتند که در آن چند ماهی رنگارنگ در جنب‌وجوش بودند. صدای شُرشُر آب فواره، با چند بوته‌ی گیاه زینتی، نور ملایم و موسیقی سنتی بی‌نهایت به دل انسان می‌نشست. رکسانا تعداد معدودی از این قهوه‌خانه‌ی زیرزمینی را در لس‌آنجلس می‌شناخت و خیلی به آنها سر می‌زد. با اینکه رکسانا حدس زده بود ولی صدای پری بلند شد :

" اینجا محل تجمع روشنفکران، شاعران، نویسندگان، موسیقیدانها و به‌طور کلی هنرمندان است...! "

مردی ایستاد و شروع به خواندن شعری کرد: "افتخار من وجدان من است! " مرد دیگری بلند شد و در جواب گفت: "صبر من شجاعت من است! " دیگری پاسخ داد: "هیچ هدیه‌ای بهتر از بخشش نیست!" مرد دیگری در مقابل پای رکسانا و پری بلند شد، راه آنها را سد کرد، پُک عمیقی از سیگارش گرفت و دود آن را در هوا پراکنده نمود، سپس با صدایی عمیق به رکسانا نظر دوخت: "تنها شکست ناامیدی است! "دیگری بلند شد و جواب داد: "تنها راز نهفته مرگ است! " پری به رکسانا رو کرد: "آنها در تلاشند تا خودشان را به تو نشان بدهند" رکسانا لبخند زد.

رکسانا، پری را به سمت میزی در کنار دیوار دنبال کرد. با تعجب و کنجکاوی محیط

پیرامونـش را می‌کاویـد. شـعرخوانی هم ادامه داشـت. نگاهش بـر روی نادر متوقف شـد، او در مجمعی از چنـد مـرد و زن، غافـل از جریانـی بـود که در محیط اطراف می‌گذشـت. آنها داشـتند دو جوان دیگر را کـه بـه نظـر می‌رسـید در یک نوعی رقابت بودند، تشـویق می‌کردند. بیشـتر آنها هم طرفـدار جوانی بودند که ورزشـکار و بسـیار خوشـتیپ بود. در مقابلش یک جوان هم سن‌وسـال خودش نشسـته بود. او اندامـی کوچـک و تـه ریشـی بـر صورت داشـت. این دو مـرد جوان با وَجـد و میل مشـغول برگزاری یـک مسـابقه‌ی تخم‌مـرغ خـوری بودنـد تا ببیننـد چه کسـی می‌تواند بیشـترین تخم‌مرغ‌هـای نپخته را بشـکند و بخـورد. بـه مجـرد اینکـه یکـی را می‌خوردنـد تخم‌مـرغ بعـدی دسـت آنهـا داده می‌شـد. به‌نظـر می‌رسـید تخم‌مرغ‌هـای زیـادی را خـورده بودنـد و هـر لحظـه ممکن بـود یکی از آنها تسـلیم شـود. پـری متوجه شـد که رکسـانا چشـم از روی جوانی که ورزشـکار بـود برنمی‌دارد.

گارسـونی سـبزی، پنیر و کاسـه‌ای ماسـت را بر روی میز گذاشـت و با پری خوش‌وبش کرد و رفت. پـری درحالـی کـه لقمـه‌ای می‌گرفت، بـه مردی که با شـلوار جیـن و پیراهن سـفید در مسـابقه حضور داشـت، اشـاره کـرد، آن مـرد می‌خندید و طـرف مقابلش را بـه ادامه‌ی کار تشـویق می‌کرد:

”اسـم او سـیروس اسـت، تا سـی تایِ آنها را می‌خورده...، او یک نویسـنده و فیلمسـازه و گاهی هـم شـعر میگـه...، صـدای خوبی هم داره و گاهـی می‌خونه...، خوش‌شانسـیش اینه کـه از خانواده‌ی ثروتمندیـه و بـرادرش یکـی از کله‌گنده‌هـای سـاواکه، هر دو تـا برادرها بسـیار خوب و شـریف‌اند...، خیلـی بـه مـردم کمـک می‌کننـد و دزد نیسـتند...، خیلی سـاده زندگـی می‌کننـد، اما بـرادر بزرگه خیلـی آدم رادیکالیـه، همه چیز حرف اوسـت“

رکسـانا از نـگاه و گفتـار پـری احسـاس می‌کـرد کـه پـری باید بـه سـیروس علاقمند باشـد، اما مطمئـن نبـود، رو کرد بـه پری:

”دوستش داری...؟“

”همـه او را دوسـت دارنـد...!“ پـدر مـن قبـل از مرگـش بـرای آنها کار می‌کـرد، بعد هـم مادرم، تـا وقتـی مجبـودر شـد برای نگهـداری بچه های خواهرم دسـت از کار بکشـد، من و نادر با سـیروس بزرگ شـدیم

پری مجال نداد تا رکسانا حرف بزند و خودش ادامه داد:

”لاغـره، کـه با سـیروس مسـابقه میده، اسـمش سـعیده، مشـغول تحصیل بـرای وکالت بـود، اما بخاطـر فعالیت‌هـای سیاسـی سـر از زنـدان درآورد...، تـازه بـا ضمانـت سـیروس آزاد شـده، نـادر، سـعید، سـیروس و حسـین هر چهار تا همکلاسـی دبیرسـتانی و دوسـت هسـتند.“

رکسـانا مشـغول خوردن لقمه‌ی ماسـت، پنیر و سـبزی خوردنی شـد که پری به او داده بود، اما هنـوز غـرق در تماشـای سـیروس و چـای خانه بـود. پری هـر دو را زیر نظـر داشـت. در همین حال

و احوال که رقابت سیروس و سعید بالا گرفته و داغ شده بود و سر و صدایشان انعکاس داشت، صدای مردی با لهجه‌ی آمریکایی بلند شد که از آشپزخانه خارج شده بود و لیوان شرابی در دست داشت، بر روی قامت بلندش جامه‌ای معمولی، ساده و گشاد پوشیده بود، به راحتی می‌شد حدس زد آمریکایی است، مست و پاتیل بود، در حالی که با صدایی بلند رباعیات عمر خیام را می‌خواند، با یک بطری شراب به طرف پری و رکسانا حرکت کرد:

"در کارگه کوزه‌گری رفتم دوش

دیدم دو هزار کوزه گویا و خموش

ناگه یکی کوزه برآورد خروش

کو کوزه‌گر و کوزه‌خر و کوزه‌فروش.... "

پری با لبخند، صدایش بلند شد:

"او پیتره، از طرف کلیسا به عنوان پریس، سال‌های سال پیش به ایران آمد...، بعد عاشق یک زنِ کولی شاعر شد به اسم کتایون و کلیسا را ول کرد و دنبال او افتاد، اما کتایون یکجا ماندگار نبود و برای مدتی ناپدید شد و پیتر خیلی اذیت شد، دوست صمیمی سیروس است و این چایخانه را سیروس برای جفتشان باز کرده...!

رکسانا هرگز تصور نمی‌کرد که در تهران یک کشیش آمریکایی را در یک رستوران زیرزمینی ببیند که بهتر از فارسی‌زبان‌ها فارسی گپ بزند و بتواند عمر خیام را خوانده و نقل کند. مردی به رکسانا نزدیک شد و او را از فکر بیرون آورد:

"اجازه بدهید این شاخه گل سرخ را به نشانه‌ی عشق قلبیم که درخت دوستی و محبت است به تو هدیه کنم...،که حقا از این گل زیباترید...!"

قبل از اینکه رکسانا مجال پاسخ داشته باشد، دست پیتر گل را گرفت و جواب او را داد:

"درخت شما خشکیده و گل رُزه شما پژمرده است...! "

رکسانا که از کمک پیتر خرسند شده بود لبخندی زد. مرد رفت و بر سر جایش نشست. پیتر دو گیلاس شراب بر روی میز گذاشت و هر دو را پُر کرد:

"حدس می‌زنم آمریکایی هستی، اهل نیویورک...!؟ "

رکسانا با لبخندی پاسخ او را داد:

"کالیفرنیا، لس‌آنجلس...»

و با نگاهش سعی کرد تا پیتر را بسنجد. پری رو به پیتر کرد:

"پیتر، رکسانا دوست منه...، برای چند دقیقه مواظبش باش...! "

و بعد به طرف یکی از دوستانش حرکت کرد. رقابت تخم‌مرغ‌خوری به اوج رسیده بود و سر و صدایشان در فضای چایخانه انعکاس داشت. سعید بازنده شده بود و حالا سیروس برخاسته و مشغول رجزخوانی، شوخی و مزاح بود. همه درچایخانه ، خنده، مزاح و شوخی سَر داده بودند. سعید، با شکم پر و در حالی که سعی داشت خشم شکستش را پنهان کند، آخرین تخم‌مرغ را بر روی زمین تُف کرد. همه میز سعید را ترک کردند. سعید که حالا تنها نشسته بود، سیگاری روشن کرد و با ناراحتی در افکارش غرق شد. او در حالی که سیگار می‌کشید با نگاهش سیروس را تعقیب می‌کرد. در این بین برای نخستین‌بار نگاهش بهِ رکسانا افتاد. حالتش طوری بود که انگار از حضور رکسانا خشنود نبود. سر و صدای سیروس و سایر مشتری‌ها باعث شد که پیتر سر آنها داد بزند:

"شما بیل مست‌های دیوانه، نمی‌بینید مهمان خارجی داریم...؟، چند دقیقه مثل آدمیزاد رفتار کنید...!»

با شنیدن فریاد پیتر، سیروس به طرف او برگشت و متوجه‌ی رکسانا شد که با پیتر گرم صحبت بود، با دیدن رکسانا، رشته‌ی بانگ شادی‌اش پاره شد، انگار از یادش رفته بود که داشت جشن پیروزیش را به اتفاق دوستانش، برگزار می‌کرد.

رکسانا گیلاس شراب را از دست پیتر گرفت:

"خُب، حالا شما را چی باید صدا کرد؟، پیتر...؟، کشیش...؟

پیتر لبخندی زد و گفت:

"من پیترم، من کشیش هستم، من روحم، من همه چیز هستم و هیچ چیز نیستم...، من همه‌جا هستم و هیچ‌جا نیستم...! «صدای بلند شدن ویلونِ ساقی، حواس رکسانا و پیتر را به سمت او جلب کرد. رکسانا می‌دید که یک زن میان‌سال و باریک اندامِ کولی در حال نواختن و خواندن به آنها نزدیک می‌شد:

"وقتی زندگی کردم و نوشیدم

و آن لب‌های پرشور را که می‌بوسیدم

چند تا بوسه باید شمرد

تا قلبم خاموش شود ".

ساقی مشغول به نواختن و خواندن آهنگ و شعری در هوای صوفی بود و انگار رقص سما سر داده بود. بدن او با ریتم صدای ویلونش هماهنگ می‌شد. چشمانش تقریباً بسته بود. او

چشم‌های گردِ بزرگی داشت و لب‌های کوچک شبیه گل سرخ. موهای بلند و سیاه او ظاهری کارتونی به او بخشیده بود. رکسانا مطمئن بود که او همان زنی است که پیتر را از کلیسا فراری داده بود. پیتر و ساقی سابقه‌ای طولانی و پرتلاطم و در عین حال عارفانه‌ای داشتند. در واقع، او کلیسا را به خاطر ساقی ترک کرده بود. اما ساقی او را در حالی که باردار بود، بدون هیچ دلیلی ترک کرد و به یکباره ناپدید شد و این ماجرا برای پیتر خیلی غمناک و سنگین بود. ساقی در زمانی غائب بود، طفل خود را بر اثر تصادف از دست داد. برای ساقی که زمان و مکان برایش معنی نداشت این حادثه بسیار وحشتناک و ناشناخته بود. او هنوز از آثار ویرانگر کودک متولد نشده‌اش بهبود نیافته بود. سرانجام یک روز به همان سهولتی که ناپدید شده بود، پدیدار گشت. آنها دوباره با هم ماندند تا که ساقی برای باری دیگر او را ترک کرد. اگر چه آنها هرگز ازدواج نکردند اما همدم و حامی یکدیگر بودند. با پیدا شدن ساقی، شور و شعف در وجود پیتر شعله‌ور شد. پیتر به او پیوست تا به رقص سما بپردازند.

رکسانا در حالی که داشت برای نخستین بار از بهترین لحظات خود در ایران لذت می‌برد، همه و همه‌جا را هم زیر نظر داشت تا بتواند به شناخت بیشتری دست یابد. در این میان بارها نگاه گذرایی هم به سعید داشت. متعجب بود که چرا مابین همه‌ی آدم‌های چایخانه فقط او گوشه‌نشینی اختیار کرده بود. او در تمام مدتی که همگان به شور و شعف و رقص و شادی مشغول بودند گویی در افکار خود غرق بود و به جشن آنها توجهی نداشت. به تنهایی هنوز سر همان میز نشسته بود و با عصبانیت سیگار می‌کشید، با حالتی حسرت‌آمیز مُدام از مشروبش می‌نوشید، انگار که از همه بیزار بود و به آنها حسادت می‌کرد.

رکسانا دفعاتی هم به نادر چشم دوخته بود و نمی‌دانست چرا او هنوز به دیدارش نیامده و گپی با او نزده است. اما در بین این همه توجهات همواره حواسش به سیروس بود. دست پیتر بر روی دست رکسانا نشست و او را به رقص دعوت کرد. رکسانا با او مشغول رقص شد. دیری نگذشت که پیتر خود را به سیروس نزدیک کرد، او متوجه شده بود که سیروس نگاه جست‌وگریخته‌ای به رکسانا دارد، گویی از این‌رو دست سیروس را گرفت و به جمع خود ملحق کرد. سیروس با رقصشان همراه شد. افراد دیگری نیز به آنها پیوستند، گویی همه در صفِ رقصیدن با رکسانا در تلاش و انتظار بودند. اما رکسانا ترجیح می‌داد فقط با سیروس برقصد. سرانجام سیروس و رکسانا صحنه‌ی رقص را قبضه کردند و سایر رقاصان تدرجاً کنار کشیدند. ساقی هم ریتم موسیقی‌اش را تغییر داد و با نواختن یک آهنگ رقصی سنتی، مجلس را گرم‌تر کرد، او در عین حال به رقص سیروس و رکسانا جلای بیشتری بخشیده بود. رکسانا که با رقص ایرانی آشنایی نداشت حرکات سیروس را دنبال می‌کرد. سیروس در گوشش زمزمه‌ای آغاز کرد:

"روح و ذهنـت و آزاد کـن...، حـس کـن موسـیقی از روح تو بیـرون می‌آید...، بـه هیچی جز ریتم آهنـگ فکـر نکـن...، خودت را بـه رقص ریتم و جان آهنگ بسـپار و حرکـت کن...! "

سـیروس بـه طـرز اغواکننـده‌ای در گـوش رکسـانا زمزمـه می‌کـرد، گویی آنهـا آنجا تنهـا بودند و هیـچ فـردِ دیگـری وجـود نداشـت و یـا دیگـر آنهـا در آنجـا نبودند. رکسـانا بـه آرامـی می‌رقصید، نـگاه سـیروس از روی چهـره‌ی رکسـانا جدا نمی‌شـد، ایـن گرایش غریـزی و آنی سـیروس، غیرقابل توصیـف وگویـی کامـلاً غیرقابـل انکار بود. رکسـانا احسـاس می‌کرد که سـیروس او را جـادو کرده و کنتـرل را از دسـتش گرفتـه بـود، بی‌اختیـار به یاد پـدر و مـادرش افتاد.

رکسـانا لبخنـد زد و امیـدوار بـود کـه مبـادا سـیروس ذهنـش را بخوانـد. اما بـه هر دلیلی کـه برای رکسـانا هـم معلـوم نبـود او تسـلیم سـیروس شـده و بـه او اعتمـاد کامـل داشـت. سـیروس بـه ناگهان سـازدهنی‌اش را بیـرون آورد و بـا ویلـون سـاقی همـراه شـد، او در حالـی که با رکسـانا می‌رقصید، سـاز می‌زد. سـرانجام در این حال و احوال رکسـانا توانسـت تا اندازه‌ای کنترل احساسـاتش را در دسـت بگیرد. نـگاه از سـیروس برگرفـت و بـه دنبـال جسـتجوی پـری در قهوه‌خانـه چرخاند. می‌ترسـید پـری دوباره ناپدیـد شـود. پـری را در گوشـه‌ای یافـت که به‌طور نامحسـوس با یـک زوج جوان گفتگو می‌کـرد. اما به وضوح پریشـان بود، چشـمان غمگین او به سـمت صحنه‌ی رقص و مشـخصاً بر روی سـیروس متمرکز بود. رکسـانا دریافت که شـکش درسـت بوده اسـت. پری قطعاً به سـیروس علاقمند بود، اکنون رکسـانا بـرای هرگونـه ارتباطی با سـیروس، سـرگردان نشـان می‌داد. او به پری احتیاج داشـت و نسـبت بـه او از نوعـی صداقـت و احسـاس دوسـتی محکـم برخوردار بود. نمی‌خواسـت پـری را از دسـت بدهد، بـرای او ایـن ارتبـاط خیلـی اهمیت داشـت. نمی‌بایسـت درگیر احساسـات خویش می‌شـد و با اقدامی نامناسـب پـری را از خـود می‌رنجانـد و موجبـات رفتـن او را فراهـم می‌کرد.

نـگاه رکسـانا از روی پـری گذشـت و بـه طـرف سـعید منتقـل شـد. او بـه تنهایی هنـوز بر روی همـان میـز نشسـته بـود و انـگار در یک حالت خلسـه به سـر می‌برد. گویـی در آنجا حضور نداشـت. احساسـی از ناراحتـی و اضطـراب در وجـود رکسـانا زنـده شـد. اشـتباه نکـرده بود. سـعید نسـبت به آدم‌هایـی کـه از مقابلـش رد می‌شـدند و یـا مشـغول رقـص بودنـد، بی‌تفـاوت بـود. با آرامش دسـت خـود را بـر روی میـز قـرار داده بـود و بـه نقطـه‌ای نامعلـوم نـگاه می‌کرد. به نظر می‌رسـید بـرای او و در آن لحظـات هیـچ چیـز وجـود و ماهیـت خارجـی نداشـت. رکسـانا در حالی کـه آرام به رقصش ادامـه مـی‌داد نمی‌توانسـت از روی سـعید چشـم بردارد. سـعید از سـیگارش پک عمیقـی گرفت، در حالـی کـه چشـمش به آتش سـیگارش بود، خاکسـتر سـیگار اطرافـش را بـا فوتی ملایم پـاک کرد، در ادامـه آتـش سـیگارش را بـر روی پوسـت پشـت دسـتش چسـباند، دسـتی که بـر روی میـز قرار داشـت.

رکسانا در کمال ناباوری می‌دید که اشک از گوشه‌ی چشمان بسته‌ی سعید بیرون می‌زند و بر روی گونه‌هایش سُر می‌خورد. درد عمیقی در سیمای چروکیده‌اش جار می‌زد. اما هیچ نفیری از سعید برنمی‌خاست. دودی از سوخته شدن پوست دست سعید به هوا بلند شده بود و بوی ترش پوست سوخته‌ی او به منافذ بینی‌ها رخنه می‌کرد. جیغ هولناک رکسانا، حاضرین را متوجه سعید کرد. سیروس و نادر به خود آمدند و به طرف سعید رفتند. همه ساکت شدند. اما ساقی همچنان با چشمان بسته به نواختن و خواندن رقص سمایش ادامه می‌داد و انگار موسیقیِ متن این صحنه‌ی عجیب و غریب را می‌نواخت. سیروس خود را به سعید رساند تا سیگار را از روی دست او بردارد. هنوز سیگار از روی دست سعید برداشته نشده بود که سعید حالش بهم خورد و بر روی دست سوخته‌اش استفراغ کرد. سعید سرانجام به خروش آمد و صدای فریادش بلند شد. همه دستپاچه و حیران نظاره‌گر صحنه بودند.

سعید از جایش برخاست و بی‌اختیار تعادل خود را از دست داد، به یک آینه‌ای که در نزدیکی‌اش قرار داشت برخورد کرد، آینه خُرد شد و صورتش شکاف برداشت. ساقی همچنان مست و بی‌خبر می‌نواخت، این بار به روال گذشته و هنوز با چشمان بسته آهنگ عاشقانه‌ی غم‌انگیزی را می‌زد تا برای همیشه در اذهان زنده بماند و تا سال‌های سال نقل مجلس شود. هنوز همه‌ی حضار در حیرت و سکوت به تماشا نشسته بودند، سعید که به سختی می‌توانست بر روی پاهایش بیایستد، در چایخانه به حرکت درآمد، در حین حرکت به میزها می‌خورد و اشک می‌ریخت، اما فریادش بلند بود:

"ای احمق‌ها...!" تعادلش بهم خورد و با زانوهایش بر روی زمین نشست، خود را با زحمت بالا کشید و ادامه داد: "این راهی برای تغییر کشور نیست...!، نه با شرابخواری و رقصیدن و نه مواد مخدر استفاده کردن...!"

سعید شروع کرد به خواندن آواز یک آهنگ انقلابی فارسی. آهنگ ویلون ساقی هم انگار او را همراهی می‌کرد. رکسانا نمی‌توانست بفهمد که او از چه چیزی رنج می‌برد. چون اکثر آدم‌های آنجا می‌دانستند که سعید به تازگی از زندان سیاسی آزاد شده است، چایخانه را بلافاصله ترک کردند. از این‌رو سیروس، نادر و پری به سرعت دست به کار شدند. سیروس و نادر با هر زحمتی که بود سعید را از چایخانه خارج کردند. پری رو به رکسانا کرد و گفت:

"متاسفم که چنین اتفاق غیر منتظرهای افتاد...!، ما باید سعید را از اینجا دور کنیم... "بعد رو کرد به پیتر که ناخرسند ایستاده و در فکر بود: "پیتر، راکسی را دست تو می‌سپارم...، مواظبش باش... "

در راه خروج چشم پری به عبداله افتاد. او آنچنان مست و غرق در مصرف مواد مخدر بود

کـه تـوان حرکـت نداشـت. پـری بیدرنـگ زیـر بغـل عبدالـه را گرفـت و با هـر زحمتـی بـود او را از قهوه‌خانـه خـارج کـرد. رکسـانا ناباورانـه پلـه‌ی خروجـی چایخانـه را رصد می‌کـرد. او دوباره شـاهدِ ناپدیـد شـدن پـری بـود. رکسـانا در بـاورش نمی‌گنجید که شـب رویایـی‌اش این چنین بهـم ریخته باشـد. گویـی رقـص و شـادی و آواز عاشـقانه جای خـود را به تمام بدی‌هـا داده بود. اکنـون او مانده بـود و پیتـر بـا یـک یـا دو خدمتکارچایخانـه، پیتر متوجه شـد کـه کتایون بـاز ناپدید شـده بود.

سـکوت و ناباوری حاکم بود. پیتر سـرانجام سـکوت را شکسـت و مشـغول زمزمه‌ی رباعیات عمر خیـام شـد. تـلاش کـرد تـا برخیـزد، امـا از آنجایـی که مسـت و خمار بـود تعادلـش بهم خـورد و بر روی میـز و صندلـی افتـاد. رکسـانا بـه او کمـک کرد و او بـر روی پایش ایسـتاد. نگاه پیتر به رکسـانا افتـاد، در ایـن اندیشـه بـود کـه ماجـرای او چیسـت و او در ایران چه می‌کنـد، ولی در آخـر و بعد از چنـد لحظـه‌ای خنـده، صورتش را پوشـاند و صدایش بلند شـد:

"تـو هـم مثـل مـن روح گمشـده‌ای در ایـن جنگل هسـتی...، برای همین هم امشـب را همسـفر مـا شـدی...، نگران نباش شـب دراز اسـت و قلنـدر بیدار...، و تازه اول سـفر شـبانه‌ی ماسـت...، البته اگـر بتوانـی روی پایـت بند بشـی و دنبال من بیایـی...! ؟ "

*****

شـب آرامـی بود با نسـیم ملایـم. پیتر و رکسـانا در امتداد پیـاده‌روی خیابان قدیم شـمیران آرام پیـش می‌رفتنـد. همان‌طورکـه از نامش پیداسـت ایـن خیابان یکـی از قدیمی‌ترین معابـر تهران بود و بـه نوعـی یـک یادبـود زنـده از تهران قدیم، بـا دو نهر آب کوچـک در طرفین خیابان، که از شـمال بـه جنـوب در جریـان بـود و ردیف درختان سـر بـه فلک‌کشـیده‌ی قدیمی داخـل نهـر آب، پیاده‌رو را از خیابـان اصلـی جـدا می‌کـرد. در شـمال خیابـان کـوه دماونـد قرار داشـت، پیتر عاشـق این کوه بـود. نـه فقـط بـه خاطـر اینکـه هـر جمعه مـردم بـرای تفریـح و کوهنوردی دسـته دسـته عـازم آن می‌شـدند و پیتـر هـم گاهـی اوقـات بـا آنهـا همراه می‌شـد، بلکـه به خاطـر زیبایـی قله‌ی بلنـد و با شـکوهش کـه در ایـران بلندتریـن بـود و از برف در زمسـتان پوشـیده می‌شـد و به تهران و شـمیران زیبایـی و جـلای خاصـی مـی‌داد و بزرگتریـن قله‌ی آتشفشـانی آسـیا به شـمار می‌آمد.

در تمـام سـال‌هایی کـه پیتـر در تهـران زندگـی می‌کـرد، هرگـز صاحـب اتومبیـل نبـود و همواره سـعی داشـت بـه هـر نقطه‌ای پیاده سـفر کند تـا بتواند با مردم گفتگو داشـته باشـد، خصوصاً شـب‌ها بعـد از اینکـه چایخانـه را می‌بسـت همیشـه پیـاد بـه خانـه برمی‌گشـت. قـدم زدن را ترجیـح می‌داد، خصوصـاً از بابـت نسـیمی که صورتـش را نوازش می‌داد و دوسـتانی‌که در سـر راه با آنها دیـد و بازدید مـی کـرد، لـذت می‌برد. نسـیم و دیـدار دوسـتانش دارویی بودنـد برای رها شـدن از خواب و مسـتی. هـر شـب سـی دقیقـه پیـاده‌روی می‌کـرد تا بـه خانـه‌اش برسـد. لذت‌بخش‌ترین قسـمت پیـاده‌روی،

دیدن دوست‌های دست فروش سر راهش بود، خصوصاً یکی از آنها که پسر جوان شانزده ساله‌ای بود که دست فروشی گردو می‌کرد و به بلبل شیراز معروف بود. دلیل نام‌گذاری بلبل شیراز این بود که او از صدای خوب و پسندیده‌ای برخوردار بود. او آهنگ‌های گوگوش و خصوصاً فیلم‌های هنرپیشه معروف آن زمان محمدعلی فردین مثل گنج قارون، پهلوان پهلوانان را حفظ کرده و همیشه برای مشتری‌های خود می‌خواند. اما جذاب‌ترین اجرایش وقتی بود که با دیدن پیتر با او و برای او می‌خواند و فردین را تقلید می‌کرد.

اکنون با دیدن پیتر، صدای بلبل شیراز دورادور بلند شد. او به خواندن و تقلید فیلمی از فردین پرداخته بود. اگر یک شب پیتر پیدایش نمی‌شد بلبل شیراز فردای آن شب اولین کارش این بود که قبل از بر پا کردن دکه‌اش به چایخانه پیت سری بزند و از حال پیتر جویا شود.

رکسانا مات و مبهوت محو تماشای پیتر و بلبل شیراز بود که دَم گرفته و آواز و رقص سر داده بودند. گویی حادثه‌ی سعید را فراموش کرده بود. رکسانا چراغ توری پر نوری را می‌دید که در کنار یک سینی نسبتاً بزرگ بر روی چهار پایه‌ای قرار داشت و در حال نور افشانی بود. در داخل سینی، گردوهای پوست کنده به‌طور مرتب و منظم و به‌مانند یک گنبد حرمی چیده شده بود. رکسانا می‌دانست که دکه متعلق به پسر جوان است. کمی دورتر پیرمردی بود که او هم دکه‌ای بر پا کرده و بلال می‌فروخت و با دیدن پیتر صدای آواز او هم بلند شده بود که از بلبل شیراز عقب نیافتاده باشد. آن شب بلبل شیراز با دیدن رکسانا حالا سنگ تمام هم گذاشته بود و با پذیرایی گردو به نوعی رسم مهمان‌نوازی‌اش را به نمایش اضافه کرده بود.

خوش‌وبش و رقص و آواز بلبل با پیتر حدود سی تا چهل دقیقه طول می‌کشید. معمولاً پیتر آخرین مشتری بلبل شیراز بود و بعد از رفتن پیتر او هم وسایلش را جمع می‌کرد و در داخل ق چایخانه‌ی پیتر می‌گذاشت و در شب بعد آنها را دوباره برمی‌داشت. بلبل، پدر جوانش را بر اثر بیماری سِل از دست داده بود، حالا او که پسر بزرگ خانواده بود به اتفاق مادرش سرپرستی خانواده را بر عهده داشت، به همین دلیل روزها به مدرسه می‌رفت و شب‌ها تا نیمه‌های شب گردو می‌فروخت. پیتر در این خیال بود که خدا آن دو را سر راه یکدیگر قرار داده است برای همین خود را مثل پدرخوانده‌ی او می‌پنداشت و خیلی به او می‌رسید و هر شب سر راهش برای خانواده‌ی او غذا می‌آورد. پیتر همیشه آخرین مشتری او بود.

پیتر و رکسانا، بلبل شیراز را ترک کردند و به کمی دورتر جایی که همان دکه‌ی بلال‌فروشی پیرمرد بود، رسیدند. پیرمرد یکی دیگر از دوستان دست فروش پیتر بود. او نیز با دیدن پیتر مشغول خواندن شده بود. وقتی پیتر به اتفاق رکسانا سر رسید، پیرمرد دو بلال

تـازه را از روی آتـش برداشـت و بعـد از فـرو بـردن در یـک ظرف آب نمک به سـمت پیتـر دراز کرد. پیتـر بلالـی را کـه از آن آب‌نمـک فرو می‌چکید، گرفت و مشـغول خوردن شـد. پیرمـرد در حالی که می‌خوانـد بـلال دوم را بـا لبخنـدی بـه طرف رکسـانا تعارف کرد، اما رکسـانا مُردد بـود و فقط به آب نمک‌هایـی کـه از بـلال فـرو می‌چکیـد و کمـی چرکیـن هم می‌نمـود، خیره شـده بود. چشـمش به پیتـر افتـاد کـه مشـغول خـوردن بـود. او در ظرف کمتـر از سـی‌ثانیه تمام بـلال را خـورده و منتظر دومـی بود:

"اگر نخوری خیلی پشیمون میشی...، خیلی خوشمزه است... "

رکسـانا بـا تردیـد بـلال را گرفـت. پیتـر بـلال دیگـری را هـم تمـام کـرده بـود کـه رکسـانا تازه تصمیـم گرفـت بـه بلالـش گازی بزنـد و بـه نظـر می‌رسـید کـه چنـدان هـم بـدش نیامـده بـود.

شـب‌ها همیشـه همین طور تمام می‌شـد. اما چیزی که امشـب را از سـایر شـب‌ها متفاوت می‌کرد رادیـوی کوچـک ترانزیسـتوری دسـتی بود کـه پیرمرد بلال فـروش کنار دکه‌اش داشـت و رادیـو بی.بی. سـی لنـدن مشـغول پخـش اخبار در مـورد ایران بـود. به تازگـی تمام اخبـارش هم ضد شـاه و حکومت سـلطنتی بـود. بی.بی.سـی کـه سـال‌های سـال موافق شـاه بود و بـرای حکومـت آن تبلیـغ می‌کرد یک شـبه مخالف شـده بود. اکنون شـاه را محکوم می‌کرد. تعصب سیاسـی بریتانیا نسـبت به ایران غیرقابل تحمـل بـود، کامـلاً آشـکار ضـد ایـران بـود و هسـت و متأسـفانه همیشـه چوبـش را هـم مـردم عـادی می‌خوردنـد و می‌خورنـد. بـرای خیلی‌هـا مشـخص بـود کـه چـرا صـدای بی.بی.سـی جهت و سیاسـت خـود را از موافـق بـه مخالفـت بـا شـاه تغیـر داده اسـت. خریـد نفـت ارزان و مفـت که شـاه تسـلیم آنها نمی‌شـد. حـالا دیـدگاه سیاسـی عملکرد آنها شـامل حمایـت از یـک دولـت متدین و روحانی بـود و همه می‌دانسـتند کـه روحانیـون نوکـران انگلیسـی‌ها و جیره‌خوار آنها هسـتند.

✻✻✻✻✻

فصل ۷

تولد دوستی ناگسستنی و غیرقابل باور با دشمن خود...

هوا هنوز تاریک بود. تیغه‌های روشنایی به سختی در آسمان تهران دیده می‌شدند و نماد یک صبح دیگر را نوید می‌دادند. خصوصاً که صبح روز تعطیل جمعه بود، فرصتی ارزشمند برای رفتن به دامنه‌های دماوند و توچال و قطعاً یک آخر هفته‌ی شاد. رکسانا کنار پیتر، داخل یک تاکسی نشسته بود و در یک سفر ماجراجویی شاد دیگر قرار داشت. دوستیشان از زمان اولین ملاقات، قوت گرفته بود. پیتر به او پیشنهاد کرده بود که او می‌تواند از اتاق اضافی داخل آپارتمانش، استفاده کند. رکسانا اکنون از بودن در کنار پیتر احساس امنیت بیشتری می‌کرد. خصوصاً که می‌دید پیتر مردی خوب و دوستی مهربان و بی‌آزار است. اما هیچ‌یک از این دلخوشی‌ها باعث نمی‌شد که رکسانا دومرتبه نگران تاکسی و شوفر آن نباشد. در این خیال بود که راننده را قبلاً دیده است. شکش زمانی قوت گرفت که می‌دید او خیلی سعی داشت تا چشم در چشم وِی نیندازد. شهر و خیابان خلوت و خالی بود. جزء عبور گذرای اتومبیلی با وقفه‌ی طولانی و رفتگرانی که مشغول جارو کردن پیاده‌روها بودند.

تاکسی در مقابل یک طباخی توقف کرد. در آن صبح زود تنها مغازه‌ی بازی بود که در آن طرفها به چشم می‌خورد. هوا کمکم روشن می‌شد و عبور و مرور ماشین‌ها و رهگذران بیشتر شده بود. به‌نظر می‌رسید در چنین صبح زودی سرشان شلوغ بود. اما انگار رکسانا دومرتبه حواسش پرتِ تاکسی و راننده بود و به این فکر می‌کرد که چه کسی و چرا او را دنبال می‌کند؟، نکند ساواک او را دنبال می‌کند؟، نکند یک دفعه دستگیرش کنند؟، اما چرا باید دستگیرش کنند؟، او که کار خلافی نکرده است؟، اما هیچ پاسخی برای هیچ کدام از سوال‌هایش نداشت. به هر حال آنچنان در فکر و خیال غرق بود که حتی صدای پیتر را نشنیده بود. او حتی نفهمیده بود که پیتر از ماشین پیاده شده و به طرف طباخی راهی بود. رکسانا بالاخره پیاده شد. اما با نگاهش رفتن تاکسی را دنبال کرد تا جایی که از مقابل دیدگانش ناپدید شد. صدای سوت پیتر، او را به خود آورد. پیتر در مقابل درب طباخی به انتظار ایستاده بود، او به سمت داخل طباخی از نظر گم شد. رکسانا بالاخره حرکت کرد و داخل طباخی شد.

تار

رکسانا به محض ورود شاهدِ کله‌وپاچه‌های پخته‌ای بود که در یک یا دو سینی بزرگ چیده شده بودند. بخار از کله و پاچه‌ها متصاعد بود. مغازه نسبتاً شلوغ بود و همه با میل و اشتهاء مشغول خوش‌وبش و خوردن بودند. رکسانا مثل آدم‌های طلسم‌شده بر سر جایش میخکوب بود، خصوصاً بوی فضای طباخی در وجودش رسوخ کرده بود. مطلبی که حاضرین از آن مطلع نبودند، لزوم ارج و احترامی بود که در آمریکا نسبت به حیوانات داشتند، سگ و گربه از آن جمله حیواناتی بودند که تقریباً در تمام خانه‌ها یافت می‌شدند، در فضای منازل در رفت و آمد بودند و از رفتار انسانی بهره‌مند می‌شدند. اما بر طبق قوانین اسلامی ایران، سگ به‌عنوان یک حیوان نجس، همواره در معرض آزار و اذیت مردم قرار داشت. رکسانا برای اولین بار شاهدِ خوردن کله، پاچه و زبان گوسفندان بود، چیزی که هرگز در آمریکا مرسوم نبود و حتی از دیدنش حالشان بهم می‌خورد، صحنه‌ای که برای آمریکایی‌ها بسیار مشمئزکننده بود. اما مردم با پیتر به عنوان یک فرد آمریکایی آشنا بودند و او را می‌شناختند. پیتر با نحوه‌ی زندگی و آداب و رسوم ایرانی خو گرفته بود و در واقع نمونه‌ای از یک ایرانی کامل به‌شمار می‌رفت.

حالا همه‌ی چشم‌ها به رکسانا دوخته شده بود، اما رکسانا آنچنان در شوک به سر می‌برد که صدای مشتری‌های طباخی را هم نمی‌شنید، آدم‌هایی که به او سلام می‌دادند و او را به نشستن و خوردن دعوت می‌کردند. حتی حواسش نبود که سیروس در مقابلش ایستاده است. سیروس دستش را گرفته بود و از او دعوت می‌کرد تا بنشیند. رکسانا بالاخره قدم برداشت و سر میز پیتر نشست. پیتر رباعیات عمر خیام را می‌خواند و با سایر مشتری‌ها مزاح می‌کرد. مردی یک بشقاب بزرگ، حاوی گوشت کله، پاچه، مغز و زبان را بر وسط میز آنها قرار داد، سپس دو کاسه از آب کله پاچه را هم که مخصوص سیروس و پیتر بود به میز اضافه کرد، در ادامه نگاهی به رکسانا انداخت و با خنده‌ای معنی‌دار رفت تا به سفارش سایر مشتری‌هایش بپردازد. پیتر معطل نکرد و در حالی که مشغول گرفتن لقمه‌ای بود به رکسانا نشان می‌داد که یک لقمه از چه محتویاتی تشکیل می‌شود و با این طرز رفتار و گفتار، سَرِ مزاح و شوخی با رکسانا را باز کرده بود:

"فقط تصور کن، قبل از طلوع آفتاب، مغز و زبان و چشم همه را بگذاری تو یک لقمه و بخوری...، چه طعم و مزه‌ای داره...!"

چشم پخته را جلوی رکسانا گرفت و بعد لقمه را پیچید و به دست رکسانا داد. رکسانا گیج و گنگ لقمه را در دست داشت و به آن خیره شده بود. نمی‌دانست چه باید می‌کرد. در این اندیشه بود که اگر از آن لقمه نخورد ممکن است به ایرانیان حاضر در طباخی توهین کرده باشد. اما گویی قادر نبود آن لقمه را به دندان بگیرد خصوصاً وقتی دیده بود که پیتر مغز و چشم گوسفند را هم در محتوای لقمه جای داده بود. حالا همه به تشویق رکسانا صدایشان

69

بلند شده بود. و بعضی ها هم روی میز داریه می‌زدند و رنگ هم گرفته بودند و رکسانا را تشویق به خوردن می کردند.. سرانجام سیروس به کمکش آمد و صدایش بلند شد:

"خیلی خوشمزه است...، اما اگر نمی‌خوای بخوری مجبور نیستی...! "

پیتر داخل حرف سیروس پرید:

"اما این یک امتحانه که رکسانای عزیز ما میتونه تو ایران دوام بیاره یا نه...، قول میدم تو را نمی‌کشه...، میتونه یک تجربه‌ی خوب باشه که به آداب و رسوم اینجا عادت کنی..."

حالا عده‌ای هم دور میز آنها جمع شده و او را تشویق می کردند. رکسانا در خوردن یا نخوردن لقمه اندیشه می‌کرد و به دنبال جراتی بود که به او کمک کند تا لقمه را بخورد و به آنها ثابت کند که او با جماعت ایرانی هیچ فرقی ندارد. سرانجام دست رکسانا به سمت دهانش رفت و با تردید و احتیاط گازی از لقمه گرفت، از بدشانسی، چشم و قسمتی از مغز گوسفند در زیر دندان‌هایش قرار گرفته و در حال لِه شدن بود. هنوز زمانی نگذشته بود که حالش بهم خورد و به حالت تهوع بلند شد، سپس در حالی که جلوی دهانش را گرفته بود با عجله از طباخی خارج شد.

اکنون در پیاده‌روی خیابان، رکسانا سراسیمه خودش را به نهر کوچک مقابل طباخی رسانده بود، او با تهوع لقمه‌اش را بالا آورد و با چند مشتی آب دهانش را غرغِره کرد. هدفش فقط بیرون ریختن گوشت کله پاچه و شستن کامل دهانش بود. هوا تقریباً روشن شده بود و مردم تا حدی در رفت و آمد بودند، اما نه به اندازه‌ی روزهای غیرتعطیل. رکسانا به سمت صدای سیروس گوش سپرد:

"تو باید یاد بگیری تا در قبال احساس و خواسته‌های خودت رو راست باشی... و تحت تاثیر دیگران عمل نکنی...!"

رکسانا سرش را بالا گرفت، متوجه‌ی سیروس شد که در بالای سرش با کاسه‌ی آب گرمی ایستاده بود. قطرات آب از انتهای چانه‌اش فرو می‌چکید. بابت بروز چنین رفتاری از سیروس خجالت می‌کشید. انگار دلش می‌خواست تا در برابر سیروس آدم قوی‌تری به نظر برسد:

"از اخطار دیر هنگام شما متشکرم...!"

سیروس در حالی که آب گرم را بر روی دستان رکسانا می‌ریخت به منظور تسکین او، با مزاحی پاسخ داد:

"می‌دانی همین مردم که این کله پاچه‌ها را با این ولع می‌خورند و لذت می‌برند، اگر گوشت خوک به آنها بدهی و بخورند وضع و حالشان از تو بدتر خواهد شد...؟»

سـیروس متوجـه بـود کـه بایـد به رکسـانا کمـک کند تـا از فکـر تجربـه‌ی تلخی که بـا خوردن غـذای طباخـی بـه وجـود آمـده بود، خـارج گـردد. او باید ایـن جریـان را فراموش می‌کـرد و ذهنش بـه سـمت موضوعـات دیگری منحـرف می‌شـد، از ایـن رو ادامه داد:

"چه چیز شما را به ایران آورده؟، قطعاً به خاطر کله‌پاچه نبوده...! "

رکسـانا کـه هنـوز مشـغول شسـتن دهانـش بـود و آب از لـب و لوچـه‌اش می‌چکیـد، در ایـن اندیشـه بـه سـر می‌بـرد کـه بایـد چه پاسـخی مـی‌داد و تا چـه انـدازه می‌توانسـت زندگیـش را با او در میـان بگـذارد، از ایـن رو بـا مکـث و طمانینـه جـواب داد:

"دنبال یک مرد می‌گردم...»

از آنجایـی کـه سـیروس آدم بسـیار شـوخ‌طبعی بـود و انتظـار چنیـن پاسـخی را هـم نداشـت، شـوخی‌اش بیشـتر گل کـرد:

"شـما بایـد روح بزرگی داشـته باشـی و خیلی شـجاع باشـی کـه تک و تنهـا آمدی اینجـا دنبال مـرد بگردی؟"

"چرا؟، خیال می‌کنی به محافظ احتیاج دارم؟"

"بلـه...، البتـه اگـر بخواهیـد از بـازار دیـدن کنیـد، حتم محافـظ می‌خواهیـد البتـه محافظی که یـک چونـه زن قهـاری هـم باشـد...، وگرنه با یک بسـم‌الله همـه چیزتون بر بـاد خواهد رفـت...، البته مـن متخصـص هـر دو هسـتم، خصوصاً کارشـناس مرد پیـدا کردن...، فقط کافی اسـت شـرایطش را بـه منبگـی ... قـد بلنـد، قـد کوتاه، چـاق یا لاغـر... پیر یـا جوان؟

رکسـانا بـا دسـتمالی کـه سـیروس بـه او داده بـود مشـغول خشـک کـردن دسـت و صورتـش بـود، او بـه ایـن مسـئله فکـر می‌کـرد کـه آیـا می‌توانـد بـرای پیـدا کـردن پـدرش بـر روی کمـک سـیروس حسـاب بـاز کنـد، آیا می‌توانسـت بـه او اعتمـاد کنـد، او آموخته بـود که تا آدمـی را خوب نشـناخته‌اید، سـفره‌ی دلتـان را بـرای او بـاز نکنیـد. امـا بـه هـر دلیلـی که بـود او درکنار سـیروس احسـاس امنیـت و آرامـش می‌کـرد. در چشـمان سـیروس نظری دوخـت و بالاخره صدایـش درآمد:

درسـته کـه مـن دنبـال مـرد می‌گـردم، امـا نـه" هـر مـردی...!، دنبـال پدرگمشـده‌ی ایرانیـم می‌گـردم...، اون وقتـی کـه مـن سـه تـا چهـار سـالم بـود مـن و مـادرم رو تـو آلمـان گذاشـت آمـد اینجـا...، هیـچ چیـز از او بـه یـادم نمی‌آیـد...، امـا خیلـی دلـم بـراش تنـگ شـده و دلـم می‌خـواد ببینمـش...!"

اندوهـی گـران بـر وجـود سـیروس سـایه افکنده بـود و دیگر حـس آن را نداشـت که دوباره سَـرِ شـوخی را بـاز کنـد. کنـار جوی آب نشسـت و پایـش را داخـل آب گذاشـت و زمزمه کرد:

"دنبال پدرت می‌گردی...؟!، قصه‌ی غم انگیزی است...، چطور او تونست این کارو بکنه...؟"

"مارو گذاشت و آمد به مصدق کمک کند، ۱۹۳۱، اما هرگز برنگشت... "

رکسانا با کنجکاوی ادامه داد:

"اما من در این ماندم که تو واقعاً می‌خوای به من کمک کنی؟، و یا فقط احساس همدردی می‌کنی؟، و یا می‌خوای شلوارمو پایین بکشی؟ "

سیروس از پاسخ رکسانا جا خورده بود، خصوصاً از آن قسمت آخر کلامش که راجع به پایین کشیدن شلوارش بود. از این‌رو تاملی کرد و دوباره راه شوخی را در پیش گرفت:

"فقط کنجکاو هستم...، اما فرجام آخرین سوالت را به دست گذشت زمان می‌سپاریم تا ببینیم چه برایمان ارمغان خواهد آورد...! "

در همین احوال پیتر از طباخی خارج شد و در حالی که به طرف آنها می‌آمد:

"دفعه‌ی بعد با یک بطری شراب همه‌چیز و بشور و پاک کن... "

رکسانا برگشت، از جایش بلند شد و بعد از کمی تامل رو به پیتر کرد:

"واقعا که زندگی بسیار جالبی اینجا داری...، برای همین هم ماندگار شدی..."

"چرا که نه؟، نه مالیات میدی، نه قسط کارت اعتباری داری، نه قسط خانه، نه قسط ماشین، نه قسط کله پاچه، چلوکباب، ماست و خیار و خورشت فسنجون، شراب، شعر و خانم‌های زیبا، یک مرد از خدا و روزگار چه چیز دیگری می‌تواند بخواهد؟ مرگ؟"

و با خنده‌ی رضایت‌بخشی ادامه داد:

«شما دو تا نکنه جا بزنید...؟، روز تازه آغاز شده و تازه پله‌ی اول تمام شد...، بازی یک ساعت دیگه آغاز می‌شود...، باید رفت...»

* * * * *

چند ساعتی از خوردن کله پاچه گذشته بود. آفتاب بر شهر حکومت می‌کرد. دسته‌ی کوچکی از کبوتران بر فراز منطقه‌ای در شمال شهر، محله‌ی کنار جاده‌ی سلطنت‌آباد، در محوطه‌ی دروس، در پرواز بودند و بعد از طِی چند خیابان بر شاخسار بلند چند درخت چنار و صنوبر نشستند. مجاور خط درخت‌ها زمین خاکی بزرگی بود که گروهی آمریکایی و ایرانی مشغول بازی یک ورزش آمریکایی به نام سافت‌بال بودند. بین آنها رکسانا، پیتر، سیروس و نادر حضور داشتند. بازی سافتبال تقریباً شبیه الک‌دولک ایرانی است و تا هشتاد درصد به هم شباهت دارند و شاید ایده‌ی بازی‌های ورزش آمریکایی سافت‌بال و بیس‌بال را از بازی الک‌دولک ایرانی گرفته باشند، اما بازی الک‌دولک بیش از سیصد سال قدمتش بر سافت‌بال می‌چربد. حال بازی این

ورزش آمریکایــی مرحلــه‌ی بعــدی از ســری تفریحــات روز جمعــه آنها بــود. پیتر تنها وقتــی که درگیر بــازی ســافت‌بال بــود حالــت جــدی به خــود می‌گرفت و احساســاتی می‌شــد و دیگر آن انســان مهربان بخشــنده نبــود. امــروز هــم بــا روزهای دیگر تفاوتی نداشــت. کســی کــه توپ ســافت‌بال را بایــد می‌زد شــانس آورد و چنــان ضربــه‌ای بــه تــوپ زد کــه از روی ســر همه رد شــد و بــه طرف درخت‌هــای کنار زمیــن بــازی اوج گرفــت. ســیروس کــه هم بــازی او بود در خــلال جریان حرکــت توپ، به طــرف پایان خــط بــازی جایــی که توپ از آنجا شــوت شــده بود، شــروع بــه دویدن کرد. رکســانا کــه در تیم مخالف ســیروس بــازی می‌کــرد در آن نقطــه منتظر بود تا بدن ســیروس را قبل از رســیدن بــه آن نقطه لمس کنــد. در نزدیکی‌هــای نقطــه‌ای کــه آن دو بایــد بــه هــم می‌رســیدند، ســیروس تصمیــم گرفــت حالت پــرواز بگیــرد کــه برای رکســانا آســان نباشــد او را لمــس و به قــول قانون بازی بُکشــد. اما هــر دو وقتی بــه هــم رســیدند و تــا چشمانشــان بــه هــم افتــاد، در هــم قفل شــدند و گویــی قاعــده و قانون بــازی را فرامــوش کردنــد. اکنــون در آغــوش یکدیگــر جا گرفته بودنــد و ســیروس در آن حال ســعی می‌کرد تا بــه نحــوی از زمیــن خوردن و آســیب دیدن رکســانا جلوگیری کند، امــا در نهایت هر دو بــر روی زمین وِلُــو شــدند. آنهــا از این تقابل بســیار نزدیک دوســتانه خوشــحال بودنــد و انگار یکدیگر را طلســم کرده بودنــد و دیگــر تــوان و اراده‌ای بــرای تحــرک نداشــتند. دســته‌ی کبوتــران از برخورد توپ بــازی که در لابه‌لای شــاخصار درختان گم شــده بود به پرواز درآمده و در آســمان اوج گرفتند. ســیروس و رکســانا بــه ماننــد فرجــام تــوپ بــازی در وجــود هم گم شــده بودند و بــه مثابه پــرواز کبوتران در اوج شــادمانی قــرار داشــتند آنچنــان کــه حتــی نمی‌دیدنــد و نمی‌شــنیدند کــه پیتر بــا داور مســابقه که ســیروس را بازنــده و کشــته خوانــده بــود در جنــگ و بحــث و جدال اســت. پیتــر آنچنان تحــت تاثیر جریــان بازی قــرار داشــت کــه گویــی در اســتادیوم تیم معــروف بیس‌بــال یانکی در نیویورک مشــغول بازی اســت.

گویی هیچ صدایی به گوشــه‌ای ســیروس و رکســانا نمی‌رســید، ســیروس ســرانجام در زیر گوش رکســانا زمزمه کرد:

«درســت گفتنــد کــه زیبــای یــک هدیــه‌ی الهی اســت و بــه حق تــو خیلی زیبــا هســتی...، برای همیــن هم اســت کــه آفتــاب هم بــه تو حســودی می‌کنــد...“

در مســافتی دور از زمیــن بــازی و در کنــار خیابــان ســلطنت‌آباد کــه مجــاور زمیــن بــازی بــود، فــردی کــه در داخــل یــک اتومبیــل پنهــان شــده بود به عکــس گرفتــن از رکســانا، ســیروس، پیتر و نــادر کــه در چنــد متــری ســیروس و رکســانا در فکــر گــم شــده بود و داشــت آنهــا را تماشــا می‌کرد مشــغول بود.

*****

فصل ۸

وقتی مطمئن‌ترین دوست به شما خیانت می‌کند...

برای رکسانا هم خانه‌ای شدن با پیتر، نعمتی بود تا او بتواند بیشتر به خود و اطرافیانش فکرکند. رکسانا به این می‌اندیشید که نادر و پری دوستان خوبی بودند. هر چه زمان می‌گذشت پیوند دوستی او و پری محکم‌تر می‌شد. اما در عین حال برخی از رفتارهایشان برای رکسانا عادی به نظر نمی‌رسید. نادر فوت دایی‌شان را دلیلی بر عدم دیدار وغیبت‌شان عنوان کرده بود و اکنون می‌دید که نادر برگشته بود و میل داشت تا به او یاری رساند. رکسانا با پاره‌ای از خصوصیات ایرانی آشنایی داشت و دیگر به آنها عادت کرده بود. آنها به موجب هر جریان ناخوشایندی، در زندگی‌ات وارد می‌شدند و با گرمی از وجودت استقبال می‌کردند و همه سعی داشتند تا به نوعی به تو کمک کنند، اما ناگهان ناپدید می‌شدند و بعد از مدتی بازمی‌گشتند. آنها با هر مراجعتی بر آرمان دوستی و مساعدت خود تاکید می‌کردند. رکسانا دیگر از این حیث پیش افتاده بود و همواره از واژگانی نظیر نوکرم در کلام بهره می‌جست و آن را با لهجه‌ی شیرین فارسی آمریکایی‌اش ادا می‌کرد. البته سیروس به او توضیح داده بود که چندان بر روی این تعارفات ایرانی حساب نکند. او در جامعه‌ی آمریکا هرگز با چنین رفتاری برخورد نداشت، در واقع مردم آمریکا تا وقتی که مایل نبودند تا با یکدیگر رفاقت و همکاری داشته باشند، از به کار بردن چنین الفاظ و تعارفاتی پرهیز می‌کردند.

رکسانا به اتفاق نادر به چند محل سر زده بودند تا در مورد پدرش اطلاعاتی کسب کنند. پرس‌وجوها اکنون آنها را به یک چایخانه در جنوب شهر تهران برده بود. نادر و رکسانا منتظر و در عین حال گرم صحبت بودند که نگاه نادر به جوان لاغر اندام قد بلندی افتاد که وارد چایخانه شد، با نگاهش نادر را می‌طلبید. وقتی مطمئن شد که نادر او را دیده است از چایخانه خارج شد. نادر بلند شد و به دنبال او از چایخانه بیرون رفت. غیبت نادر به رکسانا فرصت داده بود تا کمی به چایخانه و آدم‌های آنجا نگاهی بیاندازد. کلاه شابگای مردان جاهل جنوب شهر، رکسانا را به یاد کابوهای تکزاس آمریکا انداخته بود. برخلاف شمال شهر کمتر زنی را در قهوه‌خانه‌های جنوب شهر می‌دید، فقط یک‌نفر. کنجکاوی، رکسانا را در محو

تماشـای قلیان‌هـای رنگاوارنگـی فرو برد که تقریباً همه مشـغول کشـیدنش بودند. نقاشـی و خراطی سـطح روی برخـی از آنهـا بسـیار زیبـا بـود. چنـد مـرد به‌طـور مرتـب در قهوه‌خانـه می‌گشـتند و جلـوی مشـتری‌ها چایـی، قلیـان و غـذا می‌گذاشـتند. متوجـه شـده بـود کـه همـه فقـط آبگوشـت می‌خوردنـد. نگاهـش بـه مـرد میانسـالی بـا کلاه شـابگای افتـاد که بـا چند تا از دوسـتانش نشسـته بـود، بـا لبخنـدی کـه بـر چهـره داشـت حبه قنـدی را برداشـت و به رکسـانا نشـان داد، سـپس قند را بـه دهـان بـرد و قـدری از چـای اسـتکان در نعلبکـی ریخـت، او در هنـگام نوشـیدن چـای از قند داخـل دهانـش می‌مکیـد. رکسـانا گویی محـض خوشـحالی او نحوه‌ی نوشـیدن چـای را تقلید کرد. در ایـن میـان نگاهـش بـه سـمت پیرمـردی با مو و محاسـن سـفید جلب شـد که در گوشـه‌ی دیوار نشسـته بود،پیرمـرد آنچنـان مجـذوب او شـده بود که از جدا شـدن و ریختن خاکسـتر سـیگارش به درون اسـتکان چایـش غافـل بود. رکسـانا محض شـوخی نحـوه‌ی خوردن چـای با قند را بـرای او به نمایـش گذاشـت. پیرمـرد اسـتکان چایـش را برداشـت و بـدون توجـه و اطلاع سَـر کشـید، آنچنان تنـد و تیـز چایـش را نوشـیده بـود که رکسـانا مجالـی نداشـت تـا او را از کیفیت چایش آگاه سـازد. صـدای سـرفه و اعتـراض پیرمرد بلند شـد. رکسـانا در بین حالتی از خنده و سـکوت قـرار گرفته بود.

نـادر وارد چایخانـه شـد و حـواس رکسـانا بـه سـمت او برگشـت، مایـل بود تـا در جریـان اخبار خیـر یـا شَـرِ نـادر قرار گیـرد. لحظاتی بعـد نادر بیـرون چایخانه کنار رکسـانا ایسـتاده بـود و به یک ماشـین فـورد قدیمـی نـگاه می‌کـرد. بـه نظـر می‌رسـید نگـران بـود ولی بـه نوعـی تشویشـش را از رکسـانا مخفـی می‌کـرد. نـادر بـدون مقدمه زبان گشـود:

«انـگار پـدر بزرگ شـما در بـازار طلا فروشـان حجره‌ای داشـته...، اما نمی‌دانسـت کـدام...، قراره تمـام اطلاعاتـو بـرای مـن بگیـره...، حـالا از من خواسـته ماشـین بـرادرش رو ببـرم و سـر راهم بدم بهـش، انـگار منظـورش ایـن بـود کـه به مـا اطلاعات میـده و ما هـم بایـد در عوض یـه کمکی بهش بکنیم...»

رکسـانا بـه یـادش افتـاد کـه قبلاً از مـادرش شـنیده بود که پـدر بزرگـش تاجر طلا بوده اسـت. اگـر چـه نـادر خبـر چندانـی نداشـت اما ایـن معلومـات هـم بـرای او امیدوارکننـده بود. نادر سـعی می‌کـرد تـا رفتـارش را عـادی نشـان دهد اما رکسـانا متوجه‌ی نگرانی او شـده بـود و ظاهـراً برای او مشـخص بـود کـه نـادر از چیزی رنـج می‌بـرد، از این رو پرسشـگرانه زبان گشـود:

«به‌نظر می‌رسد، از یک چیزی ناراحتی؟، حالت خوبه؟»

نادر محض گمراهی و انحراف افکار او مشغول توضیح شد:

«نگرانـی مـن در ایـن اسـت کـه همـه‌ی زندگیـت را بـا همـه در میـان می‌گـذاری، تـو نباید به سـفارت می‌رفتـی و از آنهـا کمـک می‌خواسـتی!، آنهـا دوسـت حکومـت و شـاه هسـتند و ممکنه با

ساواک تماس گرفته و حکایت پدرتو گزارش بدند...، ممکنه لُو بره و ساواک او را دستگیر کند، و احتمالاً هرگز او را نبینی...، اینجا باید مواظب باشی با کی حرف می‌زنی و از کی درخواست کمک می‌کنی، همه چیزو تو خودت نگهدار مگر اینکه مطمئن باشی طرفت قابل اعتماد است...» و بعد از سکوت معنی‌داری به او خیره شد: « امیدوارم حرف‌هایم را جدی بگیری ؟»

رکسانا سرش را به نشانه‌ی تصدیق و تایید تکان داد.

ساعتی بعد رکسانا در پشت فرمان اتومبیلی نشسته بود و با نگرانی و احتیاط به دنبال نادر در خیابان‌های تهران می‌راند. برای او حتی فکر رانندگی در تهران هم وحشتناک بود. بارها دیده بود که برخلاف آمریکا، در ایران کسی قوانین رانندگی را جدی نمی‌گرفت. ترجیح می‌داد تا شخصاً هزینه‌ی جابجایی ماشین را به فردی پرداخت می‌کرد، اما نادر با او مخالفت کرده بود، به نظر او ممکن بود باعث دلخوری و در نهایت به عدم همکاری او منجر شود. ترافیک ناچیز شامگاه قدری از استرس رکسانا کاسته بود ولی همچنان نگران بود که شاید نادر را گم کند. نادر به او متذکر شده بود که می‌بایست کجا و چطوری ماشین را پارک کند، به او گفته بود که برادر او قصد دارد تا برادر خود را سورپرایز کند.

دیر زمانی نگذشت که به سر یک سه راهی رسیده بودند. نادر آهسته کرد و دستش از پنجره‌ی ماشینش بیرون آمد و به پارکینگ پشت کیوسک پلیس راهنمایی که سر سه راهی نصب شده بود، اشاره کرد. رکسانا با احتیاط به داخل پارکینگ پشت کیوسک پیچید، تا زمان پارک کردن ماشین نگاهش تنها متوجه‌ی تنها افسر پلیسی بود که در کیوسک حضور داشت. او در پشت یک میز سرگرم گفتگوی تلفنی بود. از خنده‌هایش هم معلوم بود که تمام حواسش معطوف گوشی تلفن است. رکسانا پس از پارک ماشین، با تعجیل پیاده شد به سمت لاین مخالف خیابان حرکت کرد، نادر که در کنار خیابان انتظار می‌کشید پس از سوار شدن رکسانا به راه افتاد.

نادر از آئینه بالای سرش گویی همه‌ی جوانب را زیر نظر داشت. نگران بود. چشمش افتاد به ماشین غریبه‌ای که بلافاصله وارد پارکینگ پشت کیوسک شد و در جوار اتومبیلی که رکسانا پارک کرده بود، ایستاد. یک مرد میانسال که گویی افسر پلیس بود از ماشین پیاده شد و به سمت داخل کیوسک پلیس حرکت کرد. نادر از مشاهده‌ی دختر بچه‌ای شش یا هفت ساله که در صندلی عقب نشسته و منتظر بود، بی‌اختیار ترمز کرد و ماشین ایستاد. رکسانا سَری در اطراف چرخاند و با نگرانی و پرسش به نادر نظر دوخت. نادر که رنگ صورتش مثل گوجه فرنگی قرمز شده بود، با مشت دفعاتی بر روی فرمان کوبید:

«نه...، نه...، نباید آنجا پارک کنی...!»

صدایش آنچنـان سرشـار از خشـم و نارضایتـی بـود کـه رکسـانا ترسـید. نـادر از ماشـین پیاده شـد و مضطربانـه بـه سـمت کیوسـک پلیـس و گویـی دختر بچـه‌ای که داخل ماشـین نشسـته بود، حرکـت کـرد. رکسـانا کـه حسـابی گیج‌وگنـگ شـده بـود از ماشـین پیاده شـد و بـه دنبال نـادر راه افتـاد، تـا آنجایـی کـه متوجه شـده بـود نگاهـش مابین کیوسـک پلیس، نـادر و دختر بچـه‌ی داخل ماشـین در رفـت و آمـد بـود. نـادر بـا دیدن کیوسـک تلفن، شـتاب گرفت و به سـمتش داخل شـد، سـپس از روی تکـه کاغـذی کـه از جیـب درآورده بـود بـه گرفتن شـماره‌ای اقـدام کرد.

رکسانا عملاً شاهد بود که نادر در گوشی تلفن فریاد می‌زد:

«گوشی را بردار...، بردار گوشی رو....، دختره را از آنجا ببر...!»

رکسـانا فارسـی‌اش چنـدان خـوب نبـود کـه متوجـه‌ی کلام نـادر شـود. نـادر آنچنـان بی‌تـاب شـده بـود کـه با گوشـی تلفـن بر جـدار شیشـه‌ای کیوسـک می‌کوبیـد، مشـاهده‌ی ایـن صحنه که بـا شکسـته شـدن شیشـه‌های کیوسـک همـراه بـود بـر بیـم و نگرانی رکسـانا افـزود. نـادر آن چند شیشـه‌ی سـالمی هـم کـه باقی مانده بـود با مشـت‌های گره‌کرده‌اش شکسـت. دسـتش از برخورد با پـاره شیشـه‌های شکسـته خون‌آلود شـده بـود. رکسـانا به ایـن اطمینان رسـیده بود که نـادر نگران دختربچـه‌ای اسـت کـه در داخـل همـان اتومبیـل کنار کیوسـک پلیس نشسـته اسـت. بی‌اختیار به سـمت جایـی کـه دختر بچـه بود حرکت کـرد. نادر که تازه متوجه او شـده بود شـاکیانه به سـمتش دویـد، او را گرفـت و بـه سـمت عقـب پـرت کرد بـه گونه‌ای که رکسـانا بـر روی زمین ولو شـد:

«نه، نرو، کشته میشی...!»

و سراسـیمه بـه سـمت جایی کـه دختر بچـه بود حرکت کـرد. رکسـانا مضطربانه برخاسـت و به دنبـال نـادر راه افتـاد. فریـاد هشـدار دهنده‌ی نادر، موجب شـد تا دو افسـر پلیس از کیوسـک خارج شـوند. افسـران پلیـس با کنجکاوی مشـغول بررسـی اوضاع شـدند. نـادر همچنان صدایـش بلند بود:

«بچتو از آنجا دور کن...!، دختره رو ببر از آنجا...، در رید...!»

نـادر در صد قدمی کیوسـک پلیس قرار داشـت. از کنار یک مرسـدس سیاه قدیمـی عبور کرد، آنچنـان ناراضـی و مضطـرب بـود کـه متوجـه‌ی سرنشـینان مرسـدس نشد. یـک روحانی میانسـال کـه در عقـب نشسـته بـود بـه همـراه سـعید و راننـده‌ای جـوان کـه در صندلی جلـو جای داشـتند، سرنشـینان مرسـدس را تشـکیل می‌داد. سـعید کلتی در دسـت داشـت حال آنکه در دسـت دیگرش شـیئی شـبیه یـک دسـتگاه کنترل از راه دور به چشـم می‌خـورد. او بـا اوقاتی تلخ به نادر، کیوسـک پلیـس و ماشـینی کـه رکسـانا پـارک کرده بـود نـگاه می‌کرد. پلک چشـمان سـعید روی هـم رفت، سـپس انگشـتش بر روی دکمه کنترل از راه دور نشسـت و فشـار داد.

نـادر و رکسـانا بـا دختـرک فاصله‌ی چندانی نداشـتند. نگاه رکسـانا در نـگاه معصومانه‌ی دخترک

جوان که تازه از اتومبیل پیاده شده بود تلاقی کرد و در هم قفل شد، اما در یک لحظه همه چیز نابود شد. رکسانا فقط می‌توانست شاهد صحنه باشد، اتومبیلی که او در پشت کیوسک پارک کرده بود منفجر شد. دختربچه‌ی جوان و آن دو افسر پلیس در پی دامنه‌های مهیب انفجار کشته شدند. انفجار از چنان قدرتی برخوردار بود که نادر و متعاقباً رکسانا تحت تاثیر امواج پراکنده به عقب پرت شدند. تکه‌های کوچکی از قدرت تخریب انفجار مثل باران بر زمین فرود می‌آمدند. صدای انفجار به حدی بود که تا دقایقی از قدرت شنوایی بی‌بهره بودند. گیج و گنگ به صحنه نگاه می‌کردند، در برابر چشمانشان هر آنچه که از کیوسک، افسران و دختر بچه‌ی معصوم باقی مانده بود، در آتش می‌سوخت. نادر و رکسانا آنچنان منقلب بودند که دیگر تاب و توان حرکت نداشتند.

رکسانا وحشت‌زده و حیران به پشت تنه‌ی یک درخت بزرگ خزید. پاهایش که در زیر او قرار گرفته بود توان تحرک نداشتند. تنه‌ی درخت را به نشانه‌ی پناه و پشتیبانی بغل کرد. نادر با احساساتی برانگیخته درکف زمین افتاده بود. بسیار گیج و بیمناک و ناتوان نشان می‌داد. دست و بالش زخمی و خون‌آلود بود. اما به هر شکل از جایش برخاست و در نخستین گام به دنبال پیدا کردن رکسانا بود. به طرز هولناکی اطرافش را می‌کاوید. طولی نکشیده بود که مردم زیادی جمع شدند. ترافیک سنگینی در سطح سه مسیر به وجود آمده بود. نادر می‌دانست که بی‌درنگ می‌بایست رکسانا را پیدا می‌کرد و از آنجا دور می‌شد. یقین داشت که در غیر این صورت گرفتار خواهند شد. نادر وارد جمعیت شد و در لابه‌لای حضار چشم چرخاند. اما هیچ نشانی از رکسانا وجود نداشت. از جمعیت بیرون آمد و با نگرانی و اضطراب به جستجویش ادامه داد. چنان درگیر یافتن رکسانا بود که متوجه نشد مرسدس بنز سیاه به او نزدیک شده و در حال عبور از کنار وِی بود. در داخل مرسدس، سعید تازه انگشتش را از روی دکمه‌ی انفجار بمب برداشت و چشم‌هایش را گشود. در اثنای عبور با آمیزه‌ای از خشم و خرسندی به نادر خیره شد. مرسدس گذشت و در انتهای مسیر ناپدید شد.

رکسانا در داخل جمعیت و به دور از چشم نادر، به عواقب کار خویش می‌اندیشید. بسیار وحشت‌زده بود. از اینکه جاهلانه در انفجار و مرگ سه انسان نقش داشت منزجر بود. می‌دانست که باید از آنجا دور می‌شد. از آنجایی که فهمیده بود نادر به او دروغ گفته و از او سوء استفاده کرده است دیگر مایل نبود تا نادر را ببیند و با او طرف شود. شاید اگر در آن لحظه از قدرت و توانی برخوردار بود نادر را می‌کشت. دلهر و وحشت در تمام وجودش شعله‌ور بود. آخرین نگاه معصومانه‌ی دخترک بی‌گناه از خاطرش پاک نمی‌شد. تمام ابعاد و اجزاء چهره‌ی دخترک ناکام تداعی‌کننده‌ی یک نمایش وحشتناک بود.

رکسانا مثل یک روح سرگردان در میان جمعیت حرکت می‌کرد. خودش هم نمی‌دانست به کجا می‌رود و چه می‌کند. مجموعه‌ای از گفتارها و خطرها در ذهن رکسانا به نمایش درمی‌آمدند. صدای آژیر ماشین‌های پلیس و آتش‌نشانی که از دور نزدیک می‌شدند گویی نقش موسیقی متن و ناقوس مرگ نمایش‌های ذهنی رکسانا را ایفاء می‌کردند. اتومبیل‌های پلیس و متعاقباً ماشین‌های آتش‌نشانی سر رسیدند و به سرعت در همه جا پراکنده شدند. در بین جمعیت به جستجو مشغول شدند تا که موردی دستگیرشان شود، رکسانا می‌دید که یک پلیس به سمت او در حرکت است و در بین جمعیت به دنبال کسی می‌گردد. می‌دانست که باید جایش را تغیر داده و از جلوی دید او دور شود. وارد کوچه‌ای شد و در پشت یک ماشین سبز قدیمی پناه گرفت. در جستجوی راه چاره‌ای اندیشه می‌کرد. هیچ‌وقت تا این اندازه احساس تنهایی، ترس، وحشت، ناتوانی و ناامیدی نکرده بود. اشک در چشمانش حلقه زده بود. او از حسین در مورد ساواک چیزهایی شنیده بود، اینکه آنها چگونه متهمان خود را شکار می‌کنند، شکنجه می‌دهند، در زیر شکنجه می‌کشند و مورد آزار جنسی قرار می‌دهند، همه‌ی این کابوس‌ها در کنار دسیسه‌ی نادر و نصایح مادرش لیندا جزء ناملایماتی بود که ذهن او را می‌آزرد. اگر چه حسین او را فریفته و به ایران فرستاده بود و او از بمب‌گذاری هیچ اطلاعی نداشت اما اگر دستگیر می‌شد چگونه می‌توانست بی‌گناهی خود را اثبات کند. ناخودآگاه به یاد پدرش افتاد و با تمام ناامیدی زمزمه کرد:

«بابا کمکم کن...، بابا من به کمک تو احتیاج دارم...»

هنوز زمزمه‌اش تمام نشده بود که دستی به طرف او آمد، بازوی او را گرفت و به سمت خودش کشید. رکسانا برگشت و با ریخت نادر روبه‌رو شد. آنچنان از وجود نادر تنفر داشت که گویی دردی جانکاه در رگ‌های بدنش جریان یافته بود. بغض گلوی نادر را می‌فشرد، با تمام وجودش تلاش می‌کرد تا به رکسانا بفهماند که این‌بار به نیت کمک آمده است:

«من اینجام که به تو کمک کنم...، من اونی نیستم که تو فکر می‌کنی؟، خواهش می‌کنم به حرفم گوش بده و به من اعتماد کن...!»

رکسانا خشمگین برگشت و به سمتی حرکت کرد. نادر خود را به رکسانا رساند و او را از پشت گرفت، اما رکسانا بلافاصله برگشت و با سرکشی او را مورد ضرب و شتم قرار داد. خون صورت نادر را فرا گرفته بود. نادر بدون هیچ واکنشی به او نگاه می‌کرد. رکسانا راهش را گرفت و از کوچه‌ی خلوت خارج شد، او در لابه‌لای جمعیت و ماشین‌ها از مقابل دیدگان نادر ناپدید شد. نادر بدون هیچ چاره‌ای از معرکه گریخت.

رکسانا با ترس و لرز در بین جمعیت حرکت می‌کرد. سرانجام خودش را به یک تاکسی

رساند و سوار شد. راننده گمان می‌کرد که او به طور اتفاقی در محل حادثه حضور داشته و اکنون به منظور حفظ جانش از معرکه گریخته بود. بعد از آنکه با طی مسافتی از محل حادثه دور شدند، راننده کوشید تا از مقصد رکسانا آگاه شود. اما رکسانا مات و مبهوت و گیج به او خیره شده بود. گویی در مقابل دیدگان او فقط صحنه‌ای از حادثه، صدای انفجار و چهره‌ای از دخترک معصوم قرار داشت.

راننده‌ی تاکسی وقتی وضعیت جسمانی او را نامساعد یافت، درکنار خیابان توقف کرد. به سمت رکسانا برگشت و باز سعی کرد تا او را به سخن آورد. اما بدون هیچ نتیجه‌ای به اطرافش نظر دوخت. چشمش به کیوسک تلفن عمومی داخل پیاده‌رو افتاد. برگشت و با تأنی بر روی زانوی او ضربه‌ای زد، این حرکت سبب شد تا رکسانا از کابوس هولناکش خارج شود به راننده نظر بدوزد. راننده بی‌درنگ با دستی کیوسک تلفن عمومی را نشان داد، سپس سعی کرد تا به شکلی منظورش را به رکسانا تفهیم کند:

«تلفن....، تلفن....، بزن به دوست و رفیق....، فامیل....، تلفن...»

رکسانا به سمت کیوسک تلفن خیره شد اما هنوز در شوک به سر می‌برد. راننده پیاده شد و رفت درب طرف رکسانا را باز کرد. رکسانا از تاکسی پیاده شد. راننده به سمت داخل کیوسک رفت، سکه‌ای در داخل دستگاه تلفن ریخت و گوشی را به رکسانا نشان داد. رکسانا وارد کیوسک شد و گوشی را به دست گرفت، راننده که در خارج از کیوسک منتظر بود به او اشاره کرد تا شماره را بگیرد. رکسانا به اطرافش نگاهی انداخت. شب بود و تاریکی در میان نور چراغ‌های خیابان حکومت می‌کرد. بالاخره با اشاره‌ی راننده، رکسانا شماره‌ای را گرفت. بعد از طنین زنگ تلفن، صدای پیتر از آن طرف گوشی شنیده شد:

"الو....، الو....، الو....، رکسانا؟"

پیتر که انگار صدای مغموم زمزمه‌اش را می‌شنید، او را صدا می‌کرد. سرانجام صدای خفیف و انباشته از بغض رکسانا بلند شد:

«پیتر....؟»

و سکوت کرد، پیتر پرسشگرانه زبان گشود:

"رکسانا...، حالت خوبه...؟، چی شده...؟، کجایی...؟"

«پیتر....، من قاتلم...!، یک دختر بچه را کشتم...!»

رکسانا به انگلیسی صحبت می‌کرد بنابراین راننده‌ی تاکسی حرف او را نمی‌فهمید. فقط پی برده بود که او از یک اتفاق ناخوشایند رنج می‌برد. راننده که انگار صبرش لبریز شده

بـود، گوشـی را از دسـت رکسـانا گرفـت و بـا پیتر مشـغول گفتگو شـد. از اینکه پیتر به زبان فارسـی مسـلط بـود ابـراز خوشـحالی کـرد. آدرس خانـه‌ی پیتـر را گرفـت و به سـمت مقصد روانه شـد.

تاکسـی از خیابان‌هایـی عبـور کـرد و بـه ابتـدای کوچـه‌ای رسـید که خانـه‌ی پیتـر در آنجا قرار داشـت. تاکسـی بـه محـض ورود، بـا نـور چـراغ یک یـا دو ماشـین روبه‌رو شـد کـه عـرض کوچه را بسـته بودنـد. راننـده بـا تعجـب توقـف کـرد. چند مرد مسلح بـا جامه‌هایـی مجهز به طرف تاکسـی آمدنـد. یکـی از مـردان مسـلح درب طرف رکسـانا را بـاز کرد:

«از ماشین پیاده شید...»

او بـا انگلیسـی شکسـته‌اش بـه رکسـانا فهمانـده بـود کـه بایـد از ماشـین پیـاده شـود. راننده‌ی تاکسـی کـه ترسـیده بـود بـه سـمت رکسـانا چرخید:

«مـادام بهتـره پیـاده شـید...، اینهـا دیگـه مـن نیسـتند...، شـوخی ندارنـد...، اگـر بی‌گناه باشـی خُـب ولـت می‌کننـد...!»

رکسـانا از تاکسـی پیـاده شـد. در حالـی کـه او را بـه سـمت یکـی از ماشـین‌ها کـه منتظـر بـود، هدایـت می‌کردنـد، ناامیـد از لابـلای مـردان مسـلح دنبـال پیتـر می‌گشـت. درسـت وقتـی که می‌خواسـت سـوار ماشـین شـود متوجـه پیتـر شـد کـه بـا عجلـه از خانـه‌اش خـارج شـده و بطرف او می‌آمـد. امـا مردانـی مسـلح راهـش را سـد کردنـد. پیتـر و رکسـانا لحظـه‌ای بـه هـم نگریسـتند. رکسـانا سـوار ماشـین شـد و آنهـا به سـرعت کوچه را تـرک کردنـد. عده‌ای از همسـایه‌ها از گوشـه و کنـار پشـت بـام و پنجره‌هـای خانـه خـود نظاره‌گرصحنـه بودنـد. البتـه ایـن کنجکاوی ناپسـند را بـه شـیوه‌ای نامحسـوس و مخفیانـه انجـام می‌دادنـد. پیتر برگشـت و بـه بالا نـگاه کرد. او بـه دنبال همسـایه‌ی جوانـش بـود کـه در طبقه‌ی بالای منزلش سـکونت داشـت. حدسـش درسـت بود، پسـر جـوان مثـل همیشـه در بالکـن منزلش مخفی شـده بـود و بـا دوربینـش فیلمبرداری می‌کـرد، حالا دوربینـش بـر روی پیتـر زوم شـده بـود و تصویـر او را ثبـت می‌کـرد.

✻✻✻✻✻

عکسـی بـر روی یـک میـز افتـاد کـه تصویـری از نـادر، رکسـانا، پیتـر و سـیروس را در زمیـن سـافت‌بال نشـان می‌داد. دسـت دوریان عکس را برداشـت و مشـغول بررسـی آن شـد. رکسـانا یک یا دو شـبانه‌روزی می‌شـد که توسـط پلیس دسـتگیر شـده بـود. در داخـل یکی از اتاق‌های سـفارت آمریـکا، فِـرِد جزئیـات پرونـده‌ای را در اختیـار دوریـان قـرار مـی‌داد. این پرونـده شـامل اطلاعات و عکس‌هایـی از رکسـانا و اطرافیـان او بـود. فِرد تصویـر حسـین را به دسـت دوریـان داد:

«اسـمش حسـین اسـت، حسـین نواب صفوی، به قصد تحصیل به لس‌آنجلس رفت و در دانشـگاه یو.سـی.ال مشـغول تحصیل شـد، بعد به عضویت گروه ضد شـاه، مجاهدین خلق پیوسـت...»

برای دوریان اصلاً تعجب‌آور نبود، او می‌دانست که حسین کیست و چرا و به چه منظوری رکسانا را راهی ایران کرده بود. دوریان در مورد حسین از رابط ایرانیش کتایون که به دوریان کمک می‌کرد خبر داشت و حتی حسین را ملاقات کرده بود. فِرد عکسی از نادر را نشان داد:

"این یکی خیلی عجیب است، طرف عضو ساواک است و چرا این کارو با رکسانا کرده، خدا داند؟»

«برای اینکه اعتماد گروهای زیرزمینی ضد شاه را جلب و وارد آنها شده و آنها را شناسایی کنند... بعدشم رکسانا را ول می‌کردند، اما کار از دستشان در رفت...»

بعد از دادن جواب فرد، دوریان با نگرانی، کمی فکر کرد و به طرف فِرد برگشت:

«همه دارند از رکسانا استفاده می‌کنند، حتی ساواک،ما باید از دست ساواک درش بیاریم و برش گردونیم، اگر هم ساواک آزادش کنه که می کنه، جانش بیشتر بخطر می افته... ضد انقلابیون از ترس اینکه لویشون نده ترورش می کنند... زندگیش در خطره و کشته می‌شه و هیچ‌کس هم نمی دونه چه اتفاقی براش افتاده...»

« خیلی خوشبین هستی، زن خودخواه و مستبدی است، از اینجا تا خبری از پدرش نگیره نمی‌رود...»

« تو کار ما هیچ چیز راحت نیست... باید برش گردانیم... بهر حال باید پدرشو هم پیدا کنیم، ما به پدرش بیشتر از رکسانا نیاز داریم، تمام فکرو ذکرو کارتو بزاره روی پدره...»

دوریان به سمت خروج از اتاق حرکت کرد اما ناگهان در جلوی درب ایستاد و به طرف فِرد برگشت:

«پیتر کیه؟، من هیچ‌وقت اسم او را نشنیدم؟، اینجا چه کار می‌کنه...؟»

"عجیب‌ترین شخصیتی که من دیدم، مردی بدون گذرنامه، بدون شناسنامه، هیچ وقت حتی یک بار هم به سفارت نیامده، همه مردم از کوچک و بزرگ، دولتی و ملتی عاشقش هستند و حمایتش می‌کنند، یک چایخانه با سیروس برادر امیر که حتما می‌شناسی داره...»

*****

فصل ۹

وقتی به خاطر کمک به دیگران تسلیم دشمن خود می‌شوید...

تهران یک شب آرام دیگر را پشت سر می‌گذاشت، انگار همه‌ی شهر در خواب بودند. ساعت دو نیمه شب بود. صدای زنگ تلفن منزل مادر سیروس بلند شد. سیروس اگر چه با مادرش زندگی می‌کرد تا مراقب او باشد اما معمولاً بیشتر وقتش را در خلوتگاه خصوصی خودش که هیچ‌کس هم از آن هیچ اطلاعی نداشت، می‌گذراند. اتاقکی بود در کنار یک رودخانه‌ی روان که در لابه‌لای انبوهی از درختان بلند پنهان شده بود. میز، صندلی، تعدادی ظروف غذاخوری و یک دست رختخواب تمام اثاثیه آن را تشکیل می‌داد. حتی برق هم نداشت و از چراغ نفتی استفاد می‌کرد. سیروس تازه چشم بر روی هم گذاشته بود که صدای زنگ تلفن بیدارش کرد. صدای پیتر را از پشت خط تلفن شنید:

«سیروس، بلند شو لباستو بپوش، من به کمکت احتیاج دارم...!»

سیروس متعجب بود که در این وقت از شب چه اتفاقی ممکن بود برای پیتر افتاده باشد، از طرفی صدای پیتر هیچ وقت این چنین گرفته و نگران نبود. نیم ساعت بعد پیتر در اتومبیل شورولت بلیزر سیروس نشسته بود و به او اطلاعاتی در مورد دستگیری رکسانا می‌داد. ماشین با سرعت در پیچ‌وخم جاده‌ای که به طرف لویزان می‌رفت، در حرکت بود. آنها به سمت خانه‌ی متروکه‌ای می‌رفتند که در شهرک لویزان واقع شده بود و از آن به‌عنوان یک محل امن ملاقات استفاده می‌شد. به محض ورود، از ماشین پیاده شدند و به سمت خانه‌ی متروکه حرکت کردند. هنوز وارد نشده بودند که با چهره‌ی پژمرده و نگران پری روبه‌رو شدند. نادر هم در پشت سر او بر لبه‌ی طاقچه‌ای نشسته بود. التهاب و دلواپسی در چهره‌ی همه موج می‌زد. پری بی‌اختیار سیروس را بغل کرد:

« اتفاق بدی افتاده...!، از اولش هم می‌دانستم که به خطر انداختن جان یک دختر معصوم و بی‌گناه کار درستی نیست...، اما کو گوش شنوا...!؟، سیروس خواهش می‌کنم کمک کن تا پیداش کنیم...!»

بعد هم توضیح داد که حسین، رکسانا را فریفته و به ایران فرستاده بود تا بتوانند در

عملیـات بمب‌گـذاری از وجـود او اسـتفاده کنند. سـیروس با شـنیدن اصـل ماجرا و اینکه حسـین از رکسـانا سوءاسـتفاده کرده بود بسـیار متأثر شـد. اما او حسـین را خوب می‌شـناخت. می‌دانسـت که او انسـان پاکـی بـود و قلـب مهربانـی داشـت. سـیروس از فشـارهای روحی حسـین که به واسـطه‌ی آزارهـای پـدرش بـه وجـود آمده بود آگاهی داشـت. حالا حسـین داشـت ناخودآگاه داشـت از زمین و زمـان انتقـام می‌گرفـت. بسـیار راغـب بـود تـا همه چیـز را درسـت کند، اما اصلاً متوجـه نبود که داشـت همـه چیـز را بدتـر از پیـش خـراب می‌کـرد. امـا بـاورش نمی‌شـد کـه نـادر چنیـن کاری را کـرده باشـد. مایـل بـود تـا به قصد کُشـت، نـادر را کتـک بزند. امـا به حسـاب رفاقت خویشـتنداری کـرد. رفاقـت در ایـران حـد و مـرزی نمی‌شـناخت، عهدی بود ناگسسـتنی کـه باید جانـت را تا پای حفـظ رفاقتـت خـرج می‌کـردی، بـه خصـوص اینکـه پـری و نـادر در حکم بـرادر و خواهر سـیروس بودنـد. مـادر آنهـا از بیسـت سـالگی برای کمـک به مادر سـیروس در خانه‌ی آنها سـکونت داشـت و بـا خانـواده‌ی آنهـا بـزرگ شـده بـود، او حتی پـس از ازدواج هـم به اتفاق شـوهرش بـرای خانواده‌ی سـیروس کار می‌کردنـد و عضـوی از خانـواده آنهـا بودنـد. او همسـر و دختـر بزرگـش را در یـک حادثـه‌ی تصـادف از دسـت داد و در دوران پیـری اتاقکـی اختیارکـرد تـا به نگهـداری فرزندان دختر مرحومـش مشـغول شـود. سـیروس اطـلاع نداشـت کـه نـادر به سـاواک پیوسـته بـود و بـرای برادر بزرگـش، امیـر کار می‌کـرد. امیر، مشـاور خصوصی شـاه و عضو ارشـد سـاواک بـود. در جایگاهی قرار داشـت کـه به‌طـور خصوصـی هر شـکایتی را از جانب شـاه پیگیـری می‌کـرد. در واقع شـکایت‌هایی بـود کـه بـرای شـاه نوشـته می‌شـد. او مامـور بـود کـه بـه صـورت محرمانـه تحقیـق کنـد و نتایـج بررسـی‌هایش را محرمانـه و بـدون اطلاع سـاواک به اطلاع شـاه برسـاند. شـاه به امیر اعتمـاد زیادی داشـت و ایـن اعتمـاد بی‌دلیـل نبـود. امیـر مـرد درسـت و مهربانـی بـود و از مـادرش آموختـه بـود تـا همـواره حمایـت از فقـرا و زیردسـتان جامعـه را سـر لوحـه‌ی کار خویـش قـرار دهـد و البته این خصلت پسـندیده در سـیروس از قوت بیشـتری برخوردار بود. نگاه سـیروس به دسـت نادر افتاد که بـا تکـه پارچـه‌ای بسـته بود و می‌شـد خون خشـکیده‌ای را بـر روی پارچه مشـاهده کرد. نـادر هنوز سـاکت و متفکـر بـه زمیـن خیره شـده بـود. انـگار در آنجا حضور نداشـت. سـکوتی بین‌شـان فاصله انداختـه بـود. انـگار هر کدامشـان منتظر بودند که یکی سـکوت را شکسـته و راهی را پیشـنهاد کند. سـرانجام صـدای خفـه‌ی نـادر با آمیزه‌ای از خشـم و افسـردگی بلند شـد:

«خدا کند سـاواک دسـتگیرش کرده باشـد، اگر سـعید و دار و دسـته اش او را دزدیده باشـندش، تا حالا کشـتنش...!»

هنوز کلام نادر تمام نشده بود که صدایی از داخل تاریکی بلند شد:

«مـن نمی‌فهمـم، اگـر هم کشـته باشـندش، مـرگ یک خـوک آمریکایی ارزشـش بیشـتر از این

همـه جوان‌هـای خودمـون اسـت کـه به دسـت همیـن خوک‌هـا در زندان‌های سـاواک زیر شـکنجه می‌میرنـد...؟!»

همــه‌ی نگاه‌هـا بـه طـرف صدا برگشـت. سـعید را می‌دیدند کـه از داخـل تاریکی ظاهر می‌شـد. او وارد اتاقکـی شـد کـه فقط یـک چهار دیـواری از آن باقی مانده بـود. از ورود غیرمنتظره‌ی سـعید، همـه بـرای لحظاتـی در بهـت بودنـد. نگاه سـعید از روی سـیروس گذشـت و بعـد از پـری و پیتر بر روی نـادر ثابـت مانـد. بـه نـادر نزدیـک شـد و در نگاهش نظـر دوخت. سـرانجام صـدای غضبناکش بلنـد شـد، روی سـخنش بـا نـادر بود و بـا او صحبـت می‌کرد:

«بهتـره از دوسـت عزیـز و خوک سـاواکی خودمان بپرسـیم؟، اون حتما باید بدونه که دختره دسـت سـاواک خـوک و جهنمـی اسـت...، وگرنه اون هم باید با دختره دسـتگیر می‌شـد و اینجـا نبود...»

نـادر مثـل آدم‌هایـی کـه مچش وا شـده به سـعید خیره شـده بود، سـیروس با ناباوری جلو آمد و خطـاب به سـعید صدایش بلند شـد:

« مگه دیوانه شدی؟، تو حالت خوبه؟، انگار عقلتو از دست دادی؟!»

« نـه مـن تـازه حقیقـت را پیـدا کـردم...، حقیقتی کـه آدم‌هـای ثروتمنـدی مثل تو هیـچ از آن خبـری ندارنـد...، نبایـد هـم خبـر داشـته باشـند، وقتـی در نـاز و نعمـت زندگـی می‌کنند چـرا باید خبر داشـته باشـند...»

سـعید همچنـان مشـغول سـخنرانی بـود. نـادر کـه تـا حـالا سـکوت اختیـار کـرده بـود، صبر و تحملـش لبریـز شـد و ناگهـان مثـل یـک ببـر زخمـی بـه سـعید پریـد. او را به سـمت بـالا گرفت و از پنجـره‌ی شکسـته‌ی خانـه‌ی متروکـه بـه بیـرون پـرت کرد. نـادر در یک چشـم بهـم زدن همه را غافلگیـر کـرده بـود. در ادامـه از پنجـره‌ی مخروبـه بیرون پرید و به کتک زدن سـعید مشـغول شـد:

«تـو بیشـتر از یـک حیـوون نیسـتی...، تـوی نامرده بی‌همـه چیز باعـث کشـتن آن دختر بچه‌ی معصـوم شـدی...، سـر مـن کلاه گذاشـتی و بمبـو بـا یـک بمـب قوی‌ترعوض کـردی، بمب قـرار بود فقط ماشـین و منفجـر کنه...»

انـگار خـون جلـوی چشـم‌های نادر را گرفتـه بود و دیگـر چیزی نمانده بود که سـعید را بکشـد. سـیروس و پـری سـر رسـیدند و نـادر را از سـعید جـدا کردنـد. سـعید بـا صورتـی خونین بلند شـد. خـاک و خـون جلـوی چشـمانش را پـاک کرد تـا بتواند نـادر را خوب ببیند، سـپس در حالـی که به سـختی صحبـت می‌کـرد بـا خشـم و کینه بـه نادر نظـر دوخت:

«یک روز تو به خاطر این کارت پشیمان میشی و به گریه می‌افتی...»

سـپس مثـل همـان روحـی که ظاهر شـده بـود در دل تاریکـی ناپدید شـد. همه مـات و مبهوت

و در سکوتی محض بهم خیره شده بودند. صدای بلند گوز پیتر سکوت را شکست. همه‌ی چشم‌ها به طرف پیتر برگشته بود که طبق معمول، بی‌اختیار خودش را راحت کرده بود و بقیه را ناراحت. البته همه از این عادت او اطلاع داشتند و یکی از انگیزه‌های خنده و تفریح آنها بود اما نه در آن لحظه. صدای پیتر بلند شد:

"ممکنه من توی این ماجرای فامیلی دخالت کنم...، من به رکسانا حق میدم که اگر اینجا بود تخم همه‌ی شما را بکشد...، از طرفی هم فکر می‌کنم قانون انسانی، بخشش و محبت را پیشه و روش انسانیت دانسته است...، من نمیدانم کدام درست و کدام غلط است...، اما...، اما دیگه نمیشه با قانون پیری جنگید و باید تسلیم شد...، شما اینجا صبر کنید...»

پیتر با عجله بر روی یک بلندی رفت و شلوارش را پایین کشید، در حالی که مشغول شاشیدن بود ادامه داد:

«بله همانطور که می‌گفتم...، زندگی مثل میدان جنگی است بین درستی و نادرستی، پاکی و ناپاکی، دروغ و حقیقت، و ما آدمها همه بازیگران و قربانیان آن هستیم...، درست مثل مهره‌های شطرنج جابه‌جا میشیم...، به‌همین خاطر است که فساد باعث ایجاد دوستی‌های زیادی می‌شود که بعدها منجر به خیانت و جنایت خواهد شد...، شما چند لحظه صبر کنید تا من فکرمو جمعو جورکنم و بقیه‌ی قصه را بگم...»

و به سوت زدن و شاشیدن مشغول شد. حالا همه انگار سعید و ماجرای تلخشان را فراموش کرده بودند و نمی‌دانستند که باید به کار پیتر بخندند یا به او اعتراض کنند. پیتر که حالا خودش را خالی و راحت کرده بود در حالی که شلوارش را بالا می‌کشید، برگشت و ادامه داد:

«ممکنه دوبار من میکروفن و در اختیار بگیرم...، بله همانطور که می‌گفتم، نگران نباشید، چشم بهم بزنید درد پیری بزودی به سراغ شما هم خواهد آمد...، و خواهید فهمید یک روزی میشه که آدم کنترل جلو و عقب خودش را هم ندارد...، ولی قبل از آن اجازه بدهید من به شما بگویم از کجا باید شروع کرد و تا دیر نشده دختر بیچاره را پیدا کرد...»

و بعد هم رو به سیروس کرد و ادامه داد:

«از برادر تو، امیر...، کلید همه این ماجرا دست تو و برادرت است...»

*****

در حاشیه‌ی کوهستانی شمال تهران، منطقه‌ی شمیران، در خیابان سعدآباد بساط عروسی مجللی بر پا بود. کاشی، لوستر و مجسمه‌های وارداتی از فرانسه، ژاپن و ایتالیا که در تمام عمارت به کار رفته بود به شکوه‌اش افزوده و دهان را به تعجب وامی‌داشت. باغچه‌های مُزیَن

تـــار

بـه انـواع و اقسـام گل‌وگیاه‌هـای عجیـب و غریـب کـه آدم بـه عمـرش هـم ندیـده بـود بـه داخل و بیـرون عمـارت زیبایـی دو صـد چنـدان بخشـیده بـود. میـوه، شـیرینی، پیـش غذاهـای گوناگون با چنـد ظـرف نقره‌هـای پـر از خاویـار، تنقـولات مختلف، انـواع مشـروبات الکلـی و غیرالکلی بـه فراوان یافـت می‌شـد. عطـر ادویه‌هـای خوشـمزه و عجیـب و غریـب، آب را از لب‌ولوچـه‌ی هـر انسـانی سـرازیر می‌کـرد. زرق و بـرق و طـلاکاری بیـش از حـد بود. یک لوسـتر غـول پیکر با کریسـتال‌های سواروسـکی وارداتـی در سراسـر اتـاق نشـیمن اصلـی آویـزان بود و نـور ملایمی را منعکـس می‌کرد. کف‌هـا بـا فرش‌هـای بـزرگ و گـران قیمـت ایرانـی پوشـانده شـده بودنـد. آثـار هنـری بـه دیوارهـا زینـت بخشـیده بـود. حوضچـه‌ای دایـره‌ای، کاشـی‌های موزائیـک لبـه‌دار، فواره‌هـا با مجسـمه‌های گران‌قیمـت و پـر از آب‌هـای آبـی آسـمانی و کـوه آبـی رنگ کـه از ژاپن وارد شـده بود، در سرتاسـر عمـارت بـه چشـم می‌خـورد. از انـواع آخریـن مدهـای لبـاس، نحـوه‌ی آرایـش مـوی زنـان و مردان و ترکیـب مهمان‌هـا معلـوم بـود کـه عروسـی به یـک طبقـه‌ی مُرَفـع و به مقامـات بـالای حکومتی تعلـق دارد. عـروس و دامـاد هـر دو بـا جامه‌هـای مجلـل، در اطـراف سـالنی عظیم در حرکـت بودند و بـا مهمانـان خـوش و بـش می‌کردنـد. خدمتکاران مشـغول پذیرایی بودند. سـیروس وارد شـد و در جسـتجوی کسـی بـود. راه خـود را در میـان محفـل زنـان و مـردان بـا نفـوذ و خوش‌پـوش بـاز کرد کـه عمدتـاً مقامـات دولتـی، مهمانـان ثروتمنـد و چنـد نفر بـا لباس‌های نظامـی بودند. سـیروس در اطرافـش چشـم می‌چرخانـد. سـر و وضـع و لباسـش داد می‌زد کـه به مجلـس و آدم‌هایش نمی‌خورد و از طبیعـت اطـراف خـود بی‌خبر اسـت. برخی از حضار مشـغول گفتگوهای صمیمـی بودند و برخی دیگـر با موسـیقی زنده‌ی گروه مشـهور، گوگـوش، که مشـهورترین هنرمند و خواننـده آن زمان بود، می‌رقصیدنـد. همـه در آن بـه رقـص و معاشـرت مشـغول بودند.

سـیروس بـه دنبـال جسـتجویش از پله‌هایـی بـالا رفـت و در طبقه‌ی دوم بـه کنـدوکاوش ادامه داد. سـرانجام از خدمتـکاری کمـک گرفت:

«می‌دونید آقای محمدزاده را کجا می‌تونم پیداش کنم...؟»

خدمتـکار بـه دربـی که در انتهای راهرو قرار داشـت اشـاره کرد. سـیروس رفـت و درب را زد. درب بـاز شـد و یـک زن مـو طلایـی در مقابـل سـیروس قـرار گرفـت، قبـل از اینکـه آن دو مجال سـوال و جـواب داشـته باشـند، محمـدزاده کـه از پشـت زن مو طلایی رد می‌شـد، سـیروس را دیـد و با تعجب او را فـرا خواند:

«سیروس!؟ تو اینجا چه می‌کنی؟»

سـیروس چشـمش افتـاد بـه چند مـرد و زن داخل اتاق کـه به مهمانـان دیگر تریـاک می‌دادند، حـدس زد کـه آن اتـاق خصوصـی بود و هر کسـی به آن دعوت نمی‌شـد.

محمـدزاده از اتـاق بیـرون آمـد و درب را پشـت سـرش بسـت. سـیروس را به دفتـر کار خودش بـرد. سـیروس، محمـدزاده را خـوب می‌شـناخت. محمـدزاده تاجر قالی بـود. کارش در جنوب شـهر برگـزاری روضـه و مراسـم‌های مذهبـی بود و در شـمال شـهر مجلس‌هـای مجلل و تفریحـی را برای دوسـتانش تـدارک می‌دیـد. بـا هـر دو جماعـت حشرونشـر و بـده بسـتان داشـت. اینجا با مشـروب و تریـاک سـرگرم بـود و در جنـوب شـهر بـه دعـا، روضه‌خوانـی و گریـه و زاری برای امام حسـین و علی‌اکبـر.

سـیروس بـا اضطـراب در مقابـل محمـدزاده قـدم مـی‌زد. حاجـی محمـدزاده سـیروس را خوب می‌شـناخت و او را بسـیار دوسـت داشـت. در واقـع آرزومنـد بـود کـه روزی سـیروس را بـه دامادی بگیـرد. از اختلافـات او و بـرادرش امیـر کـه مـرد قدرتمنـدی هم بـود اطلاع داشـت. در جریـان بود کـه امیـر اصـرار داشـت کـه سـیروس از کار فیلم و نویسـندگی دسـت بـردارد و به حرفه‌ی پزشـکی یـا مهندسـی مشـغول شـود و علایقـش را صرفـاً جهت تفنـن و تفریـح دنبال کنـد. اما سـیروس به هیـچ صراطـی مسـتقیم نبود و راهـش را از راه برادرش جـدا می‌دید. چالش برانگیزترین اختلافشـان در رفتـار و روحیـات سـیروس خلاصـه می‌شـد. سـیروس با هر رَقـم آدمـی از مارکسیسـت گرفته تا کمونیسـت، مذهبـی و کافـر، عاشـق و معشـوق و غیروذالـک، رفاقـت و رفـت و آمـد داشـت. همه را دوسـت داشـت و آنها هم او را دوسـت داشـتند و به او احترام می‌گذاشـتند. سـینه اش مَدفَن رازها و دیدگانـش مظهـر چشم‌پوشـی‌های پسـندیده بـود. پـدر سـیروس و امیـر در مزرعـه آنهـا زندگـی می‌کـرد و بخاطـر مصـرف زیـاد و دایمـی تریـاک در تهـران پیدایش نمی‌شـد و به‌همیـن خاطر امیر در حکـم پـدر خانـواده بود.

صداقـت سـیروس همـواره مـورد تقدیـر و سـتایش حاجـی محمـدزاده قـرار می‌گرفـت. حاجـی محمـدزاده نـان را همیشـه بـه نـرخ روز می‌خـورد. بنابرایـن بیـن سـیروس و بـرادرش امیـر نقش میانجیگـر و بزرگتـر را ایفـاء می‌کـرد و البتـه از هـر دو بـرادر به نفـع خویش بهره می‌جسـت. اکنون حـدس مـی‌زد کـه سـیروس بـه مشـکلی برخورد کـرده و بـرای رفـع این معضـل به کمک بـرادرش امیـر نیازمنـد اسـت، امـا غـرورش بـه او اجـازه نمی‌داد تـا مسـتقیماً وارد عمل شـود. برای سـیروس روشـن بـود کـه بایـد جـزءای از تعلقاتـش را در قبال تقاضـای کمکش از دسـت مـی‌داد و از آنجا که هیـچ چیـز رایـگان و راحـت بـه دسـت نمی‌آمـد، از ایـن رو بـر حـذر بـود تـا عقایـد و آرمانـش را به مناقصـه و معاملـه بگـذارد. کامـلاً واقف بود کـه باید در قبال درخواسـتش غرامتـی پرداخت می‌کرد، بنابرایـن محمـدزاده می‌توانسـت همـان دسـتاویزی باشـد کـه او را بـه سـر منـزل مقصـود برسـاند. حاجـی محمـدزاده از حجـب و حیـای سـیروس آگاه بـود از ایـن رو پیشدسـتی نمـود و صدایـش با لبخنـدی مهربـان و پدرانـه بلند شـد:

«وضعـو حالـت نشـان میـده ایـن بـار باید مشـکلت خیلـی مهم و بـزرگ باشـه...، و بـرای همین هـم بـه کمـک بـرادرت نیـاز داری و خـودت هـم نمیخواهی بـه او رو بنـدازی و می‌خواهی مـن از او تقاضـا کنم...»

سـیروس در سـکوت، سـرش را بـه علامـت تصدیـق و تاییـد جنبانـد، محمـدزاده ناگزیر کلامش را ادامـه داد:

«و طبـق معمـول همیشـگی، نمی‌خواهـی بـرادرت بدانـد کـه تـو از مـن خواسـتی کـه از او تقاضـای کمـک کنـم؟، در حالـی کـه اون، مـن و خـودت همـه می‌دانیـم کـه ایـن تویـی کـه کمک می‌خواهـی...!؟»

سـیروس بـدون هیـچ پاسـخ و اشـاره‌ای دسـت در جیبش کـرد، پاکتـی درآورد و بـه محمدزاده تحویـل داد. محمـدزاده انـگار از محتویـات پاکت خبر داشـت، می‌دانسـت حاوی مقادیری اسـکناس اسـت. در حالـی کـه پاکـت را در گاو صندوقـی جـای مـی‌داد، راه پنـد و موعظـه را در پیش گرفت:

"آقـای مـن، بـرادر شـما انسـان خـوب و صادقی اسـت، هر چـه بگوید، خـوب یا بد، بـه مصلحت شـما می‌گویـد و می‌کنـد...، یادت باشـه یـک روزی به حـرف اون و من می‌رسـی...!، امیـدوارم وقتی آن روز رسـید خـودت بـا پای خـودت بیایی اینجا و پیشـم اقـرار کنی...!»

*****

فصل ۱۰

تنها در یک اتاق با شبح مرگ دست و پنجه نرم می‌کنی...

صندلی سرد و سخت بود. از آن جنس صندلی‌های نچسب که انگار میخ اتصالاتش بر نشیمن انسان می‌چسبید. رنگی پژمرده و خشن بر دیوارهای اتاق کوچک بازجویی دهن کجی می‌کرد. از آئینه‌ای که بر یک قسمت دیوار منصوب بود می‌شد پی برد که افرادی از پشت شیشه‌ی رفلکس تمام حرکات شما را تماشا می‌کنند. رکسانا بارها چنین اتاق و آئینه‌ای را در فیلم‌ها دیده بود، اکنون با سرنوشتی نامعلوم، خود را در انتظار بازجو می‌دید. او فقط می‌توانست دعا کند تا از آن معرکه به سلامت خارج شود. اگر چه از عاملین دستگیری‌اش اطلاعی نداشت اما در اولین شبهه گفتار حسین در مورد ساواک به یادش آمده بود. از اینکه با حسین آشنا شده بود احساس ندامت می‌کرد، او حدس می‌زد که باید در چنگ ساواک گرفتار شده باشد. صندلی خشک و خشن اتاق، او را به یاد خانه‌ی خاله‌اش انداخته بود، آن زمانی که مجبور بود برای روز شکرگزاری به منزل او برود. خاله‌اش از بچه متنفر بود و رکسانا بی‌صبرانه لحظه‌شماری می‌کرد تا خانه‌ی او را ترک کند، اکنون در فضایی قرار داشت که تداعی‌کننده‌ی لحظه‌های غیرقابل تحمل زندگانی‌ش بود.

رکسانا پاهای خود را بر روی هم قرار داد اما بلافاصله به جای خود برگرداند. یک هیجان ناخوشایند در او شکل گرفت. صدای صحبت فردی به گوشش می‌رسید که قابل تشخیص نبود. بدنش داشت بی‌حس می‌شد. اگر آنها قصد داشتند که او را بترسانند، موفق شده بودند. او هرگز چنین وحشتی را نمی‌شناخت. اگرچه ترس تمام وجودش را در برگرفته بود اما می‌دانست که باید بر تشویش خود غلبه کند و تا حد امکان خوفش را مخفی نگه دارد. دقیقاً واقف بود که عده‌ای از پشت شیشه‌ی رفلکس نظاره‌گر او هستند و دوربین‌هایی نامحسوس از رفتارش فیلم می‌گیرند. اوضاع عادی به نظر می‌رسید بنابراین بر روی شیشه‌ی رفلکس اتاق تمرکز کرد. گویی سعی می‌کرد تا باعث جلب توجهی فردی شود که در آن سوی آئینه حضور داشت. انگار حکم زندگی با هر لحظه‌ی تنفسش پیوند خورده بود. در مخیله‌اش نمی‌گنجید که با چه فرد و اتفاقی روبه‌رو خواهد شد. تنها به این موضوع می‌اندیشید که شاید هرگز نتواند به مادرش برسد و بر حقانیت کلامش صحه بگذارد.

صـدای بـاز شـدن درب اتـاق بازجویی، سـکوت فضا را شکسـت. مرد میانسـالی وارد شـد. درکنار قامـت متوسـطش یـک چهـره‌ی نچسـب و خشـن برتـری داشـت. همانند شـیر درنده‌ای کـه به دور طعمـه‌اش می‌چرخـد در چشـم‌های رکسـانا خیـره شـده بـود. به‌نظـر می‌رسـید می‌خواهـد او را بـا تحمیـل تشویشـی افـزون بشـکند، امـا رکسـانا در سـکوتی محض بـه او نظـر دوخته بود. مـرد بازجو کـه گویـی تیرش به سـنگ خـورده بود سـکوتش را شکسـت:

«از اقامت خود در ایران لذت می‌برید؟»

رکسـانا متوجـه بـود کـه بایـد بـا یـک پاسـخ سـنجیده جلویـش درمی‌آمد. پاسـخی که فـارغ از تاسـف و پشـیمانی باشـد. رکسـانا گویـی از قبـل خـودش را برای ایـن برنامه آمـاده کرده بـود. کاملاً از عواقـب لُـو دادن حسـین، پـری و نـادر آگاهـی داشـت. ملتفـت بـود کـه نه تنهـا آنهـا را به خطر می‌انداخـت بلکـه بـر رنـج و اسـارت خـود دامـن مـی‌زد. با آنچـه که از حسـین شـنیده بـود، امکان داشـت قربانـی خشـونت سـاواک شـود، بنابراین با خونسـردی جـواب داد:

«البتـه تـا زمانـی کـه شـما منـو نگرفتـه بودید، همـه چیز خوب بـود، اما مـن نمی‌دانم چـرا منو دسـتگیرکردید؟، شـما از من چـی می‌خواهید؟“

«چیز زیادی نمی‌خواهم... فقط کمی صداقت... برای چی به ایران آمدید؟»

”من جهانگردم، برای دیدن ایران آمده‌ام...»

بازجو به جلو خم شد:

«فقط برای دیدن ایران!؟“

”آره، اما نمی‌دانستم دیدن ایران جرم محسوب می‌شود؟“

بازجو در حالی که به او خیره شده بود، گذرنامه‌ای را از جیبش درآورد و آن را باز کرد:

«رکسانا فاطمی، فاطمی یک فامیلی ایرانی است، اینطور نیست؟“

رکسـانا متحیرانـه بـه پاسـپورتش نظـر دوخـت. برایـش جـای سـوال بـود کـه آنهـا چگونـه بـه پاسـپورتش دسـت یافته‌انـد در حالـی کـه او گمـان می‌کـرد آن را در محلـی امن پنهان کرده اسـت. اعصابـش بهـم ریخت:

«ایـن گذرنامـه منـه!، چـه طـوری پیـداش کردیـد؟، شـما همیشـه وسـایل توریسـت‌ها را می دزدیـد؟»

بازجو لبخند زد و گذرنامه را در جلوی صورتش گرفت:

«فقط از آنهایی که به یک گروه خطرناک تروریستی کمک می‌کنند و یا عضو آن هستند؟»

رکسانا در این هنگام یقین برد که اسیر سازمان ساواک شده است. او آموخته بود که در چنین مواقعی باید کنترل خودش را حفظ می‌کرد و از هرگونه پاسخی امتناع می‌ورزید، او به شرایط حقوقی‌اش آگاه بود، بنابراین حق داشت تا با وکیلی صحبت کند و این جریانی بود که در آمریکا مرسوم بود و همه از آن اطلاع داشتند:

«من، من یک شهروند آمریکایی هستم، می‌خواهم با سفارت خود صحبت کنم، من تقاضا دارم که یک وکیل حضور داشته باشد!، من بدون وکیل حرفی با شما ندارم که بزنم، غیر از اینکه شما یک آدمه بیگناه و گرفتید...»

بازجو لبخند تلخی زد:

«خانم فاطمی، مثل اینکه شما فراموش کردید، که در بازداشت ساواک هستید، تا زمانی که شما تو این ساختمان هستید، این ساختمان سفارت شما است و من وکیل شما هستم...، بنابراین این شما هستید که باید تصمیم بگیرید تا با زبان خوش اقرار کنید که کی هستید و به کی کمک می‌کنید و برای چی به ایران آمده‌اید و همدستان شما چه کسانی هستند...، البته ما می‌دانیم که آنها مغز شما را شستشو داده‌اند و از قلب پاک و اخلاق نیک شما سوءاستفاده کرده‌اند...، ما به اطلاعات شما احتیاج داریم و اگر با ما رو راست باشید و اسم همه را در اختیار ما قرار دهید...، شما را خودمان سوار هواپیما می‌کنیم و برتون می‌گردونیم به آمریکا... این چیزی است که ما به دنبال آن هستیم...، اگر با زبان خوش اسامی را در اختیار ما قرار دادی که چه بهتر و گر نه مجبوریم به زبان زور متوسل شویم و این آخرین راه‌حلی است که بین ما و شما باقی می‌ماند...، و البته برای شما بسیار دردناک خواهد بود...!"

قبل از اینکه رکسانا مجالی برای حرف زدن بیابد، بازپرس یک نسخه روزنامه را در جلوی او بر روی میز انداخت. رکسانا به روزنامه نظر دوخت. اگرچه به زبان فارسی چاپ شده بود و او قادر نبود مطالب آن را بخواند، اما تصاویر خود گویای حقایق بود. در عکس روزنامه، نمایی مشتعل از همان ایستگاه پلیس در کنار اجساد سوخته‌ی دخترک معصوم و دو افسر راهنمایی به چشم می‌خورد. رکسانا قویاً خود را در قبال مرگ آنها مسئول می‌دانست.

«این عکس و صحنه‌ی انفجار باید برای شما آشنا باشد، ما به دنبال دلیل این اتفاق هستیم و اینکه چه کسی شما را وادار به این کار کرد؟»

رکسانا از مشاهده‌ی تصاویر منقلب شده بود. احساس تلخ و نفرت‌انگیزی داشت. بغض گلویش را تا مرز خفگی می‌فشرد. گویی قادر نبود تا به راحتی نفس بکشد. اشک در چشمانش حدقه زده بود و دیگر رمقی برای حرف زدن نداشت. اما به هر شکل باید خودش را در مقابل بازپرس کنترل می‌کرد. بروز هرگونه ضعفی بر دامنه‌ی آزاردهنده‌ی بازجویی می‌افزود. برای

رکسـانا افشـای حقایـق تصمیمـی مذبوحانـه بود، او به حـق باوری سـاواک امیدوار نبود. بـا هر گفتار نسـنجیده‌ای می‌توانسـت خـود را از دیـدن تلالـو آفتاب محـروم کند. نفـس عمیقی کشـید، اگر چه کار آسـانی نبـود امـا سـعی کـرد تمام جزئیـات حادثه‌ی دلخـراش انفجـار را از ذهنـش دور کند و به چیزهـای آرامـش بخـش بیاندیشـد. از آنجایـی که بازپرس با خلق و خوی رکسـانا آشـنا نبود، سـعی کـرد تا بـه او رَکَـب بزند:

«شاید شما برای دختر کوچکی که کشته‌اید گریه می‌کنید!»

بازجویـی بـر روی شِـگردی اسـتوار بـود، بازپـرس از آن جملـه بازجوهایـی بود که به فـوت و فن ایـن کار آگاهـی داشـت و گویـی به همین دلیل جهت اسـتنطاق رکسـانا انتخاب شـده بـود. این مرد بازپـرس، معتقـد بـود کـه بازجویـی از زنـان بایـد به آرامی شـروع می‌شـد و سـپس با خشـم و فریاد ادامـه پیـدا می‌کـرد و در نهایـت همچـون کوسـه‌ای مخوف و تیـز دندان بـه طعمه یـورش می‌برد و او را می‌دریـد. اکنـون کـه با اشـک‌های رکسـانا مواجه شـده بود در واقـع به نیمی از اهدافش دسـت یافتـه بـود. بازپـرس سـرش را بِسـان رسـم و خـوی کوسـه‌های دریایـی بـه صـورت رکسـانا نزدیک نمـود و با صـدای خفـه و کلفتی زمزمـه کرد:

«خانـم فاطمـی، همانطـور که گفتم ما دنبال اطلاعاتی از دوسـتان و یا کسـانی هسـتیم که شـما را بـه ایـن موقعیـت انداختند، آنهایی که حالا با دسـتگیری شـما متواری شـده‌اند...»

رکسـانا بی‌آنکه پِلـک بزنـد بـه او خیـره شـده بـود، امـا نشـانه‌هایی از خاطـرات مـرگ دخترک معصـوم همچنـان او را می‌آزرد:

«مـن هیچ‌کـس را نکشـتم، شـما اشـتباه می‌کنیـد، مـن کسـی را نمی‌شناسـم، یـک توریسـت هسـتم...، در کشـور مـن هیـچ کس مقصر محسـوب نمی‌شـود تا ثابت شـود کـه او گناهکار اسـت...، مـن حـق قانونـی خـود را می‌دانـم، مـن می‌دانـم که شـما بایـد اجـازه بدهید مـن با وکیلـم صحبت کنـم...، اجـازه بدهید با سـفارت خـود تماس بگیـرم...!»

بازپـرس کمکـم داشـت عصبانـی می‌شـد، گویـی تاکنـون بـا چنیـن خلق‌وخویـی روبـرو نشـده بـود، امـا آنقـدر تجربـه داشـت که در نحـوی اسـتنطاقش تغییری ایجـاد کنـد، بنابرایـن راه متانت و مهربانـی را در پیـش گرفت:

«آیـا می‌دانیـد کـه هیـچ کس به غیـر از مـادرت اهمیتی نمی‌دهد که شـما کشـته شـید یا نه؟، البتـه او هـم در آنسـوی جهـان اسـت و هیـچ کاری از دسـتش بـرای کمـک بـه تـو برنمی‌آیـد و در حقیقـت بـه خاطـر کارهای شـما و این همه مشـکل و ناراحتی که شـما برای ایشـان درسـت کردید ممکـن اسـت در بسـتر مـرگ بیافتـد...، بنابراین ایـن را آویزه‌ی گـوش خود کنی کـه هیچ‌کس قصد نـدارد کـه بـه کمـک و نجـات شـما بیایـد و نمی‌توانـد کـه بیایـد...، شـما در ایـران هسـتید و طبق

قانـون اینجـا، شـما مقصـر هسـتید و اینجـا می‌مانید تا وقتی موضوع روشـن شـود و بی‌گناهی شـما توسـط مـا محـرز گـردد...، بنابرایـن، تنها راه نجات شـما اعتراف اسـت و شـما باید اسـامی همکاران خـود را در اختیـار مـا قـرار دهیـد، یقین داشـته باشـید کـه اگر بـا زبان خـوش همـکاری نکنید، ما بلدیـم کـه چگونه از شـما اعتـراف بگیریم...»

بازپرس شـاهد بود که صورت رکسـانا از ترس‌ووحشـت سـرخ شـده اسـت، از این‌رو با امیدواری ادامه داد:

«مـا در مـورد حسـین، دوسـت پسـر شـما می‌دانیـم...، می‌دونیـم او شـما را بـه خاطـر اهـداف سیاسـیش بـه اینجـا فرسـتاده...، آنهـا شـما را سـر کار گذاشـتند...، در فیلم‌هـا می‌گوینـد هـر فرد و شـخصیتی را کـه فـدا می‌کننـد برایشـان اهمیتی نـدارد...، حالا من در عجبم که شـما بـه این قبیل جانورهـا چـه احساسـی می‌توانی داشـته باشـی؟، چـرا می‌خواهی جانت را فدای آدم‌هـای نامعلومی کنـی کـه فقـط بـه اهدافشـان می‌اندیشـند و هیچ ارزشـی بـرای جان دیگـران قائل نیسـتند؟"

رکسـانا متفکرانـه بـه دیـوار خیـره شـده بـود. گویـی خـودش را از بابت نشـنیده گرفتـن نصایح لینـدا سـرزنش می‌کـرد، صـدای نجـوای لینـدا در گوشـش پیچیـده بود:

«آنجـا می‌دزدنـت، بهـت تجـاوز می‌کننـد، ممکنـه کشـته بشـی و هیچ‌کسـی هـم هیـچ ردپایی ازت پیـدا نکنه...»

و سپس صدای نادر و حسین در گوشش طنین انداخت:

«در اینجا به هیچ‌کس اعتماد نکن، از کجا که ساواکی نباشند...»

رکسـانا می‌پنداشـت کـه تـا مادامـی کـه اطلاعاتـش را بـروز ندهـد می‌تواند بـه زندگـی امیدوار باشـد، امـا بیـم از شـلاق و شـکنجه او را بـه شـدت می‌رنجاند، در آن شـرایط دشـوار سـعی می‌کرد تـا بـه هر شـکل ممکـن کنترل خـود را حفـظ کند.

بازپـرس از روی صندلـی برخاسـت و آن را بـه زیـر میـز هل داد. بـه طرف آئینه حرکـت کرد و از صفحـه‌ی آئینـه بـه رکسـانا نظـر دوخـت. به نظـر می‌رسـید که در یـک بن‌بسـت کاری قـرار گرفته اسـت و از ایـن بابت ناخرسـند بود:

«می‌دانی پدرت کجاست...؟، کسی که آمدی دنبالش بگردی...!»

رکسـانا دچـار یـک تامـل مضاعـف شـد. اکنـون دریافته بـود که آنهـا به تمـام زوایـای زندگی او دسترسـی دارنـد، امـا بـا ایـن وجـود خـودش را جمع‌وجـور کـرد و از طریق آئینـه به او خیره شـد و جواب داد:

«مـرده...، تـا آنجایـی کـه مـن می‌دونـم...، اما شـما که سـاواک هسـتید باید بهتر از مـن بدانید

کجاست....، باید بدونید که شما یک آدم بی‌گناه را گرفتید و دارید آزارش می‌دهید....، شما باید منو آزاد کنید....، من فقط یک توریست هستم...؟»

بازپرس که همچنان از صفحه‌ی آئینه به او نظر دوخته بود، پاسخ داد:

"شما خودتان خوب می‌دانید، کی هستید و ماجرایتان چیست....، شاید هم خیال کنید که فراموشی گرفتید....، اما ما راه‌هایی داریم که به شما کمک کند تا حافظه‌تان را به دست آورید...»

در آن سوی آئینه اتاق کوچکی قرار داشت که از چند فرد ایستاده تشکیل شده بود، همه نظاره‌گر صحنه‌ی بازجویی بودند. در بین آنها امیر متفکرانه در یک کت و شلوار و کراوات دیده می‌شد. امیر از سیمایی خوش، موهای مشکی و قامتی نسبتاً بلند برخوردار بود. یکی از آنها که مسن‌تر به نظر می‌رسید صدایش بلند شد:

«دروغگوی خوبی نیست، راحت میشه به حرفش آورد....، می‌خوای به حرفش بیارم...؟»

امیر که همچنان به رکسانا نظر دوخته بود، هیچ پاسخی نداد.

❋❋❋❋❋

فصل ۱۱

وقتی در اتومبیل ساواک نشسته‌ای و به‌جای نامعلومی برده می‌شوی...، مرگ و یا...؟

یک بعدازظهر بارانی و مطبوع در تهران بزرگ و زیبا جریان داشت اما در آن زمان نمی‌توانست هیچ وجه اشتراکی با شهر لس‌آنجلس داشته باشد. یک اتومبیل کادیلاک مشکی در خیابان‌های شمال شهر تهران می‌راند. قطرات باران برگ درختان طرفین خیابان را تروتازه می‌کرد. این رطوبت آسمانی به گل‌های کاغذی آویزان از دیوار خانه‌های شیک و مدرن طراوت دل‌انگیزی بخشیده بود. رکسانا در صندلی عقب اتومبیل کادیلاک نشسته بود. در کنارش یکی از همان مردانی که او را از پشت شیشه‌ی رفلکس تماشا کرده بود جای داشت. رکسانا ظاهراً به نهرها، گل‌ها و خانه‌ها نگاه می‌کرد اما گویی حواسش پیش سرنوشت نامعلومی بود که انتظارش را می‌کشید. او به مردی که در کنارش نشسته بود نظر دوخت. از اینکه او به‌طور مستمر مواردی را در یک دفترچه یادداشت می‌کرد و به مطالعه می‌پرداخت بر شدت بیم و نگرانی‌اش می‌افزود. در این اندیشه بود که او را به کجا منتقل می‌کنند؟ آیا به قول حسین او را به زندان‌های مخوف ساواک خواهند برد، جایی که زیر شکنجه کشته خواهد شد؟ یا اینکه این مرد او را به خانه خصوصی خود برای عیش و عشرت و تجاوز به او می‌برد. او برای هیچکدام آمادگی نداشت. از پاسخ به سوالات خود هم ناتوان بود. فضای داخلی ماشین را تا جایی که چشمانش اجازه می‌داد وارسی نمود. می‌توانست درب ماشین را بگشاید و متواری شود، اما به کجا می‌توانست بگریزد؟ جایی برای گریختن نداشت. تنها قادر بود بنشیند و صبر پیشه کند. مرد عطسه‌ی شدیدی کرد. سرش را به سمت رکسانا برگرداند و نگاه کرد، گویی می‌خواست از پاشیده نشدن مخاطش مطمئن شود. در همان حالی که به رکسانا نظر داشت دستمالی از جیبش بیرون آورد و به پاک کردن بینی، دفترچه و دیگر جاهای مشکوک مشغول شد. در این میان تبسمی بر لبش شکفت و به سیمایش مهربانی بخشید. رکسانا شنیده بود که راننده‌ی اتومبیل او را امیر خطاب کرده بود. اکنون شرایط به او فرصتی داده بود تا به یادداشت‌های امیر سَرک بکشد اما نوشتار فارسی دفترچه امکان کنجکاوی را از او سَلب کرد.

سه ربع از حرکت اتومبیل در مسیرهای مختلف می‌گذشت و در طول این مدت راننده نسبت به تنها پرسش رکسانا برخورد منفی و نهی‌کننده نشان داده بود. اتومبیل حالا به منطقه‌ی شمال شهر با خانه‌های گران‌قیمت و وارد شد و در حرکت بود. رکسانا در این فکر شده که حتماً این مرد او را به خانه‌ی شخصی خود می‌برد و ممکنه است او را مورد تجاوز قرارد دهد. رکسانا هنوز به نتیجه‌ای نرسیده بود که سرانجام اتومبیل کادیلاک در مقابل یک دروازه‌ی بزرگ مشبک توقف کرد. صدای بوق ماشین بلند شد. پیرمردی از پشت درب ظاهر شد و با مشاهده‌ی اتومبیل کادیلاک دروازه را گشود، سپس با لبخندی مهربان در کنار درب قرار گرفت. شیشه‌های پنجره‌ی جنب راننده و امیر در حین ورود کادیلاک پایین رفت. آنها به پیرمرد سلام دادند. رکسانا شنید که راننده، پیرمرد را احمدرضا و پیرمرد، راننده را یوسف خطاب کرده بود. حالا نگرانی رکسانا خیلی بیشتر شده بود و در فکر چاره بود.

اتومبیل در یک مسافت دو صد متری به راه افتاد که به یک عمارت زیبا ختم می‌شد. رکسانا در طول این فاصله چند لحظه‌ای یاد تجاوزش رفته و مجذوب تماشای پیرامونش بود. گل‌ها، فواره‌ها، تنوع درختان میوه، سبزی‌کاری و یک استخر بزرگ با کاشی‌های رنگارنگ فضای زیبای عمارت را تشکیل می‌داد. اکنون باران بند آمده بود و همه جا خیس بود. قطرات باران بر روی برگ گیاهان سرسره بازی می‌کردند. یک سگ بزرگ سفید و زرد رنگی که خالی نام داشت از سمت عمارت جدا شد و پارس‌کنان به استقبال کادیلاک دوید. رکسانا آنچنان در افکار خویش غرق شده بود که متوجه نشد اتومبیل در مقابل ساختمان بزرگی توقف کرده است. صدای پارس خالی او را به خود آورد. خالی گویی در انتظار پیاده شدن امیر پارس می‌کرد، رکسانا سرش به طرف امیر چرخید و متوجه‌ی نگاه خاص او شد. از این رو با مکث و نگرانی زبان گشود:

«من از این ماشین پیاده نمی‌شم...، من باید با سفارت آمریکا صحبت کنم...»

سرانجام صدای مهربان و ملایم امیر شنیده شد:

«خانم فاطمی باید در انتخاب دوستانتان بیشتر دقت کنید...، آدم‌ها همیشه آن جور که وانمود می‌کنند نیستند...، در ضمن شاید شما سفیر آمریکا را ببینی، او همسایه‌ی دیوار به دیوار اینجاست...»

امیر از اتومبیل پیاده شد و با خالی به شادی و بازی پرداخت. در حین بازی نگاهی به رکسانا نمود، سپس به سمت پلکان ساختمان حرکت کرد. خالی به دنبالش راه افتاد. امیر از تعدادی پله بالا رفت و به سمت درون ساختمان از نظر رکسانا ناپدید شد. خالی که هنوز از بازی کردن سیر نشده بود به سمت رکسانا حرکت کرد. رکسانا با حالتی گیج و گنگ هنوز در

ماشین نشسته بود. خالی گویی به امید بازی با رکسانا به پریدن و پارس کردن مشغول شد. رکسانا در اندیشه‌ی انتخاب یک رفتار مناسب به سر می‌برد. آیا شرایط ایجاب می‌کرد که او از ماشین پیاده شود و با آن سگ‌بازی کند؟، اما کسی به او حکم نکرده بود که از ماشین پیاده شود و یا او را به داخل خانه دعوت کرده باشد، اصلاً چرا به جای زندان از یک خانه‌ی اشرافی سر درآورده است؟، دوباره در این فکر شد نکند امیر او را آورده بود تا با وِی همخوابه شود و با القای چنین توهماتی بر تمرکز و تسلط اعصابش تاثیر بگذارد، درست مثل یک بازی سیاسی و یک نوع بازجویی. رکسانا در چنین افکاری به سر می‌برد که درب اتومبیل توسط یوسف باز شد، او به سگ اشاره کرد و زبان راند:

«اسمش خالیه، به نظر می‌رسه همبازی می‌خواهد...»

رکسانا با احتیاط و هنوز گیج از ماشین پیاده شد و با خالی که حالا همبازی خوبی هم پیدا کرده بود به بازی پرداخت اما در حین بازی و صحبت با خالی هنوز حواسش به اطراف بود و گویی به یک سورپرایز دیگر می‌اندیشید:

«درسته... تو می‌فهمی من چی میگم؟، هیچ کس به جز تو اینجا زبان حرف زدن داره؟"

خالی جوری بازی می‌کرد که انگار می‌خواهد او را آرام کند و به او بگوید که حرفش را می‌فهمد. سر رکسانا به طرف یوسف چرخید. یوسف مشغول تمیز کردن اتومبیل بود و انگار به حرف رکسانا می‌خندید. در حین بازی با خالی، ناگهان چشم رکسانا به پری افتاد که در بالای پلکان به تماشای او و خالی ایستاده بود. رکسانا اگر چه از دیدن پری غافلگیر شده بود اما با این حال انرژی مثبت او را دریافت می‌کرد. او تا لحظاتی پیش خود را برای شکنجه در زندان‌های ساواک آماده می‌نمود، رنجی که به واسطه‌ی نجات جان پری خریده بود، اما اکنون در یک خانه‌ی اشرافی شاهد حضور ناباورانه‌ی پری بود. پری به سمت رکسانا و خالی در حرکت شد و بر روی پله‌های ساختمان قدم گذاشت و نشست و منتظر خالی شد که به طرف او در راه شده بود. خالی به پری رسید و با پری مشغول شیطنت و بازی شد. رکسانا فرصتی پیدا کرد تا بیشتر به معمای اسارتش بیاندیشد. به نظرش محتمل بود که حادثه‌ی انفجار تصادفی باشد و یا نقشه‌ای باشد که توسط ساواک به مرحله‌ی اجراء درآمد و او ناخودآگاه در پیشبرد آن نقش داشت. به ذهنش خطور کرد که در جابه‌جایی کنونی‌اش افرادی نقش دارند که از وِی سوءاستفاده کرده و او را به مخمصه انداخته بودند. حالا چه دلیل موجهی در پشت آن همه وحشت، بازجویی، کابوس سیاسی و آن انفجاری که به مرگ دخترک معصوم ختم شده بود، وجود داشت؟، اکنون همان افراد به ظاهر دوست به گونه‌ای ظاهر شده بودند که انگار آب از آب تکان نخورده است. دیگر برای او هیچ چیز معنی و مفهومی نداشت، اما جای شُکرش

باقـی بـود کـه لااقل پری حضور داشـت و از بـروز خطـرات احتمالی ناخوشـایند پیشـگیری می‌کرد. اکنـون متحیرانـه مایـل بـود تـا بداند کـه این جریـان مبهـم از کجـا آب می‌خورد.

خالـی بـا پری مشـغول بـازی بود. عکس‌العمل رکسـانا بـرای پری قابـل پیش‌بینی نبـود بنابراین سـعی می‌کـرد تـا بـا مکـث و طمانینـه رفتـار نمایـد. بـه هـر شـکل کفـه‌ی تـرازو بـه نفـع رکسـانا سـنگینی می‌کـرد و هـر آن محتمـل بـود کـه او آنهـا را تـرک کنـد. طبیعـی بـود کـه اگر او بر سـر پـری داد مـی‌زد و آن همـه اعتمـاد و دوسـتی‌اش را زیر سـوال می‌بـرد، چندان کمکی بـه موقعیت او نمی‌کـرد و شـاید بدتـر هـم مـی شـد. خالـی بطرف رکسـانا رفتـه و دوبـاره با او مشـغول بازی شـده بـود. پـری می‌دانسـت کـه بایـد بـه رکسـانا کمی وقـت می‌داد تـا او بـا محیـط جدید خود آشـنایی پیـدا کـرده و در مـورد عکس‌العمـل خـود فکـر کند، به همیـن منظور با پریشـان حالی بـه صحنه‌ی بـازی خالـی و رکسـانا نظـر دوخـت. بـرای رکسـانا بازی بـا خالی، خالـی از تاثیـر نبود، ذهـن او را از فکـر خیانـت دوسـتانش خـارج می‌کـرد و از احسـاس خشـم و ناراحتی‌اش می‌کاسـت و بـه او اجازه مـی‌داد تـا بـه عقـل و منطقش رجـوع کند.

اکنـون خالـی مابیـن رکسـانا و پـری در رفـت و آمد بـود و با جفتشـان بـازی می‌کرد. سـرانجام صـدای پـری کـه مملـو از ندامـت و ناراحتی بود بلند شـد:

«تنهـا چیـزی کـه می‌تونـم بگـم، خیلی متاسـف و پشـیمان هسـتم کـه چنیـن اتفاقی بـرای تو افتـاد...، چیـز دیگـری بـه ذهنـم نمی‌رسـد...، اگـر هـم برسـد فکـر نمی‌کنـم تفاوتـی کنـد...، کار ما اشـتباه بـود، مـا نبایـد شـما را درگیـر مشـکلات خـود می‌کردیـم...، از اولش هـم من می‌دانسـتم...، امـا...، امـا...، نمی‌دانـم چـرا جلوشـو نگرفتـم...، تـو هیـچ گناهـی نـداری...، گناه‌هـا همـه بـه گـردن ماسـت...، بـه گـردن من...، مـن از بمب‌گـذاری هیچ اطلاعی نداشـتم، اگر می‌دانسـتم حتما به شـما می‌گفتـم...، کار بسـیار اشـتباهی بـود... بنظـر می‌رسـد سـعید بمـب را عـوض کرده بـود...»

پـر مسـلم بـود که رکسـانا احسـاس می‌کـرد که بـه او خیانت شـده و اظهـارات عاجزانـه‌ی پری چیـزی را عـوض نمی‌کـرد، پـری همچنان مشـغول صحبـت بود:

«گاهـی اوقـات آدم در حالتـی قـرار می‌گیـره کـه گیجُـو گـمُ و گنـگ میشـه و بـد را از خـوب تشـخیص نمیـده...، عجولانـه بـا احساسـش تصمیـم می‌گیـره نـه از روی عقـل و منطـق...، وقتـی پشـیمان میشـه کـه دیگـه خیلـی دیر شـده...، مـن معتقد به خشـونت و خونریـزی نیسـتم...، من به اعتـراض بـدون خشـونت معتقـدم...، اگـر قادر باشـم حاضـرم هـر کاری بکنم تـا اتفاقی کـه افتاده را عـوض کنـم...، امـا نمیدانـم چه جـوری...»

رکسـانا کـه اکنـون بـر روی پل‌هـای پایین‌تـر از پـری نشسـته بـود و بـا خالـی بـازی می‌کـرد، زبان گشـود:

«فکر می‌کنی چه کار میتونی برای بچه‌ی معصوم و بیگناهی که تکه‌تکه شد بکنی؟ می‌تونی برش گردونی به زندگی؟!، اون می‌تونست بچه‌ی خوده تو باشه...؟"

پری تحت تاثیر سوالات او دچار رنج و اندوه شد و با نگاهی گذرا به فکر فرو رفت:

«من می‌ترسم اگر بیشتر اینجا بمانی وضعیتت بدتر بشه...، خواهش می‌کنم برگرد...، من قول میدم در مورد پدرت تحقیق کنم...، خواهش می‌کنم تا دیر نشده از اینجا برو...»

هنوز رکسانا مجال پاسخ نیافته بود که صدای فریاد امیر از داخل ساختمان بلند شد. سرشان به سمت صدای امیر چرخید. رکسانا طبق معمول متوجه‌ی کلام فارسی نمی‌شد، اما پری فرصتی پیدا کرد تا موضوع گفتگو را عوض کند:

«اینجا خانه‌ی حاجیه خانمه، ایشان مادر امیر و سیروس است، زن بسیار مهربان و فهمیده و آرامی است...»

رکسانا از فریاد زننده‌ای که امیر نسبت به مادرش داشت سوال کرد. پری با نگرانی سرش را تکان داد:

«اینجا کسی سر مادرش فریاد نمی‌زند...، او سر برادر کوچکش سیروس فریاد می‌زند...»

رکسانا ناگهان از شنیدن حضور سیروس احساس امنیت کرد. رکسانا نمی‌دانست که پری با آنها بزرگ شده بود و با جزئیات زندگی و خلق و خویشان آشنایی داشت. اما پری هیچ وقت تا به این اندازه امیر را عصبانی ندیده بود. خالی هم از فریاد آنها نگران شده بود و خود را به پشت درب ورودی ساختمان رسانده و پارسش شروع شده و خودش را به این طرف و آن طرف می‌زد تا داخل شده و کاری بکند. حالا صدای پارسش هم به زوزه تبدیل شده بود. در این گیرودار مشاجره‌ی دو برادر از فارسی به انگلیسی تغییر کرد. اکنون رکسانا می‌توانست صدای دعوایشان را بشنود و بفهمد:

«من از این کارهای تو دیگه خسته شدم...، کی می‌خواهی آدم بشی؟، کی می‌خواهی به زندگیت سر و سامان بدی؟، به خدا قسم دفعه‌ی دیگه نه تنها آن رفیقای مزدورتو می‌گیرم و می‌اندازم تو هلفدونی، خودتو هم می‌فرستم پیششون...، امضا کن...، امیدوارم هیچ پولی بابت فرستادن حاجی محمدزاده‌ی حرامزاده پیش من نداده باشی...، امضا کن...»

پری زبان گشود و اندکی توضیح داد:

«به انگلیسی حرف می‌زنند که مادرشون متوجه نشه چی میگند...، وگرنه باید به او جوابگو باشند...»

داخل خانه، حاجیه خانم در نشمین خانه ظاهر شد. یک سینی که متشکل از سه استکان

چای بود در دست داشت. حدوداً هفتاد ساله بود. کمی لاغر اندام و با صورتی کشیده و مهربان. حاجیه خانم به محض ورود صدایش بلند شد و به پسرهایش گوشزد کرد که در خانه‌ی او نباید داد و بیداد کنند. حاجیه خانم می‌دید که سیروس برگه‌ای را امضا کرد و با عصبانیت بر روی یک میز در مقابل امیر قرار داد. حاجیه خانم انگلیسی نمی‌دانست اما از خشم امیر پی برده بود که پای موضوع مهمی در میان است.

سیروس در سکوت سر به زیر انداخته بود و خودش را می‌خورد، حالتش طوری بود که انگار می‌خواست از آنجا بگریزد، اما حالا که با ورود حاجیه خانم، امیر ساکت شده بود کمی راضی به نظر می‌رسید. همه می‌دانستند که در منزل حاجیه خانم، حق بی‌احترامی به یکدیگر را ندارند. حاجیه خانم متوجه‌ی صورت قرمز سیروس شده بود از این‌رو در حالی که استکانی چای به دست امیر می‌داد ناخرسند زبان گشود:

«امیر تو می‌دونی که اون جواب برادر بزرگشو نمیده...، راحتش بزار...، تا من زنده هستم، هیچ‌کس حق داد و بیداد و دعوا تو این خانه را ندارد»

امیر با عصبانیت استکان چایش را بر روی میز گذاشت. حاجیه خانم در حالی که به دنبال پری می‌گشت به طرف سیروس رفت و استکانی چای هم دست او داد. سیروس استکان چایش را بر لبه‌ی پنجره قرار داد و به بیرون خیره شد، اما این دلیل نمی‌شد که حاجیه خانم از نصیحت او پرهیز کند:

«سیروس تو هم باید چشمُو گوشِتُو باز کنی...، این آدم‌هایی که تو فکر می‌کنی امروز رفیقت هستند یک روز بشه که به خونت تشنه باشند، هر چی باشه امیر برادر بزرگته و همیشه کنار تو خواهد بود...، از طرفی شاید اون یه چیزی بدونه که من و تو ندونیم...» و مجدداً در جستجوی پیدا کردن پری در اطراف خانه چشم چرخاند: «دیدین با سر و صداتون پری را قبل از اینکه یک چایی بخوره فراریش دادید؟، دختره کجا رفت...؟» و باز به امیر رو کرد: «تو هم باید حوصله داشته باشی...، برادرت آدم عاقلیه و من حتم دارم به بد و خوب دنیا وارده...، فقط مشکلش اینه که بیشتر برای دیگران زندگی می‌کنه تا خودش...»

امیر در حالی که برگه‌ی امضای سیروس را برمی‌داشت خطاب به مادرش با لحن ملایم‌تری پاسخ داد:

«حاج خانم، اون دیگه بچه نیست، باید زن و بچه داشته باشه...، آنقدر اینو لوسش نکن...» و سپس به سیروس رو کرد و به زبان انگلیسی ادامه داد: «یادت باشه چی امضاء کردی و چه باید بکنی...، اگر دست از پا خطا کنی، خدا شاهد است این بار مثل غریبه‌ها باهات رفتار می‌کنم...، می‌فرستمت تو زندان برای مدتی طولانی تا آدم بشی...» و به سمت درب خروجی

حرکت کرد، اما قبل از آنکه خارج شود ایستاد و به سمت سیروس برگشت: «امیدوارم یک روزی مایه‌ی افتخار مادر بشی و بشنوم صدات کنند دکتر سیروس، مهندس سیروس...»

امیر از درب خارج شد.

*****

امیر به محض اینکه از درب خانه خارج شد، چشمش به پری و رکسانا افتاد، از این رو با لحن ملایمی که با خشم و نارضایتی همراه بود به پری تاکید کرد:

«مواظبش باشید...، دختر بی‌گناه و ساده ایست...، فراموش نکن اون اینجا مهمان ماست...»

و به سمت اتومبیل از ساختمان فاصله گرفت. یوسف مراتب یک راننده‌ی خدمتگزار را نسبت به امیر به‌جا آورد و سپس در پشت فرمان اتومبیل نشست. پری و رکسانا سرگرم تماشای دور زدن و خارج شدن اتومبیل امیر از درب عمارت بودند که سیروس از داخل خانه بیرون آمد. حاجیه خانم که هنوز با سینی چای در جستجوی پری بود به دنبال سیروس ظاهر شد. خالی به سمت سیروس رفت و با او مشغول بازی شد. حاجیه خانم پس از پیدا کردن دختران جوان، سیروس را رها کرد و تمام توجه‌اش به سمت آنها جلب شد:

«تو این بارون بیرون چه می‌کنی پری؟ این دختر زیبا کیه؟ پس چرا دعوتش نمی‌کنید تو...؟ فکر نمی‌کنید شاید فکر کنه نمی‌خواهید بیاد تو؟ پس رسم مهمان نوازیتون کجا رفته...؟"

حاجیه خانم با مهربانی و لبخند به طرف رکسانا قدم برداشت و با آغوش باز از او استقبال کرد. مثل مهمانان ایرانی با او وارد صحبت شد. سپس دست او را گرفت و به داخل منزل دعوت کرد. رکسانا هاج و واج مانده بود تا تصمیمی مناسب اتخاذ کند، نگاهش به پری و بعد به سیروس افتاد و معلوم بود که از آنها کمک می‌طلبید. سیروس در حالی که با خالی بازی می‌کرد با شوخ طبعی و مهربانی زبان گشود:

«رئیس همه مادره، فکر نمی‌کنم تا نری تو و چایی و شیرینی و غذا نخوری تا دلت درد بگیره، بتونی از این خانه بری بیرون...»

دختران جوان به اتفاق حاجیه خانم وارد خانه شدند و سیروس را با خالی تنها گذاشتند. سیروس با حوله‌ای که بیرون بود به خشک کردن سگش مشغول شد و از بودن با او لذت می‌برد.

برخلاف حیاط، فضای داخلی منزل حاجیه خانم ساده بود. رکسانا برای نشستن روی مبلمان زیبا تردید داشت اما پری به کمک او آمد و از او خواست که جهت رضایت حال حاجیه

خانـم طبـق روال خانگـی خود رفتـار کند. یکـی دو نفر برای حاجیـه خانم کار می‌کردنـد اما حاجیه خانـم بیش از خدمـه فعالیـت می‌کـرد و حتی آنها را بـر روی مبل می‌نشـاند و خود از آنهـا پذیرایی می‌نمـود. اگـر غریبـه‌ای وارد خانـه می‌شـد و او را نمی‌شـناخت بـر ایـن بـاور بـود که حاجیـه خانم خدمتـکار و خدمتـکاران خانم‌هـای خانـه بودند. حاجیـه خانم انواع شـیرینی، تنقلات، شـربت، چای و انـواع نوشـیدنی‌ها را بـر روی میـز در مقابـل رکسـانا چیـده بـود. رکسـانا مـات و مبهـوت بـه آنهـا خیـره شـده بـود. تازه به سـخنان سـیروس ایمان آورده بـود. تعارف‌های مکـرر حاجیه خانـم مانع از آن می‌شـد کـه او جهـت اخـذ تصمیم مناسـب از پری کمـک بگیرد. رکسـانا با آداب و رسـوم ایرانی آشـنا نبـود و حاجیـه خانـم از ایـن موضوع اطلاع نداشـت. نمی‌دانسـت کـه او عادت کرده تـا مراقب خـورد و خوراکـش باشـد. رکسـانا بی‌اختیـار به یاد آمریـکا افتاد، زمانـی که دختر بچـه‌ای بیش نبود و سـریالی مثل[۱]«زنـان خانه‌هـای بورلـی هیلـز» را از تلویزیـون تماشـا می‌کـرد. علاقمند بـود که وقتی بـزرگ شـد مثـل آنهـا لباس‌هـای اشـرافی بپوشـد و در بلـوار رودیـو درایـو قـدم بزنـد و از مغازهای آنجـا خریـد کنـد. امـا بعدهـا که بزرگتر شـد نظـرش تغییر کـرد. اما حالا با حاجیه خانم آشـنا شـده بـود زنـی کـه اگـر چـه ثروتمنـد بـود امـا با زنـان بورلـی هیلـز قابـل قیاس نبـود. بـا دیـدن حاجیه خانـم نظـرش تغیـر کـرده و مایـل بـود مثـل او باشـد. امـا بـاور داشـت کـه بـه سـادگی نمی‌توانـد پـا جـای پـای حاجیـه خانـم بگـذارد. او از اینکـه سـیروس در چنیـن محیطی اشـرافی بزرگ شـده باشـد متعجـب بـود. سـیروس انسـانی بسـیار سـاده، بی‌آلایـش و درویـش مسـلک بود. هیـچ یک از نشـانه‌های اشـرافی‌گری در او دیـده نمی‌شـد. امـا اکنـون بـا دیدن حاجیه خانم به پاسـخ سـوالاتش رسـیده بـود. رکسـانا بعـد از آن همه ماجـرای ناخوشـایند، اکنون برای دومیـن بار و پـس از دیدار با حاجیـه خانـم احسـاس شـادی و امنیت می‌کـرد. رکسـانا ناگزیر بـود تا با دیگـران ارتباطاتـی برقرار می‌کـرد، هـر چنـد تجربـه‌ی چندان خوشـی از دیدارهایش نداشـت اما سـیروس، حاجیـه خانم پری و پیتـر جـزء انسـان‌های ارزشـمندی بودند که در مسـیر مسـافرتش قـرار گرفتند. رکسـانا از تواضع، مهربانـی و سـادگی حاجیـه خانم بـه وجد آمده بـود. انگار تمام مشـکلات و نگرانی‌هایش نابود شـده بودنـد. در مقابـل حاجیـه خانـم سـراپا چشـم و گـوش بـود و با چهره‌ای بشـاش سـعی می‌کـرد تا او را بفهمـد و بـا او هم آهنگ شـود:

«شـما نبایـد نگـران این دو پسـر دیوانه‌ی من باشـید، آنها با هـم فقط بحث می‌کننـد، اما همدیگر را دوسـت دارنـد...، بخـور...، چـرا نمی‌خـوری...، فقط به من نـگاه می‌کنی...، خیلی لاغر هسـتی ممکنه مریـض بشـی، بخـور...، کی زنه لاغـر و مریض می‌گیـره؟» حاجیه خانم تـازه به این فکر افتـاده بود که شـاید رکسـانا فارسـی نمی‌فهمـد بنابراین از پری کـه حالا از تماشـای آنها می‌خندید کمک خواسـت: «چـرا فقطبـه مـن ماتـش بـرده و نمی‌خـوره؟، تـو چت شـده دختر؟، بهـش بگـو بخـوره...، بهش بگو بایـد گوشـت بیشـتر بخـوره...، ازش بخـواه یـک مدت بیـاد اینجا تا کمـی وزنش زیـاد بشـه...، پری تو

خـودت شـروع کـن کـه او هـم بخـوره...» و به یکـی از خدمتکارهایی بی کـه دهسـالی از حاجیه خانم کوچکتـر امـا از نظـر جسـته کمـی چـاق و چله تـر از حاجی خانـم می نمـود، رو کرد: «بگـو احمدرضا پنج شـیش کیلو گوشـت خـوب با چربی بگیـره...»

پـری کـه بـه سـختی می‌توانسـت جلـوی خندیدنـش را بگیـرد، سـعی کرد تـا به حاجیـه خانم توضیـح دهـد کـه در آمریـکا زنـان برای لاغر شـدن خودشـان را می‌کشـند، چـرا که در آنجا کسـی طرفـدار زن چـاق نیسـت. امـا حاجیـه خانم گوشـش به ایـن حرف‌ها بدهـکار نبـود، بنابرایـن با پند و انـدرز ادامه داد:

«بهـش بگـو هـر چیـزی بایـد حد و اندازه داشـته باشـه...، نه باید چاق بـود و نه به ایـن لاغری...، اسـراف خـوب نیسـت امـا بایـد حـد وسـط را گرفـت...، پس بخـور...، شـاید از مـن خجالت میکشـه بخـوره...، آره مـا میریـم کـه شـما تنها باشـید و یه چیـزی بخورید...»

حاجیـه خانـم بـه اتفـاق سـایر خدمه، سـالن را تـرک کردنـد و دختران جـوان را تنها گذاشـتند. پـری مشـغول خـوردن شـد و به رکسـانا اشـاره کـرد تا شـروع کند:

"اگـر نخـوری، مجبـورت می‌کنـه...، بنابرایـن تا برنگشـته کمی بخـور...، یا با زبـان خوش خودت می‌خـوری و یا بـه زور بخـوردت میده...»

در ایـن حـال و احـوال صـدای پـارس خالـی از بیـرون بـه گوش رسـید، نـگاه دختران جـوان به سـمت صـدا برگشـت. سـیروس در داخـل حیاط با خالی مشـغول بـازی بود. رکسـانا بی‌اختیـار بلند شـد و خـود را بـه جلـوی پنجره رسـاند تـا دید بهتری داشـته باشـد. پـری در کنارش قـرار گرفت و بـه او توضیح داد:

«پـس از ربـودن شـما، پیتـر از سـیروس کمـک خواسـت، سـیروس هـم از امیـر، امـا امیـر کـه می‌دانسـت سـیروس هـر کاری بـرای آزادی شـما می‌کنـد، از موقعیـت اسـتفاده کـرد و شـرطی گذاشـت کـه برای سـیروس بسـیار تلخ و سـنگین بود، بایـد ضمانت مـی‌داد تا برای مـدت نامعلومی از نوشـتن و کار فیلمسـازی دسـت بکشـد...، امیر نمی خواد سـیروس کار فیلمسـازی و هنرپیشـگی کنـه... ایـن کارهـا را اینجـا اگر از خانواده ی اشـرفی و بانفوذی باشـی کسـر شـأن خانـواده می‌دانند، امیـر می‌خـواد سـیروس دکتـر بشـه... شـاید هـم مهنـدس...، داد و بیداد آنهـا هم بـرای همین بـود، امیـر می‌خواسـت کـه سـیروس ضمانتنامـه را امضا کند و می‌خواسـت مطمئن شـود کـه او آن را جـدی بگیـرد...، هیچ چیز نتونسـته بـود تاکنون سـیروس را وادار به چنین کاری کنـد...، می‌دونی کـه بـرای هـر هنرمندی حکم مرگــو دارد که نگـذاری کارش را بکند...، تو باید بـراش خیلی اهمیت داشـته باشی...؟!»

رکسـانا می‌دانسـت کـه پـری درسـت حـدس زده بـود. سـیروس از همـان نـگاه اول، جاذبـه‌ی

دیگری داشت، بسیار آرامش بخش و شادی آفرین بود. گویی سال‌ها سیروس را می‌شناخت و به او اعتماد داشت و از دیدار و گفتگو با او خسته نمی‌شد. رکسانا خبر نداشت که پری دلباخته‌ی سیروس بود و او را دیوانه‌وار دوست می‌داشت، اما از آنجایی که آنها با هم بزرگ شده بودند و سیروس او را به چشم یک خواهر کوچکتر می‌دید، از این رو خجالت می‌کشید تا این احساس عاشقانه‌اش را به سیروس منتقل کند. نگاه رکسانا از سیروس به طرف پری برگشت و لحظاتی در سکوت به او نظر دوخت. او یک زن بود و با احساسات درونی یک زن آشنایی داشت. از نوع نگاه و لحن کلام پری دریافته بود که شاید پری به سیروس علاقه‌مند باشد، ولی مطما نبود. اکنون با این ملاحظه، از بروز احساس واقعی خود بازمانده بود.

*****

صبح روز بعد دیگر خبری از ریزش باران نبود. آفتاب گرمی در پهنه‌ی آسمان تهران می‌درخشید. پرتوهای خورشید از گوشه‌ی پرده‌ی پنجره به داخل اتاق درز کرده بود و بر سیمای خفته‌ی رکسانا می‌تابید. رکسانا از گرمای تابناک پرتوهای خورشید بیدار شد. چشمانش را گشود و بر روی تختخواب نشست. در پیرامونش چشم چرخاند و به فکر فرو رفت. از زمانی که وارد خاک ایران شده بود این بهترین تخت و اتاقی بود که در آن استراحت کرده بود. مهمانی غیرمنتظره‌ی روز گذشته‌ی او به درازا کشیده بود و تا پاسی از شب ادامه داشت از این رو با اصرار حاجیه خانم ناگزیر شد تا در آنجا بماند و شب را به صبح برساند. حاجیه خانم یکی از اتاق‌های خانه را که در جوار اتاق‌های پری و سیروس قرار داشت به منظور استراحت رکسانا آماده کرده بود. حتی محض رضایت حال او ملحفه‌ی تخت را در مقابل دیدگانش عوض کرده بود و از او انتظار داشت تا چند مدتی را در کنارشان سپری کند. پری و رکسانا تا حوالی بامداد شب گذشته گفتگو می‌کردند، اما وقتی پای حرف سیروس به میان می‌آمد می‌دانستند که باید به دلیل نزدیکی اتاق او آهسته صحبت کنند.

*****

بعد از ظهر همان روز ماشین سیروس در خیابان‌های تهران در حرکت بود. رکسانا کنار سیروس نشسته بود و صدای موسیقی اصیل ایرانی از رادیو پخش شنیده می‌شد. رکسانا در حین تماشای اطراف با سیروس گرم صحبت بود. طولی نکشید که از شهر خارج شدند و در مسیری پر پیچ و خم راندند. محیط پیرامونشان از درختان کوچک و بزرگ و بوته‌های سبز پوشیده شده بود. به جاده‌ای خاکی رسیدند و دقایقی راندند. رودخانه‌ی نسبتاً بزرگی آشکار شد. سرانجام از جانب رودخانه به یک منطقه‌ی کوهستانی رسیدند که نشانی از آدمیزاد نداشت. پرندگان، خزندگان، جریان آب رودخانه، درختان سرسبز و گل‌های وحشی فضای

محیط را پر کرده بود. اتومبیل در پشت انبوهی از درختان بزرگ که به صورت دیواری شکل گرفته بود متوقف شد. جایی بود که از نظرها پنهان بود.

«الان بر می‌گردم...»

سیروس با این سخن در پشت درختان و بوته‌زار وحشی ناپدید شد. رکسانا قدری منتظر ماند اما پس از غیبت نسبتاً طولانی سیروس از ماشین پیاده شد. با نگرانی و احتیاط وارد محیط سرسبزی شد که سیروس در پشت آن از نظر ناپدید شده بود. چند قدمی پیش رفت. نگاهش به کلبه‌ی کوچک تک خوابی افتاد که در حاشیه‌ی رودخانه بنا شده بود. از ظاهرش پیدا بود که بی‌پایه و اساس ساخته شده بود. کمکم نگرانیش داشت قوت می‌گرفت که صدای سیروس که از پشت به او نزدیک می‌شد او را به خود آورد. رکسانا به سمت سیروس برگشت. سیروس با دسته گلی که از گل‌های وحشی تشکیل شده بود در مقابلش قرار گرفت. دسته گل را به سمت او تقدیم کرد. رکسانا با آمیزهای از بهت و شعف و شادی دسته‌ی گل را گرفت. انگار هر چه با سیروس وقت می‌گذارند بیشتر شیفته‌ی خلق‌وخوی او می‌شد. کارهایش با همه تفاوت داشت، قابل پیش‌بینی نبود، محض سپاسگزاری تصمیم داشت تا بوسه‌ای بر گونه‌های سیروس بکارد اما از وقت بد، سیروس مشغول جستجوی چیزی شده بود. او از زیر سنگی که در لای بوته‌ها مخفی بود کلیدی بیرون آورد. به راحتی می‌شد حدس زد که آن کلید درب کلبه‌ی سیروس است. سیروس درب کلبه را گشود و به رکسانا رو کرد:

«شما استراحت کن تا من اسبابها را از توی ماشین بیارم...»

و کلبه را به سمت اتومبیل ترک کرد. رکسانا در خلوت خود کلبه‌ی ساده‌ای را می‌دید که یک کفی با زیلوی سفید و قرمز رنگ پوشیده شده بود. یک میز تحریر کوچک که در داخل دیوار ساخته شده بود، یک صندلی چوبی، یک دستگاه ماشین تحریر، یک صندوقچه، کتابخانه‌ای کوچک متشکل از سی تا چهل جلد کتاب، یک بشقاب وکاسه، یک دست قاشق و چنگال، لیوان، قابلمه‌ای کوچک، کوزه‌ای آب، لحاف، تشک، دو متکا، یک رادیو و ضبط صوت همه‌ی اثاثیه‌ی کلبه را تشکیل می‌داد. یک شومینه‌ی سنگی در کنار یک پنجره‌ی کوچک ساخته شده بود. رکسانا از پنجره، بیرون را نگاه کرد، رودخانه را می‌دید که درست از کنار کلبه رد می‌شد.

شب هنگام، چراغ نفتی فضای کلبه را روشن کرده بود. در داخل شومینه‌ی سنگی کنار دیوار چند تکه چوب می‌سوختند و سایه‌ی شعله‌اش بر روی سطح دیوار می‌رقصید. صدای جریان آب رودخانه موسیقی دل‌انگیزی را می‌نواخت. بر سفره‌ی کوچکی که در جلوی آنها پهن بود کمی تنقلات، سبزی، پنیر، کالباس و شیشه‌ای شراب دیده می‌شد.

«هیـچ کـس از اینجا خبر ندارد...، یک سـالی طول کشـید که با دسـت خودم سـاختمش، البته پیتر کمـک خوبـی بـود...، من بـرای فرار از همه، سـکوت، مدیتیشـن و یافتن خودم بـه اینجا پناه مـی‌آورم...، خصوصـاً وقتـی می‌خواهـم بنویسـم...، سـکوت و خصوصاً صـدای آب رودخانـه خیلی کمکـم می‌کند...، شـبها کنـار آتـش می‌نشـینم و به صـدای رودخانه گـوش می‌کنـم...، نمی‌دانم چـرا و از کجا، امـا ایده‌ها خودشـون می‌آینـد، تمـام ناراحتی‌هـا فراموش میشـه...، گاهی وقتها از خود بیخود میشـی، درسـت مثل اینکـه اینجـا نیسـتی...، حـالا فقـط تـو و من اینجـا را می‌شناسـیم، هـر اتفاقی که بـرات افتـاد می‌تونی بیایـی اینجـا...، همیـن جور که می‌بینی اینجـا برق ندارد و بایـد از چراغ نفتی و چراغ قوه اسـتفاده کنی، جـای کلید رو هـم که می دونـی...؟»

رکسانا محو سیروس بود و با اشتیاق به سخنانش گوش می‌داد:

«تو چرا به من اعتماد کردی و آوردیم اینجا؟"

سیروس انگار باید کمی فکر می‌کرد تا پاسخی می‌یافت:

«بخاطـر اینکـه تـو هـم مثل مـن حالت خرابـه...، یا بـه خاطـر اینکه مهمان هسـتی...، یـا خیلی خوشگلی...»

«تـو هیـچ وقـت شـده جدی حـرف بزنـی و یا همیشـه و همه چیـز برای تـو خنـده‌داره و حالت جـوک داره...؟، مـن نمیگـم ایـن بـده...، در حقیقـت خیلی خوبـه...، من فقط کنجـکاوم...؟"

«چه لزومی داره آدم جدی باشه؟ وقتی که نمی‌دونه تا فردا زنده است یا نه؟"

رکسـانا در لحظاتـش غـرق شـده بـود، از اتفاقـات دقایـق پیشـرو خبـر نداشـت. فقـط می‌دانسـت تـا زمانـی کـه در کنـار سـیروس است بایـد هر لحظـه منتظر یـک اتفـاق خوب و خوشـایند باشـد. از همـان ابتـدای نخسـتین دیدارش پی برده بود که با انسـان متفاوتی آشـنا شـده اسـت. کنار سـیروس احسـاس امنیـت می‌کـرد. شـراب بطری نصف شـده بود. سـیروس لقمه‌ای پیچیـد و به او داد، سـپس لقمـه‌ای بـرای خـود گرفـت و در حالـی کـه مشـغول خوردن بـود بلند شـد. کـوزه را برداشـت و برای آوردن آب شـرب بـه سـمت رودخانـه حرکـت کـرد. رکسـانا از جلـوی درب کلبـه، سـیروس را تماشـا می‌کـرد کـه از چنـد پلـه‌ی چوبـی پاییـن رفـت و کـوزه را در آب رودخانه فـرو برد.

سـاعتی بعـد سـیروس دو محـل خواب آماده کـرده بـود. رختخواب‌هایی که در طرفین شـومینه‌ی سـنگی پهـن شـده بودنـد. چـراغ نفتی خاموش بـود و تنها رقص شـعله‌ی آتش شـومینه‌ی سـنگی به فضای کلبه روشـنایی می‌بخشـید. جفتشـان دراز کشـیده بودند. رکسـانا در تمام شـب به این موضوع فکـر می‌کـرد کـه چرا سـیروس سـعی نمی‌کند تـا او را در آغـوش بگیرد و با او معاشـقه کند. شـاید از منظـر سـیروس او دختـری زیبـا و سکسـی نبـود. امـا رکسـانا از حجب و حیای سـیروس بی‌خبـر بود. سـیروس برخـلاف ظاهـرش، بـه فکر معاشـقه‌ای با رکسـانا بـود، در واقـع وقتی پـای زنان، کـودکان و

حیوانات به میان می‌آمد سیروس با احتیاط و احترام وارد عمل می‌شد. او معتقد بود که در طول تاریخ همواره به این سه دسته ظلم شده و او حاضر نبود یکی از این ظالمان باشد، خصوصاً وقتی پای رابطه با زنان به میان می‌آمد خویشتنداری می‌کرد و قدم اول را برنمی‌داشت، او به عذاب وجدان یک رابطه‌ی تمام شده می‌اندیشید، بنابراین مایل نبود آغازگر یک رابطه‌ی جنسی باشد. شاید اگر رکسانا به این حقیقت واقف بود به منظور یک رابطه‌ی عاشقانه پیش قدم می‌شد. رکسانا به پرده‌ای که در جلوی یک حمام بسیار کوچک نصب بود نگاه می‌کرد. حمام فقط از یک بشکه‌ی خالیِ روی پشت بام و یک المک دوش تشکیل شده بود. رکسانا همچنان که محو این صحنه بود دستش به سمت سیروس دراز شد و بر روی دست او نشست. حرارت عشق به تدریج در سرتاسر وجودشان نفوذ می‌کرد. اما صدای سیروس که با صدای جریان آب رودخانه هماهنگ شده بود سکوت عشق را شکست:

«پس آمدی اینجا بابای گم شُدَتُو پیدا کنی؟، چه بهتر از این...، دو تا بیکاریم و دو تا بی عار...، و می‌تونیم چند وقتی هم بیعاری کنیم و دنبال بابات بگردیم، از کجا که پیداش نکنیم...؟“

رکسانا حتی در باورش هم نمی‌گنجید که سیروس چنین جملات شیرینی را بر زبان آورده بود، از شوق و شعف می‌خواست او را در آغوش بگیرد و از صمیم قلب ببوسد اما برخلاف میلش چشم‌هایش را بست و همه چیز سیاه شد.

*****

فصل ۱۲

به دنبال یک سفر نامشخص، در سرزمینی ناشناخته به نام ایران...

برای رکسانا بازار همیشه راز و رمز خودش را داشت و شهرت آن به خاطر زرق و برقش سر زبانها بود. خصوصاً بازار طلا که در مورد آن خیلی شنیده بود. بالاخره فرصت پیدا کرده بود تا از نزدیک بازار را ببیند. همان طور که گمان می‌کرد بازار جایگاه خاص خودش را داشت. هرگز در عمرش آن همه طلا و جواهر در یک جا ندیده بود. چند دالان طولانی با فرعی‌های کوچک پیچ در پیچ که از درب و دیوارشان طلا، نقره، سنگ‌های زینتی و گردنبندهای گران قیمت آویزان بود. اگر چه در مورد بازار شنیده و خوانده بود، اما او هرگز نمی‌توانست چنین محل جذابی را تصور کند. مثل تمام چیزهایی که در ایران جلب توجه می‌نمود بازار طلا هم از این قاعده مستثنی نبود و حواس آدم را پرت می‌کرد. در سطح بازار، مردم و جهانگردان در رفت و آمد و خرید بودند. اغلب گردشگران محو تماشای معماری بنای بازار و صنعتگران مشغول در مغازه‌ها می‌شدند. اما نکته‌ی قابل ملاحظه عدم وجود مامور و یا دوربین امنیتی در سطح بازار بود. گمان می‌کرد اگر چنین بازاری در آمریکا بر پا می‌شد گارد و دوربین‌های امنیتی بیشتر از مشتریان بازار به چشم می‌خورد. او می‌دانست که در ایران، بازار مرکز توزیع کالا به سراسر کشور بود و سال‌های سال قدمت داشت و از نسلی به نسل دیگر منتقل می‌شد. قبل از آنکه وارد بازار شوند، سیروس برایش توضیح داده بود که بازاریان به غیر از یک یا دو تَن، همگی خشک مقدس هستند و در قبال امکان و جامعه‌ی روحانیت کانون بزرگترین بخشندگانند و به همین خاطر هم در طول تاریخ مانع از پیشرفت آزادی و اقتصادی ایران بوده‌اند، چرا که روحانیان همواره جیرخوار دولت‌های استعمارگر خارجی بودند و هدف‌های آنها را دنبال می‌کردند و البته سران روحانی در سایه‌ی دین اسلام توده‌های نادان و بیخبر از سیاست‌های اجتماعی، اقتصادی و دینی را به سطح خیابانها می‌آوردند و با وعده‌ی بهشت بَرین فریب می‌دادند.

رکسانا به انتظار سیروس نشسته بود و می‌دانست که مردم به او نزدیک می‌شدند تا زیبایش را تحسین کرده و به او خوش آمد گفته باشند. برخی از بچه‌ها هم کمی خجالتی

بودند.

سیروس و رکسانا چند روزی را در آن منطقه‌ی جنگلی به سر بردند و به گشت‌وگذار و بازی پرداختند، تا اینکه در سپیده‌ی یک روز، سیروس از محیط خلوتگاهش خارج شده بود. رکسانا به هنگام رفتن او هنوز در خواب بود. البته پیش از این هم به اتفاق رکسانا به مغازه‌ای در حوالی کلبه‌اش سَر زده بود و از آنجا دفعاتی گفتگوی تلفنی داشت. در طول غیبت سیروس اگر چه رکسانا احساس نگرانی می‌کرد و تا حدی هم حرص می‌خورد، اما راه‌هایی پیدا می‌کرد تا خودش را آرام کند. هر از گاهی به لب رودخانه می‌رفت و از بیم آنکه شاید یکی او را ببیند به داخل کلبه بازمی‌گشت. رکسانا اگر چه فارسی بلد نبود اما برای گذران وقت، خودش را سرگرم بررسی کتابخانه‌ی سیروس کرده بود. سیروس برنامه‌های مختلفی را در سر می‌پروراند. او از رکسانا اطلاعاتی در مورد نحوه‌ی کار و زندگی در آمریکا کسب کرده بود، بنابراین خوشبین بود تا بتواند آزادانه اهدافش را در این کشور دنبال کند. او در آمریکا می‌توانست مطالبش را بدون دغدغه و بدون دخالت‌های برادرش، بنویسد و به مرحله‌ی اجراء درآورد و قطعاً در این رهگذر رکسانا کمک بزرگی محسوب می‌شد. از طرفی امکان داشت در این ماجرا داستان جالبی هم نهفته باشد که به نگارشش بیارزد. اما سیروس خودش می‌دانست که تمام این فکر و خیال‌ها بهانه بود. در واقع سیروس کمکم داشت به رکسانا و خصوصاً به شخصیت مهربان، ساده و بی‌آلایشش علاقمند می‌شد. سرانجام سیروس در اواخر شب به کلبه بازگشته بود، ولی این بار نان خامه‌ای و شاخه گلی هم در دست داشت. برای شام چلوکباب و محض شوخی یک ظرف کله پاچه هم خریده بود. بنابراین در ابتدا می‌طلبید تا از کله پاچه پرده بردارد اما به منظور به هم نخوردن حال رکسانا لازم بود تا بلافاصله از چلوکباب رونمایی می‌کرد. اما مهمتر از همه، او حاوی خبر خوشی در رابطه با گذشته‌ی پدرش بود. سیروس در طول این مدت به تمام دوستان و اطرافیانش سپرده بود تا از پدر رکسانا اطلاعاتی به دست آورند. آنها سیروس را از نشانی حجره‌ی پدربزرگ او که یک تاجر بزرگ طلا در بازار تهران بود مطلع ساختند و حالا به همراه رکسانا به بازار آمده بودند تا پیگیر اطلاعات دوستانشان باشند. اکنون تمام امید رکسانا در سیروس خلاصه شده بود و او می‌پنداشت که فقط از طریق سیروس می‌تواند شانسی برای یافتن پدرش داشته باشد. وانگهی او از بودن در کنار سیروس خوشحال بود و احساس امنیت می‌کرد. بارها می‌دید که سیروس، غم انگیزترین لحظات زندگی را با دستاویزی مثبت به شادمانی تبدیل کرده بود. رکسانا شوخ طبعی سیروس را می‌پسندید و از اینکه او همیشه به دنبال پیدا کردن راهی بود تا او را بخنداند لذت می‌برد. البته کاملاً واقف بود که اگرچه سیروس آدم شوخ طبعی بود اما در واقع بسیار جدی و ژرف‌اندیش وارد عمل می‌شد و زمانش را به بطالت نمی‌گذراند. حتی در شوخی‌هایش هم حکمتی نهفته بود و به

انسـان درس زندگانـی مـی‌داد. همـواره آمادگی داشـت تـا به دیگـران و بالاخص به فقـرا کمک کند. بـرای سـیروس دوسـت و دشـمن معنـی و مفهومـی نداشـت و همـه در سـینه‌ی او جـای داشـتند. داشـته‌هایش را بـا دیگـران تقسـیم می‌کـرد و همـواره بـه زیـر دسـتانش احتـرام می‌گذاشـت. از آنجایـی کـه او بـا اشـخاص دولتی و ضددولتی مناسـباتی هم داشـت این به رکسـانا اجـازه می‌داد تا از طرفیـن مناقشـه بـه منظـور یافتـن پدرش بهـره گیـرد. هرچه با سـیروس وقت می‌گذراند، بیشـتر بـا سـجایای والای انسـانی او آشـنا می‌شـد. ایـن صفـات دقیقاً همـان خصوصیاتـی بود کـه او از یک مـرد کامـل انتظـار داشـت. امـا این عشـق و علاقـه‌ی وافر کمـی نگرانش می‌کـرد، او را به یاد عشـق پـدر و مـادش می‌انداخـت کـه بـا وجـود علاقه‌ی فـراوان به فـراق و جدایـی انجامیـده بود.

سـرانجام سـیروس از مغازه ی طلافروشـی بیرون آمد و به رکسـانا پیوسـت. از نوع نگاهش پیدا بود که نباید چندان خبر خوشـی داشـته باشـد. سـیروس بی‌درنگ سـخن گشـود:

«ایـن مغـازه‌ی پدربزرگـت بـوده، البته در همـان زمانی که پدرت شـما را در آلمان تـرک کرد به ایـران برگشـت کـه بـه مصدق کمـک کند، بعـد از برکنـاری مصدق و دسـتگیری پـدرت، پدربزرگت مغـازه را فروختـه و بعـد از آن هیـچ کـس از او و خانـواده‌اش هیچ خبـری ندارد، به نظر می‌رسـد که از تهـران کـوچ کردنـد و رفتنـد بـه یک شـهر دیگر، بـا هیچ کس هم بعـد از آن تمـاس نگرفتند»

بـا اینکـه بـرای رکسـانا خبر خوشـی تلقی نمی‌شـد اما حداقـل جای امیـدواری بود کـه مغازه‌ی قدیمـی پدربزرگـش را پیـدا کـرده اسـت. او معتقد بود وا شـدن هر گرهـای می‌توانـد او را به پدرش نزدیکتـر کنـد. رکسـانا می‌دیـد کـه سـیروس از جایش بلند شـد و در شـلوغی بـازار به دور دسـت و بـه نقطـه‌ای نامعلوم نظـر دوخت:

«با من بیا، اگر کسی قرار باشد از پدرت و خانواده‌اش خبری داشته باشد باید او باشد.»

رکسـانا در بیـن جمعیـت بـه دنبال سـیروس راه افتاده بود، اما نمی‌دانسـت سـیروس چه کسـی را تعقیـب می‌کـرد، فقـط می‌دیـد چنـد جعبه در دوردسـت بین جمعیـت در حرکت بود و سـیروس جعبه‌هـا را بـه هـر سـمتی کـه می‌رفـت، دنبـال می‌کـرد. سـرانجام بـه جعبه‌ها کـه حـالا در مقابل مغـازه‌ای متوقـف شـده بـود، رسـیدند. سـیروس بـه باز کـردن ریسـمان دور جعبه‌ها مشـغول شـد. رکسـانا فقـط نیـم تنـه‌ی پاییـن فـردی را در زیـر بـار جعبه‌هـا می‌دیـد. محتاطانـه خـم شـد و نگاه متعجبـش بـه صـورت پیرمـردی افتـاد. پیرمرد بـا کمری کـه در زیر بار جعبه خم شـده بـود، انتظار می‌کشـید تـا جعبه‌هـا را از روی پشـتش بردارنـد. جعبه‌هـا از پشـت کمـر پیرمـرد برداشـته شـد. پیرمـرد باربـر روی جعبـه‌ای نشسـت تا کمی اسـتراحت کرده باشـد. کمـر پیرمرد از باربـری زیاد قوز کـرده بـود و قـادر نبـود تـا کاملاً راسـت بیایسـتد. برای رکسـانا جـای تعجب و پرسـش بـود که چرا او نیـز ماننـد سـایر باربـران از گاری‌هـای چهارچرخ به منظور حمل کالا اسـتفاده نمی‌کند. سـیروس

کـه بـه تعجب رکسـانا پی بـرده بـود، صدایش بلند شـد:

«بعضـی از باربرهـا مثـل ایـن پیرمرد که خیلی قدیمی اسـت و باید هفتاد تا هشـتاد سـالی سـن داشـته باشـد، اسـتفاده از شـیوه‌ی جدید چندان باب میلشـان نیسـت...، خیال می‌کنند اگر هنوز با همـان شـیوه‌ی قدیـم کار کننـد بیشـتر بـار می‌گیرنـد، البته کاسـب‌ها هم هـوای آنها را دارنـد و بار سـنگین بـه آنها نمی‌دهنـد...، جعبه‌هـا همه خالی هسـتند...»

صاحـب بـار کـه مغـازه‌دار مسـنی بـود از مغازه خارج شـد و اسـتکانی چای دسـت پیرمـرد باربر داد. رکسـانا شـاهد آن بـود کـه پیرمـرد باربـر حبـه قندی بـه دهانش برد و قـدری چـای در نعلبکی ریخـت و بـا فـوت و اشـتیاق مشـغول نوشـیدن شـد. هنـوز هـم کـه هنـوز بـود خمیدگـی پشـتش برطـرف نشـده بـود و سـیروس بایـد کمـی خـم می‌شـد تا بـا او صحبـت کند:

«پدر، من سـیروس هسـتم این هم دوسـتم رکسـانا اسـت...، دوسـت من دنبال بابای گمشده‌اش می‌گردد، تو شـاید باباشـو نشناسـی ولی باید پدربزرگشـو حتما بشناسی...؟»

امـا حـواس پیرمـرد باربـر جـای دیگـری بـود. او به باربـر جوانی کـه در آن طـرف بازار مشـغول خالـی کـردن بـارش از روی یـک گاری چهارچـرخ بـود نظر داشـت و چشـم غـره می‌رفـت. حالتش طـوری بـود کـه انگار می‌خواسـت به طرفش بـرود و دمـار از روزگارش در بیاورد. جـوان باربر هم که انـگار از خشـم پیرمـرد آگاه بـود بـا ادا و اطـوار سـعی می‌کـرد تا او اذیـت کند. این حرکت بر شـدت خشـم پیرمـرد افـزوده بـود. درسـت زمانی که پیرمـرد باربر چایـش را نخورده زمین گذاشـته بود تا بـه او حملـه کنـد، سـر و کلـه‌ی دکاندار پیدا شـد و بی‌درنـگ به باربر جـوان پِسـگردنی زد. مغازه‌دار از رفتـار ناشایسـت جوانـدر بابـت پیـر مرد باربر شـاکی بود و بـه او بد و بیـراه می‌گفت. جـوان باربر بـا دلخـوری آنجا را تـرک کرد.

سـاعتی بعـد، سـیروس بـه اتفـاق رکسـانا و پیرمـرد باربـر جلـوی یکـی از قهوه‌خانه‌هـای داخل بـازار روی تختـی نشسـته بودنـد. بیرون و داخل قهوه‌خانه بسـیار شـلوغ بود و همه مشـغول خوردن، نوشـیدن چـای و کشـیدن قلیان و سـیگار بودنـد. پیرمرد باربـر را کل احمد صدا می‌زدنـد. او یکی از قدیمی‌تریـن باربرهـای بـازار بـود. حدوداً پنجاه سـال سـابقه‌ی باربری داشـت و دیگر جزیـی از بازار محسـوب می‌شـد، بـه همیـن دلیـل داسـتان‌های بسـیاری از گذشـته داشـت کـه می‌توانسـت نقـل کنـد. بـا آن لهجـه‌ی شـیرین و دو عـدد دندانـی کـه برایـش باقی مانـده بود بـه کلامـش آب و تاب هـم می‌بخشـید. رکسـانا محـو تماشـای مردمی بـود که آبگوشـت می‌خوردنـد. کل احمد به رکسـانا اشـاره کـرد تا او هم دسـت به کار شـود.

درسـت در همیـن موقـع شـاگرد قهوه چـی بیـرون آمـد و سـه اسـتکان چـای در جلـوی آنهـا گذاشـت. رکسـانا هنـوز چـای اولـش را هم ننوشـیده بـود. شـاگرد قهوه‌چی بـه رکسـانا لبخندی زد

و به سراغ مشتریهای دیگر رفت. سیروس یک استکان چای دیگر دست کل احمد داد. کل احمد تازه متوجه شده بود که رکسانا هنوز به چایی خود دست هم نزده بود. بنابراین یکی از استکان‌های چای را برداشت و با لبخند به سمت رکسانا تعارف کرد. رکسانا استکان چای را گرفت. کل احمد استکان چای خود را برداشت و به رکسانا نشان داد که چگونه باید چای را به سبک ایرانی بنوشد. رکسانا همین جور به کل احمد خیره شده بود، از چاک دهان باز کل احمد می‌توانست یک یا دو دندان باقی مانده‌ی او را ببیند. سیروس محض خشنودی و شوخی با کل احمد حبه قندی را از قندان برداشت و دست رکسانا داد و به کل احمد پیوست. حالا عده‌ای هم جمع و به تماشا نشسته بودند. کل احمد که هنوز نمی‌دانست رکسانا اهل خوردن چای نیست، به نمایش نحوه‌ی خوردن چای ادامه داد. اما رکسانا همچنان ماتش برده بود و قادر نبود تصمیمی بگیرد. سیروس با زبان انگلیسی به رکسانا فهماند که برای بدست آوردن دل کل احمد چایی را بنوشد. رکسانا که حالا به تماشاچی‌هایش اضافه هم می‌شد، بالاخره قند را مثل پیرمرد به دهانش برد و مشغول نوشیدن چای شد. او با شوق و ذوقی که به نحوه‌ی نوشیدن چایش اضافه کرده بود مورد تشویق تماشاگران هم قرار گرفت. سیروس لقمه‌ای از گوشت کوبیده با سبزی، پنیر، گردو و ماست گرفت و به دست رکسانا داد. لقمه‌ای هم برای خودش پیچاند و مشغول خوردن شد. رکسانا هنوز لقمه را در دست داشت و با وسوسه و تردید به خوردن سایر افراد نگاه می‌کرد، اما بالاخره در مقابل بوی مطبوع زردچوبه و دارچین مقاومتش را از دست داد و مشغول خوردن شد. وقتی طعم و مزه‌ی لذیذ غذا زیر دندانش نشست سر شوخی را باز کرد از این رو به تقلید از فردی پرداخت که به او نشان می‌داد که آبگوشت را با دست میل کند.

شاگرد قهوه‌چی با صورتی گشاده، چای و نباتی را در جلوی رکسانا و کل احمد قرار داد. کل احمد چای نبات را بهم زد و به دست رکسانا سپرد و به او نشان داد که چگونه چای نبات را سر می‌کشند. سیروس که فرصت را مغتنم شمرده بود عکسی از جیبش بیرون آورد و در مقابل دیدگان کل احمد نگه داشت:

«این عکس مردی است که ما دنبالش می‌گردیم با پسرش که پدر این خانم است...، اسمش حاجی فاطمی است حتما باید بشناسیش؟، همان طور که گفتم این بنده خدا از آن طرف دنیا آمده اینجا که باباشو پیدا کنه...»

پیر کل احمد در سکوت محض، به عکسی که حاجی فاطمی و اسعد جوان در جلوی مغازه‌ی طلا فروشی‌شان گرفته بودند خیره شده بود. سیروس چند اسکناس از جیبش بیرون آورد و در داخل جیب کل احمد چپاند و ادامه داد:

«پدر، دل این بنده خدا را شاد کن...، من می‌دونم تو باید اونو بشناسی و یک خبری ازش داشته باشی...؟»

کل احمد استکان چایش را بر روی تخت گذاشت. سپس پول‌هایی را که سیروس در جیبش چپانده بود بیرون آورد و بر روی زانوی سیروس قرار داد. عکس را از دست سیروس گرفت و به آن زل زد. سرانجام صدایش درآمد اما انگار از یادآوری گذشته ناراحت شده بود:

« آدم برای کار خیر که نباید از کسی پول بگیرد...، آن خدا بیامرز چه مرد نازنینی بود...، بعد از دستگیری پسر بزرگش اسعد...، حاجی فاطمی دیگه اون حاجی فاطمی قدیمی نبود که نبود...، خانه نشین شد و بعد هم پسر کوچکش اکبر می‌آمد حجره...، اون جوان بود و اهل کاسبی نبود...، تا بالاخره مالشونو تو آب ریختند و مفت حجره را فروختند و بعد از آن هم هیچ کس ازشون خبر نداره...، می‌گفتند پسر بزرگش اسعد هم که از زندان فرار کرده بود یا آزاد شده بود باز رفت خارج...، البته حاجی فاطمی خودش دق کرد و مرد، پسر جوانش هم که کشتی‌گیر شد، مادرشو برد یک شهر دیگه...، یک دفعه شنیدم یکی می‌گفت طرفای دهی بنام هیکل...»

رکسانا از شعف سیروس به نظرش آمد که او باید خبر خوشی را شنیده باشد. سیروس مقداری پول در داخل سینی گذاشت:

”پدر تو حساب و کتاب بکن...»

و از سر جایش بلند شد و پس از خداحافظی محترمانه به همراه رکسانا در مسیری راهی شد.

*****

رکسانا و سیروس در راه خروج از بازار بودند، اما خنده‌ها و لهجه‌ی شیرین کل احمد هنوز در مقابل دیدگان رکسانا قرار داشت و برای مدتها و شاید همیشه باقی می‌ماند و هرگز از یاد نمی‌برد. رکسانا از اینکه او بعد از گذشت آن همه سال هنوز با عشق و علاقه از پدربزرگش یاد می‌کرد خرسند بود. صدای پیرزنی که نوه‌هایش را صدا می‌زد، رکسانا را از فکر کل احمد بیرون آورد. پیرزن نزدیک رکسانا ایستاده بود. او دستش را به دیوار تکیه داده بود تا بتواند نفسی تازه کند و بعد دوباره به دنبال دو نوه‌ی دختر و پسرش راه بیافتد، اما بچه‌ها که انگار صدای او را نمی‌شنیدند، سرگرم بازی خود بودند. پیرزن با نگرانی به دنبالشان راه افتاد. چشم‌های رکسانا از روی پیرزن به سمت یک ماشین کادیلاک مشکی چرخید که در ورودی کوچه‌ای ایستاده بود. راننده در یک کت و شلوار، بسته‌های گوشت قربانی را در بین مردم پخش می‌کرد. در صندلی عقب اتومبیل زن میانسالی نشسته بود. از فرم لباس و کلاهش پیدا بود که اهل شمال شهر تهران است. او هم از پنجره‌ی ماشین بسته‌های گوشت را در بین افراد

متقاضی توزیـع می‌کـرد. یکـی از بسـته‌های گوشـت را بـه طرف پسـر بچه‌ای کـه به او خیـره شـده بـود دراز کـرد، امـا پسـرک با خجالـت و غـرور از گرفتـن گوشـت خـودداری کرد.

سـیروس بـرای رکسـانا توضیـح داد کـه آنهـا گوشـت قربانـی را در بیـن مـردم پخـش می‌کننـد، در ادامـه افـزود کـه فلسـفه‌ی گوشـت قربانـی بـه اعـراب برمی‌گـردد کـه دختـران خویـش را قربانـی خدایـان خـود می‌کردنـد. حضـرت محمـد به منظـور اینکه آنـان از قربانـی کردن دخترانشـان دسـت بردارنـد، ذبـح گوسـفندان را جایگزیـن آن رسـم فجیـح و نادرسـت نمـود. این بدعـت بعدهـا به نـذر و نیـاز و معاملـه‌ی بهشـت تبدیـل شـد. مـردم بـرای سـلامتی و بـرای رفتـن بـه بهشـت نـذر و نیـاز می‌کننـد و بـه مـردم فقیـر گوشـت نـذری می‌دهنـد.

آنهـا بـه ماشـین سـیروس می‌رسـند و از آنجـا دور می‌شـوند. حـالا رکسـانا بـه تفـاوت آداب و رسـوم دو کشـور می‌اندیشـید. او در ایران شـاهد صحنه‌هایـی بود که در آن مردم بیشـتر به یکدیگر اهمیـت می‌دادنـد و بـه هـم رسـیدگی می‌کردنـد.

*****

اتومبیـل سـیروس بـه طـرف شـعله‌ی پالایشـگاه تهـران در حرکـت بـود. شـعله یکپارچـه می‌رقصیـد و گویـی پایـداری مضحکـش را بـه رُخ خورشـید تابـان می‌کشـید. دیـری نپائیـد کـه شـعله در پشـت سـر آنهـا قـرار گرفـت و در انتهـای افـق ناپدیـد شـد. آنهـا در راه ده هیکل بودنـد. گمـان می‌کردنـد خانـواده‌ی پـدر رکسـانا در آن روسـتا اقامـت داشـته باشـند. سـیروس بـه رکسـانا گفتـه بـود کـه از حرف‌هـای کل احمـد خیلـی چیزهـا دسـتگیرش شـده بـود. او توانسـته بـود بـا کمـی تحقیـق و بـا مقایسـه‌ی معلومـات موجـود بـه اطلاعـات مفیـدی در رابطه با اسـعد و خانـواده‌اش دسـت یابـد و در ایـن ماحصـل کوشـش‌های نـادر بی‌تاثیر نبـوده اسـت. رکسـانا پس از شـنیدن سـخنان سـیروس دیگر هیـچ خشـم و کدورتـی نسـبت بـه پـدرش نداشـت، او فهمیـده بـود کـه همـواره در کانـون توجهی پـدرش قـرار داشـت. سـیروس بـا رو کردن دفتر خاطرات اسـعد اظهار داشـت کـه غالب اطلاعاتش را از مطالعـه‌ی خاطـرات او بدسـت آورده اسـت. اتومبیـل سـیروس در دوردسـت ناپدیـد شـد.

*****

فصل ۱۳

برخورد دو فرهنگ و دو نسل که در مقابل هم قرار می‌گیرند، به‌خاطر آنچه رخ داده است و آنچه نباید رخ می‌داد...

قناری‌های زرد و سبز مایل به آبی سیر با خاطری آسوده از لابه‌لای درختان سرسبز پر می‌گشودند. چهچهه و صدای برخورد بالشان با صدای وِزوِزه زنبورهای عسل که از شاخه گلی به شاخه گلی دیگر می‌پریدند، درهم آمیخته بود و گویی سمفونی و باله موتسارت را تداعی می‌کرد. رکسانا داخل ماشین سیروس در مقابل یک قهوه‌خانه‌ی بسیار کوچک یک اتاقه‌ی کنار جاده که فرسنگها از تهران فاصله داشت نشسته بود و در طبیعت زمان و مکان سِیر می‌کرد. برخلاف چایخانه‌های تهران که همه‌ی مردم با یکدیگر آشنا بودند، قهوه‌خانه‌های سر راه بیشتر غریبه به نظر می‌آمدند و فقط مکان گذرایی بود که مسافران سر راه به منظور دفع خستگی بخشی از سفر، خوردن آب، غذا و رفع حاجت متوقف می‌شدند. مسافران مخلوطی از اقوام گوناگون بودند که به شکوه ایران می‌افزودند. برای رکسانا اینجا در مقایسه با تهران تفاوت چشمگیری داشت. آرام بود و زندگی در آن بسیار راحت‌تر به نظر می‌رسید. حتی جریان نسیم، متفاوت و دلپذیرتر بود. غذا به‌طور غیررسمی سِرو و صرف می‌شد. از منظر رکسانا همه شاد و خندان بودند و در هیچ چهره‌ای ملال و اندوه دیده نمی‌شد. ضعیف و غنی در کنار هم می‌نشستند و به محیط قهوه‌خانه روح زندگی می‌بخشیدند.

حواس رکسانا به سمت سیروس پرت شد. سیروس به همراه مردی غریبه از داخل قهوه‌خانه خارج شده بود. مرد به دوردست‌ها اشاره می‌کرد و با او مشغول گفتگو بود. رکسانا حرکات سیروس را زیر نظر داشت. او از اینکه مردم به سیروس احترام می‌گذاشتند و با تحسین از او استقبال می‌کردند، بسیار خردسند بود. از اینکه حاجیه خانم او را با مبلغی سفارش به دست سیروس سپرده بود، احساسی شکرانه داشت. سیروس تمام سرنخ‌های جستجوی پدرش را برنامه‌ریزی می‌کرد و او با اعتماد کامل همراهش می‌شد. غذا، خنداندن رکسانا و پیدا کردن اسعد، سه رکن اساسی رفتارش را تشکیل می‌داد. سیروس با اراده و پشتکاری که داشت از عوامل و مخالفان دولت اطلاعات کسب می‌نمود و آنها را در بوته‌ی امتحان و پیگیری قرار

می‌داد. اگر چه تاکنون به نتیجه‌ی قابل توجهی دست نیافته بودند ولی رکسانا با سیروس به آینده امیدوار می‌شد. حالا سیروس به قهرمان آمال و اهداف او تبدیل شده بود.

اکنون یافتن اسعد و شنیدن زندگینامه‌ی سیروس از جمله الویت‌های مهم رکسانا محسوب می‌شد. از اینکه سیروس همواره به او احترام می‌گذاشت، احساس قابل تقدیری داشت و بیش از پیش به سمت او جذب می‌شد، تا جایی که از میزان عشق و علاقه‌ی خودش هم می‌ترسید. در عوالم خویش از متارکه‌ی سیروس می‌رنجید و به افکار خویش می‌خندید. عشق و علاقه‌ی رکسانا پُر بیراه هم نبود، سیروس از هر فرصتی استفاده می‌کرد تا او را بخنداند. او شیفته‌ی شاد کردن هموطنانش بود و می‌خواست در تمام دنیا صلح، محبت و شادی برقرار کند.

آنها در جستجوی یافتن اسعد به این قهوه‌خانه رسیده بودند و سیروس پیگیر ماجرا بود. حالا سیروس و مرد غریبه به کنار ماشین نزدیک شدند. رکسانا با نگاهش مسیر مورد اشاره‌ی مرد غریبه را دنبال کرد. یک جاده‌ی خاکی در فاصله‌ی دویست متری از قهوه‌خانه پیدا بود. سیروس مراتب قدردانی و خداحافظی را ادا کرد و در پشت فرمان قرار گرفت. ماشین گویی به سمت جاده‌ی خاکی از قهوه‌خانه دور شد.

«طبق نشانه‌هایی که داریم، مادربزرگت باید پشت آن تپه در مزرعه‌ی شخصی خودشان زندگی کند...»

رکسانا از نوع نگاه سیروس می‌توانست حدس بزند که او به آنچه که می‌گفت مطمئن نبود و شاید هم به منظور انتقال موج مثبت امیدواری دوباره با او مزاح می‌کرد. طولی نکشید که به بالای تپه‌ی جاده‌ی خاکی رسیدند و از آن سرازیر شدند. رکسانا در کمال ناباوری محوِ مزرعه‌ای شد که در دوردست قرار داشت و انگار انتظار نویدی را در ته دلش زنده می‌کرد. کمی از ظهر گذشته بود و آنها به کنار مزرعه رسیده بودند. رکسانا از اینکه در وسط روز چند مرد در زیر سایه‌ی خنک درختها خوابیده بودند و انگار هم از خوابشان لذت می‌بردند، متعجب بود. در اندیشه‌ی بروز اتفاقی بود که سیروس زبان گشود:

«نگران نباش، این رسم اینجا است که بعد از ناهار ظهر یک ساعتی چُرت می‌زنند، این به هضم غذایشان کمک می‌کند و بهتر کار می‌کنند...»

برای رکسانا این رسمِ روزانه، قابل تحسین بود. اما چنین رسمی در آمریکا مضحک به نظر می‌رسید. همواره کار بود و کار. رکسانا از مشاهده‌ی ساختمان مزرعه استرس گرفته بود. امیدوار بود تا مادربزرگش زنده باشد. البته نگران این برخورد هم بود که با رفتار تلخ و تند او روبه‌رو شود و او را به حضور نپذیرد. به تجسمِ شکل و شمایل مادربزرگش مشغول شد تا از این افکار ناخوشایند خارج شود. به نظرش، او یک پیرزن لاغر و بلند بالا می‌آمد. از اینکه او شبیه حاجیه

خانـم باشـد خیلی خوشـحال می‌شـد. صـدای سـیروس محض خنده و شـوخی بلند شـد:

«من خیال می کنم مادربزرگت مثل یک عجوزه با دندانهای سیاه و وحشتناک باشد...»

رکسانا این بار از شوخی سیروس ناخرسند بود و انگار می‌خواست با مشتی دهان او را ببندد.

حـالا کـه بـه نزدیکـی خانـه رسـیده بودنـد، چشمانشـان بـه جمـال مزرعـه‌ای روشـن شـد کـه از گل‌هـای آفتـاب گـردان، بوته‌هـای گل محمـدی و درختـان مختلـف میـوه تشـکیل شـده بـود و در زیـر تابـش آفتـاب می‌درخشـید. گویـی نقاشـی چیره‌دسـت تابلویـی از طبیعـت کشـیده اسـت. درختچه‌هـای گوناگـون در امتـداد یـک نهر و در طرفین مسـیری که ماشـین می‌راند روییـده بودند و بـا رنگ‌هـای مهیـج می‌درخشـیدند، طبیعتـی زیبا کـه نتیجه‌ی وجـود یک خـاک حاصل‌خیز بود. پسـربچه‌ای بـه سـمت آنها دوید. سـیروس به محضِ اینکـه او را دید در فاصله‌ای از سـاختمان توقف کـرد. پسـربچه کـه تـا حالا آنهـا را ندیده بود با نگاهی ناآشـنا برگشـت و به سـمت ایـوان خانه دوید. در ایـوان خانـه پیرزنی نشسـته بـود و قلیان می کشـید.

«غریبه‌اند...، اکبر آقا نیست...، غریبه‌اند...»

سـیروس و رکسـانا از ماشـین پیـاده شـدند. رکسـانا متوجـه‌ی پیرزن شـد کـه در ایـوان بر روی تشـکی نشسـته و بـه دیـوار خانه تکیـه داده بـود. او همچنان مشـغول کشـیدن قلیان بود. سـیروس بـه تانی زبان گشـود:

«مـن...، مـن حـدس می‌زنـم اگر اشـتباه نیامده باشـیم، اون خانمی که تـوی ایوان نشسـته، باید مادربزرگت باشد...»

برخـلاف تصـورات رکسـانا، او کمـی وزنـش از حـد معمـول بیشـتر بود و موهای سـفیدی داشـت. پیـرزن بـا دیـدن آنهـا از کشـیدن قلیـان دسـت کشـید و به آنهـا خیره شـد. اما آنهـا را بجا نمـی‌آورد. سـیروس و رکسـانا مودبانـه منتظـر دعـوت او بودنـد. یـک زن خدمتکار مسـن کـه زهرا نام داشـت، از درون خانـه وارد ایـوان شـد. یـک سـینی از چـای و تنقـلات در دسـت داشـت. با دیدنشـان ایسـتاد و لحظاتـی بـه آنها خیره شـد. سـپس سـینی را زمین گذاشـت و با کنجـکاوی از چند پله‌ی ایـوان پایین آمـد. بـه طرفشـان رفـت و از نزدیـک بـه قـد و قیافـه‌ی رکسـانا نظر دوخـت. رکسـانا گیـج و خالی از عکس‌العمـل بـود. سـیروس به کمکـش آمد:

«اسمش رکسانا است...، از آمریکا آمده دیدن مادربزرگش...، دختر اسعده...»

زهـرا کـه قـادر نبـود احساسـاتش را کنترل کند، با شـادی و هیجـان رکسـانا را در آغوش گرفت و مثل سـریش مشـغول بوسـیدن او شـد. رکسـانا گیج و گنگ خشـکش زده بود و فقط به زهرا نگاه می‌کـرد. از اینکـه زهـرا بـا دیـدن او اشـک می‌ریخـت، متعجـب بـود. فریاد زهـرا که به طـرف ایوان

بلنـد شـده بود مجال فکـر کردن بیشـتر را از رکسـانا گرفت:

«دیدی دعاهات مستجاب شد...، نَوَت از آمریکا آمده دیدنت...»

و در حالی که اشـک شـوقش ادامه داشـت، دسـت رکسـانا را گرفت و به طرف مادربزرگش برد. بالاخـره رکسـانا وارد ایـوان شـد و در آغـوش مادربزرگـش جـای گرفـت. مادربـزرگ با خوشـحالی و شـوق اشـک می‌ریخـت بـه طـوری کـه خوش‌آمـد گویی‌هـای بغض‌آلـودش قابـل فهـم نبـود. زهرا هـم بیکار ننشسـته بـود و مثـل پروانـه بـه دور رکسـانا می‌چرخیـد و ضمـن خوش‌آمدگویـی او را لمـس می‌کـرد. پسـربچه بـا خجالـت لبخنـد مـی‌زد و عنبیه‌ی چشـمش از فـردی به فـرد دیگر در رفـت و آمـد بـود. سـیروس بـالای پله‌هـا و بر روی ایـوان عقب ایسـتاده بود تا رکسـانا لحظاتـی را با مادربزرگـش بـه راحتـی بگذرانـد، فقـط گاهی حرف‌هـای آنهـا را ترجمـه می‌کرد:

« مـن هیـچ وقـت تـا تـو را نمی‌دیـدم، نمی‌مـردم...، حـالا دیگـه از مـردن نمی‌ترسـم...، فقط به امیـد دیـدن دختـر اسـعدم زنده بـودم...، می‌دونسـتم بالاخـره میایی دیـدن مادربزرگـت...، تو خواب دیـده بـودم...، زهـرا دیـدی نوه‌ی خوشـگل مـن از آن طـرف دنیا آمـده دیدنـم...؟» رکسـانا از اینکه مادربزرگـش گریـه می‌کـرد نگـران بـود از این رو پرسشـگرانه به سـیروس نـگاه کرد:

«چرا گریه می‌کند؟، از چی ناراحته؟»

مادربزرگ که انگار متوجه‌ی پرسش او شده بود به سیروس نظر انداخت:

« به نوه‌ی خوشگلم بگو، من از خوشحالی گریه می‌کنم...، نگران نباشه...»

«اینها اشک‌های شوق و شادمانی است نه ناراحتی...، یک رسم دیگر ایرانی که در آمریکا شاید خنده‌دار باشد...»

بـا توضیح سـیروس حالا رکسـانا می‌توانسـت عشـق و محبت مادربـزرگ خود را احسـاس کند، حسـی کـه از تمـاس با اشـک‌های مرطـوب پیرزن به دسـت می‌آمـد. رکسـانا در عین خوشـحالی از ایـن ناراحـت بـود کـه چرا اشـک پیـرزن را در آورده اسـت. مادربزرگش هنـوز با او گفتگـو می‌کرد و حاضـر نبود از نـوه‌اش دل بکند:

«بگذار خوب نگات کنم...، من یک عمر منتظر این لحظه بودم...، بهش بگو خیلی شبیه پدرش است...»

بغـل کـردن و بوسـیدن همچنـان ادامـه داشـت. رکسـانا دریافتـه بـود کـه برخـلاف فرهنـگ آمریکایـی، در سـرزمین کهـن ایـران، لمـس کـردن، بوسـیدن و بغل کردن، نشـانه‌ای از بیان عشـق، دوسـتی و محبـت بـه دیگـران تلقـی می‌شـود، درسـت مثل زبان عشـق و نحوه‌ی پیوند یـک مادر و نوزاد.

آن سه زن آنچنان در شوق و شادی غرق بودند که دیگر به اطراف خود توجه نداشتند و انگار در این میان سیروس را هم فراموش کرده بودند. پیرمردی مشتی پیدایش شد، او در حالی که بیل خود را نگه داشته بود، در نزدیکی سیروس ایستاد و درست به او خیره شد و انگار خیال نداشت آن نگاه معنی‌دارش را از روی سیروس بردارد. مشتی به عنوان مباشر، مسئولیت اداره‌ی مزرعه‌ی مادربزرگ رکسانا را بر عهده داشت. پر واضح بود مشتی از اینکه سیروس در اطراف زنها حضور دارد ناخرسند است، خصوصاً زهرا که همسرش بود. اما هیچ کاری از دستش بر نمی‌آمد جزء اینکه فعلاً تا فرصت مناسب کوتاه بیاید. سیروس هم می‌دانست که باید تعصب و خشک‌اندیشی او را نادیده بگیرد.

❋❋❋❋❋

فصل ۱۴

نگامی که شما از حد و مرز عبور می‌کنید و فرهنگ خود را به چالش می‌کشید، به خیال اینکه هیچ کس نمی‌بیند...

با سپری شدن هفته‌ها، رکسانا بیش از پیش مایوستر می‌شد. با وجود تمام ارتباطات، هنوز نتوانسته بود هیچ اطلاعات مفیدی درباره‌ی پدرش به دست بیاورد. مادربزرگش هم از جا و مکان او ابراز بی‌اطلاعی کرده بود. فقط امیدوار شده بود که پدرش زنده است. به هر شکل او یک قطعه‌ی بزرگ از این معما را حل کرده بود، پیدا کردن مادربزرگ و اینکه لااقل با حضورش به دل پیرزن شادی بخشیده بود. حالا وقتش را با سیروس می‌گذراند و از او، زهرا و سایرین درس زندگی می‌آموخت. او در محیط روستا با کاشتن نهال، دوشیدن شیر گاو، خر سواری، پختن نان، درست کردن ماست و پنیر، سبزی‌کاری و غیره آشنا شده بود، اما در مقابل اصرار قلیان کشیدن اقدس خانم که نام مادربزرگش بود، تسلیم نمی‌شد. رکسانا از بودن در کنار زهرا لذت می‌برد. زهرا به او یاد داده بود که چگونه شیر گاوها را بدوشد، نان بپزد، ماست و غذاهای سنتی ایرانی درست کند و حتی یک بار هم بر کف دست و پایش حنا گذاشته بود. رکسانا در محیط روستا به مصرف ادویه‌های معطر نظیر زردچوبه، زعفران، حل و بالاخص نعناعی تازه و نان داغ رغبت پیدا کرده بود.

وقتی مادربزرگ به یک جشن عروسی در نزدیکی مزرعه خود دعوت شده بود، اصرار ورزید تا سیروس و رکسانا با او همرا شوند و از حضور در مراسم عروسی لذت ببرند. رکسانا از اینکه جشن‌های عروسی تا یک شبانه‌روز به طول می‌انجامد متعجب بود. سیروس و رکسانا در تمام بخش‌های مختلف مراسم عروسی شرکت داشتند و به رقص و پایکوبی پرداختند. گرداندن داماد در روستا، استحمام داماد، آوردن جهیزیه و عروس به خانه‌ی داماد بخش مهمی از مراسم عروسی محسوب می‌شد. برای او زینت عروس که با پارچه‌های رنگارنگ و شاد آراسته می‌شد بسیار جالب بود، به ویژه شیفته‌ی موسیقی سنتی مراسم شده بود که با آلاتی مختصر می‌نواختند. جشن در طول شب و تا ساعتی بعد از نیمه شب برقرار بود. این مراسم با نشستن دست جمعی مهمانان بر روی زمین، خوردن غذا و نمایش سنتی ادامه پیدا می‌کرد. زهرا و

اقدس خانم یک لباس محلی رنگارنگ برای رکسانا دوخته بودند که به حق جلوه داشت و نقل مجلس شده بود، خصوصاً وقتی که هنگام گرداندن داماد در روستا و رقص و پایکوبی در جلوی آنها با سیروس و سایر مردان به صورت دست جمعی رقصیده بود و نگاه تحسین‌برانگیز تمام خانم‌ها را به دست آورده بود. نسل‌های قدیمی که در روستاها زندگی می‌کردند از اینکه زنانشان در جمع مردان برقصند مخالف و سختگیر بودند و حالا رکسانا برای لحظاتی این طلسم را شکسته بود. زهرا خانم به خاطر آنکه رکسانا دچار احساس تلخ تنهایی نشود به او پیوست و سرگرم رقصیدن شد. رقصیدن زهرا خانم خواه‌ناخواه از ناپسندی رقص مختلط می‌کاست. مشهدی، شوهر زهرا خانم در کناری ایستاده بود و خونش را می‌خورد و گویی چیزی نمانده بود که با چوبدستی که داشت دمار از روزگار زهرا، سیروس و رکسانا درآورد، اما زهرا خوب می‌دانست که به موقع باید رکسانا را از میان جمع کنار می‌کشید. اما این سبب نمی شد که مشهدی نادر را مسبب رقص زنش زهرا نداند.

حالا نوبت رقص دستجمعی مردان جلوی داماد رسیده بود و نوبت مشهدی که تمام دق و دلی‌اش را بر سر سیروس خالی کند. حالا نوبت به رقص دست جمعی چوب رسیده بود که باید عده‌ای زیر بغل یکدیگر را می‌گرفتند و با هم یک حرکت موزون را به پیروی از نفر اول که گرداننده‌ی رقص بود انجام می‌دادند. اگر این حرکت به شکل درست و به موقع انجام نمی‌شد، رهبر مجاز بود تا آنها را با چوب‌دستی‌اش تنبیه نماید. مشهدی مُصِر بود تا نقش رهبری رقص را بر عهده بگیرد. مشهدی دیگر به صِحت و سُقم حرکات سیروس توجهی نداشت و او را با ضربات سخت و دردناکی تنبیه می‌کرد. سیروس درد ضرباتش را می‌چشید و به روی خودش نمی‌آورد و فقط در چشمان او زل می‌زد. سن مشهدی از هفتاد گذشته بود و هنوز مثل یک ماشین گازوئیلی کار می‌کرد. او سخت مُقیَد به تعصبات بیجای ناموسی بود. اکنون ناراحتی و تعصب مشهدی به اوج خودش رسیده بود. دیگر تاب و تحمل نداشت تا شاهد باشد سیروس به ناموس او و دیگران بیاحترامی می‌کند. از دید مشهدی، حرکات سیروس عمدی بود و او اصلاً این نوع رفتار بی‌پروا را نمی‌پذیرفت. البته او بیشتر به گمان اینکه سیروس با این طرز رفتار می‌خواهد او را تحقیر کند، بیش از پیش عصبانی می‌شد. سرانجام صدای مطربان که انگار به نیت مشهدی پی برده بودند بلند شد. آنها برای اینکه کار به جاهای باریک نکشد موزیک را تغییر دادند و رقص چوب بهم خورد، اما نه خشم مشهدی.

در شب هنگام بود که رکسانا در جمع زنان با دیگر زنها مشغول رقص و پایکوبی شد و یک لحظه اجازه‌نشستن نداشت چون همه نوبت گرفته بودند که با او برقصند.

*****

زمان می‌گذشت و رکسانا بهترین لحظات زندگیش را در ایران و در کنار مادربزرگ، زهرا و خصوصاً سیروس می‌گذراند. اختلاف و کشمکش عقیدتی سیروس و مشهدی همچنان ادامه داشت و هیچ‌کدام هم کوتاه نمی‌آمدند.

هر چند وقت یک بار، رکسانا و سیروس به مکانی مخفی که در اعماق تپه‌های صخره‌ای پیدا کرده بودند و به خلوتگاه خصوصی آنها تبدیل شده بود، پناه می‌بردند. در آنجا به گفتگو و شنا در کنار آبشاری که در مسیر رودخانه بود، مشغول می‌شدند. آب رودخانه شفاف بود و برای انزوا، غواصی و شنا کردن با ماهی‌ها ایده‌آل به‌نظر می‌رسید. سیروس فقط شورت به تن داشت، اما رکسانا بر حسب اینکه احتمالاً یکی از اهالی او را ببیند و پشت سر آنها و مادربزرگش صفحه نگذارد، مایو و تیشرتی بر تن کرده بود. البته آنها خیال می‌کردند که به دور از چشم همه و خصوصاً مشهدی در امن و امان بودند.

سیروس در تماشای اندام بی‌نقص و زیبای رکسانا محو شده بود. انگار مجسمه‌سازی آن را تراشیده بود و یا نقاشی آن را کشیده بود. بسیار میل داشت تا او را در آغوش بگیرد، ببوسد، لمس کند و از گرمای بدن زیبای او برخوردار شود. البته تاکنون توانسته بود بر میل جنسی خود غلبه کند. اما این بار در شرایطی قرار داشت که انگار کنترل خواهش‌های نفسانی بسیار دشوار به نظر می‌رسید خصوصاً هنگامی که او از آب بیرون می‌آمد. به قطرات آب که بر تمام اعضای بدنش بوسه می‌زدند و فرو می‌چکیدند، حسادت می‌کرد. تیشرتی که بر تنش چسبیده بود بر زیبایی بدنش می‌افزود و تناسب اندامش را بهتر به نمایش می‌گذاشت. نوک سینه‌ها که از پشت پارچه‌ی پیراهن خیسش پیدا بود به مانند یک شاهکار هنری جلوه می‌کرد که دستان هر هنرمندی از توان خلقش عاجز بود. سیروس انگار از عطر و اندام جذاب او هیپنوتیزم شده بود. با تمام وجود می‌خواست تا او را در آغوش بگیرد، لمس کند و بر لب‌های خوش فرمش بوسه بکارد.

البته وضع و حال رکسانا بهتر از سیروس نبود. در واقع او بیش از سیروس در تمایلات او غرق شده بود. دستان سیروس به دست‌های رکسانا رسید و درهم قفل شد و آن دو با تانی بهم نزدیک شدند. انگار زمین و زمان دیگر برای آنها موجودیت نداشت. بدنشان آماده بود تا با حرارت امیالشان شریک شود، اما به ناگاه صدای سنگ نسبتاً بزرگی که از بالای صخره‌ای سقوط می‌کرد، به زمین و زمانشان موجودیت بخشید. نگاه جفتشان به طرف سقوط سنگ برگشت. سنگ به داخل رودخانه افتاد و در آب غرق شد. جفتشان خوب می‌دانستند که در پشت سقوط سنگ داستانی نهفته است. احتمالاً فرد و یا شاید مشهدی آنها را زیر نظر داشته است. سیروس خبر نداشت که اقدس خانم با مشهدی در مورد جایگاه برادرش امیر صحبت

کرده و به او هشدار داده است که در صورت آزار سیروس، خود را گرفتار زندان خواهد کرد و همین تلنگر تاکنون در جلوگیری از اقدامات منفی مشهدی نقش داشته است.

نیم ساعت بعد رکسانا و سیروس با لباس‌های پوشیده در بالای تپه‌ای نمایان شدند. بلافاصله صدای پسرک جوان که به طرف آنها فریاد می‌زد بلند شد. او به آنها خبر می‌داد که اقدس خانم آنها را می‌طلبد و باید فوری به خانه برگردند. سیروس از اینکه مشهدی آنها را دیده باشد کمی نگران بود. خبرچینی مشهدی می‌توانست پیرزن را آزرده خاطر کرده باشد. از اینکه اقدس خانم عذر او را بخواهد احساس شرم می‌کرد. به طرف خانه حرکت کردند. در فاصله‌ای از منزل اقدس خانم چشمشان به یک یا دو اتومبیل افتاد که کنار ماشین‌شان پارک شده بود. عده‌ای هم در ایوان جلوی خانه جمع بودند. نگرانی سیروس بیشتر شد. نزدیکتر که شدند سیروس در میان جمع مرد تنومندی را دید که انگار پنجاه سال سن داشت. سیروس هنوز فکرش را جمع و جور نکرده بود که رکسانا با دیدن مرد تنومند صدایش بلند شد و سکوت را شکست:

«فکر می‌کنی اون بابای منه...؟»

کمی طول کشید تا سیروس جواب رکسانا را بدهد، او هنوز مشغول تماشای جمع بود که همه به جزء زهرا وارد خانه شدند.

«فکر نمی‌کنم...، او یکی از قهرمانان کشتی است و بسیار قابل احترام است...، آنها بسیار ساده زندگی می‌کنند و او نمونه‌ی خوبی از یک مرد بزرگ است...»

هنوز کلام سیروس تمام نشده بود که بعد از رفتن همه به داخل، زهرا با دیدن آنها فریادش بلند شد. با عجله از ایوان خانه پایین آمد و به رکسانا نزدیک شد. سپس دست او را گرفت و با خودش به داخل خانه برد:

«بیا فامیلات آمدند ببینندت...»

رکسانا و به دنبالش زهرا وارد اتاق شدند. به غیر از مادربزرگ همه به احترام از جا برخاستند. خانم‌ها در اطراف مادربزرگ و آقایان جدا از خانم‌ها در قسمت دیگر اتاق و در اطراف اکبر نشسته بودند. هر کس چای، شیرینی و یا میوه‌ای برای خوردن در دست داشت بر زمین گذاشته بود. زنها در رقابت بودند تا رکسانا را در آغوش بگیرند، ببوسند و به او خوش‌آمد بگویند. طوری با رکسانا وارد صحبت می‌شدند که انگار او بر فارسی تسلط دارد. رکسانا احساس می‌کرد که به مانند توله سگ سفیدی است که تازه به خانه آورده شده و همه‌ی بچه‌ها در رقابتند تا او را نوازش کنند. رکسانا در عین حالی که از آن همه توجه گیج شده بود در اطراف اتاق به دنبال مرد تنومندی می‌گشت که در ایوان خانه دیده بود و گویی از ته

دل دعا می‌کرد که آن مرد پدرش باشد. رکسانا با ملاحظه و لبخند کمی خود را از زنانی که می‌خواستند دوباره او را ببوسند جدا کرد تا بتواند سیروس را پیدا کند. سیروس را دید که بالاخره وارد اتاق شد و با لبخندی او را تماشا می‌کرد. سرانجام چشمش به اکبر افتاد که به او نزدیک می‌شد. رکسانا با پروردگارش زمزمه می‌کرد:

«خدایا این بابای منه...؟!»

با نزدیک شدن اکبر، زن‌ها بالاخره کنار کشیدند. گویی نفس در سینه‌ی رکسانا حبس شده بود. دستان اکبر بر روی شانه‌های رکسانا قرار گرفت. رکسانا عظمت حضور پررنگ او را کاملاً احساس می‌کرد. بسیار بزرگ‌تر و عضلانی‌تر از آنچه بود که از پدرش تصور داشت. اکبر با تانی و برای لحظه‌ای به چشمان رکسانا نظر دوخت، سپس خم شد و پیشانی او را بوسید. در ادامه به آرامی و با انگلیسی دست و پا شکسته‌ای که با فارسی قاطی بود سخن راند:

«چقدر زیبا، من اکبرم عموی شمام»

رکسانا ناخودآگاه زمزمه کرد:

"عموی من؟، نه پدرم؟"

اکبر که انگار متوجه‌ی ناامیدی رکسانا شده بود، لبخندی زد و سخنش را ادامه داد:

«بله، عموی شما...، در اینجا فرق چندانی بین عمو و پدر نیست....، هر دو، شما را به یک اندازه دوست دارند...»

رکسانا هنوز در تلاش برای فهم و هضم تجربه‌اش بود که زهرا دستش را گرفت و او را به طرف اقدس خانم برد و در کنارش نشاند:

"بیا، بیا، مادربزرگ بات کار داره....، بنشین اینجا»

زهرا چون در خانه‌ی آنها بزرگ شده بود برای اکبر در حکم مادر دوم محسوب می‌شد بنابراین مختار بود تا قدری آزادی عمل داشته باشد. رکسانا در کنار مادربزرگش نشست. دست‌های اقدس خانم بر روی موهای رکسانا قرار گرفت و گویی که می‌خواست اَرج و قُرب او را به نمایش بگذارد به نوازش موهایش مشغول شد.

«این نوه‌ی زیبای من است، او این همه راه را از آن طرف دنیا، از آمریکا آمده تا مادربزرگشو ببینه...» سپس به رکسانا رو کرد: «اینها از بستگان و دوستان شما هستند، آنها آمده‌اند تا شما را ملاقات کنند»

و به معرفی اقوام رکسانا مشغول شد، هر چند که یادآوری نام آنها برای رکسانا آسان نبود، اما بیشتر از این متعجب بود که هر کدام پس از معارفه، هدیه‌ای را به او تقدیم می‌کردند.

زهرا هم انگار وظیفه داشت تا هدایا را گرفته و شخصاً با یک ماچ آبدار به رکسانا پیشکش کند. اکبر هم که نمی‌توانست هیجان خود را کنترل کند، انگلیسی دست و پا شکسته‌اش را به نمایش گذاشت و شروع به ترجمه کرد و هر جا کسری می‌آورد از سیروس کمک می‌گرفت. طولی نکشید که دامان و اطراف رکسانا پوشیده از هدایا شد. رکسانا آنچنان از توجه و دریافت هدایا در تعجب و در عین حال ذوق‌زده شده بود که از تامل و سخن بازمانده بود. از شعف و شادمانی بغضش گرفت و اشک از دیدگانش جاری شد. دست‌های اقدس‌خانم او را مثل یک طفل شیرخواره در آغوش گرفت و با او اشک خوشحالی ریخت.

«ببینید چقدر شبیه پدرشه...؟»

اکبر ادامه داد: «به خصوص چشماش»

رکسانا طبق رسم و عادت آمریکایی‌ها تصمیم گرفت هدایا را باز کند و از هدیه‌دهندگان تشکر نماید، اما متوجه شد که اقدس خانم با این کار او چندان مسرور و موافق نبود، بنابراین زهرا باز هم به کمکش آمد. او هدایا را جمع کرد و به داخل اتاقی برد که رکسانا در آنجا می‌خوابید.

«میزارم تو اتاقت...، بعداً سر وقت بازشون کن...»

اکبر که متوجه‌ی تعجب رکسانا شده بود به طرفش خم شد و زمزمه کرد:

«در اینجا رسم نیست که هدیه را جلوی هدیه دهند باز کرد، خصوصاً اگر چند نفر حضور داشته باشند، چرا که شاید هدیه‌ی بعضی بهتر باشد و باعث خجالت بعضی از هدیه‌دهندگان شود...»

رکسانا لبخندی زد و جواب اکبر را داد:

«در آمریکا هیچ کس به این چیزا اهمیت نمیده...»

هنوز حرفش تمام نشده بود که دست مادربزرگ شانه‌اش را لمس کرد. رکسانا برگشت و از دیدن یک جعبه‌ی زیبای جواهرات نسبتاً بزرگ دچار تعجب شد. مادربزرگ درب جعبه را باز کرد. یک جفت گوشواره‌ی طلای عمیق برجسته از میان جواهرت برداشت و به طرف رکسانا گرفت، اکبر باز مشغول ترجمه شد:

«او می‌گوید نام شما روی آنها نوشته شده است، همراه با تاریخ تولد شما، تا الان آن را نگه داشته تا بیایی و بهت بده...، میگه می‌دانستم بالاخره یک روزی پیدات میشه...» مادربزرگ یک جفت دیگر از جعبه بیرون آورد. "و اینها مال مادر شما است، او هنوز مادر شما را عروس و زن پسرش میدونه»

رکسـانا از فـرط ذوق و شـعف نمی‌توانسـت جلـوی اشـک چشـمانش را بگیـرد. هرگـز انتظـار نداشـت کـه بـا چنین اسـتقبال و پذیرایی گـرم و صمیمانه‌ای روبه‌رو شـود، او با چنیـن محبت‌هایی ناآشـنا بـود. حـالا کـه دیگـر انتظار هدیه‌ی بیشـتری را نداشـت، عاشـقانه بـه مادربزرگ خیره شـده بـود. بعـد نگاهـی بـه سـیروس انداخـت و با لبخند او روبه‌رو شـد. سـپس بـه طـرف مادربزرگش خم شـد و او را در آغـوش گرفـت. هرگـز ایـن همه عشـق و محبـت در یکجا ندیـده بود. مادربـزرگ او را بوسـید. اکبـر همچنـان بـه ترجمـه ادامه مـی‌داد و گاه سـیروس هـم به کمکـش می‌آمد:

"او میگـه تمـام طـلا و جواهـرت دنیـا هـم نمی‌توانـد جـای زیبایـی، جوانـی و شـادابی تـو را برای مـن پُـر کنـد...» و لحظـه‌ای مکـث کـرد و جعبه را برداشـت و به رکسـانا داد. «میگه، نوهی خوشـگل و عزیـزم، طـلا و جواهـر بـه درد شـما جوانـان میخـوره، مـا دیگـه پامـون لـب گـوره، تـو گـور هم که نمی‌تونیـم ببریم...»

رکسانا هنوز در بهت و تامل این اتفاق خوشایند به سر می‌برد که اکبر ادامه داد:

«همه مال توسـت، حالا اینها را می‌تونی به همه نشـان بدی چرا که مادربزرگت بهت هدیه داده»

رکسـانا یکـی پـس از دیگری جواهـرات را از داخل جعبه بیرون می‌آورد و در بهت و ناباوری تماشـا می‌کـرد. از دیـدن جواهـرات قدیمـی، طلا، فیروزه و سـایر سـنگ‌های شـگفت‌انگیز ایرانـی، زبانش بند آمـده بـود. داخـل جعبـه از یـک مخمـل نفیس پوشـیده شـده بود کـه از جواهـرات هم زیباتـر به نظر می‌رسـید، جعبـه از فـرط توجهـی عمیـق او کـج شـد و برخـی از محتویاتـش بیـرون ریخت. رکسـانا یـک گردنبنـد طلایـی را کـه بـا سـنگ‌های گرانبها تزئین شـده بـود به دسـت گرفت، فـرم و ظاهرش برخـلاف آنچـه کـه تاکنـون دیده بود بـه نظر می‌آمد، مشـغول درآوردن سـایر جواهرت شـد. گردنبند، دسـتبند و گوشـواره‌ها کـه از طـلا، نقـره، عقیـق و سـنگ‌های گرانبها تشـکیل شـده بودند. هـر کدام جلـوه و جاذبـه‌ی خـودش را داشـت. هنگامـی کـه بـه تـه جعبه رسـید متوجـه‌ی عکس‌های سـیاه و سـفیدی شـد کـه قدیمـی و تـار بودنـد. به نظـر می‌رسـید آنقدر ارزشـمند بودنـد که بایـد در جعبه‌ی امـن جواهـرات نگهـداری می‌شـدند. عکس‌هـا او را از دنیـای جواهـرات خـارج کرد. عکس‌هایـی بودند کـه ارزش معنـوی داشـتند و بـر مادیـات دنیوی‌اش می‌چربیدند. عکسـی را برداشـت که عروسـی پدر و مـادرش را نشـان مـی‌داد، رو به سـیروس کرد:

«اینها والدین من هستند!، از عروسی آنها گرفته شده»

عکسـها یکـی پـس از دیگـری بیرون آمدند و بعد از مشـاهده در اختیار سـیروس قـرار گرفتند تا او هـم آنهـا را ببیند. عکسـی از اسـعد و عمو اکبر، عکسـی از اسـعد و خانواده‌ی جدیـد ایرانیش. حالا فهمیـده بـود کـه پـدرش ازدواج کـرده و او بـرادر و خواهـر ناتنـی هـم دارد. عکس‌ها یک بـه یک در جلوی رکسـانا چیده شـده بودند، اکبر یکی از آنها را برداشـت و به رکسـانا نشـان داد:

«این آخرین تصویر او است...، اون دوست نداره ازش عکس گرفته بشه...»

رکسانا به عکس نگاه کرد و آن را به سیروس داد. سیروس عکسی را می‌دید که در جلوی یک مدرسه گرفته شده بود و نامش «دبستان بهار» بود و اسعد را در بین معلمین و محصلین نشان می‌داد. سیروس که جمع را سرگرم می‌دید با احتیاط از این فرصت استفاده کرد و عکس را در داخل جیبش گذاشت.

آن روز گذشت و حالا رکسانا دیگر از اکبر غافل نمی‌شد. از اکبر خواسته بود تا از پدرش مطالب جدیدی تعریف کند. اکبر با حوصله و مهربانی پاسخ داده بود:

«دیر یا زود، شما حقیقت را در مورد پدر خود خواهید یافت، باید صبر داشته باشی...، باید بسیار محتاط بود...، فقط برای امنیت شما نیست، این برای امنیت او هم است»

اما این پاسخی نبود که رکسانا در انتظارش بود.

❋❋❋❋❋

فصل ۱۵

هنگامی که شما آداب، رسوم و فرهنگ میزبان خود را نادیده می‌گیری...

تـازه تیغـه‌ی آفتـاب نمایان شـده بـود که درب طویله باز شـد. پرتو نـوری در فضـای تاریک طویله تابیـد و پیکـر سـیروس را روشـن کرد. سـیروس بیهوش بـر کف زمین افتـاده بود. دو بز، یک گوسـفند و مقـداری پشـکل در کنـارش دیـده می‌شـد. آب خنکـی بـر روی صورتش پاشـیده شـد. سـیروس به خـود آمـد و بـر جایـش نشسـت. انـگار سـردرد عجیبـی داشـت. سـرش را در بیـن دسـتانش گرفت و سـعی کـرد تـا از جـا و مکانـش آگاه شـود. نـوری کـه از بیـرون می‌تابید چشـم‌هایش را آزار مـی‌داد و همـه چیـز را تـار می‌دیـد. از صـدای میـش و بزغالـه پـی برد کـه بایـد در یـک طویله‌ای باشـد. کمی چشـمانش را مالیـد، تـا بهتـر ببینـد. از ظاهـرش پیـدا بود که خـود را در قبـال چنین وضعی مسـئول و مقصـر می‌دانسـت. امـا کنجـکاو بـود تا بداند چه کسـی با او چنین کرده اسـت. شـب گذشـته‌اش را بـه یـاد آورد، رکسـانا در کنـارش بود، امـا اکنون او را نمی‌دید. در جسـتجوی رکسـانا بـه اطرافش نظر انداخـت. در آسـتانه‌ی درب طویلـه و در میـان درخشـش نـور آفتـاب، بـه نظر شـبحی حضور داشـت. شـبح کسـی به جزء مشـهدی نبود که سـطل آبی در دسـت داشـت و به او خیره شـده بود. مشـهدی بـا درنگـی تلخ از جلـوی درب ناپدید شـد.

سـیروس بـا سـردرگمی و سـر درد بـه أطـراف خـود نـگاه می‌کـرد و از ایـن متعجـب بـود کـه مشـهدی چگونـه و در چـه زمانـی او را بـه طویلـه منتقـل کرده اسـت. چیزی بـه یـادش نمی‌آمد. با دسـتی پیشـانیش را ماسـاژ داد تا شـاید قدری از سـردردش بکاهد. اما احسـاس می‌کرد پیشـانیش متـورم اسـت. بـه دسـتش نظر دوخـت. خونـی آمیخته بـا آب، انگشـتانش را بزک کرده بود. درسـت در همیـن موقـع جلـوی تابـش نـور مسـدود شـد و نـگاه سـیروس بـه سـمت درب طویلـه چرخید. مشـهدی را می‌دیـد کـه حـالا بیلـش را در دسـت داشـت و بـه او خیـره شـده بود، مَشـتی بـا مکث و غـرض، سـاک سـیروس را بـه جلویـش پـرت کرد. سـیروس خـوب می‌دانسـت که رفتار مشـهدی حـاوی چـه پیغامـی اسـت، او می‌خواسـت سـیروس آنجـا را تـرک کنـد. سـیروس خـود را جمـع و جـور کـرد و سـاک خـود را برداشـت و از طویلـه بیـرون رفـت. نـور چشـمانش را آزار مـی‌داد امـا نه

آنقدر که چشمش سایه‌بان خیس را در حوالی خانه نبیند. از مشاهده‌ی سایه‌بان همه چیز کمکم در ذهنش زنده شد. به خاطرش آمد که در شب گذشته باران می‌بارید و او به دور از چشمان خفته‌ی اهل منزل از خانه خارج شده بود. او به زیر سایه‌بان رفته بود تا در خلوتش فکر کند. ظهور غیرمنتظره‌ی رکسانا که از داخل باران می‌آمد او را متعجب کرد. دیری نپائید که سرشان به نوشیدن ویسکی و شراب گرم شد و بدنشان در حالت نیمه‌مستی قرار گرفت. سیروس گمان می‌کرد که مردم آمریکا به‌جای آب معمولاً شراب مصرف می‌کنند، از این رو دو شیشه‌ی مشروبات الکلی را در صندوق ماشینش ذخیره کرده بود. هر لحظه بر شدت باران افزوده می‌شد. به نظرشان سایه‌بانی که در آن شب بارانی و در لابه‌لای درختان میوه مخفی بود، به دور از چشم دیگران قرار داشت و قطعاً یک جای امن محسوب می‌شدو کسی آنها را نمی دید و به اندازه ای کافی از خانه دور بود که صدای آنها را هم نشنوند. البته آنها سعی می‌کردند تا بیشتر ساکت باشند و از حضور در کنار یکدیگر، تنهایی و بارش باران لذت ببرند. پاسی از نیمه شب گذشته بود. رکسانا بطری شراب را از سیروس گرفت و به دهان برد، کمی نوشید و آن را به سیروس برگرداند.

سیروس معمولاً شراب نمی‌نوشید اما وقتی که می‌نوشید زود مست می‌شد. مطمئن نبود که آن شب چرا تصمیم گرفته بود شراب بنوشد. قبل از اینکه بخواهند از شهر بازدید کنند، یک بطری ویسکی هم خرید و به مشروبات الکلی‌اش افزود. حالا پس از خالی شدن دو بطری شراب، شیشه‌ی ویسکی هم نصف شده بود. سیروس که هنوز قدری هوشیاری داشت انگار می‌خواست به رکسانا کمک کند تا ساعاتی خوش باشد و از فکر یافتن پدر، خطرات سیاسی موجود و آینده‌ی نامشخص بیرون بیاید. البته واقف بودند که باید خیلی احتیاط کنند تا مبادا کسی از خواب بیدار شود و آنها را ببینند، خصوصاً اینکه اکبر در خانه استراحت می‌کرد و سیروس برای او احترام زیادی قائل بود. اما رکسانا باکی از شراب‌خواری نداشت، شراب خوردن برای او عادی بود و هر شب با شام کمی شراب می‌نوشید.

طولی نکشید که اختیار و کنترل از دستشان خارج شد، بخصوص سیروس که به سختی بر روی پاهای خود بند بود. آنچنان میگساری کرده بود که مست وشنگول صحنه را می‌گرداند. از سیاست و هنر سخن می‌گفت و با شوخی و لطیفه مجلس را داغ و پسندیده‌تر می‌کرد. آتش کوچکی هم درست کرده بودند و از گرمایش برخوردار می‌شدند. حرارت آتش، خلوت بارانی‌شان را دلپذیر و صورتشان را گلگون کرده بود. سیروس با هر جرعه‌ای که سر می‌کشید صدایش بلندتر می‌شد. رکسانا مرتباً انگشتش را بر روی لب خود قرار می‌داد و او را به سکوت دعوت می‌کرد، اما سیروس مست و پاتیل بود و هیچ فایده‌ای نداشت. سیروس به تقلید از

رکسانا پرداخت و انگشت بر لبش گذاشت و از او خواست تا سکوت را رعایت کند. انگار تمام درد و غصه‌هایش مثل آتشفشان فوران می‌کرد و با زمین و زمان سخن می‌گفت. رکسانا به سیروس نزدیک شد و دستی بر روی لب‌های سیروس قرار داد و با مهربانی تقاضا کرد تا سکوت اختیار کند. اما سیروس که همه چیز را به بازی گرفته بود ساز دهنی‌اش را از جیب درآورد و مشغول زدن شد. رکسانا از اینکه اهالی خانه و بخصوص مشهدی از انتشار صدای ساز بیدار نشوند، ساز را از دست سیروس گرفت و در جیب او گذاشت، سپس با مهربانی دستی بر روی لب‌های سیروس قرار داد تا او را مجدداً به آرامش و سکوت دعوت کند، اما هیچ تاثیری نداشت.

«چه اشکالی دارد که آدم دیوونه باشه و یا خودش را به دیوانگی بزنه؟، چرا ما باید اینقدر جدی باشیم؟، این همش یک شوخی است...، شوخیه بزرگ و احمقانه‌ای که آدم با خودش می‌کنه...» و رو به آسمان کرد و ادامه داد: «خدایا چرا زن را آفریدی؟؟»

و به خنده و شوخی رکسانه گوش سپرد.

«حتماً به خاطر زجر، شکنجه و تنبیه مردهایی مثل تو!»

صدای باز شدن دربی از سمت خانه به گوش رکسانا رسید. لحظاتی با نگرانی به طرف صدا خیره شد. کسی را نمی‌دید اما می‌دانست که نباید در آنجا او را با این سیروس مست و پاتیل ببینند. این احتمال را می‌داد که عذر جفتشان را بخواهند و حتی در بدترین حالت، از سیروس بخواهند که آنجا را ترک کند و این چیزی نبود که می‌خواست اتفاق بیافتد، بنابراین مجدداً از سیروس خواست تا سکوت اختیار کند، اما همچنان بی‌فایده بود. رکسانا به داخل بوته‌ها خزید و مثل گربه‌ای که به دنبال شکار می‌رفت در پشت بوته‌ها ناپدید شد، در ادامه با احتیاط کامل و با این امید و اطمینان که هیچ‌کس او را ندیده است وارد خانه شد.

سیروس که حسابی مست بود به سمتی که رکسانا رفته بود خیره شد. او به خیال اینکه رکسانا به شوخی و بازی مشغول است، سرش را از زیر سایه‌بان بیرون آورد. باران از صورت گرمش پذیرایی کرد و احساس نمناکی‌اش را به او منتقل نمود. سیروس نگاهش را به طرف آسمان گرفت و مشغول شکایت از خدا شد. او گمان می‌کرد رکسانا در پشت بوته‌ها پنهان شده و سخنانش را می‌شنید:

«اوه خدای من، ای باران، من عاشق شدم؟، خدای من، چرا مرا عاشق کردی؟، خدایا، چرا مرا به این دنیایی که هیچ قاعده و قانونی ندارد و نمی‌شناسد و قاعده و قانونش توسط مردانی بی‌خرد و بی‌احساس که هیچ بویی از انسانیت و عشق نبرده‌اند نوشته و اجرا می‌شود آورده‌ای؟، وقتی تنها چیزی که من می‌خواهم فقط یه ذره عشق و انسانیت است!، خدا صدای

منو می‌شنوی؟، برای یک بار هم که شده جواب منو بده خدا!»

سیروس هنوز در راز و نیاز با پروردگار خود به سر می‌برد که بیلی از دل تاریکی ظاهر شد و با شدت بر پیشانی او فرود آمد. سیروس از ضربه‌ی بیل به عقب پرت شد و قامتش بر زمین نقش بست. انگار خدا جواب او را داده بود، اما سیروس دیگر به هوش نبود که صدای خدا را بشنود.

«این جواب خدات است...»

و یا صدای خشمگین و خفه‌ی مشهدی را بشنود. مشهدی بالای سرش ایستاده بود و با بیل بر سر و شانه‌ی او می‌کوبید و اگر دست اکبر بیل را در هوا نمی‌گرفت شاید مشهدی، سیروس را به گوشت قربانی تبدیل می‌کرد و به درگاه خدا پیشکش می‌نمود.

*****

در نور تابناک صبح، سیروس هنوز هم تاثیر ضربه‌ی بیل را بر سَر خود احساس می‌کرد. از اینکه در شب گذشته رفتار ناشایستی داشت ناخرسند بود. ولی اکنون نگرانی بزرگتری داشت و می‌خواست بداند چه بر سر رکسانا آمده است. اما حالا مشهدی با چشمانی حدقه زده در مقابلش حضور داشت و با بیل آماده بود تا دوباره خشمش را خالی کند. گویی به زبان بی‌زبانی می‌خواست تا سیروس آنجا را ترک کند. نگاه سیروس به سمت خانه برگشت تا شاید نشانی از رکسانا بیابد. تنها زهرا خانم در ایوان ایستاده بود و با حالتی متفاوت به او نگاه می‌کرد، او بعد از درنگی تلخ به درون خانه رفت و درب را پشت سرش بست. سیروس شک داشت که اقدس‌خانم و اکبر هم با رفتن او موافق باشند. اما خبری از هیچ کدامشان نبود. حالا سیروس بر سر یک دو راهی قرار داشت، یا باید با مشهدی گلاویز می‌شد و یا با زبان خوش آنجا را ترک می‌کرد.

سیروس به فرا خواندن رکسانا مشغول شد اما بدون کسب هیچ نتیجه‌ای ناچار شد ساکش را بردارد و به داخل ماشینش برود. به دلش نمی‌آمد تا بدون رکسانا آنجا را ترک کند. در مکث و تامل فرو رفت. به هر حال خودش را در قبال این اتفاق مسئول می‌دانست. اما قبل از ترک آنجا لازم می‌دید تا با رکسانا و یا مادربزرگش صحبت کند. بنابراین از ماشینش پیاده شد و به طرف خانه حرکت کرد. به صدا کردن رکسانا و اقدس‌خانم مشغول شد. قبل از اینکه به پله‌های خانه برسد، چشمش به مادربزرگ افتاد که پشت پنجره در کنار زهرا ایستاده بود و او را تماشا می‌کرد. مَشتی به همراه بیلش جلوی او را سد کرد. سیروس می‌دانست که برای ورود به خانه باید از روی جنازه‌ی مشهدی می‌گذشت. زهرا که از پشت پنجره ناپدید شده بود از پشت درب ورودی خانه ظاهر شد:

«تو بهتره از اینجا هر چه زودتر بری...، کار تو اینجا دیگه تمام شده، کار خودتو کردی

آبروی همـه فامیلـو بـردی...، راهتـو بگیـر و از همـان راهـی کـه آمـدی برگرد، رکسـانا دیگـه اینجا نیسـت، بـرو، رفتـه...، چنـد تـا مـرد شـبانه ریختند تـو خانه و بـا زور بردنـدش...»

و این بدترین خبری بود که سیروس انتظار شنیدنش را داشت:

«کی ریخت تو خانه؟، کجا بردنش؟»

زهرا با ناامیدی فریاد زد:

«آنهـا بـا چنـد تـا ماشـین وسـط شـب آمدنـد و ریختن تـو خانـه، اکبـر و رکسـانا را کَت بسـته بردنـد...، مـن از کجـا بدونـم کـی بودنـد و کجـا بردنـش...، کارتو کـردی اینجـا...، دیگه بسـه قبل از اینکـه ایـن پیرزنو بکشـی برو، بـرو...»

«من باید با مادربزرگ صحبت کنم، بعد میرم، به او بگو بیاد بیرون»

سـیروس اقدس‌خانـم را صـدا زد، مشـهدی با خشـم و در حالی کـه بیلش را روی هـوا بلند کرده بود به سـیروس نزدیک شـد و صدایش برخاسـت:

«اون با تو حرفی ندارد که بزند...، تا نکشتمت، گورتو گم کن و برو...»

سـیروس از شـنیدن خبـر ترسـناک آدم‌ربایـی بیشـتر از خـودش متنفـر شـده بـود. خـودش را مقصـر می‌دانسـت و زیـر لـب تحقیـر می‌کـرد. از اینکـه بـه خاطـر نوشـیدن چنـد جرعـه شـراب و لحظه‌ای خوشـگذرانی، پیرزنی را ملول و دختر جوانی را از دسـت داده بود، احسـاس شـرم می‌کرد. حـالا رکسـانا بیـش از هـر وقت دیگری به کمک او نیاز داشـت. امـا اول باید او را پیـدا می‌کرد. کاش می‌دانسـت چـه کسـانی او را ربـوده بودنـد، سـاواک؟، و یـا شـایدم سـعید و تیـم ضـد شـاه، جنبش چریکـی؟، در هـر حـال خـود را در قبـال هـر اتفاق ناخوشـایندی مقصر می‌دانسـت و مکلـف می‌دید تـا او را پیـدا کند.

لحظاتـی بعـد در جـاده‌ی خاکـی پیـچ در پیـچ مزرعـه می‌رانـد. چشـمش در همه‌جا می‌گشـت تـا شـاید نشـانی بیابـد. در تپـه‌ی مجـاورش متوجـه‌ی چوپانی شـد که در کنار گوسـفندان نشسـته بـود. امـا ظاهـرش هیـچ شـباهتی بـه چوپانان نداشـت. او بیـش از آنکـه به گله توجه داشـته باشـد، معطـوف مزرعـه و سـیروس بـود. سـیروس پایش بـر روی پدال ترمز رفـت و اتومبیل متوقف شـد. به مجـرد توقـف ماشـین، مـرد چوپان از روی تپه ناپدید شـد. سـیروس اکنـون مطمئن بود کـه آن مرد چوپـان نبـود. بـه راه افتـاد و بـا سـرعتی که داشـت جاده‌ی خاکی را پشـت سـر می‌گذاشـت. گرد و خاک از پشـت ماشـین برمی‌خاسـت و در هوا پخش می‌شـد. دیری نگذشـت که ماشـین در انتهای افـق ناپدید شـد و گـرد و غبار فرو نشسـت.

*****

فصل ۱۶

کاوش‌های قلبی از فرهنگ قدیم ایرانی و تراژدی غیرمنتظره...

نسیم ملایم اوایل بهار، بوی گل‌های وحشی را در هوا پخش می‌کرد و شاخ و برگِ تر و تازه‌ی درختان را به سمتی می‌وزاند. شاخسارها که از جریان تغییر وزش باد پیروی می‌کردند، انگار توسط رهبر ارکستر سمفونیک هدایت می‌شدند. ماشین بلیزر سیروس در امتداد جاده‌ای خلوت در حرکت بود. او ظاهراً در پشت فرمان نشسته بود و می‌راند اما به شدت حواسش جای دیگر بود و توجهی به مسیر جاده نداشت. پُر واضح بود که به یافتن رکسانا فکر می‌کرد. چه کسانی می‌توانستند او را دزدیده باشند، ساواک و یا شایدم جنبش زیرزمینی ضدشاه. امکان داشت ساواک به منظور کسب اطلاعات بیشتر، او را مجدداً دستگیر کرده باشد. به هر حال برای سیروس مهم بود که رکسانا در دست چه کسانی قرار داشت. جنبش زیرزمینی، گروه خطرناکی بود، آنها قطعاً او را قربانی می‌کردند تا از انتقال اطلاعات به ساواک جلوگیری کنند. رکسانا در شرایط بغرنجی قرار داشت. دعا می‌کرد تا قبل از آنکه دیر شود او را بیابد، هر چند جای این سوال در ذهنش باقی بود که چرا او را به همراه رکسانا و اکبر نبرده بودند.

سیروس مثل شاخه گلی پژمرده که بی‌جهت در باد می‌وزید، در جاده می‌راند. می‌دانست فرصت چندانی نداشت. بنابراین لازم بود که از تمام امکانات و ارتباطاتش بهره می‌گرفت. برادرش امیر، نادر، پیتر و حتی سعید گزینه‌های قابل اعتنایی بودند. ناخودآگاه چشمش به دست‌های پرنده افتاد که در دوردست پرواز می‌کردند. ذهنش را به گزینش اقدامی مشغول کرد، با خودش قرار گذاشت که اگر یک پرنده بر روی کابل تیر برق‌های کنار جاده نشست، به امیر و در صورت نشستن دو پرنده به نادر زنگ بزند. اما مقدمات این گزینش فراهم نشد و نتوانست از التهابش بکاهد صرفاً به سرعت ماشینش افزود که تنها در آن لحظات کنترلش را در اختیار داشت. اکنون به یک تماس تلفنی نیاز مُبرَم داشت. سیروس حوالی عصر به یک شهر کاشان رسید و توانست تلفنخانه‌ای بیابد.

*****

روز بعد، سیروس در یک چایخانه‌ی کنار جاده، تنها و ساکت نشسته بود و انگار انتظار

می‌کشید. چایخانـه چنـدان شـلوغ نبـود. به نوشـیدن چای و خـوردن نان خامـه‌ای سـرگرم بود، از آن جملـه خوراکی‌هایـی کـه معمـولاً بـه نـدرت میـل می‌کـرد و در آن شـرایط مـزه‌ی شـیرینش را هـم احسـاس نمی‌کـرد. انـگار خـوردن و نوشـیدن هـم نمی‌توانسـت او را از دنیـای تفکـرات تلخش خـارج کنـد. حواسـش دایمـاً پیـش رکسـانا بـود. از اینکـه او را بـا یـک سرنوشـت نامعلـوم و خطیـر دزدیـده بودنـد، رنـج می‌کشـید. چشـمش بـه پرنده‌های کوچکـی افتاد کـه در نزدیکی میـزش پرواز می‌کردنـد، آنهـا از شـاخه‌ی درختـی به سـمت یک نهـر کوچک می‌پریدند. سـیروس نـان خامه‌ایش را بـا آنهـا شـریک شـد، این درسـت همـان کاری بود که مادرش همیشـه بـه انجام بـا پرنده‌ها عادت داشت.

«طبیعت خشن است اما آدمها خشن‌تر از طبیعت هستند...!»

سـیروس آنچنـان در افـکارش غـرق بـود کـه انـگار صـدای نـادر را کـه اکنون در پشـت سـرش ایسـتاده بـود نمی‌شـنید، نـادر ادامـه داد:

«مـا هیـچ‌کار در مـوردش نمی‌توانیـم بکنیـم، فعـلاً فقـط می‌تونیـم سـعی کنیـم تـا از زندگـی کـردن نیوفتیـم و بـه آینده خوشـبین باشـیم...»

سـیروس از دیـدن نـادر خرسـند شـد، اما بلافاصله بـه فکر فـرو رفت، آخر او نتوانسـته بـود با نادر تمـاس بگیـرد و حتـی پـری از وجـود او ابـراز بی‌اطلاعـی کرده بـود، سـیروس اکنون منتظر دوسـتش مریـم بـود، حـالا نـادر چگونـه از محل او اطلاع داشـت؟، نـادر که متوجه‌ی تعجب سـیروس شـده بود زبان گشـود:

«مریم نتونست بیاد، بنابراین به من زنگ زد تا بیام و با تو ملاقات کنم...»

سیروس و نادر لحظاتی در سکوت به هم نظر دوختند و یکدیگر را ورانداز کردند، نادر سکوت را شکست:

«شـاید واقعـاً تـو ندونـی چقـدر از اینکه رکسـانا را درگیر این کار نادرسـت کردیم، متاسـفم...!، من نبایـد اجـازه مـی‌دادم ایـن اتفـاق بیافتـد، خصوصـاً اسـتفاده‌ی او بـرای بمب‌گـذاری...، خیلی اشـتباه بـود...!، مـن آمـدم کـه کمـک کنم هـر کاری کـه می‌توانم بـرای پیدا کـردن او بکنـم...، بایـد به حرف پـری گـوش مـی‌دادم و او را درگیـر نمی‌کردم...، من احسـاس خیلی بـدی دارم و از خودم بـدم میاد...!، تصمیـم گرفتـم از ایـن بـه بعـد مراقـب او باشـم...، البتـه ایـن همان کاری اسـت کـه من در تمـام این مـدت انجام مـی‌دادم...»

«مراقبت از او؟!»

نـادر از سـخن گفتـن بازمانـد و بـا پشـیمانی بـه سـیروس نـگاه کـرد، منتظر بـود تـا او کلامش

را ادامه دهد، سکوت سیروس برای او بسیار دردناک بود. سیروس هیچ علاقه‌ای نداشت که ندامت و عذرخواهی او را بشنود، او فقط تمایل داشت که از نادر اطلاعاتی در مورد رکسانا کسب کند. نادر که از سخن گفتن سیروس مایوس بود، ادامه داد:

«با امیر صحبت کردم، ساواک هیچ اطلاعی از رکسانا ندارد...، هیچ اطلاعاتی در مورد اینکه چه کسی او را ربوده است را هم ندارند» سیروس طالب شنیدن چنین مطالبی نبود. «من همچنین با هر کسی که در سازمان زیرزمینی می‌شناختم تماس گرفتم، آنها هم هیچ خبر و نظری ندارند، من از این نگرانم که شاید سعید خودسرانه و برای انتقام از من و تو او را ربوده باشد، او بسیار بی سر و صدا در سازمان جا افتاده و یکی از رهبران شده و باند خود را تشکیل داده، با چند تا آخوند با نفوذ هم جور شده و زندگی زیرزمینی رو شروع کرده و گور گم شده، هیچکس هم نمی دونه کجاست، من سعی کردم بارها با او تماس بگیرم، اما او از من دوری می کند و مستقیماً به من پاسخ نمی‌دهد، در عوض، پیغام‌هایی را از طریق عبدالله برای من می‌فرستد که چندان امیدوارکننده نیست...، »

سیروس از شنیدن این خبر تعجب نکرد. او از قبل می‌دانست که سعید دوست مطمئن و قابل اعتمادی نبود. اما آنها مدتها و از زمان مدرسه با هم دوست بودند، او می‌خواست اگر بتواند این رابطه را حفظ کند. از اینکه در یک مدت کوتاه یک انسان به طرز چشمگیری تغییر کند، متحیر بود. اما به هر حال او در این ماجرای خطیر به کمک سعید نیاز داشت، هر چند او بسیار عوض شده بود و قابل اعتماد هم نبود. سیروس می‌دانست که وقتی مردم به سمت تفکرات افراطی متمایل می‌شوند و بدون تحقیق و تفحص، صرفاً به ایدئولوژی افراطی خود اکتفا می کنند، همه چیز را فقط به دو رنگ سیاه و سفید می‌بینند و در نتیجه از نقش میانگین و تشخیص رنگ‌های دیگر باز می‌مانند.

سیروس و نادر در جریان نبودند که بسیاری از مشتری‌هایشان که اغلب از طبقه‌ی کاسب و کارگر بودند به حالشان غبطه می‌خورند. آنها آرزو داشتند که به مانندشان تحصیل می کردند و جزء انسان‌های باسواد و روشنفکر به حساب می‌آمدند. برای آنها تحصیل و مدرک نشانه‌ای از موفقیت، شخصیت و خوشبختی بود. هر چند آنان هم از حسرت این دو جوان غافل بودند. سیروس و نادر با رشک و افسوس به پیرمرد هندوانه فروش کنار جاده نگاه می کردند. پیرمرد در کنار دکهاش نشسته بود و فارغ از دانش و تحصیلات دانشگاهی، سیگار می کشید. آرزو می‌کردند که جای پیرمرد بودند و برای لحظاتی زندگی آرام او را تجربه می کردند. تنها دغدغه‌ی پیرمرد معاش خانواده بود. با دغدغه‌های خطیر سیاسی کاری نداشت. قطعاً پیرمرد خوشبختی را در ساده‌زیستی، قناعت، کسب رزق حلال و رفتن در بهشتِ بعد از مرگ معنا

می‌کرد. نادر سرانجام سکوت طولانی خود را شکست:

«سیروس تو مثل برادر من هستی...، حتی بهتر از برادر...، بنابراین می‌خواهم بدونی من هیچ‌وقت قصد اذیت و آزار رکسانا را نداشتم...، من برای حمایت و محافظت از او وارد زندگیش شدم...»

انگار شنیدن حرف‌های نادر در رای و نظر سیروس تاثیری نداشت، اصلاً به کمک و مساعدت نادر خوش‌بین نبود، به گمانش آمده بود تا قصه‌ی خبط و ندامتش را باز گوید، بنابراین بلند شد تا او را ترک کند اما نظرش تغییر کرد و به طرف نادر برگشت و با زبان بی‌زبانی به او فهماند که ادامه بدهد، نادر بی‌درنگ توضیح داد:

«ساواک از آمدن رکسانا به ایران خبر داشت، قصد آنها استفاده از او بود، تصمیم گرفته شد او را دنبال کنند که به وسیله‌ی او اسعد، پدرشو پیدا کنند...، امیر این وظیفه را به عهده‌ی من گذاشت...، از من خواست که مواظبش باشم که اتفاقی برایش نیافتد، بمب هم قرار بود قدرتش خیلی کمتر باشد و به خاطر جلب اطمینان و اعتماد جنبش به من بود، اما سعید بمب و عوض کرده بود...، من برای امیر...، برای ساواک کار می‌کنم...، اما الان هیچ یک از اینها مهم نیست...، باید تا قبل از اینکه دیر بشه رکسانا را پیدا کنیم...»

مطالب دیگری هم وجود داشت که نادر می‌خواست با سیروس در میان بگذارد، مثل خطری که جانش را تهدید می‌کرد. او می‌ترسید که جنبش زیرزمینی او را سر به نیست کند. آنها شک کرده بودند که نادر مامور ساواک است. هر چند به خاطر رفاقتی که با سعید داشت، نقش او را در گزارشاتش کم رنگ می‌نمود، اما اکنون سعید به مانند یک دشمن خطرناک به خونش تشنه بود، اما سخن کوتاه کرد:

«تازگی‌ها هر بار که تو را می‌بینم احساس می‌کنم این آخرین باری است که تو را می‌بینم...، این من را بسیار غمگین می‌کند...»

سیروس از ابراز چنین احساس مشترکی متعجب بود و به همین خاطر در تمام مدت به جز بیان یک یا دو جمله ساکت مانده بود. اکنون زمان خداحافظی فرا رسیده بود و هر کدام بر عکس یکدیگر به راه افتاده بودند، اما احساس اینکه شاید هرگز یکدیگر را نبینند در وجودشان باقی بود، احساسی که تحت تاثیر پیدا کردن و نجات جان رکسانا قرار گرفته بود. سیروس نگاهش به تابلوی کنار جاده افتاد. عکسی از اسعد را که به صورت یواشکی از منزل اقدس‌خانم برداشته بود، از جیبش درآورد. عکس، اسعد را جلوی یک مدرسه‌ی روستایی نشان می‌داد. رنگ عکس تقریباً رفته بود و اسم مدرسه به سختی خوانده می‌شد «دبستان بهار». برای سیروس قابل درک نبود که اسعد با دکترای اقتصاد از آلمان، در یک مدرسه‌ی روستایی

معلمی می‌کرد. آیا این عاقبت کسانی بود که با عُمال سیاست درگیر می‌شدند تا به مردم سرزمینشان خدمت کنند؟، هر چه بیشتر با زندگانی اسعد آشنا می‌شد صرفاً بر تعداد سوالات بی‌پاسخش می‌افزود.

بر اساس تحقیقات نادر، سه مدرسه با نام «دبستان بهار» در آن منطقه وجود داشت که اسعد می‌بایست در یکی از آنها تدریس می‌کرد. اکنون می‌طلبید تا سیروس به هر سه مدرسه سرکشی کند. دعا می‌کرد که اسعد هنوز با گروهای زیرزمینی در ارتباط باشد تا از این طریق بتواند از رکسانا خبری کسب کند. نادر هم به تهران برگشته بود تا به منظور پیدا کردن رکسانا وارد عمل شود. ماشین سیروس با سرعتی که به حداکثر رسیده بود در جاده شتاب گرفت.

*****

فصل ۱۷

وقتی گذشته و حال با ورود مهمان غیرمنتظره‌ای زنده می‌شود...

دو روز گذشته بود، سیروس به اتومبیلش که در کنار قبرستانی قرار داشت تکیه داده بود. آفتاب گرمی می‌تابید و عرق از پشت گردن سیروس سرازیر بود. سیروس با دستمالی عرقش را خشک کرد. ساختمان مدرسه در کنار جاده‌ی ورودی به روستا و در فاصله‌ی چند صد متری از قبرستان بنا شده بود. عکس اسعد هنوز در دستش قرار داشت و به آن می‌نگریست. ساختمان مدرسه، درختان و نهرهای اطراف، با جزئیات عکس مطابقت داشت، هر چند فقط با شش یا هفت کلاس درس، کوچکتر از تصور سیروس به نظر می‌رسید. تابلوی «دبستان بهار» با یک رنگ مشکی در بالای درب مدرسه نصب بود. زنگ مدرسه به صدا درآمد، صدایش آنقدر بلند بود که می‌توانست مردگان قبرستان را از خواب ابدی بیدار کند. سیروس برای شنیدن صدای زنگ، ساعاتی انتظار کشیده بود. سیروس از نزدیک دانش‌آموزان را زیر نظر داشت، بچه‌ها با خوشحالی از درب مدرسه خارج می‌شدند و برخی با عجله به طرف خانه‌هایشان مسابقه می‌دادند. سیروس از اینکه کلاس درس به پایان رسیده بود احساس راحتی می‌کرد. سرانجام، معلمی که از سایر آموزگاران سن و سال بیشتری داشت، از مدرسه بیرون آمد و با طمانینه به سمت روستا حرکت کرد. سیروس مطمئن بود که او اسعد، پدر رکسانا است. بچه‌های مدرسه که در جنب‌وجوش بودند به احترام حضور اسعد و در واقع به نشانه‌ی ترس از معلم، ساکت شدند و به محض دور شدن اسعد شیطنت‌شان را از سر گرفتند.

*****

چند روزی گذشته بود، سیروس در پی یافتن راه مناسبی بود که با اسعد گفتگو کند. می‌دانست که اگر بی‌گدار به آب می‌زد، اسعد از افشای هویت خویش خودداری می‌نمود و حتی احتمال داشت به‌طور کلی ناپدید شود. اسعد مشغول تدریس در کلاس بود، اما از پنجره‌ی کلاس سیروس را زیر نظر داشت. سیروس در کنار قبرستان با عده‌ای الک‌دولک بازی می‌کرد و این‌گونه وقتش را می‌گذراند. بازی محلی الک‌دولک در روستاها بسیار رواج داشت و معمولاً بعد از مدرسه یا قبل از غروب آفتاب انجام می‌شد، مخصوصاً زمانی اوج می‌گرفت که

جوانها در زمان غروب آفتاب، سرِ قبرستان و یا محلی که چراگاه دام بود، جمع می‌شدند و به بازی الک‌دولک می‌پرداختند. بازیکنان از یک چوب هفت یا هشت اینچی به عنوان الک یا الی استفاده می‌کردند و آن را بر روی دو سنگ که زیرش خالی بود قرار می‌دادند و با یک چوب که تقریباً کمی از یک متر بلندتر بود و به آن دولک و یا چوب الی می‌گفتند برای زدن الک و یا الی استفاده می‌کردند، به طریقی که دولک زیر الک قرار می‌گرفت، الک را به هوا پرت و با دولک به الک ضربه می‌زدند، اعزای تیم مخالف در اطرف پراکنده و منتظر آمدن الک بودند و هر کدام هم چوبی در دست داشتند و اگر الک را در هوا و قبل از این که به زمین برخورد کند، می‌گرفتند، زننده‌ی الک می‌سوخت و عبارتی اوت می‌شد، البته اگر از الک دور بودند می‌توانستند با پرتاب چوب دست، شانس خود را امتحان کنند، اگر چوب دستشان با الک برخورد می‌کرد به منزله‌ی سوختن زننده‌ی الک محسوب می‌شد و اگر الک به زمین برخورد می‌کرد آن را به سمت دو سنگی که الک بر روی آن قرار گرفته بود پرتاب می‌کردند، اگر الک در فاصله‌ی کمتر از یک متری سنگها قرار می‌گرفت باز هم زننده‌ی الک می‌سوخت اما اگر این فاصله بیش از یک متر بود یکی از بازیکنان حریف سوخته و تیم بازنده می‌شد. این بازی درست شبیه دو بازی معروف بیس‌بال و سافت‌بال آمریکایی است البته صدها سال قدیمی‌تر و شاید پایه و اساس آن دو بازی بوده باشد. بزرگترین تفاوت این بازی ایرانی و آمریکایی در این است که سه‌پایه/ بیس اول، دوم و سوم در الک‌دولک وجود ندارد. الکِ بازی آمریکایی توپ کوچکی است و دولک آنها شبیه همان چوب الی است که بت نام دارد و بازیکنان تیم حریف به جای چوب الی از آن استفاده می‌کنند. و بجای چوبی که بازیکنان الک دولک در دست دارند، بازیکنان بیس‌بال یا سفات بال دستکشی که بسیار ضخیم است می‌پوشند و آن را مت کچ می‌گویند.

البته سیروس هم در حین انجام بازی تمام حواسش به پنجره‌ی کلاس اسعد بود و او را به صورت غیرمستقیم می‌پائید. سیروس دیگر مطمئن شده بود که او کسی جزء اسعد پدر رکسانا نیست که اکنون تحت یک هویت کاذب در اینجا زندگی می‌کرد. سیروس بیشتر نگران این مسئله بود که اسعد به او مشکوک شود و با یک هویت جدید دیگر ناپدید گردد، بنابراین سعی می‌کرد تا نامحسوس و محتاط هدفش را دنبال کند، به همین دلیل سیروس وانمود کرده بود که به منظور تحقیق، نگارش و ساختن فیلمی به آنجا مراجعه کرده است. البته نقشه‌ی سیروس کارگر شده بود و در طی حضور دو روزه‌اش تمام اهالی روستا او را می‌شناختند.

در دهکده‌ی کوچکی به مانند بهار، همه یکدیگر را می‌شناختند و به‌طور مداوم با هم حشرونشر می‌کردند. هر اتفاق و خبری مثل صدای بمب در روستا می‌پیچید. حال آنکه سیروس

می‌خواسـت در آنجـا فیلمـی بسـازد، اتفـاق بزرگی بـود کـه در آن روسـتای کوچک رخ مـی‌داد. جای تعجـب نبـود کـه دانش‌آمـوزان وقتـی سـیروس را می‌دیدنـد، بـه اجـرای هنـر بازیگـری خـود روی می‌آوردنـد و بـرای قـرار گرفتـن در مقابل دوربین عکاسـی او رقابـت می‌کردند و مشـتاق بودند تا برای بـازی در فیلـم انتخاب شـوند.

سـیروس در مُتـل یکی از شـهرهای نزدیک روسـتا اقامت داشـت و به‌طور پیوسـته بـه نادر زنگ مـی‌زد و بـه ایـن شـکل بـا او در تمـاس بود. امـا چون فهمیده بـود نادر با سـاواک کار می‌کـرد، هیچ سـخنی در مورد از اسـعد را بـا نادر در میان نمی‌گذاشـت.

*****

صـدای بلنـد مرثیـه و مناجاتـی کـه از بلندگوهـای بـالای گنبـد مسـجد پخش می‌شـد گوش را مـی‌آزرد. جمعـه بـود و روز دعـا و نمـاز جمعـه‌ی مسـلمانان. حوض نسـبتاً بزرگی در صحن مسـجد وجـود داشـت کـه اهالـی قبـل از آنکـه وارد مسـجد شـوند در آن وضـو می‌گرفتنـد. دسـت‌های از کبوتـران بـر لـب حـوض نشسـتند اما بـا تاخـت و تاز چنـد بچه‌ی بازیگـوش به پـرواز درآمدنـد و از بـالای گنبـد مسـجد گذشـتند، کبوترهـا در ادامه از بالای سـر سـیروس کـه در گوشـه‌ای از خیابان مقابـل مسـجد ایسـتاده بـود، عبـور کردنـد و به همـراه کبوتـران دیگر دور شـدند. سـیروس در کنار یـک دوچرخـه بـه تنـه‌ی یـک درخـت تکیـه داده بود و بـه نظر می‌رسـید مسـجد را می‌پائیـد. کنار او یـک زمیـن خاکـی فوتبـال قـرار داشـت و عده‌ای جـوان فـارغ از فکر و خیـال نماز و دعا مشـغول بازی بودند. نگاه سـیروس معطوف پسـربچه‌ای شـد که در کنار درب مسـجد ایسـتاده بود و بر ورود و خـروج اهالـی دقت داشـت. سـیروس، پسـربچه‌ی جوان را اسـتخدام کـرده بود کـه در جلوی درب مسـجد کشـیک بکشـد و در زمـان خـروج اسـعد به او علامـت دهد.

چشـم سـیروس بـه یـک اتومبیـل آمریکایـی افتـاد کـه در آن طـرف زمیـن فوتبال پـارک بود و مـردی در داخـل اتومیبـل جـای داشـت. مـرد و محـل پـارک اتومبیـل غیرعـادی به نظر می‌رسـید. گویـی مـرد سـعی می‌کـرد تـا خـود را مخفـی نگـه دارد. بـه خاطـر فاصلـه‌ای کـه وجـود داشـت تشـخیص چهـره‌اش مشـکل بـود. سـیروس بـه انـدازه‌ی کافـی در آن منطقـه وقـت گذرانـده بـود کـه بتوانـد بـه حضـور یـک اتومبیـل یـا آدم غریبـه پی ببرد. نسـبت بـه ایـن جریان احسـاس خوبی نداشـت. در ایـن هنـگام بیـن جوان‌هایی که مشـغول بـازی فوتبال بودنـد مشـاجره‌ای درگرفت و به درگیـری منجـر شـد. حواس سـیروس از سـمت اتومبیل مـرد بیگانه برگشـت و معطوف نـزاع بچه‌ها شـد. سـیروس کـه خـودش یکـی از بازیکنـان خـوب فوتبـال بـود و حتـی در تیـم دانشـکده بـازی می‌کـرد، از مجادلـه‌ی پیش آمـده ناخرسـند شـده بـود، امـا بنابـر تجربه‌ای که داشـت می‌دانسـت چگونـه کنتـرل چنیـن اوضاعـی را در دسـت بگیرد.

سیروس ساز دهنی‌اش را از جیب بیرون آورد و در حالی که به آنها نزدیک می‌شد به زدن یک آهنگ عامیانه‌ی محلی مشغول شد. توپ را از زیر پای یکی از بچه‌ها قاپید و همچنان که ساز می‌زد به انجام حرکات نمایشی فوتبال سرگرم شد. بچه‌ها یکی پس از دیگری متوجه‌ی سیروس می‌شدند و بعد از تعجبی کوتاه به او می‌پیوستند. بچه‌ها در تلاش برای گرفتن توپ، با سیروس مشغول بازی شدند. اکنون به غیر از یک نفر که تشنه‌ی دعوا بود و از عدم اهمیت بچه‌ها حرص می‌خورد، همه از دعوا دست کشیده بودند، یک یا دو تن از بچه‌ها هم با سیروس مشغول خواندن شدند. طولی نکشید که تمام بچه‌ها به دور سیروس جمع شدند و بازی فوتبال به مجلس رقص و آواز تبدیل شد. اکنون صدای مناجات و روضه‌خوانی آقای ملا که از بلندگوی گنبد مسجد پخش می‌شد با صدای رقص و شادکامی بچه‌ها درهم آمیخته بود. به نظر می‌رسید هر چه صدای آقای ملا بلندتر می‌شد و جماعت را از آتش دوزخ می‌ترساند، صدای آواز خواندن بچه‌ها نیز قوت می‌گرفت. انگار لذت از زندگی، صلح، دوستی و صفای بچه‌ها در مقابل صدای خشن و تهدیدآمیز ملای مسجد قرار گرفته بود و با او رقابت می‌کرد.

این جریان در مساجد رایج بود که عده‌ای از حاضرین تلاش می‌کردند تا با نماز، نیایش و زاری، طلب مغفرت کنند و به گمانشان بهشت آخرت را برای خود بخرند. عده‌ای هم جهت عوامفریبی و سودجویی دنیوی در مساجد حاضر می‌شدند تا خود را متدین و باتقوا نشان دهند، حال آنکه بچه‌ها در زمین فوتبال شاد بودند و بدون گریه و ریا در بهشت وقت می‌گذراندند. بچه‌ها در لحظه زندگی می‌کردند و به دوزخ و بهشت توجهی نداشتند. وقتی یکی از بچه‌ها خسته می‌شد و یا در خواندن آهنگ‌ها کم می‌آورد، جوان دیگری شروع به خواندن می‌کرد و انرژی را در جریان شادی، رقص و آواز ادامه می‌داد. چند جوان با نوشیدنی و شیرینی به بچه‌ها پیوستند و جشن آواز و موسیقی آنها را کامل‌تر کردند. البته بسیاری از آنها خبر نداشتند که سیروس یک یا دو نفر را مامور کرده بود تا با خرید نوشابه و شیرینی وارد شوند و به جشن شیرین‌شان رونق ببخشند. حالا مجلس رقص، آواز و شادی بچه‌ها و سیروس به اوج خود رسید بود.

در محیط مسجد، از آوای ساز دهنی سیروس و صدای رقص و آواز بچه‌ها خبری نبود و شادی جای خود را به غم، غصه، زاری و افسردگی داده بود و این تنها اثر و نشانِ جلسات مذهبی محسوب می‌شد.

پیرمردی فارغ از حال و هوای درون مسجد، در حیاط مشغول گرفتن وضو بود. مسلمانان قبل از اَدای هر نماز می‌بایست صورت و دستان خود را تا آرنج می‌شستند و بدنشان را از هر گونه

تزئیـن و زیورآلاتـی عـاری می‌کردنـد. طبـق احکام دین اسـلام بـر هر مسـلمان واجب بود تـا در طول شـبانه‌روز پنـج بـار نمـاز بخوانـد. قبـل از طلوع آفتـاب صبح، صـلات ظهر، قبـل از غروب آفتـاب، بعد از غـروب آفتـاب و قبـل از نیمـه شـب شـرعی از جملـه زمان‌هـای اَدای نمـاز یومیـه به شـمار می‌رود. معمـولاً در مسـجد نمازهـای ظهـر و عصـر با هـم اقامه می‌شـوند، که این امـر به تبـع در تاخیر خروج اسـعد نقش خواهد داشـت.

سـرانجام اسـعد از داخـل مسـجد وارد حیـاط شـد. کفش‌هـای خـود را در جمع ردیـف کفش‌ها یافـت و بـه پـا کرد، سـپس به سـمت دوچرخه خـود قدم برداشـت. به مجـرد رفتن اسـعد، پیرمردی از مسـجد خـارج شـد و در پـی پیـدا کـردن گیوه‌هـای خـود، چشـمش بـه یـک جفـت کفـش نـو افتـاد. کفـش نـو او را وسوسـه کـرده بـود. نگاهـی بـه اطرافـش انداخت تا از عـدم توجهی هـر فردی اطمینـان حاصـل کنـد. اما پشـیمان از تصمیم شـیطانیش، چند قـدم از کفش دور شـد، هنوز پایش بـه گیوه‌هـای کهنـه‌اش نرسـیده بود کـه نگاهش به طـرف کفش نو برگشـت، وسوسـه‌اش قوی‌تر از آن بـود کـه از کفـش نـو صرف‌نظـر کند، برگشـت و آن را بـه پا کرد و بـه راه افتاد. درسـت وقتی که داشـت از درب مسـجد خارج می‌شـد احسـاس ندامت و شـماتت بر او چیره شـد. بنابراین به سـمت ردیـف کفش‌هـا برگشـت و کفش‌هـای نـو را بـر سـر جایش قـرار داد سـپس کفش‌های کهنـه‌اش را پوشـید و راهـی شـد. اکنـون کـه بـا آرامـش و رضایت‌خاطـر گام برمی‌داشـت نگاهـش با نگاه اسـعد تلاقی کرد. اسـعد در نزدیکی او ایسـتاده بود و دوچرخه‌اش را در دسـت داشـت و انگار در تمام این مـدت پیرمـرد را زیـر نظـر گرفته بـود. پیرمرد بـا شرمسـاری زمزمه کرد:

«ارزش جهنم رفتن به خاطر یک جفت کفش را نداشت...»

لبخنـد رضایـت و آرامـش بـر چهره‌ی هر دو نشسـت. در بیرون درب مسـجد، پسـربچه‌ی جوانی کـه سـیروس برای کشـیک اسـعد گماشـته بـود، به سـمت جایی که سـیروس قرار داشـت مشـغول سـوت زدن شـد تـا او را از خـروج اسـعد آگاه کنـد، امـا سـیروس غافـل از ماجـرا، سـرگرم زدن و رقصیـدن بـا بچه‌هـای فوتبالیسـت بـود. پسـربچه که از بی‌توجهی سـیروس داشـت عصبانی می‌شـد بـا داد و فریـاد بـه سـمت سـیروس دوید آغـاز کـرد تـا تـا بتوانـد توجـه‌اش را جلـب کنـد. فریاد و سـوتش حـالا بلندتـر هـم شـده بـود. سـیروس کـه همچنـان در حـال بـازی و تفریـح بـا بچه‌هـای فوتبالیسـت بـود، سـرانجام متوجه او شـد.

پسـربچه بـا عصبانیـت بـه سـمت درب و داخـل مسـجد اشـاره می‌کـرد. در ایـن هنـگام، اسـعد جلـوی درب ظاهر شـد و دوچرخه در دسـت از درب مسـجد بیرون آمد. نگاهی بـه اطرافش انداخت، گویـی در جسـتجوی سـیروس بـود اما هیـچ نشـانی از او نمی‌یافت. همچنـان که دوچرخـه‌اش را به دسـت داشـت در پیـاده‌رو بـه راه افتـاد ولـی هنـوز اطرافـش را می‌پائیـد تـا از عـدم وجود سـیروس

مطمئـن شـود. سـیروس نمی‌خواسـت که ایـن فرصت را از دسـت بدهـد، بی‌درنگ سـازدهنی‌اش را به پسـری کـه رهبـر بچه‌ها شـده بود سـپرد:

«حالا تو با گرفتن این سازدهنی رهبر هستی...، متوقف نشو بزن...، شاد باشید...»

پسـربچه‌ی جـوان بـا هدیـه‌ای کـه گرفتـه بود خوشـحال و مسـرور بـه زدن و رقصیدن مشـغول شـد و شـادی بچه‌هـا ادامـه یافـت. سـیروس هـم بـا عجله بـه طـرف دوچرخه‌اش دویـد. او سـوار بر دوچرخـه‌اش به پِی اسـعد روان شـد. خیلی زود، اسـعد را در دوردسـت دید که بـر روی دوچرخه‌اش سـوار بـود و بـه آرامـی رکاب مـی‌زد . سـیروس فاصلـه‌اش را بـا اسـعد حفظ کـرده بود تا مبـادا قبل از خـروج از شـهر، متوجـه او شـود و مسـیرش را تغییـر دهـد. سـیروس دیگـر صبـر و تامـل را جایز نمی‌دانسـت، او خیلـی نگـران رکسـانا بـود و بایـد بـا اسـعد وارد گفتگو می‌شـد. همین که مسـافتی از شـهر خـارج شـدند، دیگـر اهمیـت نمـی‌داد کـه اسـعد او را ببینـد و یا متوجـه‌ی تعقیب او شـود. دیگـر نمی‌توانسـت صبـر کنـد و زمـان رویارویـی بـا اسـعد فـرا رسـیده بـود. حـالا اسـعد بی‌آنکه به روی خـودش بیـآورد متوجـه شـده بـود که سـیروس او را دنبـال می‌کند. بـرای هر دو مشـخص بود کـه بـازی مـوش و گربـه آنها داشـت بـه اوج خود می‌رسـید.

*****

آفتـاب کمکـم داشـت غـروب می‌کرد. اسـعد به بـالای ده رسـیده بود. بـا علم به اینکه سـیروس هنـوز او را دنبـال می‌کـرد بـه سـمت یک جـاده‌ی خاکـی باریکی پیچید. نمی‌خواسـت که سـیروس در داخـل ده هـم او را دنبـال کنـد. در امتـداد جاده یک جـوی روان و پرآبی جریان داشـت. در طول طرفیـن جـاده درختـان بلنـدی قـرار داشـتند. درختهـا به صـورت انبوه در نزدیک هم کاشـته شـده بودنـد و ایـن پوششـی بـود تا اسـعد را از دیـد رهگذران پنهـان نماید. انـگار به همین منظـور هم آن جـاده را انتخـاب کـرده بـود. شـاید تصور می‌کرد در پشـت درختـان بتواند خـود را از دید سـیروس مخفـی کرده و ناپدید شـود.

سـیروس کـه از نیـت اسـعد آگاه بـود بـه منظور گـم کـردن ردش، به بیراهـه زد. اسـعد که حالا نشـانی از سـیروس نمی‌یافـت، خواسـت تـا خیالـش آسـوده شـود، از ایـن رو ایسـتاد و دوچرخه‌اش را بـه درختـی تکیـه داد. بـر لـب جـوی آب نشسـت و بـه شسـتن دسـت و رویش مشـغول شـد. در ایـن حیـن بـا احتیـاط بـه طـرف جـاده‌ای که طی کـرده بـود گهـگاه نظـری می‌انداخت و بـه دنبال سـیروس می‌گشـت.

اسـعد خبـر نداشـت که سـیروس بر جوانب روسـتا اشـراف داشـت و قبلاً تمـام منطقـه را بازدید کـرده بـود، بنابرایـن بـا عبـور از یک نقطه‌ی کـور، ناگهان در مقابل دیدگان اسـعد ظاهر شـد. اسـعد کـه از مشـاهده‌ی سـیروس کمـی جاخـورده بود به دنبال یافتن واکنشـی مناسـب به فکـر فرو رفت.

سـیروس دوچرخـه‌اش را بـه درختـی تکیـه داد و بـه سـمت نهر حرکـت کـرد. بـر لب جـوی آب و درسـت در مقابـل اسـعدآن طـرف جـوی آب نشسـت و به شسـتن دسـت و صورتش پرداخـت. انگار بـازی مـوش و گربـه‌ی آنهـا همچنـان ادامـه داشـت. هـر دو در انتظار سـخن گفتن یکدیگر سـاکت بودنـد تـا اینکه سـرانجام سـیروس سـکوت را شکسـت و به حـرف آمد:

«مـن دنبال مردی هسـتم، به نام اسـعد...، اسـعد فاطمـی!، او قبلاً در آلمان‌غربـی زندگی می‌کرد...، البتـه درس می‌خوانـد...، درس اقتصـاد...، امـا در سـال ۱۳۳۱ دختـر سـه چهار سـاله و زن آمریکاییش را گذاشـت تـو آلمـان و بـرای کمـک به مصدق از آلمـان به ایران برگشـت...، امـا یکباره ناپدید شـد و هیـچ وقـت بـه آلمـان برنگشـت و هیـچ کـس از او خبر نـدارد...، امـا دختر بچه‌ای را که پشـت سـرش گذاشـت، حالا بزرگ و زن بسـیار زیبایی شـده...، اسـمش رکسـانا است...»

در تمـام مدتـی کـه سـیروس روبه‌روی اسـعد نشسـته بـود و صحبـت می‌کرد، اسـعد بـه انعکاس خـودش و سـیروس در سـطح آب خیـره شـده بـود. مشـخص بـود که تمام سـعی خـود را می‌کـرد تا هیـچ عکس‌العملـی نسـبت بـه حرف‌هـای سـیروس نشـان ندهـد، اما بـه هر شـکل کمکـم چهره‌اش منقلـب و غمنـاک می‌شـد، سـیروس عکـس دیگری را که از خانه‌ی مادر اسـعد برداشـته بـود به طرف او گرفت و نشـان داد:

«این عکسِ اسعد و زن آمریکاییشه و دختر چهارساله‌اش را تو آلمان نشان می‌دهد»

اسـعد نسبت بـه عکسـی کـه در فاصلـه‌ی نسـبتاً دوری قرار داشـت، هیچ گونه واکنشـی نشـان نمـی‌داد و صرفـاً به شسـتن دسـت و رویش می‌پرداخت. سـیروس برخاسـت و داخل جوی آب شـد. عکـس را جلوتـر بـرد و بـه صورت اسـعد نزدیـک کرد. انگار داشـت به یـک حیوان وحشـی و زخمی نزدیـک می‌شـد. می‌ترسـید اسـعد بـه او حملـه کنـد و یـا برخیزد و متواری شـود. اسـعد بـا احتیاط و بـدون آنکـه بـه سـیروس نظـری بیانـدازد، بـه عکس خیره شـد. سـیروس نفـس عمیقی کشـید و عکـس را نگـه داشـت. اکنـون امیدوار بـود تـا از او جواب مثبتـی بگیرد:

«مـن بـاور دارم کـه مـردی کـه تـوی ایـن عکس اسـت شـما هسـتید...، مـن آن را از مادر شـما گرفتـم...، منـو دخترتـون آنجـا بودیم...»

سیروس به عکس کودکی رکسانا اشاره کرد:

«ایـن عکـس دختـر شـما در سـه تـا چهـار سـالگی اسـت...، امـا همان‌طـور کـه گفتـم او حـالا خـودش زن زیبایـی شـده...»

اسـعد بـدون هیـچ واکنشـی از جایـش برخاسـت. دسـتمال سـفیدی را از جیبـش درآورد و بـه خشـک کردن دسـت و رویش مشـغول شـد. او در حالی که به دسـت و دسـتمالش خیره شـده بود بـه آرامی سـکوتش را شکسـت:

«شما منو اشتباه گرفتید، من یک معلم روستایی ساده هستم و هرگز آلمان نبودم...»

این چیزی نبود که سیروس منتظرش بود. از لرزش صدای اسعد معلوم بود که او حقیقت را کتمان می‌کرد. اسعد به طرف دوچرخه‌اش رفت. دوچرخه‌اش را برداشت و قدم‌زنان به طرف ده حرکت کرد. سیروس در نهر و به موازات او گام برداشت. جاده باریک بود و جای کافی برای دو نفر وجود نداشت.

«شما باید به من اعتماد کنید...، من قصدم کمک به دختر شماست...، او را از خانه‌ی مادرت دزدیدند و هیچ‌کس نمی‌دونه کجاست...، جانش در خطره...، برای من مهم نیست شما کی هستید و کی نیستید...، من فقط کمک شما را می‌خواهم که شاید بفهمیم آیا گروه چریکی او را ربوده‌اند یا نه...، جانش در خطره...»

اسعد از حرکت باز ایستاد. مکثی کرد و بالاخره مختصراً به سمت سیروس برگشت:

«جوان، من برای اون دختر خانم متاسفم...، اما همان‌طور که گفتم من آن کسی که شما دنبالش می‌گردید نیستم...، اسم من احمد رستمی است و یک معلم ساده‌ی روستایی هستم...، من اینجا صاحب زن و سه فرزند هستم...، هرگز هم خارج از کشور نبوده‌ام، من فقط یک بار در تهران بودم و آن یک بار هم گم شدم...»

سیروس حتی نمی‌دانست که در آب سردی که داشت توان پاهایش را می‌گرفت به ناچار به قدم زدن موازی با اسعد ادامه می‌داد، شاید هم بخاطر این بود که جاده باریک بود و نمی‌توانست در جاده به موازات اسعد حرکت کند. به خاطر خطری که جان رکسانا را تهدید می‌کرد به مرارت و سختی خویش نمی‌اندیشید.

«هر کسی که هستید، برای من مهم نیست، گوش کنید، من برای کمک به رکسانا اینجا هستم...، نه شما، نه من، و نه ساواک...، و مطمئناً نه از طرف گروه‌های زیرزمینی، من همه چیز را در مورد شما می‌دانم، هر کس که هستید برای من مهم نیست...، بله من برادرم یکی از سردمداران ساواک است...، اما برای من هیچ کدام از اینها مهم نیست و به هیچ کدام نه عقیده دارم و نه اهمیت می‌دهم...، من فقط به دنبال پیدا کردن و نجات رکسانا هستم که هفته‌ی پیش، نیمه‌های شب توی باران...، از خانه‌ی مادربزرگش ربوده شده...، من هیچ سرنخی ندارم که چه کسی این کار را کرده، ما باید او را پیدا کنیم!، ساواک ادعا می‌کند که هیچ خبری از او ندارد، جنبش زیرزمینی هم همین‌طور...، اما من به حرف آنها اعتماد ندارم...، ترسم از این است که یکی از دوست‌های قدیمی خودم به اسم سعید او را دزدیده باشد که در آن صورت جانش حتماً در خطر است...، سعید از رکسانا استفاده کرد و رکسانا ندانسته بمبی که موجب کشته شدن یک دختر کوچک شد را در یک پاسگاه پلیس راهنمایی منفجر کرد...،

مـن قبـلاً هـم بـه رکسـانا کمـک کـرده بـودم، پیـش از ایـن ماجـرا بـه او کمـک کـردم تا از دسـت سـاواک آزاد شـود...، حـالا هـم ایـن عکس مـرا برای یافتـن او به اینجـا آورده...، او زندگـی خودش را بـه خاطـر دیـدن شـما به خطر انداختـه!، همه‌ی ایـن اتفاقات به خاطر دیـدن تو بـرای او رخ داده...»

سـیروس تمایـل داشـت هـر چـه می‌دانـد رو کنـد تـا شـاید اعتمـاد او را به دسـت بیـاورد. حالا پـس از مکثـی بـه سـخنانش ادامـه می‌دهد:

«مـن زندگیـم را بـرای نجـات دختـر شـما فدا کـردم...، مـن نمی‌دانم کـه آیا شـما واقعـاً پدر او هسـتید یـا نـه، اگر پـدرش باشـید نباید ایـن جور بی‌تفـاوت از کنـارش بگذریـد...!»

اسـعد همچنـان بـا دوچرخـه‌اش پیـش می‌رفـت. سـیروس از آب خـارج شـد و خـودش را بـه دوچرخـه‌اش رسـاند. دوچرخـه را برداشـت و در حالـی کـه به طـرف اسـعد می‌رانـد از آن طرف نهر آب فریـاد زد:

«اکبـر بـرادرت هـم آن شـب با رکسـانا ربوده شـد...، شـاید اگـر به دختـرت اهمیت نمیـدی، به فکر بـرادرت اکبر باشـی...»

اسعد باز ایستاد و با تانی به سمت سیروس برگشت:

«جوان همان‌طور که گفتم شما منو اشتباه گرفتید...»

سیروس چند لحظه به او خیره شد و سپس جواب داد:

«حـق بـا شماسـت، شـما نمی‌تونیـد پـدر رکسـانا باشـید...، اگـر بودیـد هیـچ وقـت ایـن جـور بی‌تفـاوت نمی‌تونسـتید باشـید...»

سیروس پا بر روی رکاب دوچرخه‌اش گذاشت و از اسعد دور شد.

*****

فصل ۱۸

وقتی مهمان غیرمنتظره‌ی شما، دیوار بین گذشته و حال را خرد می‌کند...

صدای قورباغه‌ها از حاکمیت شب خبر می‌دادند. خبر آنها چه بود؟، چه حرفی برای گفتن داشتند؟، وقتی جانوران می‌توانند در کنار هم چنین آوای زیبایی را خلق کنند، آیا انسان که نام أشرف مخلوقات را یدک می‌کشد از هم‌آوایی و هماهنگی جمعی عاجز است؟. سیروس بر روی تخت دراز کشیده بود و در افکار اقدامات بعدی خود به سر می‌برد، به‌طوری که صدای بزم عروسی قورباغه‌ها را نمی‌شنید. انگار می‌خواست به یک خواب عمیق و کامل فرو برود، اما هوا تازه تاریک شده بود و چشمانش آنچنان گلگون بود که به سختی بسته می‌شد. شخصی به آرامی بر پشت درب بسته‌ی اتاقش می‌کوبید. سیروس در حالتی قرار داشت که حتی از صدای درب اتاق هم غافل بود. لحظاتی طول کشید تا سرانجام حواسش به سمت صدای درب اتاق جلب شد. بر روی تخت نشست. با تعجب و پرسش به درب نظر دوخت. ممکن بود یکی از پرسنل متل باشد. بلند شد و با احتیاط درب را باز کرد. اسعد در مقابل دیدگانش ظاهر شد. سیروس لحظه‌ای ناباورانه به او خیره شده بود.

«فکر می‌کنی آمادگی این را داشته باشی با حقیقتی که به دنبال آن هستی روبه‌رو شوی؟»

با تعجبی که سیروس داشت قدری زمان برد تا منظور اسعد را بفهمد.

*****

ساعتی از زمان غافلگیری سیروس می‌گذشت. اکنون در تاریکی شب، سیروس به دنبال اسعد در راه بود، سعی داشت در ظلمات شب اسعد را گم نکند. صدای حشرات شب که با نسیم ملایمی درهم آمیخته بود به گوش می‌رسید. ذهن سیروس از وجود افکار فراوان گداخته بود. از اینکه اسعد او را در آن وقت از شب به محل نامعلومی می‌برد، دلهره داشت. آیا در یک مسیر بدون بازگشت قدم نهاده بود. ممکن بود اسعد به او آسیب برساند و خود را ناپدید کند. در هر حال سیروس عزمش را جزم کرده بود و قصد عقب‌نشینی نداشت. با چشم و گوش باز کاملاً اطرافش را تحت نظر داشت. محض احتیاط همیشه چند قدمی عقب‌تر از

تـــار

اسـعد حرکـت می‌کرد.

سـیروس نمی‌دانسـت چـه مدتـی از زمـان را طی کـرده بودند ولی امیـدوار بود تا هر چـه زودتر به مقصـد برسـند. بـه راه باریکـی در کنار دیواری پوشـیده از شـاخه‌های درخت رسـیدند و پیـش رفتند. سـیروس ترجیـح مـی‌داد تـا از دل ظلمـات شـب بیـرون بیایـد و بـه یـک منطقه‌ی روشـن برسـد. در پهنه‌ی تاریک آسـمان چشـم چرخاند. آسـمان نشـانی از مهتاب نداشـت. اسـعد تقریباً چهل سـال از سـیروس مسـن‌تر بـود. سـیروس از اینکه اسـعد در پیچ‌وخم‌هـای تاریک مسـیر قدم برمی‌داشـت و به نفـس نفـس نمی‌افتـاد متعجـب بـود. در حالی که سـیروس هـر دَم از برخـورد با موانـع مختلف کلافه بود، اما انگار اسـعد با چشـمِ بسـته راه می‌رفت. برای سـیروس معلوم بود که او، بر این مسـیر اشـراف کامـل دارد و بارهـا از آنجـا تـردد کـرده اسـت. در طول مسـیری که از دشـت، بیابان و کوچـه باغ‌هایی می‌گذشـتند، سـیروس دفعاتـی سـر صحبـت را بـاز کـرده بـود اما اسـعد همچنان در سـکوت به سـر می‌بـرد و صرفـاً بـا زبان اشـاره بـه او می‌فهماند که باید سـاکت باشـد و ایـن موضوع سـیروس را بیش از پیـش نگـران و مضطـرب می‌کرد. پس از سـاعتی پیـاده‌روی به منطقه‌ای رسـیدند کـه از چند خانه تشـکیل شـده بـود. هـر چه کـه پیش می‌رفتند بـر تعداد خانه‌هـا و تیرهای چـراغ برق افزوده می‌شـد. بـه نظـر می‌رسـید کـه وارد یک شـهر کوچک شـده بودند.

طولـی نکشـید کـه اسـعد بـه داخـل یـک کوچـه باریـک رفـت و در مقابـل یـک درب کوچک و قدیمـی توقـف کـرد، سـپس داخـل شـد. درب به شـکل درب‌هـای زورخانه‌ای سـاخته شـده بود که همـه قبـل از ورود بایـد کمـی خـم می‌شـدند. سـیروس بـه بـالای درب نگاه کرد، حدسـش درسـت بـود، بـر روی یـک تابلـوی قدیمـی کوچـک کـه در زیر نـور لامپی نصب شـده بـود عنـوان "زورخانه پهلـوان اکبـر» بـه چشـم می‌خـورد. سـیروس به دنبـال اسـعد وارد زورخانه شـد.

داخـل زورخانـه پیرمـرد مرشـد در جایـگاه مخصوصـش نشسـته بود و بـا خوانـدن و زدن ضرب بـه حـرکات ورزشـکاران ریتـم می‌داد. مرشـدان معمـولاً خودشـان از ورزشـکاران قدیمـی بودند. در داخـل گـود چنـد ورزشـکار بـه اجـرای نمایـش رزمـی مبـادرت می‌ورزیدنـد. مـردم گوش تـا گوش نشسـته بودنـد و از تماشـای برنامـه لـذت مـی بردنـد. عـلاوه بـر علاقمنـدان محلـی، چند گردشـگر خارجـی هـم از آییـن باسـتانی ایـران بازدید می‌کردنـد. زورخانه جـدا از اینکه با ارزش‌هـای فرهنگ فارسـی و معنـوی درهـم آمیختـه بـود، از قدیـم بـه دلیل مبـارزه با قـوای قوم عـرب جایگاه والایی داشـت. در واقـع زورخانـه محـل تجمـع مبـارزان آزادی‌خـواه ایـران بـود، از ایـن‌رو درب‌هـای آن را کوتـاه می‌گرفتنـد تـا اگـر سـربازان عـرب از جلسـه آنهـا آگاه می‌شـدند و بـه آنهـا حملـه می‌کردند نتواننـد یـک تهاجم گروهی داشـته باشـند، بنابرایـن دلاوران ایرانی که معدود هم بودنـد مجالی پیدا می‌کردنـد تـا ناپدیـد شـوند و یـا با آنهـا به مبـارزه تن به تن بپردازند. پوشـیده نیسـت که اسـلام نه

بـه میـل قلبـی بلکـه بـا خونریـزی و به زور سـرنیزه بـر ایرانیـان تحمیل شـد. در واقع تمـام حرکات زورخانـه‌ای، نمایـش رزم و سلحشـوری محسـوب می‌شـود. افـرادی کـه در زورخانـه به لقـب پهلوان اولـی نایـل می‌شـدند همـواره در میـان مردم قابـل احتـرام بودند. ورزشـکاران همراه بـا ضرب‌آهنگ مرشـد وارد گـود می‌شـدند. آنهـا بـا جثه‌هـای تنومند، شـلوارک‌های باسـتانی و بـا پاهـای برهنه به اجـرای نمایـش فـردی و جمعـی خـود می‌پرداختند.

سـیروس بـه دنبـال اسـعد وارد شـد و بـه اتفـاق او در قسـمتی از بـالا دسـت زورخانـه نشسـت. سـیروس که همواره اسـعد را زیر نظر داشـت، می‌دانسـت که اسـعد جایی را در عقب برای نشسـتن انتخـاب کـرده بـود تـا از دیـد دیگـران تـا حد ممکـن پنهـان بماند. انـگار اسـعد در داخـل جمعیت نزدیـک لـب گـود در جسـتجوی فرد یـا افرادی بـود. سـیروس نگاهش را دنبـال کرد. طولی نکشـید کـه صـدای درخواسـت صلوات مرشـد بلند شـد. ناگهان نگاه متعجب سـیروس به اکبر افتـاد که وارد گـود می‌شـد. تمـام تماشـاگران بـا احتـرام بلند شـدند و به دعای مرشـد پاسـخ دادند. صـدای طلب خیـر و احترامـی کـه خـرج اکبـر می‌شـد در سراسـر زورخانـه پیچیـده بـود. اکبر بـه مدعویـن ادای احتـرام کـرد و بـه اجـرای حـرکات این ورزش باسـتانی مشـغول شـد که با ضـرب و آواز مرشـد اوج می‌گرفـت. بـا نشسـتن جمعیـت چشـمان سـیروس به رکسـانا افتـاد که بـه تنهایی در ردیـف جلو و در نزدیـک لـب گـود هنـوز ایسـتاده بـود و به تشـویق عمویـش می‌پرداخت. سـیروس با مشـاهده‌ی رکسـانا دیگـر از یـاد حـرکات زورخانـه‌ای اکبـر غافـل شـده بود. بـه نظر می‌رسـید که اکبر، رکسـانا را بـه ایـن رویـداد آورده بـود. اکبـر در حین ورزشـی که انجـام می‌داد به‌طـور گذرا و نامحسـوس به او نـگاه می‌کرد.

سـیروس هـاج و واج مانـده بـود و بـه رکسـانا، اکبر و اسـعد نـگاه کنجکاوانـه‌ی گذرایی داشـت. اسـعد ناخـودآگاه اشـک شـوق می‌ریخـت. بـه یـک باره همـه چیز بـرای سـیروس رنگ باخـت. حالا بـا تمـام وجـودش به رکسـانا نـگاه می‌کرد که مشـغول تماشـای عمویش بود. در سـکوتی سرگشـته نگاهـی بـه اسـعد انداخـت. اسـعد به یک مـرد فرتوتی شـبیه بود کـه انگار تمـام اهـداف و مبارزاتش را فـدای دیـدن یـک تـار مـوی دختـرش می‌کـرد. البته سـیروس هـم از چنین احسـاس مشـترکی برخـوردار بـود. او از اینکـه بـا دیـدن رکسـانا همـه چیـز را به باد فراموشـی سـپرده بود و انـگار تمام زندگـی‌اش در او خلاصـه می‌شـد، نگـران و بیمنـاک بـود. رکسـانا بی‌آنکـه از حضـور سـیروس و خصوصـاً پـدرش در عقب زورخانه مطلع باشـد گرم تماشـا و لـذت بردن نمایش عمویـش بود. اکنون عمویـش حکـم پـدری را داشـت کـه امید به دیـدن پـدرش را نزدیک می‌کـرد، هدفی کـه جانش را بـه خطـر انداخته بود. انگار از صِحت و سـلامتی رکسـانا، اشـک در چشـمان سـیروس هـم حلقه زده بـود. اکنـون دیگـر احسـاس نگرانی نداشـت. دلش می‌خواسـت بـه طرف رکسـانا می‌رفـت و او را در

آغـوش مـی‌گرفت و هرگـز از خـود جدایـش نمی‌کرد. سـیروس آنچنـان در ذهنیتش غرق شـده بود کـه نفهمیـد اسـعد زورخانـه را تـرک کرده اسـت.

سـیروس هـر چنـد بـا تردیـد امـا ترجیـح داد تا احساسـاتش را کنار بگـذارد و بر عقل و منطقش سـوار شـود، بنابرایـن بـه دنبـال اسـعد از زورخانـه خارج شـد. کوچـه خلـوت و تاریـک بود. سـیروس کم‌کـم هـوش و حـواس خـود را بـه دسـت آورد و مطمئـن بود که رکسـانا در امـن و امان اسـت، اما اسـعد را نمی‌یافـت. در ایـن اندیشـه بـه سـر می‌بـرد کـه چرا اسـعد بـه او اعتمـاد کـرده و او را بـه زورخانـه آورده بـود؟، چـرا اکنـون بـه یک بـاره ناپدید شـده بـود؟

در شـبی کـه مهتابـی نمی‌درخشـید و نمی‌شـد جایـی را دید بایـد بـا چشـم احسـاس پیـش می‌رفـت و راه را از چـاه تشـخیص می‌داد. به طرف سـر کوچه برگشـت و بـه راه افتاد. طولی نکشـید کـه در زیـر سـایه‌ی تاریـک دیـوار شـبح اسـعد بـه نظـرش آمد کـه حتـی از تاریکی شـب هـم فرار می‌کـرد. مشـخص بود در تاریکی شـب به تماشـای سـیروس ایسـتاده بود. اسـعد براه افتاد و سـیروس بدنبالـش بعـد از چندی اسـعد سـرعت خـود را کند کـرد تـا بـه سـیروس اجـازه دهـد به او برسـد. سـیروس لحظاتـی او را دنبـال کـرد امـا اسـعد هنوز سـکوت اختیـار کرده بـود. هر چند سـیروس بـه عنـوان یـک مهمان قابـل احترام بود، اما سـیروس بیشـتر به پاسـخ سـوالاتی می‌اندیشـید که در سـر می‌پرورانـد. سـیروس بـر سـرعت گام‌هایـش افزود و در مقابل او ایسـتاد. دیگر داشـت کنترلش را از دسـت مـی‌داد. بسـیار احساسـاتی شـده بـود. هـر چند به خـودش قـول داده بـود تا بر احساسـاتش غلبـه کنـد، امـا انـگار صبـرش لبریز شـده بـود و دیگـر طاقتی برای سـکوت نداشـت:

«همین؟، این همه راه آمدی که فقط به دخترت زل بزنی و براش اشک بریزی؟»

اسعد کمی تامل کرد تا بر احساساتش فایق آمد:

«جـوان، مـن فکر می‌کـردم تـا حـالا شـما فهمیـده باشـی کـه دنیا همیشـه پیچیده‌تـر از آن چیـزی اسـت کـه ظاهـر امـر نشـان می‌دهـد؟ و بـه راه افتاد امـا بعد از چند قدم ایسـتاد و برگشـت، سـپس بـا مکـث و تامل ادامـه داد: «عـلاوه بـر ایـن، اگـر او نداند مـن کجـام و کـی هسـتم، یا حتی وجـود دارم، بـرای او بهتـر و امن‌تـر خواهـد بـود....، اگر خـدا بخواهد، یـک روز او را در آغـوش خواهم گرفـت....، روزی کـه بدانـم جانـش در خطر نیسـت و سـالم برمی‌گـردد...»

چشمان‌شـان بـه دنبـال پیـدا کردن راه‌حلی درهم قفل شـد. اسـعد دوبـاره به راه افتاد. سـیروس کـه نمی‌توانسـت سـاکت بمانـد به دنبالـش حرکت کرد:

«تـو اصـلا بـه چیـزی کـه میگـی اعتقـاد داری...؟، معلومـه کـه نـه!، فقـط داری از حقیقـت فرار می‌کنی!»

اسـعد از حرکـت بـاز ایسـتاد و لحظاتـی بـه عمـق تاریکـی شـب خیـره شـد. امـا سـیروس

نمی‌توانست خاموش بماند:

«ایـن احسـاس گناهـی اسـت که تو نسـبت به او داری!، به خاطـر همینه که از او فراری هسـتی!، تـوان و جرات نـگاه کردن تو چشـم‌های او را نداری!»

اسعد با صدایی که از غم و اندوه پُر بود پاسخ داد:

چـرا نبایـد احسـاس گناه بکنـم؟، من...، من سـالها دردو رنجو مشـقت برای خانـواده‌ام خریده‌ام، بـرای بچه‌هـام، پـدرو مـادرو بـرادرو خواهـرم...، برای رکسـانای عزیـزم...، بـه خانـواده‌ام، مردمم و به رکسـانا خیانـت کـردم...، من در تمام زندگی‌ام سـعی کردم مسـئول باشـم و به مـردم خدمت کنم...، خـودم و خانـواده‌ام را وقـف کـردم تـا کمکی کرده باشـم...، امـا همه چیز بدتـرو بدتر شـد...، کار من نـه تنهـا کمکـی بـه خانـواده و ملتم نکـرد هیچ، آنهـا را بیشـتر متحمل غمـو زحمتو مشـقت کرد...، چرا نباید احسـاس گنـاه و پشـیمانی بکنم...؟»

اسـعد بـه سـمت سـیروس رفـت و لحظـه‌ای در چشـمانش زل زد. صدایـش انگار از تـه وجودش درمی‌آمـد. بسـیار عمیـق و دردناک:

«و حـالا وقتـی بـه تـو نـگاه می‌کنـم، می‌بینـم کـه تـو آئینـه‌ای از جوانـی مـن هسـتی...، و من می‌ترسـم کـه شـما همـان اشـتباه و راهـی را کـه مـن رفتـم ادامـه بدهـی...، ای کاش آنچـه را کـه اکنـون می‌دانـم، در سـن جوانـی می‌دانسـتم، وقتـی آدم جوانـه، پرشـورو پرحرارتـو مغـرور اسـت...، بـا ایسـتادگی در برابـر مـردم احسـاس غـرور می‌کنـد، شـاید هـم ندانـد چه چیزی درسـت اسـت و یـا غلـط...، فقـط در مقابـل آن ایسـتادگی می‌کنـد...، زیـرا نمی‌خواهـد نـادان جلوه کند و شـیفته‌ی توجـه و قـدرت اسـت...، گاهـی احسـاس می کنم اشـتباه کـردم، اما باز بـه این فکر می‌کنـم، چطور می‌تونـی انسـان باشـی و درد و رنـج آدم‌هـای اطـراف تـو ببینـی نادیده بگیـری؟ آنهم فقـط بخاطر اینکـه خـدا بـه تـو بیشـتر داده و زندگـی راحتـی داری؟ من که نتونسـتم سـاکت بمونـم...، و حالا دارم می‌بینـم کـه تـو بدتـر از مـن هسـتی...، مثـل یـک شمشـیره دو لبـه...، پرشـور و پرحـرارت و مـورد توجـه دیگـران...، تـو انسـان خـوب و عـادل و بخشـنده‌ای هسـتی...، بـه خاطر همیـن هم، تو متعلـق بـه خـودت نیسـتی...، تـو متعلق بـه هنر خود هسـتی...، تـو بیش از خـودت متعلـق به مردم خـودت هسـتی...، مـا درسـت مثل هم هسـتیم...، و در طـول این مبـارزات به نوعی پریشـان و گمراه و فراموشـکار می‌شـویم و بـدون اینکـه ببینیـم و حـس کنیـم بـه عشـق و خانـواده‌ی خـود صدمـه می‌زنیـم...»

بغض گلوی اسعد را گرفته بود و دیگر توان نداشت تا آن را پنهان کند:

«لطفـاً، بـه مـن گـوش کـن...، دلیلـی کـه مـن حقیقـت خـود را پیـش تـو فـاش کردم کـه کی هسـتم، فقـط بـه خاطـر رکسـانا اسـت...، پیـه اینکـه ممکنـه تـو از طرف سـاواک باشـی و لـو برم و

دست ساواک بیاُفتم را بـه تنـم مالیـدم فقـط بـه خاطـر او...، به خـدا این دختـر به انـدازه‌ی کافی رنـج کشـیده...، مـن نمی‌تونـم از تـو درخواسـت کنـم که او را تـرک کنـی...، من فقـط ازت خواهش می‌کنـم، تنهـاش نـزار و کمکـش کـن تـا از ایـران بـره...، درخواسـت عاجزانـه می‌کنـم کاری را کـه مـن بـا او و مـادرش کـردم تـو بـا او نکـن...، چرا کـه بعداً در تمـام عمرت احسـاس گنـاه می‌کنی...»

سـیروس کـه انتظـار چنیـن سـخنانی را نداشـت در تعجـب و شـک بـه سـر می‌برد آنچنـان که زبانـش بنـد آمـده بـود و یـارای راه رفتـن نداشـت. انـگار در زمـان و مـکان زندگـی نمی‌کـرد. کنـار جـدول خیابـان نشسـت و بـه سـمتی کـه اسـعد در تاریکـی ناپدید شـده بـود زل زد. صدای بسـیار نزدیـک جیرجیرکـی بلنـد شـد. انـگار بـا یک لفظ سِـری، داشـت وجدان سـیروس را بیـدار می‌کرد، گویـی صـدای اسـعد شـده بـود و از او می‌خواسـت تا از عشـق و علاقه‌اش دسـت بردارد و رکسـانا را فرامـوش کند:

«غم سنگینی در سینه داری؟، از پا درت میآره!»

سـیروس بـه خـودش آمـد. به این فکـر می‌کرد کـه آیا واقعـاً صدایی را شـنیده و یا اینکه اسـعد یـا هـر فـرد دیگری سربه‌سـرش گذاشـته اسـت. برگشـت و نگاهش بـه یک مرد مسـن افتـاد. نامش اوسـتا احمـد بـود. او در سـطح پیـاده‌رو و در فاصلـه‌ای از سـیروس، مشـغول جمـع کـردن خـورده شیشـه‌های یـک نوشـابه‌ی شکسـته بود:

«زندگـی فـراز و نشـیب‌های زیادی دارد، لحظه‌های خوب و بد، جشـنها و مراسـم تشـییع جنازه و ختـم، زندگیـو مـرگ...، بـه نظـر می‌رسـد خـدا...» به آسـمان نـگاه کـرد و نجواکنان با خـدا ادامه داد: "خدایـا می‌دونـی کـه مـن تـو را دوسـت دارم..." و باز به طرف سـیروس برگشـت: «همان‌طور کـه می‌گفتـم، خـدا همـه چیـز را در یـک مقیاس قـرار داده، تـا آن را به تعـادل برسـاند...» نگاهش دوبـاره بـه سـمت آسـمان رفـت: "خدایـا ممنـون کـه ناراحتـی کمتـری نسـبت بـه شـادی بـه مـن دادی...، بابـت آنچـه کـه از مـن گرفتـی و من خیـال می‌کنم بـه من ندادی بـاز هم سپاسـگزارم، که باعـث شـد مـن قوی‌تـر بشـم...، به مـن سـلامتی دادی و ایـن بهتریـن ثروتی اسـت که بـه من عطا کـرده‌ای، خـدای مـن، شـکرگذارم..." و دوبـاره به سـیروس روی آورد: "بلـه، سـلامتی بهترین هدیه خداوند اسـت، من بـه آن اطمینـان دارم..."

اوسـتا احمـد خـورده شیشـه‌های شکسـته را جمـع کـرد و سـیروس را بـا صـدای جیرجیرک‌ها تنهـا گذاشـت. سـیروس احسـاس می‌کرد که اوسـتا احمـد تمام انـدوه او را به همراه آن شیشـه‌های شکسـته جمـع کـرده و بـا خـود بـرده بـود. اوسـتا احمـد در واقع بـه او یادآوری کـرده بود کـه تمام مصائـب زندگـی موقتـی اسـت و در نهایت شـادی جـای آنهـا را می‌گیـرد. لبخند بر چهره سـیروس نشسـت. همینطـور کـه بـه اوسـتا احمـد نـگاه می‌کـرد از جایـش بلنـد شـد و دسـتش بـدون اینکه

بداند به داخل جیبش رفت. دستش مشغول لمس کردن عکسی بود که از خانه‌ی مادر اسعد برداشته بود. بی‌اختیار به فکر فرو رفت و عکس را از جیبش بیرون آورد. هنوز چشمش را از روی اوستا احمد برنداشته بود که ناگهان فکری به ذهنش خطور کرد. در حالی که با عجله به طرف اوستا احمد حرکت می‌کرد مشغول نوشتن در پشت عکس شد. با عجله خودش را به اوستا احمد رساند که حالا به جلوی درب زورخانه رسیده بود. قبل از اینکه او وارد زورخانه شود، عکس را با مقداری پول در دست اوستا احمد گذاشت. اوستا احمد هرگز به عکس نگاه نکرد. او بیشتر مشغول گوش دادن به حرف سیروس بود که به طرف زورخانه اشاره می‌کرد. اوستا احمد پول سیروس را پس داد و با لبخند در ادامه وارد زورخانه شد و سیروس را در کوچه تنها گذاشت.

در داخل زورخانه، نمایش هنوز ادامه داشت. اکبر کباده می‌زد و حرکاتش را با ریتم ضرب مرشد هماهنگ می‌کرد. پر مسلم بود که اوستا احمد هیچ مشکلی در پیدا کردن یک دختر زیبای آمریکایی نداشت. در زورخانه بیش از سه تا چهار زن حضور نداشتند. اوستا احمد رکسانا را دید و به طرفش حرکت کرد. عده‌ای که بر سر راهش قرار داشتند به نشانه‌ی احترام او برمی‌خاستند. به رکسانا که رسید افرادی که در کنار رکسانا نشسته بودند بلند شدند و جای خود را به او تعارف کردند. اوستا احمد در کنار رکسانا نشست. رکسانا که نمی‌دانست اکنون یکی از پیشکسوت‌های ورزش باستانی در کنارش نشسته بود، به تبادل لبخندی مودبانه اکتفا کرد و مجدداً توجهاش به سمت مراسم زورخانه برگشت. اوستا احمد عکسی را که سیروس به او داده بود بر روی پای رکسانا قرار داد و مطمئن شد که او عکس را دیده باشد. رکسانا از مشاهده‌ی عکس متعجب شد و به او نظر دوخت. در این پرسش به سر می‌برد که او چه کسی می‌توانست باشد که عکس خانوادگی او را در اختیار داشت؟، پدرش؟، اوستا احمد عکس را برگرداند تا او نوشته‌ی پشت عکس را ببیند، رکسانا با خواندن یادداشت زبانش بند آمده بود، دیگر به مراسم ورزشی توجهی نداشت. به طرف اوستا احمد برگشت و با التماس و کنجکاوی زبان گشود:

«این عکسو از کجا آوردی؟، چه کسی این عکسو به شما داد؟»

«یک مرد جوان پریشان حال شهری، جلوی دره زورخانه...»

رکسانا بی‌درنگ از جایش برخاست و به طرف بیرون حرکت کرد. تنها کسی که به ذهنش می‌آمد سیروس بود. اکبر که حالا با سنگین‌ترین کباده زورآزمایی می‌کرد، نگاهش به رکسانا افتاد. همه‌ی حضار به تشویق اکبر از سر جایشان بلند شدند و صدای صلوات، زورخانه را فرا گرفت. برخاستن حضار به رکسانا فرصتی داد تا راحت‌تر از لابه‌لای جمعیت خارج شود. اکبر که

شـاهد خـروج عجولانـه‌ی او بود، نگران شـد. احتمال می‌داد که بایـد اتفاقی افتاده باشـد، بنابراین لازم بـود تـا حرکاتـش را کوتـاه و یـا قطع می‌کـرد و به دنبـال رکسـانا می‌رفت.

یـک یـا دو تیرِ چـراغ بـرق، محیط تاریک بیـرون زورخانـه را کمی روشـن کرده بود. رکسـانا در جسـتجوی سـیروس بـه طـرف ورودی کوچه حرکـت می‌کرد. سـرگردان چند قدمـی را در خیابان و حتـی وسـط خیابـان خلـوت به جسـتجو ادامـه داد، اما هیچ نشـانی از سـیروس نمی‌یافت. سـرانجام ناامیـد در زیـر نـور چـراغ بـرق بـر روی یـک نمیکـت خالـی و سـرد نشسـت. در ایـن فکـر بـود کـه سـیروس بـه چـه سـمتی رفتـه بود؟، چـرا منتظـر او نمانـده بـود؟، تصمیم گرفـت در زیر نـور چراغ بنشـیند و منتظـر بمانـد تـا شـاید اگـر سـیروس در تاریکـی مخفـی شـده بـود بـا دیـدن او از محل اختفایـش بیـرون بیایـد. امـا انتظـارش بی‌ثمـر بـود. دیری نگذشـت که به یـاد خاطرات کوتـاه زمان آشنایی‌شـان افتـاد، مخصوصاً آن شـبی کـه خانـه‌ی مادربزرگـش را تـرک کـرده بـود. بـه نظـرش می‌رسـید که شـاید سـیروس از اینکـه او را بـدون اطلاع در خانـه‌ی مادربزرگش جا گذاشـته و رفته بـود، ناراحـت شـده باشـد. فکـر می‌کـرد کـه بایـد بـه او توضیـح مـی‌داد کـه چرا بـه چنیـن کاری دسـت زده بود.

رکسـانا درسـت در جایـی از نیمکـت نشسـته بـود کـه سـیروس دقایقی پیـش در آن جـا حضور داشـت. رکسـانا انـگار کـه سـیروس در کنارش نشسـته بود بـه گفتگوی ذهنی مشـغول شـد. در این فکـر بـود کـه شـاید سـیروس در تاریکـی شـب به تماشـایش نشسـته بـود و اگـر چنین بود رکسـانا می‌خواسـت بـه او اطـلاع دهـد که آن شـب در باران بـرای او چه اتفاقـی افتاده و چـرا بی‌خبر ناپدید شـده بـود. بایـد بـه او می‌گفـت کـه در نیمه‌هـای شـب و بعـد از سـاعتی کـه او را تـرک کـرد، زهرا خانـم وارد اتاقـش شـده بـود و اسـباب او را بسـته‌بندی می‌کرد.

«بلنـد شـو، حاضـر شـو، بایـد بـروی...، یـک عـده‌ای در راه هسـتند کـه بیاینـد و تـو را بگیرن و ببرنـد...، بلنـد شـو معطـل نکـن...، سـاکت هم بـاش...، اگـر نری اتفاقـات بدی بـرای شـما می‌افتد و هیچ‌وقـت پدرتـو نمی‌بینـی...، جلـد بـاش...، اگـر می‌خواهـی پدرتـو ببینی باید بی‌سـروصدا بـا اکبر بـری...، وگـر نـه هیـچ وقت پدرتـو نمی‌بینـی...، هیـچ وقت...»

و چمـدان کوچـک رکسـانا را برداشـت و از اتـاق خـارج شـد. هنـوز اثـر نوشـیدن شـراب‌ها در رکسـانا از بیـن نرفتـه بـود، بنابرایـن لحظاتـی طـول کشـید کـه او بـه خـود آیـد و بفهمـد کـه چـه اتفاقـی افتـاده اسـت. بلنـد شـد و از اتـاق بـه دنبـال زهـرا خـارج شـد. در ادامـه همـان صحبت‌های تکـراری زهـرا خانـم را از زبـان اکبـر و اقدس‌خانم شـنید. اکبـر به او گوشـزد کرده بود کـه به خاطر بـرادر سـیروس نمی‌تواننـد بـه او اعتماد کننـد و پذیرش چنین ریسـکی مخاطره‌آمیز اسـت. بنابراین رکسـانا ناگزیـر بـود تـا مابیـن اسـعد و سـیروس انتخـاب بجایـی داشـته باشـد. اگر بـا اکبر رهسـپار

نمی‌شد امکان دیدار پدرش را از دست می‌داد. به ذهنش آمد که شبانه در باران سختی که به تنشان شلاق می‌زد در راه کوهستان بودند. ساعاتی در باران و گل‌ولای پیش می‌رفتند. گاهی پاهایش چنان در گل و لای فرو می‌رفت که دفعاتی اکبر مجبور شده بود او را بر روی پشتش حمل کند. اکبر نمی‌خواست تا ساواک یا هر فرد دیگری که ممکن بود زیر نظرشان داشته باشد، ردشان را پیدا کند، بنابراین اکبر حتی ماشینش را هم جا گذاشته بود که اگر آنها را زیر نظر داشتند گیر نیافتند و پیاده راه کوهستانی را در پیش گرفته بود.

رکسانا وقتی که دید اکبر در کنارش بر روی نیمکت نشسته است از ذهنیت گذشته‌اش خارج شد. اکبر فقط کتی بر روی لباس زورخانه‌اش پوشیده بود و همچنان پایی برهنه داشت. معلوم بود که از روی نگرانی ورزشش را قطع کرده و به دنبال رکسانا از زورخانه بیرون زده بود. به نظر خوشحال نمی‌آمد. تعدادی ورزشکار دیگر هم نگران به دنبال اکبر از زورخانه بیرون آمده بودند و در جامه‌ی زورخانه‌ای به آنها نگاه می‌کردند و این چیزی نبود که اکبر می‌خواست اتفاق بیافتد و نظرها را به طرف رکسانا جلب کند. اکبر از آنها خواست تا به زورخانه برگردند. ورزشکاران به تقاضای او احترام گذاشتند و آن جا را ترک کردند. اکبر نمی‌خواست توجه و کنجکاوی آنها را برانگیزد. در سکوت و خلوت شب، رکسانا عکسی را که سیروس برایش فرستاده بود به اکبر داد. اکبر به عکس نگاه کرد و نوشته‌اش را خواند. مشخص بود که سیروس نوشته بود که پدرش در چند کیلومتری او زندگی می‌کند و عمو اکبرش این را می‌داند. اکبر به فکر فرو رفت اما هیچ پاسخی برای رکسانا نداشت از طرفی دیگر قادر هم نبود تا با آمال و آرزوهای یک دختر جوان بازی کند. دستش بر روی دست رکسانا قرار گرفت. رکسانا به راحتی می‌توانست همدردی و مهربانی اکبر را احساس کند.

❋❋❋❋❋

سیروس در راه برگشت به متل بود. آنچنان در افکار خویش غرق بود که حتی نمی‌دانست چگونه متلش را پیدا کرده بود، خبر نداشت که در طی بازگشت مراتبی به بیراهه رفته بود تا در زمانی مضاعف به محل اقامتش برسد. از صدای آواز قورباغه‌ها فهمیده بود که به متل رسیده است. بی‌هدف کنار جوی آب، نزدیک جایی که صدای آواز قورباغه‌ها شنیده می‌شد، ایستاد و همچنان متفکرانه به قورباغه‌ها خیره شد. در این اندیشه به سر می‌برد که شاید پس از این ماجرا اسعد دیگر راضی نباشد تا او را ببیند. اسعد با وجود اینکه می‌دانست برادر سیروس ساواکی است هویتش را فاش کرده بود. شاید نباید به رکسانا اطلاع می‌داد که پدرش در چند کیلومتری او زندگی می‌کرد. او در واقع از اعتماد اسعد سوءاستفاده کرده بود. انگار اسعد هنوز آمادگی نداشت تا با رکسانا روبه‌رو شود، باید به اسعد فرصت می‌داد تا با میل خود و در شرایط مناسب با رکسانا

ملاقـات می‌کـرد. ناخـودآگاه بـا قورباغه‌ها وارد صحبت شـد:

«شما نمی‌دونید چقدر خوشبختید...، احتیاج ندارید با حقیقت‌های تلخ درگیر باشید؟“

«لحظـه‌ای انسـان بـا حقیقـت رودرو می‌شـود، که دیگـر حقیقتی وجـود ندارد، چرا کـه حقیقت در گذشـته اتفاق افتـاده و ما متوجـه‌ی آن نبودیم...»

و البتـه ایـن قورباغه‌هـا نبودنـد کـه جـواب سـیروس را داده بودنـد، اسـعد بـود کـه از دل تاریکی دوبـاره در مقابـل سـیروس ظاهـر شـده بـود. دو مـرد از دو نسـل متفـاوت با یک خواسـته‌ی مشـترک در تاریکـی شـب بـه هـم خیـره شـده بودنـد و هـر دو سـئوال‌های زیـادی از هـم داشـتند. امـا به نظر می‌رسـید هیـچ یـک پاسـخی برای یکدیگر نداشـتند. سـیروس گمان می‌کـرد که اسـعد در تمام طول شـب دورادور او را تعقیـب می‌کـرده اسـت. سـیروس بـا صبری لبریز، سـکوت شـب را شکسـت:

«چرا به من اعتماد کردی؟»

«بـه خاطـر اینکـه وقتـی در آئینـه بـه خـودم نـگاه می‌کنـم، شـکل و شـمایل تـو را می‌بینـم...، شـکل مـردی کـه درسـت مثـل من مسـیری را طـی می‌کند که شـاید سـال‌ها بعـد بـرای او چیزی جـزء پشـیمانی نـدارد...، و هیـچ بهـره‌ای عایدش نمی‌شـود جـزء اینکه به خـود و خانـواده‌اش رنج و ناراحتـی فـراوان تحمیـل کنـد...، و بدتـر از همـه، او چیـزی بـرای عَرضه نـدارد، جزء گناه و شـرم و پشیمانی...»

اسـعد لحظاتـی مکـث و تامـل کرد، سـیروس را می‌دید کـه بیش از پیـش به فکر فـرو رفته بود، بنابرایـن تصمیم گرفـت ادامه بدهد:

«شـاید بـرای تـو سـوال باشـد کـه چـرا آدم‌هایـی مثـل مـن و تـو بعـد از یـک عمـر تـلاش و فـداکاری و تحمـل ایـن همـه رنجـو آوارگی درسـت مثل یـک گـدای تهیدسـت سـامری‌اند...، برای اینکـه آدم‌هایـی مثـل مـن و تـو بـه خاطر پـول و مکنت و مقـام و منزلـت ایـن راه را نمی‌روند، فقط بـه خاطـر آزادی وطن‌شـان و رفـاه ملت‌شـان فـدا می‌شـوند...، و آخـره کار هـم هیـچ چیز به دسـت نمی‌آورنـد...، علتـش هم بسـیار مشـخص اسـت، اکثریـت ملتـی غالباً نـادان که به قصه‌های بهشـت و جهنـم و امـام حسـین و علی‌اکبـر، بیـش از حقیقت شـب و روز اعتقاد دارند، بـا اقلیت فرصت‌طلب و خائـن، هیـچ وقـت بـه هیـچ چیز و بـه هیـچ جایی نمی‌رسـند...»

و به سیروس نزدیک شد و به گفتارش ادامه داد:

«غم‌انگیزتـر و احمقانه‌تـر از همـه‌اش هـم ایـن اسـت کـه آدم‌هـای مثـل مـن و تـو بـا علـم بـه همـه‌ی ایـن حقیقت‌هـا بـاز تسـلیم خواسـته‌های قلبی خود شـده و ادامـه می‌دهیم...، چـرا که قلب مـا در مقابـل ترحـم به دیگـران کور و تسـلیم می‌شـود...»

و به راه افتاد، اما بعد از چند قدم ایستاد و به سمت سیروس برگشت:

«شاید تو باید در آئینه به خودت نگاه کنی تا شاید جوابی بگیری...»

و برگشت و به راهش ادامه داد، اما به نظر می‌رسید انتظار داشت سیروس همراهی‌اش کند. سیروس هنوز سوال‌های بسیاری داشت که به دنبال یافتن پاسخش بود بنابراین در پِی اسعد به راه افتاد.

*****

فصل ۱۹

زمانی که آدم جانش را به خطر می‌اندازد تا جان عزیزش را نجات دهد...

نور مهتاب، شب آرام ده را زیباتر کرده بود. سیروس در کنار پنجره‌ی اتاق نشیمن نشسته بود و از شنیدن نوای دلنشین تار لذت می‌برد. اسعد با چشم‌های بسته مشغول نواختن تار بود. بسیار زیبا و ماهرانه تار می‌زد . بر حسب اتفاق تعطیلی تابستان هم چند روزی قبل از ملاقات آن دو شروع شده بود. چند روزی می‌شد که سیروس در خانه‌ی اسعد از سخنان و تجربه‌ی او فیض می‌برد و مرید او شده بود. در طول این روزها هرگز از خانه بیرون نرفته بودند و فقط شبها آن هم با احتیاط گاهی از خانه خارج می‌شدند تا کمی قدم بزنند و یک هوایی بخورند. انگار از بودن در کنار هم تاثیر گرفته بودند. سیروس باورش نمی‌شد که در خانه‌ی اسعد و در بین خانواده‌ی او حضور داشت. از آداب و سَکنات همسر میانسالش پیدا بود که او اهل دهات است. در هنگام پذیرایی به نحوی حجاب چادرش را به دندان می‌گرفت که از روی سرش کنار نرود. سیروس خوشحالی او را احساس می‌کرد. به نظر می‌رسید آنها شاهد اتفاق نادری بودند. انگار که بعد از مدتها سیروس اولین مهمان آن خانواده محسوب می‌شد. فرزندان اسعد که در خواب بودند از صدای تار او بیدار شده و یکی پس از دیگری وارد اتاق نشیمن شدند. آنها با تعجب به پدرشان اسعد که تار می‌نواخت و به سیروس که یک مهمان ناخوانده و ناشناس بود و بیشتر از چند روزی می‌شد که با او آشنا شده بودند، نگاه می‌کردند. تعجب آنها از این بابت بود که برای اولین بار شاهد تار زدن پدرشان اسعد بودند، و چقدر هم ماهرانه می‌زد. و این صحنه برای آنها بسیار لذت بخش می‌نمود. کوچکترین فرزند اسعد دختربچه‌ی پنج ساله‌ای بود که به نظر سیروس به کودکی رکسانا شباهت داشت. پسربچه‌ای ده‌ساله و دختری حدوداً پانزده ساله از دیگر فرزندان اسعد به شمار می‌رفتند. همه با تعجب ولی با چهره‌ای شاد از تماشای برنامه‌ی غیرمنتظره‌ی اسعد لذت می‌بردند. سیروس متوجه شده بود که تغییر ناگهانی خلق‌وخوی اسعد برای خانواده‌اش ناآشنا و دور از انتظار بود و این جریان در تعجب‌شان نقش داشت. سیروس بشخصه واقف بود که در گذشته، قسمتی از زندگی

اسعد بنابر مخاطرات سیاسی در مخفیگاه سپری شده بود و حالا کمکم داشت ظهور می‌کرد. بخشی از خانواده‌ی ایرانیش از این جریان بی‌اطلاع بودند و بنابراین نمی‌دانستند چه عاملی در این تغییر و تحول او نقش داشته است. اما سیروس نمی‌توانست با این انزوا و شیوه‌ی زندگی اسعد کنار بیاید. اسعد از یک خانواده‌ی مُرفَه بود و تحصیلات عالیه داشت، بخش اعظم عمرش را در تهران و خارج از ایران سپری کرده بود. درک این موضوع چندان مقبول و ساده نبود که او گذشته‌اش را فراموش کرده و در پِی ازدواج با یک زن دهاتی که هیچ تحصیلاتی هم نداشت، خود را به یک زندگی ساده‌ی روستایی وِفق داده بود. البته به ذهنش می‌رسید که با حضور خود و رکسانا باید باعث تخریب دیوار قطوری شده باشد که اسعد بین گذشته و حال کشیده بود. سیروس خبر نداشت که خانواده‌ی کنونی اسعد تا چه اندازه از رکسانا اطلاع داشتند. از ظاهر اسعد پیدا بود که درد فراقت از لیندا و رکسانا هرگز در وجودش نمرده بود و او بشدت از این دوری تلخ رنج می‌کشید. نگاه سیروس ناگهان به بدنه‌ی سماور بلورینی افتاد که بین آنها در کنار منقلی با یکی قوری قرار داشت، تصویر خود را بر روی بدنه‌ی سماور می‌دید، در تار زدن اسعد غرق شد و به یاد سخنانش افتاد.

«برای یافتن جواب شاید باید به خودت در آیینه نگاه کنی، چرا که وقتی من در آیینه نگاه می‌کنم، مردی را می‌بینم که قصد دارد مسیری را طی کند که من کردم، و سال‌های بعد هیچ چیز برای عرضه ندارد، جزء رنجو پشیمانی و احساس گناه...»

سیروس کمی خم شد تا تصویر خود را بهتر ببیند، اما این تصویر اسعد بود که حالا بر روی تصویر او قرار گرفته بود و تار می‌نواخت. به نظر می‌رسید که تصویرشان با هم تلفیق شده بود و این سیروس را می‌ترساند. به یاد اسعد افتاد که سال‌ها پیش لیندا و رکسانا را در آلمان پشت سر گذاشت و به ایران برگشت تا به ملت و میهنش خدمت کند، اما حالا نتیجه‌ی نامطلوبش را مشاهده می‌کرد. سیروس تازه متوجه شده بود که چرا اسعد به دیدارش آمده و با او درد دل کرده بود. قطعاً اسعد به این نکته می‌اندیشید که اگر دوستی سیروس و رکسانا به ازدواج بیانجامد، سرنوشتی مشابه‌ی ازدواج او و لیندا در انتظار رکسانا خواهد بود. سیروس تازه به سخنان اسعد ایمان آورده بود، او به خودش تعلق نداشت، او به هنر و هدفش تعلق داشت. او به هیچ عنوان حق نداشت که زندگی دیگران را فدای اهداف و خواسته‌های خود می‌کرد. یقین داشت که هنر اولین عشق او به شمار می‌رفت. بشخصه واقف بود که او و هنرش در خدمت جامعه بود و بدون خدمت به خلق خدا به مرده‌ای متحرک تبدیل می‌شد، بنابراین چگونه می‌توانست به خود اجازه دهد که زندگی هر فردی را به پای خودخواهی‌های خود فدا کند. سیروس در یک حالت عجیب و غریب ناآشنایی سیر می‌کرد و در جنگ و گریز بود.

البتـه داشـتن بـرادری مثـل امیـر امتیاز بزرگی برای سـیروس محسـوب می‌شـد. با وقوع مشـکلات، پشـتش بـه امیـر گـرم بـود تـا همـواره راه گریزی داشـته باشـد. البته بـا معایـب و مضرات بسـیاری همـراه بـود. عـده‌ای را به حسـادت و دشـمنی وا می‌داشـت به‌طوری که سـایه‌اش را با تیـر می‌زدند. از ایـن‌رو بـه غیـر از آنکـه بسـیار بـه رکسـانا علاقه‌منـد بـود و بـه او عشـق می‌ورزیـد، آشنایی‌شـان او را شـیفته‌ی آمریـکا و هالیـوود کـرده بـود. بـه نظـر می‌رسـید رویایـی کـه برای فـرار بـه آمریکا و فعالیت در اسـتودیوهای فیلمسـازی هالیوود داشـت او را در ابتدا به طرف رکسـانا کشـانده بود و به گمـان خـود، رکسـانا می‌توانسـت در ایجـاد ایـن پـل ارتباطـی نقش بسـزایی داشـته باشـد. اما حالا عاشـق رکسـانا شـده بـود، حـالا همـه چیـز فـرق می‌کـرد، فهمیـده بود کـه فکر و عشـق بـه آمریکا رفتـن از روی ناراحتی‌هـا و مشـکلاتی که داشـته سرچشـمه گرفتـه بود و نه از روی منطـق، اکنون با مشـاهده‌ی سرگذشـت اسـعد تمـام محاسـباتش بهـم ریخته بـود. خصوصا که به رکسـانا خـو گرفته و علاقه‌منـد شـده بـود و مهـرش قلـب سـیروس را تسـخیر کرده و با گذشـت زمان بیشـتر و بیشـتر می‌شـد. امـا از اینکـه زندگـی رکسـانا را بـه تکـرار سرنوشـت تلخ مـادرش گـره بزنـد خوف داشـت و هرگـز تمایـل نداشـت بـه چنیـن اقدامـی تـن دهـد، خصوصـاً وقتـی احسـاس می‌کرد کـه بزودی تغییراتـی در ایـران رخ خواهـد داد. افـکاری ایـن چنیـن سرشـار از تشـویش، قلبـش را جریحـه‌دار می‌کـرد. حـالا دیگـر بـه هالیـوود نمی‌اندیشـید. بـه نظـر می‌رسـید کـه او از مفهوم دوسـت داشـتن ملـت، میهـن و موجـودی بـه نـام زن به یک درک و بلـوغ جدیدی رسـیده بود. انگار دیگـر آن خامی جوانیـش را نداشـت. او عاشـق رکسـانا بـود امـا نمی‌خواسـت آسـیبی بـه او برسـاند. از اینکـه قبل از شـناخت اسـعد، دختـرش را بلیـت ورود به آمریکا و دسـتمایه‌ی موفقیـت در هالیوود قـرار داده بود، احسـاس پوچی و شرمسـاری می‌کرد. از مشـاهده‌ی فرجام ناخوشـایند اسـعد به این نتیجه رسـیده بـود کـه نمی‌توانسـت عشـق و تعهـد بـه یـک زن را با عشـق به یـک ملت، میهـن و هنـر تلفیق کرد و سـرانجام یکـی از آنهـا بایـد قربانی می‌شـد.

سـیروس می‌دانسـت کـه زندگی او بدون یـک آرمان هنری، یـک ایدئولوژی سیاسـی و اجتماعی غیرقابـل تحمـل بـود. اگـر در کنـار رکسـانا می‌مانـد و بـا او همچـون اسـعد با لینـدا رفتـار می‌کرد، قطعـاً تحمـل بـار ایـن گنـاه را نداشـت و از پـای در می‌آمد. بنابرایـن ناگزیر بـود تا بین معشـوقه‌ای که دیوانه‌وار دوسـتش داشـت و عشـقی که نسـبت بـه ملت و میهنش نشـان مـی‌داد، انتخاب بجایی داشـته باشـد. قبـل از اینکـه کار بـه جاهـای باریـک می‌کشـید بایـد از رکسـانا جـدا می‌شـد و ایـن تنهـا گزینـه‌ای بـود کـه می‌توانسـت عشـقش را بـه او ثابـت کنـد. از آنجایی که عشـق صرفـاً به یک احسـاس شـدید گذرا محدود نمی‌شـد و از مجموعه‌ی احساسـات آدمیزاد شـکل می‌گرفت بنابراین لازم بـود تـا او بـه یـک عشـق متکامـل و مقـدس می‌رسـید. عشـقش زمانـی جاویـدان بود کـه او از خودخواهـی دسـت می‌کشـید و به آینـده و عواقـب کار خود می‌اندیشـد.

نوای نی، سیروس را از دنیای تفکراتش خارج کرد. نگاهش به سمت صدای نی که از بیرون خانه به گوش می‌رسید، جلب شد. به این فکر افتاد که چه کسی هوس کرده بود تا در آن موقع از شب نی بزند. احتمال می‌داد که فردی بر روی پشت‌بام خانه‌اش نی می‌زد و قصد داشت تا خبررسانی کند. دیری نگذشت که صدای پارس سگ‌های بومی یکی پس از دیگری بلند شد. صداها از دور به طرف خانه‌ی اسعد نزدیک می‌شد. از پنجره، به دل تاریکی بیرون نگاه کرد. اما چیز نامانوسی به چشمش نمی‌خورد. وارد ایوان خانه شد که بر کوچه و به یک نهر آب کوچک جلوی خانه‌ی اسعد مشرف بود. در اطرافش چشم چرخاند. هر چند چیزی را نمی‌دید اما حس بدی داشت. لحظه‌ای احساس کرد که موجودی در عمق تاریکی و در لابه‌لای درختان مقابل خانه‌ی اسعد حرکت کرد و ناپدید شد. صدای پارس سگ‌های اطراف خانه‌ی اسعد بلندتر شده بود. گرگ‌ها هم به این جمع پیوسته بودند و صدای زوزه‌هایشان از دور شنیده می‌شد. حالا مدتی بود که از اتمام تار زدن اسعد می‌گذشت. او به هر دلیلی نامعلومی به نماز و نیایش مشغول بود، هیچ توجهی هم به هلهله‌ی حیوانات و صدای نی که جانشین نوای تار او شده بود نشان نمی‌داد. انگار در دنیای دیگری سیر می‌کرد. سیروس مجدداً متوجه شبح‌هایی شد که در تاریکی پشت درختان حرکت کردند. از آنجایی که موجود دوپایی به نظر می‌رسیدند بنابراین نمی‌توانستند از حیوانات چهارپا باشند. بعید می‌دانست که دزدی در آنجا مخفی شده باشد. دلش شور زد که مبادا ساواک و یا چریک‌های ضدشاه او را به نیت گرفتن اسعد و رکسانا دنبال کرده باشند و او ناخواسته آنها را به سمت خانه‌ی اسعد هدایت کرده باشد. سرش به طرف داخل خانه برگشت. اسعد همچنان نماز می‌خواند و ساز تار بر روی دیوار آویزان بود. صدایی از سمت پشت بام همسایه‌ی اسعد بلند شد. سیروس به طرف صدا سر برگرداند و نگاه کرد. رضا، مدیر مدرسه‌ی بهار که در همسایگی او زندگی می‌کرد از بام منزلش به پشت بام دیگری پرید و انگار قصد داشت اسعد را صدا کند. اما صدایش در نمی‌آمد. حالا سیروس یقین داشت که اتفاق ناخوشایندی در حال وقوع بود. به داخل خانه برگشت و در نزدیکی اسعد افکارش را در رابطه با این موضوع سبک و سنگین کرد. مردد و پریشان بود. صدای نماز خواندن اسعد در میان سمفونی نی و نای حیوانات محو شده بود. هنوز سیروس به نتیجه‌ای نرسیده بود که درب حیاط خانه‌ی اسعد از جا کنده شد و نفراتی مرد مسلح به داخل هجوم آوردند و با عجله به طرف پلکان خانه در تاریکی ناپدید شدند. سیروس به طرف داخل اتاق حرکت کرد، هنوز وارد اتاق نشده بود که درب ورودی اتاق باز شد و مردان مسلح داخل شدند و به دور اسعد حلقه زدند. دو تن از افراد مسلح بی‌درنگ سیروس را بر روی زمین خواباندند و یکی از آنها مواظبش بود تا حرکت نکند. تعدادی هم به جستجوی اطراف خانه پرداختند تا مطمئن شوند خطری آنها را تهدید نمی‌کند. اما اسعد در آرامش کامل به سر

می‌برد و بـا چشـم‌هایی بسـته بـه راز و نیـاز با پروردگارش مشـغول بـود. طوری عبـادت می‌کرد که انـگار کسـی در اطرافـش حضور نداشـت. با اشـاره‌ی یک مـرد بلندبـالا و تنومند که او را هاشـم صدا می‌کردنـد و معلـوم بـود فرماندهـی آنهـا را بـر عهده داشـت، همـه منتظر شـدند تا نماز اسـعد پایان یابد. سـیروس سـاکت، متفکر و افسـرده به اسـعد زل زده بود. یقین داشـت که افراد مسـلح از طرف سـاواک آمـده بودنـد و حتمـاً از هویـت او اطلاع داشـتند. اما بـا او همچون اسـعد رفتـار می‌کردند و بر دسـتانش دسـتبند زده بودند. سـیروس حتی یک لحظه هم از اسـعد چشـم برنمی‌داشـت. اسـعد بـه سـجده رفـت و پیشـانیش را بر روی مهر گذاشـت و صدایش بلند شـد: "الله اکبـر..." و در هنگام راسـت شـدن از سـجده بـاز صدایـش برخاسـت: "الله اکبـر..." و باز سـرش را بـر روی مهر نهـاد و با خیـال راحـت بـه نمـازش ادامه داد. از ایـن نگران نبود که در اطرافش چه می‌گذشـت. مردان مسـلح در حیـن جسـتجوی خانـه بـه اهـل و عیال اسـعد رسـیدند کـه حسـابی از مامـوران ترسـیده بودند. آنهـا را بـه اتاقـی کـه اسـعد و سـیروس حضور داشـتند آوردنـد و از آنها خواسـتند که بـر روی زمین بنشـینند. همسـر اسـعد بـا وحشـت فرزندانـش را در آغوش گرفتـه بـود و از آنها محافظـت می‌کرد. دخترهـا از تـرس بـه گریـه افتادنـد. یـک زن کـه عضـوی از تیم مسـلح بود بـه دخترها نزدیک شـد و بـه آنهـا اطمینـان داد کـه هیچ‌کـس بـه آنهـا آزاری نمی‌رسـاند و نباید از چیزی بترسـند و سـعی می‌کـرد تـا آرامشـان کنـد. هاشـم متوجه‌ی تار شـد، با دقـت آن را از روی دیوار برداشـت و بررسـی کـرد سـپس بـا همـان دقـت تـار را به سـر جایـش برگردانـد. تعـدادی از مامـوران از اتاق‌هـای دیگر بیـرون آمدنـد، دستان‌شـان پر از بسـته‌های کتـاب و چیزهای دیگری بـود که می‌توانسـتند مصادره کنند.

مأمـور زن، نتوانسـت از پـسِ آرام کـردن دختر کوچک اسـعد برآیـد. دخترک گریـان و عجول از بغـل مـادرش جدا شـد و به طرف اسـعد دویـد و خود را در آغوش او انداخت. اسـعد چاره‌ای نداشـت جـزء اینکـه نمـازش را بشـکند. تمـام هـوش و حـواس مـردان مسـلح بـه طرف اسـعد جلب شـد که مبـادا از او اقدامـی سـر بزنـد. زن مامـور قصـد داشـت تـا دختـرک را از آغـوش اسـعد جـدا کند اما بـا اشـاره‌ی هاشـم، کـودک را بـه حال خود وا گذاشـت. اسـعد بـا خونسـردی دختـرش را در آغوش گرفـت و صدایش بلند شـد:

«شما لشکر یزید را محاصره نکردید، او یک کودک است که ترسیده...، و من فقط یک پیرمرد بی‌آزارم...»

همسـر اسـعد بـا عجلـه خـودش را بـه او رسـاند و بـا زحمـت دختـرک را از آغوش اسـعد بیرون کشـید، سـپس برگشـت و در کنـار سـایر فرزندانـش نشسـت. اسـعد از جـا برخاسـت و انـگار قصد داشـت تـا سـخنرانی کنـد. امـا سـاکت مانـد. سـعی می‌کـرد تـا نگاهـش بـه نـگاه سـیروس نیافتد.

می‌دانست که سیروس خودش را در قبال این جریان مسئول و مقصر می‌پنداشت و از این بابت شرمسار بود، بنابراین راضی نبود تا بر رنجش بیافزاید. ماموری به منظور زدن دستبند به او نزدیک شد.

«احتیاج نیست بهش دستبند بزنید...، اون هیچ زحمتی درست نمی‌کند...»

این صدای سیروس بود که بلند شده بود، اسعد ناخودآگاه به طرف او برگشت و نگاهشان بهم افتاد. اسعد افسردگی و احساس گناه را در چشمان سیروس می‌خواند، اما حدس می‌زد که سیروس از نقشه‌ی ساواک و برادرش امیر هیچ اطلاعی نداشت و تمام قصد و نیتش این بود تا به رکسانا کمک کند. اسعد درست فکر می‌کرد. سیروس فقط می‌خواست به رکسانا کمک کند و گمان می‌کرد از طریق برادرش بتواند با ساواک معامله‌ای کرده و رکسانا را صحیح و سالم به آمریکا برگرداند. اما حالا شاهد دروغ برادرش بود، امیر از او به‌عنوان یک ابزار استفاده کرده بود تا به اسعد برسد. از اینکه به این نتیجه رسیده باشد که دیگر هیچ وقت نمی‌توانست به برادرش اعتماد کند رنج می‌کشید. سرانجام سیروس را از اتاق خارج کردند.

دیری نکشید که دو مامور، سیروس را مابین خود در کوچه پیش می‌بردند. سیروس شاهد آن بود که اکثر اهالی روستا از خواب بیدار شده بودند و از پشت بام و پنجره‌ها به صورت پنهانی سر و گوش آب می‌دادند. هنوز صدای گریه‌ی فرزندان اسعد که با نوای نی و نای که هنوز ادامه داشت و حیوانات درهم آمیخته بود در گوش‌هایش می‌پیچید و انگار شلاقش می‌زد. نگاهش به رضا افتاد که از بامی به بام دیگری جابه‌جا شد و سپس به سمت داخل کوچه از یک بام کوچکتر به جلوی آنها پرید. ماموران به ظهور ناگهانی رضا واکنش نشان دادند و با اسلحه‌های خود به طرف او نشانه رفتند. رضا بلافاصله دست‌هایش را بالا برد و به کناری نشست و به آنها فهماند که فقط قصد دارد تماشا کند. مامورین فاصله گرفتند و به همراه سیروس در تاریکی شب ناپدید شدند. در روستاهای دورافتاده، همه یکدیگر را می‌شناختند، اگر خبری درز می‌کرد و یا اتفاقی می‌افتاد همه به سرعت باخبر می‌شدند. اکنون با نوای نی و صدای پارس و زوزه‌ی حیوانات، اهالی روستا بیدار شده بودند و برای دیدن اتفاقی که رخ داده بود کنجکاوی نشان می‌دادند. عده‌ای هم احتیاط پیشه کرده بودند و از پشت بام و پنجره‌ها دید می‌زدند و شماری هم چراغ به دست داشتند و از مقابل درب خانه‌هایشان مشغول تماشای اسعد بودند که حالا با دست‌هایی بسته در بین ماموران حرکت می‌کرد. اما حواسشان جمع بود که به اسعد و ماموران نزدیک نشوند و با آنها درگیری پیدا نکنند.

صورت پیرزنی در داخل قاب پنجره‌ی کوچک منزلش پدیدار شد، دریچه‌ای که فقط قدری از صورتش بزرگتر بود، سپس صدایش برخاست:

«مگـه عربهـا دوبـاره حملـه کردنـد؟، گـه بـه گـور پدرشـون، ایـن دفعه دیگه چـی می‌خوانـد...؟، چـرا دسـت از سـر مـا برنمی‌دارند؟»

و بعـد پنجـره بـه محـض ناپدید شـدن صورتش بسـته شـد. چند نفری هـم با فانوس‌هـای نفتی و بـا حفـظ فاصلـه‌ی مناسـب، اسـعد را در مسـیر دنبـال می‌کردند. اسـعد متوجه‌ی رضا شـد که در بیـن اهالـی نظاره‌گـر بـود، نگاهـی بـه او انداخت و سـپس بـه پیرمـردی که در کنـار او ایسـتاده بود نظـر دوخت:

«عمـو حیـدر، نفریـن نکـن...، اینها هم مثـل ما ایرانی هسـتند...، فقـط دارند وظیفـه‌ای را که به عهـده‌ی آنها گذاشـتند انجـام می‌دند...، گناهـی ندارند...»

صـدای اسـعد در فریـاد الله اکبـر یـک یـا دو تـن از اهالـی که بـر روی پشـت بامها مخفی شـده بودنـد گـم شـد و طولـی نکشـید کـه در سرتاسـر روسـتا پیچیـد، حتـی عـده‌ی زیـادی از اهالی که هنـوز در جریـان ایـن اتفـاق نبودنـد بـه پیـروی از نـدای آنهـا الله اکبر سَـر دادند.

در همیـن حـال کـه اسـعد در راه بـود، سـیروس و مامورینی کـه او را همراهی می‌کردنـد از پلی کـه بـر روی یـک جـوی پـر آب احـداث شـده بود گـذر کردنـد. تعـدادی اتومبیـل در آن طـرف پل پـارک شـده بـود. ماموریـن، سـیروس را از مقابـل ماشـینش کـه در نزدیکـی سـایر اتومبیل‌هـا قرار داشـت، رد کردنـد و بـه سـمت یکـی از دو مینی‌بـوس بـدون پنجـره‌ای که انـگار به حمـل زندانیان اختصـاص داشـت، بردنـد. در ادامه سـیروس را به داخـل مینی‌بوس راهنمایی کردند و درب را پشـت سـرش بسـتند. در داخـل مینی‌بـوس چنـد صندلـی تعبیـه شـده بـود کـه همـه آنهـا بـه حلقه‌های فلـزی و کمربندهـای کنتـرل زندانیـان مجهـز بودنـد. هنـوز وارسـی سـیروس تمـام نشـده بـود که درب مینی‌بـوس بـاز شـد و بـرادرش ظهـور کرد. بـا ورود امیر و نشسـتن در روبه‌روی سـیروس درب مینی‌بـوس دوباره بسـته شـد.

دو بـرادر بـرای لحظاتـی در سـکوت و در یـک حالـت پرسـش و پاسـخ بـه هـم چشـم دوختنـد. سـیروس دریافتـه بـود کـه بـرادرش شـخصاً بـه آنجـا آمده بـود تـا اطمینان حاصـل کند سـیروس در امـن و امـان اسـت و دچار حادثه‌ی ناگواری نشـده باشـد. درسـت مشـابه همان کاری که سـیروس در نظر داشـت برای حفظ امنیت اسـعد برقرار کند. در سکوتشـان سـعی در یافتن کلماتی داشـتند تا به کدورتشـان دامـن نزنـد و بیـش از این به رابطه آنها خدشـه وارد نکند، میل نداشـتند کارشـان به جای باریکـی بکشـد و بـه بی‌احترامـی منجر شـود. در باورشـان نمی‌گنجید که ارتباطشـان چنین شـکرآب اسـت. چـرا نمی‌توانسـتند مثـل بسـیاری از بـرادران و خواهـران بـا هـم صمیمـی و مهربان باشـند. به نظـر می‌رسـید آنچـه میـان آنهـا اتفـاق افتاده بـود بیـش از اختلافـات معمول فلسـفی و سیاسـی بود کـه معمـولاً در اطـراف میزهای شـام در سراسـر جهان اتفـاق می‌افتـاد. اختلافات آنها از وقایعی ناشـی

می‌شد که زندگی را مختل می‌نمود، خانواده‌ها را نابود می‌کرد و گاهی تاریخ را تغییر داده و باعث مرگ یکی از طرفین می‌شد.

سیروس به برادرش خیره شد اما نمی‌توانست برای ابراز احساساتش کلمات مناسبی پیدا کند. کاملاً به این موضوع پی برده بود که امیر از او به عنوان یک ابزار استفاده کرده بود تا اسعد را به دام بیاندازد. حالا می‌دید که ضمانت او در قبال آزادی رکسانا، بیش از یک نقشه و نیرنگ سیاسی نبود:

«تو از من استفاده کردی، به من دروغ گفتی!»

سیروس با تمام تلاشش موفق نمی‌شد تا خشمش را پنهان کند، امیر با آرامش جواب داد:

«این همان کاری نبود که دوستان تو با رکسانا کردند؟، چرا به آنها خرده نگرفتی؟، آدم‌هایی‌که برای رسیدن به هدفشون، هیچ ارزشی برای جان دیگران حتی رفقای قدیمی خود قائل نیستن...!» امیر یک اعلامیه‌ی رنگی را با عصبانیت بر روی دامان سیروس کوبید تا خوب به آن نگاه کند: «آخرین باری که نادر را دیدی و یا از او شنیدی کی بود؟»

بر روی اعلامیه تصویری از نادر دیده می‌شد که در حال سوختن بود. شعله تمام بدنش را فرا گرفته بود. تصویر عبدالله در انتهای اعلامیه و به‌طور نامشخصی دیده می‌شد که با وحشت و بهت به نادر نگاه می‌کرد. مشاهده‌ی عکس نادر تنها خنجری نبود که بر قلب سیروس فرود می‌آمد، همانطور که گیج و گنگ و ناباورانه به عکس خیره شده بود باید به سخنان تیز و بُرنده امیر هم گوش می‌داد.

«نادر مثل برادر تو بود، با تو بزرگ شده بود، یادت میاد؟، این کاری است که دوست دیرینه‌ی تو، سعید با او کرده...، از طریق عبدالله به نادر پیغام دادند تا در یک بارانداز همدیگر را ببینند و با هم آشتی کنند و باز رفیق باشند...، عبدالله هم که حرف سعید را باور کرده بود، نادر را قانع کرد تا با سعید ملاقات کند، اما نمی‌دانست که سعید نقشه‌ی دیگری در سر داشت، سوزاندن دوست دیرینه‌اش نادر که درس عبرت دیگران باشد...، عبدالله می‌دید که تعدادی از دوستان سعید به یکباره از سوراخ سمبه‌ها بیرون آمدند و تا نادر آمده بود به خودش بجنبد بر روی او نفت ریخته بودند، لبخند ملایم و دوستانه‌ی نادر که در ابتدا در این خیال بود که شاید سعید داشت با او شوخی و یا او را امتحان می‌کرد با کبریتی که سعید کشیده و روی او انداخت و او را به آتش کشید، از بین رفت...، اما دیگه دیر شده بود...، نادر را سوزاند و بعدشم اعلامیه پخش کردند که کار ساواک بوده، عبدالله هم گیج و سردرگم فقط می‌توانست تماشگر باشد که سعید، نادر را زنده زنده سوزانده بود...، بدتر از همه می‌دید که در چهره‌ی سعید نه تنها هیچگونه پشیمانی و ناراحتی دیده نمی‌شد هیچ، از کاری که کرده

بـود بسـیار لـذت هم می‌بـرد...»

سـیروس دیگـر تحمـل نداشـت تـا بـه تصویـر تلـخ و بیمارگونـه‌ی اعلامیه نـگاه کند. سـرش را محکـم در میـان دسـتانش گرفـت و بـا هـر قدرتـی کـه داشـت فشـرد. برخـلاف آتـش داغـی که از سـوختن نـادر در ذهنـش زنـده می‌شـد، اشـکی کـه از چشـمانش سـرازیر بـود دسـتانش را خنـک می‌کـرد. می‌خواسـت فریـاد بکشـد و خـدا و مخلوقاتـش را زیـر سـوال ببـرد تـا دلش را خالـی کند، امـا صدایـش در بغـض گلویـش خفـه شـده بـود، ولی امیـر هنـوز کارش با سـیروس تمام نشـده بود و در واقـع داشـت گـرم می‌شـد:

«جمعـه‌ی دیگـه عـازم آمریکا خواهی شـد...، هیـچ حرفی هم توش نیسـت، یا ترک ایـران و یا رفتن به زندان...»

امیـر بـا تأکیـد بر اینکـه موضوع رفتن از ایران جای گفتگو نداشـت با دسـت بـه درب مینی‌بوس زد و درب بـاز شـد. یـک پـای امیر بیـرون از درب قـرار گرفـت و برگشـت، کمـی به طرف سـیروس خم شـد:

«باید بری پیش مادر و به او بگی که این تصمیم خودت بوده و گرنه باید توی زندان به ملاقاتت بیاد...»

دو بـرادر، چالش‌برانگیـز بـه هـم نظـر دوختند. انـگار صلاح انتخاب چالش‌شـان هم سـکوت بود. چـه کسـی ابتدا سـکوت را می‌شکسـت؟ آیـا ممکن بود کـه هیچ کدام سـکوت را نشـکنند؟ برادرانی کـه در مقابـل مادرشـان اجـازه بحـث و جـدل نداشـتند اکنـون در موقعیتـی تنها در سـکوتی وصف ناپذیـر فـرو رفتـه بودنـد. در همیـن حـال و احوالی که سـیروس و امیـر در حال آزمایش احساسـات خـود بودنـد، اسـعد بـا دسـتانی بسـته، از روی پل گذشـت و بـه مینی‌بوس کناری سـیروس رسـید. نـگاه اسـعد بـه سـیروس افتاد و بـرای لحظاتی نـه چندان کوتـاه در هم قفل شـد. حرفه‌ای بسـیاری در پشـت سـکوت نگاهشـان وجـود داشـت کـه لازم بود با فریـاد بیان می‌شـد. هر دو خامـوش بودند و نمی‌دانسـتند چـه سرنوشـتی در انتظارشـان اسـت. غـم و انـدوه در چهرهشـان مـوج مـی‌زد. بـا اشـارهی امیـر درب مینی‌بـوس بـر روی سـیروس بسـته شـد و او دیگر چیـزی را نمی‌دید. سـیروس تنهـا می‌توانسـت احسـاس کنـد کـه مینی‌بـوس در حال حرکـت بـود. از درون خـودش را می‌خورد و احسـاس خشـم و انفجـار می‌کـرد، مثـل شـیر دربنـدی بـود کـه بـه او یـادآوری می‌کرد کـه دیگر اختیـار و کنتـرل زندگیـش را از دسـت داده اسـت و او می‌خواسـت تمـام این زنجیرهـایِ محدودیت را پـاره کند.

نگاه‌هـای اسـعد و امیر معطـوف مینی‌بوسـی بـود که سـیروس را بـا خـود می‌برد تـا چراغ‌های عقبـش در تاریکـی شـب ناپدیـد شـد. یکی از ماموران اسـعد را به داخـل مینی‌بوس هل داد و اسـعد بـر کـف مینی‌بـوس افتـاد. اقدام وحشـیانه‌ی مامور بـا برخورد تنـد امیر روبه‌رو شـد:

« محترمانه با او رفتار کنید، چرا به او دستبند زدید؟، مگه دزد گرفتید؟، بازشون کنید...»

دستبندهای اسعد را باز کردند و اسعد بر روی صندلی قرار گرفت. امیر وارد شد و درب را بست. سپس درکنار اسعد نشست. دوباره سکوت و چالش شکستن سکوت برقرار شد. سرانجام پس از یک سکوت طولانی امیر سخن گشود:

«دختر شما مسیری طولانی را برای دیدن شما طی کرده است، به نظر می‌رسد که او باید کمی بیشتر صبر کند...»

اسعد آهی کشید. شنیدن نام رکسانا همیشه برای او آمیخته با غم و شادی بود. سرا پا گوش بود تا شاید از امیر خبر خوشی را در رابطه با دخترش بشنود. امیر ادامه داد:

«او جوان است و بی‌تجربه و ناآشنا با فرهنگ ما...، باید بسیار احتیاط کرد که او را بر علیه تو استفاده نکنند و جانش را به خطر نیاندازند...، دوست‌های تو به هیچ‌کس و هیچ چیز رحم نمی‌کنند...، من مطما هستم اگر یک روزی از کارهای شما خوششان نیاید و بدانند اون دخترته او را می کشند... این جماعت مذهبی نما به قربانی کردن بچه‌های خود هم برای رسیدن به ثروت و مقام فرو گذار نیستند... قطعاً این به شما بستگی دارد و انتخاب بعدی شما می‌تواند در سرنوشت رکسانا تاثیر زیادی داشته باشد، اما نصیحت من این است که کسی نباید بداند و یا بفهمد رکسانا دختر شماست...»

اسعد از سخنان امیر گیج شده بود. چرا امیر نسبت به وضعیت رکسانا حساس بود؟ چه از او می‌خواست؟، امیر بیشتر معطل نکرد و ادامه داد:

«او اگر هیچ اطلاعاتی در مورد اینکه شما کجا هستی و چه می‌کنی و اصلاً به‌طور کلی شما پدرش هستی نداشته باشد جانش کمتر در خطر است...، شاید بشه قانعش کرد با سیروس از ایران برود تا آبها از آسیاب بیافتد...، بعدها اگر خدا بخواهد وقت برای دیدن همدیگر زیاد خواهد بود...»

امیر پس از کمی سکوت بلند شد و در روبه‌روی اسعد نشست. برای نخستین بار در چشمان اسعد نگاه کرد. هر دو با چشمانی که در آن عشق به ایران موج می‌زد به‌هم خیره شده بودند و یکدیگر را سبک و سنگین می‌کردند. امیر دوباره سکوت را شکست:

"یادمان باشه که این مکالمه هرگز اتفاق نیافتده...، تا آنجا که همه، چه ساواک و چه ضدحکومتی‌ها می‌دانند شما خودت باز فرار کردی...»

اسعد در این اندیشه به سر می‌برد که آیا امیر در نظر داشت تا همان بازی سیروس را با او تکرار کند و یا به تیرِ دیگری وارد میدان شده بود. عقلش به جایی راه نمی‌داد. شاید

می‌خواسـت بـا اسـتفاده از رکسـانا او را بترسـاند و در فشـار افشـای هویـت همدسـتانش قـرار دهد. قبـل از اینکـه بـه نتیجـه‌ای برسـد امیـر خـودش را بـه اسـعد نزدیـک کـرد و بـا صدایی آهسـته که فقـط خودشـان می‌شـنیدند ادامـه داد:

«مـا هـر دو هـدف مشـترکی داریـم...، بـرای خوبـی ایـران و ملـت کار می‌کنیـم و نه بـرای مقام و منزلـت...، بهبـودی وضـع مـردم و میهـن را می‌خواهیـم، زندانـی شـدن شـما بـه هیچ یـک از این هدف‌هـا کمـک نمی‌کنـد...، دسـت‌های اجنبـی در کار هسـتند و امـکان زیـادی اسـت که شـاه را از کار بیاندازنـد...، چـرا کـه شـاه به غـرب باج نمی‌دهـد...، می‌خواهنـد مذهبیون را بـر روی کار بیاورند و نفـت را مفـت ببرنـد...، و ایران را ویرانسـتان کننـد...، بنابراین اگـر این اتفاق بیافتـد آدم‌های وطن پرسـتو درسـتو پاکـی مثل شـما در بیرون بیشـتر به میهن و ملـت خدمت می‌کنند تا در زنـدان...، از دسـت من کار بیشـتری برنمی‌آید، وسـط راه ماشـین شـما تصادف می‌کند و شـما ناپدید می‌شـید و هیـچ کـس نمی‌دانـد چگونـه ایـن اتفـاق افتاده...، شـما را بـه خانـه‌ی امنـی می‌برنـد...، و بعد من در موقـع مناسـب با شـما تماس می‌گیـرم...»

امیـر از مینی‌بـوس بیـرون رفـت و درب بسـته شـد. اسـعد بـا تعجـب به درب بسـته خیره شـده بـود. بـه نظر می‌رسـید کـه داشـت امیـر را از پشـت حفـاظ بیرونـی مینی‌بـوس می‌دیـد، امیـر بـه چراغ‌هـای عقـب مینی‌بوسـی کـه اسـعد را بـا خودش می‌بـرد نـگاه می‌کرد. اکنـون سـپیده زده بود و هـوا دیگر داشـت روشـن می‌شـد.

چراغ‌هـای روشـن مینی‌بـوس و سـه اتومبیـل دیگـر که به دنبـال هـم در راه ترک روسـتا بودند بـر درب و دیـوار خانه‌هـای کاهگلـی، درختـان و اهالـی تماشـاگر کنجـکاو، می‌تابیـد و آنها را پشـت سـر گذاشـته و بـه خاموشـی می‌سـپرد. اولین مینی‌بوسـی کـه سـیروس را حمل می‌کرد بـه آخرین پـل کوچکـی رسـید که فقـط به انـدازه‌ی عبور یـک اتومبیل عرض داشـت. نور چراغش بـا نور چراغ یـک ماشـین سـواری کـه از جهـت مخالـف به پل رسـیده بود شـاخ به شـاخ شـد. اتومبیـل کوچک سـواری کـه رقیـب قابـل اعتنایـی محسـوب نمی‌شـد، ناچـار بـود بـه ایسـتد تـا مینی‌بوس ابتـدا از پـل عبـور کنـد. ایـن اکبـر بود کـه در پشـت فرمان خودروی سـواری نشسـته بـود و با کنجـکاوی و نگرانـی بـه مینی‌بـوس نـگاه می‌کرد. رکسـانا در صندلی سرنشـین کنار راننده نشسـته بـود. او هم از توجهـی تلـخ اکبـر، نـگاه گذرایی داشـت کـه بین مینی‌بـوس و عمویـش در رفت و آمد بـود. روحش هـم خبر نداشـت کـه مینی‌بوس عشـق محبوبش را بـه طرف سرنوشـت نامعلومی حمـل می‌کرد. به مجـرد اینکـه اکبـر به خـودش آمد و قصـد کرد تا از پـل عبور کند کاروان اتومبیل‌های سـاواک سـر رسـیدند و او مجبـور شـد تـا به زمـان انتظـارش بیافزایـد. خودروهای سـاواک که شـامل مینی‌بوس حامـل اسـعد و اتومبیل‌هـای امیـر و سـیروس هـم بـود از روی پـل رد شـدند. اکبر آن چنـان نگران

شده بود که چراغ‌های آن‌ها را تا نقطه‌ای که ناپدید شدند با نگاهش دنبال کرد. سپس گیج و نگران ماشینش را به حرکت درآورد. حدس می‌زد که حضور آن همه ماشین عجیب و غریب حاوی اخبار ناخوشایندی باشد. نگرانی اکبر به رکسانا هم منتقل شد. رکسانا با صد هزار میل و آرزو آمده بود تا بالاخره پدرش را ببیند و او را در آغوش بگیرد. اما با مشاهده‌ی ماشین سیروس که شخص دیگری آن را می‌راند بسیار نگران شده بود. ماشین اکبر از روی پل گذشت و وارد روستا شد. هوا تقریباً روشن شده بود و می‌شد هنوز عده‌ای از اهالی را دید که در جلوی درب منازل خود جمع بودند و به گفتگو و غیبت می‌پرداختند. با دیدن ماشین اکبر تقریباً همه به دنبال او راه افتادند. بسیاری از اهالی، اکبر را می‌شناختند اما با دیدن رکسانا کنجکاوتر شده بودند و حدس می‌زدند که ماجرا ادامه دارد.

ماشین اکبر به پلی رسید که باید پارک می‌شد و غیرقابل عبور بود. اکبر از ماشین پیاده شد و نگاهش پرسشگرانه از روی مردم یکی یکی گذر می‌کرد. اما هیچ جوابی به جز سکوت و تعجب دریافتش نمی‌شد، سپس با نگرانی به سمت خانه‌ی اسعد قدم برداشت. رکسانا به دنبالش حرکت کرد. با دیدن مردمی که هنوز با چراغ‌های نفتی روشن در مسیر بودند و این حضور در مقابل خانه‌ی اسعد نمود بیشتری پیدا کرده بود بر اکبر مسلم شد که نگرانیش بی‌مورد نبود. رکسانا هم گیج و گنگ، منتظر اکبر بود تا زبان باز کند و او را از آنچه گذشته بود مطلع سازد. اما اکبر به دلیل نامعلومی سکوت اختیار کرده بود، شاید امیدوار بود که اسعد به دلیل معجزه‌آسایی هنوز در خانه باشد. آن‌ها به مقابل درب حیاط خانه‌ی اسعد رسیدند، اما قبل از اینکه وارد خانه بشوند چهره‌ی پیرزن همسایه‌ی اسعد دوباره در قاب پنجره‌ی کوچک طبقه‌ی دوم خانه‌اش ظاهر شد و با صدایش سکوت را شکست:

«مگه هنوز این عرب‌های پدرسوخته نرفتند...؟، آخه ما که دیگه مسلمون شدیم، پس از جون ما دیگه چی می‌خواند...؟»

همان‌طور که چهره‌ی پیرزن از مقابل قاب پنجره غیب شده بود، اکبر و رکسانا با ورود به خانه‌ی اسعد از نظر ناپدید شدند. با رفتن مامورین، اهالی به کمک خانواده‌ی اسعد شتافته بودند. اکبر و به دنبالش رکسانا وارد اتاق نشیمن خانه‌ی اسعد شدند. اکبر بیش از هر چیز نگران فرزندان اسعد بود و در بین جمعیت به دنبال آن‌ها می‌گشت. چشمش به خانم اسعد افتاد که هنوز فرزندانش را در گوشه‌ای از اتاق بغل کرده بود و از آن‌ها محافظت می‌کرد. برای یک زن دهاتی که از گذشته‌ی اسعد هیچ اطلاعی نداشت ترس و شوک عادی به نظر می‌رسید، اما با دیدن اکبر کمی خیالش راحت شد و ترسش ریخت و دستانش در نگهداری بچه‌ها کمی شل شد. رکسانا گیج و گنگ هنوز منتظر بود و در تماشای جریانی که یکی پس

از دیگـری اتفـاق می‌افتـاد بـه اکبـر و حالا به سـمت بچه‌هـا ماتش برده بود. چشـم رکسـانا به دختر کوچـک اسـعد، گل آرام، افتـاد کـه بـا دیـدن اکبـر از آغوش مـادرش جدا شـد و به طـرف اکبر دوید و در آغـوش او جـای گرفـت. صـدای گریـه‌اش قلـب حاضریـن را جریحـه‌دار کـرد. هر چند رکسـانا هنـوز فارسـی را خـوب نمی‌فهمیـد اما با مشـاهده‌ی بچه‌هـا و خصوصاً گل‌آرام، دختربچه‌ی کوچک دیگـر از یـاد پـدرش غافـل شـده بـود و بـه آنهـا فکر می‌کـرد. سـرانجام صدای اکبـر که بـه طرف او نـگاه می‌کـرد، رکسـانا را به خـود آورد.

«اینها برادر و خواهران ناتنی شما هستند...»

و بعد اکبر به دخترک رو کرد و با مهربانی با او وارد صحبت شد:

«اون خانم خشـگله، اسـمش رکسـانا اسـت، ناخواهریته که از آن سـر دنیا، آمریکا آمده دیدنت...، شـما را هم خیلی دوست داره...»

اکبـر عاقـل و مهربـان بـود و می‌دانسـت کـه بهتریـن و تنهـا راه معرفـی کـردن آنهـا بـه هـم از طریـق عشـق بود. همسـر اسـعد از شـنیدن چنیـن خبری بیشـتر گیج و گنگ شـده بود. امـا بچه‌ها کـه قلـب پـاک و مهربـان بچگـی را داشـتند و هنـوز روحشـان پاک بـود با دیـدن رکسـانا لبخند بر صورتشـان نشسـت. گل آرام دختربچـه‌ی کوچـک از عمویـش بریـد و با تانی به رکسـانا نزدیک شـد و بـا مهربانـی در مقابلـش ایسـتاد. دسـت‌های رکسـانا بـاز شـد و دختـرک در آغـوش رکسـانا جای گرفـت، به‌طـوری کـه هیـچ کدام میل نداشـتند تـا از یکدیگر جـدا شـوند. دیری نگذشـت که دختر بزرگتـر، آسـیه، هـم بـه خواهرش پیوسـت و حالا سـه خواهر در آغوش هم اشـک شـوق می‌ریختند.

همسـر اسـعد هـم زانوهایـش را گرفته بود و تماشـا می‌کـرد. به‌نظر می‌رسـید نگرانیـش برطرف شـده و آن روی مهربانـش جوانـه زده بـود. او حـالا با تشـویق، پسـر خجالتیش احمـد، را هل می‌داد تـا بـه خواهـران خـود بپیوندد. پسـرک خجالتی چند گام برداشـت اما از سَـرِ کم‌رویـی در یک قدمی آنهـا متوقـف شـد و بـا لبخنـد و کنجـکاوی بـه آنهـا نظـر دوخـت. رکسـانا متوجـه‌ی احمد شـد و با دسـتی او را بـه طـرف خـود دعـوت کـرد. سـرانجام احمـد خجالتی بـه جمـع خواهرانش پیوسـت و طولـی نکشـید کـه دسـت‌های خـود را بـه دورشـان حلقـه زد. هـر چنـد رکسـانا را از دیـدار پدرش محـروم کـرده بودنـد، امـا فصل دیگـری در زندگیش باز شـده بود. اکنـون در ایران بـرادر و خواهران ناتنـی داشـت کـه چنـان بـا گرمـی او را در آغـوش گرفتـه بودند کـه حتی او هـم که بـه آداب گریه کـردن ایرانی عـادت و آشـنایی نداشـت حـالا بـه آنها پیوسـته و اشـک می‌ریخـت. رکسـانا پذیرفته بـود کـه آنهـا جزیـی از خانـواده‌ی پدرش هسـتند کـه او از آنهـا بی‌اطلاع بـود. احسـاس می‌کرد که او بـرای آنهـا حکـم یـک شـاهزاده‌ی زیبـا را داشـت کـه شـیفته و فریفته‌ی او شـده بودند تـا جایی کـه بـه صـدای دیگـران کـه به کمک آنهـا آمده بودنـد و در حال و هوای پرسـش و پاسـخ ماجرا قرار

داشتند، توجهی نمی‌کردند. رکسانا آنها را محکم در آغوش خود نگه داشته بود و تمام ترس و اندوه چند روز انتظار و چونه زدن و قانع کردن عمویش اکبر که بالاخره رازی شده بود او را به دیدن پدرش بیاورد، جایش را به شادمانی و صلح و صفا داده بود. مردم کنجکاو که از اکبر در مورد رکسانا شنیده بودند در صف برای بوسیدن و در آغوش گرفتن او انتظار می‌کشیدند. همه هم انگار که رکسانا خوب زبان آنها را می‌فهمید، گرم گفت و شنود با او می‌شدند. مردم روستا که تا حالا اسعد را بیشتر از یک معلم ساده نمی‌شناختند به عمق زندگی او پی برده بودند. از اینکه خارج رفته بود و زن و فرزند خارجی داشت و یک فرد معترض حکومتی محسوب می‌شد انگشت به دهان مانده بودند. چشم‌های رکسانا از بین دست‌های زنانی که پیوسته او را در بغل می‌گرفتند، می‌بوسیدند و خوشآمد می‌گفتند، به تار قدیمی اسعد افتاد که بر دیوار آویزان بود و انگار نمی‌خواست چشم از آن بردارد. خودش هم نمی‌دانست که چرا تار را در هیبت اسعد می‌دید. با دیدن تار به یاد مادرش افتاد که چند بار برای او تعریف کرده بود که پدرش وقتی او نوزادی بیش نبود کنار تختخواب کوچکش می‌نشست و برای او تار می‌زد و می‌خواند تا او را بخواباند.

رکسانا در طول مدت کوتاهی که در کنار خانواده‌ی ایرانی پدرش زندگی می‌کرد، فرصتی یافت تا فکر کند. او دریافته بود که با حضور خود، دوباره پدرش را در کانون توجهی ساواک و حتی گروه‌های ضد حکومت قرار داده بود تا برای یافتن او دست به کار شوند. این حقیقت که از او استفاده کرده بودند تا به پدرش برسند بسیار او را آزار می‌داد. اما اکبر برای آرامش خاطر او کمک بزرگی محسوب می‌شد. اکبر به رکسانا اطمینان داده بود که او در قبال دستگیری پدرش مسئول و مقصر نبود و مشیت الهی در بروز چنین اتفاقی نقش داشت و اگر او به ایران نمی‌آمد قسمتی از زندگی همه آنها همیشه پنهان می‌ماند و در زیر خاک دفن می‌شد. حالا رکسانا دریافته بود که چرا همه در قبال دیدار پدرش جانب احتیاط را در پیش می‌گرفتند. اکنون خیال می‌کرد که مثل یک گلوله‌ی برفی از بالای کوه پوشیده از برف به پایین قِل می‌خورد و در حین غلتیدن بر سرعت و ابعادش افزوده می‌شد و حالا غیرقابل توقف، همه چیز را در مسیر خود تحت تاثیر قرار داده و خراب کرده بود.

*****

روزها و شب‌ها سپری می‌شدند. حالا همه او را با آغوش باز می‌پذیرفتند و با محبت فراوان او را شگفت‌زده می‌کردند. همسایه‌های اسعد حتی یک روز از آوردن انواع غذاها، شربت و شیرینی‌های خانگی مضایقه نمی‌کردند. چنان در مسابقه‌ی ابراز احساسات و استقبال از رکسانا قرار داشتند که گاهی سه تا چهار نوع غذاهای مختلف برای او می‌آوردند و برخی او را مجبور

می‌کردنـد تـا از غذاهـای آنهـا بچشـد و میـل کنـد. خواهرانـش بـه او رقـص محلـی می‌آموختنـد. خواهـر کوچکتـر همـواره بـه بـازی و درسـت کـردن موهـای او مشـغول بـود. نامادریـش بـه او طرز پختـن غذاهـای ایرانـی را آمـوزش مـی‌داد. در ابتـدا بـرای رکسـانا قابـل هضـم نبود که چـرا پدرش خـود را بـه چنیـن زندگـی سـاده‌ی دهاتی وِفـق داده بـود، امـا محبت‌های بی‌دریـغ و بی‌پایـان آنها پاسـخگوی بسـیاری از سـوالات او بـود، تـا جایـی کـه در زمـان تـرک آنجـا، میـل دل کنـدن از آنها بـه راحتـی برایـش میسـر نبـود. انـگار از تجربـه‌اش به این برداشـت رسـیده بـود که پـدرش چندان هـم مقصـر نبـود و او آن زندگـی سـاده را بـدون قضـاوت و بـدون قیـد و شـرط پذیرفتـه بـود، بـه همـان شـکلی کـه حـالا او آن را قبـول کـرده و داشـت به شـیوه‌ی زندگی روسـتایی عـادت می‌کرد. بـا اینکـه بسـیار در مـورد خانـواده‌اش آموختـه و می‌خواسـت بیشـتر هـم بیامـوزد امـا می‌دانسـت کـه برنامه‌هـای مهمتـری در پیشـرو داشـت و بایـد آنهـا را تـرک می‌کـرد و در یـک موقـع مناسـب دیگـر بـاز بـه آنجـا برمی‌گشـت. یقین داشـت که سـیروس بـا اتفاقـات ناخوشـایندی دسـت و پنجه نـرم می‌کـرد، بنابرایـن بایـد بـه تهـران بازمی‌گشـت تـا شـاید به سـنگ صبـور حاجیه خانـم تبدیل می‌شـد. از طرفـی بـرای یافتـن پـدرش بایـد جسـتجویش را ادامه مـی‌داد. اکبر هم بعـد از یک یا دو روز بـه دنبـال اسـعد روسـتا را تـرک کـرده بـود و از او هـم هنـوز هیچ خبـری نبود.

روز جدایـی از روسـتا و تـرک خانـواده‌ی ایرانیـش فـرا رسـیده بود. خواهـر کوچکـش آنچنان به او چسـبیده و می‌گریسـت کـه چنـد تـن از زنان همسـایه بـه کمک مـادرش آمدند تـا او را از آغوش رکسـانا جـدا کننـد. در کوچـه و در مقابـل خانـه‌ی پیـرزن، انگار قـرار نبود مراسـم بدرقه‌ی رکسـانا بـدون شـرکت او پایـان یابـد. صورتش درسـت مثل گذشـته در قـاب پنجره ظاهر شـد:

«مگه دوباره عرب‌ها برگشته‌اند؟»

رکسـانا لبخنـدی زد. او گمـان نمی‌کـرد کـه خاطرات و صـورت پیرزن هیچ وقـت از ذهنش پاک شـود. نامادریـش پشـت سـر او آب می‌پاشـید تـا او بـه سـلامت برگـردد. در راه رسـیدن به سـر جاده و اتوبـوس، انـگار تمـام روسـتا بـه بدرقـه‌ی او آمـده بودنـد، درسـت مثل اینکـه ملکـه‌ای قصد ترک سـرزمینش را داشـت. مـردم بـاز هدیـه به دسـت تا پـای اتوبـوس او را بدرقـه کردند وتـا اتوبوس در دوردسـت ناپدیـد نشـده بـود از جـای خـود تـکان نخوردند. رکسـانا با قـول اینکه یـک روز با پدرش بـه آنجـا بازمی‌گـردد آنهـا را ترک کـرد و راهی تهران شـد.

*****

فصل ۲۰

یکی پس از دیگری ناپدید می‌شوند...

رکسانا دوباره در تهران بود. لحظه‌ای هم از فکر پدرش غافل نمی‌شد. از زمانی که او از روستا و محل خانواده‌ی پدرش برگشته بود چند ماهی می‌گذشت. اما هنوز هم به آنها و خصوصاً به ناخواهری کوچکش فکر می‌کرد و دلش برای او خیلی تنگ شده بود. دیگر شکل و شمایل و آداب و رسوم زنان ایرانی را پیشه کرده و به آن خو گرفته بود. اکنون در اتاق اضافی آپارتمان بزرگ پیتر زندگی می‌کرد و وقتش را در بین خانه، رستوران پیتر و حاجیه‌خانم می‌گذراند. از اینکه سیروس بدون هیچ اطلاعی به آمریکا رفته بود، در پرسش به سر می‌برد و از او دلسرد و مایوس شده بود، خصوصا که برای او معما بود که چرا با هیچ‌کس تماس نمی‌گرفت، حتی با پیتر، از این‌رو بیشتر وقتش را در خانه‌ی مادر سیروس و با حاجیه‌خانم و پری سر می‌کرد و همیشه در پی گرفتن خبری از سیروس و پدرش بود که به یکباره جفتشان ناپدید شده بودند و خبر چندانی از آنها نداشت. فقط می‌شنید گاهی در نیمه‌های شب که او خوابیده بود و یا در آنجا حضور نداشت سیروس با مادرش تلفنی گفتگو می‌کرد. نمی‌فهمید که چرا سیروس ناگهان او را فراموش کرده بود. این طرز رفتار با خلق‌وخو و منش سیروس مطابقت نداشت. حاجیه خانم و پری تا اندازه‌ای به رکسانا آشپزی ایرانی را هم یاد داده بودند. البته پری همیشه آنجا نمی‌ماند و رفت و آمد می‌کرد. آپارتمان پیتر در طبقه‌ی دوم یک ساختمان سه‌طبقه که در ضلع شمال واقع شده بود، در انتهای یک خیابان بن‌بست قرار داشت. پسری چهارده ساله که بشدت مجذوب رکسانا شده بود، با والدینش در بالای آپارتمان پیتر سکونت داشت. او از هر فرصتی استفاده می‌کرد تا با دوربین جدیدی که به مناسبت روز تولدش گرفته بود از رکسانا عکس و فیلم بگیرد و این برنامه برای آنها به یک بازی شیرین همیشگی تبدیل شده بود. صاحب ساختمان، فرهاد و خانوده‌اش، آذر همسر فرهاد و دخترشان فریده که چند سالی از رکسانا کوچکتر بود و سایر همسایگان با آغوش باز پذیرای رکسانا شده بودند. فریده از هر فرصتی استفاده می‌کرد تا به رکسانا فارسی یاد بدهد و از او زبان انگلیسی یاد بگیرد. حتی پیشنهاد کرده بودند تا به رکسانا حق تدریس بپردازند، اما رکسانا این کار را دوست داشت و حق تدریس را قبول نمی‌کرد. اکبر و مادربزرگش به اندازه‌ی کافی پول در اختیار رکسانا قرار داده بودند که تا سال‌ها برای او کافی بود، البته حاجیه خانم هم همیشه سعی داشت تا به زور به او پول بدهد.

*****

یک شب آرام دیگر در تهران سپری می‌شد. رستوران پیتر شلوغ بود و او طبق معمول مشغول شعرخوانی و بحث فلسفی با مشتریان بود. پری و رکسانا در گوشه‌ای آرام نشسته بودند و در حین نوشیدن شراب، گفتگو می‌کردند. پری عکسی را به رکسانا نشان داد که در آن تصویر حسین و دوستانش را در یک محل بیابانی در آمریکا نشان می‌داد که مشغول تمرین تیراندازی بودند. سیروس نگران و متفکر در کناری ایستاده بود و به حسین که مسلسلی را در دست داشت نگاه می‌کرد. سیروس تنها فردی بود که هیچ لبخندی بر چهره نداشت. رکسانا می‌دانست که آنها در کجا بودند. او با بیابان‌های یومای آریزونا آشنایی داشت. در واقع به منظور تمرین تیراندازی، دفعاتی با حسین به آنجا رفته بود. ولی این اولین باری بود که در دست حسین مسلسل می‌دید. سلاحی که برای تمرین تیراندازی در آمریکا معمول نبود. رکسانا برای لحظه‌ای احساس کرد که در بیابان یوما و در کنار آنها حضور دارد. یوما یکی از مناطق کم جمعیت در استان آریزونا است و در همسایگی کالیفرنیا قرار دارد. می‌توان آن را با دو کلمه‌ی، تپه‌های شنی و هوای داغ تعریف کرد نه یک مکان ویژه برای ماه عسل. حسین به طرف سیروس برگشت و مسلسل را به طرف او نشانه گرفت، مستقیم در چشم‌های سیروس خیره شد و با نشان دادن قطعات مسلسل زبان گشود:

«۸۰ گلوله را شلیک می‌کند»

هر چه حسین بیشتر صحبت می‌کرد، سیروس بیشتر در فکر و خیال و نگرانی غرق می‌شد. دنیای حسین با دنیای او زمین تا آسمان تفاوت داشت. سیروس در این تعجب به سر می‌برد که چرا دوستی به مانند حسین که در کلاس درس مدرسه در کنار هم می‌نشستند و در همسایگی هم زندگی می‌کردند تا این حد عوض شده است؟ حسین از سیروس دور شد و به اطراف خود نگاهی انداخت تا از عدم وجود هر فردی که در معرض خطر گلوله باشد اطمینان حاصل کند. سپس مستقیماً به سمت هدفی که در یک تپه‌ی ماسه‌ای قرار داشت نشانه رفت و مشغول تیراندازی شد. حسین تنها کسی نبود که مشغول آموزش برای کشتن هموطنانش بود، تعدادی ایرانی دیگر هم در آنجا بودند. در میان آنها عبدی و زن جوانی بنام پریسا حضور داشتند که سیروس با آنها در آپارتمان حسین در وسط وود که در کنار دانشگاه یوسیال قرار داشت، آشنا شده بود. حسین مسلسل خود را به سمت سیروس گرفت:

"می‌خواهی امتحانش کنی؟"

و این آخرین جمله‌ای بود که سیروس انتظار داشت در رابطه با اسلحه بشنود. هر چند او صحنه‌های خشن و دلخراش تمرین تیراندازی را تماشا می‌کرد اما حاضر نبود که از آن سلاح استفاده کند.

«من هرگز آن را لمس نکرده‌ام و هرگز نخواهم کرد!»

حسین به سیروس که بهترین دوستش بود لبخندی حواله کرد:

«این خیلی خوب است که تو کمربند سیاه داری!؟، اما خیال می‌کنی اگر اتفاقی بیافتد، حرکت تو سریع‌تر از حرکت گلوله است؟»

و سپس به طرف عبدی و پریسا رفت و مسلسل را به آنها داد که آن را امتحان کنند. آن دو با دقت مشغول بررسی مسلسل شدند. در ادامه همه به هدف‌گیری و شلیک پرداختند. صدای شلیک گلوله‌هایی که از سلاح‌های حسین و دوستانش برمی‌خاست و در فضا می‌پیچید، گوش سیروس را آزار می‌داد. سیروس در این اندیشه به سر می‌برد که به راستی امکان داشت روزی مسیر شلیک این گلوله‌ها تغییر کند و به جای اهداف ماسه‌ای، سینه‌ی هم‌وطنانش را بشکافد؟ برای سیروس آشکار بود که حسین قصد داشت او را با هدف خود همراه کند و ذهن و توانش را به منظور مبارزه با حکومت شاه آماده سازد. و برای همین هم او را به آنجا دعوت کرده بود. سیروس در این پرسش بود که این همه خشم و ستیز با حکومت شاه از کجا آب می‌خورد. به نظرش می‌رسید که حسین عقل و منطقش را از دست داده بود و در یک تعصب خشک به سر می‌برد. حسین باید می‌فهمید که جایز نبود به کشتار افرادی می‌پرداخت که با سیاستی متفاوت در مقابل ایدئولوژی او قرار داشتند و این راه و روشی بود که به ترکستان ختم می‌شد. اما انگار حسین آن چنان به عقایدش ایمان داشت که چشم و گوشش را بسته بود و به هیچ اصل و منطقی توجه نداشت، تا آنجا که ترجیح می‌داد خون هموطنانش را بریزد تا به اهداف و آرمانش نزدیک شود، همان هموطنانی که به حمایتشان برخاسته بود و حالا ارزشی برای جانشان قائل نبود. سیروس به این نتیجه رسیده بود که در طول چند ماه گذشته هر چه با حسین و دوستانش معاشرت می‌کرد، بر غم و افسردگیش افزوده می‌شد و از مسلک و اهدافشان می‌آزرد. سیروس از شنیدن صدای حسین، انگار دچار سکته‌ی قلبی ناقص شده بود:

«کی حاضره و شجاعت این را داره که اولین مسافری باشه که یکی از اسلحه‌ها را در چمدانش گذاشته و از گمرک آمریکا رد کرده و وارد ایران کند...؟»

*****

چند ماه بعد سیروس بر روی یک صندوق کوچکی در آپارتمان حسین نشسته بود و به تلویزیون نگاه می‌کرد. منتظر حسین بود که از توالت بیرون بیاید. پریسا در کناری نشسته بود و روزنامه می‌خواند. عبدی مشغول تهیه‌ی غذا در آشپزخانه‌ی کوچکشان بود. عبدی و حسین با هم زندگی می‌کردند. اثاثیه‌ی آپارتمان بسیار ساده بود. آنها با پول اندک دانشجویی روزگار می‌گذراندند. یکی از سخنگویان دولت آمریکا بر روی صفحه‌ی تلویزیون ظاهر شد:

«ایـالات متحـده آمریـکا از بهبـود حقـوق بشـر در ایـران حمایـت می‌کنـد، مـا از شـاه حمایـت می‌کنیـم و معتقدیـم کـه او می‌توانـد ایـران را بـه سـمت یـک کشـور پیشـرفته و مترقی کـه به نفع مردم اسـت سـوق دهـد...»

فریاد حسین از داخل توالت بلند شد:

«برای نجات سگتون خیلی دیر شده، مردم ایران او را از قدرت می‌اندازند...!»

درسـت در همیـن موقـع صـدای زنـگ تلفن بلند شـد. پریسـا برخاسـت تا گوشـی را بـردارد، اما قبل از اینکه دسـتش به گوشـی برسـد حسـین با عجله از توالت خارج شـد و در حالی که باسـنش برهنـه بـود و بـا یـک دسـتش شـلوارش را نگه داشـته بـود، گوشـی را برداشـت، او حتی بـه خودش فرصـت نـداده بـود تـا شـلوارش را بـالا بکشـد. حسـین و دسـتگاه تلفـن داخـل توالت ناپدید شـدند و حـالا فقـط صـدای او شـنیده می‌شـد. پریسـا صـدای تلویزیـون را قطـع کـرد و با عبدی در پشـت درب توالـت به گوش ایسـتاد.

«هیـچ مشـکلی نبـود؟، خیلـی ممنـون بـرادر، خبـر خوشـی دادی...، پاینـده باشـی...، بـه زودی اونجـا می‌بینیمـت...، خـدا پشـت و پنـاه تـو باشـه...»

دقایقـی بعـد، حسـین از توالـت بیـرون آمـد و البته ایـن بار شـلوارش را بالا کشـیده بود. بسـیار خنـدان و خوشـحال نشـان مـی‌داد. او با شـادمانی، پریسـا و سـپس عبـدی را در آغـوش گرفت:

«همه چیز درست پیش رفت...، اونها سالم از هردو گمرگ آمریکا و ایران رد شدند...»

و بعد به طرف سیروس رفت که هنوز از شادمانی او در پرسش و تعجب بود.

«قـدرت مـردم بـه زودی شرِ شـاه خائـن را از سـر مـردم ایـران کـم می‌کنـه و یـک حکومـت مردمـی بـه جـاش سـر کار میـاد»

و بعـد از سـیروس خواسـت تـا از روی گاوصندوقـی کـه بـر روی آن نشسـته بـود بلنـد شـود. سـیروس برخاسـت و کنار رفت. حسـین درب گاوصندوق را باز کرد و یک مسلسـل «ای۳» سـاخت اسـرائیل را از داخلـش بیـرون آورد و بـه طـرف سـیروس گرفت:

«تلفـن از ایـران بـود...، بـرادران بـا چهـار تـا از اینهـا و بـدون هیـچ زحمتـی از گمـرک آمریکا و ایـران رد شـدند و اینهـا را وارد ایـران کردنـد...، سـخت‌ترین قسـمت، خرید اینهاسـت...، می‌تونـی چنـد تـا از آنهـا را بخـری...، تـو هـم پولـش و داری و هـم حتمـاً تـا حـالا باید گریـن کارتتـو گرفته باشـی؟ حداقـل، ازدواج آمریکاییـت یـه خدمتـی میتونـه بـه آزادی ایـران بکنه؟»

حسـین منتظر پاسـخ سـیروس نماند، شـاید سـکوت و تغییری که در چهره‌ی سـیروس ایجاد شـده بـود بـه او پیغـام می‌داد که جواب سـیروس منفی اسـت و این پاسـخی نبود که او انتظار داشـت بشـنود.

«حدس بزن چه کسی به عبور اینها از گمرک آمریکا و ایران کمک کرده...؟»

حسین می‌دانست که سیروس پاسخی برای او نداشت، بنابراین خودش جواب خودش را داد:

سی‌آی‌اِی، آره سازمان سیا، می‌دونی، چند ماه پیش من با یک خانم آشنا شدم که فکر می‌کنم در سفارت آمریکا در تهران کار می‌کنه، اسمش سودابه بود، ما با هم دوست شدیم و از طریق اون با یک خانم آمریکایی به نام دوریان مک‌گری آشنا شدم...، بله، ما کل شب را سرگرمِ...، با گذشت زمان، اعتماد بین ما ایجاد شد و اون به ما کمک کرد تا اسلحه‌ها را به داخل ایران بفرستیم، در ابتدا، من حرف اونو باور نمی‌کردم...، اما چند ساعت پیش چند تا از برادران بدون هیچ مشکلی با سلاح‌های خود از گمرک آمریکا گذشتن و وارد ایران شدند...، حالا مطمئن شدم که درست می‌گفت، آمریکا برخلاف آنچه به ظاهر میگه در باطن قصد داره شاه را از قدرت بیاندازه...، وگرنه مگه میشه گمرگ آمریکا نفهمه که داخل چمدان‌ها مسلسل گذاشته‌اند...!؟»

سیروس آن چنان محو گفتگوی یک طرفه‌ی حسین شده بود که صدای بوق ممتد اتومبیلش را از بیرون نمی‌شنید. اما بالاخره متوجه‌ی صدا شد و سرش را از پنجره بیرون برد. چشمش به جولیا افتاد که زن زیبا و جوان آمریکایش بودکه آمده بود سیروس را ببرد. او بی‌صبرانه وقت زیادی را در اتومبیل به انتظار سیروس نشسته بود و حالا به طرف او دست تکان می‌داد تا برگردد. سیروس واقعاً می‌خواست در مورد اسلحه‌هایی که حسین در داخل آپارتمانش پنهان کرده بود و اینکه آنها را به ایران منتقل می‌کردند اطلاعات بیشتری کسب کند. مهمتر از همه‌ی اینها می‌خواست از ارتباط سازمان جاسوسی آمریکا در کمک به عبور اسلحه‌ها و نقشه‌ی آنها در مورد برکناری شاه بیشتر آگاه شود. اما جولیا از تنهایی و تاخیر او شاکی بود. از طرفی حسین مخالف بود که او با یک زن آمریکایی ازدواج کند و به زعمش با این کار به وطن و ملتش خیانت کرده بود. حسین انتظار داشت که سیروس باید با او به ایران برگردد و در برکناری شاه شرکت کند، از همین رو سیروس از جولیا خواسته بوداو را جلوی خانه حسین پیاد کند و رفته بعد برای بردنش برگردد، حال او برگشته و مدت زیادی در اتومبیل در انتظار نشسته بود. اکنون سیروس بدون آنکه به پاسخ سوالاتش برسد مجبور بود حسین را ترک کند.

در طول مسیر انگار افکار سیروس هنوز در آپارتمان حسین سیر می‌کرد. نمی‌توانست ذهنش را از آنچه دیده و شنیده بود خارج کند. برای سیروس قابل درک و باور نبود که سازمان جاسوسی آمریکا با کمک در ارسال اسلحه از مخالفان حکومت ایران حمایت می‌کند. به گمانش، حسین یا دیوانه شده بود و یا دروغ می‌گفت. اما نمی‌توانست به صداقت گفتارش

هـم فکـر نکنـد. جولیـا مراتبـی سـعی کرده بـود تا با سـیروس گفتگـو کند، امـا زود دریافتـه بود که هـوش و حـواس سـیروس در آنجـا نبـود و از یـک موضوعـی رنـج می‌بـرد. بنابرایـن تصمیـم گرفـت بـه او فرصتـی بدهـد تـا در خلـوت خـود، افـکارش را سـبک و سـنگین کنـد. جولیا نمی‌دانسـت که سـیروس از درون گریـه می‌کـرد. قلب و تمام هسـتی او به دو قسـمت تقسـیم شـده بـود. او هنوز به رکسـانا عشـق می‌ورزیـد امـا در مـدت کوتاهـی تصمیـم گرفـت تا بـا جولیـا ازدواج کنـد. از خودش ناراضـی بـود. او از اینکـه بتواند رکسـانا را فرامـوش کند با جولیـا ازدواج کرده بـود. از این رو خودش را سـرزنش می‌کـرد و در احسـاس شـرم و گنـاه غـرق بـود. خصوصاً وقتـی می‌دید کـه جولیا صفات بسـیار نیـک و پسـندیده‌ای داشـت و از عشـق و محبـت لبریز بود. حتـی به این موضوع می‌اندیشـید کـه او لیاقـت جولیـا را نداشـت. امـا حـالا بـا شـنیدن حرف‌هـای حسـین، دلش مثل سـیر و سـرکه می‌جوشـید و می‌خواسـت هـر چـه سـریع‌تر بـه ایـران برگـردد و عصای دسـت خانـواده و بخصوص بـرادرش باشـد. امـا تکلیـف جولیـا چـه می‌شـد. بـا تمـام کوششـی کـه داشـت حرف‌هـای حسـین از ذهنـش بیـرون نمی‌رفـت. پـژواک سـخنانش را مـدام می‌شـنید. هنـوز هیچ‌کـس در ایـران خبـر نداشـت کـه سـیروس در آمریـکا ازدواج کرده بود. چگونه می‌توانسـت بـا مادرش روبه‌رو شـود و او را در جریـان ازدواجـش قـرار دهـد. مـادرش چه واکنشـی نشـان می‌داد. بـه نظرش می‌رسـید که خود را از چالـه‌ای بـه درون چـاه انداختـه بود.

ماشـین سـیروس بـه خروجـی فـرودگاه لس‌آنجلـس نزدیک می‌شـد. با دیـدن تابلوی فـرودگاه، بی‌اختیـار بـه یـاد روزی افتـاد کـه بـرای اولیـن بـار وارد آمریکا شـده بـود. حسـین او را از فـرودگاه برداشـته بـود و در حـال راننـدگی در همیـن بزرگـراه ۴۰۵ بودنـد و بـه طـرف آپارتمـان حسـین در وسـت وود می‌رفتنـد. حسـین بی‌درنـگ و از همـان لحظـات اول بـرای آمـاده کـردن دوسـت دوران دبیرسـتانیش آواز سـر داده بـود و ترانـه‌ی انقلابی «شـهید جنگل، یل سـیاهکل، بـه تیرگی‌ها، نهاده گـردن...» را بـا حـرارت می‌خوانـد. امـا حسـین نمی‌دانسـت کـه سـیروس می‌خواسـت یـک زندگی آرامـی را دنبـال کنـد و بـا نوشـتن و سـاختن فیلـم، پیام‌آور صلـح، دوسـتی، برابری و برادری باشـد. نمی‌دانسـت کـه سـیروس شـیفته‌ی ایـران بـود و می‌خواسـت یـک نقطـه از خـاک زرخیـز وطنـش مدفـن پیکـر او باشـد، خاکـی که حالا رکسـانا سـرمه‌ی چشـمانش کـرده بود.

*****

مـدت مدیـدی می‌گذشـت کـه سـیروس ایـران را تـرک کرده بـود و هنـوز هیچ‌کس خبر نداشـت کـه او در آمریـکا بـه رتـق و فتـق چه امـوری می‌پرداخت. رکسـانا هم در ایـران جا افتاده بـود و خود را بـا شـرایط زندگـی وفق مـی‌داد. علاقه‌ی زیـادی هم به عمـو اکبر پیدا کـرده بود و از اینکه او همیشـه بـرای او پـول مـی‌آورد چنـدان خرسـند نمی‌شـد. می‌دانسـت کـه اکبر مسـئول رسـیدگی بـه امورات

خانواده‌ی اسعد هم بود و نمی‌خواست او هم وبال گردنش باشد. از همین‌رو به تدریس زبان انگلیسی می‌پرداخت. برای رکسانا که در آمریکا رشد کرده بود، این چنین لطفی مرسوم نبود و تقریباً برای او ناشناخته بود. محبت و فداکاری آنها را عمیقاً حس می‌کرد، این یکی از جنبه‌های زیبای آداب و رسوم ایرانی بود که او بسیار می‌پسندید و تصمیم داشت تا آن را دنبال کند. اکنون فارسیش هم راه افتاده بود و خوب هم مکالمه می‌کرد، بخصوص با حاجیه خانم که حالا مثل فرزندش بود و مدام از امیر می‌خواست تا به رکسانا در پیدا کردن پدرش کمک کند. رکسانا وقت زیادی را در خانه‌ی حاجیه خانم می‌گذراند. هر زمان هم سرش شلوغ می‌شد و نمی‌توانست به حاجیه خانم سر بزد، تلفن همه، خصوصاً پری و پیتر به صدا درمی‌آمد و سراغ رکسانا را می‌گرفت. یکبار هم به پری گفته بود که رکسانا می‌تواند عروس مناسبی برای خانواده‌ی آنها باشد و از پری خواسته بود تا از سیروس بخواهد که با رکسانا ازدواج کند. حاجیه خانم نمی‌دانست که پری سال‌هاست دلباخته‌ی سیروس بود و برای او بسیار تلخ بود که از سیروس بخواهد تا با بهترین دوستش ازدواج کند. اما به هر حال پری به او قول داده بود که این کار را خواهد کرد. یک روز تلفن پیتر زنگ خورد و پیتر گوشی را برداشت. با شنیدن صدای حاجیه خانم گوشی را فوراً به رکسانا داد، می‌دانست که حاجیه خانم سراغ رکسانا را خواهد گرفت. حاجیه خانم معمولاً احساس خوبی داشت که رکسانا را پیدا کرده بود. از رکسانا خواست که فوری به دیدن او برود. اما این بار صدای حاجیه خانم آرامش همیشگی را نداشت. رکسانا در صدای حاجیه خانم، ناراحتی را حس می‌کرد. ساعتی بعد رکسانا در کنار حاجیه خانم بود. به ندرت لبخند حاجیه خانم از چهره‌ی فرتوتش دور می‌شد و امروز یکی از آن وقت‌هایی بود که درست می‌شد حدس زد که لبخندش تصنعی بود. با وجود رکسانا، افسردگی حاجیه خانم کم شده بود و لبخند ملایمی در چهره‌اش دیده می‌شد. حاجیه خانم دست رکسانا را گرفت و به طرف اتاق سیروس برد. از او خواست تا در صورت حضور و استراحت شبانه، از اتاق سیروس استفاده کند. رکسانا در جریان بود که هیچ‌کس حق نداشت به اتاق سیروس وارد شود و به لوازمش دست بزند. اما اکنون با وجود آن همه تاکید ممنوعیت، ناگهان از او خواسته بود تا از آن استفاده کند. به نظر می‌رسید جای خالی سیروس را در اتاقش احساس می‌کرد و از این بابت رنج می‌کشید و حالا با خاطری افسرده، میل نداشت این دوری و تنهایی را تحمل کند. رکسانا عکس‌های خود را می‌دید که دیوار اتاق سیروس را تزیین کرده بود. هرکدام از آنها یادآور خاطرات شیرینی بود که او با سیروس داشت. به ذهنش رسید که شاید حاجیه خانم قصد یادآوری داشت تا او سیروس را فراموش نکند و یا ممکن بود که دیگر امیدی نداشت که سیروس به ایران بازگردد و البته می‌توانست فقط یک حس مادرانه باشد. اما بزرگترین معمای رکسانا خروج ناگهانی سیروس از ایران بود. او در طول مدت مهاجرتش حتی یک سفر کوتاه هم به تهران نداشت تا مادر افسرده‌اش را ببیند و دلش را

شاد کند و این با خلق و خوی سیروس که سرشار از عطوفت بود مطابقت نداشت. می‌دانست که سیروس در شهر لس‌آنجلس زندگی می‌کرد، جایی که به شهر فرشتگان و شهر ستارگان هالیوود موسوم بود. شاید شخصیت سیروس تحت‌تاثیر زیبایی‌های این شهر ساحلی تغییر کرده بود. شهری با آسمان‌های آبی، سواحل ماسه‌ای سفید، نسیم گرم اقیانوس، زنان زیبا رو و همچنین با رویای هالیوود اغواکننده می‌نمود. اما تخیلات رکسانا از واقعیت دور بود. هر چند سیروس در شهر رویاها زندگی می‌کرد اما تمام وجودش مالامال از درد بود و قلبش به امید وطنش می‌تپید. با وجود اینکه در لس‌آنجلس از امکانات و شرایط دلپذیری برخوردار بود اما احساس می‌کرد که در خلاء قرار داشت. افکارش مملو از دلتنگی‌هایی بود که از ایران و از غنای زندگی گذشته‌اش سرچشمه می‌گرفت. اکنون در یک زندگی سراسر مادی به سر می‌برد که چندان با خلق و خوی او همخوانی نداشت. احساس می‌کرد که در لس‌آنجلس از زندگی معنوی دور شده بود و حالا از کالبد سرد و بیجانی که داشت، رنج می‌کشید. او در ایران نه تنها یک ورزشکار قهرمان بود بلکه با کارهای هنری روحش را تغذیه می‌کرد. اکنون در لس‌آنجلس خیال می‌کرد در جنگلی گم شده بود و در ظلماتی نامشخص راه می‌رفت. البته سیروس می‌دانست در یک موقعیت خاص اجتماعی قرار داشت که می‌توانست به فقرا و نیازمندان خدمت کند، آنها را به آنچه که در اختیار داشت ترغیب می‌کرد و شرایط کسب موفقیت را برایشان فراهم می‌نمود. آنقدر از آگاهی برخوردار بود تا بداند راه آزادی فردی و اجتماعی از کنار اسلحه و کشتار مردم نمی‌گذرد و مدینه‌ی فاضله با تعلیم و تربیت اجتماعی و آموزش علمی توده‌ی مردم حاصل می‌گردد. سیروس با اتکا به هنرهای ادبی و تصویری خود، وقتش را صرف آموزش آدم‌های مختلف می‌کرد، اما نکته‌ی قابل تاملی در زندگی سیروس وجود داشت، بروز اتفاقات غیرمنتظره و در راس آن روحانیان که از قلم انتقادآمیزش ناخرسند بودند، جانش را به خطر انداخته بود.

صدای حاجیه خانم رکسانا را به خودش آورد و او را به زمان حال برگرداند. طبق معمول از او می‌خواست تا به آشپزخانه بروند. بر رکسانا پوشیده نبود که دعوت شدن به آشپزخانه به منزله‌ی خوردن غذای زیاد قلمداد می‌شد. اما رکسانا هیچ چاره‌ای نداشت مگر اینکه به آشپزخانه می‌رفت، می‌دانست که در غیر این صورت، آشپزخانه به اتاق خواب منتقل می‌شد. بنابراین باید می‌رفت و فقط می‌توانست تلاش کند تا کمتر بخورد.

«بیا دخترم، امیر هم میاد اینجا، می‌توانی با او صحبت کنی، پسرم مرد بسیار خوبی است، از این لحظه استفاده کن و از او در مورد پدرت سوال کن، من قبلاً با او صحبت کردم و قول داده که به شما کمک کند، اما اول، شما باید چیزی بخورید...»

از همان لحظه‌ی ورود به آشپزخانه، دعوای حاجیه خانم و رکسانا آغاز می‌شد، اما این یک

مبارزه‌ی شیرین و محبت‌آمیز بود. از اینکه با زور به رکسانا غذا می‌خوراند خودش تبدیل به نمایشی شده بود که به همه نشاط می‌بخشید. مهم نبود که چقدر اندوه و ناملایمات در چهره و سینه‌ها خانه کرده بود، همه برای لحظاتی هم که شده بود، می‌خندیدند و شادمان بودند. رکسانا هنوز ننشسته بود که شربت زنجبیل و به دنبالش سکنجبین و سایر غذاها و میوجات در جلویش چیده می‌شد. حاجیه خانم خودش با کفگیر در پیرامون رکسانا می‌چرخید و در حالی که با ممانعت او روبه‌رو می‌شد، با اصرار و ظرافت بشقابش را پیاپی پر می‌کرد. حاجیه خانم فقط به پرکردن بشقاب رکسانا اکتفا نمی‌کرد، سر او داد هم می‌زد و حکم می‌کرد که باید بخورد، درست مانند همه‌ی مادران پارسی که از چنین عادت و رفتاری برخوردار بودند.

«خب، فقط یک قاشق دیگه...»

رکسانا خوب می‌دانست که این یک رسم دیرینه‌ی ایرانی بود و ایرانیان معتقد بودند که مهمان حبیب خداست و میزبان باید به مهمانش خدمت می‌کرد.

صدای خالی، سگ سیروس از بیرون بلند شد. اگر چه خالی سگ سیروس ازغیبت طولانی او بسیار افسرده و غمگین بود و به آشکار می‌توانستی این غم و افسردگی را در چهره و رفتار او ببینی، و با باز شدن در بزرگ عمارت هرکجا بود سر و توجه‌اش بطرف در بر می‌گشت که شاید سیروس را ببیند که برگشت است. اما همواره نا امید می‌شد و وقتی سیروس را نمی‌دید غمگین‌تر می‌شد و صدایش می‌افتاد. رکسانا و به دنبالش حاجیه خانم از پنجره به بیرون نگاه کردند. اتومبیل امیر را دیدند که وارد باغ شد و در جلوی ساختمان ایستاد.

«نگفتم امیر داره میاد اینجا دیدن من...، بیا آمد...، امشب باهاش حتما صحبت می‌کنیم...، حالا یک لقمه‌ی دیگه بخور که قدرت صحبت داشته باشی دختر خوب...، فقط یک لقمه...»

امیر وارد شد و طبق معمول به محض ورود، چایی و شیرینی حاجیه خانم در دستش قرار داشت، حالا رکسانا هم به حاجی خانم برای پذیرای کمک می کرد.

«خوب کردی آمدی امیر...، امیر تو باید به حرف این دختر معصوم گوش بدی و کمکش کنی، اگر به او کمک کنی، خدا می‌بینه و به برادرت سیروس تو کشور غریب کمک می‌کنه...، این دختر بیچاره دو روزه اینجا منتظر توئه...»

رکسانا بدون اینکه قصدی داشته باشد، صرفاً از روی سادگی و مزاح سخن گشود:

«من یکی دوساعته آمدم...»

زهرا خدمتکار حاجیه خانم با آرنج به پهلوی رکسانا زد و یواشکی از او خواست تا ساکت باشد و البته امیر که همه‌ی اوضاع را زیر نظر داشت به طرف رکسانا لبخندی زد.

«خیلی طول میکشه تا آداب و رسوم ایرانی را یاد بگیرید...»

صدای زنگ تلفن بلند شد و حاجیه خانم که در کنار تلفن ایستاده بود گوشی را برداشت. از پشت خط تلفن سراغ امیر را می‌گرفتند. حاجیه خانم گوشی را به طرف امیر دراز کرد.

«از کجا می‌دانستند اینجا هستی...؟، هنوز نیامدی تلفن پشته تلفن...»

امیر گوشی را گرفت و مشغول صحبت شد و البته فقط گوش می‌کرد. پس از دقایقی کوتاه چهره‌ی خندان امیر درهم شد و خشم و ناراحتی وجودش را فرا گرفت.

«کی این اتفاق افتاده؟»

همه به امیر خیره شده بودند. حاجیه خانم به او نزدیک شد.

«چی شده امیر...؟، برای سیروس اتفاقی افتاده...؟»

صدای خالی از بیرون به گوش می‌رسید. حاجیه خانم که عادت به نادیده گرفتن نداشت، قصد کرد تا گوشی تلفن را از امیر بگیرد.

«گفتم چی شده امیر...؟، برای سیروس پسرم اتفاقی افتاده...؟، گوشی را بده ببینم...!»

امیر، حاجیه خانم را کنار زد و با عصبانیت و در حالی که صدایش به سختی از گلویش بیرون می‌آمد، در گوشی سخن گفت:

«من دارم میام...!، ظرف نیم ساعت می‌رسم اونجا...!»

انگار به یکباره صورت امیر یخ‌زده بود و در حالت شوک قرار داشت. نگاهش بی‌اختیار به طرف رکسانا برگشت. گیج و گنگ و بی‌جهت به او زل زد. آب در چشمان امیر جمع شد و اشک از گوشه‌ی چشمش فرو چکید. نگرانی و لرز بر اندام رکسانا افتاد. هیچ وقت امیر را این چنین خشمناک و گریان ندیده بودند. سینی استکان چای از دست حاجیه خانم افتاد و بر روی قالی پخش شد. او از مشاهده‌ی چشمان خیس امیر حسابی مضطرب شده بود. در ادامه زانوهایش از توان افتاد و بر روی زمین نشست. سپس با التماس و بغض خطاب به امیر صدایش بلند شد:

«چی به سر پسرم سیروس آمده؟، بگو امیر چی شده؟»

امیر که سعی داشت احساسات خود کنترل کند، جلوی حاجیه خانم زانو زد. سپس کنار مادرش نشست و تن لرزانش را در آغوش گرفت، درست همان طور که در طول زندگی برای خیلی‌ها قوت قلب بود.

«برای سیروس هیچ اتفاقی نیافتاده، سیروس صحیح و سالم تو آمریکاست...»

«پس چی شده امیر؟»

امیر به سختی می‌توانست جملاتش را بیان کند، بسیار متاثر بود:

«یک سینمای پر تماشاگرو تو آبادان آتش زدند...! چه کسی میتونه یه همچین اقدامی غیرانسانی انجام بده؟، سوزوندن بیش از سیصد نفر آدم زنده! این افراد چه نوع انسان‌هایی هستند؟، این مخالفت با رژیم نیست، این جنایته...!؟، حاجیه خانم من باید برم...»

امیر آرام و قرار نداشت، از جایش بلند شد و رو به رکسانا کرد:

«لطفاً، بمان اینجا پیش حاجیه خانم...، اون شما را خیلی دوست داره، وقتی شما اینجا هستید کمتر به سیروس فکر می‌کنه...»

امیر با عجله خارج شد. حاجیه خانم و رکسانا از شنیدن خبر سوزاندن آن همه انسان بی‌گناه هنوز در شوک بودند. رکسانا به ذهنش رسید که رادیو بی‌بی‌سی منبع اصلی خبررسانی در ایران است. رادیو را یافت و آن را روشن کرد. سپس در کنار حاجیه خانوم نشست و مشغول نوازش موهای سفید او شد تا کمی فکرش را از سمت سیروس و خبر مصیبت سینما منحرف کند. هر دو گوش به زنگ شدند تا اخبار رادیو بی‌بی‌سی آغاز شود. حداقل آنها می‌دانستند که جای سیروس در آمریکا امن است.

«اینجا رادیوی بی‌بی‌سی در لندن است، ۱۹ اوت ۱۹۷۸، امروز، یک فاجعه دیگر در ایران رخ داد، در شهر آبادان، سینما رکس، به آتش کشیده شد، اعتقاد بر این است که سینما را عمداً عضای ساواک شاه آتش زده‌اند، مقامات دولتی ایران اظهار داشتند که تمام درها قبل از آتش‌سوزی بسته و قفل شده بودند و راهی برای فرار تماشاگران باقی نمانده بود و همه در آتش سوختند...»

روحانیون بلافاصله آتش زدن سینما رکس را به ساواک نسبت دادند. آن واقعه، به ملاک قضاوت ایرانیان تبدیل شده بود. انگشت اتهام بر روی ساواک و روحانیون سنگینی می‌کرد. در نهایت همه‌ی کاسه کوزه‌ها بر سر ساواک شکسته شد. به نظر می‌رسید پس از آن واقعه مردم ایران به دلیلی که قابل درک هم نبود همه کور و کر و لال شده بودند. رادیو بی‌بی‌سی به منبع موثق و روحانیون به فرشتگان نجات ملت ایران تبدیل شدند. حالا مردم بدون هیچ سندیتی، حقیقت را در گزارشات رادیو بی‌بی‌سی جستجو می‌کردند. اما حقیقت در سینما رکس پنهان مانده بود جایی که یک فیلم خانوادگی بنام گوزن‌ها، نمایش داده می‌شد. چهار مرد مخالف شاه از تاریکی سالن نمایش فیلم استفاده کردند و در میان غفلت تماشاچیان در سالن بنزین پاشیدند، در ادامه سینما را به آتش گشودند و در پی خروجشان، درب‌های سالن را بر روی مردم بستند. آتش گسترده‌ای برپا شد که بیش از سیصد و پنجاه نفر از مردان، زنان و کودکان در آتشش سوختند. فریادهای آنها در میان شعله‌ی آتش شنیده می‌شد. روحانیت به سرپرستی آیت‌الله

خمینـی، سـاواک را در بـروز این رفتار غیرانسـانی و ظالمانه مقصـر قلمداد کردند و عـده‌ای از جماعتِ نـادانِ چشـم و گـوش بسـته هـم سـخن او را پذیرفتند. البته خمینی شـخصاً شـاه را مسـئول و مقصر دانسـت و از مـردم خواسـت تـا بپـا خیزنـد و شـاه را از ایران بیـرون کننـد. روزی که سـینما رکس در آتـش سـوخت، حـرارت اخبـارش موضوع بحث هر گوشـه و کنـاری بود و سـیلی از لعـن و نفرین‌ها به سـمت سـاواک و شـاه سـرازیر می‌شـد. چشـم‌های رکسـانا همچون حاجیه خانم پر از اشـک شده بود و دلـش آشـوب بیشـتری داشـت. او هر چه به اخبار رادیو بی‌بی‌سـی گـوش فرا می‌داد بیشـتر نگران و متاثـر می‌شـد. خبرهـا آن چنـان خوب تنظیم شـده بود کـه به ظاهر رنـگ واقعیت به خـود می‌گرفت و تقریبـاً هیچ‌کـس بـه آن شـک نمی‌کـرد تـا جایی که رکسـانا هـم کمکم داشـت یقین پیـدا می‌کرد که شـاید سـاواک به دسـتور شـاه مرتکب چنین جنایتی شـده اسـت. سـوا از اینکه چه کسـانی آن کار را کـرده بودنـد، ایـن نکتـه قابـل تامل بـود که تمـام آن افراد بی‌گنـاه صرفاً توسـط عوامـل روحانیان و بـه خاطر منافع سیاسـی گروه اسـلامیون به طرز وحشـتناکی در آتش سـوختند و این اتفـاق دردناکی بـود کـه رکسـانا نمی‌توانسـت آن را تحمـل کنـد، تنها قادر بـود تا به حاجیـه خانم بپیوندد کـه هر روز در بالکـن خانـه‌اش بـه پرنـدگان آب و دان مـی‌داد. تماشـای پـرواز و مبـارزه‌ی پرندگان برای رسـیدن بـه دانه‌هایـی کـه حاجیـه خانـم در حیـن گفتگـو با آنهـا، می‌پاشـید، خـود یک نمایـش دیدنـی بود. انـگار کـه داشـت واقعـاً با پرنـدگان گفتگو می‌کـرد و آنهـا حرف‌هـای او را می‌شـنیدند و درمی‌یافتند. حاجیـه خانـم بـا اشـاره‌ای، ظـرف دانه‌ها را به دسـت رکسـانا سـپرد و او هم مشـغول پاشـیدن دانه‌ها شـد. حاجیـه خانـم در پـرواز پرندگان محو شـده بود. رکسـانا که هنـوز با تعجب به حـرف زدن حاجیه خانـم فکـر می‌کـرد، بـا هجوم پرندگان حواسـش پـرت آنها شـد و او هم مثـل حاجیه خانـم به گفتگو بـا پرنـدگان پرداخـت. رکسـانا خیلـی زود دریافته بود کـه پرندگان مشـغله‌ای بودند تا حاجیـه خانم را از فکـر سـیروس و اتفـاق دردنـاک آبـادان خارج کننـد. پرندگان فارغ از هـر گونه اخبار ملتهـب روزگار زندگـی می‌کردند.

امـا آنچـه کـه رکسـانا خبـر نداشـت و نمی‌دیـد، موضـوع مـردی بـود کـه در همسـایگی حاجیه خانـم زندگـی می‌کـرد. او در طبقـه‌ی دوم و از پشـت پرده‌ی کلفـت قرمز رنگی که بـر پنجره آویزان بـود، رکسـانا را تماشـا می‌کـرد. او پـدرش اسـعد بـود کـه با حسـرت به دختـرش می‌نگریسـت. او با مشـاهده‌ی پرندگانـی کـه آزادانـه پـرواز می‌کردند و خالی از هر گونه خشـم و حسـد و کینـه بودند، احسـاس خفگـی می‌کـرد. تماشـا کـردن رکسـانا بـه کار همیشـگی اسـعد تبدیـل شـده بود. اسـعد کمـی پـرده را بیشـتر کنـار زد تا رکسـانا را بهتر ببیند. او برخلاف حاجیه خانم و رکسـانا می‌دانسـت که در پشـت پرده‌ی سـوختن تماشـاچیان سـینما رکس، روحانیان قرار داشـتند و مسـتقیماً در بروز آن فاجعـه مسـئول و مقصـر بودنـد. اسـعد از آنجایی که با روحانیـون همکاری داشـت از وقوع چنین اقـدام وحشـیانه‌ای بسـیار شرمسـار و افسـرده بـود. البتـه در پشـت فکـرش واقعـا قصـد همـکاری با

آنها را نداشت. بعد از چندین بار صحبت‌های مخفیانه با امیر، تصمیم گرفته بود فعالیتش با آنها را شروع و ادامه بدهد، چرا که اگرانقلابی شد و شاه سقوط کرد، در پشت برده از به روی کار آمدن یک دولت روحانی جلوگیری کند. و این را می‌دانست که دوستان ضد شاهیش او را خوب می‌پایدند و اگر می‌فهمیدند که رکسانا دخترش بود و در مورد نیت او آگاه می‌شدند، حتما جان رکسانا بخطر می‌افتاد او را می‌کشتند. در حقیقت اسعد خودش هم نمی دانست که چرا دوباره درگیر سیاست شده بود. اما حالا با امیر بسیار دوست شده بود و مخفیانه با هم در ارتباط بودند.

اسعد می‌دید که دخترش زندگی در ایران را با خلق‌وخوی خود تطبیق داده بود و مانند تمام ایرانیان، در شوک فاجعه‌ی سینما قرار داشت، اما با این وجود، هنوز هم در میان آنها یک فرد خارجی محسوب می‌شد. رکسانا نمی‌دانست که حقیقت در کجا نهفته بود و باید از چه منبعی اخبار درست را دریافت می‌کرد. سیروس تنها فردی بود که به او اعتماد داشت. اما او حالا در شهر فرشتگان محو شده بود و انگار هیچ اهمیتی به رخدادهای ایران نشان نمی‌داد.

رکسانا به این مسئله می‌اندیشید که چه کسانی می‌توانستند این جنایت وحشتناک را مرتکب شده باشند، بسیاری هم معتقد بودند که این کار توسط مخالفان شاه انجام شده بود تا چهره‌ی شاه ایران را به عنوان یک انسان شرور و سنگدل به تصویر بکشند، و در حقیقت به هدفشان هم رسیده بودند، تقریبا تمام منابع خبری جهان همه همین خبر را منتشر می‌کردند و کمر به خراب کردن چهره‌ی شاه شده بودند. در صدر و پیش قدم همه‌ی آنها بلندگوهای رادیو بی‌بی‌سی از لندن بود. و نتیجه‌اش هم همین شد، نه تنها برداشت ملت ایران، بلکه قضاوتی بود که در مقیاس جهانی نسبت به شاه بوجود آمد. صدای حاجیه خانم، رکسانا را به خودش آورد:

«از این آخوندهای خدانشناس هر چیزی بر می‌آید...، مردم بدبخت را سوزاندند...، من نمی‌دونم پس خدا کجاست که نمی‌بینه؟!»

رکسانا به طرف حاجیه خانم برگشت. حاجیه خانم که فکورانه به او زل زده بود با مکثی به سمت اتاق نشیمن حرکت کرد و او را با پرنده‌ها و در فکر و خیال تنها گذاشت.

در آن زمان، ابعاد حادثه‌ی سینما رکس به حدی گسترده و تاسف‌بار بود که عقل و منطق بسیاری از مردم را زیر سوال می‌برد و از درک و تشخیص حقایق بازمی‌داشت. بنابراین اکثر مردم به شنیدن اخبار رادیو بی‌بی‌سی روی می‌آوردند و به آن اعتقاد داشتند. در نهایت هم رادیو بی‌بی‌سی وظیفه‌ی خود را به درستی انجام داد و دروغ بزرگ خود را به ملت ایران فروخت. مردم دیگر به این برداشت رسیده بودند که شاه وعوامل ساواک در آتش‌سوزی نقش داشتند.

همان‌طور کـه برنامه‌ریـزی شـده بـود مـردم بـا خمینـی همـدل شـدند و کورکورانـه بـه او اعتمـاد کردنـد و بـدون هیـچ معیـار و مدرکـی بـه او پیوسـتند تـا از ادعاهای پوشـالی او بـر علیه شـاه حمایت کننـد. از آنجایـی کـه خمینـی خـود را مـرد خدا قلمـداد می‌کـرد، صـدا و شـخصیت کاریزماتیک او بـا تـوده‌ی مـردم هماهنـگ شـد و در بینشـان مقبـول افتـاد. هـر چند بـر عـده‌ای پوشـیده نبود که خمینـی و روحانیـون بـه طمـع مقـام، منزلـت و مادیات دنیـا، از قتل عام مـردم هیچ اِبایـی نخواهند داشـت. سـوزاندن مـردم بی‌گنـاه دقیقاً همـان نقطه‌ی عطفـی بود که بـرای کمک به سـرنگونی شاه نیـاز داشـتند. پـس از ایـن فاجعـه‌ی دردنـاک، بـه نظـر می‌رسـید هـر روز اتفاقـی رخ می‌داد که به جمـع طرفـداران خمینـی اضافـه می‌کـرد و البتـه رادیـو بی‌بی‌سی مهمتریـن نقـش مخالفـان را بر عهـده داشـت و بـه بزرگتریـن بخـش از زندگی روزمـره‌ی مـردم تبدیل شـده بـود، حتی بچه‌های کوچـک هـم بـه رادیـوی خـود چسـبیده بودنـد و بـه بی‌بی‌سـی گـوش می‌دادنـد. رادیو بی‌بی‌سی بـه توصیـف پیشـامدها و رخدادهـای آینـده‌ی ایران می‌پرداخـت و در جامعه اطلاع‌رسـانی می‌کرد، هیـچ جـای سـوالی هـم نبـود، رادیویـی کـه نه در ایـران، بلکـه در لندن مسـتقر بود چگونـه می‌تواند جزئیـات سیاسـی داخـل ایـران را جلوتـر از ملتـش پیش‌بینی کند.

فصل ۲۱

جمعه سیاه، نقطه عطف جنبش ۱۹۷۹ میلادی ...

سکوت در هواپیمای ایران ایر معرف سکوت ذهنی سیروس نبود. اگر چه سیروس در هواپیما نشسته بود و در مسیر زادگاه محبوبش پرواز می‌کرد، اما هیچ نشانی از شوق و شادی در وجودش دیده نمی‌شد. تمام فکر و ذکرش آکنده از اقدامات شورشی و حرفه‌ای گریزناپذیر حسین بود. به نظرش حسین و دوستانش از عواقب انتقال سلاح به ایران آگاهی نداشتند و با این اقدامات نابخردانه جان هموطنانش را به خطر می‌انداختند. سرش را به پشتی صندلی تکیه داد و چشمانش را بست تا شاید از تپش قلبش بکاهد و به ابلاغ پیغام شومی که داشت فکر نکند. سخنان حسین مُدام در ذهنش تکرار می‌شد. با وجود تلاشی که داشت نمی‌توانست دلیل قانع‌کننده‌ای برای آنها پیدا کند.

طولی نکشید که سیروس هوای سرزمینی را تنفس می‌کرد که تمام وجودش به آن تعلق داشت. فکر می‌کرد اگر کسی شرایطی به مانند او داشت به ایران باز نمی‌گشت. اصلاً چرا او باید متفاوت می‌زیست؟، هر چند از مدتها قبل، برای حضور در ایران لحظه‌شماری می‌کرد اما شادی درونی‌اش بسیار کوتاه بود. مدت کوتاهی از زمان عزیمت او به ایران می‌گذشت، اما به دلیلی نامعلوم با هیچ چیز ارتباط برقرار نمی‌کرد. انگار همه و همه چیز برای او غریبه و ناآشنا بودند. او از همان خیابان‌هایی عبور می‌کرد که تا پیش از مهاجرت، در نظرش زیبا بودند و در وجودش شادی می‌آفریدند، اما حالا مثل قلبش سرد و خالی به نظر می‌رسیدند. انگار تمام وجودش تحت تاثیر کارهای حسین، رنج می‌کشید و دیگر جایی برای شوق، شادی و طرب وجود نداشت. صدای راننده‌ی تاکسی، سکوت او را شکست، سکوتی که با سوالات ذهنی غیرقابل درکی آمیخته بود.

«شما به نظر آشنا می‌آید؟، شبیه یکی از هنرپیشه‌ها هستید؟»

سیروس پیش از بازگشت به ایران سعی کرده بود تا آنجایی که می‌توانست شکل و شمایل خود را تغییر دهد تا مبادا کسی او را بشناسد و خبر بازگشتش به گوش امیر و حاجیه خانم برسد. او بدون اطلاع آنها به ایران برگشته بود و تنها یک یا دو نفر مثل پری از بازگشتش خبر

داشـتند. بـه نظر می‌رسـید به انـدازه‌ی کافی موفـق نبود.

«قطعـاً مـن هنرپیشـه نیسـتم...، ولی تـو جریان زندگی، همه‌ی ما همیشـه هنرپیشـه هسـتیم و بـا مـردم و روزگار بـازی می‌کنیم...!»

طولـی نکشـید کـه راننـده‌ی تاکسـی بـه یـک منطقه‌ی مسـکونی شـیک و خـاص رسـید که در شـمال تهـران قـرار داشـت. راننـده اگـر در طـول زندگـی تمـام درآمـدش را هـم پس‌انـداز می‌کرد قـادر نبـود ارزان‌تریـن خانـه آن منطقـه را بِخَـرد یا بتواند بسـازد. او با منطقه‌ی دروس بسـیار آشـنا بـود، امـا ایـن چیـزی را عـوض نمی‌کـرد، اینجا حکایـت دارندگـی و برازندگی بـود. سـیروس او را به سـمت یـک کوچـه‌ی بن بسـت هدایت کرد و تاکسـی در پشـت عمـارت عظیمی که نیمـی از بلوک را بـه خـود اختصـاص داده بـود، متوقف شـد. راننده‌ی تاکسـی دوبـاره از طریق آیینه به سـیروس در صندلـی عقـب نظـر دوخت و دوباره سـعی داشـت تا او را بشناسـد:

«اگر اینجا زندگی می‌کنید...، مطمئناً باید آدم حسابی باشید...؟»

تنهـا پاسـخی کـه سـیروس می‌توانسـت در آسـتین داشـته باشـد، پرداخـت انعام قابـل توجهی بـود تـا شـاید فکـر و ذکـر او را از شـناخت خود منحرف سـازد. سـیروس قبل از بازگشـت بـه تهران می‌دانسـت کـه بایـد مکانـی بـرای اقامـت اختیـار کند تـا از دید بـرادر و اقوامـش پنهان بمانـد. او از طریـق پـری با اسـعد در ارتبـاط بود، بنابرایـن تصمیم گرفت تا مدتی را نزد اسـعد کـه منزلی اختیار کـرده و در آن مخفـی بـود، سَـر کنـد. سـیروس می‌دانسـت که محل اقامت اسـعد مشـرف بـه بالکن خانـه‌ی مـادرش بـود کـه از آنجـا همیشـه بـه پرنـدگان آب و دانـه مـی‌داد. او در واقع با یـک تیر به دو نشـان زده بـود، هـم می‌توانسـت در کنـار اسـعد از حـال و اوضـاع انقلابیـون آگاه شـود و هر روز هـم مـادرش را در هنـگام آب و دانـه دادن بـه پرنـدگان تماشـا کند. البته سـیروس از ارتباط اسـعد و امیـر خبر نداشـت.

دو اتـاق کوچـک و یـک حمـام کـه در طبقـه‌ی بـالای عمـارت در اختیـار اسـعد قـرار گرفتـه بـود. عمـارت متعلـق بـه یکـی از تاجـران بـازار حاجـی طلایـی، بـود که پـدر اسـعد را می‌شـناخت. صاحبخانـه، بـا سـیروس هـم آشـنا بـود، او از حامیـان مخالفین شـاه به شـمار می‌رفـت و از بابت او، خیـال سـیروس راحـت بـود. منـزل، یک هـال کوچک هم داشـت که قسـمتی از آن را به آشـپزخانه تبدیـل کـرده بودنـد. پنجـره‌ی اتاقهـا درسـت در روبـرو و چنـد متـر بالاتـر از بالکـن خانـه‌ی مـادر سـیروس بـاز می‌شـد و حـدوداً صـد و پنجـاه متر با آن فاصله داشـت. سـیروس با شـکل و شـمایلی کـه نمی‌خواسـت شـناخته شـود از تاکسـی پیاده شـد. تیپ تاجـران بازار را بـه خود گرفته بود. سـر و وضعـی کـه بـا خلق و خوی سـیروس هیچ سـنخیتی نداشـت. او با تجـارت و سیاسـت بیگانه بود و حـالا از اینکـه بـازی روزگار او را بـا اوضـاع بی‌میـل و ناسـازگار قاطـی کـرده بـود، رنج می‌کشـید.

اسعد که در انتظار او به سر می‌برد درب را باز کرد. دوباره مردانی از دو نسل متفاوت اما با خلق‌وخویی مشترک یکدیگر را در آغوش گرفتن و درب پشت سرشان بسته شد.

طولی نکشید که اسعد یکی از اتاق‌های بسیار کوچک خانه را به منظور سکونت به سیروس نشان داد. پنجره‌ی اتاق با پرده‌ای ضخیم آبی پوشیده شده بود. یک تخت تک نفره کنار دیوار دیده می‌شد. سیروس چمدان کوچکش را بر روی تخت گذاشت و بلافاصله به طرف پنجره رفت و از گوشه‌ی پرده به بالکن خانه‌ی مادرش چشم دوخت. سیروس وقتی بوی حاجیه خانم را حس می‌کرد دیگر اهمیتی نمی‌داد که در دنیا و ایران چه می‌گذشت، مادرش همواره در اولویت اول قرار داشت. اما حالا نیمه‌های شب بود و همه در خواب بودند.

آفتاب همه‌جا را گرفته بود که سیروس از خواب بیدار شد، بلافاصله بطرف گوشی تلفن رفت و گوشی را برداشت و شماره‌ی مادرش را گرفت. سرانجام صدای حاجیه خانم از داخل گوشی بلند شد:

«سیروس جان، پسرم تویی؟“

انگار حاجیه خانم به وقت‌های زنگ زدن سیروس عادت کرده بود و از پشت خط تلفن خبر داشت.

«آره منم حاجیه خانم... ، حالت چطوره...؟»

با شنیدن صدای سیروس، شادی تمام وجود حاجیه خانم را فرا گرفت.

«سیروس؟، سیروس؟، خودتی؟، مَنُو رکسانا همیشه برات دعا می‌کنیم...»

در همین موقع احمدرضا با نان سنگکی که هنوز داغ بود وارد شد. از شور و نشاطی که در حاجیه خانم وجود داشت می‌توانست به راحتی حدس بزند که او با سیروس گفتگو می‌کرد. آذر خانم، همسر احمدرضا که در آشپزخانه مشغول بود با شنیدن صدای حاجیه خانم وارد اتاق نشمین شد. عملاً می‌دید که دست‌های حاجیه خانم از فرط خوشحالی می‌لرزید و چشم‌هایش پر از اشک شده بود. آذر خانم می‌دانست که باید خودش را به او می‌رساند و با او همراه می‌شد.

«همه میگن اگر کسی پاش به آمریکا برسه دیگه برگشتنش با امام زمانه...، میگن دیگه برنمی‌گردن...، تو چی؟، کی برمی‌گردی که من ببینمت...؟»

«به زودی حاجیه خانم...، به زودی، من اینجا مدرسه دارم، ببینم امروز غذای پرنده‌ها را فراموش کردی؟، اونها توی بالکنی منتظرتن...»

حاجیه خانوم با تلفن به سمت درب شیشه‌ای بالکن جابه‌جا شد و به بیرون نگاه کرد. هیچ

پرنـده‌ای را نمی‌دیـد، حتـی از گنجشـک‌هایی کـه در غیـاب پرنـدگان بزرگتر می‌آمدند تـا دانه‌های باقـی مانـده را ورچینند هـم خبری نبود.

«از کجا می‌دونی پرنده‌ها منتظر من هستن...؟، من که پرنده‌ای نمی‌بینم...»

«از صداشون...، تو دونه‌هارو بپاش همه میاند...، اونها گرسنه هستن و منتظرت حاجیه خانم...»

سـیروس سـعی می‌کـرد تـا مـادرش را بـه داخـل بالکـن بکشـاند و او را از پشـت پـرده تماشـا کنـد. حاجیـه خانـم گوشـی تلفـن را به کناری گذاشـت و بـا کنجکاوی درب بالکن را باز کـرد. وارد بالکـن شـد و بـا شـک و تردیـد به اطـراف نظـر انداخت. خـودش هم نمی‌دانسـت بـه دنبـال پرندها بـود و یـا در پـی سـیروس می‌گشـت. مشـتی دانـه از داخـل ظرف سـر بسـته‌ای کـه در کنـار بالکن بـود برداشـت و در هـوا پخـش کـرد. بلافاصلـه سـر و کله‌ی پرنده‌هـا یکی پـس از دیگری پیدا شـد. سـیروس بـا وجـود اینکـه به مـادرش نزدیک بود اما احسـاس می‌کرد که فرسـنگ‌ها از او دور اسـت. حـالا پرنده‌هـا دور حاجیـه خانـم را گرفته بودند و سـیروس با سـیمایی غمناک او را تماشـا می‌کرد. انـگار بـا آمـدن پرنـدگان، غصـه‌ی سـیروس را فرامـوش کـرده بـود و بـا آنهـا حـرف مـی‌زد. خیلـی دوسـت داشـت بـه مـادرش بگویـد که چقـدر بـه او نزدیک اسـت و در ایـن روزهای عجیـب و غریب و ناخوشـایند از او مراقبـت می‌کنـد، امـا بـه مصلحتـش نبـود تـا خـود را نشـان دهد. برایش سـخت و سـنگین بـود کـه امیـر دوبـاره او را بـه آمریـکا و یـا حتـی به زنـدان می‌فرسـتاد. حالا به هر شـکل در یـک شـرایطی قـرار داشـت که حداقل می‌توانسـت از تماشـای مـادرش لذت ببرد. خاطـره‌ی دانه پاشـیدن حاجیـه خانـم، حکایـت مهـر و عطوفت مـادری بود کـه هرگـز از حافظه‌اش پاک نمی‌شـد.

رکسـانا از درب اتـاق قدیمـی سـیروس کـه چند متـری با درب اتاق نشـیمن فاصله داشـت، وارد بالکـن شـد و بـه حاجیه خانم پیوسـت. سـیروس با مشـاهده‌ی رکسـانا لحظـه‌ای از خود بیخود شـد بـه طـوری کـه قـادر نبود نسـبت به صدای درب زدن اتاقش واکنشـی نشـان دهد. اسـعد با گشـودن درب اتـاق، وارد شـد. سـینی کوچکـی در دسـت داشـت کـه از یـک فنجـان چـای و مقـداری نان و تخـم مـرغ پختـه تشـکیل شـده بود. سـینی را بـر روی میز کوچکـی قـرار داد. با دیدن سـیروس که هنـوز گوشـی تلفـن را در دسـت داشـت، بـدون هیچ گفتگویـی، به او در کنار پنجره پیوسـت. اسـعد می‌دانسـت کـه سـیروس مشـغول صحبـت و تماشـای مـادرش بود. ایـن دقیقاً همـان کاری بود که او همیشـه انجـام مـی‌داد، البتـه وقتـی که رکسـانا به دیـدن حاجیه خانم می‌آمد همیشـه بـرای غذا دادن پرنـدگان بـه او ملحـق می‌شـد و اسـعد فرصتـی پیـدا می‌کـرد تـا دختـرش را تماشـا کنـد. از خوش‌شانسـی سـیروس آن شـب هم رکسـانا در منزل حاجیه خانم و در اتاق سـیروس خوابیده بود و بـا صـدای قورقـور کـردن پرنـدگان از خـواب بیدار شـده و به حاجیـه خانم پیوسـته بود.

«دختر شـما درسـت مثل مادرم، قلب مهربان و پر از عشـقی داره، شـاید روزی، شـما این عشـق

رو بـا بـودن در کنار هم احسـاس کنید...»

دو مـرد از دو نسـل متفـاوت در آن اتـاق سـرد و خالی، تاریـک و مخفی کنار هم ایسـتاده بودند. اسـعد در حـال تماشـای رکسـانا بـود کـه در واقـع هـزار کیلومتـر راه را پشـت سـر گذاشـته بـود تا پـدرش را ببینـد. آرزو داشـت او را در آغـوش بگیـرد و به دخترش بگوید که پدری مهربان و مسئول اسـت و او را عاشـقانه دوسـت دارد. حـال آنکـه سـیروس آرزو داشـت سـرش را بـر دامـان مـادرش می‌گذاشـت و نـوازش دسـتان گـرم او را بـر روی موهایش احسـاس می‌کرد. مادری که می‌پنداشـت پسـرش هـزاران کیلومتـر از وِی دور بـوده و برای همیشـه او را ترک کرده اسـت. او در فراق فرزندش گریـه می‌کـرد و از پـروردگارش می‌خواسـت تـا او را در امـان نگه دارد.

بـدون هیـچ نطـق و کلامـی، هـر دو از ایـن ابـراز عشـق و محبـت محـروم بودنـد. هـر چنـد هـر کدام‌شـان بـه یکدیگـر احتـرام و عشـق می‌ورزیدنـد، امـا همـه آنهـا از داخـل می‌سـوختند و می‌سـاختند و همـه آن سـوخت و سـازها فقـط بـه خاطـر معشـوقه‌ای بنـام ایران بـود. آنهـا آموخته بودند که انسـانیت داشـته باشـند و از خودخواهی و غرور دسـت بردارند تا بتوانند به دیگران عشـق بورزنـد و بـه یکدیگـر کمـک کنند. آنهـا مایل بودند همه‌ی داشـته‌های خود را به عشـق میهن‌شـان فـدا کننـد. امـا معـدود انسـان‌هایی می‌دانسـتند کـه آنهـا در یـک مثلـث عشـق گرفتار شـده بودند و بـا وجـود تحمـل رنج‌هـا نـه تنهـا در پایـان چیـزی بـه دسـت نمی‌آوردنـد بلکـه تمام داشـته‌های خـود را از دسـت می‌دادنـد و سـرانجام بـه ایـن نتیجـه می‌رسـیدند کـه هـر قصـد و مسـلکی ارزش فـداکاری ندارد.

*****

تیغـه‌ی سـرخ خورشـید از بـالای قلـه‌ی دماونـد بـر تهـران می‌تابیـد و شـروع یـک روز دیگـر را نویـد مـی‌داد. رکسـانا بـر روی یـک نیمکـت فلزی در کنار خیابان شـلوغی نشسـته بـود و به جنب و جـوش مـردم و ماشـین‌های در حـال تـردد نـگاه می‌کرد. طبـق قراری که بـا پری گذاشـته بود برای دیـدن او در محـل ملاقـات حضـور داشـت. پـری صبـح زود به رکسـانا زنـگ زده بود کـه می‌خواهد او را بـه دیـدار شـخصی ببـرد کـه از دیدنـش بسـیار خوشـحال می‌شـود و شـاید بتوانـد خبـری هم از پـدرش کسـب کنـد امـا بـه او نگفتـه بـود کـه بایـد بـا چـه کسـی ملاقـات می‌کردنـد. رکسـانا از تاخیـر پـری، نگرانـی محسوسـی داشـت. روز جمعه بود. بیشـتر مردم از ایـن روز اسـتفاده می‌کردند تـا وقـت خـود را بـه گـردش و تفریـح بگذراننـد و خسـتگی کار هفتـه را از تـن خـارج کننـد. بـرای رکسـانا کـه در آمریـکا بـزرگ شـده بـود، شـنبه و یکشـنبه معـادل یـک روز جمعـه‌ی ایرانیـان بود. نسـل جـوان، جمعـه را بـه عنـوان روز کوهپیمایـی می‌شـناختند و اکثـراً از طریق جـاده‌ی دربند به دامنـه‌ی کـوه می‌رفتنـد تـا روز خوشـی را بگذراننـد. رکسـانا بارهـا به اتفـاق پیتر و پـری و گهگاهی

بـا سـیروس مسـیر زیبـای کـوه را پیمـوده بـود. طبیعـت زیبـای کوه بـا درختـان مختلـف، گل‌های رنگارنـگ معطـر، نسـیم رودخانـه‌ای که از بالای کوه سـرازیر بود و در نقاط پایین دسـته آبشـارهایی را تشـکیل مـی‌داد، روح آدم را تـازه می‌کـرد. تاخیـر پـری بـه رکسـانا فرصتـی داده بـود کـه از فکر شـلوغی شـهر بیـرون بیاید و اولیـن خاطـره‌ی کوهپیمایی در ذهنش زنده شـود. خاطره‌ی شـیرینی بـود کـه هیـچ وقـت از حافظه‌اش پاک نمی‌شـد. در طول مسـیر غرق طبیعـت زیبای کوه شـده بود. مکانـی کـه خانم‌هـا جدیدتریـن مدهـا را می‌پوشـیدند و زیبایـی خـود را بـه نمایـش می‌گذاشـتند. بـه یـاد رسـتورانی افتـاد کـه در تـه مسـیر و در بـالای یـک قلعـه قرار داشـت. مـکان ویژه‌ای برای صـرف ناهـار، اسـتراحت و تماشـای چشـم‌انداز زیبای طبیعـت که باعـث تخلیه‌ی فشـارهای روزمره می‌شـد. ذهنیـت کوهسـتانی رکسـانا، بـا صـدای بلنـد گروهی پسـربچه‌ی جـوان، از هم می‌پاشـد و بـه شـهر شـلوغ برمی‌گـردد. رکسـانا بـه طـرف آنهـا می‌نگـرد. یـک دسـته پسـربچه‌ی ده تـا پانزده سـاله کـه جامه‌هـای سـفید خون‌آلـود بـر تن داشـتند در پیاده‌رو بـه سـمت او می‌دویدند و شـعار «مـرگ بـر شـاه!، مـرگ بر شـاه!» سَـر می‌دادنـد. رکسـانا کـه از دیـدن نوجوانـان کفن‌پوش شـوکه شـده بـود بی‌اختیـار از جایـش بلنـد شـد و ناخـودآگاه بـه دنبال آنهـا راه افتـاد. او می‌دیـد که مردم و حتـی یـک یـا دو پاسـبان هـاج و واج بـه آنهـا نـگاه می‌کردنـد. البتـه رکسـانا می‌دانسـت کـه آن بچه‌هـا را عـده‌ای شسـت و شـوی مغزی داده بودنـد و بـه منظـور اهـداف سیاسـی و دینـی خود به کار می‌گرفتنـد و آن نوجوانـان هیـچ اطلاعـی از سیاسـت نداشـتند، امـا در تـلاش بـود کـه بـه آنهـا برسـد و بیشـتر در موردشـان بدانـد. از خـودش می‌پرسـید کـه چـه فـرد یـا فرقـه‌ای به خـود اجازه داده بـود کـه بـه چنین بچه‌های کم سـن و سـالی خشـونت بیآمـوزد و آنهـا را به رفتـار معترضانه‌ی سیاسـی وادار نمایـد. رکسـانا در حالـی کـه می‌دویـد دوربینـش را درآورد و مشـغول گرفتـن عکس شـد. در واقـع دوربیـن بسـیار کوچکـی بود کـه معمولاً همراهـش حمل می‌کـرد و انـگار آن لحظات ارزشـش را داشـت تـا بـه کمک دوربیـن ثبت تاریخی شـود. رکسـانا هرگز بـا این حـرکات نامتعارف و عجیـب آشـنایی نداشـت و از اینکـه برخـی از جنبش‌ها به منظور اهداف سیاسـی و دینـی خود، از نوجوانـان اسـتفاده می‌کردنـد، بسـیار متاثـر بـود و بنابرایـن می‌خواسـت تا ایـن لحظـه را ثبت کرده باشـد. او به‌طـوری ایـن جریـان را پیگیـری می‌کـرد کـه انـگار فرامـوش کـرده بود کـه با پـری قرار ملاقـات داشـت. تمـام تـلاش خـود را می‌کـرد تـا بـه آنهـا نزدیک شـود. بـه دنبـال بچه‌ها بـه داخل کوچـه‌ی باریکـی پیچیـد، در همیـن موقـع، سـر و کلـه‌ی دو پاسـبان پیدا شـد کـه در تعقیـب آنها بودنـد. پاسـبان‌ها داشـتند بـه رکسـانا می‌رسـیدند کـه صـدای پـری کـه با یـک تاکسـی در تعقیب او بـود، رکسـانا را بـه خـود آورد. بـه طـرف پـری برگشـت، ولـی بـه حـدی در آن لحظـه غرق شـده بـود کـه خـودش هـم متوجـه نبود که داشـت شـعار بچه‌هـا را تکـرار می‌کـرد، "مرگ بر شـاه، مرگ بـر شـاه...»، رکسـانا بـه پـری خیـره شـده بـود ولی حواسـش پیـش بچه‌ها بـود. انـگار صـدای پری

که درب تاکسی را باز کرده بود و فریاد می‌زد «سوار شو...، سوار شو...» را نه می‌دید و نه می‌شنید. اما بالاخره از حرکت ایستاد و با تردید به تاکسی و به پیشتازی گروه نوجوانان نگاه کرد. پری که شاهد نزدیک شدن پاسبان‌ها بود به ناچار پیاده شد و او را گرفت و به داخل تاکسی برد. تاکسی با سرعت به راه افتاد و از پاسبان‌ها دور شد.

«بیا تو...»

تاکسی از معرکه دور شده بود اما نقش و نگار بچه‌ها هنوز برای رکسانا تازگی داشت.

«اون بچه‌ها پر از احساس بودن...!»

دست پری بر روی لبش قرار گرفت و نگاه معنی‌دارش متوجه‌ی راننده شد. رکسانا با دیدن رفتار او فهمید که باید جانب احتیاط را در نظر بگیرد و سکوت اختیار کند. لبخند راننده که از نگاه بی‌خطرش حکایت می‌کرد، کمی به آنها آرامش بخشید. یک یا دو دقیقه سکوت به رکسانا اجازه داده بود تا آرامش خود را باز یابد و عقل را جای احساساتش بنشاند. حدس می‌زد که چرا تحت تاثیر نمایش نوجوانان قرار گرفته بود. در واقع آنها بسیار جوان و کم‌تجربه‌تر از آن بودند که معنی و مفهوم نمایش خود را بدانند و در چنین حرکت جسورانه‌ای، به تنهایی نقش داشته باشند. این بدان معنا بود که روحانیون اهل نیرنگ و ذکاوت بودند و می‌دانستند چگونه بر روی اذهان مردم تاثیر بگذارند و آنها را با خود همراه و هماهنگ سازند، به همین منظور هم بود که ملایان بدون هیچ شرمی از بچه‌های نوجوان استفاده می‌کردند. برای آنها جان، مال و ناموس مردم ایران هیچ اهمیتی نداشت و صرفاً به منابع ثروت و قدرت سرزمین ایران چشم دوخته بودند.

«دنبال کردن نوجوانان فریب‌خورده‌ای که خود نمی‌دانند چه می‌کنند و چه می‌خواهند، برای کسی مثل تو میتونه بسیار خطرناک باشه، تو آمدی اینجا دنبال پدرت بگردی نه درگیر مشکلات ملت ایران بشی...، این مبارزه را به عهدی خوده آنها بذار...؟»

رکسانا فکر می‌کرد که او هم جزیی از مردم ایران است اما در آن لحظه ترجیح داد تا سکوت اختیار کند و جوابی به پری ندهد.

حدود ساعت ۹ صبح بود که تاکسی وارد میدان ژاله‌ی تهران شد. از کنار یک یا دو جیپ ارتشی گذشت و پس از چرخیدن به دور میدان در مقابل یک رستوران توقف کرد. پری و به دنبالش رکسانا پیاده شدند و تاکسی حرکت کرد. همه چیز آرام بود. پری به سمت رستوران اشاره کرد:

«برو تو...، یک نفر داخل منتظرته»

رکسانا بسیار نگران بود که چه کسی می‌توانست در رستوران منتظر او باشد. چند قدم به طرف رستوران برداشت و از پشت شیشه داخل را وارسی کرد. به سختی قادر بود داخل را ببیند، اما رستوارن آرام و عادی به نظر می‌آمد. نگاهش به سمت پری برگشت، از خودش می‌پرسید که چرا پری نمی‌خواست با او وارد رستوران شود، چه کسی داخل منتظر او بود که پری نمی‌خواست با او روبه‌رو شود، دیگر مایل نبود دل به حضور پدرش ببندد، بارها حاصلی جز ناامیدی به همراه نداشت. آرامشش بهم ریخته بود.

«کی داخل منتظر منه؟، پدرم؟»

نگاه ناآرام و توخالی پری به او کمکی نکرده بود.

«برو تو.، نگران نباش.....، همه چیز خوبه....، منحوصله نشستن داخل رستوران را ندارم، اینجا منتظرت میمونم....، منو می‌تونی از پشت شیشه ببینی...»

رکسانا با یک احساس ناشناخته وارد رستوران شد. مکانی بود کوچک و دنج. طبق معمول، رادیو بی‌بی‌سی روشن بود و حواس‌ها بیشتر به پخش خبر بی‌بی‌سی بود تا خوردن و گفتگو. اخبار هم طبق معمول پیرامون سوزاندن سینما رکس آبادان و خیانت‌هایی بود که شاه در حق ملت و میهنش روا می‌داشت. دود سیگار یک یا دو نفر از مشتریها اولین پدیده‌ای بود که در مقابل چشمانش می‌رقصید و در هوا ناپدید می‌شد. قلب رکسانا به تپش افتاد. به اطراف نگاه کرد، هنوز چشمانش به نور ناچیز درون رستوران عادت نکرده بود. در حین جستجو چند گامی به جلو برداشت اما هنوز کسی به چشمش آشنا نمی‌آمد. لحظاتی به یک یا دو پیرمرد نگریست. می‌دانست که اگر پدرش منتظرش بود حتماً او را می‌شناخت. اضطرابش بیشتر شده بود. با ناامیدی برگشت تا از رستوران خارج شود اما چشمش به مردی افتاد که در کنجی خلوت گزیده بود. او محاسن و عینکی هم بر چشم داشت. رکسانا ناگهان خشکش زد. مهم نبود سیروس تا چه حد ظاهرش را تغییر داده بود اما رکسانا در نگاه اول او را شناخت. رفت و در روبه‌روی او نشست. انگار هیچ کدام قدرت نداشتند تا زبان بگشایند و یا نمی‌دانستند باید از کجا شروع کنند، فقط در چشمان هم نظر دوخته بودند و به سکوت اجازه می‌دادند که آغازگر گفتگوی آنها باشد. به‌طور رسمی، تنها پری و پیتر خبر داشتند که سیروس اندکی بعد از رفتن به آمریکا ازدواج کرده است. همه می‌دانستند که سیروس و رکسانا عاشق هم هستند و با وجود شخصیتی که در سیروس سراغ داشتند خبر ازدواج او را باور نمی‌کردند. رکسانا هم که چنین شایعاتی را شنیده بود، آنها را جدی نمی‌گرفت. اما اکنون در مقابل او نشسته بود و در نخستین حرکت کنجکاوانه‌اش می‌توانست به انگشتان دست سیروس نگاه کند. اما حلقه‌ی ازدواجی در انگشتان او نمی‌دید. رکسانا حتی نمی‌دانست که دست سیروس را در

دستش گرفته بود. نگاه سیروس به طرف شیشه‌ی جلوی رستوران برگشت و به پری در بیرون نگاه کرد، سپس دوباره به سمت رکسانا سر برگرداند. رکسانا می‌دانست که فقدان انگشتر حلقه نمی‌توانست دلیلی بر عدم ازدواج سیروس باشد. رکسانا سعی می‌کرد تا نگرانی‌اش را کنترل کند. او حتی راضی بود که سیروس به او دروغ می‌گفت و ازدواجش را پنهان می‌کرد. نمی‌خواست ازدواج او را باور کند. می‌خواست توضیح سیروس را بشنود که چرا بدون اطلاع، ایران را ترک کرد و هیچ تماسی با او نگرفت. آنها در سکوت به یکدیگر خیره شدند. در یک لحظه‌ای که گذشته و آینده در هم ادغام شده بودند، فریاد ناگهانی مردی که تحت تاثیر اخبار رادیو بی‌بی‌سی قرار گرفته بود، دنیای آرام و ساکت آنها را بر هم زد و به واقعیتی که در انتظارشان بود برگرداند.

«امام می‌آید!، امام خمینی داره میاد!»

تا آن لحظه نام خمینی برای رکسانا معنا نداشت، اما چشم‌هایش به چشم‌های مردی افتاد که فریاد کشیده و در حال خارج شدن بود. باوری در نگاه و نحوه‌ی فریاد او وجود داشت که انگار اسم خمینی به او قوت و امیدواری می‌بخشید، آنجا بود که رکسانا متوجه شد که در ایران بازی سیاست در حال تغییر و تحول است. مرد از درب رستوران بیرون رفت و ناپدید شد. نگاه رکسانا به طرف سیروس برگشت. او هنوز به درب ورودی نظر دوخته بود. به مالیدن آرام انگشتان دست سیروس مشغول شد تا او را از فکر و خیال آن مرد خمینی‌خواه خارج کند و کمی حرف بزند. از او بپرسد چه بر او گذشته است. علاقمند بود تا سیروس از آمریکا برایش سخن بگوید. دومرتبه به انگشتان دست سیروس نگاه کرد و انگار با چشمانش از سیروس می‌پرسید که آیا خبر ازدواجش صحت دارد. سیروس که متوجه‌ی نگاه پرسش‌گرانه‌ی رکسانا شده بود سرش را برگرداند و به پری در بیرون چشم دوخت تا از دادن پاسخ طفره برود. سیروس مایل نبود تا در مورد صحت و سُقم ازدواجش سخنی بگوید. او هنوز هم دلباخته‌ی رکسانا بود. چگونه می‌توانست از موضوعی سخن بگوید که ناخودآگاه رقَم خورد. چشمانشان به پری افتاد که به یک تیر چراغ برق تکیه داده بود و به قله‌ی کوه دماوند نگاه می‌کرد. انگار دورادور از زیبایی کوه کمک می‌گرفت تا به سیروس و رکسانا فکر نکند. به نظر می‌رسید روحیه‌ی پری در آن لحظه خیلی خراب بود، هماهنگ و همرنگ سایه‌ای تیره که از افکار انسان‌های مالیخولیایی سرچشمه می‌گرفت. رکسانا هم از پیشآمدهای پری متاثر بود. از دست دادن نادر او را به یک آدم سرد، محزون و بی‌رمق تبدیل کرده بود. رکسانا حس می‌کرد که پری به همدمی نیاز داشت تا با او حرف بزند و از ناراحتی‌هایش بکاهد، اما او به غیر از سیروس بر روی هیچ مرد دیگری حساب باز نمی‌کرد و عاشقانه او را دوست داشت، اما سیروس از عشق

و علاقه‌ی او هیچ اطلاعی نداشت. رکسانا می‌دانست که پری همه چیز را در خودش می‌ریخت و احساساتش را بروز نمی‌داد از این‌رو خواه ناخواه به یک افسردگی شدید دچار شده بود. پری از جنگیدن باکی نداشت و مانند یک زن مبارز هیچ وقت از اعتقاداتش کوتاه نمی‌آمد، اما برای او عجیب بود که چرا در مواجهه با عشق، در موضع ضعف قرار داشت و برخورد متفاوتی نشان می‌داد. البته رکسانا در مورد خودش به این برداشت رسیده بود که زندگی او چندان تفاوتی با پری نداشت و حتی در عشقی به مراتب پیچیده‌تر از عشق پری قرار گرفته بود.

باری دیگر چشمان آنها برای مدتی طولانی درهم قفل شد. رکسانا از خودش می‌پرسید که آیا در مقابل همان سیروسی قرار داشت که قبلاً می‌شناخت و عاشقانه به او دل داده بود. می‌دانست عشق به یک لحظه‌ی ناشناخته بند بود، اما اکنون با قلبی که در دام عشق اسیر شده بود چه باید می‌کرد، گریزی از این عشق نبود، این همان عشق واقعی بود که در کنار معشوقش رقم می‌خورد. رکسانا معتقد بود که عشق واقعی فقط یکبار اتفاق می‌افتاد و هرگز نمی‌مرد، همواره در کنار عاشق و معشوق می‌ماند و در فراز و نشیب زندگی همراهشان بود و زمانی می‌مرد که عاشق با مرگش، معشوق خود را ترک می‌کرد. اما فلسفه‌ی معشوقه‌هایی که از عُشاق‌شان جدا می‌شدند چه بود؟، آیا از عشق کمتری برخوردار بودند و یا عشاق خود را اصلاً به حساب نمی‌آوردند؟، و شاید عشق‌شان افسانه‌ای بیش نبود!. رکسانا اکنون در لحظاتی قرار داشت که با تمام وجود، پری را درک می‌کرد و با او احساسی ناگسستنی داشت. او می‌دانست که پری در زیر نور آفتاب ایستاده بود و معشوقه‌اش را از پشت شیشه‌ی رستوران تماشا می‌کرد. معشوقه‌ای که با بهترین دوستش نشسته بود و با او راز و نیازی عاشقانه داشت. مردی که حالا نه تنها به او، بلکه به رکسانا هم تعلق نداشت. او ناگهان در آمریکا ازدواج کرده بود و حالا معلوم هم نبود که جداً به همسر آمریکایی‌اش عشق می‌ورزید و یا مثل بسیاری از آنها به منظور فرار از حقایق و فشارهای زندگی به آن ازدواج تن داده بود. به هر شکل این ماجرا آنها را دچار رنج و یاس می‌کرد. رکسانا از روی حس هم‌دردانه‌ای که با پری داشت، دستش را از روی دست سیروس برداشت. برای فرار از حقیقت مقداری چای نوشید. دلش می‌خواست جایش را با پری عوض می‌کرد. اما فایده‌ای هم نداشت. دردشان مشترک بود، عاشق فردی بودند که به آنها تعلق نداشت و نمی‌توانست داشته باشد. آنها عُشاقی بازنده بودند. انگار رکسانا به تماشای نمایشنامه‌ای غم‌انگیز نشسته بود، نمایشی که با دیگر خاطرات تلخ زندگی‌اش گره خورده بود. از دید پری، سیروس قلب خود را با یک زن آمریکایی شریک شده بود که به زعم او و دوستانش، دشمن ملتش محسوب می‌شد. سیروس هم پری را تماشا می‌کرد، اما هنوز که هنوز بود روحش از عشق و علاقه‌ی او هیچ خبری نداشت. پری که انگار پی برده بود که آنها او را تماشا می‌کردند از مقابل دید آنها ناپدید شد. در غیاب پری، دست‌های رکسانا دوباره و

بدون اینکه بداند بر روی دست‌های سیروس نشست و آنها را نوازش کرد. انگار سه آرزو داشت که سیروس می‌توانست حداقل یکی از آنها را برآورده کند. قلب سیروس با حس دست‌های رکسانا به تپش افتاده بود. او دقیقاً می‌دانست که رکسانا به دنبال یک حلقه یا خبر عروسی بود، بنابراین دیگر نمی‌توانست که به سکوتش ادامه دهد:

«باید تو رو می‌دیدم...، باید مطمئن می‌شدم که حالت خوبه»

سر رکسانا در اطراف چرخید، حالتش طوری بود که انگار به عشق او خیانت شده بود. می‌خواست قدرت آن را پیدا کند تا آنچه را که لازم بود از سیروس بپرسد:

«کسی رو که باهاش ازدواج کردی، واقعاً دوست داری؟"

سیروس لال شده بود. هیچ واژه‌ای را پیدا نمی‌کرد که بیانگر دردش باشد و با آن بتواند جواب رکسانا را بدهد. لحظاتی در سکوتی تردیدآمیز فرو رفت، اما سرانجام در حالی که به انگشتش نگاه می‌کرد با زمزمه‌ای خفیف سکوتش را شکست:

«نمی‌دونم...!»

انگار سیروس داشت دنبال انگشتر عروسی‌اش می‌گشت که در انگشتش نبود.

«نمی‌دونی با زنی که ازدواج کردی دوستش داری یا نه؟!، وقتی او از تو می‌پرسه که دوستش داری یا نه، جواب میدی نمی‌دونم؟ وقتی او با تمام قلبش توی گوش‌های تو زمزمه می‌کنه که دوستت داره، تو چی میگی؟، نمی‌دونم؟»

سیروس هرگز رکسانا را تا این حد جدی ندیده بود، انگار که او، آن رکسانایی نبود که می‌شناخت. رکسانا او را در وضعیتی قرار داده بود که راه پس و پیش نداشت. می‌دانست که باید هوشمندانه اوضاع را جمع و جور می‌کرد. اما انگار از درون تهی شده بود. عرق سرد و تلخی وجودش را فرا گرفت. به نظر می‌رسید با دشواری می‌تواند سخنان رکسانا را هضم کند، انگار اطلاعاتی که او می‌خواست خارج از آن محدوده‌ای بود که او بخواهد و بتواند پاسخ دهد، او در قبال موضوع ازدواجش هنوز حتی نتوانسته بود در پیشگاه وجدان خود جوابگو باشد. شاید تنها توجیه‌اش به آمریکایی بودن جولیا برمی‌گشت که تا هر وقت اراده می‌کرد می‌توانست او را ترک کند، برای جولیا که در آمریکا رشد کرده بود، به نظر هیچ مشکلی پیش نمی‌آمد، اما سیروس آدمی نبود که چنین منطق نادرستی را بپذیرد. احساس گناه می‌کرد از اینکه احساسات یک انسان را به بازی بگیرد. از آنجایی که رکسانا از ازدواج او در آمریکا هیچ خبر موثقی نداشت بنابراین ترجیح می‌داد به پرسش او پاسخی ندهد.

سیروس طوری رفتار کرد که انگار سوال رکسانا را نشنیده بود، درست مثل مرده‌ای دیگر که

وقتـی در مخمصـه می‌افتنـد خـود را بـه کوچـه‌ی علی چـپ می‌زنند، علاوه بـر این مگـر او چه جوابی می‌توانسـت برای رکسـانا داشـته باشـد، چگونه می‌توانسـت او را مجـاب کند که صرفاً بـه منظور اینکه عشـق او را بـه فراموشـی بسـپارد تـن بـه ازدواج داده اسـت. بـرای دختـری کـه بـا فرهنـگ آمریکایی تربیـت شـده بـود و بـا فرهنگ ایران آشـنایی نداشـت چنیـن عذری بسـیار مضحک و مسـخره به نظر می‌رسـید. چگونـه می‌توانسـت بـه اشـک‌های پدرش اشـاره کند کـه فروتنانـه از او قول گرفتـه بود که مبـادا بـا دختـرش ازدواج کنـد و او را به سرنوشـت مـادرش دچار سـازد. چگونه می‌توانسـت اقرار کند کـه شـاید پـدرش درسـت می‌گفـت که او بـه هنرش و به مردمش تعلق داشـت و در قاموسـش عشـق ورزی و زناشـویی برتـر و بالاتـر نبـود. امـا تمـام ایـن دلایـل و نشـانه‌ها کمکـی بـه سـیروس نمی‌کرد تـا احسـاس شـرم و گنـاه نکنـد. جولیـا هـم به‌عنـوان یـک انسـان از ارج و احترامـی برخـوردار بـود و نمی‌توانسـت در حـق او اجحـاف کنـد. در هر حال سـیروس یقین داشـت کـه اعترافـات او فقط اوضاع را بدتـر می‌کـرد. چشـمانش را در پیرامـون رسـتوران چرخانـد تـا بـرای دسـت و پـا کـردن جملـه‌ای درسـت، فرصتـی داشـته باشـد. بـه دنبال گارسـونی می‌گشـت تا بیایـد و موضـوع بحث آنهـا را عوض کنـد. امـا همـه شـش میـخ نشسـته بودنـد و به رادیـو بی‌بی‌سـی گـوش می‌دادند. سـیروس بـه ناچار نفـس عمیقـی کشـید و شایسـته دید تـا حقایـق را بازگو کند:

«نمی‌دونـم چطـوری ایـن اتفـاق افتـاد...، یـک روز از خـواب بیـدار شـدم و دیـدم ازدواج کـرده بـودم...» جسـتجوی سـیروس بـرای یافتـن کلمـات بیشـتر ادامـه یافـت: «امـا مـن می‌دونـم، مهم نیسـت کـه چـرا و چطـور ایـن اتفـاق افتاده، من خـودم را مسـئول می‌دونم کـه به قولی کـه دادم به آن پابنـد باشـم، نمی‌تونـم ببینـم او بـه خاطـر اشـتباه مـن زجر بکشـه...، من بایـد برای اون شـوهر خوبی باشـم...»

امـا اگـر لحظـه‌ای حرفـش را مزهمـزه می‌کـرد، میفهمید دلیـل و آیه‌ای را که آورده بـود از هر جـواب دیگـری کـه می‌توانسـت بدهـد بدتـر بود، حالا نـه تنهـا، مذبوحانه به مشـکلاتش افـزوده بود بلکـه بایـد برهانـی قاطـع در توجیه پاسخ ناخوشـایندش دسـت و پـا می‌کـرد و به ناچار سـخنانش را ادامـه می‌داد:

«مـن هیـچ وقـت قصد تـرک تـو و یـا ایـران را نداشـتم...، زندگی مـن در خطـر بـود...، یکی دو تـا از ایـن ملاهـای نـادان بـه خاطـر کارهام روی سـر مـن فتـوا داده بودنـد...، از طرفی من بـه دیدار پدرتـون رفتـم، وقتـی دیـدم کـه تصمیمـات اون چه تاثیـری روی تـو و مادرت گذاشـته بـود، ترس تـه دِلمُـو گرفـت کـه نکنـه حکایـت و قصه‌ی مـادرت تکرار بشـه، احسـاس کـردم، پـدرت نمی‌خواد سرنوشـت مـادرت بـرای تـو تکرار بشـه...، چـرا که ازش شـنیدم تصمیـم اون برای انتخاب بین شـما و کشـورش، بـراش سـخت‌ترین تصمیم‌گیـری بـود، در آن زمـان بـود کـه مـن تصمیـم گرفتـم کـه

نمی‌تونم این ریسک رو بکنم، چرا که زندگی و سرنوشت من، دست خودم نبوده و نیست...، اما تو یک چیزی را باید بدونی...، پدرت هرگز تو رو فراموش نکرده و به عشق دیدن تو زنده مونده...، اون به من گفت که چند بار قصد آمدن به آمریکا و پیدا کردن تو را داشته اما به اون ویزا ندادند...، قلب پدرت بعد از ترک شما و مادرت مُرد، و هیچ وقت رنگ و روی شادی را ندید تا اینکه تو پیدات شد» سیروس تمام تلاشش را می‌کرد تا بغض گلویش را پنهان کند اما نمی‌توانست برای سخنان بریده بریده‌اش چاره‌ای بیاندیشد: «قلب من هم بعد از ترک تو مُرد...، و بعد از این هرگز عشق رو نمی‌فهمه...، بنابراین، وقتی که از من بپرسی که معنی عشق را می‌فهمم، مثل اینه که از من بپرسی جای تو، تو قلب من کجاست، بنابراین از من نپرس که آیا معنی ازدواج، زن یا عشق را می‌فهمم یا نه...، کلمه‌ی عشق به تنهایی مَنُو از خودم بیگانه می‌کنه...، نمی‌دونم می‌دونی یا نه، به محض اینکه پای من به آمریکا رسید، به دیدن مادرت رفتم...، تا به اون بگم که اتفاقی براتون نمی‌افته و نگران شما نباشه...، اما زن غمگینی رو دیدم که زندگی رو باخته بود، زن درمونده‌ای رو دیدم که به انتظار اینکه شاید یک روزی معشوقش برگرده، هنوز هم که هنوزه عشق و یاد اون رو تو قلبش نگه داشته و رها نکرده و به یک خشم تبدیل شده که داره اونُو از داخل می‌خوره، عشقی که هرگز برنگشته و برنمی‌گرده...، دیدن اون احساس خیلی غم‌انگیزی بود...، یه حسی به من میگه تو هم درست مثل مادرت هستی...، عشق رو تا ابد تو خودت انبار می‌کنی...، زندگی من هم زیاد تفاوتی با پدرت اسعد نداره، به عشق وطنم آخرین قطره‌ی خونم و میدم...، بنابراین اگر من واقعاً شما را دوست داشته باشم، باید شما را رها کنم که زندگی آرامی رو ادامه بِدی...، فکر کردم این برای همه ما بهتر باشه...»

و به پیرامونش نگاه انداخت، در جستجوی یافتن کلماتی بود تا بتواند سخن خود را ادامه دهد. نگاهش به سمت رکسانا برگشت:

«رکسانا من به جایی رسیده بودم که حس می‌کردم هیچ کشوری، و هیچ هدفی نداشتم، پُوچُو تُوخالیُ و گیجُ و گنگ شده بودم، از خودم بدم می‌آمد، از برادرم از همه...، بنابراین، چه فرقی می‌کرد من چه راهی را انتخاب می‌کردم وقتی که قرار بود در آخر بدون تو باشم؟!»

اکنون رکسانا تا اندازه‌ای درک می‌کرد که سیروس با چه جریانی در جنگ و گریز بود. می‌توانست بفهمد که او قربانی شرایطی شده بود که از کنترلش خارج بود. اما احساس می‌کرد که وقت زیادی ندارد و هر لحظه ممکن بود سیروس او را دوباره ترک کند و دیگر نتواند او را ببیند. بنابراین لازم دید تا بیشتر بداند که در زندگی او چه می‌گذرد.

«من این‌رو در مورد تو می دونم که انسان پاک و صادقی هستی و هیچ‌وقت قصد اذیت و

آزار دیگران را نداری، خصوصاً زنی را که باهاش ازدواج کردی...، پس راه درست و عادلانه‌اش اینه که حداقل اون همه چیز رو در مورد تو بدونه، این حق مسلم اونه، تو نباید اون رو در تاریکی نگهداری، این عادلانه نیست...!»

در واقع صحبت در مورد همسرش جولیا، آخرین مطلبی بود که می‌خواست بشنود اما سیروس با اکراه سخن او را نادیده گرفت و موضوع را عوض کرد:

«شاید بودن من اینجا با تو چندان امن نباشه، من هر چه زودتر باید برم...»

رکسانا با انبوهی از سوالات بدون پاسخ، نگران رفتن سیروس بود:

«من همه چیز را می‌تونم بفهمم، اما چیزی را که نمی‌تونم درک کنم اینه که، تو چرا از من فرار می‌کنی؟، چرا از برادرت فراری هستی؟، خصوصاً از مادرت که از غصه‌ی تو داره دق می‌کنه!؟، چرا حداقل به دیدن اون نمیری؟»

«من از تو یا از اونها فرار نمی‌کنم، من نگران امنیت و ایمنی تو و اونها هستم»

«تو هیچ نگرانی در مورد من نداشته باش، من دختر بزرگی شدم و می‌تونم از خودم مراقبت کنم...، از طرفی من دیگه جزیی از این مبارزه هستم...، درست مثل تو، مثل پری و پدرم...، اگر بودن و مبارزه کردن برای شما خوبه پس چرا باید برای من بد باشد؟»

سیروس با شنیدن سخنان رکسانا پی برد که دستگاه‌های تبلیغاتی مخالفین شاه و در راس آن رادیو بی‌بی‌سی لندن باید کار خود را به نحو احسن انجام داده باشند. اکنون شاهد آن بود که تبلیغات کذب آنها حتی بر رگ و ریشه‌ی رکسانا هم اثر گذاشته بود. اما سیروس یادش نرفته بود که به چه منظور به ایران برگشته بود، او مسائل مهمتری را باید با رکسانا در میان می‌گذاشت، او آمده بود تا رکسانا و امیر را قانع کند تا هر چه زودتر از ایران خارج شوند. حضور در ایران می‌توانست جانشان را به خطر بیاندازد.

«دلیل اصلی که من برگشتم اینه که شما و برادرم امیر را قانع کنم که هر دوی شما باید ایران را هر چه زودتر ترک کنید...، اوضاع و احوال ایران میتونه هر لحظه به هم بخوره و کُشتُ و کُشتار بشه...، و برای هر دوی شما خطرناک باشه...»

سیروس از اینکه مردم کشورش از حوادث آینده هیچ اطلاعی نداشتند بسیار اندوهگین بود. می‌دید که تاریخ دوباره در حال تکرار بود و مردم داشتند همان خطای دوران مصدق را از سر می‌گرفتند. آنها از وقایع پشت پرده‌ای که در فرانسه و آمریکا جریان داشت بی‌خبر بودند. واقعه‌ای که به زودی برگی از تاریخ ایران را ورق می‌زد. تنها منبع اطلاعاتی مردم، رسانه‌ای بنام رادیو بی‌بی‌سی بود که شایعات و مطالب کذب را به ایران و جهان مخابره می‌کرد. سیروس

می‌دانست که به زمان بیشتری نیاز داشت تا بتواند رکسانا و امیر را متقاعد کند تا ایران را ترک کنند، اما او وقت کافی در اختیار نداشت و باید به آمریکا بازمی‌گشت، خصوصاً جولیا در جریان نبود که سیروس به ایران مسافرت کرده بود و تصور می‌کرد که او در یک سفر کاری به اروپا رفته است. صدای رکسانا سیروس را به خود آورد:

«سیروس، علت واقعی برگشتنت به ایران چیه؟»

سیروس می‌دید که به دنبال گذر روزگار و در بستر اوضاع آشفته و غم‌انگیز ایران، رکسانا به زنی درون‌گرا، قوی و مستقل تبدیل شده بود، بنابراین می‌دانست که باید دقیق و سنجیده سخن بگوید:

«عرض کردم من برای نجات جان شما اینجا هستم...، شاید هم مردم...، و برادرم...، شما قبل از اینکه خیلی دیر بشه باید از کشور خارج شید...، اوضاع و احوال اینجا اونجور که به ظاهر می‌بینی چندان آرام نیست...، پیچیده‌تر از اونی که نشان میده...، پشت پرده دسیسه‌هایی در جریانه که شاه را بردارن...، برای همین هم نگران شما و برادرم هستم...!»

صرف‌نظر از اوضاع آشفته ایران، حرف‌های سیروس چندان مورد وثوق رکسانا نبود، نه تنها او بلکه تقریباً همه به قدرت شاه در ایران و منطقه اذعان داشتند و معتقد بودند که برکناری او غیرممکن است.

«اوضاع ایران به سرعت در حال تغییره...، مردم از اینکه در پشت پرده چه می‌گذره، بی‌خبرن، همه به هم دروغ میگن، هیچ کس حقیقت رو نمی‌دونه، اگه به تو بگم که یک خانم آمریکایی بنام دوریان مک‌گری که برای سازمان سیا کار می‌کنه، یکی از رهبران برکناری شاه و رسوندن آیت‌الله خمینی به قدرته، شاید خیال کنی من دیوانه شدم...، اما این حقیقت داره...، من با چشم‌های خودم تو فرانسه دیدم...»

شنیدن نام دوریان، چراغ خطر قرمز چشمک‌زنی را در ذهن رکسانا فعال کرد. او دقیقاً می‌دانست که سیروس درباره چه کسی صحبت می‌کرد. بی‌اختیار به یاد ملاقاتی افتاد که با دوریان بر روی پله‌های سفارت آمریکا داشت. رکسانا ناخودآگاه زمزمه کرد:

«دوریان مک‌گری...؟!»

هر چند سیروس در جریان آشنایی رکسانا و دوریان نبود، اما وقتی می‌دید که توجه رکسانا را جلب کرده بود لازم دانست تا با دادن اطلاعات بیشتر او را متقاعد کند:

«آره، سازمان سیا با کمک انگلیسی‌ها دارن همان کاری را انجام میدن که در سال ۱۹۵۲ با شاه و مصدق کردن، صدها تروریست از سوریه، لیبی و فلسطین مخفیانه به ایران وارد شدن

و هنوز دارن وارد میشن، اونها خون ایرانی تو رگ‌هاشون جاری نیست و به من و به تو و هر ایرانی دیگری رحم نمی‌کنن، اونها ایرانی نیستن، اونها عرب هستن و عرب‌ها به‌طور سنتی از ما متنفرن...»

بغض گلوی سیروس را گرفت و اشک در گوشه‌ی چشمانش نمایان شد. مجبور به مکث کوتاهی شده بود تا کنترل خود را باز یابد. سپس نگاهی به بیرون انداخت. پری در انتظار آنها دوباره به تیر چراغ برق تکیه داده بود. پری نمی دانست چرا تصمیم گرفته بود که هنگام دیدن سیروس و رکسانا حضور نداشته باشد، شاید فکر می کرد بهتر بود سیروس به طور خصوصی با رکسانا صحبت کند. حدس می زد که موضوع گفتگوی آنها قطعاً پیرامون رکسانا و ازدواج سیروس می گذشت و نمی‌خواست در مورد آن چیزی بشنود. نگاه سیروس دوباره به طرف رکسانا که هنوز در فکر دوریان بود، برگشت.

«من می‌خوام شما با امیر صحبت کنید، ممکنه بتونید اون رو قانع کنید که ایران رو ترک کنه...، اون به حرف من هیچ اهمیتی نمیده...، صرفاً به خاطر اینکه من برادر کوچکش هستم و به چشم اون هنوز سر عقل نیومدم...، من تلفنی با اون تماس گرفتم اما وانمود کردم دارم از آمریکا زنگ می‌زنم...، هنوز شروع نکرده بودم که صدای داد و بیدادش بلند شد و من هم مجبور شدم گوشی را بذارم...»

رکسانا کمی با سیروس و حرف‌هایش همراه شده بود اما هنوز در حال تجزیه و تحلیل بود، بنابراین برای خریدن وقت بیشتر، زبان گشود:

«شاید تو باید به دیدار مادرت بری و از اون بخوای با امیر صحبت کنه...، از طرفی اون پیرزن مهربان را هم که دلش برای تو یک ذره شد رو خوشحالش کنی...»

«اگر امیر بفهمه که من به ایران برگشتم، از کجا که عصبانی نشه و دستگیرم نکنه...، ننداز‌تم زندون...!؟، دستِکَم مَنُو فوری با هواپیما از اینجا بیرونم می‌کنه...، من مادرم رو از دور تماشا کردم و می کنم...، همان طور که بارها تو رو تماشا کردم...»

رکسانا تازه فهمیده بود که سیروس تا چه اندازه در این معرکه درگیر شده بود، آن چنان که در باورش نمی‌گنجید. مستقیماً به چشمان سیروس نگاه کرد و می‌خواست او را مجبور کند تا پاسخگو باشد:

هر چند خبر بسیار مسرت بخشی بود اما باورش جای شک و تردید داشت. سیروس به بیرون خیره شد، به یک خودروی ون که جلوی ساختمانی ایستاد. تعدادی مرد که بعضی از آنها ژاکت‌های نظامی آمریکایی بر تن داشتند با عجله از آن پیاده شدند و به داخل ساختمانی رفتند. سیروس به خوبی می‌توانست تشخیص بدهد که آنها اسلحه‌های خود را

در زیـر ژاکت‌هایشـان مخفـی کـرده بودنـد. مـردم هم بـدون توجه، انـگار که آنهـا نامریـی بودند در پـی اموراتشـان رفـت و آمـد می‌کردنـد. برای سـیروس بسـیار عجیب و تاسـف بـار بود که تنهـا او و رکسـانا و گویـا پـری بـه حضـور غیرعـادی آن مردان پی بـرده بودند. در خـارج از رسـتوران، پری در حیـن اینکـه آنهـا را زیـر نظر داشـت، متوجه شـده بـود که به زبـان عربـی گفتگو می‌کردنـد. پری تا زمانـی کـه ون محـل را تـرک کـرد و از دید او دور شـده بـود آن را با نگاهش تعقیب می‌کرد، سـپس هـم گنـگ و گیـج نگاهش به طرف سـاختمانی برگشـت که مـردان عـرب وارد آن شـده بودند. پری حـس می‌کـرد کـه در آنجـا ممکن اسـت اتفـاق عجیـب و غریبـی رخ بدهد.

در داخـل رسـتوران، مـردی صـدای رادیـوی بی‌بی‌سـی را بلندتـر کـرد و همه گوش‌هـا معطوف بی‌بی‌سـی شـد:

«ژنـرال اویسـی، نخسـت وزیر جدید ایران گفت حکومت نظامی از سـاعت شـش عصـر در تهران برقـرار خواهـد بـود، دولـت از مـردم خواسـته اسـت کـه در میـدان ژالـه تجمـع نکننـد، اما مـردم از سراسـر شـهر راهی میـدان ژاله هسـتند... و بـه تهدید دولـت اعتنایـی ندارند...»

سیروس با شنیدن اخبار بی‌بی‌سی بسیار افسرده شد و از جایش برخاست.

«تـو و پـری بایـد فـوراً از اینجـا دور شـید... اینجا موندن شـما میتونه بسـیار خطرناک باشـه... بعـداً با شـما دوبـاره تماس می‌گیـرم...»

چشـمان سـیروس در حالـی کـه دوربینـش را از روی میـز برمی‌داشـت، بـرای مدتی در چشـمان رکسـانا قفـل شـد. هیـچ کدام نمی‌خواسـتند ایـن لحظه را خـراب کنند، ولی سـیروس می‌دانسـت که هـر چـه زودتـر بایـد رکسـانا را از آنجـا دور می‌کـرد، بنابرایـن به طـرف بیرون رسـتوران حرکـت کرد. رکسـانا بـه دنبـال او راه افتـاد. اکنون در پیاده‌رو، سـیروس خـودش را جلوتر به پری رسـانده بود و با او صحبـت می‌کـرد. رکسـانا احسـاس می‌کرد که سـیروس می‌دانسـت کـه در آنجا قـرار بود چـه اتفاقی رخ دهـد و بـه همیـن منظـور هم نمی‌خواسـت که او شـنونده‌ی گفتگوی آنها باشـد. تنها هـدف او این بـود کـه رکسـانا را از آن محـل دور کنـد. رکسـانا با عجله خـود را به آنها رسـاند:

«مـن هیـچ کجـا نمیـرم... اگـه قـراره اینجـا اتفاقی بیافتـه، من می‌خـوام اینجـا بمونم و شـاهد ایـن اتفـاق تاریخـی باشـم... ایـن تاریـخ من هم هسـت!»

رکسـانا گمـان می‌کـرد کـه سـیروس بـا توسـل بـه زور هـم که شـده او را سـوار تاکسـی خواهد کـرد. امـا در عـوض، آنهـا در سـکوت بـه یکدیگـر خیره شـد بودند. چشـم‌های رکسـانا به پیـروی از نگاه‌هـای سـیروس و پـری در اطـراف میـدان به دنبـال هرگونـه حرکت غیرعـادی چرخیـد. ناگهان نـگاه رکسـانا بـه پشـت‌بام سـاختمانی افتـاد کـه معلوم بـود یک یـا دو نفـر خـود را در آنجـا پنهان کـرده بودنـد. آنهـا گاهـی سـرک می‌کشـیدند و میـدان و اطـراف را وارسـی می‌کردنـد. نگاه رکسـانا

بطـرف سـیروس و پـری چرخیـد، «اونهـا رو می‌بینید؟، اونهـا کی هسـتند؟، تک‌تیراندازهـای دولتی هستند؟»

«نـه... هیـچ کـس نمی‌دونـه از کجـا اومـدن...، شـما بایـد بریـد...» سـیروس سـپس رو بـه پری کـرد: «شـما بایـد فـوراً اینجا رو تـرک کنیـد...، از اینجا ببـرش...، یک چیزی اینجا درسـت نیسـت!»

بـا بلنـد شـدن دسـت سـیروس اولیـن تاکسـی متوقف شـد. سـیروس درب را بـاز کـرد و از آنها خواسـت تـا سـوار شـوند اما رکسـانا امتناع کـرد. پری می‌دانسـت که باید به رکسـانا فرصـت می‌داد کـه در قلبـش از سـیروس خداحافظـی کنـد، او ایـن چنیـن بـا سـیروس خداحافظـی می‌کـرد. خداحافظـی بـا مـردی کـه او را از صمیـم قلـب دوسـت داشـتند، تلـخ و ناخوشـایند بـود. اینکـه آیا دوبـاره بتواننـد سـیروس را ببیننـد ذهنشـان را مشـغول کـرده بود. سـیروس بـدون اینکـه برگردد و بـه آنهـا بنگـرد در بین دو سـاختمان ناپدید شـد. امـا او هم از چنین احساسـی خالی نبود. سـیروس در جایی مناسـب ایسـتاد و دوربینش را به چشـم برد. در جسـتجوی سـوژه‌ای مناسـب برای گرفتن عکـس بـود. لنـز دوربینـش در پیرامـون میـدان گـذر کرد تـا سـرانجام به شـیئی شـبیه لوله‌ی یک تفنـگ رسـید کـه از لبـه‌ی هِـرِه‌ی پشـت‌بام سـاختمانی بیـرون زده بـود. بـه طرفـش زوم کـرد. بـا حرکتـی کـه در آن شـی وجـود داشـت مطمئن شـد کـه باید لولـه‌ی یک تفنگ باشـد که به سـمت میـدان نشـانه رفتـه بـود. لنـز دوربین کمـی در اطراف لبه‌ی پشـت‌بام سـیر کـرد تا بالاخـره به یک صـورت جـوان ریشـو رسـید کـه در پشـت شـیئی مخفـی شـده بـود و بـا تفنگـش بـه میـدان نـگاه می‌کـرد. سـیروس یقیـن داشـت کـه او نمی‌توانسـت تنهـا باشـد بنابرایـن به جسـتجوی خـود ادامه داد تـا اینکـه چشـمانش بـه فـرد دیگـری برخورد کـرد. حالا مطمئـن بود کـه آنها به منظـور هدفی شـوم در پشـت بـام مشـرف به میدان کمیـن کرده بودند. سـیروس در افـکارش غرق شـد. از قیافه و سکنات‌شـان دریافتـه بـود کـه آنهـا ایرانی‌تبار نبودند، البته حتم داشـت کـه از نیروهـای دولتی هم نمی‌توانسـتند باشـند. ناخـودآگاه حرفـه‌ای حسـین بـه ماننـد تکه‌هـای یک پـازل در ذهنـش ظاهر شـد و در جـای خـود قـرار گرفـت. حسـین بـه او گفته بود که هـزاران فلسـطینی با هدف سـرنگونی شـاه، مخفیانـه بـا هواپیماهـای مستشـاری بـه ایـران فرسـتاده شـدند. آنها می‌دانسـتند کـه کمتر ایرانیانـی پیـدا می‌شـدند کـه بـر روی بـرادر و خواهران خود سـلاح بِکِشـند و آنهـا را بُکُشـد. حالا به صحـت سـخنان حسـین پـی برده بـود. این یـک برنامـه‌ی مُـدوَن و عملیاتـی پیچیده بود. سـیروس در آن لحظـه متوجـه شـد کـه او در مسـیری اشـتباه حرکـت کرده بـود و داشـت به افراد نادرسـتی کمـک می‌کـرد کـه بـا مزدورانـی بیگانـه می‌خواسـتند وطنـش را نابـود کننـد. بـرای او قابـل قبول نبـود کـه جنگجویـان فلسـطینی بـه ایـران بیایند و خـون هموطنانـش را بریزنـد. به حـدی عصبانی شـده بـود کـه قـادر نبود آرامشـش را بـاز یابد. سـیروس با چنـان نیرویی بـه دیوار آجری سـاختمان

تکیه داده بود که فشار یکایک آجرها را در پوست و گوشتش احساس می‌کرد. آه عمیقی کشید. می‌دانست که در حال حاضر به نفع کشورش نبود که به دلِ دشمن بزند و احتمالاً به دست آنان کشته شود. سیروس واقف بود که موفقیت مزدوران در گرو ذات پلیدی بود که با رحم و مروت پیوندی نداشت. آنها برای اهداف متکبرانه‌ی خویش می‌جنگیدند و از کشتن مردم بی‌گناه باکی نداشتند، وانگهی که آنها مزدوران خارجی بودند و به دلیل عدم همدلی و فقدان فرهنگ و ملیت ایرانی، چه بسا از کشتار مردم لذت هم می‌بردند، خصوصاً اعراب که مسلماً هیچ رحمی به ایرانیان نمی‌کردند. شکاف و اختلاف بین این دو ملت از زمانی شکل گرفت که اعراب در قامت سپاه اسلام، به ایران حمله کردند و این سرزمین بزرگ را به تصرف خود درآوردند.

سیروس از دیوار ساختمان فاصله گرفت و با لنز دوربینش دوباره به جستجو ادامه داد. اکنون تعداد بیشتری از آنها را می‌دید که برای کشتن مردم بی‌گناه میهنش آماده بودند. سیروس که به خاطر تعجبش، دوربین را از جلوی چشمش کنار زده بود، مجدداً دوربین را در مقابل چشمانش گرفت. در جستجوی سوژه‌ی مهمتری بود که آن را ثبت کند. تک تیراندازها دیگر دیده نمی‌شدند. دوربین از لبه‌های پشت‌بام به طرف میدان گذر کرد. رکسانا و پری جلوی لنز دوربین ظاهر شدند که در حال بحث و گفتگو بودند. راننده تاکسی هم در حال کشیدن سیگار، منتظر آنها بود. سیروس نگران شد و در حین حرکت به طرفشان دادش بلند شد. از آنها می‌خواست که میدان را ترک کنند اما به دلیل فاصله‌ی دوری که بینشان بود صدای یکدیگر را نمی‌شنیدند. سیروس به‌سرعت گام‌های خود اضافه کرد. راننده تاکسی با شنیدن صدای چند هلیکوپتر ارتشی که بر فراز میدان ظاهر شدند و به پرواز و گشتزنی پرداختند، نگران شد و سیگار خود را بر روی زمین انداخت، سپس به سمت پری و رکسانا اشاره کرد و آنها را با فریادی فرا خواند تا هلیکوپترها را به آنها نشان بدهد. راننده در حالی که خود وارد تاکسی شده بود از آنها می‌خواست تا با عجله سوار شوند. سیروس سَر رسید. رکسانا خیال نداشت میدان را ترک کند. سیروس دست رکسانا را گرفت و با کمک پری، او را به داخل تاکسی برد.

«سوار شو...، اگر می‌خوای پدرتو ببینی اول باید زنده بمونی...، خواهش می‌کنم سوار شو...!»

آنها سوار شدند و تاکسی با عجله حرکت کرد. رکسانا که گمان می‌کرد شاید این آخرین باری باشد که سیروس را می‌بیند، کوشید تا آخرین تصویر او را در حافظه‌ی خود ثبت کند، اما طولی نکشید که نگاه اتفاقی او به بالای پشت‌بام ساختمانی افتاد و تنها به ثبت شبح ترسناک، خشن وکم فروغ تک تیراندازان فلسطینی مشغول شد. رکسانا هنوز در ذهن خود با ماهیت حضور تک تیراندازهای فلسطینی کلنجار می‌رفت که با ورود کاروانی از جیپ و کامیون‌های

ارتشی، راه خروج میدان بسته شد. صدای «مرگ بر شاه، مرگ بر شاه» جمعیتی که از اطراف به سمت میدان در حرکت بودند حواس آنها را از نیروهای ارتشی به طرف صدا جلب کرد. هر لحظه بر جمعیتی که به میدان نزدیک می‌شدند افزوده می‌شد و صدای شعارها بلندتر به گوش می‌رسید. تعدادی هلیکوپتر که در بالا و اطراف میدان پرواز می‌کردند از طریق بلندگو از مردم می‌خواستند که میدان را ترک کنند.

در عرض چند دقیقه، تاکسی آنها محاصره شد. پری که نگران شده بود، درنگ را جایز ندانست و بلافاصله از رکسانا خواست تا تاکسی را ترک کنند. رکسانا به دنبال پری پیاده شد و از بین ماشینها گذشت و به طرف پیاده‌رو حرکت کرد. به نظر می‌رسید هر چه بر هشدار حکومت نظامی نیروهای امنیتی افزوده می‌شد، مردم با بیباکی بیشتری به طرف میدان حرکت می‌کردند و فریاد خشمگین و نامنظم «مرگ بر شاه، زنده باد خمینی، خمینی رهبر،... مرگ یا آزادی!» ، مثل سمفونی تراژیک گوستاو مالر در فضا طنین میافکند.

رکسانا به دنبال پری از بین جمعیت عبور می‌کرد و چشمانش در جستجوی سیروس بود. سرانجام از یافتن سیروس مایوس و متوقف شد. هوش و حواسش به سمت جمعیتی جلب شد که بدون توجه به اخطار نیروهای امنیتی وارد میدان می‌شدند. رکسانا در تعجب و شوک نظاره‌گر بود. سربازان بیشتری پیدا شدند و سعی کردند تا راه ورود به میدان را ببندند. سربازان به منظور برخورد با مردم از هیچ گونه آمادگی و تمرینی برخوردار نبودند. از ظاهرشان پیدا بود باور نداشتند که یک روز با چنین صحنه‌ای مواجه شوند. یک یا دو روحانی که قرآنی را در دست داشتند پیشاپیش جمعیت معترض حرکت می‌کردند.

اوضاع با صدای رگبار گلوله‌ها که به طرف میدان و مردم شلیک می‌شد، ناگهان بهم ریخت. همه در تکاپوی یافتن راه فرار بودند که خود را از تیررس گلوله‌ها حفظ کنند. رکسانا و پری هم در تلاش یافتن راهی بودند که خود را از میان جمعیت خلاص کنند و به جای امنی برسانند. در این بحبوحه نگاه بی‌اختیار رکسانا به رُخبام ساختمانهای اطراف افتاد، جایی که اکنون تک تیراندازهای فلسطینی مخفیانه به طرف مردم شلیک می‌کردند و پیر و جوان را به خاک و خون می‌کشیدند. یک یا دو تن از سربازان هم که حسابی جا خورده بودند و نمی‌دانستند چه کسی تیراندازی را شروع کرده است به منظور دفاع از خود به تیراندازی هوایی مبادرت ورزیدند. برخی از آنها هم به طرف جمعیت و رُخبام ساختمان‌ها نشانه می‌رفتند. جوی ایجاد شده بود که دیگر سگ هم صاحبش را نمی‌شناخت. در کسری از ثانیه، یک اعتراض ساده به بدترین سناریوی ممکن تبدیل شده بود. همه در هرج و مرج و بی‌قراری به هر جهت می‌دویدند و در جستجوی جایی بودند تا جان خود را در برابر رگبار گلوله‌ها حفظ

کنند. هیچ‌کس نمی‌دانست که چه کسی به سمت چه کسی تیراندازی می‌کند. هر چند رکسانا و پری در تلاش بودند تا در کنار هم بمانند، اما در میان موج جمعیت که برای نجات خود به هر طرف هجوم می‌بردند، هر کدام به سمتی کشیده شدند، اما در تمام مدت از دید یکدیگر گم نشده بودند و می‌کوشیدند تا بهم بپیوندند. هرج و مرج عجیب و خوفناکی برقرار بود. خوشبختانه، رکسانا در گروهی گرفتار شده بود که علیه جریان موج گسترده معترضین حرکت می‌کرد. پری با هر زحمتی که بود سرانجام خود را به رکسانا رساند و همچون مادری که دخترش را محافظت می‌کرد او را در آغوش گرفت. رکسانا را به طرف مغازه‌ها هُل می‌داد تا از گزند هجوم دیگران در امان باشد. در لحظه‌ای از زمان، رکسانا بدون در نظر گرفتن خطری که متوجه‌ی جانش بود، متفکرانه به پری خیره شد، او از اینکه پری جان خودش را به خطر انداخته بود تا از او محافظت کند، متعجب بود و انگار به دوستیش می‌بالید. او پری را مثل مادرش بغل کرد و انگار با این حرکت داشت از او سپاسگزاری می‌کرد. سیروس با اینکه از آنها فاصله‌ی زیادی داشت اما مدام در تلاش بود تا به آن دو برسد. در لحظه‌ای شاهد آن بود که پری به رکسانا رسیده بود ولی بلافاصله آنها را گم کرد.

این واقعه با اتفاقات دیگری که در ایران رخ داده بود، تفاوت بسیار داشت. هیچ یک از دو طرف برای چنین اتفاقی آمادگی نداشتند و برای رویارویی از هیچ تجربه و تمرینی برخوردار نبودند. انگار در خواب هم نمی‌دیدند که شاهد و یا درگیر چنین واقعه‌ی خطرناکی باشند. به فکر هیچ‌کس نمی‌رسید که یک روز آن ملتی که با مهر و مهمان نوازی شهره‌ی عام و خاص بودند و در پرتوی از فلسفه و عرفان قرار داشتند، چنین رنگ تیره‌ای به خود بگیرند و به خاطر مسائل و مشکلات سیاسی خون یکدیگر را بریزند و میهن خود را ویران کنند. انگار که همه جادو شده بودند و به دنبال مقصر می‌گشتند.

سربازان از بیم جانشان عصبی و آشفته شده بودند. سیروس مطمئن بود که به آنها دستور داده‌اند که از تیراندازی و کشتن مردم خودداری کنند، اما وقتی که هرج و مرج شکل بگیرد و جان خود را در معرض خطر ببینند، هیچ قانونی القا نمی‌کند که از جان خود دفاع نکنند، خصوصاً اینکه جمعیت ترسیده بودند و برای نجات جان خود به هر چیزی متوسل می‌شدند و می‌پنداشتند که نیروهای ارتشی از بالای پشت‌بام‌ها به آنها تیراندازی می‌کنند. هیچ یک از مردم نمی‌دانستند که چریک‌های فلسطینی آنها را مورد هدف قرار می‌دهند. با شلیک دو طرف، شورشی مرگبار و خونین در جریان بود. وجود برخی از شورشیان که شست و شوی مغزی شده بودند و شهادت را به منزله‌ی جواز بهشت تلقی می‌کردند، اوضاع را خطرناک و خونین‌تر هم کرده بود. آنها مأموریت داشتند تا شهید شوند و به بهشت بروند. جالب به

نظـر می‌رسـید کـه سـیروس در اوایـل روز مطلبـی در روزنامـه خوانده بود کـه برای مقابلـه با چنین رویدادهایـی، دولت‌هـای آمریـکا، فرانسـه، انگلیـس و آلمـان از فـروش گلوله‌هـای لاسـتیکی و گاز اشـک‌آور بـه ایـران خـودداری کـرده بودنـد و از ارائـه‌ی هـر توضیـح قانع‌کننـده‌ای سـر بـاز زدنـد. سـیروس معتقـد بـود کـه آنها بـا این تصمیـم در نظر داشـتند که مـردم بـا گلوله‌های واقعی کشـته شـوند و بـا ازدیـاد شـمار تلفـات انسـانی، شـاه را به کشـتن مردم متهـم کننـد و او را مورد خشـم و نفرت مـردم قـرار دهند.

صـدای ناهمگـون تیرانـدازی، صـدای قتـل وکشـتار، فریادهای وحشـت، درد و مرگ، شـعارهای مـرگ بـر شـاه و زنـده بـاد خمینـی در گوش‌هـا می‌پیچیـد. تک‌تیراندازهای فلسـطینی با قساوت و بـدون ملاحظـه بـه زندگی انسـان‌ها خاتمـه می‌دادند. بـرای آنان مردم و سـربازان فرقـی نمی‌کردند و فقـط بـه تیـر کشـتن آمـده بودنـد. دود، جنازه‌هـای خونیـن و زخمی‌هایـی کـه نفس‌شـان بـه شـماره افتـاده بـود راه مـردم را بـرای فـرار و خـروج از میدان سـخت‌تر می‌کـرد. سـیروس همچنان کـه بـرای نجـات جـان خـود می‌کوشـید و بـه دنبـال جـای امنی می‌گشـت، گـه گاهی چنـد عکس هـم می‌گرفـت و ایـن رویـداد تلـخ تاریخـی را ثبـت می‌کـرد. بـه نظـرش او در ناشایسـته‌ترین و دردناکتریـن فصـل از تاریـخ اتفاقـات ایـران قـرار داشـت. او به دنبـال یافتن پـری و رکسـانا مدام در اطرافـش چشـم می‌چرخانـد. نگاهـش به صورت پسـربچه‌ای افتاد کـه ظاهراً خانـواده‌اش را گم کرده بـود و بـا وحشـت در جسـتجوی آنهـا اشـک می‌ریخـت. معلـوم بـود کـه بـر حسـب اتفاق بـه همراه خانـواده‌ی خـود و بـدون اینکـه از جریان تظاهرات خبر داشـته باشـند بـه آنجا آمده بودند. پسـربچه تـک و تنهـا در مقابـل مـوج مـردم وحشـت‌زده، بی‌دفـاع بـود. اوماننـد یـک توپ بسـکتبال مـدام به زمیـن می‌خـورد و اشـک‌ریزان برمی‌خاسـت و بـا فریـاد، مـادرش را صدا مـی‌زد. سـیروس بـا عجله بـه سـمت پسـربچه حرکـت کـرد و در تـلاش بـود تا خـودش را بـه او برسـاند، امـا برخـلاف جریان جمعیـت حرکـت می‌کـرد و کارش چنـدان آسـان نبـود. سـرانجام دسـت سـیروس از لای جمعیت، پیراهـن زرد رنـگ پسـرک را گرفـت. مـوج سـریع و ناگهانـی فـرار جمعیـت کـه بـا شـلیک گلوله‌ها جـان اطرافیانـش را می‌گرفـت، پیراهـن لغزنـده‌ی کـودک را از دسـت سـیروس جـدا کرد و پسـرک را بـا خـود بـرد. سـیروس هـم بـر اثـر برخـورد بـا مـوج جمعیـت بـر زمیـن نقـش بسـته بـود، حالا می‌بایسـت مواظـب دوربینـش می‌بـود تا آسـیب نبینـد. با هـر زحمتی که بـود خود را از زیر دسـت و پـای جمعیـت آزاد کـرد و بـا جریان جمعیت همراه شـد. دوربینـش را در جلوی چشـمانش گرفت تـا مطمئـن شـود آسـیبی ندیـده اسـت. دوربیـن در هوا حرکـت می‌کرد و بر حسـب اتفاق در پشـت بـام یکـی از سـاختمان‌ها بـه لوله‌ی اسـلحه‌ی یکـی از تک‌تیراندازها رسـید کـه قـدری از روی دیوار بیـرون آمـده بـود. لولـه‌ی اسـلحه به طرف پایین نشـانه رفته بـود و از آن باران گلوله به سـمت مردم می‌باریـد. دوربیـن سـیروس همچنـان در بیـن جمعیـت حرکـت می‌کرد و بـا ناامیدی در جسـتجوی

پسربچه، رکسانا و پری بود. رکسانا و پری هم با فشار موج جمعیت، مسیرشان مدام عوض می‌شد. آنها دست‌های خود را درهم قفل کرده بودند و محکم یکدیگر را نگه می‌داشتند تا از هم جدا نشوند. سعی می‌کردند خود را به یکی از مغازه‌ها برسانند. این تنها کاری بود که آنها می‌توانستند انجام دهند تا از تیررس گلوله‌ها و صدمه در زیر دست و پای مردم در امان بمانند. به مقابل درب شیشه‌ای یک مغازه‌ی کوچک رسیدند و دست پری بر روی دستگیره‌ی درب قرار گرفت. درب قفل بود. پری با دست و پا به درب می‌کوبید و با نشان دادن رکسانا، از پیرمردی که در آن سوی درب دیده می‌شد می‌خواست تا درب را باز کند. پیرمرد با دیدن و شناختن پری که می‌دانست دوست سیروس است، به تردید و استخاره‌ی فکری مشغول شد. بیم آن را داشت که درب را بگشاید و با سیل ورود جمعیت روبه‌رو شود، سیلی که قادر بود مغازه‌اش را ویران کند و او را از تنها منبع درآمدش بیاندازد. سرانجام پیرمرد برخلاف میلش تصمیم گرفت تا درب را باز کند و به آن زنان جوان کمک نماید. پیرمرد با گشودن درب، فقط قصد داشت تا رکسانا و پری را به داخل مغازه راه دهد اما سیل جمعیت به پیرمرد امان نداد و مغازه‌اش از جمعیت پر شد. رکسانا و پری در پشت شیشه‌ی مغازه قرار گرفتند و به حوادث بیرون چشم دوختند.

دوربین سیروس هنوز در جستجوی رکسانا و پری حرکت می‌کرد. او از یافتن پسربچه هم غافل نبود. با اینکه می‌دانست پیدا کردن آن کودک مثل یافتن سوزن در انبار کاه بود، باز دوربینش در لابه‌لای پاهای مردم کاوش می‌کرد. اما تنها چیزی را که دوربین نشان می‌داد فاجعه‌ای مرگبار و خون‌آلود بود. سرانجام پیراهن پسربچه را در بین پاهای بی‌شمار و پر از جنب‌وجوش مردم دید. به سمت او حرکت کرد. سعی می‌کرد به پهلو پیش برود تا بتواند راهش را راحت‌تر در بین مردم باز کند.

در همین گیرودار چشمان رکسانا به پسرک گریان افتاد که به دنبال راه چاره‌ای بود تا جان خود را نجات دهد. فکر اینکه حکایت سرگردانی پسرک بی‌شباهت به آینده‌ی نامشخص ایران نبود، رکسانا را سخت افسرد و نگران کرد. عملاً می‌دید که او هم مثل خاک زرخیز ایران گریه و التماس می‌کرد تا آزادش کنند و کاری به کارش نداشته باشند تا سرزنده و پایدار بماند. اما کجا بود گوش شنوا؟ وقتی همه کمر بسته بودند تا خونش را بریزند و او را از صفحه‌ی روزگار محو کنند. چه کسی فریاد و التماسش را می‌شنید و به آن اهمیت می‌داد؟. درست وقتی که رکسانا تصمیم گرفته بود برای کمک به نجات پسربچه به طرف او حرکت کند، چشمش به سیروس افتاد که از لای جمعیت به سمت او می‌رفت. خیالش راحت شد که سیروس هنوز سالم است، اما هنوز نگران پسر بچه بود که به طرف نهر آب کنار پیاده‌رو که در مقابلش قرار

تـــار

داشت، حرکت می‌کرد. نگرانی رکسانا بی‌جا نبود، درست زمانی که پسرک معصوم در چند متری نهر آب قرار داشت، بر اثر گلوله‌ای که به پشتش اصابت کرده بود تعادلش را از دست داد و قطرات خونش در هوا شَتَک زد. پسرک در بین دست و پای مردم گریزان بر زمین افتاد و از دید رکسانا، پری و سیروس ناپدید شد. سربازی که متوجه‌ی پسربچه شده بود به سمتش دوید. او را با یک دست بلند کرد و به زیر درختی در کنار نهر پیاده‌رو که درست در مقابل مغازه قرار داشت منتقل نمود تا زیر دست و پای مردم له نشود. نگاه سرباز جوان لحظاتی در چشمان پسربچه که آمیخته با اشک و درد و سپاس بود، قفل شد. به نظرش آمد که داشت خاک وطنش را نجات می‌داد و نجات هم داده بود، اما آیا او واقعاً این کار را کرده بود؟. سرباز به پری و رکسانا که هنوز در پشت شیشه‌ی مغازه حضور داشتند، نگاهی انداخت و با عجله به سر کارش برگشت تا از ناموس مملکتش دفاع کند. انگار میدان ژاله مثل یک آهنربا همه را گرداگرد هم جذب کرده بود و داشت تاریکترین فاجعه‌ی انسانی را رقم می‌زد. هرج و مرج، سردرگمی، خون، خشم و نفرت در همه جا حکومت می‌کرد. به نظر رکسانا و پری، پسربچه هنوز زنده بود و تنها به کمک نیاز داشت، اما انگار همه او را به حال خود گذاشته بودند تا جانش را از دست بدهد، همچنان که دانسته یا نادانسته داشتند تیشه به ریشه‌ی میهنشان می‌زدند. رکسانا و پری گیج و گنگ به پسربچه‌ی معصوم نظر دوخته بودند. رکسانا به اطرافش نگریست، اما کسی را نمی‌دید که به کمک او بشتابد. رکسانا نگاه ملتمسانه‌ی پسرک را حس می‌کرد که از او کمک می‌طلبید. تصویر دخترک نوجوان پاسگاه پلیس راهنمایی در ذهنش زنده شد. دوباره عذاب وجدانش عود کرد. انگار دخترک فقید در کنار پسرک زخمی ظاهر شده بود و به او زل می‌زد. رکسانا معتقد بود که هر چند ناآگاهانه در مرگ یک کودک معصوم نقش داشت ولی حالا شاید می‌توانست جان پسربچه‌ای را نجات دهد. بنابراین قبل از اقدام پری، دست به کار شد و با یک حرکت سریع از مغازه خارج و خود را به پسربچه رساند. رکسانا محض حفاظت از جان کودک، خود را بر روی او انداخت، این درست همان کاری بود که پری برای حفظ جان او انجام داده بود. پری به رکسانا ملحق شد. رکسانا متوجه‌ی جای تیری شد که پشت پسربچه را سوراخ کرده بود، بنابراین روی زخم را محکم گرفت تا جلوی خونریزی را بگیرد. چشم‌هایشان درهم قفل شد و اشک‌های آغشته به خون از گونه‌هایشان سرازیر گشت.

رکسانا و پسربچه در معرض نگاه خیره‌ی سربازی قرار گرفتند. درست مثل آهویی که در جلوی چراغ پر نور اتومبیلی، دید خود را از دست داده بود و هیچ راه فراری نداشت. کسی نمی‌دانست گلوله‌ی چه کسی به کودک اصابت کرده بود، اما چه فرقی می‌کرد، سرمایه، امید و آینده‌ی ایران را هدف گرفته بودند. برای پری و رکسانا روشن بود که سربازان به چنین کاری دست نزده‌اند. چرا که تیر از طرف بالا به او اصابت و خارج شده بود. اما به هر شکل

در چشم دختران جوان، تمام کسانی که به میدان هجوم آورده بودند به اندازه‌ی همان ضارب گلوله، دست‌شان به خون آن کودک آغشته بود. در همین موقع صدای فریاد یکی از سربازان که هدف گلوله قرار گرفته بود، بلند شد و در نزدیکی آنها به زمین افتاد. انگار سربازی که قسم خورده بود که اگر لازم باشد جانش را فدای وطنش می‌کند، به آرزویش رسیده بود و تنها تفاوتش در این بود که هیچ کس را نداشت که به کمکش بشتابد. رکسانا می‌دانست که شاهد فاجعه‌ای بود که هرگز از ذهن و قلبش پاک نمی‌شد. سیروس از میان جمعیت سراسیمه ظاهر شد. پیکر پسربچه را مثل یک عروسک پارچه‌ای در آغوش گرفت و به داخل مغازه برد. رکسانا و پری او را مشایعت کردند. سیروس محل مناسبی پیدا کرد و کودک را بر روی میز کوچکی خواباند. رکسانا، پری و چند تن دیگر، بلافاصله به مداوای او مشغول شدند. چشمان پسرک دوباره در چشمان رکسانا قفل شد. انگار می‌خواست دوباره او را به یاد دختربچه‌ای بیاندازد که در بمب‌گذاری کشته شده بود. دست‌های رکسانا سردی مرگ را در بدن او حس می‌کرد. سیروس دوربین خود را بالا برد و به ثبت صحنه‌ای دیگر از تاریخ سیاه وطنش پرداخت. اما اکنون در حال ثبت فاجعه‌ای بود که تصویر دردناک‌تری داشت. می‌دانست که آن کودک زنده نخواهد ماند. لحظاتی بعد آن کودک ناکام، بدون هیچ خبط و خطایی، قربانی رفتارهای ددمنشانه شده بود. رکسانا پسربچه‌ی بی‌جان را در آغوش گرفت و چشمانش را که هنوز به او خیره شده بودند، با دستان لرزانش بست. در ادامه سرش را بالا گرفت تا درد و رنجش را با سیروس شریک باشد، اما سیروس دوباره غایب بود.

فصل ۲۲

آتشی که راه و روش زندگی را نابود می‌کند...

رکسانا تنها در رستوران پیتر نشسته بود. بعد از جمعه‌ی سیاه اشتهایش تقریباً کورشده بود و ترجیح می‌داد یک غذای سبک مثل کشک بادمجان بخورد که بیش از سایر غذاها می‌پسندید، اما کشک بادمجان در بین غذاهای دیگری که بر روی میزش چیده شده بود به چشم نمی‌آمد. کباب سلطانی، قرمه سبزی، خورشت بادمجان، فسنجان، باقالی پلو با ماهیچه، آلبالو پلو، ماست، ترشی و سبزی خوردن از جمله غذاهایی بود که بر روی میز دیده می‌شد. می‌دانست که پیتر و سایر دوستانش با او سر شوخی را باز کرده بودند تا شاید خاطره‌ی دردناک جمعه‌ی سیاه را فراموش کند. البته بدون استثنا همه او را دوست داشتند و از بودن در کنار او لذت می‌بردند. رکسانا حالا فکر می‌کرد که به پاس مهر و محبت دوستانش، شاید لازم بود بیشتر غذا می‌خورد تا دوستی و علاقه‌اش را به آنها ثابت می‌کرد اما در شرایطی نبود که به جز لبخند واکنش دیگری داشته باشد.

رکسانا داشت تمام خاطرات ایرانی‌اش را در ذهن مرور می‌کرد. خاطراتی که غالباً در حافظه‌ی بلند مدتش ثبت شده بود و به سادگی پاک نمی‌شد، بخصوص مرگ دختربچه‌ی معصوم در ماجرای بمب‌گذاری، حادثه‌ی آتش‌سوزی سینما رکس آبادان و کشتار مردم بی‌گناه در میدان ژاله که به جمعه‌ی سیاه معروف شده بود، مرگ دلخراش نادر که در آتش خشم سعید سوخت و زندگی پری را دگرگون کرد. تصاویر خاطرات رکسانا مثل نگاتیو پیوسته‌ای به نمایش درمی‌آمد. اوضاع تهران هم هر روز بدتر از قبل می‌شد. تمام چشمها و گوشها به رادیوی بی‌بی‌سی دوخته شده بود تا شاید سخنان خمینی را بشنوند. مشخص بود که طرفداران خمینی هر روز بیشتر می‌شدند و او کمکم داشت به فرشته‌ی نجات همگان تبدیل می‌شد. هیچ کس هم به این نکته نمی‌اندیشید که او می‌خواست چه چیزی را نجات بدهد. با وخیمتر شدن اوضاع، بسیاری از خارجی‌ها به تدریج ایران را ترک می‌کردند. در کف خیابان‌ها، جسته و گریخته تظاهراتی شکل می‌گرفت و هر روز بیشتر می‌شد. اما برای رکسانا فرقی نمی‌کرد که اوضاع تا چه اندازه بهم می‌ریخت، او آمده بود تا پدرش را بیابد و بدون کسب نتیجه،

مایـل نبـود ایـران را تـرک کنـد. دیـدار دوباره‌اش با سـیروس بـه مثابه‌ی نقطـه‌ی عطفی بـود که از آن عبـور کـرد و بـه ایـن نتیجه رسـید کـه باید در کشـوری که بـدان عشـق می‌ورزید می‌مانـد و به حـوادث ناگـوار ایـن سـرزمین کهـن اهمیت می‌داد. حـدس می‌زد کـه در صورت ترک ایـران خود را نمی‌بخشـید و بی‌آنکـه کـه بخواهـد خـود را از آرامـش دور می‌کـرد. رکسـانا به عشـق عمیـق ایمان آورده بـود و اعتقـاد داشـت کـه عشـق در پایبندی خلاصه می‌شـود و عشـق کـم رنگ وجـود ندارد. او نمی‌پسـندید کـه بـا وهـم و تـرس، فـرار را بـر قـرار ترجیح دهـد و بی‌تفـاوت زندگـی‌اش را دنبال کنـد. بنابرایـن مصمـم بـود تـا بمانـد و هـر خطـری را بـا جـان و دل بپذیـرد. بعـد از دیـداری که با سـیروس در روز جمعـه‌ی سـیاه داشـت بـه ایـن نتیجه رسـیده بـود که بـدون همراهـی او نمی‌تواند پـدرش را پیـدا کنـد. انـگار رکسـانا قادر نبـود از فکر سـیروس بیـرون بیایـد. از دیدگاه او، سـیروس زندگـی عجیـب وغریبـی داشـت. او بـا اینکـه بـا گروه‌هـای کمونیسـتی، مارکسیسـت‌های اسـلامی، راسـتگرایان، چپهـا و افـراد میانـه‌رو حشرونشـر داشـت امـا از آنهـا تأثیـر نمی‌پذیرفـت. ایدئولـوژی خـاص او در زیسـتن سـالم، خدمـت بـه خلـق و زندگـی در زمـان حـال خلاصه می‌شـد. او بـه لزوم تعـادل در تمـام جنبه‌هـای حیـات اصـرار می‌ورزید و اعتقاد داشـت که فقـدان تـوازن، می‌تواند قطار زندگـی را از ریـل خـارج کند.

ایـران تـا حـد زیـادی بهم ریخته و ناامن شـده بـود و هر روز هم اوضاع وخیم‌تر می‌شـد. رکسـانا بارهـا بـه فرهنـگ و مهـرورزی مردم ایران می‌اندیشـید امـا اکنون از خودش می‌پرسـید کـه چرا آن ماهیـت والا بـه یکبـاره سـقوط کـرده بود و در قامـت خفت و خصومت بـروز می‌کرد. انـگار دیگر آنها را نمی‌شـناخت و یـا داشـت در کشـور دیگـری زندگـی می‌کـرد. مثـل آدم‌هایی شـده بودنـد که در طلسـم و طالـع نحسـی دسـت و پا می‌زدنـد. رکسـانا از تراکم افکارش بـه ندرت نتیجـه‌ای می‌گرفت و صرفـاً بـر حجـم پرسـش‌هایش می‌افـزود. او آن چنـان ذهنـش را درگیـر کـرده بـود کـه حتـی به یـک نـوع ویروس مسـری خطرنـاک هم می‌اندیشـید کـه مخفیانه در هـوای ایران پراکنده شـده بود و تندرسـتی، درایـت و ذکاوت همـه‌ی مـردم را تحـت کنتـرل خـود داشـت. ویروسـی کـه عطوفت، دلسـوزی، منطـق، درایـت و عقـل را کشـته بـود و بـذر بیـم و خشـونت را در دل‌هـای مردم کِشـت می‌کـرد. بـه یـاد خاطـرات حاجیـه خانـم افتـاد تـا بـا آن دانه‌هایی که بـرای پرنـدگان می‌پاشـید او را از دنیـای نامهربانی‌هـا بیـرون بیـاورد. حاجیـه خانم احسـاس امنیـت را در وجود رکسـانا زنده نگه داشـته بـود. او را بـه زیـر پـر و بالـش را گرفتـه بـود و از هیـچ کمکـی دریغ نمی‌کـرد. البته رکسـانا احسـاس می‌کـرد کـه حاجیـه خانـم هـم بـه او احتیـاج داشـت تـا بتوانـد دوری سـیروس را تحمل کنـد. در واقـع آنهـا درد مشـترکی داشـتند کـه آن را بـا هیـچ فـرد دیگـری در میان نمی‌گذاشـتند. هـر دو، سـیروس را دوسـت داشـتند و از فقـدان او رنـج می‌بردنـد. حاجیـه خانـم از عشـق وعلاقه‌ی سـیروس و رکسـانا آگاه بـود و خیلـی دلـش می‌خواسـت که آنها بـا هـم ازدواج کنند. رکسـانا به یاد

عکسی از خمینی افتاد که حاجیه خانم وقتی آن را با نگاه غمگینی دید، متفکرانه زمزمه کرد:

«من از چشم‌های او می ترسم...!، این چشمها، چشم‌های مرد خدا نیست...!»

در هر حال آنها با یکدیگر خوش بودند و برای هم آرامش می‌آوردند صدای پیتر بلند شد رباعیات خیام را می‌خواند اما صدایش شور و حرارت همیشگی را نداشت. شاید به خاطر اینکه چایخانه مثل قدیم شلوغ نبود چند نفری هم که جمع بودند یا طرفدار خمینی بودند و یا فقط می‌خواستند به اخبار رادیو بی‌بی‌سی گوش دهند صدای زنگ تلفن بلند شد اما انگار هیچ‌کس نمی‌خواست گوشی را بردارد حتی آن یک یا دو خدمتکاری هم که به نظافت مشغول بودند به صدای زنگ تلفن اهمیتی نمی‌دادند مشخص بود که اوضاع و احوال ایران به سرعت تغییر می‌کرد و این دگرگونی پرشتاب برای رکسانا غیرقابل توصیف بود.

نزدیک به نیمه‌شب بود و پیتر در حالتی مست و غمناک، صدایش بلندتر شد. او طبق معمول شعری از عمرخیام را می‌خواند که با ویولن ساقی همراه شده بود. اما بلند شدن صدای پیتر هم برای جلب توجهی مشتریها کافی نبود. باز هم گوش‌های آنها به سمت اخبار رادیو بی‌بی‌سی تیز شده بود و انگار صدای پیتر و نوای ساز زدن ساقی اصلاً وجود خارجی نداشت. همه می‌دانستند که شاه بسیار قدرتمند بود و پنجمین ارتش نیرومند جهان را داشت. با چنین ارتش قدرتمندی او حرف اول و آخر را در منطقه می‌زد. مطمئناً با این دانش و اطلاعات این پرسش مطرح می‌شد که چطور ممکن بود که چنین مرد قدرتمندی در چنین شرایط آشفته‌ای قرار بگیرد. در باور انسان نمی‌گنجید کسی بتواند در برابر قدرت شاه بایستد و حتی جالب‌تر از آن بخواهد به سقوط و برکناری او بیاندیشد. جو چایخانه به شکلی درآمده بود که حتی گوش ساقی هم در حین نواختن ویولن به بی‌بی‌سی تیز شده بود.

«اعتصاب عمومی در ایران شروع شده است. بیشتر شهروندان از انجام هر نوع برنامه‌ی کاری منظم خودداری کرده‌اند. به نظر می‌رسد که هدف اصلی آنها ادامه‌ی اعتراضات تا زمان برکناری شاه از قدرت است. اتباع خارجی شروع به ترک ایران کرده‌اند...»

ساقی با شنیدن خبر بی‌بی‌سی، ویولن را در یک دست داشت در حالی که آرشه بدون حرکت بر روی سیم‌های ویولن نشسته بود. به نظر می‌رسید که از شنیدن خبر نه تنها خوشحال نبود بلکه خشم وجودش را فرا گرفته بود. در حالت مستی صدای سازش را درآورد و با ریتم تند و بلندی شروع به نواختن کرد و انگار با این کارش داشت حرصش را بر روی خبر خالی می‌کرد. با چنان عصیانی بر سیم‌های ویولن آرشه می‌کشید که حواس پیتر و سایرین برای لحظاتی به تکنوازی او جلب شد، اما این آرامش چندان دوام نداشت، «ینکی برگرد خانه‌ات...» و بدنبال فریاد یکی دو نفر از بیرون، ناگهان چند کوکتل مولوتوف به داخل چایخانه پرت شد و صلح و آرامش محیط را بهم ریخت. با انفجار کوکتل مولوتوفها، شعله‌های آتش

و دود به سرعت فضای رستوران پیتر را احاطه کرد. دست، سر و صورت بسیاری از حاضرین در اثر اصابت ذرات حاصل از انفجار صدمه دیده بود. شعله‌های آتش در حال گسترش بود. همه شتابزده به طرف درب ورودی هجوم می‌بردند تا خارج شوند. شراره‌های آتش به یکی از خدمتکاران رسید. او به خیال خود با یک سطل آب مخلوط با صابون به جنگ آتش رفت. اما پاشیدن مایع سطل تاثیری نداشت. قهر آتش مثل قهر و غضب مردم معترض ایران، سرکش‌تر از آن بود که با یک سطل آب خاموش شود. خدمتکار با داد و فریاد پا به فرار گذاشت و در سر راهش به رکسانا برخورد کرد و او را هل داد. «آتش...!، آتش...!»

رکسانا از حرکت او انگار به خود آمد و در جستجوی پیتر چشمش به درون شعله‌ها حرکت کرد. نگاهش به ساقی افتاد که بدون توجه به لهیب سوزان آتش، چشمانش را بسته بود و با عصبانیت ویولن می‌نواخت. نگاه رکسانا از روی ساقی گذشت و به پیتر افتاد. او هم مثل ساقی، مست بود و با شرابی در دست به رجزخوانی و رقص سما با آتش مشغول بود. انگار نه انگار که آتشی بر پا شده بود و داشت امید و آرامشش را از بیخ و بن می‌سوزاند و نابود می‌کرد. چایخانه تمام دارایی پیتر بود و بدون آن به مرده‌ای متحرک شباهت داشت. جایی بود که دوستانش را هر شب می‌دید و با آنها به شعرخوانی و مباحثه سرگرم می‌شد. رکسانا با فریاد، «پیتر، پیتر» عجولانه به طرف پیتر رفت و با کمک همان خدمتکاری که او را هل داده بود، پیتر را گرفت و از میان شعله‌ها عبور داد. در ادامه از کنار ساقی که هنوز با چشمان بسته مشغول نواختن ویولن بود، رد شد و پیتر را از رستوران خارج کرد. حالا فقط ساقی مانده بود و صدای خشمگین ویولنش که با صدای قهر شعله‌های آتش درهم آمیخته بود و با یک هارمونی مشخص، داشت پیغام این خشم ناشناخته را به گوش عالم و آدم می‌رساند. در چنین شرایطی مسلم بود که هر نوازنده‌ای به‌طور غریزی به‌دنبال محافظت از ساز خود بود که مثل فرزندی محبوبیت داشت. اما طبع ساقی در آن لحظه بسیار متفاوت بود. شبح سرخش در بین دیواری از شعله‌های نارنجی زندانی شده بود و انگار باید با سرنوشت چایخانه یکی می‌شد و در خشم آتش می‌سوخت. به نظر می‌رسید او هم به اندازه‌ی قدمت چوب‌هایی که ساختمان را بر پا داشته بود از پایداری بریده بود و دیگر نگران این نبود که در آتش بسوزد و به خاکستر تبدیل شود. سرانجام گرمای شدیدی او را به خود آورد. چشمانش به تدریج باز شد. می‌دید که آتش به گوشه‌ای از ویولنش سرایت کرده بود. با این وجود همین‌طور دانسته یا نادانسته به آتش خیره شده بود خشمناک‌تر مشغول نواختن بود و انگار سلطه‌ی آتش جلوی حرکتش را می‌گرفت. با رسیدن آتش به دستش ناگهان سیم‌های ویلون پاره شدند وناخودآگاه ویولن از دستش افتاد و در میان شعله‌های آتش از نظر ناپدید شد. اکنون شاهد آن بود که شعله‌های افسارگسیخته‌ی آتش داشت تنها دستاویز آرامش بخشش را می‌سوزاند و بی‌رحمانه نابود

می‌کـرد. یـک یـا دو نفـر عجولانـه در بیـن آتـش ظاهر شـدند و سـاقی را گرفتنـد و با همان شـتابی کـه آمـده بودنـد او را از بیـن شـعله‌ها بـه بیـرون بردند. بر کسـی پوشـیده نبود که سـاقی بـه خاطر از دسـت دادن ویولنـش اشـک می‌ریخـت. بـه هـر دلیـل کـه نمی‌شـناخت او تجسـم می‌کـرد کـه ویولنـش در حکـم کشـور عزیـزش ایـران بود، سـرزمین کـوروش بزرگ که حالا داشـت می‌سـوخت و او در آه و افسـوس نابودیشـان می‌گریسـت.

سـاقی آن چنـان از خـود بیخود شـده بود کـه حتی نمی‌دانسـت که در پیـاده‌رو، مـردی ژاکت خود درآورد و به دور دسـت سـوخته‌ی او پیچید تا درد آن را کمتر احسـاس کند، بعد هم سـاقی را به طرف پیتـر بـرد کـه در کنـار جدول نشسـته بـود و هنـوز رباعیـات عمر خیـام را زمزمـه‌ی می‌کرد. سـاقی در کنـار پیتـر نشسـت. امـا هیـچ یک خیال نداشـتند تـا به رسـتوران نـگاه کنند که در خشـم شـراره‌های آتـش می‌سـوخت. مـردم بسـیاری در اطـراف آنهـا جمع بودنـد. بحث و مشـاجره بین آنهـا در گرفته بود و هرکـدام دیگـری را بـه خاطـر صحت و سُـقم سـرزنش می‌کرد. عده‌ای به نفع شـاه و برخـی دیگر علیه آمریـکا و شـماری در مخالفـت شـاه سـخن می‌گفتنـد. گویا آتـش چایخانه‌ی پیتـر، جرقـه‌ی یک آتش بـزرگ بـود. پیتر می‌توانسـت سـوختن چایخانـه و یا هر چیز دیگـری را نادیـده بگیرد و بـا رباعیات عمر خیـام ذهنـش را مشـغول کند، امـا به هیچ وجه نمی‌توانسـت صـدای فریـاد «پیتر...،پیتر...» بلبـل را که نفس‌زنـان بـه سـمتش می‌دویـد را نادیـده بگیـرد. بـا مشـاهده‌ی دوسـت جوانـش از فکر اشـعار خیام و سـوختن رسـتورانش بیـرون آمـد و لبخنـد بر چهره‌اش جوانه زد. بلبل سـر رسـید و لحظاتی در سـکوت بـه شـعله‌های وحشـتناک آتـش کـه از درب و پنجره‌هـای چایخانه بیرون مـی‌زد، نظر دوخـت. نگاهش بیـن آتـش و پیتـر در رفـت و برگشـت بود. بغض گلویـش را گرفـت. فریادش دوبـاره بلند شـد. ولی این بار بسـیار غمگیـن و بغض‌آلـود بود:

«پس چرا معطلین و آتیش و خاموش نمی‌کنید...؟!، یالا دست به کار شید...!»

بلبـل عجولانـه سـطلی پیـدا کـرد و از داخـل جـوی کوچکـی کـه پیتـر در کنـار آن نشسـته بـود آب برداشـت. سـپس بـا فریادهایـی کـه ادامه داشـت بـه طرف آتـش آب می‌پاشـید. دیـری نپایید که فریادهایـش بـه گریـه تبدیـل شـد و مثل ابر بهار اشـک ریخـت. هر چند تـلاش صادقانـه‌ی او کاری از پیـش نمی‌بـرد و از ایـن موضوع خیلـی ناراحت بود، امـا از اینکه در آن لحظه نمی‌دانسـت که جزیی از سـرزمین آریایی‌اش به آتش کشـیده شـده بود شـاید برایش بهتر بود و او را بیشـتر ناراحت نمی‌کرد. به‌نظـر می‌رسـید بـرای مـردم، بحـث و جـدل مهم‌تـر از خامـوش کردن آتشـی بـود که مـال و ناموس میهن‌شـان را می‌سـوزاند. آنهـا فقـط صحنه را تماشـا می‌کردنـد و برخی لـذت هم می‌بردنـد. اما برای بلبـل جـوان، کـه شـیفته‌ی پیتـر بود یک تـراژدی تلـخ رقم خـورده بود که بـرای پذیرفتنـش آمادگی نداشـت. پیتر همیشـه هوای دخل و خرج او را داشـت و جزیی از خانواده‌ی او محسـوب می‌شـد. آنها

پیوسته جویای احوال یکدیگر بودند. بلبل، حالا شاهد آن بود که ورود ماشین‌های آتش‌نشانی هم کاری از پیش نمی‌برد. چایخانه‌ی دوست صمیمی‌اش، حسابی سوخته بود. اکنون دیگر جایی هم نداشت تا شبها دکه‌اش را در آنجا بگذارد.

بلبل به سمت پیتر و ساقی خیره شد و پرسشگرانه دست روی دست گذاشت. پیتر هنوز لبخند بر چهره داشت. ناگهان صدای آواز بلبل بلند شد و به سمت پیتر حرکت کرد. به ذهنش رسید تا شاید با خواندن آواز بتواند پیتر را تسکین دهد و از دردش بکاهد. اما برخلاف دیدار شب‌های گذشته که با سرخوشی آواز سر می‌دادند، صدایش بسیار محزون و گرفته بود. چهره‌اش شادابی همیشه را نداشت و آرام اشک می‌ریخت. پیتر از سر جایش برخاست و مثل هر شب با آواز دوست جوانش همراه شد. چشم‌های رکسانا که محو تماشای آنها بود، ناخودآگاه نمناک شد. عقلش به جایی قد نمی‌داد تا بتواند کار مثبتی انجام دهد. مجادله‌ی مردم همچنان در کنار قهر سنگین آتش برقرار بود و کمکم داشت به جاهای باریک هم می‌کشید. ماشین‌های پلیس آژیرکشان سر رسیدند. پری هم که به دنبالشان بود از یک تاکسی پیاد شد. بی‌درنگ به سمت رکسانا رفت تا مطمئن شود اتفاقی برای او نیافتاده است. پس از این اطمینان حاصل، ناراحت و مبهوت به چایخانه نظر دوخت که دیگر چیزی از آن باقی نمانده بود. سر به سمت پیتر و بلبل برگرداند. بلافاصله به طرف پیتر رفت. او را گرفت تا با خود به سمت تاکسی ببرد که در انتظار پری متوقف بود. اما به راحتی نمی‌توانست پیتر را از بلبل جدا کند و به طرف تاکسی ببرد. رکسانا به کمکش رفت. بالاخره با تقلایی توانستند پیتر را از بلبل جدا کنند و به داخل تاکسی ببرند. اما آواز آنها همچنان ادامه داشت. بلبل در کنار پنجره‌ی تاکسی می‌خواند و یکسره اشک می‌ریخت. پری و رکسانا در بین جمعیت به دنبال ساقی می‌گشتند. اما هیچ نشانی از ساقی نبود. مثل گذشته به یکباره غیبش زده بود. پری و رکسانا با ناامیدی به پیتر پیوستند و تاکسی به راه افتاد. اما بلبل دست بردار نبود و به دنبال تاکسی با هر سرعتی که در توان داشت می‌دوید. او همچنان آواز می‌خواند و پیتر هم زمزمه‌کنان جواب او را می‌داد.

سرانجام تاکسی فاصله گرفت و در دل تاریکی شب ناپدید شد. اما بلبل هنوز هم با آواز به دنبال رفیقش می‌دوید و می‌گریست. او نمی‌خواست دوستش را از دست بدهد. بلبل بالاخره از نفس افتاد و سرعتش به تدریج کم شد اما هنوز زمزمه‌اش ادامه داشت و به نقطه‌ی که تاکسی رفته بود نگاه می‌کرد. او فقط می‌خواست مطمئن شود که پیتر صدای او را بشنود و این را بداند که بلبل هرگز او را فراموش نمی‌کند و در غم و درد او شریک است.

سرانجام با ناامیدی پذیرفت که پیتر نه دیگر صدای او را می‌شنود و نه اشک‌های او را می‌بینند. به نظرش می‌آمد که به آخر خط رسیده است، به آخر دنیا و این چیزی بود که

او احساس می‌کرد. نمی‌دانست که با ناتوانی متوقف شده است، اما همچنان اشک می‌ریخت و زیر لب زمزمه می‌کرد و از خدا می‌طلبید تا شاید پیتر صدای او را بشنود. در اوج غم و ناامیدی، صدای یک پیرمرد، برای لحظاتی او را به خود آورد:

«هیچ‌چیز برای همیشه دوام نداره، نه خوشبختی شما و نه درد شما، فقط چون ما درد رو همیشه بیشتر به یاد میاریم، بیشترم احساس می‌کنیم...»

پیرمرد سپس راهش را گرفت و مثل تاکسی در دل تاریکی شب ناپدید شد. بلبل در این حیرانی به سر می‌برد که پیرمرد از کجا آمده بود و به کجا می‌رفت. بلبل نمی‌دانست که هنوز آوازش را در زیر لب می‌خواند و به طرف دکه‌اش حرکت می‌کرد. انگار در نگاهش، زمین و زمان بی‌حرکت ایستاده بود. صدای پیرمرد بلال فروش در گوشش طنین انداخت:

«چه گوری بودی...؟!»

اما صدای او هم صدای همیشگی نبود که از روی حس پدرانه به او امر و نهی می‌کرد، غمگین و افسرده بود. نگاه بلبل به چهره‌ی خونین و بدن ناتوان پیرمرد بلال فروش افتاد که در کنار دکه‌ی او بلال می‌فروخت. بلبل دچار اندوهی دوچندان شد و آتش خشم در وجودش گُر گرفت. آتشی که داغ‌تر از آتشی بود که چایخانه‌ی پیتر را سوزانده بود. چشمش به دکه‌ی از هم پاشیده‌اش افتاد که گردوهایش در کف خیابان خرد و خاکشیر شده بود و چراغ توریش هم خاموش و شکسته بر روی زمین دیده می‌شد. صدای پیرمرد که سرش داد می‌زد در خشم و حالت بلبل تاثیری نداشت.

«چند دفه گفتم دَکَتُو تنها نذار و نرو...، چند تا جوون ریشو ریختن و تا اومدم برسم دَکَتُو نابود کردن...، باشون در افتادم، اما بی‌پدرُو مادرها ریختن سرم، مثه اینکه سَره شِمر ریخته بودن...، بساط خودمم بهم ریختن همه‌رو دزدیدنُو بردن...، می‌گفتن ما با طاغوتی هستیم!، اصلاً طاغوتی چه صیغه‌ای است دیگه...؟!»

بلبل دکه‌ی خود را فراموش کرد و به جمع‌آوری ذرت‌های پیرمرد مشغول شد تا حداقل بساط او را دوباره راه بیاندازد. چشمش به کارد پیرمرد افتاد که شکسته شده بود. سبدی پیدا کرد و ذرت‌هایی را که از روی زمین جمع کرده بود در آن ریخت. سپس به جای اینکه گردوهای باقی‌مانده‌اش را از روی زمین جمع کند، با غضب به لگد کردن آنها مشغول شد. تا آن شب، بلبل با واژه‌ی خشم آشنایی نداشت اما در شرایطی قرار گرفت که بی‌اختیار خشم و نفرت را آموخت و با آن عجین شد. انگار در زندگی به نقطه‌ی عطفی رسیده بود که از ماهیتش خبر نداشت.

بلبل در کنار پیرمرد نشست. جفتشان در سکوتی غم‌انگیز به خود و به آینده‌ی نامعلوم ایران فکر می‌کردند. آینده‌ای که از آن شب، به یک شکل غمگین و خشن آغاز شده بود. هر

چند بلبل در میان خانواده‌ای فقیر بزرگ شده بود اما با قاعده و قانون زندگی آشنایی داشت و بر روی سفره‌ی پدر و مادر درس محبت، دوستی، عشق و همزیستی را فرا گرفته بود. اما او حالا به آینده خوشبین نبود. آینده را تیره و تار می‌دید. آیا باید راه مروت و منش انسانیت را زیر پا می‌گذاشت و به مانند آشوبگران رفتار می‌کرد؟، عقلش به جایی قد نمی‌داد. پرسشگرانه راه آیندهاش را زمزمه می‌کرد. چگونه می‌توانست با آدمهایی که با آتش جهالت خویش، آرامش او و دوستانش را به یغما می‌بردند مقابله می‌نمود؟، او جوان نورسته‌ای بود که تازه داشت با مشکلات و حوادث زندگی آشنا می‌شد. در لحظات تلخ آن شب به یاری پیتر نیازمند بود. پیتر همیشه راه و چاره‌ی آرامش بخشی در چنته داشت. اما حالا از این نگران بود که دیگر نتواند پیتر را ببیند و او را برای همیشه از دست بدهد.

❋❋❋❋❋

فصل ۲۳

وقتی که خشونت و خشم غیرمنتظره بر آرامش و صلح غلبه می‌کند و کشور را در بر می‌گیرد...

پس از سوختن چاپخانه، خیلی چیزها برای پیتر و رکسانا عوض شده بود و دیگر آن آرامش گذشته را نداشتند، به همین خاطر هم ماندن با پیتر برای رکسانا بسیار دشوار شده بود. انگار ذهن و روح پیتر را ارواح ناشناخته و شیطانی اشغال می‌کردند و او برای فرار و مقابله با این افکار جهنمی به زیاده‌روی در نوشیدن مشروبات الکلی پناه می‌برد و همیشه مست‌وخمار بود. به‌نظر می‌آمد پیتر به این نتیجه رسیده بود که دیگر زندگیش به روال سابق بر نخواهد گشت و این موضوع او را بسیار می‌آزرد. قصد داشت تا در ایران بماند و پس از مرگ در این خاک دفن شود و به عمر خیام بپیوندد، اما اکنون می‌دید که همه چیز ناگهان در ایران تغییر کرده بود و اوضاع هر روز بدتر می‌شد. به هر دلیلی که برای رکسانا نامعلوم بود، پیتر هم به یکباره خانه‌نشینی اختیار کرده بود و از خانه بیرون نمی‌رفت و فقط با میگساری و زمزمه کردن اشعار خیام روزگار می‌گذراند. بنابراین رکسانا باید تمام کارهای واجب پیتر را انجام می‌داد و به نوعی از او نگهداری می‌کرد. اما این کار ساده‌ای نبود، رکسانا خودش هدف دیگری داشت و باید به دنبال پدرش می‌گشت. از طرفی هم حاجیه خانم مدام از وی می‌خواست تا به دیدنش برود و زمان بیشتری را با او بگذراند. به نظر می‌رسید بسیار دلتنگ سیروس شده بود، اما تنها گذاشتن پیتر در آن حالت بحرانی چندان آسان و عاقلانه نبود، به همین خاطر رکسانا هم بر سر یک دو راهی قرار گرفته بود که در هر صورت بعد از یک گزینش سخت، دچار ناراحتی می‌شد. بعد از ماجرای سوزاندن سینما رکس در آبادان و جریان جمعه‌ی سیاه، نخست وزیر وقت، ارتشبد اویسی حکومت نظامی اعلام کرد و این بر مشکلات او افزود. رکسانا احساس می‌کرد که مثل پرنده‌ای در یک قفس بزرگ اسیر بود و هیچ راه گریزی نداشت. اما با فتوای خمینی بسیاری به آن اهمیت نمی‌دادند و باز در خیابانها ظاهر می‌شدند و فریاد «مرگ بر شاه...، مرگ بر آمریکا...» سر می‌دادند.

رکسانا نمی‌دانست که چرا شنیدن اشعار عمر خیام، نه تنها برای او بلکه برای پیتر هم که

آن را زمزمه می‌کرد دیگر آن جذابیت گذشته را نداشت. رکسانا بارها سعی کرده بود تا پیتر را ترغیب کند تا از ایران خارج شود و به خانواده‌اش در آمریکا بپیوندد. اما او به این کار تن نمی‌داد. پیتر با خاک ایران، با فرهنگ و آداب و رسوم ایران عجین شده بود و امکان نداشت ایران را ترک کند. خروج از ایران به منزله‌ی مرگ تدریجی او محسوب می‌شد. پیتر همین که در چهار دیواری آپارتمان خود حبس شود و رکسانا هم در اطرافش حضور داشته باشد، قانع بود. رکسانا اطلاع داشت که پیتر به‌عنوان یک کشیش مسیحی به ایران آمده بود. او پس از اینکه با ساقی و با رباعیات عمر خیام آشنا شد تغییر نگرش داد و کلیسا را ترک کرد و از آن پس در مقام یک درویش زندگی جدیدی را آغاز نمود. همسرش هم که دیگر از سیروسلوک او خسته شد بود پسر خردسال‌شان را برداشت و او را به مقصد آمریکا ترک کرد. حالا مدتها بود که او از همسر و تنها پسرش خبر نداشت. پیتر خود را مدیون ساقی می‌دانست که موجب شده بود او به مسلک درویشی گرایش پیدا کند. انگار که ساقی او را جادو کرده بود. بزرگترین دلخوشی‌اش این بود که ساعتها به قدوبالای ساقی که در حال خواندن و نواختن ویولن بود نگاه کند. ساقی تنها موجودی بود که در زندگی پیتر واقعی به نظر می‌آمد. البته برای پیتر که کندوکاو در زندگی عرفانی را آغاز کرد بود و آن را دنبال می‌کرد این سوال مطرح بود که می‌توانست بگوید چه چیزی حقیقی و یا غیرواقعی به‌شمار می‌رفت. به نظر خودش همانند عمر خیام و دیگر عرفای ایرانی مثل مولانا در جستجوی حقایق متعالی و خودشناسی بود و این دنیا و زرق‌وبرقش را ناچیز می‌پنداشت، به همین دلیل هم با سیروس پیوند دوستی برقرار کرده بود. سیروس هر چند از یک خانواده‌ی مرفه و متمولی بود اما به ظواهر دنیا اهمیتی نمی‌داد. بیشتر دوستان وِی هم، درون‌گرا، فروتن و اهل شعر بودند و در حقیقت هستی سیر می‌کردند. پیتر در گردهمایی آنها شرکت می‌کرد و یکی از بهترین بحث‌کنندگان به‌شمار می‌رفت. سیروس گهگاهی هم در سبک عمر خیام و مولانا شعرهایی میسرود و با آواز دلنشینی که داشت آنها را می‌خواند و پیتر را از این دنیای پوشالی بیرون می‌آورد، اما هرگز ادعای شاعری نداشت. سیروس، چایخانه را هم با مشارکت پیتر دایر کرده بود تا اهالی شعر و موسیقی در آنجا گردهم آیند و از دانش و مصاحبت یکدیگر لذت ببرند. چایخانه هم خیلی زود به یک پاتوق ادبی و هنری تبدیل شد که شاعران غیرمتعارف، داستان‌نویسان و هنرمندان خاکی و بَری از زرق و برق دنیا در آنجا دور هم جمع می‌شدند تا خلاقیت خود را به اشتراک بگذارند. چند صباحی از فعالیت چایخانه نمی‌گذشت که ساقی به همراه ویولنش وارد شد. او مدتی را در کشف ماهیت خویش سیر می‌کرد. این بهترین هدیه‌ای بود که پیتر می‌توانست آرزو کند. هر چند ساقی کولی مسلک بود و تحمل نداشت تا در یکجا مدت زیادی بگذراند و طبق عادتی هم که داشت ناگهان غیبش می‌زد ، اما پیتر را به وَجد می‌آورد و روح و روانش را

تـازه می‌کـرد. بـا ظهور سـاقی محفل موسـیقی و مشـاعره و رقص سـما جـان دوچندانـی می‌گرفت. امـا بـه دلیـل ناآشـنایی که بـرای پیتر وجود داشـت او هرگز از سـاقی نمی‌پرسـید که چرا بـه یکباره غیبـش می‌زنـد و از محـل رفتنـش خبـر نمی‌دهـد. انـگار ایـن جریـان بـرای پیتـر هم به سـرگرمی خوشـایندی تبدیـل شـده بـود و به آن عادت داشـت. شـاید در مدت غیبت سـاقی احسـاس دلتنگی می‌نمـود و بـه محـض ظهورش دچار شـوق و شـعف می‌شـد.

رکسـانا از قـدرت اثرگـذاری سـاقی ابـراز شـگفتی می‌کرد، وقتـی که شـنید او این چنیـن زندگی پیتـر را بـرای همیشـه تغییـر داده بـود. رکسـانا آرزو داشـت کـه سـاقی اکنـون به‌مثابـه‌ی یـک کـوه عاطفـی، خـود را بـه پیتـر می‌رسـاند و از کنـارش دور نمی‌شـد. امـا پـس از آنکـه دسـت و ویولنـش در آتـش چایخانـه سـوخت، سـاقی ناگهـان ناپدیـد شـد و دیگر کسـی از وجود او خبر نداشـت. شـاید دیگـران بـه ایـن حقیقـت واقـف نبودند کـه برای سـاقی دیگر مقـدور نبود تا با دسـت سـوخته صدای ویولنـش را درآورد و بـا آن زمزمـه کنـد و ایـن اتفاق تلخی بود کـه او را در رنج و خاموشـی فرو می‌برد و شـاید تاکنـون خـود را بـه تیر هلاکتـی خاموش کرده بود. به هر حال سـاقی و سـیروس جـز افرادی بودنـد کـه در زندگـی پیتـر بسـیار اهمیت داشـتند و بـه او آرامش می‌دادند. دوسـتانی کـه حالا غایب بودنـد. پیتـر در بدتریـن روزهـای زندگـی خـود به حضور آنهـا نیاز وافری داشـت و انگار این مسـئله بر رنـج و اندوهـش می‌افـزود. شـاید زندگی بزرگتریـن درس را به پیتـر آموخته بود، که نبایـد به کائناتی کـه پیوسـته و پاینده نبودنـد، دل ببندد.

پیتـر کمـی از بطری شـرابی که در دسـت داشـت سـر کشـید، جـوری که انـگار آخرین شـرابی بـود کـه در ایـن دنیـا می‌نوشـید. کوشـید تـا روی پاهـای خـود بایسـتد امـا مسـتتر از آن بـود که بتوانـد تعـادل خـود را حفـظ کنـد. صدایـش بـه آرامی بلند شـد:

«ما همه آدم‌های نامریی و بی‌ثباتی هستیم...، همه چیز نامریی و بی‌معنی است!»

هنـوز کلامـش تمـام نشـده بـود کـه تعادلـش را از دسـت داد و بـه زمین خورد. سـرش بـه کنار مبـل چوبـی برخـورد کـرد امـا صدمـه‌ای ندیـد. بطـری شـراب بـه طـرز معجزه‌آسـایی سـالم ماند و هیـچ قطـره‌ای بیـرون نریخـت، انـگار بیـش از آنکـه مراقب خودش باشـد احتیـاط می‌کرد تـا بطری شـرابش را حفـظ کنـد. رکسـانا بطـری شـراب را از دسـتش گرفـت و کمـی نوشـید و آن را بـر روی میـز گذاشـت. دهـان و صـورت پیتـر را کمـی پـاک کـرد. همان‌طور کـه بـه او می‌نگریسـت در یک لحظـه احسـاس کـرد کـه جـای پسـر پیتـر را پُـر کـرده بود. پسـری کـه سـال‌های سـال از رفتنش می‌گذشـت و حـال بایـد بـرای خـودش مـردی هـم می‌بـود. بـه ایـن موضوع می‌اندیشـید کـه آیـا پیتـر هیـچ اطلاعـی از پسـرش داشـت. بـرای رکسـانا کـه پـدرش او را تـرک کـرده بـود فکـر کردن بـه موضـوع بسـیار تلـخ و دردنـاک می‌نمـود. رکسـانا حـدس می‌زد کـه دل پیتـر بـرای سـاقی تنگ

شده بود، بنابراین چشمان او همیشه به درب ورودی خانه خیره می‌ماند. انگار از ته وجود تمنا می‌کرد تا درب باز شود و ساقی با ورودش او را به وَجد بیاورد. اما آیا پسر و همسرش حقی بر گردن او نداشتند؟ چرا پیتر به آنها فکر نمی‌کرد؟ چه عاملی باعث شده بود که آدم مهربانی همانند پیتر نسبت به آنها بی‌تفاوت باشد؟ سرانجام یک روز شجاعت رکسانا گل کرد و پیتر را زیر سوال برد:

«دلت براشون تنگ شده؟ برای همسرت؟ خصوصاً پسرت ؟، اون چطوره؟ آیا فکر می‌کنی فقط به خاطر اینکه آنها را از ذهن و زندگی خودت شستی و کنار گذاشتی، اونها دیگه وجود ندارن و مردن؟ نه پیتر...، تو کاملاً اشتباه می‌کنی آنها وجود دارن و زنده هستن و حتماً دلشون برای تو تنگ شد، حتم دارم که پسرت هر روز از خودش سوال می‌کنه چه اتفاقی برای پدرم افتاده، چرا و به چه علتی پدرم ازم دوره و منو فراموش کرده، فکر می‌کنه که شاید اون باعث این کاره تو بوده و خودش رو سرزنش می‌کنه...، تو با این کارت به پسرت خیلی نامهربانی کردی و بهش صدمه زدی...، تو باید بری و برای یکبار هم که شده پسرت رو ببینی که اون بدونه پدرش کیه و چه آدم مهربانیه، تو به خیال خودت بلبل رو به‌عنوان پسرخوانده قبول کردی که جای پسرت رو بگیره؟ اما این هیچ وقت حقیقت نداره و نمیتونه داشته باشه و نمیتونه جای خالی پسرت رو واست پر کنه...، تو می‌دونی که چشم پسرت هر روز به در دوخته شده و آرزو می‌کنه پدرش وارد بشه و اونو در آغوش بگیره و باهاش بخنده و گریه کنه...؟ این تنها چیزیه که حقیقت داره پیتر...!»

پیتر انگار تازه فهمیده بود که چرا بعد از این همه مدت ناگهان زندگیش پوچ و بی‌معنا جلوه می‌کرد. قبول داشت که رکسانا از زبان او سخن می‌گفت و در واقع از تمام آنچه که به تازگی ذهن او را با درد و رنج مشغول کرده بود آگاهی داشت. ناگهان به خاطرش آمد که چرا مدت‌های مدید سکوت کرده است. از توضیح زندگی گذشته‌اش متنفر بود. اما از اینکه سکوت اختیار کند بیشتر رنج می‌برد. همان‌طور که باعث شد رکسانا برنجد و به گریه بیافتد. پیتر می‌توانست حدس بزند که سخنان رکسانا از احساسی برمی‌خاست که نسبت به پدرش داشت. او هم پدری بود که پسرش را به مانند رکسانا رها کرده بود. رکسانا احساس می‌کرد شاید هیچ اهمیت و ارزشی برای پدرش نداشته است. می‌خواست که پدرش موجودیت او را بپذیرد. فکر می‌کرد که شاید او مسبب جدایی و نامهربانی پدرش بوده است. به نوعی خود را مقصر می‌دانست و سرزنش می‌کرد. مسائل و موضوعاتی این چنین در وجودش زخمی دردناک ایجاد کرده بود که با هیچ دارویی درمان نمی‌شد مگر اینکه پدرش را می‌دید و سخنانش را می‌شنید. می‌خواست به پدرش بگوید که جای خالی او همواره در زندگی‌اش احساس می‌شد

و در انتظار عشق و محبت او لَهلَه می‌زد.

اینها همه نیازهایی بود که به رکسانا انگیزه داد تا خود را به ایران برساند. قطرات اشکی که از گوشه‌ی چشمانش را باز کرده بودند و بر روی گونه‌های سردش سُر می‌خوردند نتوانسته بود رکسانا را ساکت کند:

«کودکان به پدرانشان نیاز دارند...، تو حتی نمی‌دونی آیا پسرت ازدواج کرده یا نه! آیا نوه داری یا نداری! یا اصلاً پسرت زنده هست و یا مرده...!»

پیتر قبل از اینکه بر روی زمین بیافتد یک بطری شراب دست و پا کرد و کمی از آن سر کشید. در حالی که بطری شراب در دستش بود به جستجو در جیبش پرداخت. دنبال چیزی می‌گشت که انگار برایش اهمیت داشت. کیف پول کهنه‌ی رنگ‌ورو رفته‌ای را از داخل جیبش درآورد. درون کیف را گشت. سرانجام آنچه را که به دنبالش بود، پیدا کرد. عکس کهنه و چروک خورده‌ای را از کیفش بیرون آورد. لحظاتی در سکوت مطلق به آن خیره شد. به اندازه‌ای که تصویر پسر، همسر و سگشان دوباره در ذهنش تازه شود. سپس عکس را به داخل کیفش برگرداند. رکسانا دقیقاً حدس می‌زد که چه کسی در تصویر بود و این حرکت پیتر کمی به او رضایت خاطر داد. می‌دانست که پیتر را به یاد پسرش انداخته بود. از اینکه پیتر هنوز پسرش را به یاد داشت احساس مسرت می‌کرد. حتم داشت که دلش برای او تنگ شده بود و خیلی می‌خواست تا او را ببیند. پیتر که حالا خاطرات خانواده‌اش زنده شده بود مشغول خواندن یک آهنگ معروف آمریکایی از لد زپلین شد:

«آنجا زنی است که می‌دونه همه چیز از طلا است...، و می‌خواد راه‌پله‌ای به بهشت را بخرد...»

رکسانا به او کمک کرد تا از روی زمین بلند شود. پیتر معطل نکرد و به یک رقص سما آمریکایی مشغول شد. او داشت با خواندن و رقصیدن حال و هوای خود را تغییر می‌داد تا شاید با این حرکت کودکانه دردش را فراموش کند و یا از شدت رنجش بکاهد.

«جک مرتب باش، جک سریع باش، جک کمی بیماره...» پیتر با پریدن از روی یک گلدان ادامه داد: «جک از روی شمعدان پرید، خدا کنه شلوارش زود آتش نگیره...»

رکسانا با تماشای پیتر کمی خردسند و امیدوارتر شده بود. می‌دانست فوران احساس عمیق و گرفته‌ای که نسبت به پدرش داشت، او را برانگیخته بود تا با پیتر صحبت کند. با این کار، هم ناراحتی خود را تخلیه نمود و هم موفق شده بود پیتر را به سطح جدیدی از آگاهی در مورد پسرش برساند.

اواخر شب در تهران بود. صدای شلیک گلوله‌هایی که از بیرون می‌آمد، انگار یک صفحه‌ی موسیقی خشن شبانگاهی را پخش می‌کرد. آن شب صدا کمی بیشتر و نزدیکتر به گوش

می‌رسید. اگر چه به روی خود نمی‌آوردند اما در خانه ماندن برای آنها در حکم یک اسارت خانگی به‌شمار می‌آمد. رکسانا گاهی اوقات از اینکه او و پیتر مدتها در معرض جنگ و خطر مرگ قرار داشتند ولی هنوز ایران را ترک نکرده بودند، متعجب بود. پیر با یک حرکت کودکانه تصمیم گرفت از روی میزی در حال رقص بپرد. هر چند میز چندان بزرگ نبود ولی او تعادل خود را از دست داد و بر روی میز فرود آمد و در نهایت بر روی میز شکسته ولو شد. رکسانا بطری شرابی را برداشت و کمی نوشید. پیتر با هر زحمتی که بود از جایش برخاست و دوباره مشغول رقصیدن شد. رکسانا در حال نوشیدن شراب و به‌منظور فراموش کردن آنچه که در بیرون می‌گذشت به پیتر پیوست. نوشیدن شراب و رقصیدنشان بیشتر برای فرار از واقعیتی بود که آن دو نمی‌خواستند و شاید نمی‌توانستند با آن روبرو شوند، چون به این نتیجه می‌رسیدند که باید ایران را ترک کنند و این موضوع برای جفتشان بسیار سخت بود. آنها ایران را دوست داشتند و به زندگی با مردم ایران و آداب و رسوم ایرانی عادت کرده بودند. حالا برای فرار از این واقعیت خود را به مدهوشی و بچگی می‌زدند. در این حال و احوال به سر می‌بردند که ناگهان آتش گلوله‌ها شیشه‌های پنجره‌ی آپارتمان پیتر را خرد و خاکشیر کرد و حتی قسمتی از داخل خانه را درهم کوبید. برخی از خرد شیشه‌هایی که در هوا پراکنده بود به رکسانا و پیتر برخورد کرد و دنیای کوچک و آرامشان را بهم ریخت. رکسانا که از هوشیاری بیشتری برخوردار بود پیتر را گرفت و به سرعت بر روی زمین خواباند. چشمش به پتویی افتاد که بر روی مبل کشیده بودند. به هر شکل ممکن پتو را برداشت و بر روی خود و پیتر کشید. پیتر آن چنان مست و پاتیل بود که خیال می‌کرد در حال یک بازی کودکانه‌ی دیگری هستند. در ادامه بر روی زمین نشستند و به مبلی تکیه دادند و مطمئن شدند که هنوز پتو آنها را پوشانده است. دست رکسانا از زیر پتو بیرون آمد و در پی بطری شراب بر روی زمین گشت. بالاخره بطری شراب را پیدا کرد و به زیر پتو آورد. کمی از شراب نوشید و بطری را به پیتر داد. پیتر که غرق در فکر بود مقدار زیادی از شراب شیشه را سر کشید و سپس به نقطه‌ای نامعلوم خیره ماند. رکسانا وقتی حالت پیتر را دید به این فکر فرو رفت که شاید او در تمام این مدت هوشیار بوده و کنترل اوضاع را در اختیار داشته است و گویی فقط خودش را به رفتار کودکانه مشغول کرده بود تا کمتر فکر کند و یا احساسات واقعیش را از رکسانا مخفی نگه دارد. برخلاف آتش جنگ و صدای غرش گلوله‌ها که از بیرون شنیده می‌شد، در زیر پتو سکوت محض بین آنها حکومت می‌کرد. لااقل می‌دانستند که در خانه از خطر جنگ و جدال بیرون در امان هستند. رکسانا طوری به بطری نیمه خالی شراب قرمز خیره شد که انگار مقصر اشکی بود که از گوشه‌ی چشمانش می‌چکید. پیتر متوجه‌ی اشک‌های رکسانا شد و سعی کرد تا با شکستن سکوت کمی به او آرامش دهد:

«گریه نکن دختر خوب، از آنجایی که اومدی بدتر نیست...»

رکسانا زمزمه کرد:

«دلـم بـرای خونمـون تنگ شـده، دلـم برای مادرم تنگ شـده، دلم بـرای غذای مکزیکـی، و اون سـس تندش خیلی تنگ شـده...!»

پیتر بطری را از او گرفت. کمی نوشید و با لبخندی ادامه داد:

«دلـم بـرای تیـم بسـکتبال نیکـس، بـرای ارول پـارل، کلایـد فـرازر، تـو سـالن میدان مدیسـن گاردن نیویـورک...»

رکسانا کلام او را قطع کرد:

«بستنی گرم یکشنبه‌ها با شکلات روش...»

پیتـر بـه تقلیـد از راس هاجـز، گوینده‌ی رادیـوی تیم بیسـبال جاینت نیویـورک پرداخت که در نیمه‌نهایی سـال ۱۹۵۱ برگزار شـد:

«دو تـا اوت، آخـر وقـت نهـم، فقـط یـک نفر باقـی مونده، و فقـط یک فرصـت که بـازی رو ببره یـا ببـازه، همـه‌ی سـالن سـاکت هسـتند، برنـده بـه فینـال میـره تـا بـا بروکلین داجـرز روبرو شـه، بابـی تامپسـون آمادسـت، برانـکا تمرکـز می‌کنـه، توپ رو پرتـاب می‌کنه، چوب‌دسـتی بابـی در هوا حرکـت می‌کنـه، پرتـاب تـوپ، ضربـه‌ی بابـی بـه توپ، تـوپ روی هواسـت، بایـد فاصله زیـادی بره، آره، آره، تـوپ بـه بیـرون زمیـن رفـت، جاینت میره به فینـال، جاینت میـره به فینـال...، غولها پیروز میشن...»

پیتـر سـرحال بـه گـزارش بـازی جاینـت ادامـه مـی‌داد. رکسـانا هـم بـه او پیوسـت و داشـت تشـویقش می‌کـرد. آنهـا آن چنـان در بـازی خـود غـرق بودنـد کـه انـگار نمی‌شـنیدند کـه صـدای زنـگ تلفـن درآمـده بود.

«بـرو جاینـت...، خـدای مـن چـه ضربـه‌ای بـود، همـه اوت شـده بـودن و فقـط اون باقی‌مونـده بـود...، بـا آخریـن ضربـه...، جاینـت رو برنـده کـرد...، تلفـن زنـگ می‌زنه...، بایـد رئیس‌جمهور باشـه کـه بـرای تبریـک به بابـی تامسـون زنـگ زده...، تلفنُـو جواب بـده...، آقـای رئیس‌جمهـوره...»

بـا شـنیدن صـدای پیتر کـه فریاد مـی‌زد تلفن زنـگ می‌زنـه، باید رئیس‌جمهـور باشـه، تلفن را جـواب بـده، دسـت رکسـانا دوبـاره از زیـر پتو بیـرون آمـد و کورکورانه بـه دنبال تلفن گشـت. خرده شیشـه‌ای کـه در اطـراف پخـش بـود دسـتش را بریـد. احسـاس درد، از خنده و شـادی‌اش کاسـت.

«لعنتی...!»

سـرش را بـه انـدازه‌ای کـه بتوانـد تلفن را ببینـد از زیر پتو بیرون آورد. گوشـی را برداشـت و پتو

دوباره بر روی آنها کشیده شد. در حالی که به دست بریده و خون‌آلود خود نگاه می‌کرد تلفن را جواب داد: «الو...؟»

صدای مادرش از آن طرف خط به گوشش رسید. این آخرین صدایی بود که رکسانا انتظار داشت در آن لحظات بشنود. با شنیدن صدای مادرش از بازی کودکانه با پیتر دست برداشت و در این اندیشه بود که چگونه صحبت با لیندا را کوتاه کند:

«مادر، خیلی سخت میشه صداتو شنید...، بعداً بهت زنگ می‌زنم...، صدای منو می‌شنوی؟ الو...؟ الو...؟»

اما لیندا بدون وقفه حرف می‌زد و پیاپی سوال می‌کرد. اولین کار رکسانا گرفتن جلوی دهنی گوشی بود تا صدای شلیک گلوله از بیرون به گوش مادرش نرسد. می‌دانست که اگر مادرش متوجه‌ی این موضوع می‌شد دیگر اجازه نمی‌داد تا یک آب خوش از گلویش پایین برود. رکسانا تمام سعی‌اش را می‌کرد تا به طریقی تلفن را قطع کند. خود را از پیتر جدا کرد و به زیر میزی کشاند. پتو را بر روی خود کشید تا صدای تیرهای بیرون به گوش مادرش نرسد. اما توفیقی کسب نکرد و صدای گلوله‌ها به گوش لیندا رسید. لیندا با نگرانی جویای صدایی شد که می‌شنید. رکسانا کوشید تا سر و ته قضیه را جمع‌وجور کند:

«نه مادر، هیچ صدایی نیست...، همه چیز امن و امانه...، صدات بد میاد...، ارتباط خطها بده...»

در آمریکا، لیندا مثل یک شیر زخمی و عصبانی که انگار در قفسی محبوس بود، قدم زنان در خانه صحبت می‌کرد:

«رکسانا قطع نکن! من هنوز حرفم تمام نشده...، پدرت چی؟ خبری ازش گرفتی...؟»

رکسانا دیگر نمی‌توانست در مقابل چنین پرسشی بی‌تفاوت باشد. انگار به یکباره بغض گلویش را گرفت:

«هنوز نه مادر...، اما پیداش می‌کنم...، قول میدم که پیداش کنم و بیارمش خونه...، بهت قول میدم برش می‌گردونم...»

«خواهش می‌کنم مواظب خودت باش...، خبرای بدی از اونجا می‌رسه و من خیلی نگران سلامتی توام...!»

رکسانا سعی می‌کرد تا مادرش متوجه نشود که او اشک می‌ریخت. سکوت رکسانا، لیندا را نگران کرد.

«راکسی حالت خوبه...؟!»

رکسانا هرگز تا این اندازه در مقابل لیندا شکیبا نبود. نمی‌توانست قبول نکند که احساس

پوچـی می‌کـرد و دلـش برای مـادرش تنگ شـده بود.

«مـادر مـن بـه ایـن سـفر احتیـاج داشـتم...، خیلی چیزهـا فهمیـدم...، فهمیـدم زندگـی عادلانه نیسـت...، مـن فکـر می‌کـردم بـه خاطر خشـمی که از پـدر داشـتی منو از پـدرم جدا کـردی، خیال می‌کـردم بـه خاطـر تنفـرت از پـدرم، داشـتی منـو تنبیـه می‌کـردی...، اما اشـتباه می‌کـردم...، حالا فهمیـدم کـه تـو داشـتی از مـن محافظـت می‌کـردی...، اشـتباه منـو ببخـش مـادر...، مـادر خیلـی دوسـتت دارم و دلـم خیلـی بـرات تنگ شـده...!»

رکسـانا نمی‌دانسـت کـه لینـدا بیـش از سی‌سـال بود کـه انتظار می‌کشـید تا چنیـن حرف‌هایی را از زبـان او بشـنود. خبـر نداشـت کـه حـالا ایـن مـادرش بود که می‌خواسـت گوشـی را بگـذارد تا رکسـانا متوجه‌ی اشـک ریختن او نشـود.

«دختـرم، مـن بـرای نشـان دادن احساسـاتم چنـدان مهارتـی نـدارم و گاهـی دیگـران رو دچـار سـوءتفاهم می‌کنـم...، امـا ایـن را میدانـم، درسـت یا غلط هـر کاری کردم بـرای محافظت تـو بود...، خوبـی تـو رو می‌خواسـتم...، ببخـش اگـه اشـتباهی ایـن وسـط مرتکـب شـدم...، عزیـزم...، مـن هم خیلـی خیلـی دوسـت دارم و دلـم بـرات تنگ شـده، خواهـش می‌کنم سـالم برگـرد...!»

رکسـانا گوشـی را گذاشـت. لحظاتـی طول کشـید تا به خودش بیایـد و دوباره صـدای گلوله‌های بیـرون را بشـنود. تـاز متوجـه شـده بـود کـه از پیتر در زیر پتـو خبری نبـود. از زیر پتـو و میز بیرون آمـد و چشـمش بـه پیتـر افتـاد. پیتـر در بالکـن آپارتمـان ایسـتاده بـود و به بـازی کودکانـه‌ی خود ادامـه مـی‌داد. می‌دانسـت کـه پیتـر بایـد بهتـر از او بداند کـه خـودش را در معرض خطر قـرار داده اسـت. در بالکـن مشـرف بـه کوچـه، پیتـر بـه جـوان همسـایه که سـالار نـام داشـت، نـگاه می‌کرد. سـالار بـا دوربیـن کوچک فیلـم برداریش بر روی پشـت بام مشـغول ثبـت اتفاقات تاریخـی میهنش بـود. پیتـر طبـق معمـول گذشـته بـا ادا و اطـواری کـه در مقابـل دوربیـن سـالار در مـی‌آورد سـر شـوخی بـا او را بـاز کـرده بـود. دوربیـن سـالار از روی پیتر به سـمت کوچـه حرکت کـرد. چند فرد مسـلح را نشـان مـی‌داد کـه بـه شـتاب در تاریک روشـنا از دسـت سـربازانی کـه حکومـت نظامی را کنتـرل می‌کردنـد، می‌گریختنـد و در حـال نبـرد بودنـد. پیتـر همچنـان گـرم شـوخی خـود بـود و هیـچ توجهـی به نبرد قانون‌شـکنان نداشـت که مشـخص بود از انقلابیـون و نیروهای ضـد حکومتی بودنـد. ناگهـان در مقابـل چشـمان پیتـر، سـالار بـا فریادی وحشـت‌زده از بالای پشـت بام بـه پایین سـقوط کـرد، امـا هنـوز دوربینش را محکم نگه داشـته بـود و فیلمبرداریش ادامه داشـت. این اتفاق بـه حـدی غیرمنتظـره بـود کـه پیتر نفهمید چه بلایی بر سـر سـالار نازل شـد که او بـه داخل کوچه سـقوط کـرد. دوسـت جوانـش در هنـگام سـقوط از نزدیکـی او گذشـت و در وسـط کوچه افتـاد. هر چند سـالار دیگر توان حرکت نداشـت و بدنش از برخورد با آسـفالت سـخت به شـدت آسـیب دیده

بود اما دوربین خون‌آلودش هنوز در دست خونینش قرار داشت و بخشی از وقایع ایران را ثبت می‌کرد. پیتر از مشاهده این صحنه‌ی دلخراش مثل یک میخ بر سر جایش کوپ کرده بود. سربازان و انقلابیون بدون توجه به این حادثه‌ی دردناک داشتند به نبرد خود ادامه می‌دادند. پیتر به خود آمد و سراسیمه وارد اتاق نشیمن شد. در حالی که فریاد می‌زد «نه...!، نه...!»، با پاهای برهنه از درب خانه بیرون رفت. قبل از اینکه رکسانا بتواند از خود واکنشی نشان دهد، شاهد آن بود که صاحبخانه‌ی آنها دستپاچه از پله‌های طبقه‌ی بالا پایین آمد و از مقابل درب باز خانه رد شد و به دنبال پیتر رفت. رکسانا گیج و گنگ برخاست و با عجله‌ای که حدس می‌زد اتفاقی افتاده است وارد بالکن شد. چشمش در کوچه به پیتر افتاد که در کنار جوان به خون آغشته نشسته بود و بدن او را از لحاظ علائم حیاتی بررسی می‌کرد. رکسانا سالار را خوب می‌شناخت و او بارها از وِی فیلم گرفته بود. پیتر وقتی با تن بیجان سالار روبرو شد منقلبانه به اطرافش نگاهی انداخت. سربازان هنوز هم بدون توجه، به نبرد با انقلابیون مشغول بودند و به طرف یکدیگر آتش می‌گشودند. دست پیتر بدن خونین سالار جوان را لمس کرد تا به دوربین هشت میلی‌متری او رسید. اکنون که دستش به خون گرم سالار آغشته شده بود انگار به جریان داغی تبدیل شد و تمام وجودش را ملتهب کرد. نمی‌دانست چرا با همان حالتی که دستش بر روی دوربین قرار داشت در کنار جسم بی‌جان سالار دراز کشید. انگار می‌خواست با او به ابدیت بپیوندد. گویی همه چیز برای پیتر خاموش و مرده بود. اما برای مقابله با چنین حادثه‌ی دلخراشی که مثل یک کابوس وحشتناک به وقوع پیوسته بود هیچ فایده‌ای نداشت. فرهاد پدر پسر جوان، سراسیمه از درب ساختمان خارج شد و خود را به کنار فرزندش رساند. پیکر بی‌جان سالار را در آغوش گرفت. او را بلند کرد تا از تیررس گلوله‌ها نجات دهد. به نظر می‌رسید پدر درمانده، هنوز کور سوی امیدی داشت تا فرزندش را به زندگی برگرداند. به دنبال جابجایی بدن سالار جوان، بالاخره دوربین از دستش جدا شد و حالا فقط دست‌های پیتر دوربین خونین او را نگه داشته بود. پیتر از جایش برخاست و به دوربین نگاه کرد. به نظر می‌رسید قصد داشت آن را به سالار جوان برگرداند. جنگ بین انقلابیون و سربازان به اوج خود رسیده بود. اکنون تمام همسایه‌ها بیدار شده بودند و از بالای پشت بام، پنجره و یا بالکن‌های خود صحنه را مخفیانه دید می‌زدند. عده‌ای هم با پرتاب نارنجک دستساز که تقریباً در اکثر خانه‌ها یافت می‌شد از سربازان پذیرایی می‌کردند. به نظر می‌رسید یک یا دو دستگاه از خانه‌ی تیمی انقلابیون در همان کوچه بود و آنها بعد از درگیری و متواری شدن از دست سربازان می‌خواستند به محل مخفی خود پناه ببرند. اما سربازان سمج‌تر از آن بودند که آنها را دنبال نکنند. مستی و مشاهده‌ی بدن خونین سالار جوان باعث شده بود پیتر کاملاً ارتباط خود را با واقعیت از دست بدهد. خاطره‌ی آتش‌سوزی رستوران و قیافه‌ی

بلبـل در مقابـل چشـمانش ظاهـر شـده بـود. او همین جور در وسـط میـدان جنگ قرار داشـت و به دوردسـت نـگاه می‌کـرد. فریادهـای رکسـانا کـه از پیتـر می‌خواسـت تا بـه داخـل خانه بازگـردد به گوشـش نمی‌رسـید. رکسـانا نگـران و دسـتپاچه بالکن را به سـمت اتاق نشـیمن ترک کـرد. با وجود اینکـه موانعـی مثـل نارنجک‌هـای دست‌سـاز از پشـت‌بام خانه‌ها بـه طرف سـربازان پرتاب می‌شـد، آنهـا بـه پیشـروی خـود بـرای مهـار چنـد انقلابـی مسـلح ادامـه می‌دادنـد. کوچـه در آتـش کوکتل مولوتوف‌هایـی می‌سـوخت کـه از پشـت بـام خانه‌هـا پرتاب می‌شـدند. پیتر بـا دوربین سـالار جوان، آرام در بیـن آتـش و رگبـار گلوله‌هـا ایسـتاده بـود و بـه آتـش و طرفیـن درگیـر نـگاه می‌کـرد. او با مکـث و تانـی دوربیـن خونیـن را بـالا آورد و در مقابـل چشـمش نگـه داشـت تـا کار ناتمام دوسـت فقیـدش را ضبـط کنـد. صورتـش از تمـاس بـا خـون سـالار کـه بـر روی دوربیـن باقـی مانـده بود، سـرد می‌شـد. سـربازان بـا اسـتفاده از جیپ‌هـای خـود در حـال پیشـروی بودنـد. پیتر نمی‌دانسـت کـه بیـش از سـربازان بایـد از انقلابیـون مسـلح می‌ترسـید کـه او را دشـمن شـماره یـک خـود بـه حسـاب می‌آوردنـد. امـا آنقـدر هـم دود و آتـش کوچـه را فـرا گرفتـه بود که سـگ هـم صاحبش را نمی‌شـناخت. در آن گیـرودار بـه نظـر می‌رسـید پیتـر همچنـان ارتبـاط خـود را با واقعیت از دسـت داده بـود. تصویـری از بلبـل، سـالار و آتـش گسـترده‌ی چایخانـه، تنهـا چیزهایـی بود کـه می‌دید و در خیالـش زنـده شـده بـود. پیتـر در حالـی کـه نمی‌دانسـت مخاطبش کیسـت فریادش بلند شـد:

«بـه مـن نـگاه کنیـد قاتـلان، مـن اینجا مقابل شـما هسـتم! اگـر می‌خواید کسـی را بکشـید به مـن شـلیک کنیـد، ایـن مـردم بی‌گنـاه رو ول کنیـد...! اونهـا هموطنـان شـما هسـتن، شـماها همه همخونیـن و ایرانـی آریایـی هسـتین...، آمریکایـی را بکشـید، منو بکشـید...!»

مهـم نبـود کـه فریـاد پیتـر چقـدر بلنـد بـود، اما نه بـه گـوش جنگجویان خشـمگین می‌رسـید و نـه بـه گوش رکسـانا کـه سراسـیمه از پله‌های سـاختمان بـه طرف درب خـروج می‌دوید. رکسـانا بـه فرهـاد رسـید کـه در کنـار همسـر و دخترش، پشـت درب سـاختمان ایسـتاده بودند و بـا حالتی گنـگ و گیـج بـه پیکـر خونیـن و بیجان سـالار نـگاه می‌کردند. رکسـانا با مکثـی از بین آنها رد شـد و درب را بـاز کـرد و بـه دنبـال پیتر وارد کوچه شـد.

«نه، نه، پیتر...، برگرد...، برگرد...، لطفاً اون رو نکشین، اون یه آمریکاییه...!»

امـا ایـن بـار پاسـخ رکسـانا را رگبـار گلوله‌هایـی مـی‌داد کـه به سـمتش شـلیک می‌شـد و او را وادار می‌کـرد تـا عقب‌نشـینی کنـد. رکسـانا خـودش را بـه جلـوی درب پرت کرد تـا پناه بگیـرد. به طـرز معجزه‌آسـایی هیـچ یـک از گلوله‌ها بـه او برخورد نکـرد. فرهـاد و خانـواده‌اش او را گرفتند و با عجلـه بـه داخـل کشـیدند. امـا رکسـانا همچنان التمـاس می‌کـرد و از عالـم و آدم کمـک می‌طلبید تـا بـه نجـات پیتـر بشـتابند: «لطفـاً، یکی کمـک کنـه...، اونو میکشـن...، بـه خاطر خـدا یکی کمک

عطا ثروتی

«کنه...!»

در حالی که فرهاد و خانواده‌اش رکسانا را محکم نگه داشته بودند، سر او به اندازه‌ای که بتواند هنوز پیتر را ببیند از درب بیرون بود و با اضطراب و بغض به پیتر التماس می‌کرد تا برگردد، اما صدایش به پیتر نمی‌رسید. هر چند پیتر استوار در بین آتش و خون در حرکت بود و به ثبت دردناک تاریخ ایران می‌پرداخت اما رکسانا می‌دانست که پیتر بین آن همه آتش و خون تنها نبود و هیچ هراسی هم از مرگ نداشت و شاید در آن لحظات اصلاً به مرگ هم فکر نمی‌کرد. حتم داشت تمام وجود پیتر مملو از رباعیات عمر خیام بود و آنها را یکی پس از دیگری تکرار می‌کرد.

«هست از پس پرده گفتگوی من و تو، چون پرده برافتد نه تو مانی و نه من...»

البته پیتر دیگر چیزی برای از دست دادن نداشت. چایخانه، بلبل، ساقی و مهم‌تر از همه عشق، محبت، دوستی و صفایی که هر روز در بین تمام آن آدم‌های مهربان می‌دید همه از بین رفته بود. قادر به درک و هضم این موضوع نبود که به یکباره همه آنچنان از خشم، کینه، نامهربانی و نامردی لبریز شوند که دیگر نتواند آنها را بشناسد. سرانجام رگبار گلوله‌ها به پیتر هم رحم نکرد و گلوله‌ای سینه‌اش را شکافت. زانوهای پیتر از توان افتاد و بر روی زمین نشست اما با دوربین سالار همچنان به ثبت تاریخ ننگین ایران ادامه می‌داد. اما بالاخره او هم دیگر دوام نیاورد و بدن خون‌آلودش بر روی آسفالت سرد کوچه دراز شد. دوربین خونین سالار هنوز در دستش قرار داشت. سربازان وقتی پیتر را دیدند و پی بردند که او از انقلابیون نیست سعی داشتند تا خود را به پیتر برسانند و قدم مثبتی بردارند. هیچ کس نمی‌دانست گلوله‌ی چه کسی پیتر را از پا درآورده بود. صحنه‌ی تیر خوردن پیتر، غیر قابل باور و شیطانی‌تر از آن بود که رکسانا بتواند تصور و تحمل کند. رکسانا حسابی آشفته و شوکه شده بود. سرانجام خود را از چنگ خانواده‌ی فرهاد که او را نگه داشته بودند خلاص کرد و با فریادی سراسیمه به طرف پیتر دوید و خود را به او رساند.

«نه!، نه!، شلیک نکنید...، از کشتن دست بکشید...، اون یه آمریکاییه...!»

در پشت‌بام یکی از خانه‌ها، مرد جوانی که در بین افراد مسلح دیگر مخفی شده بود و با مسلسل به طرف سربازان شلیک می‌کرد، زبانش باز شد:

«فکر می‌کنی این سلاح از کجا اومده؟، از آمریکا...، شما اونها رو به ما فروختین، فکر می‌کنی که فقط برای کشتن ما ایرانیهاست؟ گلوله ملیت نمی‌شناسه...، گلوله فقط میکشه...»

سپس اسلحه‌اش را به سمت کوچه نشانه گرفت و خشمناک مشغول شلیک شد. رگبار گلوله به دوروبر رکسانا برخورد می‌کرد. یکی از سربازان که به او و پیتر رسیده بود، خود را بر

روی رکسانا پرت کرد و او را به طرف فولکس واگنی که کنار کوچه پارک بود کشاند. سپس رکسانا را بزیر ماشین هل داد.

«برو زیر ماشین...!، برو زیر ماشین...!»

اما سرباز که فرصت پیدا نکرده بود تا جان خود را حفظ کند مورد اصابت چند گلوله قرار گرفت. زخمی کنار ماشین نشست و به آن تکیه داد. رکسانا قصد داشت تا از زیر ماشین بیرون بیاید و به او کمک کند اما سرباز شجاع او را دوباره به زیر ماشین هل داد. «همونجا بمون...، میکشنت...!»

رکسانا از اینکه سرباز جانش را به خطر انداخت تا او را نجات دهد، در میان احساس شرم و شادی گیر افتاده بود. حالا تنها می‌توانست از زیر ماشین بماند و به سربازی که دیگر صدا و حرکتی نداشت، نگاه کند و یا به پیکر پیتر که در فاصله‌ای از او قرار داشت، بنگرد و آخرین زمزمه‌هایش را بشنود:

«من روح خود را از طریق راهی نامرئی جلو فرستادم، روح من به من بازگشت و پاسخ داد، من، خودم، بهشت و جهنم هستم...»

از سر کوچه چند جیپ ارتشی وارد شدند و در کنار پیتر توقف کردند. تعداد دیگری از سربازان برای نبرد پیاده شدند و بالاخره خطر را برای دقایقی رفع کردند. افسری از جیپ پیاده شد و به سمت پیتر رفت. رکسانا هنوز از زخمی شدن سرباز فداکار رنج می‌کشید و از داخل جوی آب، مایوسانه به هرج و مرج نگاه می‌کرد. انگار اوضاع آشفته‌ی محیط، دیگر اختیار عمل را از او گرفته بود. پیتر با تمام نیرویی که داشت، بلند شد و در حالی که خون از سر انگشتانش می‌چکید و هنوز دوربین را در دست داشت به دنبال پیدا کردن رکسانا چرخید. درست در همین موقع چند کوکتل مولوتوف بر روی ماشین افتاد و آن را به آتش کشید. پیتر فقط به شعله‌های آتش چشم دوخته بود که داشت به سرعت به رکسانا می‌رسید. در چهره‌اش یک نوع رنگ نارنجی خسته و پژمرده‌ای دیده می‌شد، مثل یک ماسک مرگ. پیتر با فلاش چند گلوله‌ی دیگر که به طرفش شلیک شده بود به زانو سقوط نمود. برای لحظه‌ای کوتاه سرش را به سمت آسمان تاریک بلند کرد. سپس بدن او به جلو خم شد و بر روی زمین افتاد. حالا تنها صدایی که او می‌شنید نوای ویولن آرام ساقی بود که در گوشش می‌پیچید و تنها قامت ساقی را می‌دید که از میان آتش و دود با طمانینه و لبخند به طرف او می‌آمد و انگار در مقابل آتش رگبار گلوله‌ها مصون و نامریی بود. دست پیتر حالا در جویی از خون بی‌حرکت ماند، اما هنوز دوربین خونین سالار را در دستش داشت و انگار نمی‌خواست بگذارد که تاریخ ثبت شده از بین برود. انگار صدای موسیقی دردناکی از دوربین بلند شد و آهنگ غم‌انگیز مرگ

شب را می‌نواخت. چشمان پیتر مستقیماً به رکسانا نگاه می‌کرد، لبخند می‌زد و به او می‌گفت چقدر خوشحال است. نگاه اشک‌آلود رکسانا بر روی پیکر بیجان پیتر فیکس شد. جسم پیتر از انعکاس رنگ سرخ آتش‌سوزی اطراف، مثل خورشید سوزان می‌درخشید. رکسانا از مرگ ناگهانی پیتر، گیج و گنگ بود. یک جیپ ارتشی سر رسید و توقف کرد. پیکر بیجان پیتر با چراغ‌های پر نور جیپ روشن شده بود. افسری از جیپ پیاده شد. به بالای سر پیتر رسید و به او نظر دوخت. پیتر را در قامت مرد بی‌خطری می‌دید که فقط یک دوربین خون‌آلود در دست داشت. یکی از سربازان سکوت را شکست:

«اون خارجیه، فقط در حال فیلمبرداری بود!»

سرباز دیگری زمزمه کرد: «اون باید آمریکایی باشه!»

همه آنها به پیتر خیره شده بودند. هرکدام با احساسات مبهم و ناباورانه‌ی پنهان، در پرسش چگونگی بروز اتفاقی به سر می‌بردند که رخ داده بود. به احتمال قریب به یقین، تاریکی شب در کاهش قدرت دید و تشخیص سربازان تاثیر داشت. در دل تاریکی شب هر جنبنده‌ای می‌توانست مورد هدف قرار گیرد و هیچ اتفاقی دور از انتظار نبود. برای سربازانی که آخرین صدای پیتر را قبل از مرگ شنیده بودند، او هنوز زنده بود و همچنان صدای او، موسیقی ملایمی را در گوششان می‌نواخت:

«من روح خود را از طریق راهی نامرئی جلو فرستادم، روح من به من بازگشت و پاسخ داد، من خودم بهشت و جهنم هستم...، من هرگز نمی‌میرم...»

رکسانا که قادر نبود چشم از پیتر بردارد و یا به سمت او حرکت کند از خود بی‌خود شده بود و فریاد می‌کشید. اما صدایی از او شنیده نمی‌شد و در داخل سینه‌اش محبوس بود و تنها خودش می‌توانست صدای خود را بشنود:

«شما نمی‌تونید این کار را با اون بکنید!، اون یه آمریکاییه!»

او فقط می‌توانست تماشا کند که آنها جسد پیتر را در داخل جیپی گذاشتند و با خود بردند. با ناپدید شدن جنازه‌ی پیتر، باران کوکتل مولوتوف‌ها از پشت‌بام خانه‌ها شروع شد. انگار همه به احترام پیتر صبر کرده بودند تا جنازه‌ی او برداشته شود. با بردن جنازه‌ی پیتر، بالاخره نگاه و توجه رکسانا با احساسی مرده به آتش، دود و به پیکر نیمه‌جان سربازی که جانش را فدای او کرده بود، افتاد. ناامیدی و عذاب وجدان تمام بدنش را داغ کرده بود. او شاهد مرگ‌های بسیاری بود اما تصورش هم دردناک بود که زمانی به تماشای قتل پیتر بنشیند. رکسانا عملاً داشت می‌دید که سرزمین شعر، موسیقی و فلسفه با آن تاریخ افتخارآمیز، راه خود را گم کرده بود و در مسیری حرکت می‌کرد که شعر و موسیقی جای خود را به آتش و

گلوله‌هـای مـرگ مـی‌داد. رکسـانا بـه تاریکی و قهقـرا فرو رفته بـود. او هـم مانند بسـیاری دیگر که بـه دام ایـن بـلای اهریمنـی افتـاده بودند، آشـفته و سـردرگم بـود و نمی‌دانسـت که آینـده ایران به کجـا هدایـت می‌شـود. سـرباز زخمـی، تفنـگ خود را بـه سـختی در میان دسـتانش گرفـت و رو به سـمت آسـمان بالا برد. به اسـلحه خیره شـد. نـوری که از آتش بـر روی فلز تیره‌ی تفنـگ افتاده بود رنـگ خـون را منعکـس می‌کرد. سـرباز بـا خدای خود خلـوت کرده بود. انگار می‌دانسـت که داشـت نفس‌هـای آخـر را می‌کشـید. بـه اعمال نادرسـتی که دانسـته یا نادانسـته مرتکب شـده بـود اعتراف می‌کـرد. در حالتـی از راز و نیـاز قـرار داشـت تـا شـاید خـدا او را ببخشـد. از خدای خود می‌پرسـید کـه آیـا ایـن همـه خشـم، نفـرت و کشـتار به خاطـر رضایت اوسـت؟، اگـر این چنیـن باشـد او واقعاً چـه نیـازی بـه ایـن اعمـال تاسـف‌بار دارد؟ چـرا بایـد جویباری از خـون به خاطـر رضایـت او ریخته شـود؟ مگـر خـدا هـم خونخـوار اسـت؟ اگـر چنیـن نیسـت چـرا ایـن همـه آتـش خشـم را خاموش نمی‌کنـد؟ نمی‌دانسـت چـرا و چگونـه بـه ذهنـش خطـور کـرد کـه انـگار او و سـایر هموطنانش در داخـل یـک تـار عنکبوت وسـیع که سیاسـت‌های اسـتعمار بین‌الملل تنیده بـود، گرفتار شـده بودند و بایـد یکدیگـر را می‌کشـتند و همـه چیز را نابود می‌کردند تـا از آن دام کثیف برهند. چشـمانش از سـمت آسـمان و اسـلحه نـزول کرد و بـه طرف میدان خونینی جلب شـد کـه آدم‌ها رقـم زده بودند. گویـی جادویـی رخ داده بـود و در تابـش نـور مـاه، هر شـیئی که در کوچـه بین آتـش، دود و عواقب قتل‌عـام و خشـم وجـود داشـت، درسـت مثـل یـک اثـر هنـری بی‌نظیـر جلـوه می‌کـرد و در یـک شـاهکار مکعـب نـور منعکـس می‌شـد. روح سـرباز از آنچه دیـده و دریافته بـود، عذاب می‌کشـید از ایـن رو بـا چنـان نیرویـی اسـلحه خود را بـه زمین کوبید که اثرش در آسـفالت سـخت کوچـه بر جا مانـد. بـه بدنـه تفنگـش خیـره شـد که حـالا به نظـرش در حکم سـنگ قبری بـود که انـگار بر روی گُـورَش کـه همـان اثـر ضربـه‌ی تفنگ بود قرار داشـت. چشـمانش روی هـم رفت و دیگـر حرکتی از او دیـده نمی‌شـد. رکسـانا کـه در تمـام این مـدت به سـرباز زل زده بـود، به طرفش دسـت دراز کرد و او را تـکان داد. سـرباز هیـچ واکنشـی نداشـت و گویـا مـرده بـود. رگبـار گلوله‌هـا و بـاران کوکتـل مولوتوف‌هـا همچنـان از پشـت‌بام‌ها می‌باریـد. رکسـانا هنـوز در زیر ماشـینی که می‌سـوخت پنهان بـود. امـا اکنـون آتـش بـه او نزدیک می‌شـد و خطر حـرارت آن را احسـاس می‌کرد. بـا نگاهی نگران در جسـتجوی یافتـن راه نجاتـی به اطرافش چشـم چرخاند. نگاهـش به جوان حدوداً پانزده سـاله‌ای افتـاد کـه در فاصلـه‌ی ده متـری او قـرار داشـت. پسـر جـوان در جلـوی درب نیمه‌بـاز خانـه‌ی خود ایسـتاده بـود و بـا فریـاد او را فـرا می‌خوانـد تا به داخل منزلشـان بشـتابد. رکسـانا می‌دانسـت که او قصـد داشـت تـا بـه وِی کمک کنـد. در این اندیشـه به سـر می‌برد که یک جـوان دیگر با اسـلحه‌ای کـه در دسـت داشـت پشـت سـر جـوان اول ظاهر شـد و پـس از تاملـی ناچیز بـه تیرانـدازی هوایی اقـدام کـرد. او نیـز بـه رکسـانا اشـاره می‌کـرد تـا بـه سـمت آنهـا بـرود. رکسـانا می‌دانسـت کـه اگر

می‌خواست زنده بماند باید از زیر ماشین بیرون می‌آمد. هنوز در فکر بود که با دیدن جوان اول که سراسیمه به طرف او می‌دوید، از زیر ماشین خارج شد و به جوان پیوست. عجولانه به اتفاق او کوچه را به سمت داخل خانه ترک کرد و درب بسته شد.

رکسانا به دنبال جوان شجاع از راه‌پله‌های ساختمان شتابزده بالا رفت و در طبقه‌ی دوم وارد آپارتمان آنها شد. به محض ورود صدای رادیوی بی‌بی‌سی لندن نخستین کلامی بود که به گوشش رسید و توجه‌اش را جلب کرد. طبق معمول به تبلیغات انحرافی خود ادامه می‌داد. همه هم ناآگاهانه جذب و طرفدار بیچون و چرای آن شده بودند و انگار اخبار بی‌بی‌سی از جانب خداوند بر آنها نازل شده بود. رکسانا با لبخند پسربچه‌ی ده‌ساله‌ای بنام منصور، از حال و هوای اخبار بی‌بی‌سی بیرون آمد. می‌دانست که در منزل آشنایی بنام سیف است. اگر هم شکی داشت صدای سیف جوان این اطمینان را به او داد که در مکان بیخطر و مطمئنی قرار دارد:

«شما اینجا امن و امان هستین، اونها تو خونه‌ها نمییان، به هر حال اونها سربازان ایرانی هستن که فقط دستور میگیرن...»

او می‌خواست رکسانا احساس آرامش و امنیت کند. سیف اتاق را ترک کرد و از پله‌ها راهی پشت بام شد که به نبرد شبانه‌ی خود ادامه دهد. حالا فقط او بود و منصور نوجوان. رکسانا کنار پنجره نشست و به فکر فرو رفت. می‌دید که منصور نوجوان در اثر حوادث آن روزها، یک شبه به مرد جوانی تبدیل شده بود. دختری جوان با چند دست لباس و پتویی وارد شد. رکسانا تازه به خود آمد و متوجه شد که تمام لباسش زیر ماشین سیاه و کثیف شده بود و حالا با همان لباس کثیف در آنجا نشسته بود. از بی‌توجهی خود خجالت کشید و به جاهایی که کثیف کرده بود نگاه کرد.

«نگرانش نباش...، نگران اینکه آمریکایی هم هستی نباش، ما با مردم آمریکا دشمنی که نداریم هیچ، دوستشونم داریم...، مشکل ما با دولتمردان آمریکاست که از شاه حمایت میکنن...، باید قبل از اینکه سرما بخورید لباستون رو عوض کنید...، با من بیا...»

قبل از اینکه آنها فرصت پیدا کنند تا از اتاق نشمین خارج شوند مادر آنها وارد شد. معلوم بود از خواب پریده و حالا آمده بود تا ببیند چه خبر است. مادر پس از اینکه با رکسانا احوال‌پرسی کرد، به داخل آشپزخانه رفت. سپس با ظرف میوه و شیرینی برگشت و خوردنیها را در جلوی آنها گذاشت و به رکسانا تعارف کرد تا از خودش پذیرایی کند. بعد هم از دخترش خواست تا مطمئن شود که به او می‌رسند. مادر نمی‌دانست که رکسانا فارسی را خوب یاد گرفته بود. سپس در حالی که به منصور غُر می‌زد مشغول جمع و جور و تمیز کردن اتاق شد. به میزی

رسـید کـه عکس خمینی در وسـط آن گذاشـته شـده بـود. متفکرانه عکـس را برداشـت و نگاهی کرد. حـالا زیـر لـب کمـی غـور زد و یا شـاید دعایـی خواند کسـی نمی‌دانسـت. صدایش شـنیده نمی‌شـد. عکـس را در کنـار میـز گذاشـت تـا دیده نشـود. ناخرسـند از آنچه که دیـده بود به طـرف منصور رفت و از او خواسـت تـا بـه اتاقـش بـرود و بخوابد. مادر بیچاره تا پسـر کوچکش را نمی‌خواباند نمی‌توانسـت بخوابـد. هنـوز هـم او را بـه چشـم یـک بچـه می‌دید. امـا منصور تسـلیم درخواسـت مادرش نشـد و او بالاخـره بعـد از کمـی غُـر زدن اتاق نشـمین را تـرک کرد. پـس از خروج مـادر، منصـور بلافاصله رفت و عکـس خمینـی را دوبـاره اسـتوار در وسـط میـز گذاشـت. رکسـانا قـدرت تبلیغـات را شـاهد بود که چگونـه یـک پسـربچه‌ی ده سـاله را تحت تاثیـر قـرار داده و او را صاحب عقیده‌ی سیاسـی و اجتماعی کـرده بـود. واکنـش جسـورانه‌ی او بـرای فـردی کـه فقـط ده سـاله بـود چنـان می‌نمـود که انـگار به انـدازه‌ی کافـی بالـغ بـود تا ایدئولوژیه‌ای سیاسـی و فلسـفی خود را شـکل داده و ابراز کنـد. احتمالاً او حتـی از ایـن کـه خمینـی چه کسـی بود هیچ نمی‌دانسـت، بلکه صرفاً بـه خاطر اینکـه آن عکس مدام در معـرض دیـدش قـرار داشـت، بـدان عادت کـرده بـود و آن را می‌پذیرفـت. این جریـان بیانگر قدرت تبلیغاتـی بـود کـه باعـث می‌شـد فکـر و عقیده مـردم تغییر کند تـا جایی که فقـط تاریکـی را ببینند.

چنیـن تـراژدی تلخـی بسـیار باعـث یـاس و انـدوه بود کـه نورسـته‌هایی مثـل منصور بـا نفرت، خشـم و کینـه آشـنا شـوند و دشـمنی را بیآموزنـد و از قامـت گل‌هـای آفتابگـردان بـه علفـی هرز و مسـموم نـزول کننـد. رکسـانا از مشـاهده‌ی حقایـق موجـود چنیـن اسـتنباط می‌کـرد که کـودکان ایـن مـرز و بـوم در آینـده بـه نسـلی گمـراه و بازنـده تبدیل خواهند شـد، حـال آنکه ایـن جریان در سـایه‌ی دیـن و عقایـد پـوچ انسـان‌های جاهـل بـه آنهـا منتقـل می‌شـد که بیـش از پیش بـر عمق ایـن تـراژدی تاسـف‌بار میافـزود. عقایـد دینی مزخرفـی که فقط در منافع شـخص و گروه مشـخصی خلاصـه می‌شـد و هدفـی جز فریـب و نابودی انسـانیت نداشـت.

رکسـانا در سـکوت خالـی شـده بـود و به نظرش می‌آمد که داشـت ماجرایـی را تماشـا می‌کرد کـه سـناریوی غم‌انگیـز و تهوع‌آورش از قبل نوشـته شـده بـود. سـناریویی که بوی خون و اسـتعمار مـی‌داد، اسـتعمار خونیـن پول و کسـب قـدرت که ماهیت ایـن انقلاب بـود. چگونه می‌توانسـت باور کنـد و به تماشـا بنشـیند که یک بچه‌ی نونهال مشـغول سـاختن بمب‌های خانگـی کوکتل‌مولوتوف بـود و منزجرتـر از آن بـه عکـس خمینـی خیـره می‌شـد تا از ابـراز خیالـی رضایت او بهره‌مند شـود. انـگار کـه بـرای رضایـت خاطـر خمینـی ایـن کار را می‌کـرد و جـدا از لذتی کـه می‌برد، بـه خودش می‌بالیـد و بـه کارش افتخـار هـم می‌کـرد. از همیـن رو رکسـانا علاقه‌منـد بـود تـا بیشـتر در مـورد خمینـی بدانـد و بـه تحقیـق و تفحـص بپـردازد. در عکـس روی میز، خمینی با آن چشـمان سـیاه و ترسـناکش مثـل گرگـی نامریی در خانه و کاشـانه‌ی آدمها رسـوخ کـرده بود. آدم‌هایـی مانند منصور

که در مهربانی و عشق‌ورزی همتا نداشتند. خمینی همه آنها را در جهل مرکبشان می‌خواباند و خونشان را می‌مکید. رکسانا از مشاهده‌ی عکس خمینی به یاد حرف حاجیه خانم افتاده بود. حاجیه خانم هنگامی که به عکس خمینی نگاه می‌کرد با اندوه زمزمه کرده بود:

«من از چشمان این مرد می‌ترسم، این چشمان، چشمان یک مرد خدا نیست...»

صدای زمزمه‌ی حاجیه خانم انگار چون فریادی در دامنه‌ی کوه دماوند پیچید و پژواک آن داشت گوش‌های رکسانا را کر می‌کرد. گویی حاجیه خانم می‌خواست روزگار وحشتناک آمدن و ماندن خمینی را به مردم گوشزد کند. ولی آن روز نه مردم صدایش را شنیده بودند و نه رکسانا. اما حالا بدون اینکه بداند مثل حاجیه خانم زمزمه کرد:

«صدایت را شنیدم حاجیه خانم...»

اما زمزمه‌ی رکسانا رسایی کلام حاجیه خانم را نداشت که به حاجیه خانم رسیده باشد.

طولی نکشید که رکسانا بالاخره لباس‌هایش را عوض کرده بود و در یک اتاق به تنهایی استراحت می‌کرد. اما چگونه می‌توانست بخوابد. می‌خواست بیدار بماند. خیال می‌کرد حداقل اَدای دِین ناجیانش این بود که بیدار بماند و به فریاد آنها که برای ایران می‌جنگیدند و می‌میرند، گوش بسپارد. طبق معمول، رادیو بی‌بی‌سی حتی اگر همه هم خواب بودند، او هنوز بیدار بود و صدایش از اتاق نشمین می‌آمد:

«این بی‌بی‌سی بین‌المللی است که از جدیدترین فعالیت‌های موجود در ایران خبر می‌دهد. اوضاع در ایران روزانه ناپایدارتر می‌شود. ارتش در سطح شهر پراکنده شده است و به افراد بی‌گناه هیچ رحمی نمی‌کند و آنها را می‌کشد...، اما مردم پیروز می‌شوند...»

پس از شنیدن گزارش برنامه‌ی رادیو، صدای فریاد منصور از اتاق نشیمن شنیده شد:

«بله...، بله...، زنده باد خمینی...، مرگ بر شاه خائن...»

*****

فصل ۲۴
توطئه در فرانسه... جنونِ منطق است...

در ایـن برهـه از تاریـخ ایـران، انـگار زمـان در شـبها و روزهـای تهـران بسـیار دیـر می‌گذشـت. شـبها و روزهـا دیگـر آن آرامـش گذشـته را نداشـتند. گویـی یک نـوع انـرژی عجیـب و نامطبوع در هـوا جریـان داشـت کـه تنفس را دشـوار می‌کـرد. هیچ کس نمی‌توانسـت دوسـت و دشـمن خود را تشـخیص دهـد و بایـد به چه کسـی اعتمـاد کنـد. از منظر رکسـانا، اطرافیـان و همسـایه‌های منزل پیتـر هـم از ایـن قاعـده مسـتثنی نبودنـد. مدتـی از مـرگ پیتـر می‌گذشـت. رکسـانا بـه تنهایی در خانـه‌ی پیتـر نشسـته بـود و بـه عکس او نـگاه می‌کـرد. حیران و سرگشـته، بـه قدم‌هـای بعدی‌اش می‌اندیشـید. هنـوز منـزل پیتـر را تـرک نکـرد بـود. فرهـاد، صاحبخانـه‌ی پیتـر، رکسـانا را جزیی از خانـواده‌ی خـود بـه شـمار مـی‌آورد و بـه او اجـازه داده بود تا بـدون پرداخـت اجاره تا هـر زمانی که مایـل بـود در خانـه‌ی پیتـر زندگـی کنـد. امـا بـا اینکـه حاجـی خانم اسـرار داشـت در خانـه ی انها او در اتـاق سـیروس زندگـی کنـد، بـا اینحال بیشـتر هـدف رکسـانا از باقی مانـدن در خانـه ی پیتر ایـن بـود کـه شـاید سـیروس با شـنیدن خبر مـرگ پیتر بـه سـراغش بیاییـد. او می دانسـت که اگر سـیروس بـه ایـران برگـردد بـه خانـه ی مـادرش نمـی رود. در ضمـن رکسـانا می‌دانسـت کـه بلبل چقـدر بـه پیتـر اهمیـت مـی‌داد، به همین منظـور دفعاتی بـه محلی کـه او دکه‌ی گردو فروشـی‌اش را بـر پـا می‌کـرد رفتـه بـود تا یک یـادگاری از پیتـر را به او بدهـد، اما هیچ خبـری از بلبـل نبود. به نظـر می‌رسـید بعـد از آتش‌سـوزی چایخانـه‌ی پیتـر و بعـد از اینکه انقلابیـون دکـه‌ی او را به خاطر دوسـتی بـا پیتـر آمریکایـی از بین بـرده بودند، بلبل ناپدید شـده بود و رکسـانا هم با وجود کوشـش فـراوان نتوانسـته بـود اطلاعاتـی از او به دسـت بیـاورد. حتی از پیرمـرد بلال‌فروش هم خبـری نبود. رکسـانا خیلـی احسـاس تنهایـی می‌کـرد و فکـرش هـم بـه جایی قطـع نمـی‌داد. انگار پـری هم در مسـافرتی بـه سـر می‌بـرد. درسـت وقتـی کـه از همـه چیـز ناامید و افسـرده شـده بود صـدای درب بلنـد شـد. پاسـی از نیمـه شـب گذشـته بـود. در اندیشـه‌ی اینکـه چـه کسـی می توانسـت باشـد به درب خیـره شـد. بـا تردیـد و نگرانـی که داشـت اطمینـان نمی‌کرد تـا درب را بـاز کند. امـا به تصور اینکـه ممکـن اسـت پری پشـت درب باشـد، به سـمت درب رفت و آن را بـاز کرد. رکسـانا با تعجب، خوشـحالتر از آن شـد کـه پـری را در قـاب درب ببینـد. سـیروس به جای پـری در مقابلش ایسـتاده بـود. ناخـودآگاه او را بـرای مدتـی طولانـی در آغـوش گرفت و رهـا نمی‌کرد.

می‌دانست که سیروس ایران را ترک کرده بود. اما زمانی که در فرانسه حضور داشت بلافاصله پس از شنیدن خبر ناگوار مرگ پیتر به ایران بازگشته بود. اکنون هر دو بر روی زمین روبه‌روی هم نشسته بودند و سیروس با مهربانی دست‌های او را در دستش گرفته بود. تمام سعی خود را می‌کرد تا رکسانا قانع شود ایران را هر چه زودتر ترک کند. کاری که چندان آسان به نظر نمی‌رسید. بنابراین باید از هر ترفند و دستاویزی استفاده می‌کرد تا او را مجاب کند.

یک هفته پیش از ورود به ایران، تلفن سیروس در آمریکا زنگ خورد. نیمه‌های شب بود و او از خواب بیدار شد. صدای حسین از پشت خط تلفن شنیده شد که بیمقدمه و بدون احوالپرسی از او می‌خواست تا بلافاصله عازم فرانسه شود. او در توجیه تقاضایش عنوان کرده بود که جان برادرش امیر در خطر است و ضرورت دارد برای نجاتش اقدام کند. اصرار سیروس جهت کسب اطلاعات بیشتر هم فایده‌ای نداشت. حسین فقط تاکید می‌کرد که باید برای ثبت تاریخ آینده ایران و نجات جان برادرش بی‌درنگ به فرانسه برود. او بعد از اتمام کلامش تلفن را قطع کرده بود تا سیروس سوال بیشتری نکند. سیروس روز بعد به فرانسه پرواز کرد. تقریباً چهل و هشت ساعت بعد در رستوران هتل لی مریدین پاریس مشغول صحبت با حسین بود. این هتل یکی از محل‌های گردهمایی انقلابیون از جمله حسین و خصوصاً صادق قطب‌زاده بود که از آنجا برای دیدار و صرف غذا استفاده می‌کردند. آنها در کنجی خلوت و به دور از هیاهو نشسته بودند و مسلماً انتظار می‌کشیدند تا آنچه را که حسین می‌خواست سیروس شاهد آن باشد، اتفاق بیافتد. اما سیروس هنوز به دروغهایی که سر هم کرده بود تا دلیل واقعی حضور در فرانسه و ایران را از جولیا پنهان کند، می‌اندیشید و چندان هم از این موضوع خردسند نبود، حال آنکه این بار جولیا می‌خواست سیروس را قانع کند تا در خانه بماند. او منتظر، یک ماه عسل به عقب افتاده‌اش بود و قطعاً پاریس بسیار از آمریکا فاصله داشت. از طرفی سیروس باید به جولیا قول می‌داد که او را به ایران می‌برد تا با مادرش دیدار کند و بالاخره یک جوری رضایت حاجیه خانم را جلب نماید. حسین به سمت میزی در آن طرف رستوران اشاره کرد. یک زن بلند بالای آمریکایی که حدوداً چهل سال داشت مشغول صرف ناهار و صحبت با دکتر ابراهیم یزدی و یک مرد میانسال آمریکایی بود. موضوع صحبتشان هم بسیار جدی به نظر می‌رسید. حسین زبان گشود:

«مرد آمریکایی اسمش، رمزی کلارکه، یکی از اعضای اصلی تیم مذاکره کننده‌ی آمریکاست...، زن مو طلایی و خشگله، اسمش دوریان مک گریه، جاسوس سازمان سیای آمریکاست، وقتی شونزده سالش بود از طرف سیا به ایران فرستاده شد، در آن زمان با برادرت امیر در اداره‌ی

چهـارم اصـل ترومـن، پـروژه‌ای کـه به سرپرسـتی مـردی به نـام وارن اداره می‌شـد، مشـغول به کار شـد، در اونجـا بـود کـه بـا شـخصی بنام محمد بهشـتی کـه اونـم در اونجـا در زمان جوانی مشـغول بـه کار بـود آشـنا شـد و بـه هم علاقه‌مند شـدند، امـا به آنهـا گفتن نمیتونـن با هم رابطه‌ی عشـقی و جنسـی داشـته باشـند، یکـی از مخالفیـن رابطـه‌ی اونهـا بـرادر خـودت امیر بـود، بعداً بهشـتی از طرف سـاواک منصوب شـد تا روحانی شـود و خیلی سـریعم به آیت‌الله محمد بهشـتی معروف شـد، سـاواک بودجـه‌ای بـه او داد کـه در فرانکفـورت مسـجدی رو برای جمـع‌آوری اطلاعـات از مخالفان طرفـدار کمونیسـتها بـاز کنـه، امـا بعـداً اون جاسـوس دوجانبـه شـد، سـالها بعـدم تـو فرانکفـورت، دوریـان و بهشـتی دوبـاره همدیگـر رو دیـدن و رابطشـون در خفـا و دور از چشـم دیگـران از جملـه سـاواک و سـازمان سـیا ادامـه پیـدا کـرد، ثمـره اون ارتبـاط دختـری شـد بـه اسـم کاترینا بهشـتی کـه در حـال حاضـر تـو آمریـکا زندگـی می‌کنـه، امـا هیـچ نمیدونه کـه پدرش کیـه...، هر دو شـون رابطشـونو کامـلاً از همـه حتـی از دخترشـون مخفی نگه داشـتن...»

حسین کمی از شراب خود را نوشید و ادامه داد:

«مـرد ایرانیـه کـه روبـروش نشسـته، دکتـر ابراهیـم یزدیـه، یـزدی به همـراه همسـر و فرزندان آمریکاییـش تـو تگـزاس زندگـی می‌کنـه و یکی از مشـاوران اصلـی خمینیه که مسـتقیماً بـا آمریکا کار می‌کنـه...، سـازمان سـیا به دسـتور کارتـر پونصد هزار دلار در اختیارش گذاشـته کـه به خمینی کمـک کنـه تا انقـلاب ایـران رو طرح‌ریـزی کنن...»

حسـین هنـوز حرفـش را تمـام نکـرده بود کـه دوریـان، دکتر یـزدی و رمزی کلارک برخاسـتند و از رسـتوران بیـرون رفتنـد و در آسانسـور ناپدید شـدند. هنوز سـیروس، دیده‌ها و شـنیده‌هایش را در ذهـن حـل و فصـل نکـرده بود کـه صدای حسـین دوباره بلند شـد:

«نگاه کن اون مرد آمریکایی که وارد شد اسمش سرهنگ ادوارد تامسونه...»

در حالـی کـه حسـین ادامـه می‌داد چشـم‌های سـیروس به یـک مـرد آمریکایی با لبـاس ارتش آمریـکا افتـاد کـه جعبـه‌ای شـبیه یک کیف کوچک و سـیاه فلـزی را حمل می‌کـرد. او در لابی هتل به سـمت آسانسـور می‌رفت.

«اون، یکـی از مهمتریـن افـراد آمریکایـی مذاکره‌کننـده بـا ایرانیهاسـت...، کیـف فلزی کـه تـو دسـتش داره، یکـی از پیشـرفته‌ترین و پیچده‌تریـن نرم‌افـزار ارتباطی تو دنیاسـت، که با اون میشـه بـا کاخ سـفید و سـازمان سـیا به‌طـور مسـتقیم و بدون خطـر در تماس بـود...»

سـرهنگ ادوارد تامسـون بـا دخـول در همـان آسانسـوری کـه بقیـه بـا آن بـه بـالا رفتـه بودند، ناپدیـد شـد. حـالا بـا رفتـن همـه، حسـین دیگر چیـزی بـرای گفتن نداشـت اما صـدای او و هنـوز بر روی اعصـاب سـیروس راه می‌رفـت و او را رنـج مـی‌داد. نمی‌دانسـت کـه حرف‌هـای حسـین تـا چه

حـد واقعیـت داشـت، امـا مایـل نبود بپذیرد که سـخنان حسـین بـر روی او تاثیر می‌گذاشـت و او را بـه فکـر می‌انداخـت و در نهایـت مـی‌آزرد. آزاری سـنگین که حالا خبر نداشـت در آینـده‌ای نزدیک دوچنـدان هم می‌شـد.

*****

عصـر بـود و سـیروس هیـچ علاقه‌ای نداشـت تـا در خیابانهای فرانسـه به گشـت‌وگذار بپـردازد. فرانسـه عاشـقانه‌تر از آن بـود کـه مایـل باشـد بـه تنهایـی و یـا به اتفـاق حسـین آن را تجربـه کند. او اکنـون در یکـی از خیابانهـای نوفـل لوشـاتو، وقتـش را بـا حسـین در یـک اتومبیـل می‌گذرانـد و از دور، سـاختمان بسـیار بزرگـی را تماشـا می‌کـرد کـه بـرای اقامـت خمینـی در نظر گرفتـه بودند. محلـی کـه تاریـخ ایـران در آنجـا ورق می‌خـورد. چنـد خـودروی پلیـس فرانسـه در قسـمت بیرونی ایـن مجموعـه دیـده می‌شـد. شـماری پلیـس پیـاده به‌طـور مـداوم در منطقـه گشـت می‌زدنـد و از مجموعـه محافظـت می‌کردنـد. حسـین داشـت بـرای سـیروس از ورق زدن تاریـخ ایـران صحبـت می‌کـرد، امـا طبـق معمـول، سـیروس قضاوت را بـه آینده موکـول کرده بـود و به محیـط پیرامونش می‌نگریسـت.

«ایـن خونـه‌ای اسـت که خمینـی قراره هنـگام اومدنش بـه فرانسـه در اونجا اقامت کنـه، حدود ۲۵ خـط تلفـن در اون فعـال شـده، می‌بینـی؟ در حـال حاضـرم پلیـس فرانسـه در حـال نگهبانی از خونه اسـت...»

سـیروس می‌دیـد افـراد ایرانـی، آمریکایی، فرانسـوی و انگلیسـی در حـال ورود و خـروج از خانه بودنـد. سـه یـا چهـار ایرانـی از سـاختمان خـارج شـدند و مشـغول صحبت و بررسـی اطـراف بودند. صـدای حسـین در حالـی کـه بـه آنهـا اشـاره می‌کرد بلند شـد و چنـدان هـم مهربانانـه نبود:

«بـه هیـچ عنـوان نمی‌خـواد بـا ایـن افـراد طـرف شی، خصوصاً اونی کـه قـدش کمـی از بقیه بلندتـره و ژاکـت سـبز ارتـش آمریـکا رو پوشـیده، اسـمش سـعیده...، او کسـیه کـه هر کـس باید از بیـن بـره او ترتیبـش رو میـده، بـرای همیـن هم بـه قصاب آخوندهـا معروفـه، و قراره یکی از سـران محافـظ خمینـی باشـه، اونـم مثل بقیه تـو لیبی دوره دیـده، یکبار فقـط یکی دو دقیقـه باهاش وارد صحبـت شـدم و همون برام بسـت بـود...»

اتوبوسـی نزدیـک شـد و از کنـار اتومبیـل آنهـا گذشـت. در جلو و اطـراف خانه توقف کرد. سـی تـا چهـل تـا مردهـای عرب‌تبـار از اتوبـوس پیـاده شـدند و به داخـل مجموعـه رفتند. واضـح بود که حسـین می‌دانسـت در آنجـا چـه خبـر بـود و چـه اتفاقاتی قـرار بود رخ دهـد و به همیـن منظور هم سـیروس را بـه آنجـا آورده بـود تـا او را آمـاده‌ی همکاری بـا آنها کند.

«ایـن مـردان بـرای محافظـت از خمینـی از لیبـی و سـوریه اومـدن، مـن چنـد مـاه پیـش بـا اونهـا آمـوزش دیـدم، تنهـا چهـار نفـر از اونهـا ایرانی هسـتن...، همیـن لحظه کـه ما داریـم صحبت می‌کنیـم، دوریـان و سـرهنگ ادوارد تامسـون در حـال عزیمـت به عراق هسـتن تا بـا خمینی دیدار کنـن و متقاعـدش کنـن بیارنـش اینجا...»

سـیروس پرسشـگرانه رو به حسـین کرد و به او خیره شـد. حسـین که ذهن سـیروس را خوانده بود و می‌دانسـت سـیروس محو اخبار و اطلاعات اوسـت به نگاه پرسشـگرانه‌اش پاسـخ داد:

«مـن رابطه‌هـای خـودم رو دارم...، اطلاعاتـم از اونجـا می‌یـاد...، ایـن یـه بازیه سیاسـیه، که همه بایـد بازیگـر اون باشـن، تـو اطلاعـات میدی و اطلاعـات می‌گیری...، هـر کس هم اول، زوره خودشـو میزنـه تـا جایـه خودشـو بـاز و مسـتحکم کنـه...، تا جایـی که یادشـون میره بـرای چی جمع شُـدَنُو در تلاشـن، درسـت مثـل سـریالهای تلویزیونـی آمریکایـی...، همـه بـرای بیشـتر مهـم شـدن و مقام بهتـری در آینـده گرفتـن از دیگـران اطلاعات جمـع میکنن بلکه برعلیـه هم اسـتفاده کنن، چندین گـروه مخفـی هسـتن کـه از رفتـار و کـردار یکدیگه به طـور پنهانی فیلـم و عکس تهیـه میکنن تا به موقعـش بـر علیـه آنهایـی که جلـوی همدیگـه آنها را دوسـت و همکار صـدا میکنن اسـتفاده کنن...، درسـت مثـل یـه جنـگل میمونه...، مـن با قطب‌زاده و بنی‌صدر در پشـت صحنـه کار می‌کنـم...، ما نمی‌خوایـم در آینـده‌ی ایـران آخوندهـا قـدرت بگیرن...، زیاد دنبال شـهرت نیسـتم...»

سیروس به سخنان بدون وقفه‌ی حسین گوش می‌کرد.

«فقـط تصـور کـن، همیـن الان، دوریان و سـرهنگ تامسـون بـرای متقاعـد کردن خمینـی باید در فـرودگاه بغـداد فـرود اومـده باشـن، کـه اونـو مجاب کنن کـه آمریکا و غـرب تصمیم گرفتن شـاه رو بـردارن و امنیتـش رو تـو فرانسـه تامیـن و تضمیـن میکنـن...، چـون کـه خمینـی میترسـه بیاد فرانسه...»

*****

بـه هـر طـرف نـگاه می‌کـردی عکس‌هـای صـدام حسـین بـر درب و دیوار شـهر بغداد به چشـم می‌خورد. دوریان و سـرهنگ ادوارد تامسـون با ماشـین سـفارت آمریکا در راه دیدن آیت‌الله خمینی بودنـد. طولـی نکشـید کـه بـه مقصد رسـیدند و بـا خمینی و دکتـر ابراهیم یزدی همنشـین شـدند. در اتاقـی کـم نـور و سـاده کـه مبلمـان چندانـی نداشـت. دوریان که روسـری هم بر سـر کـرده بود بـا سـرهنگ ادوارد تامسـون بـر روی فرشـی روبه‌روی دکتر یـزدی و خمینی نشسـته بـود. خمینی سـرش پاییـن بـود و در انتظـار صحبـت کـردن دوریـان بـه زمین نـگاه می‌کـرد. دوریان می‌دانسـت کـه خمینـی بـه پرزیدنـت کارتـر نامـه‌ای ارسـال کـرده بود تـا بـه رئیس‌جمهور وقـت آمریـکا چراغ سـبز نشـان بدهـد کـه او تمـام منافـع آمریـکا و غـرب را حفظ می‌کنـد. مدعی بـود منافـع آمریکا را

بهتر از شاه صیانت خواهد کرد. او اطمینان داده بود که آمریکا و غرب نباید نگران پیشرفت و نفوذ کمونیستها در ایران باشند، او همه‌ی آنها را از دم تیغ میگذراند. خمینی با اشراف به اینکه آمریکا و دُوَل غرب بسیار نگران نفوذ کمونیستها هستند، در قبال مقابله با آنها، صرفاً از کارتر خواسته بود تا از وِی حمایت کند و ارتش ایران را منحل نماید تا در مقابل جنبش او ایستادگی نکنند. خمینی تعهد کرده بود تا نفت را با قیمت ارزان در اختیار آنها قرار می‌دهد. دوریان می‌دانست که این نامه اولین تلاش خمینی به منظور ارتباط و جلب حمایت آمریکا نبود، بلکه از طریق نماینده‌های خود پیوسته با آمریکا ارتباط داشت و به مقامات آمریکایی اطمینان می‌داد تا به او اعتماد کنند و به منظور حفظ منافع خود، او را به عنوان یک جانشین بهتر از شاه در نظر بگیرند. اما دوریان نمی‌فهمید که چرا خمینی از رفتن به فرانسه امتناع می‌ورزید و از این جابه‌جایی واهمه داشت. در هر حال دوریان که به فارسی خوب مسلط بود شروع کرد:

«من اینجا هستم که شخصاً به شما اطلاع دهم که رئیس‌جمهور کارتر نامه شما را دریافت کرده است...، از جمله درخواست‌هایی که شما تاکید داشتید، از بین بردن ارتش ایران بود...، این کار قابل انجام است...، اما به نظر میرسد شما هنوز هم در تعهدات ما شک دارید...، به همین منظور من شخصاً به اینجا آمده‌ام تا به شما اطمینان دهم که ایالات متحده و غرب تصمیم گرفته‌اند که شاه را برکنار کنند، ما بیشتر نگران این هستیم که کمونیستها کودتا کنند، خصوصاً که شاه مریض است و اختیار اوضاع از دستش در رفته است...، و هر زمان امکان دارد بمیرد و ایران به دست کمونیستها بیافتد...، ما نمی‌توانیم اجازه دهیم که این اتفاق در ایران رخ دهد، ما می‌دانیم که امام رهبر بزرگی برای دولت اسلامی ایران خواهد بود، به هر حال، به ما گفته شده که امام در شک هستند، همان طور که به شما گفته شده، مکانی در فرانسه برای انتقال شما به آنجا تهیه و تدارک دیده‌اند، انگلیسی‌ها و آلمانی‌ها هم در کنار ما هستند، سرهنگ تامسون در حال هماهنگی همه جزئیات در ایران است، او می‌تواند اطلاعات بیشتری را با امام در میان بگذارد...» سرهنگ تامسون ادامه داد. او به انگلیسی صحبت می‌کرد و بعضی اوقات برای فهم آنها چند کلمه‌ی فارسی به وسط حرف‌هایش اضافه می‌نمود. دکتر یزدی و گاهی دوریان گفته‌های سرهنگ تامسون را برای خمینی ترجمه می‌کردند. در تمام این مدت خمینی سرش پایین بود و به زمین نگاه می‌کرد.

«آره، همانطور که باید به شما گفته باشند، ما چند صد نفر از سوریه و لیبی به فرانسه آوردیم که از شما محافظت کنند، دکتر یزدی و صادق قطب‌زاده آنها را هماهنگ کرده‌اند، از آنجا هم شما را تا ایران همراهی خواهند کرد... در ضمن حدود پانصد نفر را هم با هواپیماهای مستشاری خود از لیبی و سوریه وارد ایران کردیم و منتظر اقدامات ما هستند ... «

خمینی برای اولین بار سرش را بالا گرفت و سوالی را با یزدی در میان گذاشت:

«در مورد ارتش شاه چی...؟، اگر تصمیم بگیرن کودتا کنن چه می‌شود؟»

قبل از اینکه دکتر یزدی فرصت کند تا پاسخی بدهد یا سوال خمینی را مطرح نماید، دوریان زبان گشود:

«امام نباید نگران باشد، ژنرال هایزر در حال عزیمت به ایران است تا شاه را متقاعد به ترک مسالمت‌آمیز کند، اگر با مسالمت نرود، ما آدم‌های خود را هم در نیروهای مسلح ایران داریم، ژنرال حسین فردوست رئیس ساواک و ژنرال عباس قره‌باغی کسانی هستند که همه چیز را تحت کنترل دارند، فردوست مطمئن است که در چند ماه گذشته هیچ خبر درستی از طرف ساواک به شاه نرسیده است، با این حال، اگر شاه نرود و ارتش مقاومت کند، گروه شما برنامه‌ای برای مسموم کردن آب آشامیدنی تهران دارند....، که در آن صورت در ایران اغتشاش می‌شود و حکومت شاه سقوط می‌کند، همه جزئیات در فرانسه بررسی خواهد شد....، ما فقط باید بدانیم که آیا شما بعد از روی کار آمدن با ما هستید یا نه؟، دکتر یزدی، قطب‌زاده، بنی‌صدر و سایر افرادی که به آنها اعتماد و اطمینان دارید با ما همکاری نزدیکی دارند...»

دوریان چند برگه کاغذ را از پوشه‌ای بیرون کشید و همچنان ادامه داد:

«با این حال ما خواسته‌ای داریم که شما باید قبل از عزیمت به فرانسه با آن موافقت کنید، این لیستی از ۳۵۰۰ روحانی، بازرگان، دیپلمات، نظامیان، مقامات و غیرنظامیان است که همگی از وفاداران به شاه هستند، و پس از رفتن شاه باید همه اعدام شوند تا تضمین شود که هیچ خیزش و کودتایی علیه شما صورت نخواهد گرفت، این کار باید انجام شود تا از هرج و مرج و کودتا جلوگیری شود، ما باید کاملاً مطمئن باشیم که شما با این موافق هستید...»

دوریان لیست اعدامی‌ها را در جلوی خمینی گذاشت. خمینی به لیست خیره شد. در حالی که همه منتظر جواب خمینی بودند و لحظاتی در سکوت کامل می‌گذشت او لیست را برداشت و بدون اینکه آن را ورق بزند به نام‌های صفحه‌ی اول نگاهی انداخت. سرانجام سر خمینی بالا آمد و نگاهش بر روی دوریان افتاد. گویی برای او پیام پنهانی می‌فرستاد. از نگاهش پیدا بود که آن را قبول کرده است. سپس نگاهش به سمت دکتر یزدی و سرهنگ تامسون برگشت. به نظر می‌رسید دکتر یزدی و دوریان پیام او را گرفته بودند. دکتر یزدی از جایش برخاست و نگاهش به اتفاق نگاه دوریان به طرف سرهنگ تامسون متمایل شد که از او می‌خواستند اتاق را به همراه دکتر یزدی ترک کند. جفتشان خارج شدند و دوریان با خمینی تنها ماند. خمینی پیش از صحبت کردن، منتظر شد تا درب اتاق بسته شود:

«رئیس جمهور کارتر حرف دل ما را می‌زند....، همه کشته خواهند شد....، اما من فقط به

شما اعتماد دارم...، من می‌خواهم فقط از طریق شما با آمریکا ارتباط برقرار کنم...»

لبخند دوریان نشان می‌داد که او موافق است. اما آیت‌الله خمینی هنوز حرف داشت. کمی به دوریان نگاه کرد و در کوچک‌ترین حرکت او، تعمق می‌کرد. سعی داشت تا ذهن دوریان را بخواند. مسئله‌ی بسیار مهمی در ذهن خمینی وجود داشت و او می‌خواست قبل از بیان هر موضوعی مشخص شود که در کجای این جریان انقلابی ایستاده است.

«به من جواب بده...!، چرا من می‌شنوم که آمریکا قصد دارد از من برای تغییر رژیم در ایران استفاده کند؟ و بعد از رفتن شاه و وقتی همه چیز آرام شد مرا کنار بزند و قدرت را به آیت‌الله بهشتی بسپارد...؟»

دوریان برای پاسخ به سوال باید قدری تامل می‌کرد. خمینی درست حدس می‌زد. قرار بود که پس از موفقیت انقلاب، آیت‌الله بهشتی قدرت را در دست بگیرد. خمینی چیزی بیش از یک پله‌ی سنگی نبود. دوریان سخنان خود را با دقت انتخاب کرد:

«به شما قول می‌دهم...، تا زمانی که به تمام قول‌های خود احترام بگذارید و عمل کنید...، این اتفاق نخواهد افتاد...، به من اعتماد کنید...»

*****

پاسی از نیمه شب گذشته بود. فقط دو نفر در اتاق مانده بودند، خمینی و دکتر یزدی. نور اتاق کافی نبود و دکتر یزدی برای خواندن نام اعدامی‌ها که دوریان در اختیار آنها گذاشته بود مشکل داشت:

«آیت الله محمدکاظم شریعتمداری و آیت الله محمود طالقانی، هر دو در لیست هستند!»

نگاه دکتر یزدی به طرف خمینی برگشت تا نظرش را در مورد این دو اعدامی داخل لیست بداند. خمینی هرگز به دکتر یزدی نگاه نکرد و پاسخی نداد. اما پس از لحظاتی سکوت صدایش بلند شد:

«چی فکر می‌کنی؟ آیا باید به آمریکایی‌ها اعتماد کنیم؟»

دکتر یزدی جواب سوالش را نگرفته بود ولی سکوت خمینی را می‌فهمید. می‌دانست که برای خمینی اعدام آن دو نفر هم اهمیتی نداشت. ولی برای پاسخ به سوال خمینی، احتیاج نداشت فکر کند:

«دلیلی برای اینکه به آنها اعتماد نکنیم نمی‌بینم... آنها به ما کمک می‌کنند تا قدرت را به دست بگیریم و بعد از آن می‌توانیم آنچه را می‌خواهیم انجام دهیم...، آمریکایی‌ها کی هستند که به ما بگویند چه کاری انجام دهیم و چه نکنیم...، خصوصاً که انتخابات آمریکا به

زودی برگـزار می‌شـود، مـا می‌توانیـم دمکراتهـا را در برابر جمهوری‌خواهـان به بازی بگیریـم...، فکر می‌کنـم شـما بایـد هـر چه زودتـر به فرانسـه بروید...»

اندکـی پـس از ایـن ملاقـات، خمینـی، که توسـط نیروهـای امنیتی فرانسـه همراهی می‌شـد در مسـیر پـرواز بـه فرانسـه قـرار گرفـت و در خانـه‌ای که بـرای او آماده کـرده بودند اقامـت گزید.

*****

سـیروس و حسـین در رسـتوران هتـل بـه دور از دیگـران در کنجـی خلـوت نشسـته بودند و در حـال خـوردن یک شـام دیـر وقت، گپ هم می‌زدند. موسـیقی کلاسـیک و ملایمی شـنیده می‌شـد. حسـین در زمـان صرف شـام هـم فرصت را از دسـت نمـی‌داد و صحبـت می‌کرد:

«می‌بینـی...، اگـه آمریـکا و غربیهـا نمی‌خوان شـاه رو برکنار کنـن، چطور جلوی آمـدن خمینی بـه فرانسـه را نگرفتـن؟، آیـا اونهـا نمی‌دونـن ایـن همه جنگجوی عرب وارد فرانسـه شـدن تـا از اون محافظـت کنـن؟ همافرهـا رو تـو نیویـورک کیـا دزدیـدن و چطـوری از گمـرگ آمریـکا رد کردن و آوردنشـون دمشـق؟ چطـور فرانسـه به جای اینکـه خمینی رو از دسترسـی به وسـایل ارتباط جمعی منـع کنـه و جلـوی اونهـا رو بگیـره، برعکـس همه چیز رو بـرای اون مهیـا می‌کنه؟ تمام رسـانه‌های دنیـا روی خمینـی متمرکـز شـدن، پیام‌هـا و نوارهـای اون به‌طـور روزانـه تـو ایـران پخـش میشـه، رادیـو بی‌بی‌سـی لنـدن می‌شـنوی؟ تمـام خبرش بـر علیه شـاهه و موافـق خمینـی، چرا؟»

سیروس که با تردید و نگرانی به حسین نگاه می‌کرد زبان گشود:

«منظـورت اینـه که برای سـقوط شـاه به آمریـکا و غرب بپیوندیم تـا غربیها بتونـن نفت رو مفت ببـرن؟ آیـا ایـن به این معنا نیسـت که مـا به مـردم خودمون خیانـت می‌کنیم؟»

قبل از اینکه حسین فرصتی برای پاسخ دادن داشته باشد، صدای صادق قطب‌زاده بلند شد:

«ایـن یـک نـوع نـگاه کـردن به ایـن جریانه!، اگر هم منطق شـما درسـت باشـه، بهتـر از اینه که میلیونهـا نفـر از مـردم ایران فدا بشـن!، و بمیرن!»

سـیروس برگشـت و بـا تعجـب صـادق قطـب‌زاده را دید که ناگهان در پشـت سـرش ظاهر شـد. قطب‌زاده سـر میز آنها نشسـت و از مشـروبی که در دسـت داشـت جرعه‌ای نوشـید. کمی به غذای حسـین ناخونـک زد. حسـین بـا آمدن قطب‌زاده خاموشـی اختیار کرد و سـرگرم خوردن شـد. اجازه داد تـا او گـوی و میـدان را بـه دسـت گیـرد. قطب‌زاده محکـم و با اعتمـاد به نفس سـخن می‌گفت:

«قصـد مـا ایـن نیسـت کـه بـه مـردم خودمون خیانـت کنیـم، هدف اینـه که بـرای تغییـر رژیم کمتریـن صدمـه بـه ملت و مملکـت برسـه...، آمریـکا و غـرب تصمیم گرفتن شـاه رو عـوض کنن، و بـرای رسـیدن بـه هدفشـون به هـر کاری دسـت میزنن...»

قطب‌زاده مستقیم در چشمان سیروس خیره شد و ادامه داد:

« خمینی عروسکی است که انگیسی‌ها او را علم کردند درست مثل بقیه‌ی آخوندهای مزدور، و پدرش و پدر بزرگش تو هند برای انگلیسی‌ها کار می‌کردند، بعد هم انگلیسی‌ها خانواده‌ی آنها را منتقل کردند به ایران که یک روز از آنها استفاده کنند، بعد هم خمینی را علم کردند، اون سگ انگلیسی‌هاست، حالا هم فقط یک عروسکه که از او برای بیرون ریختن مذهبیون نفهم که خیال میکنن او واقعاً امامه و با شهید شدن به بهشت میرن استفاده می‌کنیم...، وگرنه من و تو که نمیریم خودمون رو جلوی تیر قرار بدیمو کشته شیم...، البته بعد از اینکه شاه رفت و آبها از آسیاب افتاد از شَره خمینی و آخوندها هم خلاص می‌شیم، البته اول آیت‌الله بهشتی جای او رو می‌گیره و بعد از شر اونم خلاص میشیم و یک حکومت آزاد سکولار تو ایران درست می‌کنیم...»

حسین وسط حرف او پرید:

«کل هدف ما اینه که بعد از سرنگونی شاه آخوندها قدرت رو در دست نگیرن...، حکومت آخوندی چیزیه که غرب می‌خواد، اما ما باید مانع آن بشیم...، اگه آخوندا قدرت رو به دست بگیرن ایران و اسلام هر دو نابود میشه...»

سپس قطب‌زاده و حسین کمی به سیروس فرصت دادند تا دیدهها و شنیده‌هایش را هضم کند. سیروس از این فرصت استفاده کرد و به حسین نظر دوخت.

«حسین واقعاً برای چی از من خواستی بیام اینجا؟ منظورت چیه که میخوای آگاهم کنی؟ اینها چه ربطی به من و برادر من داره که گفتی جانش در خطره؟»

حسین و قطب‌زاده، نگاهی به هم انداختند و جواب پرسش سیروس را به یکدیگر حواله کردند. با مکثی بالاخره قطب‌زاده سکوت را شکست، اما نه پیش از آنکه مقداری از مشروب خود را نوش جان کند:

«شما برای نجات جان برادرت اینجا اومدی، نجات زندگی اون و زندگی بسیاری دیگر...، و برای همین تو به کمک ما احتیاج داری و ما هم به کمک تو...، فرقش اینه که ما میتونیم بدون کمک تو به هدفمون برسیم اما تو بدون کمک ما شاید نتونی جان برادرتو نجات بدی!»

قطب‌زاده لیوان مشروبش را بر روی میز گذاشت. خود را به سیروس نزدیکتر کرد. چند برگه‌ی منگنه شده‌ی تا خورده را بر روی میز در مقابل او گذاشت و ادامه داد:

«این لیست اسم حدوده سه، چهار هزار نفر از افرادیه که بعد از موفقیت انقلاب باید اعدام بشن، این لیست توسط آمریکایی‌ها و انگلیسی‌ها پیشنهاد شده...، پس از ملاقات بین

خمینـی، سـرهنگ تامسـون آمریکایی و سـندرزه انگلیسـی، خمینی تمام اسـامی رو تصویـب کرد...، اسـم بـرادرت جـزوه دویسـت نفـره اوله لیسـته...، با این حـال، من میتونم اسـم برادرت رو از لیسـت خـارج کنـم...، امـا یـه شـرط داره، اگـه اون بـه مـا بپیونـده، و ایـن می‌طلبه که شـما به تهـران بری و باهـاش صحبـت کنـی، شـاید بتونـی اون رو متقاعـد کنـی کـه بـه مـا بپیونـده...، البته یکـی دو تا دیگـه از دوسـتان سـاواکی و ارتشـیش هـم همینجـور...، ایـن تنها راهه نجـات جونشـه...، حالا ریش و قیچی دسـت خـودت...»

سـر قطـب‌زاده بـالا آمـد و بـه طـرف حسـین چرخیـد. اتفاقـی نگاهـش به دکتـر ابراهیـم یزدی افتـاد کـه به اتفاق سـرهنگ تامسـون و سـندرز با لبخند و شـوخی وارد رسـتوران شـدند و در جایی نشسـتند. قطـب‌زاده بـا دیـدن آنهـا، سـیروس و بـرادرش را از یاد بـرد. معلـوم بود که از همنشـینی و معاشـرت دکتـر یـزدی چنـدان خوشـحال نبـود. لیـوان مشـروبش را برداشـت و همان طـور که به آنهـا خیـره شـده بود، باقیمانده‌ی مشـروب را سَـر کشـید، سـپس با غیظـی که در چهره‌اش داشـت به طرف حسـین برگشـت.

«بـه ایـن مـار خوش خطـو خال دکتـر یزدی اعتماد نمیشـه کـرد...، او نوکـر آمریکایی‌هاسـت...، بـدون اجـازه‌ی اونها حتـی یک لیـوان آب هم نمی‌خـوره...»

قطب‌زاده هر چه در مورد دکتر یزدی بد می‌گفت بیشتر عصبانی می‌شد.

«چـه کسـی چهـارده میلیـون از قذافـی گرفـت کـه خرج انقـلاب کنه؟ مـن...! چه کسـی ترتیب مقالـه‌ی روزنامـه‌ی لمونـد رو داد کـه باعـث ملاقـات ما و فرانسـویها شـد، کـه کارتر رو قانـع کردند کـه شـاه بایـد برداشـته شـه؟ مـن دادم! چه کسـی ترتیبه تعلیم سـیصد نفر محافظه خمینـی رو تو لیبـی و سـوریه داد...؟ من...!»

البتـه قطـب زاده درسـت مـی گفـت، بزرگتریـن عامل همراه شـدن فرانسـه، آمریـکا و انگلیس و آلمـان بـرای برکنـاری شـاه از همین مقاله‌ی لمونـد به واقعیت پیوسـت، مقاله‌ای کـه خبرنگار لموند کـه دوسـت قطـب زاده بـود نوشـت و آن را در اختیار وزیر امور خارجه ی فرانسـه قـرار داد و بالاخره قـرار ملاقـات قطـب زاده بـا وزیـر امـور خارجـه‌ی فرانسـه را ترتیـب داد و قطـب‌زاده با سـر و زبانی کـه داشـت او را قانـع کـرد که شـاه بایـد بـرود. وزیـر امورخارجه هم ژیس کاسـت دیسـتنس رئیس جمهـور فرانسـه را قانـع کـرد و او هـم پرزیدنـت کارتـر را. اما سـیروس بیشـتر می‌خواسـت در مورد برگه‌هـای اعدامـی بدانـد که حـالا قطـب‌زاده آن را در جیب خود گذاشـته بود. می‌خواسـت در مورد نجـات بـرادرش اطلاعات بیشـتری کسـب کند. ولـی ورود دکتر یزدی، حـال و هوای قطـب‌زاده را از ایـن رو بـه آن رو کـرده بـود و فکـر و ذکر قطـب‌زاده دیگـر آنجا نبـود. آنچه می‌گفت برای سـیروس اهمیـت نداشـت و مایـل نبـود بـه گِلـه و شـکایت قطـب‌زاده و حـس رقابتش بـا دکتر یـزدی گوش

بسپارد. تمام فکر سیروس معطوف برادرش امیر بود.

ساعتی بعد، سیروس در امتداد پیاده‌رویی مشغول قدم زدن شد. پیاده‌رویی که در خیابان خلوت کنار هتلش قرار داشت. سیروس در ناباوری مباحثی به سر می‌برد که در ملاقات کوتاه با قطب‌زاده شنیده بود. گفتار او آن چنان ذهنش را درگیر کرده بود که خواب به چشمانش نمی‌آمد. از این رو نگران و بی‌قرار از هتل بیرون آمده بود تا کمی از هوای باز محیط آرامش بگیرد، اما صدای بلند قطب‌زاده همچنان در گوشش می‌پیچید:

«کار شاه تمام شد، هیچ کس مطمئن نیست که ارتش در کنار مردم قرار می‌گیره یا نه... آمریکایی‌ها میگن ارتش با مردمه.... اگر ارتش پشت شاه باشه اون وقت در ایران فاجعه‌ای رخ میده که میلیون‌ها نفر کشته میشن....، و این به تایید خمینی هم رسیده.... فقط فکر کن شب که می‌خوابی و صبح روز بعد که بلند میشی، تمام آب آشامیدنی شهر مسموم شده باشه، ملاها به هیچ کس و هیچ چیز رحم نمیکنن، غرب هم فقط نفت ارزون می‌خواد، همه‌ی مردم ایران هم که فدا بشن براشون هیچ اهمیتی نداره.... فکر می کنی چه کسی سیاست آمریکا و اروپا را کنترل می‌کنه، پیش می‌بره؟ آدم‌ها؟، نه، شرکت‌های بزرگ نفتی و اسلحه‌سازی...! اولی فقط بلده بسوزنه و از بین ببره، اون یکی هم فقط بلده منفجر کنه و بُکشه.... همینُو بَس.... بنابراین هدف ما بیشتر نجات جان مردمه...»

اما آخرین کلامی که حسین بعد از رفتن قطب‌زاده بیان کرده بود، بیشتر به سیروس کمک کرد تا به عمق فاجعه‌ی احتمالی ایران پی ببرد و آن را بهتر درک کند.

«سیروس، تو برای من مثل یک برادری.... من می‌خواستم تو بیایی اینجا تا شاهد وقایع تاریخ مملکت باشی و اونها رو برای آیندگان ثبت کنی....، این مهمتر از نجات جان برادرته.... تو فکر می کنی سینما رگس آبادان و کی آتیش زد، خود همین آخوندها... این همه آدم و زن و بچه را تو آتش زنده زنده سوزاندند، برای مقصر شناختن ساواک و جریحه‌دار کردن افکار عمومی بر علیه شاه و ساواک.... تو باید در ایران باشی که وقتی این فاجعه توسط آخوندها اتفاق افتاد واکنش مردم نادان رو ببینی و برای آیندگان ثبت کنی....، تو باید بلافاصله بری ایران...»

سیروس هنوز گرم تعریف نتایج مسافرت فرانسه بود که با صدای زنگ خانه کلامش قطع شد. فرهاد و همسرش به منظور اینکه به رکسانا سر بزنند با میوه و شیرینی وارد شدند. اما حواس رکسانا و سیروس آنجا نبود و انگار آنها را نمی‌شناختند. البته سیروس این اطلاعات را با رکسانا در میان گذاشته بود تا او را متقاعد سازد که ایران نمی‌تواند جای امنی برای او باشد و باید هر چه زودتر ایران را ترک کند. اما در کارش موفق نبود. رکسانا در آن لحظات فقط به

یـک وظیفه‌ی انسـانی می‌اندیشـید. چـه اتفاقی بـرای پیتر افتاده بـود؟. از حیات و ممـات او اطلاعی نداشـت. اگـر پیتـر فـوت کـرده بـود لازم می‌دید تـا جنـازه‌ی او را پیدا کنـد و به نزد خانـواده‌اش در آمریـکا برگرداند.

*****

تهـران یـک روز بارانـی را پشـت سـر می‌گذاشـت. یـک تاکسـی زرد رنـگ در جلـوی خانـه‌ی حاجیـه خانـم ایسـتاده بود. برفپاکن ریزریز باران را از روی شیشـه‌ی ماشـین کنار مـی‌زد . در داخل تاکسـی، راننـده مدتـی بـود کـه در انتظـار پیـاد شـدن رکسـانا لحظه شـماری می‌کـرد. رکسـانا آن چنـان در فکـر و خیـال بـه سـر می‌بـرد کـه حتـی متوجـه‌ی این موضـوع نشـده بود.

«مادام نمیخوای پیاده بشی...؟»

بـا سـخن راننـده، بالاخـره رکسـانا پیاده شـد و تاکسـی رفت. رکسـانا در زیر بـاران ایسـتاد و به داخـل بـاغ خیـره شـد. درب بـاغ باز بـود. رکسـانا می‌دید که امیـر در جلـوی سـاختمان و در داخل باغچـه بـا راننـده‌اش یوسـف مشـغول صحبت کردن اسـت. رکسـانا بـه تانـی وارد باغ شـد. در جلوی اتاقـک کنـار درب، احمدرضـا را دیـد کـه او هـم با نگرانی سـیگار روشـنی را در لای انگشـتانش نگه داشـته بـود و بـه امیـر و یوسـف نـگاه می‌کـرد. مکالمـه‌ی آنهـا عـادی و آرام بـه نظـر می‌رسـید. اما حداقـل احمدرضـا می‌دانسـت کـه ایـن چنیـن نبـود. او بـه انـدازه‌ی کافـی آنهـا را می‌شـناخت که بدانـد جریـان ناخوشـایندی در حـال وقـوع بـود. البتـه رکسـانا هم بـه این برنامه اشـراف داشـت که وقتـی امیـر بـه دیـدار حاجیـه خانم می‌آمـد، هرگـز بـه کار در باغچـه نمی‌پرداخت و با کاشـتن گل رُز آن هـم در زیـر بـاران دسـت و بالـش را گل‌آلـود نمی‌کـرد، پـس احتمـالاً اتفاقـات نگرانکننده‌ای رخ داده بـود. بـه سـهولت می‌شـد حـدس زد کـه امیـر از بـروز واقعـه‌ای رنـج می‌بـرد و بـه قصـد فراموشـی و تمـدد اعصـاب، خـود را بـا کاشـتن گل رز سـرگرم کرده بـود. به‌محض دیدن رکسـانا به نظـر می‌رسـید گفتگـوی آنهـا کوتـاه و در ادامه قطع شـد. یوسـف با نگاهی نگـران و ناراضـی از امیر فاصلـه گرفـت و بـه طـرف درب بـاغ حرکـت کرد. طولی نکشـید کـه به رکسـانا و احمدرضا رسـید و بـا لبخنـدی ایسـتاد. امـا مشـخص بود کـه لبخنـدش تصنعی بود. سـپس هـم خداحافظی کـرد و با پریشـانی رفت و ناپدید شـد. برای رکسـانا بسـیار غیرعادی بود که یوسـف، امیر را ترک کند. شـاید او از خدمـت در سـاواک اسـتعفا داده بـود. امـا چه اتفاقی بایـد رخ می‌داد که فـردی چنین تصمیمی اتخـاذ کنـد. رکسـانا تـازه متوجه شـده بود که بـرای اولین بار امیـر در خانه‌ی مادرش حضور داشـت ولـی اثـری از ماشـین اداره نبـود. امیـر دوباره مشـغول گل‌کاریش شـده بـود. به نظر می‌رسـید که او تصمیـم داشـت تـا قبـل از عزیمـت، کاری را که بـرای مادرش آغـاز کرده بـود، تمام کنـد. کاری که وظیفـه‌ی احمدرضـا بـود و او هرگـز در انجـام آن کوتاهـی نمی‌کـرد. ولـی حـالا کنـار درب اتاقکش

نشسته بود و در حالی که فکورانه سیگارش را دود می‌کرد فقط تماشاگر صحنه بود.

سرانجام، رکسانا آرام به طرف امیر قدم برداشت، به او رسید و زانو زد. با آماده کردن بوته‌های رز به کمک امیر مشغول شد. مشتی از خاک باغچه را برداشت و در داخل دستش فشرد. مقداری از خاک در لای انگشتانش فرو رفت و دوباره بر روی زمین ریخت. رکسانا عاشق خاک ایران بود، همچنان که امیر، سیروس و پدر ناپدیدش بدان عشق می‌ورزیدند. به یک دلیل نامعلوم به یاد سیروس افتاد. حس می‌کرد که هیچ چیز نمی‌تواند سیروس را از خاک ایران دور کند. رکسانا می‌دانست به لحاظ جو سیاسی که در آن روزها حاکم بود کمتر کسی تمایل داشت تا از عشق به خاک وطنش سخن بگوید. صدای امیر سکوت ریزش باران را شکست. صدایش آرام اما پر از اندوه بود:

«ایران کشور زیباییه، اونها قصد دارن این زیبایی رو از بین ببرن...، دست‌های نامریی در کار هستن و مشغول نابودی ایرانن...، درست مثل گاوهای گرسنه‌ای که بدون نگهبانی در مزرعه گندم ول شدن...، مثل گاو آهنی که بدون کنترل کشاورز در حال حرکته و تیغه‌های تیزش گندم‌های شق و رق رو قلع و قمع می‌کنه، گندمی که ایرانه...، من نمی‌تونم زنده باشم و چنین ننگ و دردی را ببینم و تحمل کنم...!»

رکسانا همانطور که حالا با امیر زانو زده بود و مانند او با دست برای کاشتن گلها چاله می‌کند، به سخنانش گوش می‌داد. اما هر چه بیشتر می‌شنید بیشتر نگران و آزرده‌خاطر می‌شد. به نظرش می‌آمد که انگار مشغول کندن گور ایران عزیزش بود. جفتشان می‌دانستند که به زودی همه چیز دچار تغییر و تحول ناخوشایندی خواهد شد. صدای پیتر که شعری از عمر خیام را می‌خواند در گوش رکسانا پیچید:

"باغ هر صبح هزار گل سرخ می‌آورد، اما، گل سرخ دیروز کجاست...؟"

دیری نشد که حاجیه خانم که آمدن رکسانا را از پشت شیشه ی پنجره دیده بود،به قصد پذیرایی از او ، روی پله‌های ورودی ساختمان ظاهر شد. یک سینی پر از شیرینی و چای در دست داشت. به آنها اشاره می‌کرد که به داخل بیایند و او را برای دیدن آنها به زیر باران نکشند. رکسانا و امیر که نمی‌خواستند حاجیه خانم را در زیر باران خیس کنند بالاخره توافق کردند تا به تقاضای حاجیه خانم احترام بگذارند. از جا برخاستند و به سمت حاجیه خانم حرکت کردند. رکسانا در حین رفتن، دست‌های خود را بالا برد تا با ریزش قطرات باران بشوید و انگار از این کار لذت هم می‌برد. حاجیه خانم که به این صحنه می‌نگریست و از خاک‌آلودگی آنها ناخرسند بود فقط رضایت داد تا در زیر طاقی جلوی درب که البته از باران در امان بودند، بنشینند. سپس مشغول پذیرایی از آنها شد و بلافاصله روی سخنش را با امیر باز کرد:

«کمکـش کـن امیـر، تـو می‌دونـی کـه اون کسـی را اینجـا نـداره، اون تنهاسـت!، درسـت مثـل بـرادرت تـو آمریـکا، تـو یـه شـهر غریـب تنهاسـت...، اگـر تـو بـه اون کمـک کنـی، خـدا می‌بینـه و بـه بـرادرت سـیروس کمـک می‌کنـه، اون مثلـه دختـره منـه، جـای خواهـر شماسـت، هـر کاری کـه میخـوای بـرای مـن انجـام بـدی، بـرای اون انجـام بـده، ایـن آرزوی منـه، و رضایـت منـو جلب می‌کنـه...»

امیـر هرگـز بـه مادرش پاسـخ منفـی نمی‌داد و اگر هـم خواسـته‌ی او را به جا نمی‌آورد همیشـه از واژه‌ی چشـم اسـتفاده می‌کـرد و او را از خـود ناامیـد نمی‌نمـود. امـا حاجیه خانم خبر نداشـت که ایـن بـار رکسـانا بـه آنجـا آمـده بـود تـا از امیـر بخواهد ایـران را تـرک کنـد. او آمـده بود تا بـه امیر کمـک کنـد، نـه اینکـه از او کمـک بطلبد. حاجیه خانم سـینی را جلوی رکسـانا گذاشـت.

«اول یـه چیـزی بخوریـد...، یـه چـای نـوش جـان کنیـد...، بعـد صحبـت کنیـد، با شـکم خالی صحبـت کردن درسـت نیسـت...»

رکسـانا می‌دانسـت کـه تا مشـغول خوردن نشـود حاجیه خانـم از تعـارف کردن کوتـاه نمی‌آید. حاجیـه خانـم وقتـی مطمئـن شـد که آنها مشـغول خـوردن شـدند بـرای آوردن خوراکی بیشـتر به داخـل خانـه رفـت، اما درب ورودی را باز گذاشـت. صدایی رادیو بی‌بی‌سـی از داخل شـنیده می‌شـد کـه بـاز مشـغول پخـش اخبـار کذب و ضد شـاه بـود. امیر با اینکه می‌دانسـت کـه تمام اخبـار آن بر ضـد مـردم و منافـع ایـران اسـت اما بـه احترام حاجیـه خانم از روشـن بـودن آن ممانعـت نمی‌کرد. لحظاتـی طول کشـید تا رکسـانا شـهامت پیـدا کند و زبان بگشـاید:

«مـن یـک پیـام برای شـما دارم، از سـیروس، اون می‌خواد شـما هر چه سـریعتر از کشـور خارج شـید، سـیروس فکـر می‌کنه اگـه بمونید، زندگی شـما در معـرض خطر قـرار می‌گیره...!»

رکسـانا اطـلاع نداشـت کـه پیغام سـیروس خبـر تـازه‌ای برای امیـر محسـوب نمی‌شـد. امیر به همـه چیـز واقـف بـود، از خطـری کـه ایـران را تهدید می‌کرد خبر داشـت و شـاید بیش از سـیروس در جریـان اتفاقـات بـود. امـا ایـن مشـکلات بغرنج را با کسـی مطـرح نمی‌کرد. به همیـن دلیل هم کمتـر در منـزل خـودش می‌مانـد و بیشـتر پیـش حاجیـه خانم بـود. امیـر زن و بچه نداشـت و تنها زندگـی می‌کـرد، یـک اتـاق هـم در خانـه‌ی حاجـی خانـم داشـت کـه وقتـی آنجـا می‌آمـد در آن اسـتراحت می‌کـرد. او بـا وضعیـت پیچیـده و دشـواری دسـت و پنجـه نـرم می‌کـرد و هیـچ راه‌حل سـاده و سـریعی وجـود نداشـت. نگاه امیـر به احمدرضـا افتاد که هنـوز جلوی درب اتاقکش نشسـته بـود و متفکرانـه سـیگار دود می‌کـرد. بـه نظر می‌رسـید او هـم نگـران آینـده‌ی نامعلومش بـود. هر دو بـه رعـد و بـرق ابرهـای تیـره نـگاه می‌کردنـد که مثـل قِصه‌ی غُصـه‌ی آنهـا در تلاطم بـود. امیر حتـی در ایـن خیـال بـه سـر می‌بـرد کـه چـه بسـیار دلپذیر بـود که جایـش را بـا احمدرضـا عوض

می‌کرد و زندگی ساده‌ی او را در پیش می‌گرفت. قطعاً در آن صورت انسان خوشبخت‌تری بود که تمام وقتش در پرورش گل و گیاه می‌گذشت و در هنگام کار هم گاهگداری از نم‌نم باران دوست‌داشتنی لذت می‌برد.

یک زمانی بود که امیر بسیار به خودش می‌بالید. زمانی که در جایگاه والایی قرار داشت و بسیاری به او احتیاج داشتند و از همین رو برایش احترام زیادی قائل بودند. امیر هم تا آنجا که در توانش بود از کمک به دیگران مضایقه نمی‌کرد. اما حالا که هنوز ورق برنگشته بود که خیلی‌ها دیگر به او توجهی نمی‌کردند و در واقع آن نقاب تزویر خود را برداشته بودند و این موضوع امیر را میرنجاند. رکسانا اکنون موضوعی را در سینه حفظ می‌کرد که امیر می‌خواست در موردش بداند و از آن اطمینان حاصل کند:

«سیروس!، سیروس مگه برگشته ایران؟»

دروغ وَلُو به مصلحت در ذات رکسانا نمی‌گنجید، اما زندگی در ایران کمی بر روی طبیعت او اثر گذاشته بود.

«نمی‌دونم...!، من پیغام اون رو از طریق یک دوست دریافت کردم»

امیر قبل از اینکه زبان براند لحظاتی تامل کرد:

«به دوست خودتون بگید به برادرم بگه من اینجا متولد شدم و در اینجا می‌میرم، این سرزمین منه...، خاک منه...، بدون این هوا من نمی‌تونم نفس بکشم...، می‌میرم، خفه میشم...، من هوای این آب‌وخاک‌و با هیچ جای دنیا عوض نمی‌کنم...»

امیر بلند شد و به طرف باغچه رفت و در کنار بوته‌ی گل رزی که تازه کاشته بودند، ایستاد. قطرات باران بر روی سر و کولش می‌بارید. رکسانا پس از مکثی کوتاه به او ملحق شد. حالا هر دو در کنار هم ایستاده بودند و باران بر روی آنها می‌بارید. رکسانا متوجه‌ی اشک‌های امیر شد که قطرات باران آنها را می‌شست تا پیش رکسانا خجالت نکشد. امیر مرد قدرتمندی بود. دیدن اشک‌های او داشت قلب رکسانا را درهم می‌شکست. در باورش نمی‌گنجید که روزی شاهد چنین صحنه‌ای باشد. دقیقاً نمی‌دانست امیر از چه موضوعی رنج می‌برد. باران هم شدیدتر شده بود و سوز اشکهایش را سریعتر می‌شست و می‌برد.

*****

فصل ۲۵

وقتی سایه‌ی مرگ و اندوه، امید و نور زندگی را از یک ملت می‌گیرد و منطق را به جنون می‌کشد...

این روزها دیگر مهم نبود که در ایران با چه کسی و در کجا حضور داشتی، همه جا اندوه و سایه‌ی مرگ را احساس می‌کردی. از هر گوشه‌ای صدای برنامه‌های رادیو بی‌بی‌سی در بوق و کرنا بود و خواه ناخواه به گُوشَت می‌رسید. چندی از وقایع آتش‌سوزی سینما رکس و جمعه سیاه نگذشته بود که محمدرضا شاه، شاپور بختیار را به عنوان نخست‌وزیر جدید خود برگزید و امیدوار بود تا با این تغییر، اوضاع مملکت را موقتاً آرام کند. این تغییر و تحول پس از آن رخ داد که شاه، امیرعباس هویدا را که به مدت یک دهه نخست وزیر ایران بود، برکنار کرد و به زندان انداخت. این اقدام نه تنها هیچ تاثیری در بهبود اوضاع نداشت بلکه شب و روزگار بدتر از قبل پیش می‌رفت. تظاهرات علیه شاه از شهریور ۱۳۵۶ شروع شد و به سرعت گسترش یافت. اعتصاب سراسری خصوصاً اعتصاب کارگران شرکت نفت که به خشونت و خونریزی روزانه کشیده می‌شد، کشور را فلج کرده بود. سرانجام شاه با این واقعیت روبه‌رو شد که دیگر قادر نیست پادشاهی خود را حفظ کند. خشونت مستمر که نتیجه‌ای جز ویرانی ایران نداشت برای شخص شاه قابل درک و تحمل نبود. کنترل اوضاع داشت از دستش خارج می‌شد. او بر سر یک دو راهی تلخ قرار گرفته بود که پیامدهای دردناکی به همراه داشت، یا باید خاک وطنش را ترک می‌کرد که با گوشت و خونش آمیخته بود و یا به پیشنهاد برخی از سرکردگان ارتش، دست به کشتار می‌زد تا بقای سلطنتش را حفظ کند.

«اعلاء حضرت مردم دارند مجسمه‌هایتان را پایین می‌کشند...!»

شاه پاسخ داد: «یک روز می‌شود که همین مردم دوباره مسجمه‌های مرا از طلا می‌سازند و سر جایش نصب می‌کنند...»

«اعلاء حضرت به من اجازه بدید تا این فتنه رو بخوابانم، چند هزار نفر که کشته بشوند ایران نجات پیدا می‌کند...»

این صدای ارتشبد علی نشاط بود که از پشت خط تلفن تقاضا داشت که شاه به او اجازه

دهد تا این فتنه را خاموش کند و خاک ایران و سلطنت را از خطر فروپاشی حفظ نماید. او رییس گارد جاویدان و از وفادارترین افراد شاه و مایه‌ی مباهات ارتش ایران بود. ارتشبد نشاط به افتخار پاسداری از ملت و خاک ایران سوگند یاد کرده بود و اکنون می‌خواست تا به عهدش وفا کند. صدای غمگین شاه پس از مکثی طولانی درآمد:

«من نمی‌خواهم برای یک روز هم که شده با ریختن خون حتی یک نفر از مردم سرزمینم، حکومت کنم...!»

شاه با اینکه یقین داشت با ترک وطن، ملت و مملکت آسیب می‌بینند، با این حال تصمیم به ترک ایران گرفت تا برای بقای سلطنت، دستش به خون مردم آلوده نشود.

رکسانا در حالی که رفتن شاه را از تلویزیون تماشا می‌کرد، مردم اطراف او را هم زیر نظر داشت. شاه سرانجام به قصد ترک ایران در یک مراسم رسمی، مشغول خداحافظی با ژنرال‌های ارتش و کارمندان دولت به رهبری نخست‌وزیر شاپور بختیار در فرودگاه بین‌المللی مهرآباد بود. این صحنه سرآغاز بی‌پایانی بود که به نابودی ایران ختم می‌شد. سرانجام شاه، ایران را ترک کرد. ایرانی که زادگاهش بود و تمام تار و پودش از آب و خاک ایران جان می‌گرفت. زندگی برای شاه، بدون استنشاق هوای ایران معنی و مفهومی نداشت و نمی‌توانست به ادامه‌ی حیات بیاندیشد. از پنجره‌ی هواپیما به سرزمین کوروش بزرگ خیره شده بود. مات و مبهوت. انگار تمام خاطرات تلخ و شیرین در ذهنش زنده می‌شد. خاطرات ریز و درشتی که گاه بر رنجش می‌افزود. به یاد امیرعباس هویدا افتاد که در یکی از دیدارهایش به او توصیه کرده بود:

«چرا شما با این مو بورها درافتادی و سر به سر اونها میزاری؟، خب یه چیزی به اونها بده...، نفت رو کمی ارزون کن!، بالاخره کار دستت میدن...!»

شاه که از سفارش هویدا چندان خرسند نبود، پاسخ داده بود:

«مگه شما از اونها می‌ترسید؟» و پس از مکثی کوتاه ادامه داد: «آنها پدرم را از سرزمین آبا و اجدادیش بیرون کردن، من هم اونها رو از ایران بیرون می‌کنم و به اونها نفت مجانی نمیدم، مردم ما مقدمترن ....، نفت حق اونهاست...»

شاه در واقع به جنگ با غرب رفته بود و قیمت نفت را کاهش نمی‌داد. هنگامی که غرب قیمت کالاهای صادراتی به ایران را افزایش می‌داد، او هم قیمت نفت را بالا می‌برد. شاه عقیده داشت که بر حسب منطق، نرخ نفت باید با قیمت کالاهای که به ایران فروخته می‌شدند در توازن باشد، بنابراین او قربانی منافع ملت و مصلحت ایران شد. شاه هرگز از مسائل و مشکلات دوران حکومتش نمی‌نالید و پیوسته در پی رفع موانع قدم برمی‌داشت. او مستحضر بود که با دستپاچگی نمی‌توانست افراد خائن و نادان را تغییر دهد. آدمهایی که تحت تاثیر سیاست‌های

استعماری دولت‌های خارجی قرار داشتند، خصوصاً افراد خرافاتی و اقشاری که دنبال‌روی مذهب و ملایان بودند. شاه به زمان احتیاج داشت. می‌دانست که برخی از سران وطن‌فروش ارتش مثل ژنرال حسین فردوست و عباس قره‌باغی با انحلال ارتش و اعلام حمایت از خمینی، به مملکت خیانت کردند و ایران را به ورطه‌ی نابود کشاندند. همه از خبر رفتن شاه، غافلگیر و شوکه شده بودند. باورش آسان نبود که شاه با آن اقتدار نظامی در مقابل ملتش تسلیم شد و ایران را ترک کرد. اینکه شاه با مردمش بیگانه شده بود و دیگر نمی‌توانست با آنها ارتباط برقرار کند از جمله تحلیل‌های بسیاری بود که در روند سقوط سلطنت او مطرح می‌شد. آری، شاه از قدرت افتاده بود و سرزمین کوروش بزرگ به سمت نابودی می‌رفت. یک بار دیگر استعمار جهانی با استفاده از ملایان خودفروش، داشتند ظلم، اندوه و خواری را بر ایران و ایرانی تحمیل می‌کردند و مردم فریفته‌ی ایران هم مثل گذشته، باز در خواب غفلت به سر می‌بردند.

هر چند مردم از رفتن ناگهانی شاه متعجب بودند، اما طبق معمول همیشه از دست‌های پشت پرده خبر نداشتند. مردم عادی نمی‌دانستند که ژنرال رابرت هایزر آمریکایی مدتی بود که در ایران به سر می‌برد و بدون اطلاع شاه با سران ارتش مثل فردوست و قره‌باغی گفتگو می‌کرد تا آنها را متقاعد کند که به خمینی بپیوندند. حتی تا زمانی که او به دیدار شاه رفت تا پیغام کارتر را به سمع او برساند، شاه نمی‌دانست که هایزر در ایران حضور داشت. در این ملاقات هایزر با سفیر آمریکا ویلیام اچ سالیوان همراه بود. این سخت‌ترین و غم‌انگیزترین ملاقاتی بود که شاه در زندگیش تجربه می‌کرد. دو فرد خارجی آمده بودند و از او می‌خواستند که سرزمین مادریش را ترک کند. سالیوان مدام به ساعتش نگاه می‌کرد و شاه متوجه‌ی او شده بود.

«چرا شما هر دقیقه ساعت خودتون رو چک می‌کنید؟»

سالیوان مؤدبانه اما محکم پاسخ داد:

«که ببینم، هر چه زودتر عالیجناب، شما و خانواده ایران را ترک کنید خون کمتری ریخته می‌شود...»

سالیوان منتظر پاسخ شاه بود، اما شاه در تاملی ژرف به سر می‌برد. برای او قابل قبول نبود که سفیر و ژنرال یک کشور بیگانه وارد کاخ پادشاهی ملت ایران شوند و از شاه آن مملکت بخواهند که میهنش را ترک کند. سرزمینی که با تمام وجود می‌پرستید و به آن عشق می‌ورزید. آنها در جایگاهی نبودند که از او بخواهند تا کشور خود را ترک کند. دولت آمریکا در ظاهر و باطن یک رنگی نداشت و این دورویی از سمع و نظر شهروندانش پوشیده بود. چطور می‌توانست به دولتی اعتماد کند که با ملت خود رو راست نبود. شاه دقیقاً پی برده بود که آمریکا و کشورهای صنعتی غرب تنها طالب نفت مفت و ارزان هستند و بنابراین

به یک حکومت دست نشانده و بی‌کفایت نیاز دارند تا اوامر آنها را اجرا کند و حالا با آدمی طرف بودند که به آنها باج نمی‌داد. آنها حتی خواهان این بودند که شاه وارد نبرد نظامی با عراق شود، اما شاه از خواست آنها امتناع ورزیده بود.

طولی نکشید که ژنرال هایزر و سالیوان بدون دریافت پاسخ شاه، کاخ را ترک کردند و شاه حالا با چند تن از سران ارتش خود تنها بود. شاه متفکر و غمگین قدم می‌زد . سکوت در فضای اتاق حکومت می‌کرد. همه منتظر صدای شاه و تصمیم او بودند. ولی شاه همچنان خاموش بود و در دنیای خویش به سخنان سالیوان و هایزر فکر می‌کرد.

«عالیجناب، من می‌دونم که شما کشور خودتون رو دوست دارید و نمیخواید اون رو به یک لبنان دیگه تبدیل کنید، من می‌دونم که شما مردم خودتون رو دوست دارید و نمیخواید میلیونها نفر از اونها کشته بشن، اما اوضاع از کنترل خارج شده...، اگه ایران رو ترک نکنید، اتفاقات هولناکی می‌افته...، برنامه‌های وحشتناکی به مرحله اجرا در میاد، مثل مسموم کردن آب آشامیدنی تهران، که باعث مرگ میلیونها نفر میشه، و شما مقصر اون شناخته میشید...»

*****

با رفتن شاه، جشن و پایکوبی در سراسر ایران برپا شد. مردم به خیابانها ریخته بودند و به هم تبریک می‌گفتند، گل می‌دادند و شیرینی تعارف می‌کردند. حتی رکسانا و پری هم بدون آنکه دلیل رفتار خود را بدانند در خیابان به مردم پیوستند. طولی نکشید که بعد از رفتن شاه، دو فروند بوئینگ ۲۰۰-۷۴۷ مسافربری خطوط هواپیمایی فرانسه به‌طور همزمان دو پرواز اختصاصی را از ترمینال C فرودگاه شارل دوگل در پاریس به تهران آغاز کردند. به منظور رعایت مسائل حفاظتی مشخص نبود روح‌الله خمینی در کدام هواپیما حضور داشت. کسی خبر نداشت که در این پرواز چهار مامور ارشد سازمان اطلاعات مرکزی ایالات متحده آمریکا (C.I.A)، سه مامور ارشد سرویس اطلاعات و امنیت انگلیس) اینتلیجنس سرویس و (M.I.6 و یازده نفر نیروی ویژه‌ی هوابرد ارتش فرانسه حضور داشتند. ماموریت آنها اجرای عملیات و محافظت از جان خمینی بود. یک هواپیمای هشدار سریع رادار محور و کنترل هوابرد آواکس [از نوع بوئینگ ای- ۳ سنتری] نیروی هوایی ایالات متحده آمریکا و شش هواپیمای جنگنده‌ی نیروی هوایی فرانسه و نیروی هوایی انگلیس، هواپیمای خمینی را تا فرودگاه مهرآباد اسکورت کردند تا مبادا نیروی هوایی شاهنشاهی ایران اقدام پیشگیرانه و دفاعی انجام دهد. یک مامور ارشد اطلاعاتی ارتش امریکا در هر کدام از پایگاه‌های هوایی ایران مستقر شده بود و تحرکات نیروی هوایی ایران را لحظه به لحظه به هواپیمای آواکس محافظ پرواز خمینی مخابره می‌کرد. این هواپیماهای جنگی آمریکایی، انگلیسی و فرانسوی با نقض قوانین بین‌المللی از مرزهای

ایـران عبـور کردنـد و تـا بـالای آسـمان تهـران آمدنـد و تا زمانـی که هواپیمـای خمینی به سـلامت بـر روی زمیـن ننشسـته بـود آسـمان تهـران را ترک نکردنـد. تمامـی مهمانـداران پرواز ایـر فرانس، مامـوران ورزیـده‌ی سـازمان اطلاعـات و امنیـت فرانسـه بودنـد. در ایـن پـرواز ابوالحسـن بنی‌صـدر، صـادق قطـب‌زاده و ابراهیـم یـزدی، خمینـی را همراهـی می‌کردند.

طبـق قانـون دسترسـی خبرنـگاران و مـردم بـه اطلاعـات سـری، کشـورهای آمریـکا و انگلیـس هـر سـی سـال یکبـار اسـناد امنیتـی طبقه‌بنـدی شـده را از لیسـت محرمانه خـارج کرده و منتشـر می‌کننـد. امـا اسـناد انقـلاب ۱۹۷۹ ایـران تنها اسـناد طبقه‌بندی هسـتند که از این قانون مسـتثنی شـده‌اند و تا سـی سـال دیگـر محرمانـه خواهنـد ماند.

سـرانجام خمینـی در تاریـخ ۱ فوریـه ۱۹۷۹ از فرانسـه وارد تهران شـد و به عنـوان رهبر انقلاب ایـران بـه تثبیـت رسـید. شـاپور بختیـار هنـوز نخسـت‌وزیری را بـر عهـده داشـت. خمینی‌خواهانی مثـل اسـعد هنـوز در خفـا، جانـب احتیـاط را در نظـر داشـتند و چنـدان خـودی نشـان نمی‌دادند. با ورود خمینـی خیابانهـا مملـو از جمعیـت شـد و مردم جشـن گرفتند. پری و رکسـانا هـم در خیابان نظاره‌گـر بودنـد و بـه نوعـی در ایـن جشـن شـرکت داشـتند. رادیـو بی‌بی‌سـی اعـلام کرده بـود که پنـج میلیـون ایرانـی بـرای دیـدن خمینـی بـه خیابان آمدنـده بودنـد. خمینـی در نخسـتین حضور عمومـی‌اش وارد بهشـت زهـرا شـد تـا احتـرام خـود را بـه کشته‌شـدگان انقـلاب کـه در آنجـا دفن شـده بودنـد، نشـان دهـد. در همان‌جـا اولیـن سـخنرانی‌اش را برگـزار کرد. قبرسـتانی کـه بعدها تا کیلومترهـا بـه قبرسـتان قتل‌هـای خمینی و روحانیـان تبدیل شـد. البته خمینی به محـض ورود به ایـران، دولـت شـاپور بختیـار را غیرقانونـی اعلام کـرد و مهندس مهـدی بازرگان را به نخسـت‌وزیری گماشـت. حـالا ایـران دارای دو دولـت بـود بـا دو نخسـت وزیـر متفـاوت کـه توسـط شـاه و خمینی منصـوب شـده بودنـد. اکنون کشـمکش بر سـر نخسـت وزیـر قانونـی ایران آغاز شـده بـود. آنچه که مـردم عـادی خبـر نداشـتند جلسـات مهـم دولـت خمینـی بـود کـه تقریبـاً همه بـا حضـور دوریان مک‌گـری و در خانـه‌ی محـل اقامـت او در کوچـه‌ی دارب، محلـه‌ی معـروف به سـر قنات در شـمال تهـران اداره و مدیریـت می‌شـدند.

برنامـه‌ای کـه در خانه‌هـا و گردهمایی‌هـای مـردم عـادی جریـان داشـت، بحـث و جـدال بیـن حامیـان و مخالفیـن شـاه و خمینـی بـود کـه در تمـام خانواده‌هـا متـداول شـده بـود. دوسـتیها بـه دشـمنی تبدیل می‌شـد و دشـمن دیروز به شـکل دوسـت نزدیک رخ می‌نمود. معمولاً اختلاف‌نظرها و اسـتدلال‌های مختلـف گاهی هـم بـه دعـوا ختـم می‌شـد. البتـه خانـواده‌ی سـیروس هـم از این قاعـده مسـتثنی نبـود، امـا به خاطـر جذبه و جَنـم حاجیه خانـم و همچنین حضور امیـر این مباحث کم‌رنگ‌تـر بـود. بـه طـور روزانه، اقـوام و آشـنایان، دور هم جمع می‌شـدند تا ضمن عـرض ارادت، از

سخنان حاجیه خانم و بخصوص امیر حمایت کنند. هر چند مباحث به شدت سایر خانواده‌ها نبود اما مانند هر خانه‌ی دیگر ایرانی، بین حضار بحث و گفتگوهای سیاسی درمی‌گرفت و غالباً به نفع شاه تمام می‌شد و کمتر کسی سنگ خمینی را به سینه می‌زد. از قضا یک روز در میان جمع، جوانی به نام جواد حضور داشت که همافر نیروی هوایی بود. جواد نوه‌ی همان احمدرضا بود که سال‌های متمادی برای حاجیه خانم کار می‌کرد. حالا نوه و خانواده‌اش آمده بودند تا ارادت و حمایت خود را به حاجیه خانم و امیر نشان دهند.

مدتی پس از ورود خمینی به ایران، عده‌ای همافر برای ابراز همبستگی به دیدار خمینی رفتند. پس از آن ماجرا بود که هرج و مرج و شورش در پایگاه همافران شروع شد و ظاهراً این شورش به خاطر پیوستن آنها به خمینی بود. اما برای بسیاری این آشوب و بلوا قابل پذیرش نبود. اکنون جواد که شاهد آن صحنه‌ها بود می‌توانست راوی راستین شورش همافران باشد، خصوصاً اینکه خبر آشوب و پیوستن همافرها به خمینی، شروع گسستگی ارتش از شاه و پیوستن به خمینی بود. البته تمام اتفاقاتی که هر روز در حال وقوع بود از قبل برنامه‌ریزی شده بودند، از زمانی که خمینی در فرانسه اقامت داشت. آنها می‌دانستند که اگر یکی از بازوهای ارتش متزلزل شود و به خمینی بپیوندد به تدریج نیروهای دیگر به این جرگه اضافه می‌شوند و با الحاق ارتش، رژیم شاه سقوط خواهد کرد. از آنجایی که همافران در آمریکا تعلیمات نظامی دیده بودند، گزینه بسیار مناسبی به شمار می‌رفتند تا در گام نخست درهم شکسته شوند و موجبات ریزش سایر نظامیان ارتش را فراهم کنند. همافران در واقع بخش ویژه‌ی نیروی هوایی ایران بودند که برای آموزش به آمریکا فرستاده می‌شدند تا تعلیمات لازم را جهت مراقبت از هواپیماهای جنگنده‌ی F14، F15 و F16 که ایران از آمریکا خریداری کرده بود، به عمل بیاورند. البته دولت آمریکا تمام این همافران را مورد تحقیق و موشکافی قرار داده بود و یکایک آنها را می‌شناخت و به نقاط ضعف هر یک آگاه بود. سازمان جاسوسی آمریکا از همه‌ی همافران پرونده داشت و برخی از آنها را به خدمت گرفته بود. تمام اطلاعاتی که مردم عادی از واقعه‌ی همافران داشتند محصول اخباری بود که از رادیو بی‌بی‌سی شنیده بودند. البته پری و رکسانا به خاطر اطلاعاتی که حسین به آنها داده بود، آگاهی بیشتری داشتند. مثل تعداد معدودی که از نیویورک ربوده شده بودند و پس از انتقال به لیبی و سوریه، در معرض تهدید، شکنجه و شستشوی مغزی قرار گرفتند تا مجبور شوند به آنها بپیوندند. حسین به آنها گفته بود که از گروه همافرانی که در مقابل خمینی رژه رفتند، صرفاً چند نفر همافر واقعی بودند. نام این افراد را آمریکایی‌ها در اختیار انقلابیون ایرانی قرار دادند و آنها با این عده که جاسوسان آمریکا بودند تماس گرفتند و به آنها پیوستند. اما سایر افراد جزء تروریست‌هایی محسوب می‌شدند که در سوریه و لیبی تعالیم نظامی دیده بودند و برای محافظت از خمینی

تــار

بـه فرانسـه و بعـد هـم بـه طـور مخفیانه به ایـران منتقل شـدند.

حـال دسـت بر قضا در شـب شـورش همافران، جـواد یکی از نگهبانان شـب و شـاهد عینی تمام وقایـع بـود. حـالا همـه در انتظـار شـنیدن روایـت جـواد، چشـم و گـوش سـپرده بودند. رکسـانا که در میـان جمـع از شـور و حـرارت بیشـتری برخـوردار بـود جـواد را به پرسـش می‌کشـید، امـا جواد بسـیار کوتـاه و بـدون جزئیـات پاسـخ می‌داد. پـری و چند نفر دیگر به رکسـانا پیوسـتند و حالا همه می‌خواسـتند بداننـد کـه واقعاً در پایـگاه نظامـی همافـران چـه اتفاقـی افتاد بـود و جواد بـه عنوان شـاهد ماجـرا می‌توانسـت حقایـق را روشـن کنـد. حـالا جـواد اگـر حتـی مایـل هـم نبود، چـاره‌ای نداشـت تـا سـخن بگشـاید. امـا تـا زمانی کـه همه نرفتـه بودنـد و حاجیـه خانم هـم نخوابیـده بود، زبـان نگشـود. حـالا فقـط با پـری و رکسـانا تنهـا در اتاق نشـیمن نشسـته بود.

«اون شـب مـن نگهبـان بـودم، پدربـزرگ مـن...» و بـه پنجـره و بـه سـمت جایـی کـه اتاقـک احمدرضـا قـرار داشـت اشـاره کـرد و ادامـه داد: «بـا شـنیدن گـزارش رادیو بی‌بی‌سـی نگران شـده بـود و بـه مـن تلفـن زد...، می‌خواسـت بدونـه که سـالم هسـتم...، گفتم آره، امـا وقتی پرسـیدم چرا نگـران شـده بِهـم گفـت که رادیـو بی‌بی‌سـی داره گزارش میـده که همافرا بر علیه شـاه قیـام کردن و ارتـش بـه همافرهـا حملـه کـرده و داره اونهـا رو میکشـه و از مـردم می‌خـواد که به کمـک همافرا بـرن...، بِهِـش گفتـم اینجـا هیـچ اتفاقی نیافتـاده و مـن نمی‌دونم شـما داری از چی حـرف میزنی...، امـا صـدای بی‌بی‌سـی رو از داخـل تلفـن می‌شـنیدم کـه حـرف پـدر بزرگـم رو بـا حـرارت تکـرار می‌کـرد...، تـا جایـی کـه خـوده مـن هـم به شـک افتـادم و به بیـرون و اطـراف نـگاه کـردم و دیدم همـه چیـز سـاکت و در امـن و امانه...»

پـری و رکسـانا بی‌تـاب بودنـد تـا جـواد سـخنانش را ادامـه دهـد امـا انـگار او از یـادآوری ماجرا می‌رنجیـد و برایـش سـخت بـود تـا سـخن بگویـد، امـا به هر شـکل بـا آه بلنـدی ادامـه داد:

«اگـر مـا همافـرا بـر علیـه شـاه قیـام کـرده بودیم و ارتـش به مـا حمله کرده و مشـغول کشـتن مـا شـده بـود چـرا همه سـالم از پـادگان اومدیم بیرون و خـون از دماغ هیچ کسـی در نیومـد...؟ چرا مـا همـه اسـلحه‌های خودمـون رو تحویـل دادیـم و پادگان رو تـرک کردیـم؟، پس چرا مـا اون طور کـه رادیـو بی‌بی‌سـی ادعا می‌کرد دسـتگیر و کشـته نشـدیم...؟»

لحظاتی طول کشید تا دوباره جواد افکار خود را تنظیم کند و ادامه دهد:

«بعـد از اینکـه پدربزرگـم تلفـن رو قطـع کرد، خودم کنجکاو شـدم و یـه رادیـوی کوچیکه موج کوتـاه کـه یکـی از همافـرا آورده بـود و اونجـا قایم کرده بـود، با احتیاط روشـن کردم، البتـه با ترس و لـرز و خیلـی مواظـب بـودم که صداش بیـرون نره، کنـار پنجره وایسـتادم و به بیرون خیره شـدم، نمی‌خواسـتم بـا گـوش دادن به رادیو بی‌بی‌سـی افسـر نگهبان سـر برسـه...»

سپس با فراغ بال بیشتری به توضیح پرداخت که چه اتفاقی در پایگاه همافرها افتاده بود:

«همینجور که بیرون رو زیر نظر داشتم به گزارش رادیو بی‌بی‌سی هم گوش می‌کردم، «همافرها دارند توسط ارتش کشته می‌شوند... مردم در راه کمک و متوقف کردن قتل عام آنها توسط شاه هستند...»، اما هر چی اطراف رو نگاه می‌کردم همه چیز آرام و ساکت بود و در تعجب بودم که چرا بی‌بی‌سی داشت خبر دروغ می‌داد، گیج شدم، چرخیدم و به رادیو موج کوتاه خیره شدم، خیال کردم به خاطر اینکه صداش رو خیلی کم کرده بودم تا صدا به بیرون درز نکنه صداشو درست نمی‌فهمم، صدا رو کمی بلند کردم، اما دیدم درست می‌شنوم، به بیرون نگاه کردم و همه چیز رو بررسی کردم، هیچ خبری نبود...، اما تو یه لحظه چشمم افتاد به مردی که از دل تاریکی ظاهر شد و به سمت یکی از خوابگاه‌ها راه افتاد، صورتش رو پوشونده بود، تا اومدم به خودم بیام در رو باز کرد و وارد یکی از خوابگاهها شد...، تو فکر بودم که اون کی بود و چه باید می‌کردم، که دیدم چراغ‌های داخل خوابگاه روشن شد و به دنبالش صدای شلیک چند تا گلوله اومد، بعد هم بلافاصله همون مرد با عجله از همون خوابگاه خارج شد و شروع به فریاد زدن کرد...، گارد به ما حمله کرده...، داره همافرا را میکشه...، از خواب بیدار شید...، دیدم چند مرد دیگه از دل تاریکی ظاهر شدن و به اون پیوستن، بعدم با عجله در خوابگاهها رو یکی یکی باز می‌کردن و به فریادشون ادامه می‌دادند...، تا من اومدم به اونها برسم و اقدامی کنم طی چند دقیقه، همه‌ی همافرا با عجله از خوابگاهها بیرون ریختن...، همه گیجُ و گنگُ و مبهوت بودن که چی شده و در حقیقت به فکر جان خودشون بودن...، در عرض چند دقیقه چنان شلوغ شد که سگ صاحبش رو نمی‌شناخت...، همون مردهایی که از تو تاریکی دراومده بودن، رهبری رو بر عهده گرفتن و فریاد می‌زد ن که گاردی‌ها وارد خوابگاهها شدن و تیراندازی کردن...، و عده‌ای رو کشتن و قصد دارن همه همافرها رو قتل عام کنن...، و از همه می‌خواستن که با گاردیها وارد جنگ و دفاع از خود بشن...، می‌گفتن هر لحظه ممکنه به اونها هجوم بیارن...، و همه اونها رو میکشن...، حالا هرج و مرج بودُو آشوب...، عده‌ای به خاطر حفظ جونشون دنبال همون مرده‌ای ناشناس راه افتادن و عده‌ای هم گیج و گنگ نمیدونستن چه باید می‌کردن...، همون جور که چشمم به اطراف می‌چرخید و در جستجوی فرمانده بودم که پیداش بشه، بر حسب اتفاق چشمم در کنار یکی از خوابگاهها افتاد به همافری که تو تاریکی قایم شده بود و داشت با رادیوی بیسیمی گفتگو می‌کرد، با احتیاط بهش نزدیک شدم که بفهمم با کی در حال گفتگو بود، خیال کردم از اعضای گارد بود که داشت دستور می‌گرفت، می‌گفت "رقص ادامه داره..."، از لهجه‌ی عربیش فهمیدم که اون ایرانی و گاردی نمی‌تونست باشه، شاید هم جنوبی بود ولی مطمئناً عرب بود، بعد صدای یه مرد با لهجه‌ی آمریکایی رو از پشت بیسیمش شنیدم «در یخچال همه چاقوها را به دست آوردین؟، همه

چاقوهـا داغـه؟»، مـرد عـرب گفت «بله» و بیسـیم خاموش شـد و صدای رادیو بی‌بی‌سـی بلند شـد، مـن نمی‌دیـدم کـه آیـا صـدای رادیـو بی‌بی‌سـی از همـون بیسـیم می‌اومـد و یـا رادیـوی دیگـه‌ای بـود، همافـرا بـه درِ انبـاری کـه اسـلحه‌ها در اونجـا نگهـداری می‌شـدن حملـه کـردن و درِ انبـار رو شکسـتن و خودشـون رو مسـلح کـردن کـه در مقابـل حملـه‌ی گاردیهـا از خودشـون دفـاع کنن...، بعـد هـم صـدای رادیـو بی‌بی‌سـی افتـاد و مرد عـرب از تاریکـی دراومد و بـه بقیه پیوسـت و صداش بلنـد شـد...، «مـا بایـد از خودمون دفاع کنیم...، باید در اسـلحه‌خونه رو بشـکنیم و مسـلح بشـیم...» و بقیـه دوسـتانش هـم به اون پیوسـتن و سـمت اسـلحهخونه به راه افتـادن، تو یه چشـم به هم زدن همیـن مردهای ناشـناس به اسـلحه‌خونه حمله‌ور شـدن و درِ اسـلحه‌خونه شکسـت...، حـالا خیلی از همافـرا هـم کـه جَـو اونهـا رو گرفته بود بـه اینها پیوسـته بودن...، تمومه اسـلحه‌ها بیـن همه پخش شـد و همـه مسـلح شـدن...، چنـان هـرج و مرجی شـده بود کـه صدا به صـدا نمی‌رسـید، هیچ کس دسـتوره فرمانده‌ی میانسـالی که بالاخره خودش رو رسـونده بود و سـعی داشـت همه‌رو آرام کنه و بـه خوابگاههـا برگردونـه، نـه می‌شـنید و نه گوش مـی‌داد...، «هیـچ گاردی به شـما حمله نکـرده...، برگردیـن بـه خوابگاهاتـون...»، خودمـو بـه فرمانـده رسـوندم تـا اونچـه رو کـه دیدمـو شـنیده بودم گـزارش کنـم، امـا خیلـی دیر شـده بود، حـالا تقریباً همه تحـت فرمـان و کنترل مردهای ناشـناس، فریـاد دفـاع از خـود سـر مـی‌دادن و انـگار فرمانـده‌ای اونجا نبـود، «ما بایـد از خودمون دفـاع کنیم وگـر نـه همـه‌ی مارو مثـل اونایی کـه تو خوابـگاه در خواب کشـتن، میکشـن...!»

حـالا صحبتهـای جـواد قطـع و وصـل می‌شـد و سـعی می‌کـرد تا بغضـش را پنهـان کنـد. برایش خیلـی سـخت بـود که سـخنانش را ادامه دهـد، ولی انگار نمی‌خواسـت ایـن بغض و خشـمی را که در سـینه داشـت همچنـان حبس کند، می‌خواسـت همـه را بیرون بریـزد و از درد و رنجش خلاص شـود.

«تـو ایـن گیـرودار یـه دفعـه فرماندهـی مـا غش کـرد، افتـاد زمیـن...!، بـرای من خیلـی عجیب بـود...، چـرا؟، همـه چیـز چنـان سـریع و غیرمنتظـره اتفـاق می‌افتـاد که هیچ کـس واقعاً لحظه‌ای بـرای فکـر کردن نداشـت...»

پـری و رکسـانا در سـکوت خویـش، مشـتاقانه بـه سـخنان جـواد گـوش سـپرده بودند، بـا این حال نسـبت بـه حرف‌هـای جـواد در حالتـی از تردید قرار داشـتند. جواد پـس از یک مکث طولانـی ادامه داد:

«حـالا هلیکوپترهـای ارتـش بـالای پـادگان بـه پـرواز دراومـده بـودن و اوضـاع داخـل و خـارج پـادگان همافـرا رو زیـر نظـر داشـتن، بعـد هـم گارد از ما خواسـت اسـلحه‌هامون رو تحویـل بدیم و از پـادگان خـارج بشـیم...، خیلی‌هـا اعتـراض کـردن امـا تعـدادی موافـق بـودن و اسلحه‌هاشـون رو گذاشـتن و رفتـن، بعـد بقیـه هـم همیـن کار رو کـردن و همه‌ی ما بـدون اینکه خون از دماغ کسـی در بیـاد همـه صحیـح و سـالم از پـادگان خـارج شـدیم...، یـک نفر هم دسـتگیر نشـد...، امـا بیرون،

مـردم جـور دیگـه‌ای متوجـه شـده بـودن...، خیـال می‌کـردن مـا علیه شـاه قیـام کردیم و یـه دفعه همـه‌ی مـا شـدیم قهرمان...، نکته‌ی تاسـف برانگیـزش اینه که عده‌ای سـودجو این قهرمانـی رو باور کـردن...، امـا خیلـی زود خیلیـا از جمله خود مـن فهمیدند که چقدر سـاده‌لوح بودیـم، فهمیدیم که ایـن یـه بـازی شـطرنج بود و مـا همافـرا پیاده‌هـای احمق ایـن حرکـت بودیم...»

جـواد از جایـش بلنـد شـد تـا خانـه را تـرک کنـد، امـا به نظـر می‌رسـید دلـش را کامـلاً خالی نکـرده بود:

«اونهایـی کـه اون چنـد تـا همافـر رو کشـتن کـی بـودن؟، چطـوری وارد پایـگاه و خوابگاهها شـدن؟، مـن...، مـن هیچ وقـت خودمو نمی‌بخشـم...، من به قسـمی که خـورده بودم عمـل نکردم...، مـن بـه وطنـم خیانـت کـردم...، بهتـر بود کشـته می‌شـدم...، چیـزی که مـا احمق‌ها نمی‌دونسـتیم ایـن بـود کـه گاردیهـا بیرون پـادگان، سـنگر گرفته بودن تـا از هجوم مـردم عادی به داخـل پادگان همافرهـا جلوگیـری کنن...»

جـواد اشـتباه نمی‌کـرد، نیروهـای گارد در آنجـا مسـتقر شـده بودنـد تـا مانـع ورود مـردم بـه پـادگان همافـران شـوند. مـردم خشـمگین تحـت تاثیـر گـزارش رادیـو بی‌بی‌سـی بـه آنجـا هجـوم آورده بودنـد تـا مانـع از کشـتن همافران به دسـت گاردیها شـوند. در واقع گاردیها بیـن این دو گروه خشـمگین گیـر افتـاده بودنـد. مـردم و همافـران حتی روحشـان خبر نداشـت کـه رادیو بی‌بی‌سـی، وقـت، اندیشـه و احساساتشـان را بـازی گرفتـه بـود. نیروهـای گارد به منظـور ارعـاب و جلوگیری از هجـوم مـردم، بـه شـلیک هوایی روی آورد، امـا این حرکت به بهبـود اوضاع کمکی نکرد و شـرایط را پیچیده‌تـر نمـود. همافـران خیـال می‌کردنـد کـه گاردیها به طـرف آنها و یا به سـمت مردم شـلیک می‌کننـد و حـال آنکـه مـردم می‌پنداشـتند کـه گاردیهـا بـه همافـران حملـه کرده‌انـد. بنابراین هر لحظـه بـر خیـلِ جمعیـت مـردم افزوده می‌شـد. حالا اشـک در گوشـه‌ی چشـمان جواد نمایان شـد و دیگـر قـادر نبـود کلامـش را ادامـه دهد. پری و رکسـانا هـم نمی‌خواسـتند بیش از این به او فشـار بیاورنـد و بـر رنجـش بیافزاینـد، ولی پـری حدس می‌زد کـه هنوز جـواد در رابطه با افراد ناشناسـی کـه از دل تاریکـی ظاهـر شـده بودنـد در ابهـام و پرسـش بـه سـر می‌بـرد، پـری پیش خـودش فکر می‌کـرد کـه دور از حـق و انصـاف اسـت کـه اطلاعاتـش را در اختیـار جـواد قـرار ندهـد بنابرایـن به تشـریح معلوماتش زبان گشـود:

«مردانـی کـه از دل تاریکـی شـب ظاهر شـدن، ایرانی نبـودن...، اونهـا جزء گروه تروریسـت‌هایی بـودن کـه از سـوریه و لیبـی بـه ایران آورده شـدن، اونهـا محافظین خمینـی بودن، وظیفـه اونها این بـود کـه سـناریویی رو کـه قـرار بـود اتفـاق بیافتـه، رادیوی بی‌بی‌سـی لنـدن بـه اونها دیکتـه کنه و اونهـا اجـرا کنـن، در حقیقـت رادیـو بی‌بی‌سـی حکم سیسـتم مخابراتی رو داشـت که بـا عواملی که

بایـد کارهـای خرابـکاری خـود را شـروع کـنـ، ندا مـی‌داد...، بـرای همین بود کـه خیلـی از اتفاقاتی کـه بی‌بی‌سـی خبـر مـی‌داد قبـل از ایـن بود که اصـلاً اتفـاق افتاده باشـه...»

سـالها بعـد بـا یکـی از همافـران بنـام امیـر قاسـمی در لسـآنجلس برخـورد کـردم. او یکـی از همافرهایـی بـود کـه در همـان خوابگاهـی کـه تعـدادی همافـر به ضـرب گلوله کشـته شـده بودند، اسـتراحت می‌کـرد. جـا دارد تـا اظهـارات او را در خصـوص آن واقعه به رشـته‌ی تحریـر درآورم. امیر قاسـمی مشـاهداتش را اینگونـه بیان داشـت:

«در داخـل خوابـگاه همـه‌ی همافرهـا در آرامـش خوابیـده بودنـد، هنگامی که چراغ روشـن شـد، تعـدادی از مـا بیـدار شـدیم، مـن متوجـه‌ی مردی شـدم که بـا صورتـی پوشـیده در کنار در ایسـتاده بـود، یـک دفعـه ایـن مـرد بـه سـمت چنـد نفر کـه در خـواب بودند شـروع بـه تیرانـدازی کـرد و بعد بلافاصلـه از در بیـرون رفـت، بـا بلنـد شـدن صـدای گلوله‌ها همـه از خـواب پریدند و گیـج و گنگ به جنـازه‌ی افـرادی کـه کشـته شـده بودنـد خیره شـدند، ما چنـان گیج شـده بودیـم که نمی‌دانسـتیم چـه عکس‌العملـی نشـان بدهیـم...، بعد هـم صدای فریـاد از بیرون بلند شـد...، «گارد بـه همافرا حمله کـرده...، بریزیـد بیـرون...، گارد داره همه‌رو میکشـه...»، بعد هم همه‌ی ما سراسـیمه ریختیم بیرون...»

در تمـام مدتـی کـه جـواد، رکسـانا و پـری در حـال گفتگـو بودنـد، بـدون اینکـه متوجه باشـند رادیـو بی‌بی‌سـی در حـال پخـش اخبـار بـود. عادتـی کـه دیگـر در اکثـر خانه‌هـا جـا افتـاده بـود. مـردم آنچـه را کـه از بی‌بی‌سـی می‌شـنیدند، بـدون شـک و دلیـل می‌پذیرفتنـد. بی‌بی‌سـی به یک منبـع خبـری معتبـر و یکپارچـه‌ی مـردم ایـران تبدیـل شـده بـود. امـا متوجـه نبودند کـه رادیوی بی‌بی‌سـی در واقـع کنتـرل رفتـار، کـردار و گفتار ملت ایـران را در اختیـار گرفته بود و آنهـا را بدون اینکـه بداننـد بـه آنچـه کـه می‌خواسـتند رهنمـون می‌کـرد. بدیهی بـود ملتـی کـه کورکورانه پیش می‌رفتنـد و بـه میـزان آگاهـی و پیش‌بینی‌هـای درسـت رادیـو بی‌بی‌سـی لنـدن شـک نمی‌کردنـد دچـار مشـکلات و رنج‌هـای عدیـده‌ای شـوند. رادیـوی بی‌بی‌سـی در اصل قلب انقلاب خانمان‌سـوز ایـران بود.

اشک بر روی گونه‌های جواد نمایان شد. پری زبان گشود تا جواد را کمی آرام کند:

«اونها همافر نبودند...»

با این سخن، تمام توجهی جواد و رکسانا به سمت پری جلب شد. پری ادامه داد:

«همـه ایـن نقشـه‌ها تو فرانسـه توسـط یـک تیـم آمریکایی کـه در اون زمـان بـه خمینی کمک می‌کـردن، برنامه‌ریـزی شـده بـود...، یـه سـرهنگ آمریکایـی بنـام گوسـت، پیغامی بـرای خمینی و آمریکایی‌هـا کـه تـو نوفل لوشـاتوی فرانسـه بودن، ارسـال کرد و افشـاء کـرد که سـپهبد آذر برزین، فرمانده‌ـی دوم در نیـروی هوایـی ایران و دریاسـالار مجیدی، فرمانده‌ی دوم در نیـروی دریایی ایران،

از جاسوسان و همراهانشون هستن....، تو اون پیام اومده بود که اونها باید بعد از اومدن خمینی به ایران یک رژه از طرف همافرها برای ابراز همبستگی با خمینی ترتیب بِدن تا کمر ارتش شاه بشکنه، به همین منظور برای کمک به ساماندهی این رژه، عده‌ی زیادی مثل رضا چایچی و جمشید نعمانی تو یه هواپیمای ارتش آمریکا، فرانسه رو به مقصد ایران ترک کردند. اونها به همتِ حاج محمود مانیان که زیر نظر سپهبد آذر برزین و دریاسالار مجیدی بودن، وارد کار شدن، سرهنگ تامسون آمریکایی هم با تعدادی دیگه از همافرها که جاسوسان آمریکایی بودن و اسامی اونها بِهش داده شده بود، در تماس بود....، حاجی مانیان پیش از این دستور داده بود که بیش از چهارصد دست لباس و کلاه همافری در اندازه‌های مختلف دوخته بشه، سفارش این کار به یه مغازه‌ی خیاطی تو خیابون ژاله نزدیکی‌های چهار راه آبسردار به شخصی بنام خلیل احمدی داده شده بود، این لباسها در اختیار همون سیصد شبه نظامی لیبی و سوریه که از خمینی محافظت می‌کردند و مخفیانه بدون اینکه شاه بدونه وارد ایران شدن، قرار داده شد، اینها همون همافرهای جعلی بودن که به عنوان همافر لباس پوشیده بودن و مقابل خمینی رژه رفتن، فقط تعداد معدودی که تو نیویورک ربوده شده بودن و یه چند نفر دیگه که تو ایران از جاسوس‌های آمریکایی بودن همافرهای واقعی بودن...»

اکنون از سنگ صدا برمیخاست ولی از جواد و رکسانا صدایی شنیده نمی‌شد. انگار برای جواد بسیاری از معماها حل شده بود اما سنگین‌تر از آن بود که بتواند آنها را هضم کند و بپذیرد. رکسانا و جواد خبر نداشتند که پری اطلاعاتش را مدیون حسین است. جواد که تازه متوجه‌ی اشک چشمانش شده بود از درب اتاق بیرون رفت تا آنها متوجه‌ی گریه‌ی او نشوند، اما حرکتش دیرتر از آن بود که قطرات اشک گونه‌هایش را خیس نکرده باشد.

❋❋❋❋❋

فصل ۲۶

یک مبارزه‌ی دیگر...، وقتی که سایه‌ی امید و اعتماد دروغین، نور زندگی را از یک ملت دور می‌کند...

یـک روز غیرمنتظـره‌ی خوب در تهران سـپری می‌شـد. دسـت‌های پرنده مثل موج دریـا بر فراز کـوه دماونـد پـرواز می‌کردنـد و در کنـار وزش نسـیم از گرمـای آفتـاب بهـره می‌بردند. حتـی وقتی هـم که به سـمت شـهر تهـران می‌آمدنـد، دنیای پرتلاطـم و غیرمنتظـره‌ی آدمها تاثیـری در آرامش آنهـا نداشـت و روزگارشـان را دگرگـون نمی‌کـرد. پرنـدگان غافـل از دنیـای پرمخاطـره‌ی آدمیـزاد، در جسـتجوی قـوت غالـب خویـش، گاه در سـطح شـهر پر می‌گشـودند. آنهـا به تحولات سیاسـی و اجتماعـی ایـران توجهـی نداشـتند همچنـان کـه مجریـان انقـلاب ناقوس مـرگ را می‌نواختنـد و به کشـتار همنوعـان خـود اهمیتـی نمی‌دادنـد. پـس از اتفاقاتی کـه در پـادگان همافـران رخ داده بود، طولـی نکشـید کـه بلندگـوی رادیـو بی‌بی‌سـی، قبـل از آنکـه عموم مـردم بداننـد، اعلام کـرد ارتش بـه خمینـی پیوسـته اسـت. در پـی ایـن اخبـار، شـاپور بختیـار پنهان شـد و بـه صـورت مخفیانه به فرانسـه‌ای گریخـت کـه بـه خمینـی اقامـت داده بـود. البتـه هماننـد همیشـه، مـردم از پشـت پرده هیـچ اطلاعـی نداشـتند و نمی‌دانسـتند کـه ژنرال‌هـای خائنـی مثـل فردوسـت و قره‌باغـی، سـران نظامـی را متقاعـد کـرده بودنـد تـا ارتـش اعـلام بیطرفـی کنـد. ایـن حرکـت در واقـع بـه منزلـه‌ی حمایـت از خمینـی محسـوب می‌شـد. افراد خـود فروختـه‌ای کـه با خیانت‌شـان تاریخ ایـران را ورق زدنـد. خیانتـی کـه در ادامـه منجـر بـه اعـدام کلیـه‌ی سـران ارتش شـد و جانشـان را به عنـوان تنها بازمانـدگان ارتـش شاهنشـاهی خریـد. بـاور کردنی نبود شـخصی به مانند فردوسـت کـه همکلاس، دوسـت و مطمئن‌تریـن فـرد نزدیـک بـه شـاه بـود خیانتـی ایـن چنیـن در حـق شـاه و ملتـش روا دارد. شـاه اطـلاع نداشـت کـه فردوسـت توسـط انگلیسـی‌ها و سـپس بـه وسـیله‌ی سـازمان سـیا و آژانـس اطلاعـات اسـرائیلی موسـاد بـه خدمـت گرفتـه شـده بود. فردوسـت کـه در آن زمان ریاسـت سـاواک را بـر عهـده داشـت، ترتیبـی داده بـود تـا برای مـدت مدیـدی اخبـار کـذب و غیرواقعی در اختیـار شـاه قـرار گیـرد و او را عامدانـه در جهـل و تاریکی نگـه دارد. بدیـن منظور دسـتور داده بود در ارائـه‌ی گزارشـات از مـداد اسـتفاده شـود تـا او بتوانـد متـن گزارش‌هـا را طبـق نظر خـود تغییر داده و اطلاعـات نادرسـت را منتقـل نمایـد. شـاید بهترین جملـه‌ای که در وصف خیانت فردوسـت و

قره‌باغـی ایـراد شـده بـود در سـخنان شـاه فقید متبلـور بود:

«صـد نفـر مثـل ویلیام شکسـپیر احتیـاج داریم کـه برگردند و قصـه‌ی هملت را بنویسـند که ما تـازه شـاید بفهمیـم که چرا فردوسـت و قره‌باغـی به من و مـردم خیانـت کردند...؟»

افـرادی هـم ماننـد حسـین بودنـد کـه از قبـل می‌دانسـتند چـه اتفاقاتـی و در کجا قـرار بود رخ دهـد. حسـین ایـن اطلاعـات را در اختیـار سـیروس هـم قـرار مـی‌داد. نیروهـای انقلابی دقیقـاً خبر داشـتند کـه بنـا بـود بـه چه سـازمان سیاسـی، دولتـی و نظامـی حمله شـود و یـا کدامین نهـاد در معـرض عقب‌نشـینی و تسـلیم قـرار دارد. البتـه سـیروس افـرادی را که در پشـت پرده، ایـن طرحها را برنامه‌ریـزی می‌کردنـد و بـه مرحلـه‌ی اجـرا در می‌آوردنـد، نمی‌شـناخت. امـا از آنجایـی کـه او یـک نمایشـنامه‌نویس بـود، بـه نظرش می‌آمد که انگار کسـی نمایشـنامه‌ی وحشـتناکی را نوشـته و آن را به‌طـور زنـده بـر روی صحنـه بـه اجرا گذاشـته بـود. البتـه رادیو بی‌بی‌سـی هنرپیشـه‌ی اول و راوی نمایـش بـود و اتفاقـات را قبـل از شـروع هـر پـرده‌ی نمایش اعـلام می‌کرد و بـه بازیگران خط مـی‌داد. امـا ایـن نمایشـنامه چیـزی نبـود جـز یک داسـتان واقعـی که بـه منظـور برانـدازی دولت، ملـت و خـاک زرخیـز ایران بـه رشـته‌ی تحریر درآمـده بود.

حـالا در کمتـر از یـک شـبانه‌روز، ایـران بـا یـک دولت موقـت اداره می‌شـد که مهنـدس مهدی بـازرگان بـه ریاسـت آن منصوب شـده بـود. وی علیه شـاه فعالیـت دیرینه‌ای داشـت و عضو جبهه‌ی ملـی و از حامیـان مصـدق بـود. مصدقـی که در سـال ۱۹۳۱ توسـط آمریکایی‌ها سـقوط کرد و شـاه دوبـاره بـه قـدرت رسـید. البتـه خمینـی زمانی که در فرانسـه بـود از مهندس بـازرگان خواسـته بود تـا اعضـای کابینـه‌ی خـود را انتخـاب کنـد. در واقـع بـرای نخسـتین بـار در تاریـخ ایـران، حکومت از پادشـاهی بـه جمهـوری تغییـر کـرده بـود. حـالا ملـت ایـران بـه مناسـبت پیـروزی انقـلاب خود جشـن می‌گرفتنـد و شـادی می‌کردنـد، حـال آنکـه بـرای عـده‌ای مثـل خانـواده‌ی سـیروس ایـن انقـلاب چیـزی بـه جـز یک سـوگ دردنـاک نبـود. آنها خطـر اعـدام را در بیـخ گوش امیر احسـاس می‌کردنـد. سـیروس بـا اینکـه بـه دفعات در خصـوص ترک ایـران با امیر صحبـت کرده بود امـا او از رفتـن امتنـاع میورزیـد. معتقـد بود بدون استنشـاق هـوای پاک ایـران، نفسـش به شـماره می‌افتاد. ترجیـح مـی‌داد تـا در وطنـش می‌بـود و بـا اجل دسـت و پنجه نـرم می‌کرد تـا پس از مـرگ بدنش در ایـن مـرز و بـوم تجزیـه می‌شـد و بـا ذرات خاکـش درهـم می‌آمیخـت. بـا این تفاسـیر سـیروس باکـی نداشـت زندگانـی‌اش را بـه خطـر بیانـدازد تـا شـاید بتوانـد در بزنـگاه جـان بـرادرش را نجات دهـد. سـیروس وقتـی اوضاع نابسـامان ایـران را ملاحظه می‌کـرد و دیگر امیدی بـه ادامه‌ی حکومت شـاه نداشـت تـا انـدازه‌ای خـود را به انقلابیـون نزدیک کـرده بود و با افـرادی مثل حسـین همکاری می‌کـرد تـا هـم بتواند بیشـتر در جریان اسـرار انقـلاب قرار گیـرد و بعدها در مورد آن بنویسـد و هم

بـا نیتـی مهمتـر، خـود را بـه جایگاهی برسـاند تـا در صورت لزوم نسـبت بـه حفاظت جـان برادرش اقـدام کنـد. البتـه او جـزو گروهی بود که نمی‌خواسـتند آخوندهـا در ایران قدرت را به دسـت گیرند. سـیروس از آنجایـی کـه می‌دانسـت نـام برادرش در لیسـت اعدامیان قـرار دارد و خطر مـرگ در بیخ گوشـش احسـاس می‌شـود دسـت بـه کار شـد و بـه دیـدن اسـعد رفت تـا شـاید بتوانـد از او کمک بگیـرد. حسـین کـه حالا کمتـر با قطـب‌زاده میپرید و بیشـتر با ابولحسـن بنی‌صدر جور شـده بود و بـا او کار می‌کـرد کامـلاً به اطلاعات پشـت پرده دسترسـی داشـت و تـا آنجا که لازم می‌دانسـت آنها را بـا سـیروس در میـان می‌گذاشـت. سـیروس از طریـق حسـین و اسـعد مطلع شـده بود که سـعید کلیـد نجـات جـان بـرادرش را در اختیـار دارد. او در دولـت انقلابـی جدیـد به یک مقام مهم رسـیده بـود و در سـازمان سـاواک کـه حـالا به سـاوانا تغییر نـام داده بود، فعالیـت می‌کرد. اسـعد با خمینی رابطـه‌ی مسـتقیمی داشـت و او بـود کـه بـازار را دوباره بـرای هماهنگی بـا خمینی آماده کـرده بود و بطـور غیرمسـتقیم در کنتـرل داشـت. خمینـی هم بـه او بسـیار اعتماد داشـت و بطـور مخفیانه با او در تمـاس بـود. امـا نگرانـی اسـعد حـالا برای سـلامتی رکسـانا بیشـتر شـده بـود. می دانسـت که رقابتهـا بـرای کسـب قـدرت و مکنـت بین همه بخصـوص معممین آغاز شـده بود و برای تـرد و کنار زدن رقبـای خـود هیچکـدام از اسـتفاده‌ی هرگونه حربه‌ای که بدستشـان می‌رسـید ابایی نداشـتند. حتـی کشـتن رقیبـان خـود. بـرای همین اسـعد می دانسـت که اگر کسـی از وجـود رکسـانا و اینکه او دختـر اوسـت آگاه شـود مسـلما جان رکسـانا حالا واقعا در معـرض خطر می افتـاد. او این جماعت خشـک مذهـب و مذهبی‌نمـا و روحانیـت را خوب می‌شـناخت، می‌دانسـت که آنها برای رسـیدن به اهـداف خـود بـه مـادر خـود هم رحـم نمی‌کننـد. بنابرایـن می‌دانسـت که حـالا باید بیشـتر مواظب باشـد کـه کسـی از وجـود رکسـانا و اینکـه او دختـر اسـعد اسـت خبـری کسـب نکند. اسـعد خوب می‌دانسـت کـه این‌روزهـا تـو بـه چشـمت هـم نمی‌توانسـتی اعتمـاد کنـی، او فقـط بـه سـیروس و امیـر، حسـین و تـا انـدازه‌ای هـم بـه دوریـان مگـرای اعتمـاد داشـت. بنابرایـن بنا بـر پیشـنهاد او و حـس درونـی خـودش و بـا اینکه برایش بسـیار سـخت بود هنـوز از دیدن رکسـانا خـوداری می‌کرد تـا از همـه چیـز مطمئن شـود. خصوصا کـه می‌دانسـت او در خفا بر علیـه خمینـی و مذهبیون وارد گود شـده بـود و فعالیـت می‌کرد.

*****

مدتـی بـود کـه از پیـروزی انقـلاب می‌گذشـت. رکسـانا در امتـداد پیـاده‌روی مقابـل دانشـگاه تهـران قـدم می‌زد . سرتاسـر پیاده‌روهای کنار دانشگاه از کتاب و فروشـندگان دسـتفروش پوشـیده شـده بـود. کتاب‌هـای علـی شـریعتی بسـیار پرفـروش بودنـد. بیشـتر از آن جملـه کتابهایـی بودنـد کـه در زمـان حکومـت قبلـی چاپشـان ممنـوع بود. جـو سیاسـی و آزادی همه جـا را فـرا گرفته بود.

رکسانا وارد دانشگاه تهران شد. نخستین پدیده‌ای که نظرش را جلب کرد انبوه گروه‌های دانشجویی مختلف با ایدئولوژی‌های متفاوت بود که دور هم جمع بودند و با بحث‌های داغ و مشاجره می‌خواستند عقاید و ایدئولوژی سیاسی خود را به یکدیگر بقبولانند و آن را در اداره‌ی آینده ایران برتر بشمارند. تقریباً کل دانشگاه مملو از زنان و مردان جوانی بود که خبر نداشتند عقاید آنها هیچ ارزش و اهمیتی در شکل گرفتن آینده ایران ندارد. نمی‌دانستند که آینده‌ی ایران در پشت درب‌های بسته و توسط عوامل خائن و خودفروخته شکل گرفته بود و داشت به مرحله‌ی اجرا درمی‌آمد. نمی‌دانستند آینده از مدتها قبل توسط کشورهای استعمارگر خارجی به خمینی و یارانش دیکته شده بود و آنها هیچ نقشی در آن نخواهند داشت. سیاست‌های نامطلوب مکرر که هیچ ثمری نداشت مگر پسرفت که به رکود اقتصادی و اجتماعی ایران ختم می‌شد. نمی‌دانستند که همه در دام یک توطئه‌ی شوم و تبلیغات مغرضانه‌ای قربانی شده‌اند که در پایان به ندامت بی‌حاصلی منجر می‌شود.

رکسانا از میان گروه‌های دانشجویی گذشت و سرانجام پری را پیدا کرد که او هم گرم بحث و گفتگو بود. پری در حالی که به کلام خود ادامه می‌داد رکسانا را دید و لبخندی نثارش کرد. رکسانا پس از مدتی که به مباحث آنها گوش سپرد، در برخی از اظهارنظرهای داغشان، شرکت می‌کرد. اظهارنظر می‌کرد و خیلی‌ها را هم به تعجب تحسین وا می‌داشت و بسیاری را هم که از خشکه مذهبیون بودند را خشمگین می‌کرد. در چشم آنها او هنوز یک آمریکایی و جاسوس آمریکا بود. برای همین پری همیشه وارد گود می‌شد و رکسانا را کنار می‌کشید و به او نصیحت می‌کرد ساکت و آرام و بی‌طرف باقی بماند و فقط تماشاگر باشد. اما این کار راحتی برای رکسانا نبود. البته اینگونه مباحث و گردهمایی‌ها صرفاً به سطح دانشگاه ختم نمی‌شد، در حقیقت به جریانی تبدیل شده بود که در تجمع تمام اماکن عمومی و خانه‌های سراسر ایران وجود داشت. در همین حال و احوال رکسانا متوجه‌ی چهره‌ی آشنای حسین شد که در گروهی به مراتب بزرگتر با دیگران مجادله می‌کرد. حسین جدی و سخنوری توانا بود و به واسطه‌ی اطلاعات وافری که داشت کمتر کسی قادر بود در بحث با او پیروز شود. رکسانا با دیدن حسین شوکه شد. نخستین باری بود که پس از ترک آمریکا، حسین را آن هم در ایران می‌دید. روزی نبود که خاطره‌ی هولناک بمب‌گذاری ایستگاه پلیس در ذهن رکسانا زنده نشود. حادثه‌ی تلخی که با تکه‌تکه شدن دخترک معصومی همراه بود. کم پیش می‌آمد که به این موضوع نیندیشد که حسین او را به دلایل سیاسی خویش، فریفت و به ایران فرستاد تا از وجود او در پیشبرد اهدافش استفاده کند. اکنون با رویت حسین، صحنه‌ی بمب‌گذاری و مرگ دخترک مثل یک فیلم قدیمی غمناک در ذهنش به نمایش درآمده بود و او را رنج می‌داد. اشک در چشمان رکسانا حلقه زد. با وجود کوشش‌های فراوان نتوانسته بود این حادثه

را فرامـوش کنـد. می‌دانسـت ایـن یـک واقعه‌ی وحشـتناکی بود که تـا آخر عمر مثل سـایه تعقیبش می‌کـرد. بـا دیـدن حسـین تصمیـم گرفـت تا از ایـن خاطره‌ی تلـخ رها شـود و آن را به حسـاب این بگـذارد کـه حسـین فقـط قصد داشـت تا بـه ملتش خدمـت کند، امـا به نظر نمی‌رسـید قادر باشـد خـود را اینگونه قانـع نماید.

رکسـانا بـا صـدای فریاد بلند حسـین کـه در مخالفت با حکومـت کردن روحانیـان بحث می‌کرد، از فکـر و خیـال بیـرون آمـد. حسـین سـعی داشـت تا بـه سـایرین بفهماند کـه اگر روحانیـت قدرت را بـه دسـت بگیـرد خطـرات عدیـده‌ای مملکت و ملـت ایـران را تهدید خواهـد کرد. امـا می‌دید که انـگار عقـل و منطـق بسـیاری از دانشـجویان ذایـل شـده بود و با اسـتدلال‌هایش سـنخیت نداشـت. حسـین معتقـد بـود کـه بایـد دین از سیاسـت جـدا باشـد. امـا از آنجایی کـه هیچ‌کس قـادر نبود تا بـا وِی مناظـره کنـد بنابرایـن او حرفـش را به کرسـی می‌نشـاند و همیشـه پیـروز میدان بـود، البته حداقـل در محیـط دانشـگاه و نه در پشـت درب‌هـای بسـته‌ی تاثیر گذار.

حـالا رکسـانا بـه ایـن بینـش رسـیده بود کـه دیگر نمی‌خواسـت به حسـین فکـر کند و یـا با او روبـرو شـود، بنابرایـن نگاهـش به طرف پری برگشـت. امـا به هر دلیلـی که خودش هم نمی‌دانسـت ذهنـش در مقـام مقایسـه‌ی حسـین بـا سـیروس برآمـد. از اینکـه دو فـرد بـا آن همـه خصوصیـات اخلاقـی مختلـف می‌توانسـتند دوسـتانی صمیمی باقـی بمانند، متعجب بود. شـاید وجـه تمایز اصلی آنهـا در ایـن بـود کـه سـیروس هیـچ علاقه‌ای نداشـت کـه در بحث‌هـای گروهی شـرکت کنـد و یا بـه یـک فرقـه و جناحـی بپیونـدد، امـا در عیـن حال خـود را متعلـق به همـه‌ی گروه‌ها می‌دانسـت و گاه هـم زیـر بـار هیـچ گروهـی نمی‌رفـت. بـه نظـر او حضـور در بحث‌هـای گـذرای بی‌حاصـل به منزلـه‌ی هـدر دادن وقـت و انـرژی بـود. سـیروس شـخصیت مسـتقلی داشـت و هر ایـده‌ی مفیدی را کـه بـه تکامـل او می‌انجامیـد و یـا بـه پیشـرفت مملکتـش کمـک می‌کـرد، می‌پذیرفت، فـارغ از اینکـه از افـکار چـه گـروه و یا شـخصی سرچشـمه می‌گرفـت. او در فلسـفه‌ی جمعی معتقـد بود که اگـر فـردی بـه یـک گروه تعلق داشـت، فـارغ از کژی یا راسـتی، بایـد پیگیـر ایدئولوژی آنهـا می‌بود و بـه گروهـش وفـادار می‌مانـد وَلـو اینکـه بـا عقایـدش ناسـازگار بـود. از منظر رکسـانا سـیروس در اندیشـه‌هایش اسـتقلال داشـت. حـال آنکـه در سـویی دیگـر، حسـین ترجیـح مـی‌داد در قامت یک رهبـر، توده‌هـا را ترغیـب کنـد تا سـر عقل بیاینـد و در مسـیر درسـت گام بردارند. این بـازی ذهنی بـه رکسـانا کمـک می‌کـرد تا حداقـل از حـس و تمایلاتـش به حسـین بکاهد.

پـری بـا دیـدن رکسـانا کـه بـا مشـاهدی حسـین از ایـن رو بـه آن رو شـده بـود، از گـروه برید و بـه او پیوسـت. پـری متوجـه شـده بـود کـه رکسـانا بـا چهـره‌ی غضبناکـی بـه حسـین می‌نگرد و ایـن صحنـه‌ای بـود کـه باعـث نگرانی شـدید او می‌شـد. پری و حسـین صاحـب طرز تفکر سیاسـی

مشترکی بودند. هر دو برای یک هدف می‌جنگیدند و مصمم بودند تا اندیشه‌ی ایرانیانی که اعتقاد داشتند حاکمیت رژیم خمینی به منفعت و مصلحت کشورشان است، تغییر دهند. پری می‌ترسید که رکسانا با توجه به ناراحتی فزاینده‌ای که نسبت به حسین داشت، دست به اقدامی بزند که به صلاح هیچ کدامشان نباشد.

پری و رکسانا با شنیدن فریاد اعتراض گروهی از زنان که از خارج دانشگاه می‌آمد با عجله به سمت بیرون حرکت کردند. زنان بر علیه حجاب اجباری که از طرف دولت خمینی ابلاغ شده بود به خیابان ریخته بودند و بر علیه آن شعار می‌دادند. پری و رکسانا به محض اینکه به آنها رسیدند و قصد داشتند به اعتراضشان بپیوندند، مورد حمله‌ی گروهی از متعصبین مذهبی قرار گرفتند. مردانی سیاهپوش و ریشو که بیرحمانه آنها را کتک می‌زدند. زنان معترض فرار را بر قرار ترجیح دادند و به هر سوراخی که پیدا می‌کردند، پناه می‌بردند. عده‌ای وارد اتوبوس‌ها و ماشین‌های شخصی شدند و پنهان گشتند. برخی از مردان و زنان مسن در مقام اعتراض و دفاع از زنان معترض بلند شدند، اما خشم متعصبین مذهبی آن چنان شدید بود که تر و خشک را با هم می‌سوزاند. به نظر می‌رسید، داشتند زهر چشم می‌گرفتند. در چشم پری و رکسانا، این جریان سرآغاز یک حمله‌ی جدید عربی به شکلی متفاوت برای تجاوز به ایرانیان بود. تازه دو زاری پری افتاده بود که آنها با دست خویش گور خود را کنده بودند وآن آزادی و استقلالی را که سنگش را به سینه می‌زدند و آن ظلم و ستمی را که به خاطرش جنگیدند، نه تنها از بین نرفته بود بلکه داشت به حد غایت هم می‌رسید و این بیانگر مبارزه‌ای خونین بود....

*****

فصل ۲۷

وقتی دوستانت سلاخ و قاضی اعدام هموطنانت می‌شوند...

هـرج و مـرج و بی‌اعتمـادی در سراسـر ایـران گسـترش یافتـه بـود. خمینـی کـه حالا بر مسـند قـدرت جـای داشـت حرفـش معـادل کلام خـدا بـود و هیـچ کس جـرات نداشـت سـخنانش را نفی کنـد. اگـر فـردی به مخالفت او برمی‌خاسـت برچسـب ضد انقلاب بر وسـط پیشـانیش می‌نشسـت و بـا عواقبـی چـون طرد از اجتمـاع، حبس و یا اعـدام روبه‌رو می‌شـد. رخدادهای ایـران همچنان صدر اخبـار اکثـر رسـانه‌های جهانـی را به خـود اختصـاص داده بـود و از اینکـه افتخارات و خواسـته‌های یـک ملـت نادیـده گرفتـه شـود و آنها را به خفـت و خواری بکشـاند در مظان پرسـش و تحقیق قرار داشـت. در ایـران همـه چیـز در حـال تغیـر و تحول بـود. انگار مـردم قـدرت بینایی و شـنوایی خود را از دسـت داده بودنـد و نمی‌فهمیدنـد کـه دلالان قـدرت داشـتند خونهـا و تظاهرات‌هایشـان را بـر بـاد می‌دادنـد. خبـر نداشـتند کـه تشـنه‌های قـدرت و مکنت، بـه ایران و اسـلام اهمیتـی نمی‌دادند و فقـط در پشـت درب‌هـای بسـته بـا هـم رقابت می‌کردند تـا جای پای خـود را محکـم کنند. روزی نبـود کـه گوش‌هـا خبـر احـکام اعدام‌های دسـت جمعی را نشـنود و چشـمها به عکـس اعدامیان به خـون خفتـه‌ی روزنامه‌هـا نیفتد.

خانـواده‌ی سـیروس هـم به واسـطه‌ی وضعیتی که امیر داشـت طعـم تلخ ایـن حکومت منحوس را پیوسـته می‌چشـید. امیـر در سـاواک عضویـت داشـت و یکی از مشـاوران خصوصی و مخفی شـاه بـه شـمار می‌رفـت. نگرانـی از اینکـه هـر آن ممکن بـود نیروهای انقلابی سـر برسـند و امیـر را کَت بسـته ببرنـد و در فـردای روزگار عکـس او را هم بـه عنوان اعدامـی در روزنامه‌ها چـاپ کنند، خواب و خـوراک را از خانـواده گرفتـه بـود. سـیروس طی تماس‌هایی که با اسـعد و حسـین داشـت تاکنون جلـوی ایـن جریـان ناگـوار را گرفتـه بـود. امـا در آن مقطـع بحرانـی کـه بی‌قانونـی موج مـی‌زد، به هیـچ چیـز و بـه هیـچ کس نمی‌شـد اطمینان کـرد. بسـیاری از آنها خودسـرانه وارد عمل می‌شـدند و بـا عـزم و عقـده‌ای کـه داشـتند دسـت بـه هـر کاری می‌زدنـد. آخونـدی دیوانـه و خونخـوار بنـام خلخالـی در مقـام حاکـم شـرع دادگاه‌هـای انقلاب بر مسـند قضاوت نشسـته بـود و از کشـتار مردم ابایـی نداشـت. شـخصی بـه ماننـد سـعید اکنـون در منصبـی تکیـه زده بـود کـه روزگاری عرصه‌ی اقدامـات امیـر بـود. حـال میان مـاه امیر تـا مـاه گردانندگان انقـلاب، زمین تا آسـمان تفـاوت وجود داشـت. امیـر بـا تدبیـر و شـکوفایی همنشـین بـود و ضمن ترویـج معرفت و مسـاعدت، میکوشـید تا در سـطح جامعـه صلـح، صفـا و دوسـتی برقـرار کند. حـال آنکه سـعید نماینـده‌ی انتقـام، تخریب و

تخلیـه‌ی عقده‌هایـش بود.

سـیروس از اینکـه رکسـانا بیشـتر وقـت خـود را در خانـه‌ی حاجیـه خانـم می‌گذرانـد بسـیار مشـعوف بـود. احسـاس می‌کـرد مـادرش او را بـه عنـوان جزیـی از خانـواده پذیرفته اسـت. رکسـانا مایـه‌ی آرامـش حاجیـه خانـم بـود و زندگـی تاریـک او را مثل نور مهتاب روشـن می‌کـرد. بخصوص اینکـه تـا حـدی فکـر و ذکـر مشـوش او را از عاقبـت هولناک امیـر منحـرف می‌نمود. منـزل حاجیه خانـم همیشـه شـلوغ بـود و اقوام و آشـنایان بـه دیـدن او می‌آمدند. همـواره بحث‌های پـر طمطراق هـم بـه خاطـر اختـلاف نظرهـا در می‌گرفـت، امـا بـه محـض رویـت حاجیـه خانـم کـه بـه منظـور پذیرایی همیشـه با یک سـینی چای و یا خوراکی دیگری وارد اتاق می‌شـد همه سـاکت می‌شـدند.

امـا فکـر و ذکـر حاجیـه خانـم همیشـه پیش امیـر بود کـه ایـن روزها تمـام وقتـش را در منزل مـادرش می‌گذرانـد و بـه همـراه احمدرضا خود را بـا نگهداری گل‌هـای باغچه سـرگرم می‌کرد. امیر کـه هیـچ زن و بچـه‌ای نداشـت و بـه در خواسـت و گریه‌های مادرش حـالا در خانه‌ی او مقیم شـده بـود، مـادرش می ترسـید شـبانه به خانـه‌ی امیر بریزنـد و او را برده و اعـدام کنند.مادر قصد داشـت از پسـرش محافظـت کنـد. امیـر بـا اینکـه می‌دانسـت هـر آن ممکن بـود عناصـر انقلاب به سـراغ او بیاینـد امـا بـرای نجـات جان خـود هیچ تلاشـی نمی‌کرد. او نـه تنها با کسـی سـخن نمی‌گفت بلکه کامـلاً سـکوت اختیـار کـرده بـود و انـگار نه انگار کـه جانـش در معرض خطر قـرار داشـت. هر چند سـیروس و حاجیـه خانـم می‌دانسـتند کـه امیـر شـیفته‌ی زندگانی بـود اما حفـظ تمامیت ایـران را بـر نجـات جانـش ترجیـح مـی‌داد و به وطنش عشـق می‌ورزیـد، از این رو مایـل نبود تا خـاک ایران را تـرک کند.

آنچـه کـه در ایـن میان سـیروس را بیـش از پیش نگران می‌کرد شـیوه‌ی جاسوسـی عمومی بود کـه دولـت خمینـی در پیـش گرفتـه بـود. آنها از مـردم می‌خواسـتند تا جاسـوس حکومت باشـند و مثـل یـک مامـور، گفتار و کردار خویشـان و بیگانـگان را به حکومـت گزارش دهند. آنهـا این حرکت را یـک وظیفـه‌ی اخلاقـی و شـرعی قلمـداد می‌کردنـد. افـرادی کـه به چنیـن اقدامی تـن می‌دادند مـورد مهر و اعتمـاد حکومـت قرار می‌گرفتنـد و موقعیت اجتماعـی خود را در دولـت نوپای خمینی پایه‌گـذاری می‌کردنـد. ایـن برنامـه‌ی خطرناکـی بـود که احتمـال می‌رفت به ضـرر امیر تمام شـود، بـه همیـن دلیـل هـم حاجیه خانـم در گزینـش مهمانانش احتیـاط به خـرج داد، اما این اقـدام مانع از آن نمی‌شـد کـه رکسـانا و حاجیـه خانـم بـا هـر صدای خفیفـی که در شـامگاهان برمی‌خاسـت از خـواب نپرنـد و نگـران نشـوند و تـا مطمئـن نمی‌شـدند که امیـر در امن و امان اسـت نمی‌توانسـتند بیآرامنـد. البتـه رکسـانا هـر شـب بیدار می‌مانـد تا حاجیـه خانم به خـواب می‌رفت و بعـد کتابش را برمی‌داشـت و در کنار شـومینه می‌نشسـت و مشـغول مطالعه می‌شـد. هر چند ناموفق اما همیشـه

از هـر فرصتـی اسـتفاده می‌کـرد تـا امیر را ترغیب کنـد که یک زندگـی مخفیانـه را در پیش گیرد و از ایـران خـارج شـود. البتـه همچنـان به جسـتجوی پـدرش می‌پرداخـت و امیدوار بود کـه به کمک سـیروس بالاخـره او را خواهد یافت.

*****

پاسـی از نیمه شـب گذشـته بـود. صدای گریـه‌ای که از اتاق نشـیمن می‌آمد رکسـانا را از خواب بیـدار کـرد. بـا نگرانـی از اتاقـش بیـرون آمد. چشـمش به حاجیـه خانم افتـاد که بر روی سـجاده‌ی مخملـی‌اش نشسـته بـود و تسـبیح‌زنان اشـک می‌ریخت. هـر چند حاجیـه خانم تمام سـعی خود را کـرده بـود کـه صدایـش بلند نشـود اما انـگار درد و رنـج و نگرانـی‌اش شـدیدتر از آن بود کـه بتواند آن را کنتـرل کنـد. لحظـه‌ای بعـد رکسـانا بـدن پـر درد حاجیـه خانـم را از پشـت در آغـوش گرفته بـود. سـعی داشـت تـا کمی بـا او دلداری دهد. حاجیه خانم دسـتان رکسـانا را بوسـید کـه در جلوی سـینه‌اش او را محکـم در آغـوش گرفتـه بـود. اشـک‌های سـرد حاجیـه خانم بر روی دسـت رکسـانا می‌چکیـد و انـگار درد و رنـج او را بـه رکسـانا منتقـل می‌کـرد. ناخـودآگاه چشـمان رکسـانا هـم از اشـک خیس و تار شـد.

صـدای ناتـوان پیـرزن کـه از تـرس به خـود می‌لرزیـد، بلند شـد. او بـه خاطر دیدن یـک خواب بـد، از خـواب پریـده بـود و حـالا از آن خـواب هولنـاک به نمـاز و نیایش پنـاه آورده بود.

«مـادره خـدا بیامُـرزم رو تـو خـواب دیـدم کـه داشـت خونـه‌ای رو تمیـز می‌کـرد...، نمی‌دونـم خونـه‌ی کـی یـا کجـا بـود...، ناراحت شـدم و پرسـیدم که چـرا اون خونه‌ی مـردم رو تمیـز می‌کنه، نمیدونسـتم کـه مـرده، جـواب داد، مـن که خونـه‌ی غریبه‌هـا رو تمیز نمی‌کنـم، این خونـه‌ی نوه‌ام امیـر هسـت، دارم خانـه‌ی امیـر رو بـراش آمـاده می‌کنـم...، مـن از تـرس از خـواب بیـدار شـدم و نتونسـتم بخوابـم...، مـن امیرم رو از دسـت میـدم...، اون ظالما میـان دنبالـش...، اون بیرحما بالاخره امیـرم رو جلوی چشـمم میکشـن...!»

پیـرزن درمانـده بـه گریـه‌اش ادامه مـی‌داد و در عین حال سـعی می‌کـرد صدایـش را پایین نگه دارد تـا مبـادا امیـر را از خـواب بیـدار کنـد، امـا خبر نداشـت که امیـر از لای درب اتاقـش که قدری بـاز بـود بـه آنها نـگاه و گـوش می‌کرد.

«می‌دونـم امیـر تـو خطـره، اونهـا امیـر رو میکشـن، اونهـا قصـد دارن پسـرم رو، بچـه‌ی مـن رو بکشـن، چطـور می‌تونـم بـدون اون زندگـی کنـم...؟»

حاجیـه خانـم بـه رکسـانا نگاهـی انداخـت. پریشـان‌حال و ملتمسـانه. چشـمانش داد مـی‌زد که بـه دنبـال معجـزه‌ای بود.

«شـاید شـما بتونـی باهـاش حـرف بزنـی، بهـش بگـی ما همـه بـه اون نیـاز داریـم و بایـد زنده بمونـه...، راضیـش کنـی بـا شـما بـره آمریـکا...، نگـران پـول نبـاش...، از اینجا ببـرش...»

پیـرزن حـالا آنقـدر گریـه کـرده بود کـه رکسـانا دیگر تاب و تحمل نداشـت که واکنشـی نشـان ندهـد. از ایـن رو بـا تانـی یک بـازوی او را گرفت و روی شـانه‌های خود گذاشـت و با دسـت دیگرش او را از زمیـن بلنـد کرد.

"بیا بریم ببینیم بچه‌های شما بیدار هستن که غذاشون بدی...؟»

بـرای اولیـن بـار در زندگـی، حاجیـه خانـم مثـل طفلـی کـه بـه دنبـال مـادرش می‌رفـت هیچ مقاومتـی نکـرد و بـه اتفـاق او وارد ایـوان شـد. البتـه حاجیـه خانـم می‌دانسـت کـه منظور رکسـانا پرندگانـی بـود کـه او همیشـه بـه آنهـا آب و دانـه مـی‌داد. رکسـانا امیـدوار بـود تا بـا یاد پرنـدگان، ذهـن حاجیـه خانـم را منحـرف کند و کمـی از رنـج او بکاهد. تاریکی شـب هنوز حاکم بـود. آنها در تاریکـی کنـار هـم ایسـتادند و بـه اطرافشـان نـگاه کردند. هیـچ پرنـده‌ای یافت نمی‌شـد. امـا با این حـال حاجیـه خانـم دانه‌هایـش را بـرای انها می پاشـید. انگار همـه‌ی آنهـا خوابیده بودند. چشـمان رکسـانا بـه سـمت صدها سـتاره‌ای جلب شـد کـه بر تارک آسـمان چشـمک می‌زدند. رو بـه حاجیه خانـم کرد.

«اونها منتظر هستن...!»

پیرزن کاملاً گیج و افسرده زمزمه کرد:

«اونها منتظر هستن...!؟»

رکسانا سرش را به تصدیق جنباند و ادامه داد:

«بله...، حاجیه خانم ستاره‌ها...!»

حاجیـه خانـم بـه نـدرت شـانس ایـن را داشـت تـا در دنیـای کودکانـه غـرق شـود. بنابرایـن نمی‌دانسـت چگونـه بـا آن ارتبـاط برقـرار کنـد، امـا زیـر لـب زمزمـه کـرد:

«من هم منتظر هستم...، منتظره کمکه خدا...»

رکسانا لبخندی زد.

«پـس آرزوتـو بکـن...، از ایـن همـه سـتاره حتمـاً بایـد یکـی از اونها متعلق بـه تو باشـه و صدای تو رو بشـنوه...»

چشـم‌های حاجیـه خانـم بـدون هیـچ مقاومتـی بسـته شـدند. از سـتاره‌ها عاجزانه می‌خواسـت تـا جـان امیـر را نجـات دهنـد. رکسـانا هـم ناخـودآگاه به بـازی که آغـاز کرده بـود پیوسـت و او هم از سـتارها می‌طلبیـد تـا جـان امیـر را نجـات دهنـد. آنهـا مـدت طولانـی ایسـتادند و بـا آرامـش به

آسمان نظـر دوختنـد. فکـر می‌کردنـد که غیرممکن باشـد که انسـان بتواند بـه دل آسـمانها برود و در آنجـا بـا صلـح و صفـا زندگـی کنـد. نـگاه حاجیه خانـم که انـگار برقراری صلـح و آرامـش زمینی را بـه حضـور در آسـمان ترجیـح می‌داد، به سـمت زمین برگشـت. با صدایـی پر از محبـت و آرزو، از رازی پـرده برداشـت کـه انـگار مدتها در سـینه‌اش مخفی کـرده بود:

«من یک ستاره‌ی دیگری را میبینم که اینجا منتظر است...!»

رکسانا با تبسم زبان گشود:

«پس آرزوتو بکن...!»

«من آرزو می‌کنم شما عروس من بشی...!»

رکسـانا کـه بایـد بـا شـنیدن آرزوی حاجیـه خانـم، خوشـحال می‌شـد، برعکـس دلـش نـه تنها بـرای خـودش بلکـه بیشـتر برای پیرزن سـوخت کـه هنوز خبر نداشـت سـیروس در آمریـکا ازدواج کـرده بـود. خیلـی دلـش می‌خواسـت بنشـیند و در مـورد همـه چیـز بـا حاجیـه خانـم حـرف بزند. بگویـد کـه او نیز دلباخته‌ی سـیروس اسـت، اما سـیروس دیگر بـه او تعلق ندارد. اکنـون زن دیگری او را در آغـوش می‌گیـرد. بگویـد کـه در ابتـدا از حرکـت سـیروس ناراحـت شـده بود و می‌خواسـت تلافـی کنـد امـا وقتـی پی برد که عشـقش از ایـن افـکار کودکانه فراتر اسـت، خود را سـرزنش کرده بـود. می‌خواسـت حاجیـه خانـم بدانـد کـه او و سـیروس بـه یـک فرجـام ناخوشـایند رسـیده‌اند که در صـورت ازدواج، عشقشـان بـه نفـرت ختـم می‌شـود. بنابرایـن مصلحـت دیدنـد کـه عشقشـان را بـرای همیشـه در قلـب خـود حبـس کننـد که مبـادا از بیـن برود و یـا به خشـم و کینه‌آلوده شـود. می‌خواسـت اقـرار کنـد کـه شـاید ایـن گزینـه‌ی بهتـری بـود، زیـرا کـه او مایل نبـود به سرنوشـت مـادرش دچـار شـود. آنها هرگز نتوانسـته بودند واژگان عشـق و علاقـه را بر زبان بیاورند و نسـبت به یکدیگـر بـروز دهنـد. امـا عشقشـان آن چنان عمیـق و پاک بود که نیاز به اظهار نظر نداشـت. عشـق آنهـا در وجودشـان سرشـته شـده بـود و تمرکز بر چنین عشـقی، چهار سـتون بدنشـان را می‌لرزاند. رکسـانا دیگـر ایـن واقعیـت را پذیرفتـه بود که اشـخاصی به مانند سـیروس، اسـعد و پـری نه به یک فـرد، بلکـه بـه یـک اجتماع تعلق داشـتند. انگار وقـف خاک وطن و ملتشـان بودند و معنـی و مفهوم زندگـی آنهـا در ایـن دو حقیقـت خلاصـه می‌شـد. ایـن عشـق ورای آن عشـقی بـود کـه نسـبت به مـادر، پـدر و سـایر اعضـای خانواده داشـتند. عشـقی که قابل مقایسـه نبـود. عده‌ی انگشت‌شـماری می‌توانند این سـعادت را داشـته باشـند که از چنین احسـاس و تمایلات پسـندیده‌ی جهان شـمولی برخـوردار شـوند. امـا بـا همـه‌ی ایـن تفاسـیر، رکسـانا هنـوز مایـل بـود بدانـد کـه چرا سـیروس به ناگهـان و بـا عجلـه در آمریـکا ازدواج کـرده بـود. هـر چنـد می‌دانسـت کـه لازم نبود ایـن مطالب را کـه باعـث رنجیـدن حاجیـه خانم می‌شـود، بیـان نمایـد. بنابراین دسـت‌های حاجیه خانـم را گرفت

و با تمام وجود سعی کرد تا کمی او را آرام و خوشحال کند.

«من احساس می‌کنم اکنون عروس شما هستم...»

و پیشانی حاجیه خانم را بوسید. درست در همین موقع صدای زنگ تلفن بلند شد. نگاهشان به سمت صدای زنگ تلفن برگشت. صدای زنگ تلفن در آن وقت از شب تعجب برانگیز بود. لحظاتی به تلفن خیره شدند. بالاخره حاجیه خانم زبان گشود:

«این باید پسرم سیروس باشه...»

حاجیه خانم با عجله وارد اتاق نشیمن شد و گوشی را برداشت. صدای حاجیه خانم با لبخندی در گوشی پیچید:

«سیروس جان ...؟، تو هستی مادر...؟»

سپس لبخندش محو شد و گوشی را به رکسانا داد.

«انگلیسی حرف میزنه...، باید برای شما باشه...»

رکسانا گوشی را گرفت.

«الو...، الو...»

اما فقط سکوت بود و برای لحظاتی طولانی هیچ پاسخی از آن طرف گوشی شنیده نمی‌شد. رکسانا دفعاتی حرفش را تکرار کرد. «الو...، الو...». بالاخره صدای پیرمردی با متانت و تانی از پشت خط بلند شد:

«ممکنه با امیر صحبت کنم...؟»

رکسانا از لهجه‌ی او فهمیده بود که او یک ایرانی است، اما هرگز حدس نمی‌زد که او پدرش اسعد بود که می‌خواست با امیر صحبت کند. صدای ترمز ماشین و ساییدن برگ درختان به دیوار و پنجره‌ی خانه، جز آرام‌ترین صداهای غیرعادی خارجی بود که انگار با صدایی شبیه پای مرگ به طرف امیر می‌آمد. اکنون یک تماس تلفنی غیرمعمول آن هم در نیمه‌شب همه را گیج و نگران کرده بود. بی‌بی از خدمه‌های خانه، که با صدای زنگ تلفن بیدار شده بود، وارد اتاق نشیمن شد. به طرف رکسانا که هنوز مات و مبهوت گوشی را در دست داشت. رکسانا گوشی را زمین گذاشت.

«امیر را می‌خوان...!»

بی‌بی با شنیدن کلام رکسانا از پله‌ها به سمت طبقه‌ی دوم خانه بالا رفت. وقتی به بالای پله‌ها رسید، متوجه شد که امیر در آستانه‌ی درب ورودی اتاقش در انتظار ایستاده است.

«تلفن شما را می‌خواد امیرخان...»

امیـر بـه سـمت درون اتاقـش ناپدیـد شـد. بی‌بـی پاییـن رفـت و بـه رکسـانا و حاجیـه خانـم پیوسـت. همـه در نگرانـی و اضطـراب غـرق شـدند و در ایـن پرسـش بـه سـر می‌بردنـد کـه چـه کسـی در آن وقـت از شـب می‌توانسـت بـا امیر کار داشـته باشـد. حاجیه خانـم با احتیاط گوشـی را برداشـت و روی گوشـش گذاشـت. طـوری که صدایـی منتقل نشـود. مکالمه‌ی آنها به انگلیسـی بود. با ناراحتی گوشـی را به دسـت رکسـانا داد تا او اسـتراق سـمع کند. رکسـانا گوش سـپرد. هنوز خبر نداشـت کـه پـدرش بـا امیـر مکالمـه می‌کـرد اما آنچه را کـه می‌شـنید چنـدان خوشـایندش نبود.

«اونهـا دوبـاره نـام شـما رو بـه پونزده نفـر بعدی که باید دسـتگیر بشـن اضافه کـردن، می‌دونید بلافاصلـه پـس از دسـتگیری، بـدون محاکمـه اعدام میشـین؟ من علیه بازداشـت شـما تـلاش کردم و اسـتدلال آوردم امـا اونهـا خونخـوارن...، بـه حـرف هیـچ کس گـوش نمیکنـن...، فقط اوامـر اربابان خودشـون رو اجـرا میکنـن...، مـن دیگـه مطمئن نیسـتم که بتونم به شـما کمک کنم، هیچ سـاختار سیاسـی و یـه مرکـز درسـت فرماندهـی وجـود نـداره کـه آدم بدونـه چه کسـی اختیار رو در دست داره...، همـه خودمختـار عمـل میکنـن...، همه تشـنه‌ی قدرتن و هیـچ چیز دیگه‌ای براشـون اهمیت نـداره...، احسـاس خدایـی میکنـن، مثـل لاشـخورهایی کـه یـه تیکـه گوشـت دیده باشـن بـه جان همدیگـه افتـادن...، اونهـا ممکنـه هـر آن بریـزن تـو خونـه‌ی شـما...، امیر، اگـه جان خودت واسـت ارزش نـداره، لااقـل بـه فکـر مـادر بیچـارت بـاش...، بزن بیـرون و یـه جایی قایـم شـو...، از اینجا برو تـا دیر نشـده...، شـاید در آینـده، ایـران به تو احتیاج داشـته باشـد...»

«خونواده‌ی من چطور؟، اونها رو هم اذیت و آزار میکنن...؟»

پرسشـی بـود کـه توسـط امیـر مطـرح شـد. بی‌بـی و حاجیـه خانـم بی‌صبرانـه منتظـر بودند تا رکسـانا بـه آنهـا بگوید موضوع چیسـت و چه کسـی در پشـت خط تلفن قـرار دارد. اما رکسـانا واقف بـود کـه نمی‌توانسـت موضـوع شـنودهایش را با حاجیه خانـم در میان بگـذارد. امکان داشـت پیرزن بیچـاره از حـال بـرود و یـا سـکته کنـد. اما آخریـن حرف‌هایی که اسـعد قبـل از قطع کردن گوشـی بیـان نمود، رکسـانا را حسـابی دگرگـون کرد:

«امیـر از اینکـه شـما و مـادر پرمحبتـت از دختـرم رکسـانا مثـل یـه عضـو خانـواده‌ی خودتـون نگهـداری می‌کنیـن سپاسـگزارم...، مـن هـر کاری از دسـتم بـر بیاد بـرای شـما و خونوادتـون انجام میـدم...، خواهـش می‌کنـم یـه مدتـی برو پیـش سـیروس...!»

و تلفـن قطـع شـد. رکسـانا پـس از پایـان مکالمـه، لحظاتـی هـاج و واج بـه گوشـی تلفـن خیره شـده بـود و بـاور نمی‌کـرد کـه داشـت به صـدای پدرش گـوش مـی‌داد. در حسـرت پایـان مکالمه، بی‌حرکـت ایسـتاد. قـادر نبـود کـه تصمیمـی بگیـرد. بی‌بـی و حاجیـه خانـم هـم کـه هنـوز منتظر

بودنـد تـا او آنهـا را در جریـان بگـذارد، از رویـت حیـرت رکسـانا بیشـتر نگران شـدند.

«چی شده دخترم...؟، بگو...؟، کی بود...؟، اتفاقی برای سیروس افتاده...؟»

رکسـانا هنـوز گوشـی را در دسـت داشـت. بی‌بـی گوشـی تلفـن را از او گرفـت و بـه آن گـوش سـپرد. پـس از شـنیدن بـوق آزاد، گوشـی را بـر روی دسـتگاه تلفـن قـرار داد. انـگار فکر رکسـانا به جایـی قطـع نمـی‌داد. چطـور می‌توانسـت بـه حاجیـه خانـم بگوید کـه هر لحظـه امکان دارد لشـکر کفـار بـه منزلـش هجـوم بیاورنـد و امیـر را کَـت بسـته ببرند تـا اعدامـش کنند.

امیـر در پشـت پنجـره‌ی اتاقـش ایسـتاده بـود و دور از چشـمان اهـل خانـه به سـمت پنجره‌ی خانـه‌ی اسـعد نـگاه می‌کـرد. اسـعد هم از گوشـه‌ی باز یک پـرده‌ی کوچک بـه طـرف او ماتش برده بـود. رفقایـی بـا مسـلک و دیدگاهی متفاوت که در گذشـته و حال غرق شـده بودنـد و خاطرات خود را در ذهـن مـرور می‌کردنـد. بـه دنیـای کوچکـی می‌اندیشـیدند کـه آدمهایـش را بـه بـازی گرفتـه بـود. *گهـی پشـت بـه زیـن و گهی زین به پشـت*. اکنـون امیر و اسـعد از لحـاظ موقعیت سیاسـی و اجتماعـی جابه‌جـا شـده بودنـد. هر چنـد در فراز و نشـیب آرمانشـان، راهی بس طولانـی را پیمودند امـا اکنـون بـه فرآینـدی نـگاه می‌کردنـد که پس تقلایی وافـر به اندازه‌ی شـب تاریـک بود.

امیـر بـر روی افـکارش تمرکـز کـرده بود. سـعی می‌کرد بـا محدودیت‌هایـی که داشـت از ممات و حیـات، گزینـه‌ای مناسـب برگزینـد. نگرانـی از آینـده‌ی مبهـم خانـواده، او را به جنون می‌کشـید. گمـان می‌کـرد کـه پـس از اعدام او، سـیروس آرام نمی‌نشسـت و به قصـد تلافی، جانـش را به خطر می‌انداخـت، حاجیـه خانـم هـم کـه تکلیفـش معلوم بـود حسـابی درهم می‌شکسـت و شـاید هم از فـرط غصـه دق می‌کرد.

امیـر اشـتباه نمی‌کـرد. در اتـاق نشـیمن، حاجیه خانم در پی سـکوت رکسـانا اشـک می‌ریخت و از لفـظ و بیـان عاجـز بـود. امـا به سـختی و با صدایـی که از بغـض می‌لرزیـد زمزمه کرد:

«برای سیروس اتفاقی افتاده یا دارن میان امیر رو بگیرن؟»

رکسانا هیچ چاره‌ای نداشت که بر خلاف میلش دروغی مصلحت‌آمیز بگوید:

«نه حاجیه خانم در مورد رفتن امیر به آمریکا بود...»

رکسـانا می‌دانسـت کـه بـا ایـن دروغ مصلحتـی حداقـل پیـرزن را بـرای مـدت کوتاهـی هم که می‌شـد خوشـحال کـرده بود.

*****

روز بعـد بـود کـه صـدای پـارس سـگ سـیروس در بـاغ پیچیـد. صـدای خالـی بلنـد و بلندتـر شـد و بـه زوزه رسـید. رکسـانا کـه شـب گذشـته تـا سـپیده‌دم بیدار بـود و حـالا از خسـتگی چرت

تـــار

مـی‌زد بـا صـدای خالـی از خـواب پرید. از پنجـره بـه بیـرون نـگاه کـرد. خالـی را می‌دید کـه حالا بـه نزدیکی‌هـای درب ورودی بـاغ رفتـه بـود و بـه طـرف کوچـه پـارس می‌کـرد. می‌دانسـت خالـی بی‌دلیـل پـارس نمی‌کـرد. خـوب کـه نـگاه کرد چشـمش بـه دو جوان افتـاد که بـا محاسـنی کوتاه در جلـوی درب قـدم می‌زدنـد و انـگار سـعی می‌کردنـد تا رفتارشـان عـادی جلوه کند. اما مشـخص بـود کـه خانـه‌ی حاجیه خانـم را زیر نظر داشـتند. احمدرضـا مشـغول آب دادن باغچه‌ها بـود، اما از نگرانـی دیـدن آنهـا پاک یادش رفته بود که سـیگارش را بِکشـد. سـیگار در بین لبهایش قرار داشـت و از دود کـردن بی‌پُـک خاکسـترش آویـزان شـده بـود. احمدرضا از آبیاری باغچه دسـت برداشـت و بـه طـرف درب ورودی بـاغ حرکـت کـرد. می‌خواسـت بـرود کـه آنهـا را بهتـر ببینـد تا شـاید بتواند بـا آنهـا وارد صحبـت شـود. دو مـرد غریبـه با دیـدن احمدرضا کمـی از جلـوی خانه دور شـدند و به طـرف اتومبیلـی رفتنـد کـه قـدری بالاتر از خانـه پارک بـود. دو نفر دیگر در داخل ماشـین نشسـته بودنـد. هـر چنـد آنها سـعی می‌کردند تا رفتارشـان طبیعـی به نظر برسـد اما احمدرضا حتم داشـت کـه آنهـا آمـده بودنـد تا زاغ سـیاه امیـر را چـوب بزنند تا شـاید از حضـور او در آن خانه آگاه شـوند. نـگاه احمدرضـا بـه سـمت خانه برگشـت و رکسـانا را در پشـت پنجره دید. انگار جفتشـان احسـاس می‌کردنـد کـه خطـری در راه اسـت. صـدای حاجیـه خانـم بلنـد شـد کـه مثـل یـک پلنـگ زخمی محبـوس از اتاقـی بـه اتـاق دیگـر می‌رفـت و هنـوز هـم جذبـه و جنم خـود را حفـظ کرده بـود، اما بـدن ضعیفـش بـه انـدازه‌ای تـوان نداشـت کـه جوابگوی حـوادث ناگواری باشـد کـه در انتظـار او و خانـواده‌اش بـود. رکسـانا بـه یـاد خوابی افتاد کـه حاجیه خانـم دیده بود. حـالا اطمینان داشـت که خـواب حاجیـه خانـم تعبیـر می‌شـد و دیگـر نزدیـک بود کـه امیر دسـتگیر شـود. اما حاجیـه خانم تنهـا قـادر بـود بـه درگاه پـروردگارش بـه نماز و دعـا بنشـیند و از او کمک بطلبـد. ولی انـگار بعد از یـک عمـر عبـادت، بـه خدا هـم نمی‌توانسـت امیـدوار باشـد. گویی خـدا هرگـز صدایش را نشـنیده بـود و اصـلاً او را نمی‌دیـد. در حقیقـت احسـاس می‌کـرد کـه وقتش را با مـدح و عبـادت تلف کرده بـود. انـگار هـر چـه در مناجـات خـدا غرق می‌شـد، فقط بـر قهـر و غضبش می‌افـزود. حاجیـه خانم توانسـته بـود فرزندانـش را بـه دور از سـایه‌ی امـن پـدر، از آب و گل درآورد و بـه آنها اخـلاق و ادب بیامـوزد، امـا حـالا بـه این موضـوع می‌اندیشـید که آیـا آنقدر تـوان دارد کـه بتواند جـان فرزندانش را حفـظ کنـد. اکنـون در زندگـی بـا یک چالش مهـم و حیاتی درگیر بود که داشـت دسـتاوردهایش را تهدیـد می‌کـرد. راضـی بـود در ازای نجـات جـان امیـر، خـود را قربانی کند.

حاجیـه خانـم بـا دیـدن رکسـانا از قـدم زدن باز ایسـتاد و بـه او در جلـوی پنجره ملحق شـد. به سـمت بیـرون خانـه نـگاه کـرد. حالا تمـام هوش و حـواس رکسـانا معطـوف حاجیه خانم بـود. حتی چشـم‌های پـف کـرده از گریـه‌ی شـبانه هم مانع نمی‌شـد کـه حاجیه خانـم اتومبیل‌های مشـکوک جلـوی خانـه خـود را نبینـد. حـدس مـی‌زد که آنها دشـمنان درنـده‌ای هسـتند که بـرای حمله به

طعمه‌ی خود آماده می‌شوند. ناتوان و پریشان به رکسانا رو کرد و صدایش بلند شد:

«امیر هنوز تو اتاقشه.... برو باهاش صحبت کن، خواهش می‌کنم.... شاید بتونی قانعش کنی که بره.... من نمی‌دونستم که چنین پسران غیرمنطقی و سرسختی پرورش دادم.... گناهش گردن خودمه...!»

حاجیه خانم تمام سعی خود را کرده بود که فرزندانی با شخصیت، مهربان و فهیم پرورش دهد. او به فرزندانش آموخته بود که انسان‌های مردم آزار، افراد بزدل، نادان، طماع و بی‌کفایتی هستند که اعتماد به نفس ندارند. حالا می‌دید آن خصوصیات والایی که او به فرزندانش القا کرده بود، داشت برایشان گران تمام می‌شد. صدای التماس حاجیه خانم دوباره بلند شد:

«برو دخترم، برو عروسم، شاید دیر نشده باشه، شاید بتونی نظرش رو عوض کنی، شاید اون رو متقاعد کنی از دیوار در بره...!»

اما جفتشان می‌دانستند دیگر بعید به نظر می‌رسید که امیر بتواند فرار کند. از طرفی رکسانا بارها در این خصوص با امیر صحبت کرده بود که حاصلی نداشت. با این وجود محض اینکه حاجیه خانم بیشتر نرنجد، تصمیم گرفت باز با امیر وارد صحبت شود. امیر چند وقت، پیش از این کابوس قریب الوقوع، آرزو می‌کرد آخرین باری که مادر و خانواده اش او را می‌دیدند، صحنه‌ی دستگیری و اهانت به او نباشد. او را مثل حیوانی در غل و زنجیر نبینند. می‌خواست آنها همیشه آن بینشی را که از مادرش کسب کرده بودند، حفظ کنند و او را به همان گونه‌ای که می‌شناختند، به یاد بسپارند.

طولی نکشید که رکسانا وارد اتاق امیر شد. سینی کوچکی در دست داشت. یک فنجان چای و قندان کوچکی پر از کشمش در سینی دیده می‌شد. امیر قند نمی‌خورد و از کشمش برای نوشیدن چای استفاده می‌کرد. رکسانا دوباره ماموریت داشت تا امیر را راضی به ترک ایران کند. هر چند می‌دانست که دیگر خیلی دیر شده بود. امیر را در مقابل پنجره اتاق یافت. او بدون اینکه در معرض دید نیروهای حکومتی باشد در کنار پنجره ایستاده بود و بیرون را زیر نظر داشت. می‌دید که احمدرضا وارد خانه شد و در این حین یکی از مردانی که در اتومبیلش نشسته بود، پس از پیاده شدن از جلوی درب ورودی عمارت گذشت. به نظر می‌رسید داشت با احتیاط رفتار احمدرضا را کنترل می‌کرد. امیر می‌دانست که این مردان، بازوی زورگویی و جوخه‌ی اعدام خمینی هستند که همواره مثل ببرهای وحشی و گرسنه به دنبال شکار می‌گردند.

«تو باید فرار کنی....، به مادرت رحم کن....، پیرزن نای قدم برداشتن هم نداره....، شاید هنوز دیر نشده باشه...!، برو آمریکا، پیش سیروس....، اصن می‌تونی بری با مادر من زندگی کنی....،

مـن مطمئنـم اون خوشـحال میشـه...، در آینـده، ایـران بـه آدمهایی مثـل شـما احتیـاج داره...، اگر بمیریـد کـه دیگـه نمی‌تونید بـه نجات ایـران کمـک کنیـد...، می‌تونید؟»

امیـر برگشـت و رکسـانا را درسـت مثـل یک مـادر ایرانی در آسـتانه‌ی درب دید کـه عطوفت در صدایـش مـوج مـی‌زد. عمـلاً داشـت التمـاس می‌کـرد تـا ایـران را ترک کنـد. امیـر دوباره بـه طرف مـردان حکومتـی خیره شـد و بـا تانـی و قاطعیت زبان گشـود:

«خیلـی دلـم می‌خـواد و منتظـرم توی چشـم ایـن دشـمنان بی‌غیـرت و خائن به خـاک و ملت ایـران نـگاه کنـم و ببینم چقدر تشـنه‌ی خون ریختن هسـتن، از اونها بپرسـم اسلام یعنی کشـتن و خـون ریختـن، بـه اونهـا بگم من هیچ ترسـی از مرگ نـدارم، چرا که مـن هیچ کار نادرسـتی نکردم، مـن در تمـام عمـرم بـه مردم و به کشـورم خدمـت کردم، آخریـن لحظات داسـتان زندگیـم با غرور میگـذره...، ایـن همـون چیزیـه کـه ملتـم و وطنم مرا بـا اون به یـاد میـارن، اونها می‌فهمـن که من، در مقابـل دشـمن، قـد خـم نکـرد و محکـمُ‌و سـربلند ایسـتادم، اونهـا می‌فهمـن مـن هیچ ترسـی از دشـمن ملـت و میهنـش به دل راه نـدادم، به ارزش‌های انسـانی پایبند بودم و اسـتوار ایسـتادم، این یعنـی دیـن واقعـی، نـه ریختن خون انسـان‌های بیگنـاه...، ایـن چیزیه که بـا تن و خون انسـان‌های واقعـی آمیختـه شـده، مـردم مـا بایـد بفهمـن کـه ارزشـهای انسـانی مـا فراتـر از مرگـه، حفـظ این ارزشـها اهمیـت داره، اینهـا ابـزار و مفاهیمـی هسـتن که زمینه رو بـرای پرورش درسـت فرزندانمون و نسـل‌های آینـده فراهـم میکنـن، کـه از مـا بیامـوزن بایـد به کرامـت انسـانی ایمان داشـت و برای حفـظ و برقراریـش هزینـه پرداخـت کـرد، حتـی اگـه بهـاش مـرگ باشـه، ایـن میراثیـه که مـا باید بـرای فرزنـدان ایـران، فرزنـدان جهـان باقـی بذاریـم، من فرزند کـوروش بزرگـم، خون اون تـو رَگُ‌و ریشـه‌ی مـن جریـان داره و حـق دلاوری‌هـای اون بـر گردن منـه، و بایـد اون رو به فرزنـدان میهنم هدیـه کنـم...، اونهـا باید بدونن که فقط عده‌ی انگشـت شـماری از ما سـعادت ایـن رو دارن که برای آب و خـاک وطنشـون بـه مقـام شـهادت برسـن...، من ایـن سـعادت رو انتخـاب می‌کنم، تـا الگویی باشـم بـرای تمـام فرزنـدان خاک ایـران که در آینـده اون رو دنبال کنـن...، برای اونها کـه بدونن یک شـخص بـه تنهایـی قـدرت و اراده‌ی ایـن رو داره کـه مملکتی رو آباد و یـا ویران کنه، اونهـا باید آباد کـردن رو یـاد بگیـرن، نـه مثل ایـن فرقهی تبهـکارو زالوصفت، هسـتی و انسـانیت رو نابـود کنن...!» و بـه سـمت رکسـانا برگشـت و در چشـمان او نظـر دوخـت: «من تو این خـاک زاده شـدم و در این خـاک دفـن و بـا ایـن خـاک یکـی میشـم...، هـوای این مـرز و بوم تنهـا هواییه کـه من رو زنـده نگه میـداره و تنفس هـر هـوای دیگـه‌ای مـن رو خفـه می‌کنـه...، این هـوا آخریـن هواییه کـه من قبل از مـرگ استنشـاق می‌کنم...»

امیـر در سـکوت و بـرای لحظاتـی طولانـی بـه رکسـانا نگاه کـرد. انگار کـه در تلاش بـود تا تمام

جزئیات چهره نجیب او را به خاطر بسپارد. سخنان امیر آن چنان عمیق بود که رکسانا احساس می‌کرد که نسبت به هر واژه و جمله‌ای که از زبان او جاری می‌شد مسئولیت اخلاقی داشت. باید آنها را خوب می‌شنید و به خاطر می‌سپرد. امیر او را به یاد شخصیتی در کتاب فارنهایت ۴۵۱، ری بردبری می‌انداخت. نگاه نافذ امیر، مستقیم در چشمان رکسانا دوخته شد. بیانات او مثل مواد مذاب آتشفشان بیرون می‌آمد. او با صدایی آرام و محزون ادامه داد اما انگار زمزمه می‌کرد:

«ما در طول تاریخ توسط رومی‌ها، انگلیسی‌ها، روس‌ها، مغول‌ها مورد تجاوز قرار گرفتیم، به خاک ما تجاوز کردند و ما از اونها صدمه دیدیم، اما ما هویت خودمون رو حفظ کردیم، اما این حمله‌ی اعراب در قرن سیزدهم بود که تا به امروز عمیق‌ترین آسیب رو در تاریخ ایران بر جای گذاشته و هنوز هم که هنوزه ادامه داره، اما با وجود این شکست‌های ناگوار، ما همچنان یک کشور پژوهشگر، عاشق ادبیات، روشنفکر، با نویسندگان بزرگ، شاعران و فیلسوفان باقی ماندیم و خواهیم ماند، و این چیزیه که در قلب ایران و ایرانی وجود داره، و حالا دوباره این تازیان حمله کردن، با یه شکل و شیوه‌ی جدید، و مسئول و مقصره همه‌ی اینها خود ما، مردم ایرانیم...، از ماست که برماست، اینجاست که افرادی مثل سیروس تبدیل به ارتش ما میشن تا تاریخ رو برای آینده ثبت کنن تا شاید اشتباهات ما رو تکرار نکنن...، این موضوع رو حتماً به اون بگید...»

رکسانا از سخنان امیر گیج و مبهوت شده بود. علیرغم تمام دشواری‌هایی که در تصمیم امیر وجود داشت، می‌دانست که امیر تصمیم نهایی خود را گرفته بود و به هیچ منوال نمی‌شد رای او را تغییر داد. امیر به نقل از سقراط سخن راند:

«فقط به خاطر اینکه جان من در معرض خطر هست، از مقابله با حقیقت ترسی ندارم، از نحوه‌ی ادعای پرونده خود پشیمان نیستم...، من ترجیح می‌دهم در دفاع از حق و حقیقت بمیرم تا اینکه با تصمیم مردان فاسد و وطن فروش تبرئه شوم و به زندگی ادامه بدهم، دشواری در فرار از مرگ نیست، مشکل واقعی فرار از انجام کاری است که ما می‌دانیم اشتباه است...»

امیر در تمام این مدت تلاش خود را کرده بود تا اشک‌هایش را پنهان کند، اما چندان آسان نبود.

«با وجود اینکه ممکنه شما مخالف تصمیم من باشین، احساس می‌کنم شما درک می‌کنین که چرا این راه رو انتخاب کردم...، خواهش می‌کنم وقتی به ایالات متحده باز گشتین، داستان واقعیه آنچه به سر ایران وملت ایران آوردن را به همه بگین...، قصه‌ی نابودی ایران رو...»

سـپس مکـث کـرد تـا درد ناشـی از ایـراد ایـن سـخنان را کمـی تحمـل کنـد. حـالا به سـختی می‌توانسـت ادامـه دهـد:

«از مـردم آمریـکا بپرسـید چطـور می‌شـد کـه اگـه جـای اونهـا بـا مـردم ایـران عوض می‌شـد؟ هنـوز هـم چنیـن بی‌عدالتی‌هـا رو ادامـه مـی‌دادن...؟، هنـوز هم بـرای فرزنـدان، خواهران، بـرادران خـود چنیـن آرزویـی می‌کـردن؟، در رنـج و عذاب گذاشـتن دیگران به خاطـر منافع مالـی، به خاطر رسـیدن بـه نفـت ارزون...، بـه اونهـا یادآوری کنیـد هیـچ بی‌عدالتی بدون جـواب نمی‌مونه، بـه اونها گوشـزد کنیـد، این رو سرنوشـت تمـام امپراتوری‌های گذشـته‌ی جهان نشـون داده...، بـه تاریخ نگاه کنیـد، کـدوم از اونها بـرای همیشـه دوام آوردند...؟»

رکسـانا می‌دانسـت کـه بایـد امیر را تنها می‌گذاشـت. قطعـاً امیر نیاز بـه تنهایی داشـت تا صلح، آرامـش و افتخـار را در میـان تصمیـم متکبرانه‌ی خـود بیابد. او پیِـه هر چیزی را به تـن خود مالیده بـود و می‌خواسـت در وطنـش بمیـرد و بـا خاکـش اجین شـود. او بـه زمان احتیاج داشـت تـا تغییر از فـرم مـادی بـه معنـوی را بپذیـرد، انفصالـی که در انتظـار تحقق و آمدنش به سـر می‌برد. رکسـانا تحـت تاثیـر سـخنان امیـر، مات و مبهـوت به او نگاه می‌کرد. رکسـانا بـه ایران آمده بود تـا پدرش را بیابـد امـا در عـرض چنـد دقیقـه امیـر او را دگرگون کـرده بود، تا جایـی که خـودش را عضو گروهی می‌دانسـت کـه بـرای رهایـی ایـران تـلاش می‌کننـد، حتـی متعصبتـر از سـیروس، امیـر و پـدرش اسـعد. اکنـون احسـاس می‌کـرد که مسـئولیت بزرگی بـر روی دوش او نهاده شـده بود و آن افشـای سـقوط حکومـت شاهنشـاهی ایـران و روی کار آمـدن حکومـت دینـی خمینـی توسـط کشـورهای آمریـکا، انگلیس، فرانسـه، آلمـان و اسـراییل بود. انقلابـی که فقط به طمـع دریافت نفـت ارزان رقم خـورده بـود. دُوَل اسـتعمارگری کـه بـه زندگـی میلیونهـا فـرد ایرانـی هیـچ اهمیتـی نمی‌دادند. هر چنـد رکسـانا نمی‌دانسـت چـرا چنیـن مسـئولیتی را پذیرفته بود امـا حداقل می‌خواسـت در آخرین لحظـات حضـور امیر بـه انتظاراتش، امیدواری ببخشـد:

«مـن می‌دونـم کـه ایـن چقـدر بـرای شـما سـخته، امیر، من از شـما متشـکرم کـه به انـدازه‌ی کافـی بـه مـن اعتمـاد کردیـد کـه خواسـته‌های قلبـی و خصوصـی خودتـون رو بـا مـن در میان بذاریـد...، مـن حتمـاً این پیغام شـما رو به سـیروس و مردم آمریکا میرسـونم...، قول میـدم...» و امیر را در آغـوش گرفـت: «از اونچـه کـه بـرای پدرم کـردی ممنونـم...، هرگـز فراموش نمی‌کنـم...، فقط بـه خاطـر داشـته بـاش تو مـرد بزرگـی هسـتی و قلـب بزرگـی داری...»

رکسـانا دیگـر حرفـی بـرای گفتـن نداشـت. بـا کوله‌بـاری از تعهـد و تکلیفـی کـه امیـر بـر روی دوشـش نهـاده بـود او را تـرک کـرد. امیر لحظاتـی بـه رفتـن رکسـانا خیره ماند. سـپس بـه طرف پنجـره برگشـت و نگاهـش بـه پنجـره‌ای افتاد که اسـعد همیشـه از آنجـا دخترش را تماشـا می‌کرد.

اسعد را می‌دید که به او خیره شده بود، اما این بار لبخند همیشگی‌اش را در چهره نداشت. هر دو احساس ناخوشایندی داشتند. امیر زیر لب زمزمه کرد:

«من این کار را برای ایران کردم...!»

صدای پارس خالی بلند شد. نگاه امیر به سمت خالی و درب ورودی برگشت. تعداد ماشینها وآدمها زیادتر شده بود و حالا هیچ ابایی هم از نشان دادن خود نداشتند. انگار خالی از نیت آنها آگاه شده بود و به طرفشان پارس می‌کرد تا از ورود آنها به خانه جلوگیری کند. برخلاف خالی، احمدرضا که هیچ توان مقابله و یا کنترل آنها را نداشت تصمیم گرفته بود به آنها بی‌توجه باشد. به سمت خالی رفت تا او را آرام کند. خالی از دست او فرار کرد و با پارس‌هایی بلندتر آماده‌ی حمله شده بود. احمدرضا نگران و عصبانی سیگارش را بر روی زمین انداخت و آن چنان زیر پایش له کرد که انگار داشت تمام مزدوران بیرون از باغ را در زیر پایش له می‌کرد.

رکسانا با سردرگمی، از ساختمان خارج شد و بر روی پله‌ها که مشرف به درب ورودی باغ بود، ایستاد. احمدرضا و خالی را در نزدیکی درب ورودی زیر نظر گرفت. انگار از خانه بیرون آمده بود تا اوضاع را بسنجد و به فکر چاره‌ای باشد، اما هنوز سخنان امیر مثل ناقوس کلیسا در سرش به صدا در می‌آمد. انگار حرف‌های او تا ابد ملکه‌ی ذهنش شده بود. امیر خردمندی را به او هدیه داده بود. امیر به شکلی با زندگی، مرگ و چشم‌انداز آینده کنار آمده بود که قطعاً آثار چنین رویکردی در ردپایش باقی می‌ماند. رکسانا متوجه پری شد که از درب ورودی باغ گذشت و به سمت او حرکت کرد. پری مثل خالی مصمم بود تا حضور خود را به مردان حکومتی اعلام کند. در شبی که گذشت، رکسانا ضمن اینکه کمک کرد تا حاجیه خانم در رختخوابش بخوابد، دفعاتی هم تلاش کرده بود تا با پری تماس بگیرد. می‌خواست در مورد خواب حاجیه خانم با پری گفتگو کند و نظر او را بداند. تصور می‌کرد بهتر بود پری به دیدن حاجیه خانم می‌آمد تا او را آرام کند. اما مهمتر از همه، او می‌خواست بداند که پری تا چه حد از موقعیت امیر آگاهی دارد. رکسانا احساس درماندگی می‌کرد و امیدوار بود که شاید پری کسی باشد که به امیر کمک کند و یا از طریق سیروس پیامی دریافت نماید. او معتقد بود که سیروس در جریان اقداماتی که بر علیه امیر در حال وقوع بود قرار داشت و باید فوراً از آمریکا برمی‌گشت و شاید هم تاکنون بازگشته بود. پری تنها کسی می‌توانست باشد که به این اخبار دسترسی داشت. خوشحال بود که پری به محض دریافت پیغام او خودش را به خانه‌ی حاجیه خانم رسانده بود. پری از مسیر گل‌های زیبایی که امیر و سیروس برای مادرشان در باغ کاشته بودند عبور کرد و به رکسانا رسید. در کنار او بر روی پله نشست. آنها لحظاتی به مردان داخل کوچه نظر دوختند. دست پری بر روی دست رکسانا قرار گرفت. رکسانا گرمی

دست دوست مهربانی را احساس می‌کرد که در آن لحظات نگران‌کننده به یاری‌اش شتافته بود. پری می‌دانست که رکسانا بسیار نگران است و می‌خواست کمی او را آرام کند. به غیر از صدای پارس خالی که در نزدیک آنها قرار داشت صدای دیگری شنیده نمی‌شد. خالی مدام نگاهش را به سمت آنها و مردان حکومتی داخل کوچه تغییر می‌داد. سکوت محض در بین پری و رکسانا برقرار بود. جفتشان در فکر و خیال سرنوشت امیر، گیج و گم بودند. خالی که از سکوتشان خسته و عصبانی شده بود به آنها نزدیک شد و در حالی که بر روی آنها تمرکز کرده بود به پارسش ادامه داد. خالی در واقع خطر را احساس کرده بود و می‌خواست این حس ناخوشایند خود را به آنها منتقل کند. سپس لحظاتی خاموش شد و به رکسانا و پری پیوست. حالا هر سه در سکوت به طرف درب ورودی باغ خیره شده بودند و عقلشان هم به جایی قطع نمی‌داد. صدای غرش سهمگین گلوله‌ای در فضا پیچید. رکسانا و پری در حالتی به سر می‌بردند که انگار صدای آن را نشنیده بودند. پارس خشمناک خالی آنها را به خود آورد و از جا پراند. به طرف درب ورودی باغ خیره شدند. چشمشان افتاد به یکی از مردهای بیرون درب عمارت که بی‌سیم متصل به کمربندش را برداشت و به سمت آنها فریاد زد. احمدرضا از جلوی درب باغ با عجله به طرف ساختمان حرکت کرد. صدای زوزه‌ی خالی که تلاش می‌کرد وارد خانه شود توجه آنها را به سمت داخل ساختمان جلب کرد. تازه از شوک بیرون آمدند و فهمیدند که صدای گلوله از داخل خانه آمده بود. خالی حیران به دور خود می‌چرخید و از خشم دندان قروچه می‌رفت. صدای گلوله آنچنان بلند و سهمگین بود که موجی از پرندگانی که بر روی بام و اطراف خانه‌ی حاجیه خانم نشسته بودند بر فراز آنها به پرواز درآمدند. صدای فریاد غمناک حاجیه خانم از داخل منزل بلند شد. رکسانا و پری شتابزده به داخل خانه رفتند.

*****

رکسانا و پری سراسیمه وارد خانه شدند و گیج و نگران در پی حاجیه خانم چشم چرخاندند. بی‌بی را دیدند که پریشان‌حال از پله‌های طبقه دوم پایین می‌آمد. دستمالی جلوی دهانش گرفته بود و انگار سعی داشت تا استفراغ نکند. اشک در چشمانش جمع شده بود. کلماتی بریده بریده از دهانش خارج می‌شد که هیچ معنای مشخصی نداشت. فقط قادر بود قبل از اینکه زانوهایش از توان بیافتد و بر زمین بنشیند به سمت اتاق‌های بالا اشاره کند. رکسانا و پری با عجله از پله‌ها بالا رفتند و خود را به اتاق امیر رساندند. به محض ورود، حاجیه خانم را دیدند که جلوی صندلی راحتی امیر، نشسته بود و پای خونین او را در بغل داشت. بغض چنان گلویش را می‌فشرد که صدای فریاد و شیونش را در گلو خفه کرده بود و شنیده نمی‌شد. ناله‌ی خسته و اندوهگینش بریده بریده بیرون می‌آمد و به گوش می‌رسید.

«امیر جان، عشق من، زندگی من، پسر عزیزم، این چه کاری بود که کردی؟!، با من حرف بزن، من مادرتم، با من صحبت کن...، با من حرف بزن...، منو ترک نکن...، منو تنها نذار...، تو پدر، مادر و برادر همه بودی...، با من حرف بزن...!»

پیرزن درمانده با امیدواری بیهوده‌ای که فقط متعلق به دنیای مجنون‌ها بود آخرین توان خود را به کار می‌بست تا جان فرزندش را نجات دهد. بر روی زانوی خود خزید و دست‌های ضعیف و فرتوتش را به زیر لباس‌های خون‌آلود پسرش برد. در جستجوی پیدا کردن محل زخم گلوله بود تا بتواند جلوی خونریزی را بگیرد. انگار چشمانش آنقدر سو نداشت تا ببیند امیر گلوله را در مغزش خالی کرده بود تا بتواند با قطعیت به زندگی‌اش پایان دهد. رکسانا گیج و گنگ ایستاده بود و با ناباوری به صحنه نگاه می‌کرد. با احتیاط چند گامی به سمت صندلی راحتی برداشت تا امیر را خوب ببیند. چشمش به هفت‌تیری افتاد که به خون امیر آغشته بود. پری خم شد و آن را برداشت. با اسلحه‌ی خونین به طرف بالکن مشرف به کوچه حرکت کرد. به مردان حکومتی خیره شد. قطرات خونی که اسلحه را آغشته کرده بود بر کف بالکن می‌چکید.

خالی که معمولاً اجازه نداشت داخل خانه شود، با حس کردن بوی خون امیر، بدون اجازه وارد شد و به آنها پیوست. اما فقط زوزه می‌کشید و دمش را از ناراحتی تکان می‌داد. به خیال خودش در کنار حاجیه خانم ایستاده بود و از او محافظت می‌کرد. بالاخره رکسانا به خود آمد و به طرف حاجیه خانم رفت و او را در آغوش گرفت. سعی داشت تا او را از جسم بی‌جان امیر که بر روی صندلی راحتی لم داده بود دور کند. اما به سادگی نمی‌شد او را از کالبد فرزندش جدا کرد. پیرزن جلوی صندلی راحتی و بر روی خون امیر نشسته بود و با صورتی که بر روی پاهای بی‌جان و خونین او گذاشته بود زار زار اشک می‌ریخت و تمنا می‌کرد تا به امیر بپیوندد. رکسانا تنها می‌توانست حاجیه خانم را در آغوش بگیرد و در کنارش بماند و با او همدردی کند.

در این هنگام صدای پرندگان حاجیه خانم به گوش رکسانا رسید. برگشت و به بیرون نگاه کرد. از پنجره می‌دید که آنها یکی پس از دیگری در اطراف ساختمان و بر روی شاخسار بلند درختان و در جایی که حاجیه خانم همیشه به آنها آب و دانه می‌داد، می‌نشستند. پرندگان شروع به خواندن کردند. انگار از درد و غم حاجیه خانم آگاه شده بودند و با خواندن می‌خواستند در غم او شریک باشند و به او آرامش بدهند. اما حاجیه خانم آنچنان در غم از دست دادن امیر غرق شده بود که برای اولین بار نه صدای آنها را می‌شنید و نه آنها را می‌دید. رکسانا با دیدن پرندگان، فکری به ذهنش خطور کرد. سرش را به حاجیه خانم نزدیک کرد و زیر گوشش زمزمه سر داد:

«بچه‌هات اومدن...، منتظرن که غذاشون بدی...، نگاه کن...!»

بـا دسـتی سـر حاجیـه خانم را بـه آرامی به طرف پرنـدگان داخل بالکـن برگرداند. رکسـانا وقتی دیـد حـواس حاجیـه خانـم کمـی به سـمت پرنـدگان جلب شـد، برخاسـت و بـه داخل بالکـن رفت. بـا آواز ملایمـی کـه بـرای پرنـدگان می‌خوانـد، مشـغول ریختـن دانـه شـد. اما بـه غیر از یـک یا دو پرنـده، سـایر پرنـدگان مثـل گذشـته هجـوم نمی‌آوردنـد و بـرای خـوردن و دزدیـدن دانه‌ها حرص و ولـع نداشـتند. رکسـانا کـه از مشـاهده ایـن صحنه متعجب شـده بـود از ادامه‌ی حرکتـش بازماند. صـدای حاجیـه خانـم او را از فکر پرندگان بیـرون آورد.

«این طرز غذا دادن به پرنده‌ها نیست...!»

رکسـانا برگشـت و حاجیـه خانـم را در کنـارش دیـد کـه در حیـن پاشـیدن دانـه، برایشـان آواز می‌خوانـد. امـا این‌بـار آوازش بـا اشـک و غم همراه بـود و انگار پرنـدگان همدرد عمیـق حاجیه خانم را حـس مـی کردنـد، حـالا همه بـه او نزدیک و دورش کـرده بودند امـا هیچ دانه ای نمـی خوردند و از صـدای آنهـا مشـخص بـود کـه آنها هم داشـتند بـا حاجیه خانـم همراه شـده و گریه مـی کردند.

«این جوری باید به اونها دانه داد...، نگاه کن...!»

حاجیـه خانـم مقـداری از دانه‌هـا را در کـف دسـت خـود نگـه داشـت. بعضـی از پرندگانـی کـه بـه پـرواز درآمـده بودنـد، دانه‌هـا را از کف دسـتش ور می‌چیدند. بدون شـک، رکسـانا نمی‌توانسـت انـکار کند که مشـغول تماشـای زنـی مهربان، قدرتمند و دوسـت داشـتی بود که حتـی در اوج اندوه و مصیبـت هـم از فکـر غذا دادن به پرندگان غافل نمی‌شـد. انگار سـیر کردن شـکم پرنـدگان مهمتر از ایـن بـود کـه مـدام در سـوگ مرگ پسـرش بنشـیند. حاجیه خانـم مثـل فرزندانش با آنها سـخن می‌گفـت و انـگار پرنـدگان هـم حرف‌هایـش را میفهمیدنـد و با او گفتگـو می‌کردند. هیـچ صحنه‌ای در آن لحظـات زیباتـر از تماشـای حاجیـه خانـم و پرندگان نبود. به نظر می‌آمد که رکسـانا توانسـته بـود بـرای لحظاتـی فکـر و ذکر حاجیـه خانـم را از فاجعه‌ی مرگ امیـر منحرف کند. بایـد به حاجیه خانـم می‌گفـت کـه همه میداننـد او در پرورش و نگهـداری فرزندانش کوتاهی نکرده بـود. او در واقع نمونـه‌ای از یـک مـادر فـداکار و مهربـان بـود. امـا عشـقی کـه امیر نسـبت به وطنش داشـت عشـق بی‌پایانـی بـود کـه در جسـمش نمی‌گنجید. طولی نکشـید کـه واقعیت عمیـق مرگ امیر تـوان را از حاجیـه خانـم گرفـت. زانوهایـش از قـوت افتـاد و بـر کف کاشـی‌های سـرد بالکن نشسـت. پرندگان کـه از دنیـای پرفـراز و نشـیب آدم‌هـا خبـر نداشـتند دور حاجیه خانم جمع شـدند تا بـه خیال خود نـوع دیگـری از دانـه دادن او را تجربـه کننـد. رکسـانا در کنـار پیرزن خسـته و ملول نشسـت و او را محکـم در آغوشـش نگـه داشـت. حاجیه خانم اشـک می‌ریخـت و برای پرنـدگان می‌خوانـد. انگار از مهـر و توجـه آنها سپاسـگزاری می‌کرد. رکسـانا هـم که ناخودآگاه آب در چشـمانش جمع شـده بود

بـا حاجیـه خانـم اشـک می‌ریخت. آنها خبر نداشـتند که اسـعد از پشـت پـرده‌ی آبی‌رنـگ پنجره‌ی اتاقـش بـه آنهـا نگاه می‌کـرد. در همین احـوال تلفن زنـگ زد. اما اهالـی خانه مغموم‌تـر از آن بودند تـا بـه صـدای زنگ پاسـخ دهند. رکسـانا خـود را از حاجیـه خانم جدا کـرد و با عجله به سـمت اتاق نشـیمن راهـی شـد. بی‌بـی جـای او را در بالکن گرفت تـا همدم پیرزن باشـد.

در ایـن هنـگام درب سـاختمان بـه گونـه‌ای بـاز شـد که انـگار بی‌بـی و حاجیه خانم لرزشـش را احسـاس کردنـد. پـری کـه در تمام این مدت مشـغول تماشـای حاجیـه خانم بود از درب سـاختمان خـارج شـد و بـا حالتـی برافروختـه به طـرف درب بـاغ حرکت کـرد. هفت تیر خون‌آلود امیـر هنوز در دسـتش قـرار داشـت. احمدرضـا کـه نگـران بـود پـری کاری دسـت خـودش بدهـد بـا عجلـه به دنبـال او و از سـاختمان خارج شـد. رکسـانا هم سراسـیمه به دنبال آنهـا راه افتاد. رکسـانا از احمدرضا گذشـت و بـه طـرف درب عمـارت راهـش را ادمـه داد. احمدرضـا خالـی را نگـه داشـته بود تـا از باغ خـارج نشـود. پـری وارد کوچه شـد و به سـمت مـزدوران حکومتی بـه راه افتاد و فریادش بلند شـد. مـردان حکومتـی بـا دیـدن پـری تا انـدازه‌ای در تعجـب بودنـد و نمی‌خواسـتند با او درگیر شـوند.

«مـن بیشـتر از شـما بـرای ایـن انقـلاب جهنمـی مبارزه کـردم، تمـام عمـرم...، اما هرگـز خودم رو قایـم نمی‌کنـم، ترسـوها، اگـه منتظـر اون هسـتین، ول معطلیـن...، اون شـجاعتر از من و شـما و اون خـدای شـما خمینـی بـود، ایـن اسـلحه از خـون اون گلگـون شـده و شـما و امیر واسـش فرقی نمی‌کنـه، اگـه راهتـون رو نگیریـن و گورتون رو گم نکنین نرید، این اسـلحه خونخوارتر از شماسـت، بـا خون شـما هـم گلگونتر میشـه...»

پـری بـا چشـمانی پـر از خون در چشـمان آنها خیره شـد و اسـلحه را بـه طرف آنها نشـانه رفت. همـه منتظـر شـلیک او بودنـد. راننده اولین نفری بود که چشـمش را از چشـم پری دزدید و ماشـین را روشـن کـرد. رکسـانا از درب عمـارت خـارج شـد و خـودش را بـه پری رسـاند. به زعـم اینکه پری کنترلـش را از دسـت داده بـود و هـر لحظه امکان داشـت بـا اقدامی مرگبـار بر عمق فاجعـه بیافزاید در جلـوی او قـرار گرفـت. امـا دسـت بـر قضـا مـزدوران حکومتـی بـه هـر دلیلی کـه بود به دسـتور فرماندهـی خـود در ماشـینها نشسـتند و صحنـه را تـرک کردنـد. یکی از ماشـین‌های مـزدوران در کنـار اتومبیلـی کـه در چنـد صد متـری از خانـه‌ی حاجیه خانم پارک شـده بود، ایسـتاد. سـعید در داخـل آن نشسـته بـود. یکی از مـزدوران حکومتی زبان گشـود:

«طرف خودش رو کشت...!»

و سـپس ماشـین حرکـت کـرد و دور شـد. عبـدالله کـه در پشـت فرمان نشسـته بود از شـنیدن خبـر مـرگ امیـر چنـدان خردسـند بـه نظـر نمی‌رسـید. اتومبیـل آنهـا هـم بـه راه افتـاد و از محل خارج شـد.

رکسـانا بـا گرفتـن دسـت پـری او را تـا حدی بـه خـود آورد. هیچ کدام نمی‌دانسـتند که سـعید ایـن معرکـه را بـدون بـروز فاجعـه‌ای دیگـر خاتمـه داده بـود. البتـه اگـر تا حـالا تمام همسـایه‌ها از صـدای گلولـه و سـایر اتفاقـات منـزل حاجیه خانم خبر نداشـتند بـا فریادهای پری، دیگـر یکی یکی باخبـر شـده بودنـد. هـر چنـد خانه‌هـای آنجا بسـیار بـزرگ بـود و همسـایه‌های چندانـی در اطراف زندگـی نمی‌کـرد امـا وقتـی از حـال و روز حاجیه خانـم خبردار شـدند همه برای همـدردی و کمک بـه خانـه‌ی حاجیـه خانـم هجـوم بردنـد، با وجـود اینکـه می‌دانسـتند امکان داشـت از طـرف دولت زورگـو دچار مشـکل شـوند. رکسـانا یکبـار دیگر محبـت و مهربانی مردم ایران را شـاهد بـود. عده‌ای بـه تمیـز کـردن و آمـاده نمـودن جنـازه‌ی امیر مشـغول شـدند. تعـدادی دیگـر دور حاجیـه خانم را گرفتـه بودنـد و بـه او دلـداری می‌دادنـد. رکسـانا با قلبـی دردناک همـه چیز و همه کـس را زیر نظر داشـت. حاجیـه خانـم کـه بی‌رمـق اشـک می‌ریخت بـه زمزمـه‌ی یک آهنگ لالایی مشـغول شـد:

«لالایـی کـن پسـرم، دنیـا دو روزه...، لالایـی کـن پسـرم، دنیـا وفـا نـداره...، لالایی کن پسـرم، خدا چشـم و گوشـش رو بسـته...»

حاجیـه خانـم ایـن لالایـی را در زمـان کودکـی امیـر می‌خوانـد، وقتـی او را بـر روی پاهایـش می‌خوابانـد و بـا تـکان داد پاهایـش می‌خواسـت او را خـواب کنـد، البتـه این‌بـار با تغییراتـی زمزمه می‌کـرد.

تـوان پیـرزن بالاخـره تـه کشـید و حالـش بهم خـورد. سـرگیجه گرفته بـود و داشـت می‌افتاد، امـا ایـن بـار رکسـانا دیگر نمی‌توانسـت فقط تماشـاگر مراسـمی باشـد که برایـش تازگی داشـت. به سـرعت راه خـود را از بیـن زنانـی کـه بـه دور حاجیـه خانـم جمـع بودند، بـاز کـرد و او را در آغوش گرفـت. اکنـون اشـکهای بی‌صـدای رکسـانا جـای گریـه‌ی حاجیه خانـم را گرفتـه بود. بـدن ضعیف پیـرزن می‌لرزیـد و دیگـر چنـدان قُوَتـی نداشـت امـا هنوز با کلامی گسسـته که به سـختی شـنیده می‌شـد بـرای امیـر لالایـی می‌خواند:

«لالایی کن پسرم، مادرت بزودی می‌یاد پیشت...»

چشـمان رکسـانا بـه پـری افتـاد کـه همچنان سـاکت و خشـمناک به تماشـا نشسـته بـود. پری بعـد از مـرگ نـادر، سـاکت و منـزوی شـده بـود و دیگـر آن پـری سـابق نبود و حـالا مـرگ امیر که مثـل یـک بـرادر بزرگتـر بـه خانـواده‌اش یاری میرسـاند بـر خشـم و ناراحتـی‌اش می‌افزود. رکسـانا حـدس مـی‌زد کـه هـر لحظـه امـکان داشـت پـری مثل یـک انبـار بـاروت منفجـر شـود و فاجعه‌ی دیگـری را رقـم بزند.

در قبرسـتان، مراسـم خاکسـپاری امیر تقریبـاً بـه اتمـام رسـیده بـود و حـالا مادر غمگیـن باید بـا فرزنـدش خداحافظـی می‌کـرد. تلـی از خـاک و دسـته گل‌هایـی بـر روی مـزار امیر قرار داشـت.

دستها و صورت حاجیه خانم به آرامی خاک مزار امیر را لمس کرد و در آغوش گرفت. این نزدیکترین فاصله‌ای بود که می‌توانست بین او و امیر باشد. دیگر نای گریه کردن نداشت و تنها زیر لب زمزمه می‌کرد. هر چند دیگر دستش به امیر نمی‌رسید اما امیدوار بود تا شاید صدایش به او برسد. برای امیر می‌خواند. خانم‌هایی به کمک حاجیه خانم رفتند تا او را از روی قبر بلند کنند. با هر زحمتی که بود او را از مزار امیر دور کردند و مراسم خاتمه یافت. حالا امیر مانده بود در زیر تلی از خاک وطنش که بدان عشق می‌ورزید و به دیگران درس پایداری می‌داد.

رکسانا آخرین نفری بود که هنوز در قبرستان باقی مانده بود. همه رفته بودند. می‌خواست در آنجا تنها باشد و به امیر و به آنچه گذشته بود فکر کند. قادر نبود به راحتی این مصیبت را درک کند و با آن کنار بیاید. از طرفی منتظر پری هم بود که انگار پیدایش نمی‌کرد. حدس می‌زد که وقتی همه رفتند او برای خداحافظی با امیر خواهد آمد. چشمانش به تانی در جستجوی دیدن پری می‌گشت. متوجه‌ی مردی شد که از دوردست به او نزدیک می‌شد. هر چند تمام سعی خود را کرده بود تا هویتش را پنهان کند اما رکسانا او را شناخته بود. سیروس را می‌دید که با طمانینه به سمت او حرکت می‌کرد. سیروس منتظر مانده بود تا مردم و مهمتر از همه، نیروهای حکومتی قبرستان را ترک کنند تا او با امنیت خاطر به آنجا برود. سیروس به سر مزار امیر رسید. زانو زد و سرش را بر روی خاک او گذاشت. رکسانا در کنار سیروس نشست. شانه‌اش را لمس کرد و به نشانه‌ی دلداری او را در بغل گرفت. رکسانا حدس می‌زد که سیروس از اینکه نتوانسته بود جان امیر را نجات دهد، احساس گناه می‌کرد. رکسانا سر او را از روی مزار امیر بلند کرد. نگاه پر از عشقشان در هم قفل شد. رکسانا خاک را از سر و صورت سیروس زدود. دلدادگان محزون آنچنان در هم غرق شدند که انگار زمین و زمان در منظرشان موجودیت نداشت.

*****

فصل ۲۸

یک خانواده‌ی جدید...

مدتـی از انقـلاب ایـران می‌گذشـت. از زمانـی کـه خمینـی قـدرت را به دسـت گرفته بـود، همه چیـز بـه سـرعت تغییـر می‌کـرد. مقامـات حکومـت جدیـد و بـه ویـژه روحانیـون تقریباً هـر خانه‌ی متعلـق بـه صاحـب منصبـان شاهنشـاهی را مصـادره می‌کردنـد و حتـی از تصاحب اموال اشـخاصی کـه در گذشـته بـه واسـطه‌ی یـک موقعیـت، به جایی رسـیده بودنـد چشم‌پوشـی نمی‌کردنـد. تمام لات و لوتهـا، سـارقان،عرقخورها و عربده‌کش‌هایـی کـه در زمـان پهلـوی خانه‌نشـین شـده بودنـد و جـرات نداشـتند تـا بـا مزاحمـت و زورگویـی عـرض انـدام کنند، حـالا با یک تـه ریـش و تفنگی که بـه دسـت گرفتـه بودنـد بـه نام سـربازان حضرت عبـاس و امام خمینـی به جـان مـردم می‌افتادند. ایـن کـه حـالا بـه حکم اسـلام، امـوال مردم را با ضـرب و شـتم و زور بگیرنـد و به آنها اَنـگ طاغوتی بزننـد بـه یـک امـر عادی و شـرعی تبدیل شـده بـود. فقـط ندای یـک معمم کافـی بود تـا بلافاصله سـربازان کفـار سـر برسـند و روزگار شـاکی را درهـم بپیچنـد. هیـچ کـس از ایـن زورگویـی دینـی مسـتثنی نبـود. در واقـع خمینـی قصـد داشـت در بیـن مـردم تـرس و وحشـت بیانـدازد تا مبـادا از خـواب بیـدار شـوند و بـر علیه او قیام کنند. وحشـت و ارعابی که به خوبی توسـط چماقداران اسـلام نمـا بـه مرحلـه‌ی اجـرا درمی‌آمـد. خمینـی می‌دانسـت که دیـر یـا زود مـردم از خواب غفلـت بیدار می‌شـوند و بـه وعده‌هـای انقلابـی دروغیـن او پـی می‌برنـد. وعده‌های پوچـی که به منظـور فریفتن ملـت و دولت‌هـای خارجـی بـه کار بسـت تـا به قدرت برسـد، می دانسـت مـردم فهمیـده بودند که از آب و بـرق مجانـی و پـول نفتـی کـه هـر ماهـه قرار بود به حسـاب مـردم ریخته شـود هیچ خبری نبـود و همـه‌ی آن وعده‌هـا پـوچ و دروغ بود.

حـالا حریـم گـرم خانـواده بـه عنـوان مهمتریـن و در عیـن حـال ابتدایی‌تریـن آزادی مـردم به جهنمـی طاقت‌فرسـا تبدیل شـده بود. دیگـر در مجالس خانوادگـی امنیت وجود نداشـت. مخبرهای گـرگ صفـت حکومتـی در لبـاس میش در هـر جمع و محفلی حضور داشـتند و هر گفتـاری بر علیه حکومـت را گـزارش می‌کردنـد تـا بـا مخالفیـن برخورد شـود. در مجمـوع آرامش و آسـایش مردم از بیـن رفتـه بـود و همـه در زندانی بنام ایـران حبس شـده بودند.

هیچ ساختار قانونی و عدالت محوری برقرار نبود. ملایان و اسلحه به دستها به میل خود قانون وضع می‌کردند و با عنوان «عدالت اسلامی» اجرا می‌نمودند. طبقه‌ی جدیدی که هیچ بینشی از علم سیاست و روابط اجتماعی و اقتصادی نداشتند ناگهان با غصب اموال دیگران، حبس و اعدامشان به قدرت و ثروت رسیده بودند. افرادی به مانند پری، حسین و سیروس که برای آزادی فردی و اجتماعی تلاش کرده بودند حالا خود را در زیر یک سایه‌ی غمگین و دردناک می‌دیدند. آنها به نوعی خود را در قبال ملت و میهن ایران مسئول می‌دانستند. نمی‌توانستند شاهد نابودی فرهنگ مملکتشان باشند. شاهد این باشند که از قدرت سوءاستفاده می‌کردند تا به منافع شخصی خود برسند. مردانی که بر مسند قدرت نشسته بودند به جای اینکه با اجرای قانون مدنی عادلانه در خدمت ملت و مملکت باشند بیشتر به دنبال حل و فصل کینه‌ها و منافع شخصی خود بودند. زیر بیرق اسلام، عدالت اسلامی، امر الهی و در نهایت با مهر تایید امام خمینی، به مردم بی‌گناه تهمت می‌زدند و آنها را به حبس و اعدام می‌کشاندند. همه چیز به ظاهر در این خلاصه می‌شد که دوستان قدیمی دشمن و دشمنان قدیمی دوستت می‌شدند. چشمها هم دیگر قابل اعتماد نبودند. ارزشها عوض شده بود و عوضیها با ارزش. با این وجود هنوز بسیاری از مردم از خواب حماقت خویش بیدار نمی‌شدند.

سیروس پریشان و سرگردان بود. همسرش در آمریکا و تمام وجودش در ایران سیر می‌کرد. بین دو دنیای متفاوت گیر افتاده بود و داشت دست و پا می‌زد. عشق متفاوتی که نسبت به ایران، حاجیه خانم، رکسانا و همسرش جولیا داشت او را حسابی مستاصل کرده بود. همه به او احتیاج داشتند اما او قادر نبود پاسخگوی نیاز همه‌ی آنها باشد. هر انتخاب او موجب رنجیدن سایر عزیزانش می‌شد. به خاطر ازدواج عجولانه و اشتباهش دچار دردسر شده بود و با درماندگی خود را سرزنش می‌کرد. آرام و قرار از وجودش دور شده بود و خود را در قبال بروز مشکلات، مسئول می‌دانست. انگار باید می‌سوخت و می‌ساخت و تاوان اشتباهش را پرداخت می‌کرد. البته وضعیت رکسانا و سیروس حداقل برای جفتشان روشن بود. ازدواج سیروس خیلی به زندگی زناشویی اسعد شباهت داشت. انگار تاریخ تکرار شده بود اما دلیل خوبی بود تا رکسانا بتواند برداشت بهتری از سرگذشت پدرش داشته باشد و به این نتیجه برسد که اشتباهات پدر و مادرش هیچ ارتباطی به او ندارد و خود را در این زمینه مسئول نداند. او بالاخره دریافته بود که آن همه برداشت و ناراحتی عمیقی که از بابت دور شدن پدرش داشت، بیهوده و بی‌اساس بود. او در حقیقت قربانی وضعیتی بود که در زندگی پدر و مادرش وجود داشت و از کنترل‌شان خارج شده بود و این واقعیتی بود که وجود داشت. رکسانا گمان می‌کرد آنچه که در زندگی او اتفاق افتاد بود صرفاً بخش کوچکی از واقعیت‌های بزرگتر بود، داستان یک عشق حماسی. «داستان عشق» بین لیندا و اسعد فراتر از یک زندگی زناشویی بود، داستان غم‌انگیز

عشـق. رنـج حاصـل از تـرک لینـدا و رکسـانا در واقـع تـراژدی تلخی برای اسـعد محسـوب می‌شـد. ایـن تـراژدی، همـان فرجامـی بود که سـیروس بدان می‌اندیشـید و از تکـرار آن جلوگیـری می‌کرد. انـگار احسـاس و عشـقی کـه بیـن سـیروس و رکسـانا وجود داشـت آسیب‌پذیرتر از عشـقی بود که سـیروس و اسـعد نسـبت به مملکتشـان داشـتند. سـیروس عشـق را در دو مبحث عمیق و سـطحی تقسـیم کـرده بـود. عشـق قابـل تعریـف و تکذیب نبـود. از آنجایـی که بدون عشـق، زندگـی بیهوده می‌نمـود بنابرایـن نمی‌بایسـت از عشـق واقعی خوف داشـت. رکسـانا می‌دانسـت که سـیروس آدمی نبـود کـه بی‌تفـاوت از کنـار عشـق بگـذرد. او آمادگـی داشـت تـا خـود را در راه عشـق قربانـی کند. همـان عشـقی کـه به واسـطه‌ی حضور او در سـیروس شـکل گرفـت و به تکامل رسـید.

سـیروس از رکسـانا خواسـته بـود در خانـه‌ی حاجیـه خانـم بمانـد و بیشـتر وقتـش را بـا وِی بگذرانـد. حضـور رکسـانا حداقـل باعـث می‌شـد سـیروس کمتـر نگـران حـال مـادر پیـرش باشـد. حاجیـه خانـم بـه حـدی نگرانی‌هایـش زیاد بود که نمی‌دانسـت دعای سـر نمـازش را از کجا شـروع کنـد. بـرای ازدواج رکسـانا و سـیروس دعـا می‌کـرد و بـه چگونگـی پیوندشـان می‌اندیشـید. پیرزن هنـوز خبـر نداشـت کـه سـیروس در آمریـکا ازدواج کـرده بـود. او تقریباً هـر روز در رابطه بـا ازدواج آنهـا دسـت بـه دعا برمی‌داشـت. به رکسـانا التمـاس می‌کرد که هـر چه سـریعتر به آمریـکا بازگردد و سـیروس را مجبـور کنـد تـا بـا او ازدواج نمایـد و حتـی سـیروس را متقاعـد کنـد کـه بـه اتفاق او در لس‌آنجلـس بمانـد و هرگـز بـه ایـران بازنگـردد. حاجیـه خانـم واقف بود کـه ایران در یـک دوران تاریـک و پرخاشـگرانه‌ای قـرار دارد و هیـچ کـس نمی‌توانـد پیش‌بینـی کنـد کـه اوضـاع حتـی در آینـده‌ی نزدیـک چگونـه پیـش خواهد رفـت. امنیت و اعتمـاد از جامعه‌ی وحشـتزده رخت بربسـته بـود و جایـی بـرای آسـایش و آرامـش وجود نداشـت. رکسـانا می‌دانسـت کـه حاجیه خانم عاشـقانه سـیروس را دوسـت دارد و پـس از مـرگ امیـر، علاقـه‌اش بـه یـک عشـق واحـد تبدیل شـده اسـت. بـرای رکسـانا بسـیار سـنگین و دور از انتظـار بـود که برخلاف میلـش، حاجیه خانـم آرزو می‌کرد که سـیروس هرگـز بـه خانه‌ی مـادری خـود بازنگـردد. در حقیقـت پیرزن، امنیت و سـلامتی سـیروس را بـر سـعادت و بقـای خـود ترجیـح مـی‌داد. حاضـر بـود شـادکامی و آرامش خـود را فـدای یک تار مـوی سـیروس کنـد. خوشـبختانه بی‌بـی و احمدرضـا هنوز نـزد حاجیه خانـم باقی مانـده بودند و از او حمایـت و نگهـداری می‌کردنـد. وفـاداری آنهـا هرگـز قطع نشـده بـود. در واقع همـه‌ی کسـانی که از محبـت، لطـف و مهربانـی حاجیـه خانـم برخـوردار شـده بودنـد، در کنـار او مثل دوسـتانی وفادار باقـی ماندند.

*****

حاجیـه خانـم بـر روی تشـکی کـه در کنـار دیـوار اتـاق نشـیمن انداختـه بودنـد، خوابیـده بود.

رکسانا در فاصله‌ای از حاجیه خانم در کنار پنجره نشسته بود و در حالی که او را تماشا می‌کرد به تمام اتفاقات گذشته و آینده و امکانات مقابله با آنها می‌اندیشید، اما بیشتر فکرش معطوف پدرش بود. هنوز برایش قابل قبول نبود که چرا پدرش از دیدن او خودداری می‌ورزید و هیچ تلاشی نمی‌کرد تا او را ببیند. حالا از مشاهده‌ی حاجیه خانم مهربان که به وِی جا و مکان داده بود و او را عضوی از خانواده‌ی خود می‌دانست، احساس خوشایندی نداشت. رکسانا هنوز نمی‌دانست که پدرش چقدر به او نزدیک بود و تقریباً هر روز او را به اتفاق حاجیه خانم در هنگام غذا دادن به پرندگان تماشا می‌کرد و از درون می‌گریست.

رکسانا بدون سیروس، در واقع به یک قایق بادبانی شباهت داشت که در ظلمات یک دریای بدون باد متوقف شده بود. او برای یافتن پدرش به ایران آمده بود اما در تلاطم عشقی ممنوع، فرهنگ غنی ایران و انقلابی نامعلوم و ناگهانی گیر افتاده بود و ناخودآگاه جزوی از آن به شمار می‌رفت.

بی‌بی با یک سینی چای و شیرینی‌های ایرانی وارد شد. سینی را در کنار حاجیه خانم گذاشت. بوی معطر چای و شیرینی کافی بود تا حاجیه خانم را به هوش بیاورد. چشمان حاجیه خانم هنوز متورم و قرمز بود، اما رکسانا صلاح می‌دید که از آن حرفی نزند تا مبادا حاجیه خانم به یاد غم‌هایش بیفتد. انگار هیچ واژه و دستاویزی وجود نداشت که قلب حاجیه خانم را از یاس و تاریکی درآورد و به او تسلی بخشد. هر دو پسرش را به یک شکلی از دست داده بود. مرگ و مهاجرت. هر چند سیروس زنده بود و در آمریکا زندگی می‌کرد اما ذهنیت داشت که او را هم برای همیشه از دست داده بود بنابراین چای خود را در سکوت نوشید. رکسانا کمی قبل از این لحظات، به پری زنگ زده بود تا به دیدن آنها بیاید. رکسانا نگران حاجیه خانم بود. می‌خواست با پری در مورد انجام کارهایی صحبت کند که به آسایش حاجیه خانم بیانجامد. پیرزن بعد از مرگ امیر دیگر آن حاجیه خانم شاد، قبراق و پر جنب و جوش نبود.

*****

در منزل خلوت اسعد داستان متفاوتی جریان داشت. سیروس هنوز در ایران باقی مانده بود و هر روز به تنهایی و یا به همراه اسعد از پشت پرده‌ی پنجره، رکسانا و حاجیه خانم را در ایوان خانه تماشا می‌کرد و به مانند اسعد می‌گریست. سیروس پس از مرگ امیر، مدت کوتاهی را در کنار مادرش گذرانده بود. برای اینکه دیده نشود هیچ وقت از خانه بیرون نمی‌رفت. بعد هم به بهانه‌ی اینکه می‌خواهد به آمریکا باز گردد مادرش را ترک کرده بود. سیروس احتمال می‌داد از طرف سعید مورد اتهام قرار گیرد و بدون هیچ دلیلی دستگیر شود و با توجه به اینکه ضوابط و قانون مشخصی در مملکت وجود نداشت او را هم به کام مرگ بکشد، بنابراین

بـه طـور مخفیانـه در پیـش اسـعد اقامـت گزیـده بـود. البتـه نگرانـی‌اش بی‌دلیل هـم نبـود، او برای جلوگیـری از بـه قـدرت رسـیدن روحانیون، با اسـعد، حسـین، قطب‌زاده، ابولحسـن بنی‌صـدر و تیم مخفـی کـه آنهـا تشـکیل داده بودنـد، همـکاری می‌کـرد. بنابرایـن صـلاح می‌دیـد تا مـادرش خیال کنـد کـه او در آمریـکا بـه سـر می‌برد و به خاطـر خطراتی کـه او را در ایران تهدید می‌کـرد، دلواپس نشـود. می‌دانسـت کـه پـس از مـرگ امیـر، مـادرش دیگر تـوان تحمـل مـرگ او را نـدارد، از طرفی حـدس مـی‌زد کـه اگـر رکسـانا در جریـان نرفتـن او قـرار می‌گرفـت هـر لحظـه توقع داشـت که او را بـه نـزد پـدرش ببـرد. رکسـانا می‌دانسـت کـه سـیروس از محـل اقامت پـدرش اطـلاع دارد و با او در ارتبـاط اسـت. البتـه رکسـانا گاهـی به ایـن فرضیه می‌اندیشـید که اگـر مخالفان پـدرش بفهمند کـه او دختـر اسـعد می‌باشـد از ایـن بهانـه بـه عنوان یـک حربه اسـتفاده می‌کننـد تـا او را از اطراف خمینـی طـرد کننـد، بخصـوص اینکـه تابعیـت آمریکایی‌اش هـم باعث می‌شـد حتی بـه او و پدرش اتهـام جاسوسـی بزننـد و جانشـان را به خطـر بیاندازند.

سـیروس بـا چشـمان بسـته در زیـر دوش آب گـرم حمـام ایسـتاد. تجسـم می‌کرد کـه آب گرم داشـت تمـام گناهـان و اشـتباهات او را از جسـم و جانـش می‌شسـت و می‌بـرد. حتـی اگـر ثانیه‌ای از ایـن احسـاس سـبکبالی برخـوردار می‌شـد، بـاز هـم بـرای او تصوری مغتنـم بـود. بـه هـر دلیـل ناآشـنایی هـر وقـت در زیـر دوش حمـام قـرار می‌گرفـت احسـاس یـاس و گنـاه در وجـودش زنـده می‌شـد. عمـده‌ی ایـن احسـاس متوجـه‌ی حاجیه خانـم و جولیا بـود. بعد از مـرگ امیـر، او مادرش را تنهـا گذاشـته بـود و جولیـا هـم خبر نداشـت کـه او در ایـران خـود را درگیر یک جریان سیاسـی کـرده بـود. فرجـام ایـن احساسـات تلخ همیشـه بـه درماندگـی او ختم می‌شـد.

سـیروس عواقـب اعمالـش را در ذهـن به چالش می‌کشـید. می‌دانسـت که حاجیـه خانوم چقدر وابسـته‌ی اوسـت و همیشـه تمنـا داشـت تا بـا وی دیدار کنـد. دل او هـم برای آغوش مـادرش تنگ شـده بـود. امـا چطـور می‌توانسـت بـه طور سـرزده ظاهر شـود وقتی قـرار بود کـه در آمریکا باشـد؟ او بـه مـادرش گفتـه بـود که در آمریکا مشـغول درس و تدریس اسـت.

بخـار حاصـل از آب گـرم، فضـای حمـام و سـطح آیینـه را پوشـاند و دیـدش را ضعیـف کـرد. سـیروس چشـمان خود را بسـت و سـعی داشـت اگر می‌توانسـت برای لحظاتی هم که شـده بود به هیـچ چیـز فکـر نکنـد. امـا آیا ایـن میـل و رغبت امـکان پذیر بـود؟!.

*****

صـدای خالـی در بـاغ خانـه‌ی حاجیـه خانـم بلنـد شـد و هـر لحظـه بر خشـم و حجـم صدایش افـزوده می‌شـد. وقتـی خالـی پـارس می‌کـرد از نـوع صدایـش همه حـدس می‌زدنـد که چـه اتفاقی در حـال و یـا در شُـرف وقـوع بـود. رکسـانا پشـت پنجـره‌ی طبقـه دوم خانـه ظاهر شـد و بـه خالی

در بیرون نگاه کرد. می‌دید خالی به طرف مردی که در کوچه از ماشینش پیاده شده بود و درب خانه‌ی حاجیه خانم را بررسی می‌کرد، حساس شده بود و با پارس کردن قصد داشت او را از هر تجاوزی باز دارد. رکسانا از پارس خالی و مشاهده‌ی مرد غریبه‌ی مرموز دچار تشویش و اضطراب شد. خالی حالا به جلوی درب فلزی باغ رسیده بود و از بین نرده‌ها به طرف مرد مرموز پارس می‌کرد. احمدرضا ظاهر شد و تلاش کرد خالی را به سمتی ببرد تا مرد غریبه را نبیند و بلکه ساکت شود. هنوز خالی در داخل اتاق کوچک کنار درب، زندانی نشده بود که احمدرضا مشاهده کرد که مرد مرموز از درب بالا آمد و به داخل باغ پرید و درب را باز کرد. با گشودن درب، چند اتومبیل از جمله دو مرسدس بنز وارد باغ شدند و در جلوی ساختمان توقف کردند. مردان مسلح پیاده‌ای که به دنبال اتومبیل‌ها می‌دویدند خود را به ساختمان رساندند.

یک روحانی چاق از داخل بنزی پیاده شد. به عمارت و باغچه‌های پیرامون نگاه لذت‌بخشی انداخت. حالت لذت‌بخشی که در چهره داشت بیش از آن بود که احمدرضا بتواند تحمل تماشای آن را داشته باشد. درب اتاقک نگهبانی با خروج احمدرضا به اندازه‌ای باز شده بود که خالی بتواند از فرصت استفاده کند و از اتاقک بیرون بیاید. خالی به دنبال خروجی که داشت به سمت مرد روحانی چاق و مردان مسلح حمله‌ور شد. با حمله‌ی خالی، روحانی چاق ترسو فوراً به داخل اتومبیلش برگشت و فریاد معترضانه‌اش بلند شد:

«این سگه نجس رو از جلوی چشم من دور کنید...!، بزنید بکشید...!»

چند مامور با سنگ، چوب و قنداق تفنگشان به سمت خالی هجوم بردند، یکی از آنها از فِرز بودن خالی عصبانی شد و گلوله‌ای هم به سمت او شلیک کرد، اما خالی سریع‌تر از آن بود که تیر به او اصابت کند. پارس‌کنان به طرف انتهای باغ فرار کرد. اولین مردی که به او رسید مصمم بود نه با یک تیر خلاص بلکه سگ بینوا را با زجر بکشد. با قنداق تفنگش به جان خالی افتاد. نفراتی دیگر هم به او پیوستند. خالی از زیر دستشان فرار کرد. تعقیب و گریز ادامه داشت و هیچ کدام هم کوتاه نمی‌آمدند.

در داخل عمارت، رکسانا متعجب و عصبانی مشغول تماشای جدال بین خالی و مردان مسلح بود. بی‌بی با عجله خودش را به رکسانا رساند و چادر مشکی رنگی را فوری بر روی سر او انداخت.

«زودباش اینو بپوش!، اونها نباید تو رو سر برهنه ببینن...، جلد باش...!

رکسانا گیج وگنگ تسلیم بی‌بی شده بود. طولی نکشید که او در حجاب اسلامی تمام سر وصورت خودش را پوشانده بود و فقط کمی از چشمانش دیده می‌شد. انگار بی‌بی وحاجیه خانم به فکر چنین روزی بودند و شاید به دلشان افتاده بود که چنین اتفاقی ممکن بود رخ

دهد بنابراین البسه‌ی اسلامی را از قبل آماده کرده بودند. نگاه وحشت‌زده‌ی رکسانا دوباره به سمت خالی برگشت. می‌دید که در داخل باغچه، خون از سر و کله‌ی سگ بیچاره سرازیر است و تلاش می‌کند جانش را از زیر دست و پای مردان به ظاهر دیندار و خداپرست نجات دهد. خالی در مسیر فرارش، گل‌های لاله و نیلوفرهای وحشی را می‌شکست و از خون خودش گلگون می‌کرد. او مجبور شد عقب‌نشینی کند و به سمت انتهای باغ متواری شود، اما مردان بی‌رحم دست‌بردار نبودند و هنوز او را تعقیب و تنبیه می‌کردند تا درس عبرتی به او و سایرین نشان دهند. فریاد معمم چاق که دوباره از اتومبیلش خارج شده بود، ادامه داشت:

«این سگه نجس رو بکشید...، حتی دیدنشم معصیت داره...!»

سپس در حالی که از عملکرد مردان مسلحش راضی به نظر می‌رسید با همراهی چند مرد مسلح دیگر از پله‌ها بالا رفت و به داخل ساختمان وارد شد. احمدرضا از خیر کمک کردن به خالی گذشت و با عجله به طرف ساختمان حرکت کرد تا خودش را به حاجیه خانم برساند. سرانجام به ساختمان رسید و داخل شد.

*****

سیروس غافل از ماجرایی که در خانه‌ی مادرش می‌گذشت هنوز زیر دوش آب گرم به تنبیه خودش ادامه می‌داد. در اندیشه‌ی باید و نباید اقدامات آینده به سر می‌برد.

*****

در داخل اتاق نشیمن چشم‌های احمدرضا در جستجوی حاجیه خانم، رکسانا و بی‌بی در اطراف می‌چرخید اما به هر سمتی که رو می‌کرد فقط مردان مسلح را می‌دید که مثل شغال‌های وحشیِ گرسنه مشغول جستجوی سوراخ سنبه‌های خانه بودند. انگار به دنبال پیدا کردن چیزهای قیمتی رقابت می‌کردند تا بدزدند و صاحب شوند. در عرض چند دقیقه، خانه‌ی امن حاجیه خانم جولانگاه مردان مسلحی شده بود که خود را مسلمان می‌خواندند و به نام نمایندگان خدا و اسلام، وحشیانه به غارت اموال حاجیه خانم مشغول بودند. بالاخره نگاه احمدرضا از بین پاهای مردان مسلح به رکسانا، بی‌بی و حاجیه خانم افتاد. رکسانا و بی‌بی به شکم بر روی زمین خوابیده بودند و حاجیه خانم در بین آنها نشسته بود و به زمین نگاه می‌کرد. احمدرضا متوجه شد که بیشتر علاقه‌ی آنها به رکسانا و لباس اسلامی او متمرکز شده است. فقط کمی از چشمان رکسانا قابل رویت بود. حاجیه خانم که به این موضوع پی برده بود شاکیانه سخن می‌گفت و به امر و نهی آنها اهمیتی نمی‌داد، حتی با تهدید اسلحه هم ساکت نمی‌شد. هدفش هم این بود که حواسشان را پرت کند تا رکسانا مورد سوءظن

آنهـا واقع نشـود.

«اگـه اسـلام اینـه، من دیگه مسـلمون نیسـتم...، مـن ترجیح میدم کافر باشـم...» دسـت حاجیه خانـم بـه نشـانه‌ی تاکیـد به پشـت رکسـانا خـورد و ادامه داد: «شـنیدی دختـرم؟، شـنیدی...؟، من دیگه مسـلمون نیستم...!»

بـا ایـن کارش قصـد داشـت تا به آنهـا بقبولاند که رکسـانا دخترش بـود و نه یک شـخص ناتنی. حـالا آنهـا در برخـورد بـا حاجیـه خانـم مسـتاصل بودنـد. اکثـر آنهـا از گذشـته‌ی او و امیـر اطـلاع داشـتند. می‌دانسـتند کـه بـا یک خانـواده‌ی عادی تازه بـه دوران رسـیده طرف نبودند. می‌دانسـتند کـه حاجیـه خانـم به واسـطه‌ی غرور و ارزش‌های والای انسـانی‌اش، ابایی نداشـت کـه در مقابل آنها بیایسـتد، از ایـن رو در صـورت بـروز هـر گونه مقاومتـی مجبور بودنـد او را بکشـند. از طرفی حاجیه خانـم شـاهد آن بـود کـه آنهـا داشـتند ماحصل تمـام عمـرش را به یغمـا می‌بردنـد. کاشـانه‌ی تولد و رشـد فرزندانـش را ویـران کـرده بودنـد. مگـر می‌توانسـت جایـی را کـه در آن یـک عمـر، شـادی، عشـق، انـدوه، مـرگ، موفقیـت، شکسـت و نشسـت‌های دوسـتانه را تجربه کـرده بود، نادیـده بگیرد صرفـاً بـه خاطـر اینکـه آدم‌هایی خدانشـناس خـود را نماینـده‌ی خدا می‌پنداشـتند و بـه حکم امام و اسـلام و بـا زور اسـلحه می‌خواسـتند اموالشـان را غصـب کننـد. قطعـاً مسـلمان درسـتکاری مثـل حاجیـه خانـم از رویـت ایـن جریـان ظالمانـه به اسـلام شـک می‌کـرد واز آن همـه اعتقـادات دینی خـود ناامیـد می‌شـد. حاجیـه خانم می‌دانسـت که باید رازهـا وخاطرات زیـادی را در ایـن خانه باقی می‌گذاشـت و می‌رفـت. حادثـه‌ای کـه بیـش از همـه حاجیـه خانـم را در ایـن خانه تحـت تأثیر قرار داده بـود و هرگـز فرامـوش نمی‌کـرد، دیـدن جنـازه‌ی گلگـون امیر بود. شـاید هـم بهتر بـود او را به زور از آنجـا بیـرون می‌کردنـد تـا هـر لحظـه بـا دیـدن درب و دیوارهای خانـه به یاد خاطـرات تلخی مثـل مـرگ امیـر نیفتـد. منزلی کـه او انتظار داشـت همانند امیـر در آن بمیرد دیگر محـل زندگی او نبـود. غصب امـام مسـلمین شـده بود. امـا بـرای حاجیه خانـم دیگر مهم نبـود چه کسـی خانه‌ی او را نابحـق تصاحـب می‌کنـد. می‌دانسـت کـه آثـار وخاطرات پنجاه سـال عشـق ومحبت او در خشـت خشـت آن خانـه پنهـان باقـی می‌مانـد و هیچ کس تـوان از بین بـردن آنهـا را ندارد. می‌دانسـت که هیـچ کـس نمی‌توانسـت در منـزل او کـه نابحـق غصب شـده بـود رنـگ صلـح را ببینـد و آرامش را تجربـه کند.

حاجیـه خانـم شـروع بـه زمزمـه‌ی یـک لالایـی قدیمی فارسـی کرد که هر شـب برای پسـرانش می‌خوانـد تـا آنهـا را بخواباند. امـا آن را بـا آنچه که در افکار مغشوشـش می‌گذشـت قاطـی می‌کرد:

«لالایـی کـن پسـرم خـدا بزرگـه...، لالایـی کـن خانـه‌ام، دزدی بـه راهـه...، لالایـی کـن خالی، لشـکر کفـار تـو راهـه...، لالایـی کـن دختـرم دینـم خرابـه...»

نـگاه حاجیـه خانـم به سـجاده‌ی رنگارنـگ مخملیش افتاد که هنوز در گوشـه‌ای از اتاق نشـیمن پهـن بـود و زیـر پـای مـردان خدانشـناس لگد مال شـده بـود. دیگر رنـگ دلپذیری بر نقش سـجاده وجود نداشـت.

«لالایی کن جانماز کارت تمومه...»

حاجیـه خانـم مثـل یـک دعـای روزانه، داشـت آرامـش خود را بـه رخ دشـمنانش می‌کشـید. او هـر آنچـه بـه چشـمش می‌خـورد و از آن خاطـره‌ای داشـت بـر زبـان مـی‌آورد. کار هـر روز حاجیـه خانـم بـود کـه مراتبـاً بـر روی همـان سـجاده می‌نشسـت و بـا پـروردگارش راز و نیـاز می‌کـرد. امـا اکنـون بـه عبـادت خدایـش ننشسـته بـود و از او کمـک نمی‌طلبیـد. حالا بـه خاطر عمـق فاجعه‌ای کـه شـاهدش بـود پـروردگارش را به چالش کشـیده بود واز او می‌پرسـید کجا خوابش برده اسـت که ایـن همـه ظلـم وسـتم را نمی‌بینـد...؟. می‌خواسـت بداند پـس او کی بایـد آن همه دعا و التماسـش را اجابـت کنـد...؟. کجـا بـود وقتـی بـرای حفظ جان امیـر به درگاهـش التمـاس می‌کـرد...؟. با این وجـود، حاجیـه خانـم انسـان متواضعـی بـود و هـر چه کـه از آن بـه عنوان سرنوشـت تعبیر می‌شـد را می‌پذیرفـت.

حاجیـه خانـم می‌دانسـت کـه ایـن دنیـا بـا تمـام زرق وبرقـش پایـدار نیسـت و بـا عهـد و وفـا میانـه‌ای نـدارد. بـه یـاد زمانـی افتـاد کـه دختربچه‌ای بیش نبود و پـدرش را از دسـت داده بـود. او محـزون و اشـک‌آلود در تمنـای مسـاعدتی دسـت و پا می‌زد تا پـدرش را به زندگـی بازگرداند. هنوز حـرف مـادرش را بـه خاطر داشـت کـه در فـراق پدرش گفتـه بود:

«من حاضرم هر آنچه در این دنیا دارم ببخشم و فقط یک روز دیگر با شوهرم باشم...»

او همیشـه ایـن سـخنان ارزشـمند مـادرش را در سـینه‌ی خـود حفـظ کـرده بود. اکنـون که در شُـرف از دسـت دادن همـه‌ی مـال و اموالـش قرار داشـت دیگر به هیچ کـدام از آنها پشـیزی اهمیت نمـی‌داد. نـه سـالها مناجـات بام تا شـامش آنها را حفـظ کرده بود و نه دسـت‌هایی وجود داشـت که از عالـم غیـب به فریادش رسـیده باشـند. سـرانجام پس از آن همه دولا و راسـت شـدن‌های عاجزانه در برابـر پـروردگار بـا مـردان مسـلح امـام مسـلمین روبه‌رو شـده بـود که آمـده بودند تمام هسـت و نیسـتش را بـه یغمـا ببرنـد. حاجیـه خانـم به یاد تمـام اسـباب و اثاثیه‌ای افتـاد که در منزل داشـت. وسـایلی کـه بـه او هدیـه داده بودنـد و یـا در طول عمـرش جمع کرده بـود. چند عکـس کوچک که فرزندانـش بـرای او در مدرسـه نقاشـی کـرده بودند، یک مجموعـه چایخوری مخصـوص طلایی رنگ کـه از مادربزرگـش بـه او رسـیده بـود و ملیله‌هایـی کـه نسـلها در خانواده دسـت به دسـت می‌شـد. بـرای لحظـه‌ای ذهنـش بـه روشـنایی روح پیوند خـورد. در آن لحظه هیـچ کدام از ایـن چیزها حتی یـک شـاهی بـرای او ارزش نداشـت. می‌دانسـت تنهـا چیـزی کـه در مالکیتـش قرار داشـت، وجدان

و روحش بود. روحش تنها چیزی بود که هیچ کس نمی‌توانست از او بگیرد و یا بدزدد. انگار همین روح هم برایش کافی بود. حاجیه خانم در نهایت به این نتیجه رسیده بود که با خدای خودش صلح کند و در مقابل مقدرات او تسلیم شود، اما حداقل از خدای خودش انتظار داشت تا روحش به ارواح پاک مادر، پدر، همسر و فرزند فقیدش بپیوندد.

به نظر می‌رسید خدا بالاخره صدای حاجیه خانم را شنید و اجابت نمود. صدای روحانی خِپل خطاب به زیردستانش بلند شد:

«بذارید اونها برن، اونها فقط میتونن لباس خودشونرو ببرن...»

بی‌بی و رکسانا علی‌رغم اینکه دستور مرد روحانی را شنیده بودند اما از ترس اینکه مبادا به آنها شلیک شود لحظاتی از خود حرکتی نشان ندادند. بالاخره بی‌بی برخاست و با گرفتن دست رکسانا او را هم بلند کرد. آن دو با احتیاط مشغول جمع‌آوری لوازم شخصی خود شدند. حاجیه خانم به هیچ چیزی دست نمی‌زد. بی‌بی وارد اتاقی شد و دقایقی بعد با ساکی از لوازم حاجیه خانم برگشت. لوازمی نظیر لباس، برس مو و.... بی‌بی لوازم را به پیرزن بینوا نشان داد و از او پرسید که آیا چیز دیگری هست که او بردارد، اما با سکوت حاجیه خانم روبه‌رو شد. بی‌بی با نگرانی زبان گشود:

«شما باید وسایل خودتون رو جمع کنید....!، حاجیه خانم، ما باید اینجارو ترک کنیم....!»

حاجیه خانم برای لحظاتی طولانی به خانه نگاه کرد.

«من به هیچ چیزه مادی علاقه‌ای ندارم که متعلق به این دنیا باشه، همه مال اینها...!»

بی‌بی خم شد تا سجاده‌ی او را بردارد. حاجیه خانم با تانی شانه‌ی بی‌بی را لمس کرد و در حالی که به مرد روحانی خِپل خیره شده بود، زمزمه نمود:

«نـه...، اونو بذار برای دزدان خدا، تا روش نماز بخونن، از این به بعد اون به درد من نمی‌خوره، این همه که نماز خوندم مگه خدای من صدای منه پیرزن رو شنید؟ انگار حرف‌های من دعاهای من هیچ ارزشی به درگاهش نداره....!»

با این حال بی‌بی سجاده را کمی با دستش لمس کرد، انگار داشت با یک دوست قدیمی یا یک حیوان خانگی دوست‌داشتنی خداحافظی می‌کرد. سپس برخلاف نظر حاجیه خانم سجاده را برداشت. حاجیه‌خانم به سمت درب حرکت کرد، در حین حرکت روسری خود را از سرش برداشت و بر کف اتاق انداخت و به آرامی اجازه داد تا موهای سفید بلندش برای اولین بار در زندگی آزاد بماند، سپس به طرف رکسانا رفت و دست او را گرفت و به اتفاق بی‌بی به راه افتاد. کمی طول کشید تا روحانی خِپل بتواند رفتار حاجیه خانم را هضم کند و فریادش بلند شود:

«روسری شو سرش کنید، بی‌شرم و بی‌حیا...»

بی‌بی با فریاد روحانی خِپل دستپاچه شد و روسری حاجیه خانم را برداشت و سعی کرد تا روی سرش ببندد اما حاجیه خانم هیچ اهمیتی نمی‌داد و کمکی به او نمی‌کرد. سرانجام در حالی که بی‌بی روسری حاجیه خانم را بر روی سرش نگه داشته بود فقط با کمی لوازم شخصی خانه را ترک کردند.

*****

در همین گیرودار، سیروس که هنوز بدون هیچ اطلاعی در زیر دوش آب گرم قرار داشت، شیر را بست و ریزش آب متوقف شد. شروع کرد تا خود را با حوله خشک کند. ناگهان با شنیدن زوزه‌های عصیان‌زده‌ی خالی، آرامش کوتاه مسالمت‌آمیز سیروس از بین رفت و نگرانی و اضطراب تمام وجودش را فرا گرفت. با اینکه هنوز در جریان ماجرا نبود ولی انگار مثل یک ماگما در تلاطم بود. یقین داشت که زوزه‌های خالی عادی نبود. حوله را دور کمرش پیچید و با عجله خودش را به طبقه‌ی بالا رساند. از طریق شکاف ناچیز پرده‌ی پنجره، چشم‌های سیروس به ده‌ها مرد مسلحی افتاد که باغ خانه‌ی مادرش را اشغال کرده بودند. دو تن از آنها هنوز در میان گلهای باغچه به دنبال گرفتن خالی بودند. سیروس شلوار و پیراهنش را برداشت و در حالی که آنها را بر تن می‌کرد با عجله از درب اتاق خارج شد. پله‌ها را یکی در میان طی کرد و از درب حیاط بیرون رفت. آنچنان از خود بیخود شده بود که نمی‌دانست با پاهای برهنه در کوچه می‌دوید.

*****

در حالی که سیروس با پریشانی به سمت خانه‌ی مادرش می‌دوید، سه اتومبیل وارد عمارت شدند و درست در زمانی که رکسانا، بی‌بی و احمدرضا به دنبال حاجیه خانم به پائین پله‌ها رسیده بودند در مقابلشان ترمز کردند. آنها مجبور شدند تا از حرکت بیایستند. نگاه حاجیه خانم و دیگر اعضای خانواده بی‌اختیار به ماشین مقابلشان افتاد که همان اتومبیل اداره‌ای امیر بود. یوسف راننده‌ی قدیمی امیر که در پشت فرمان قرار داشت با عجله پیاده شد ودرب عقب ماشین را باز کرد. سعید قدیمی‌ترین دوست سیروس از ماشین خارج شد. یوسف از خجالت نگاهش را به پایین دوخته بود و نمی‌خواست در چشم‌های حاجیه خانم نگاه کند. سعید که ریشی هم گذاشته بود انگار نه انگار حاجیه خانم و سایر اعضای خانواده را می‌شناخت. به اطرافش نگاهی انداخت. همه چیز در سکوت فرو رفته بود. فقط از ته باغ صدای اندکی از تعقیب وگریز خالی شنیده می‌شد. سعید از چند پله بالا رفت و بعد ایستاد. به

طرف رکسانا برگشت و خیره شد. دست‌های رکسانا در دست حاجیه خانم بود و هنوز حجاب اسلامی بر تن داشت و فقط کمی از چشم‌هایش دیده می‌شد. سعید لحظه‌ای شک برده بود که رکسانا باید در پشت آن حجاب اسلامی پنهان شده باشد، اما بنابر دلایلی نمی‌خواست با حاجیه خانم روبه‌رو شود و حتی برای یک بار هم که شده در چشمان خشمگین او نگاه کند. او حاجیه خانم را خوب می‌شناخت و امکان داشت او را به اقدامی وادار کند که بعد به یک پشیمانی بزرگ منجر شود. سعید از خیر کشف خود گذشت و به احساس پیروزی غرورآمیزش اکتفا کرد. سپس از پله‌ها بالا رفت و به داخل ساختمان وارد شد.

حاجیه خانم به همراه اهل منزل از ساختمان به سمت درب خروجی باغ حرکت کردند. حاجیه خانم در حین حرکت به درختان و گلهای باغچه نگاه می‌کرد. گلها و درخت‌های میوه‌ای که اکثر آنها را امیر و سیروس به کمک احمدرضا برای مادرشان کاشته بودند. انگار حاجیه خانم داشت برای همیشه با یکایک آنها خداحافظی می‌کرد. خداحافظی با یک بهشت زیبایی که به یکباره به جهنم تبدیل شده بود. پاهایش سست شد و دیگر قادر نبود از بدن ضعیفش پشتیبانی کند. قبل از اینکه زانوهایش بر کف زمین بنشیند رکسانا زیر بغل او را گرفت. بی‌بی هر آنچه را که حمل می‌کرد به احمدرضا حواله کرد و به کمک رکسانا شتافت. حال و روز آنها با دیدن مردان مسلح امام که داخل سه اتومبیل لوکس خانوادگی نشستند و با اشاره‌ی فرمانده از باغ خارج شدند، بهتر نشده بود. رکسانا در تعجب بی‌شرمی آنها ماتش برده بود که حتی منتظر نشده بودند تا حاجیه خانم از خانه و کاشانه‌اش بیرون برود و سپس به چپاول اموال او بپردازند. در باورش نمی‌گنجید اینجا همان ایران چند ماه پیش بود و این مردان مسلح همان ایرانیان مهربانی بودند که او یک روزی آنها را می‌شناخت و صمیمانه به وجودشان عشق می‌ورزید.

رکسانا پیرزن رنجیده را به سمت درب خروجی عمارت یاری کرد. شاید برای رکسانا قابل درک نبود که حاجیه خانم از زمان روی کار آمدن خمینی، چقدر درد، یاس و ناباوری را با خود حمل می‌کرد. درکِ آواره کردن حاجیه خانم آن هم زیر لوای اسلام و توسط حکومت اسلامی که باید مظهر سلامت، عدالت، درستی، پاکی، همدردی، مهربانی و همزیستی باشد، بسیار سخت بود. اسلامی که حاجیه خانم آنچنان به فرامینش اعتقاد داشت که هیچگاه از نماز و سایر تکالیف دینی‌اش باز نمی‌ماند. اسلامی که همواره سنگ آن را به سینه زده بود و سعی داشت فرزندانش را در پرتو دین اسلام، مفید، مهربان و عادل بار بیاورد. اما بالاخره خدا جوابش را توسط آیت‌الله خمینی که خود را امام مسلمین و نماینده بر حق او می‌دانست داده بود. حالا حاجیه خانم در جستجوی اسلام راستین به سر می‌برد. آیا اسلام همین مسلکی بود

کـه خمینـی آورده بـود و ملایـان در حـال ترویـج و عمـل بـه آن بودنـد؟ پـس بـا این رویکـردی که شـاهدش بـود او عمـری داشـت در یک مسـیر نادرسـت حرکـت می‌نمـود. اکنون در موضـع ضعف و کهولـت سـن، خـدا آنچنـان او را اجابـت کـرده بود کـه دیگر عطـای حجابـش را به لقایش بخشـید. حـالا بـا موهایی افشـان آخریـن گام‌های خـود را در پی خروج از کاشـانه‌اش برمی‌داشـت و هرگز به خاطـر تمـام دارایی‌هایـش بـه عقـب برنگشـت تا به آنهـا بنگرد. انـگار اصـلاً هیچ چیزی بـرای دیدن وجـود نداشـت. حاجیـه خانـم با کوله‌باری از احساسـات سـرد، تاریـک و مصیبت‌زده بـه راهش ادامه مـی‌داد. تنهـا صـدای خفیـف سـگ وفـادار سـیروس از تـه بـاغ شـنیده می‌شـد که هنـوز بـا مردان مسـلح امـام در جنـگ و گریـز بـود و هنـوز سـعی می‌کـرد تـا از خـودش دفاع کنـد. حالا در پشـت سـر آنهـا خانـه‌ای قـرار داشـت که دیگـر از وجود پـاک حاجیه خانـم خالی شـده بود. خانـه‌ای که با دنیایـی از یادبـود وگنجینه‌هـای خانوادگی توسـط اسـتعمار بلیعده شـد.

رکسـانا، بی‌بـی واحمدرضـا هنـوز به خانـه نگاه می‌کردنـد، به فکر خاطـرات مختلفـی می‌افتادند کـه در آن خانـه‌ی دوسـت داشـتنی بـه اشـتراک گذاشـته بودنـد. اما حاجیـه خانم که نمی‌خواسـت ضعـف خـود را نشـان دهـد، مسـتقیم به جلو خیره شـد بود و بـه راهش ادامـه می‌داد. رفتـار حاجیه خانـم طـوری بـود که حتی مردان مسـلح امام کـه او را از کاشـانه‌اش بیرون رانـده واموالش را غصب کـرده بودنـد از غرور، اسـتقامت واسـتواری پیـرزن در تعجب به سـر می‌بردند.

دسـت‌های خانم میانسـال همسـایه دسـت‌های حاجیـه خانم را بـا مهربانی لمس کـرد. صدایش بـه منظور تسـکین حاجیه خانم بلند شـد:

«فرامـوش نکـن حاجیـه خانـم، خـدا همیشـه همـه چیـز رو می‌بینـه و همیشـه پشـت آدم‌های مهربونـه، خداونـد هیـچ وقـت شـما رو تنها نمیـذاره...»

حاجیه خانم دست او را محکم فشرد.

«کدوم خدا...؟!»

هـر چنـد در آن لحظـه هیـچ واژگانی وجود نداشـت کـه تسـکین‌دهنده‌ی رنج‌های او باشـد، اما بـا این حـال احمدرضا سـاکت نماند:

«مـن اینجـا می‌مونـم...، ببینـم چـی کار می‌تونـم بکنـم...، یکـی دو تا آخونـد هم می‌شناسـم...، میرم پیششـون، شـاید بتونـن کاری کنن...»

و برگشت و به داخل عمارت رفت.

چنـد همسـایه‌ی دیگـر کـه اقـدام وحشـیانه ودور از انتظـار مردان مسـلح امـام را مشـاهد کرده بودنـد بـه حاجیـه خانـم پیوسـتند و او را بـه خانـه‌ی خـود دعـوت کردنـد. عـده‌ای هم از تـرس در

خانه‌های خود باقی ماندند و بیرون نیامدند. می‌ترسیدند آنها را نشان کنند و در زمان مناسب به سراغشان بروند. همه از اینکه حاجیه خانم برای اولین بار روسری به سر نداشت متعجب بودند. یکی از پیرزنان همسایه که حالا با کهولت سن از چیزی باک نداشت، کیف کوچک لوازم حاجیه خانم را از بی‌بی گرفت. او به مانند یک رهبر، دستش را به زیر بغل حاجیه خانم برد و او را به سمت خانه‌ی خود دعوت کرد. شاید به احترام سن پیرزن، حاجیه خانم این‌بار هیچ مقاومتی از خود نشان نداد و با او همراه شد. شاید هم وقتی به او نگاه کرد به سختی او را می‌شناخت اما صدایش دلنشین، مهربان و بی‌شیله و پیله بود:

«انسانیت آدم‌ها تو روزهای سخت و مبادا مشخص میشه...، غصه‌ی چی رو می‌خوری...؟، مال دنیاست...، یک روز می‌یاد و یک روز هم می‌ره...، پای منُو تو دیگه سره گوره...، غصه‌ی چی رو باید بخوریم...؟ مگه منُو تو می‌تونیم هیچ کدوم از اینها رو با خودمون ببریم تو گور...؟ نه...، بیا...!، یه چای بخور حالت بهتر بشه...»

حاجیه خانم به اتفاق دوست جدیدش که حالا مثل یک مادر مهربان در کنارش ظهور کرده بود، وارد منزلش شد. رکسانا آخرین نفری بود که بعد از بی‌بی به درون خانه‌ی پیرزن قدم گذاشت.

*****

سیروس همچنان با پاهای برهنه به سرعت در خیابانی خلوت می‌دوید تا به خانه‌ی مادرش برسد. هر چند بسیار خسته شده بود وکم‌کم داشت از توان می‌افتاد اما مکث و دویدن آرام اصلاً در کَتش نمی‌رفت. نجات جان خالی و شاید مادرش به حضور او بستگی داشت. از آنجایی که می‌دانست فاصله‌ی زیادی با خانه‌ی مادرش ندارد هر آنچه در توان داشت جمع کرد تا خود را هر چه سریع‌تر به آنجا برساند، اما با حالی که او داشت انگار فرسنگ‌ها از منزل مادرش دور بود و هر چه می‌دوید نمی‌رسید. یکی از باغبان‌های پیر قدیمی که سیروس را می‌شناخت سوار بر موتور کوچکش از خیابانی پیچید و با او همراه شد. هاج و واج به سیروس نگاه می‌کرد و می‌خواست به او کمک کند. اما سیروس می‌پنداشت با سرعتی که او در حال دویدن بود، کمک گرفتن از پیرمرد فقط حرکت او را کند می‌کرد، حال آنکه تحمیل یک وزن مازاد در کنار وقتی که باید صرف سوار شدن موتور می‌نمود بر مکث و تاخیرش می‌افزود.

*****

روحانی خپل مثل لاشخورها به مردان مسلح خود پیوست و به غارت خانه‌ی حاجیه خانم پرداخت. می‌خواستند تا قبل اینکه سعید آنها را ببیند هر چیز با ارزشی را پیدا کنند

و بدزدنـد. روحانـی خپـل در حیـن جسـتجوی خانـه بـه چنـد عتیقـه‌ی هنـر ایرانـی برخـورد کرد. قطعـات کوچکـی از جنـس طـلا کـه بـا دقـت در داخـل یـک کمـد مخفـی شـده بـود. بـه اطرافش نگاهـی انداخـت تـا مطمئـن شـود تنهاسـت و کسـی او را نمی‌پایـد. پـس از اینکه اطمینـان حاصل کـرد بلافاصلـه قطعـات هنـری را در پارچه‌ای کوچـک پیچید و در زیـر عبای بلنـدش مخفی نمود و مطمئـن شـد کسـی بـه وجـود آن شـک نمی‌کند.

در سـمت دیگـری از خانـه، یوسـف جلـوی درب ورودی مشـغول تماشـای غـارت منـزل حاجیه خانـم بـود. سـعید را در اتـاق نشـیمن می‌دیـد کـه بـه مانند گرگی کـه یک طعمـه‌ی فربه را شـکار کـرده بـود، بـه غنایمـش نـگاه می‌کـرد. نظـرش به سـمت قاب عکسـی جلب شـد که تصویـر دوران جوانـی او، نـادر و سـیروس را در حـال میگسـاری در یـک پارتـی نشـان مـی‌داد. تصویـری کـه حالا بـا ذوق و مسـلک جدیـدش سـازگار نبـود. بنابرایـن بـا عصبانیت شیشـه‌ی قـاب را شکسـت وعکس آن را بـا عجلـه تکـه تکـه کرد و داخل جیبش گذاشـت. یوسـف می‌دانسـت که سـعید و سـیروس از دوسـتان قدیمـی هـم بودنـد بـه همیـن خاطر بـا تعجب و پرسـش بـه رفتار سـعید خیره شـده بود. سـعید بـه سـمت طبقـه‌ی بالای خانـه حرکت کرد. چشـمانش بـه روحانی خپـل افتاد کـه در بالای پله‌هـای مرمریـن ایسـتاده بـود و بـا پوزخنـدی زبانش باز شـد:

« قصـر جدیـد مبـارک باشـه...، حرومت بشـه، سـعید...، خونـه‌ای بهتر از مـن گیرت افتـاد، پر از عتیقـه وگنجینه، مبله شـده...»

یوسـف کـه دیگـر تحمل تماشـا نداشـت از خانـه خارج شـد. او پس از اینکـه امیر را تـرک کرده بـود، در خدمـت سـاواک باقـی ماند تـا بازنشسـتگی خود را از دسـت ندهد. بعـد از پیـروزی انقلاب، سـاواک بـه «سـاوانا» تغییـر نـام داد وتقریبـاً دسـت نخـورده باقی مانـد. سـعید وقتـی بـه یکـی از مقام‌هـای مهـم سـاوانا تبدیـل شـد تاکید کرده بود که یوسـف بـه عنـوان راننده‌ی او منصوب شـود. یوسـف هـم مجبـور شـد با سـعید بماند تا بازنشسـتگی خـود را حفظ کند. امـا از دیـدن آنچه که در پیرامونـش می‌گذشـت دچـار بیمـاری روحی شـده بود.

*****

رکسـانا متعجـب نبـود کـه حالا در یـک خانـه‌ی لوکس دیگر نشسـته بود. می‌دانسـت کـه تمام خانه‌هـای آن محلـه، بـزرگ بودنـد و بـه افـراد متمـول، متنفـذ و تجـار تعلق داشـتند. درسـت مثل سـایر خانه‌هـای اطـراف، فرش‌هـای قدیمـی وگرانقیمـت ایرانـی در تمـام خانـه پهـن بـود و بعضاً به ماننـد تابلـو بـر روی چنـد دیوار خودنمایـی می‌کرد. مبلمـان ایتالیایی و چند لوسـتر بزرگ و کوچک هـم از سـقف آویـزان بـود و دیوارهـا بـا نقاشـی‌های گرانبهـا تزیین شـده بودنـد. صاحبخانـه و دیگر اعضـای خانـواده بسـیار مهر و محبت داشـتند و برای تسـکین حاجیـه خانم از هیـچ اقدامی کوتاهی

نمی‌کردند. تشکی در اتاق نشیمن پهن کردند وحاجیه خانم را بر روی آن نشاندند. سپس مثل پروانه به دورش می‌چرخیدند و به او دلداری می‌دادند، تا جایی که بی‌بی مجالی نداشت تا از حاجیه خانم پذیرایی کند. او در کنار پنجره نشسته بود و فقط متفکرانه تماشا می‌کرد. رکسانا که در کنار حاجیه خانم جای داشت با دستی موهای سفید و پریشان او را نوازش می‌کرد در حالی که پیرزن دست دیگر او را به نشانه‌ی آرامش در بین دستان خود حفظ کرده بود. یکی از زنان جوان با یک سینی چای و شیرینی وارد شد و به پذیرایی پرداخت، اما حاجیه خانم ساکت بود و انگار نمی‌خواست زبان باز کند. در واقع هیچ مطلبی به ذهنش نمی‌رسید که بخواهد سخن بگشاید. حاجیه خانم حتی به ندرت به منزل خویشان نزدیک خود می‌رفت. با اینکه صاحب بزرگترین وگرانترین خانه‌ی محله بود وجایگاه اجتماعی والایی داشت اما حالا از بدِ روزگار تمام دارایی‌اش را از دست داده بود و مثل بیخانمانان چاره‌ای نداشت به خانه‌ی همسایه‌ای که حتی یک بار هم با او هم سخن نشده بود پناه ببرد. به هر حال این اتفاق رخ داده بود و هیچ کاری از دستش بر نمی‌آمد. دیگر پشت و پناهی نداشت. امیر مرده بود وخیال می‌کرد سیروس هم در آمریکا حضور دارد. انگار مرگ امیر در پی باز شدن آخرین پرده‌ی نمایش زندگی حاجیه خانم اتفاق افتاده بود وسعید پس از اینکه پیرزن را از خانه‌اش بیرون رانده بود پرده نمایش را با تراژدی تلخی بسته بود. حالا حاجیه خانم قبل از مرگش در یک جهنم تحمیلی قرار داشت. چطور می‌توانست انتظار داشته باشد که دیگران میزان درد و رنج او را بفهمند و در وجودشان احساس کنند.

رکسانا از ناراحتی زیاد دچار یک درد معده‌ی شدید شده بود. او به نوعی خود را در قبال پیشامدهای حاجیه خانم مسئول می‌دانست. گمان می‌کرد تمام مشکلات اکنون حاجیه خانم ریشه در پیروزی انقلاب دارد. به این موضوع می‌اندیشید که او با آن بمب‌گذاری ناآگاهانه‌اش به نوعی در پیشبرد اهداف انقلابیون نقش داشت. برای او غیرقابل تصور بود که انقلاب به چنین فرجام ناخوشایندی ختم شود. بی‌بی که همچنان بر سر جایش نشسته بود و از پنجره به خانه‌ی حاجیه خانم نگاه می‌کرد صدایش بلند شد. حرف‌هایش حاوی دشنام ونفرینی بود که نثار جد وآبا خمینی، معممین و مسببین این انقلاب خون‌آشام می‌کرد. او با حیرتی که از سرگذشت حاجیه خانم داشت، تأمل‌کنان به این نتیجه رسیده بود که در بدترین وغمناکترین روز زندگی‌اش قرار دارد.

*****

زمان برای حاجیه خانم، رکسانا، بی‌بی و سیروس به کندی می‌گذشت. خصوصاً حاجیه خانم که اصلاً آرزو داشت زمان برای همیشه متوقف می‌شد. سیروس اکنون با سرعتی کمتر

از قبـل بـه طـرف خانـه‌ی مـادرش می‌دوید. تمـام آن ورزش‌هـای روزانه، حـالا به کمکـش آمده بود تـا از نفـس نیفتـد. اکنـون زندگـی خالی به اسـتقامت پاهای او بسـتگی داشـت. سـرانجام سـیروس وارد کوچـه‌ای شـد کـه خانـه‌ی مـادرش قرار داشـت. بی‌درنگ به سـمت مرد مسـلحی دویـد که در جلـوی درب عمـارت نگهبانـی مـی‌داد. تـا مـرد مسـلح بخواهـد به خـودش بیایـد سـیروس وارد باغ شـد و مسـافت نـه چنـدان کوتاهـی از او فاصلـه گرفت. چشـمان سـیروس در جسـتجوی خالی بود، امـا تنهـا شـاهد لکه‌هـای خونـی بود که بـر روی گل‌هـای شکسـته‌ی کنار باغچـه برجا مانـده بود و بـه طـرف تـه بـاغ ادامه داشـت. بدون هیچ اندیشـه‌ای دنبـال خون را گرفـت. بالاخره صـدای ضعیف وسـوزناک خالـی بـه گوشـش رسـید. صدایـی کـه بسـیار دردناک بـود. فریـاد چنـد مامور کـه همه غافلگیـر شـده بودنـد و از هویت سـیروس خبر نداشـتند، بلند شـد:

«ایست...!، وایسا...!، شلیک می‌کنیم‌ها...!»

سـیروس بـدون اینکـه به فریادهای غضبناک و تهدیدآمیز مردان مسـلح توجهی داشـته باشـد به طـرف سـگ وفـادارش حرکـت می‌کرد. مرد مسـلحی کـه در جلـوی درب، نگهبانی می‌داد برآشـفت و بـه سـمت سـیروس تیرانـدازی کرد. فاصله‌ی زیاد و خشـم فراوانش، دسـت به دسـت هـم داده بود تـا شـلیکش دقیـق نباشـد و به سـیروس اصابـت نکند. گلوله‌هـا به اطراف سـیروس برخـورد می‌کرد و بعضـاً خـاک وگلهـا را می‌شـکافت. هـر چنـد سـیروس بـه سـربازی نرفتـه بود امـا با تجربـه‌ای که از دیـدن فیلمهـا داشـت بـه طـور زیگـزاگ حرکـت کـرد و بـدون قیـد و شـرط در راه کمـک کردن بـه سـگش بـود. بـه یوسـف رسـید واز کنار او رد شـد. یوسـف کـه تاکنون سـکوت اختیار کـرده بود بـا دیـدن سـیروس دسـت‌هایش بـالا رفـت و فریـادش بـه سـمت مـردان مسـلح بلنـد شـد و از آنها خواسـت تا شـلیک نکنند.

بـا بلنـد شـدن صـدای شـلیک گلولـه، سـعید نگـران و سراسـیمه وارد بالکـن طبقه‌ی دوم شـد کـه بـه داخـل بـاغ اشـراف داشـت. بـه محـض دیـدن سـیروس بـا یـک شـلیک هوایـی، بـه طـرف مردانـش فریـاد زد کـه تیراندازی نکنند. سـپس بلافاصله به سـمت داخل خانه ناپدید شـد. سـیروس همچنـان بـه طـرف تـه بـاغ می‌دویـد و مـردان مسـلح در تعقیـب او بودند.

البتـه بـا بلنـد شـدن صـدای شـلیک گلوله‌هـا، فریاد بی‌بـی کـه از پنجره سـیروس را دیـده بود بلند شـد:

«سیروس خان برگشته...، سیروس خانه...، برگشته...، نگفتم برمیگرده حاجیه خانم...!»

امـا خبـر وخوشـحالی بی‌بـی نـه تنهـا حاجیـه خانم را شـاد نکـرد بلکـه او را بـا ناراحتـی افزون در سـکوت فـرو بـرد. حاجیـه خانـم بـا اینکـه خانـه بـه دوش شـده بـود و به کمک سـیروس بسـیار نیـاز داشـت، امـا احسـاس مادرانـه‌اش برنمی‌تافـت کـه سـیروس جـان خـود را بـه خطـر بیانـدازد.

پیرزن می‌ترسید که خونخواران خمینی او را به مانند امیر تحت فشار قرار دهند و بکشند. اما شنیدن نام سیروس برای رکسانا معنای دیگری داشت وهمین کافی بود که از جا کنده شود و با عجله خود را به بی‌بی برساند و دستپاچه به طرف خانه‌ی حاجیه خانم نظر بیاندازد. بی‌درنگ و بدون توجه به اخطار افراد همسایه از خانه بیرون رفت. بی‌بی که می‌دانست تنها خون وکشتار، چشمان سعید ومردانش را سیر می‌کند، برای متوقف کردن رکسانا به دنبالش خارج شد. رکسانا از او بسیار فاصله گرفته بود. بی‌بی در ضمیر ناخودآگاهش می‌شنید که در آن لحظه حاجیه خانم به او بیشتر نیاز دارد و باید پیشش بماند و به او برسد.

سیروس هر چند دیر اما بالاخره به خالی رسید. سگش را می‌دید که در میان لاله‌های شکسته و خونین غرق شده بود وداشت جان می‌داد. مرد مسلحی همچنان با قنداق تفنگش بر سر وصورت خالی می‌کوبید و انگار داشت عقده‌هایش را خالی می‌کرد. سیروس که با دیدن این صحنه حسابی از کوره در رفته بود با عجله اسلحه را از دست او گرفت و با قنداقش مشغول تلافی شد. در کسری از دقیقه وتا لحظه‌ای که سایر همقطارانش سَر برسند دیگر هیچ دندان سالمی در دهان مامور ضارب باقی نگذاشته بود. از بینی، سر وصورت شکسته‌اش خون فوران می‌زد. طولی نکشید که سیروس در محاصره‌ی مردان مسلح قرار گرفت. همه اسلحه‌ها به سمت او نشانه رفته بود. سیروس پس از اینکه مامور ضارب از حرکت افتاد، اسلحه را بر یک سنگ بزرگ کنار باغچه کوبید و خورد کرد. بقایای اسلحه از دست سیروس رها شد و بر روی ضارب گلگون افتاد. سیروس اشکریزان در کنار سگ خون‌آلودش نشست. چشمان خالی را از قطرات خون پاک کرد. نگاه سگ بیچاره در چشمان گریان سیروس قفل شد. انگار دردی در وجود سیروس زنده شده بود که قابل توصیف وتحمل نبود. در کنار خالی زانو زد. بدون اینکه بداند اشک‌هایش بر روی زخم‌های خالی می‌چکید وبا خونش قاطی می‌شد. سیروس تمام خوشی‌های دوران جوانیش را در خون او ملاحظه می‌نمود. خالی دوست وفاداری بود که همیشه بوی او را از دور احساس می‌کرد و در جلوی درب منتظرش می‌ماند و با دیدنش شاد و شنگول می‌شد. دوستی که حتی از برخی انسانها بیشتر می‌فهمید و به حالات درونی او آگاه بود. یار مهربانی که بدون چشمداشت با غم و شادی‌اش شریک می‌شد. اما صد افسوس که در بزنگاه حادثه در کنارش نبود تا بتواند به کمکش بشتابد. سیروس باری دیگر در انزجار از کشتار وصدمات فیزیکی فرو رفت. چه بس نابخشودنی بود رنجاندن وکشتار بیگناهان، از انسان گرفته تا حیوان واز پیر تا هر موجود جوان.

مردان خون‌آشام مسلح به حدی در تعجب و بیشتر تحت تاثیر قدرت عطوفت سیروس قرار گرفته بودند که چاره‌ای جز تماشا در خود نمی‌دیدند. بالاخره خالی آخرین نفسش را

هـم کشـید وچشـمانش بسـته شـد. انـگار آنقدر با مرگ دسـت وپنجـه نرم کـرده بود تا یکبـار دیگر بتوانـد سـیروس را ببینـد و از او خداحافظـی کند. سـیروس سـگش را در بغل گرفت و روی دسـتش بلنـد کـرد و بـه راه افتـاد. هنـوز چنـد قدمـی برنداشـته بود که سـعید از خانـه خارج شـد و خودش را بـه او رسـاند. حـالا دوسـتان دیـروز و دشـمنان امـروز با تعویـض مِکنـت و مَسـکَنت در مقابل هم قـرار گرفتنـد و نگاهشـان در هـم قفل شـد. به نظر می‌رسـید هـر کدامشـان پلک می‌زدنـد بازنده‌ی رقابتـی می‌شـدند کـه ناخـودآگاه آغـاز کـرده بودنـد. لحظاتـی در سـکوت مطلـق سـپری شـد. این سـکوت بـه سـعید فرصتـی داده بـود تـا کمـی فکـر کنـد و راه عاقلانـه‌ای در پیـش گیـرد تـا کار به جاهـای باریکتـر نکشـد و جنـازه‌ای دیگـر بـه لاشـه‌ی سـگ اضافه نشـود. سـعید ملتفت بـود که در صـورت بـروز اتفاقـات وخیـم شـاید توجهـی مقامـات بالادسـت بـه خانـه‌ای کـه او غصب کـرده بود جلـب می‌شـد و دسـتی دسـتی خانه را از دسـت مـی‌داد. می‌دانسـت که آدمهـا از یک حـد و مرزی برخـوردار بودنـد کـه نبایـد از آن عـدول می‌کرد.

در همیـن حـال و احـوال فـردی از مـردان مسلح بـا دیـدن رکسـانا سـر و صدایـش بلنـد شـد. رکسـانا وارد بـاغ شـده بـود و بـه طـرف آنهـا حرکـت می‌کـرد. یکـی از مـردان مسـلح کـه خیـال می‌کـرد آمریکایی‌هـا در حـال حمله هسـتند مشـغول تیراندازی شـد. رکسـانا برای اینکـه از تیررس گلوله‌هـا در امـان بمانـد خـود را بـه داخـل بسـتری از گل‌هـای داخـل باغچـه پـرت کـرد. بـا ظهور رکسـانا، رقابت چشـم در چشـم، سـعید و سـیروس نیمه تمام ماند. فریاد سـعید که تصمیم داشـت همـه چیـز بـا مسـالمت پایان یابـد، بلند شـد و از همه خواسـت تا شـلیک نکنند. چند تـن از مردان مسـلح فوراً خود را به رکسـانا رسـاندند و ضمن محاصره به سـمت او نشـانه رفتند. رکسـانا صورتش را کـه از خون‌هـای خالـی رنگیـن شـده بـود، کمی بالا آورد. سـعی داشـت خـود را کنترل کنـد، اما از شـدت خشـم نفـس در سـینه‌اش بـالا و پاییـن می‌شـد. بـا تانـی کمـی از خون‌هـای خالـی را از جلـوی چشـم‌هایش پـاک کـرد. نگاهش به سـیروس افتاد. خشـم سـیروس را از همـان فاصله‌ی دور احسـاس می‌کـرد. بـا نـگاه ملتمسـانهاش از سـیروس می‌خواسـت تـا کنتـرل خـود را حفـظ کنـد و دسـت بـه اقدامـی نزنـد کـه منجـر بـه یک فاجعـه‌ی دیگر شـود. هـر چند سـیروس به خاطـر مرگ خالـی ودربـه‌در شـدن مـادرش مثـل آتشفشـانی در خود می‌جوشـید اما حضور رکسـانا بـه او کمک کـرده بـود تـا حتی‌المقـدور خشـم خود را کنتـرل کند. حدس مـی‌زد که هـر اقـدام انتقام‌جویانه‌ی او می‌توانسـت جـان رکسـانا را بـه خطر بیاندازد. خوب می‌دانسـت که سـعید به واسـطه‌ی جایگاهی کـه حـالا بـه دسـت آورده، غـرق در تکبر وغرور اسـت. او گذشـته‌اش را از یاد برده وبـه یک متعصب خشـک مذهـب تبدیـل شـده اسـت، بنابرایـن از هیـچ اقـدام خشـونت‌آمیزی حتـی در قبال دوسـت قدیمی خـود اجتناب نمـی‌ورزد.

سیروس با احتیاط به سمت رکسانا که در نزدیکی درب باغ حضور داشت حرکت کرد. هنوز لاشه‌ی خونی خالی را بر روی دست‌هایش حمل می‌کرد. مردان مسلح دوباره به حالت آماده باش درآمدند وسلاحهایشان به طرف سیروس نشانه رفت و منتظر فرمان سعید بودند. هنوز سیروس به رکسانا نرسیده بود که سعید پا پیش گذاشت و راه او را مسدود کرد. دوباره سکوت محض در بینشان حاکم شد. در چشمان هم خیره شدند و انگار رقابت پلک نزدن مجدداً آغاز شد، اما سعید سرانجام زبان گشود:

«برادرت راه رو اشتباه رفت، راه طاغوت رو، وعاقبتش رو دیدی!، تو هنوز هم وقت داری که اشتباه اون رو تکرار نکنی و به طرف راه حق بیای...!»

سیروس قبل از اینکه به سعید خیره شود به سگ خود اشاره کرد:

«من حقیقت شما رو می‌بینم!، این خواسته‌ی خداوند شماست، که با این حیوان بیگناه این چنین کنید؟ آیا خدا مشخصاً به شما گفته که دزدی، جنایت، غارت واذیت وآزار دیگران جایز و حق شماست؟ اگر این خواسته‌ی خدای شماست و حقی که اون برای شما انتخاب کرده، من چنین خدایی رو نه می‌شناسم و نه قبول دارم...، خدای من، خدای رحمت و مهربانیه، خدای بخشش و گذشت...». سیروس با درد عمیقی که در تمام وجودش جاری بود ادامه داد: «خیال می‌کنی حکایت قرن سیزدهم دوباره در حال تکراره...؟ نه...!، اعراب به ما حمله نکردن! این خشونت و بدبختی رو خود ما بر خودمون تحمیل می‌کنیم!، بارها در طول تاریخ چنین بدبختیهایی رو شاهد بودیم، اما یاد نگرفتیم که نتیجه‌اش فقط نابودی خودمونه...، فکر می‌کنی تو این دنیا، تو این روزگار با این تاکتیک‌های جنون‌آمیز نیستی و نابودی چه چیزی عایدتون میشه...؟ این جوری میخواید تو قلب و ذهن مردم خونه کنید...؟!»

هر چند سعید از سخنان سیروس خوشش نمی‌آمد و آن‌را توهینی به خود قلمداد می‌کرد اما در عین حال می‌دانست که در مقابل دوست قدیمی خود ایستاده بود. هر چند دیگران در جریان رفاقت قدیمی آنها نبودند، اما حداقل خودشان یکدیگر را خوب می‌شناختند. سعید هنوز کمک‌های بی‌دریغ سیروس را در طول زندگیش فراموش نکرده بود. آنها رازها و خاطرات بسیاری از یکدیگر داشتند. برملا شدن این اسرار قدیمی مایه‌ی خجالت و شرمساری سعید بود. بنابراین سعید بسیار با احتیاط رفتار می‌کرد و نمی‌خواست در مقابل چشم زیر دستانش که حالا از او خدایی ساخته بودند، سنگ روی یخ شود. در ثانی سعید می‌دانست سیروس خیلی‌ها را می‌شناخت و می‌ترسید اگر بیشتر از این جلو می‌رفت خبرش به بالاترها می‌رسید و هرانچه را که برای خودش ساخته بود بر باد می‌داد، بنابراین باید جانب احتیاط را می‌گرفت. سعید محتاطانه به سگ خون‌آلود اشاره کرد و خطاب به سیروس زبان گشود:

«اون به این خونه تعلق داره، من نمیتونم به تو اجازه بدم اون رو ببری...!»

اما سیروس آدمی نبود که لاشه‌ی سگش را به سعید تحویل دهد. در چشمان او خیره شد.

«اون قبلاً به این خونه تعلق داشت...، چون اینجا خونه‌ی اون بود...»

لحظات بسیار حساسی بود و هر آن امکان داشت اتفاق ناگواری رخ دهد. هیچ کدام حاضر نبودند کوتاه بیایند. هر چند رکسانا تمام حرف‌های آنها را می‌شنید اما مایل نبود آتش بیار این معرکه باشد. او هنوز بر روی بستری از گل‌های باغچه در انتظار حوادث پیش‌رو باقی مانده بود. سیروس بی‌توجه به راه افتاد، اما سعید جلوی او را گرفت و با او شاخ به شاخ شد:

«گفتم اجازه نمیدم اون رو از اینجا ببری...!»

درست زمانی که ممکن بود همه چیز به یک تراژدی ناگوار تبدیل شود صدای پری مجادله را متوقف کرد:

«بهتر نیست که سگ بیچاره‌ی مرده‌ی بدبخت رو وارد دعوای خودتون نکنید...؟»

همه‌ی نگاه‌ها به طرف پری برگشت که وارد محوطه‌ی باغ شده بود. با ورود او همه چیز عوض شد. رکسانا با دیدن پری جان دوباره‌ای گرفت. پری در حجاب کاملاً اسلامی در حالی که دستی در جیب داشت به اتفاق عبدالله به سمتشان حرکت کرد. بسیاری از مردان سعید حالا به طرف پری برگشتند. همه منتظر دستور سعید بودند.

پری در حالی که در چشمان سرد و بی‌احساس سعید زل زده بود به طرف رکسانا رفت و به او کمک کرد تا بلند شود. سعید خبر نداشت پری در دست داخل جیبش هفت‌تیری داشت تا در صورت اعتراض او، شلیک کند. از طرفی پری می‌دانست که سعید دلباخته‌ی اوست اما وقتی فهمیده بود که او به سیروس علاقه‌مند است، هرگز این احساس خود را بروز نمی‌داد. با این وجود هنوز عشق و علاقه‌ی سعید را نسبت به خود احساس می‌کرد. اکنون با اوضاعی که به نفع سعید تغییر کرده بود، انتظار داشت تا شاید پری نظرش عوض شود و با او ازدواج کند. از همین رو سعید با پری مدارا می‌کرد تا او را از خود نرانده و دلسرد نکند. پری وقتی خیالش از سعید راحت شد به سمت سیروس رفت.

«چطور میخوای اونو از خونه‌ای که توش بزرگ شده بیرونش کنی؟ اون باید با خاطراتش همین جا، توی خونه‌ی خودش خاک بشه...، زیر همون درخت گیلاسی که کمک کرد کاشته بشه...، و زیر اون همیشه لم می‌داد و منتظرت می‌شد...!»

نگاه سیروس به طرف درخت گیلاس برگشت. به خاطر آورد وقتی که با احمدرضا آن را می‌کاشتند خالی در اطراف آنها می‌چرخید و به نظر خودش داشت به آنها کمک می‌کرد.

بعدها وقتی تنها بود همیشه زیر سایه‌ی همان درخت می‌خوابید تا سیروس برگردد. انگار به نظرش آمده بود که آن درخت متعلق به او بود. سیروس پس از کمی تامل، تسلیم خواسته‌ی پری شد و به طرف درخت گیلاس راهش را عوض کرد. به نظرش، رای پری به عقل ومنطق نزدیکتر بود. سعید هم که گمان می‌کرد این بهترین پیشنهاد برای ختم این غائله بود و در مقابل چشم مردان خود رو سفید باقی می‌ماند، در پی سیروس به راه افتاد. پری، رکسانا و مردان مسلح به دنبال آنها قدم برداشتند. سیروس به درخت گیلاس رسید و خالی را بر روی زمین گذاشت. با دستان برهنه وعاری به کندن خاک‌های پای درخت گیلاس مشغول شد. در همین اثنا، بیلی کنار دست سیروس قرار گرفت. پای احمدرضا بر روی بیل نشست و مشغول کندن قبر خالی شد. درست مثل سالها پیش که چاله‌ای با کمک سیروس حفر کرده بود و نهال گیلاس را در آنجا کاشته بودند. رکسانا و پری هم به سیروس پیوستند و به آماده کردن قبر خالی کمک کردند. سعید و مردانش نظاره‌گر صحنه بودند، برایشان بسیار تازگی داشت که آنها به سگی اهمیت می‌دادند که به گمانشان نماد نجاست محسوب می‌شد. قبر خالی در سکوت تقریباً آمده شده بود اما انگار در اعماق وجود سیروس کمکم داشت خشمی شکل می‌گرفت. خشمی که شاید برای او و رکسانا گران تمام می‌شد. خالی، بهترین دوست او را، ناجوانمردانه کشته بودند. مرگ او نشان‌دهنده‌ی خشم وآتشی بود که در بین مردم بر پا شده بود وداشت تر وخشک را با هم می‌سوزاند. سیروس در حین آماده شدن قبر، فرصتی پیدا کرده بود تا با خالی خداحافظی کند و برای آخرین بار او را با دست‌های خود لمس نماید. سیروس خالی را در قبر گذاشت، اشک‌هایی که از گونه‌اش می‌چکید بر روی لاشه‌ی خالی می‌افتاد و با او در قبر مدفون می‌شد. اشک‌هایی که در واقع به پای ایرانی فرو می‌چکید که دوباره بیماری مزمنش عود کرده بود و داشت آن را به سمت نابودی می‌کشاند. بیماری جهل و خرافات. برای سیروس مرگ خالی به منزله‌ی مرگ ایران بود. سعید به دلایلی که فقط برای او نامعلوم بود بیل را از دست احمدرضا گرفت و بر روی لاشه‌ی خالی خاک ریخت. به نظر می‌رسید می‌خواست در غم سیروس شریک باشد و یا آن روی مروتش را به آنها نشان دهد.

نباید فراموش کرد که فرهنگ وآداب و رسوم ایرانی بر پایه‌ی آرمان‌های دوستی، راستی، وفاداری، مهرورزی و اعتماد به نفس بنا شده است. هر چند با ورود اسلام به ایران، تا حدی بر این آداب و رسوم خدشه وارد شد، اما هنوز مردم ایران به این فرهنگ کهن پایبند ماندند. سیروس و هم‌قطارانش با اعتقاد به این فرهنگ غنی رشد کرده بودند. فرهنگ دوستی وفداکاری. سیروس اصلاً باورش نمی‌شد که حالا در مقابل دوستی ایستاده بود که مرام و مسلک دوستی را به خاطر عقاید مذهبی و منافع شخصی زیر پا گذاشته بود. دوستی که حالا شخصیت خود را به صورت یک قاتل بالفطره وخائن به نمایش گذاشته بود. سیروس نه تنها

شـاهد ایـن نابـاوری وحشـیانه بـود بلکـه یکـی از قربانیـان او محسـوب می‌شـد. انـگار سـعید بر خر شـیطان سـوار شـده بود و چهار نعل می‌تاخت. سـیروس بیل را از دسـت سـعید گرفت و به کناری گذاشـت. سـیروس حاضـر بـود با سـگ خود بمیـرد اما اجـازه ندهد تا سـعید با ریختن خـاک، از زیر بـار گناهـش فـرار کنـد. سـیروس بـا دسـت‌های خالی، قبـر خالـی را از خاک پـر می‌کرد. بـا ریختن آخریـن ذرات خـاک، بغـض آسـمان ترکید و اشـک سـردش سـرازیر شـد. گریه‌ی آسـمان با سـوگ نمنـاک سـیروس همـراه شـد. انگار آسـمان داشـت در فـراق خالیهـا، آواره شـدن حاجیـه خانمها، از بیـن رفتـن معرفـت، اخلاق و مروت اشـک می‌ریخت و شـاید هم می‌خواسـت گناهانشـان را بشـوید.

نـگاه سـیروس بـه رکسـانا افتاد. چهره‌ی زیبـا و انرژی آسـمانی او، برای چند لحظه هم که شـده بـود بـه سـیروس کمـک می‌کرد تا درد سـنگین مـرگ خالـی را کمتر احسـاس کند. دسـت پری بر روی دسـت سـیروس قـرار گرفـت. بـه او پیغام می‌داد کارشـان تمام شـده و باید آنجـا را ترک کننـد. بـه سـیروس اشـاره می‌کـرد کـه دیگر چیـزی در این مـکان باقی نمانده اسـت کـه بـدان دل ببندد. همـه چیـز در خانـه مـرده بـود. به او یـادآوری می‌کـرد که تمـام خاطـرات زندگی خانوادگـی‌اش به همـراه خالـی در زیـر خـاک، پـای درخت گیلاس دفن شـده اسـت. رکسـانا بـه کمک پری شـتافت. دسـت‌های پـری و رکسـانا، دسـتان سـیروس را گرفتنـد و او را از روی مدفـن خالـی بلنـد کردنـد. آخریـن قطـره‌ی اشـک سـیروس از صورتـش جـدا شـد و بـر روی مدفن خالـی چکیـد و در خاکش فرو نشسـت.

*****

رگبـار بـاران مثـل شـلاق بـر اتـاق و شیشـه‌ی جلـوی اتومبیـل سـیروس فـرود می‌آمـد. انـگار داشـت غیـض خـود را از خالـی می‌کـرد. غیض از سـعید و روزگار بـس ناملایم ایران زمین. سـیروس پشـت فرمـان نشسـته بـود و میرانـد. در کنـار او رکسـانا و در صندلـی عقـب حاجیـه خانـم در بیـن پـری و بی‌بـی نشسـته بودنـد. آنهـا دلدارانه حاجیه خانم را در بغل داشـتند. دسـت رکسـانا به طرف عقـب دراز شـد و پاهـای حاجیـه خانـم را مالـش داد تا شـاید از انـدوه او بکاهـد. فقط غوغـای باران بـود وصـدا از کسـی در نمی‌آمـد. در ایـن میـان سـیروس حداقـل شـاکر بـود کـه خبـر ازدواجش را از حاجیـه خانـم مخفـی نگـه داشـته بـود. می‌دانسـت ذکـر این خبـر فقط موجـب تشـدید اندوهش می‌شـد. حاجیـه خانـم امیـدوار بـود کـه سـیروس بـا رکسـانا ازدواج کنـد و بـا او بـه آمریکا بـرود تا از گزنـد غاصبـان و قصابـان حکومتـی در امـان بمانـد. حاجیـه خانم می‌دانسـت که مابین رکسـانا و سـیروس یـک عشـق بسـیار قوی وجود داشـت، اما کنجـکاو بود بداند کـه چرا آنها هیـچ وقت از یک رابطـه‌ی عاشـقانه صحبـت نمی‌کردنـد. قلب حاجیـه خانـم از غصه‌ی عزیزانـش به تپش افتـاده بود. تـوان آن را نداشـت کـه در آن لحظـات، احسـاس ناخوشـایند خود را کنتـرل کند. یـک اضطراب، به

آرامـی در حـال تصرف تمـام وجـودش بود. سـیروس قصد داشـت او را به نـزد دخترش ببـرد که در شـهر اصفهـان زندگـی می‌کـرد، در این صـورت به خـودش فرصتی مـی‌داد تا برای آینـده‌ی مادرش تصمیـم بهتـری بگیـرد. شـاید خانـه‌اش را از سـعید پـس می‌گرفـت و دوبـاره او را به منـزل خودش برمی‌گردانـد. امـا بـه هـر دلیـل نامعلومـی گمـان می‌کـرد کـه مـادرش دیگـر نمی‌تواند خانـه‌اش را ببینـد. می‌دانسـت گنجینـه‌ی خاطـرات او اعـم از خانـه، عکس‌هـا، درختان میـوه، باغ پـر از گل رز، عطرهـا، همـه وهمـه گذشـته‌ای بیـش نبودنـد و یـک روز بـا مـرگ در خـاک مدفـون می‌شـدند اما حداقـل، انـرژی خشـن، نامانـوس، غیرانسـانی و ناخوشـایندی در تمـام خانـه حکومـت می‌کـرد و بر روح و روان سـعید تاثیـر منفی می‌گذاشـت.

نـگاه سـیروس از آیینـه‌ی بـالای سـرش بـه حاجیـه خانـم افتـاد، حـس وحالـی کـه در چهره‌ی مـادرش می‌دیـد غیـر از بازتـاب حالتهـای معمولـی بـود کـه از او بـه یـاد داشـت. در نظر سـیروس، حاجیـه خانـم سـتون مسـتحکم خانـواده محسـوب می‌شـد. زنی کـه مایـه‌ی امیـدواری وخودباوری همـگان بـود. جایگاه خـود را در جامعه می‌شـناخت و برای فرزندانش نمونه‌ی آزاداندیشـی به شـمار می‌رفـت. بـه آنهـا آموختـه بود کـه در برخورد با عقایـد مذهبی و نژادپرسـتی، منطقی باشـند و همه را یکرنـگ و یکسـان ببیننـد. بـه فرزندانـش یـاد داده بـود همـواره مهر، عطوفت و سـخاوت را پیشـه کننـد و همـه مـردم را شایسـته‌ی تکریم و احتـرام بدانند.

حاجیـه خانـم بـه آرامـی سـرش را به پشـتی صندلی عقب تکیه داد. قطرات اشـک در گوشـه‌ی چشـمان مه‌آلـودش نمایـان شـد و بـه آرامـی گونـه‌ی زیبـای او را پوشـاند و مثل شـبنم صبحگاهی بـه طـرف پاییـن صورتـش سُـر خورد. هـر چین و چـروک صورتش کـه از اشـک پر می‌شـد نمایانگر همـه‌ی خاطـرات تلـخ و شـیرینی بـود کـه پیـرزن در طـول عمـرش از سـر گذرانـده بـود. در تمـام اعضـای صورتـش یـک آرامـش همیشـگی پدیدار شـده بود.

«خدایا، من دیگه میلی به زندگی ندارم...!»

سـیروس دیگـر بـه رانندگـی در هـوای بارانـی نمی‌اندیشـید و بیشـتر بـه مـادرش نـگاه می‌کرد. حاجیـه خانـم بـا آرامـش ادامـه داد و انـگار داشـت رنج‌هـای محبـوس در سـینه‌اش را آزاد می‌کرد:

«من آماده‌ی رفتن هستم، منو ببر پیش مادرم...!»

سـیروس صـدای مـادرش را می‌شـنید امـا بی‌آنکـه لب‌هـای او تـکان بخـورد سـخنش بـا خـدا ادامـه داشـت و انـگار بـا دیـدن چیـزی ذوق‌زده شـده بود.

«اون رو می‌بینید...؟، چقدر قشنگ و نورانیه!، می‌بینیدش...؟، من حاضرم...!»

پـری، رکسـانا و بی‌بـی مسـیر نـگاه حاجیه خانـم را دنبـال کردند اما چیـزی نمی‌دیدنـد. بدنش بـه تانـی تـکان خـورد و سـرش آرام بـه جلـو خم شـد. دسـتانش در میان دسـت‌های بی‌بـی و پری،

شـل و بی‌حـس شـده بـود. فریاد پری سـکوت را شکسـت:

«نگه دار!، ماشینو نگهدار!»

هنـوز سـیروس بـه خـود نیامـده بـود کـه صـدای شـیون بی‌بـی بلنـد شـد. بـه یکبـاره تمـام امیـدواری سـیروس بـه یـاس تبدیـل گشـت. اتومبیـل بـا ترمـز ناگهانی سـیروس در شـانه‌ی خاکی جـاده متوقـف شـد. سـیروس بـدن بیجـان مـادرش را می‌دید کـه از هر وقت دیگـری زیباتـر به نظر می‌رسـید. پوسـت او مثـل برف‌های تازه نشسـته سـفید بـود و آرامش در لبهایش احسـاس می‌شـد. فقـط رکسـانا ایـن جـرات را در خود می‌دید که سـیروس را به نشـانه‌ی دلداری لمس کند. سـیروس در تـلاش بـود تـا واقعیـت مـرگ مـادرش را در خـود هضـم کنـد و بپذیـرد. او اکنـون شـاهد مـرگ عزیزتریـن انسـانی بـود کـه در زندگـی‌اش وجود داشـت. مـادر، نمـاد فـداکاری وگذشـت، او را برای همیشـه ترک کـرده بود.

سـیروس بـدون هیـچ کلامـی از اتومبیـل خـارج شـد. زیـر بـارش شـدید بـاران گیـج و گنـگ ایسـتاده بـود. احسـاس می‌کـرد کـه چاقـوی بلنـد نـوک تیـزی قلبـش را سـوراخ کـرده بود و داشـت از فـوران خـون سـنگ‌کوپ می‌کـرد. پذیرفتـه بـود کـه حـالا مادرش بـه یک خـواب ابدی فـرو رفتـه بـود و روح پاکـش می‌رفـت تـا بـه ارواح پـدر و بـرادرش بپیونـدد. بی‌اختیار به یـاد زمان طفولیـت خـود افتـاد که سـرش را بـر دامان حاجیـه خانم می‌نهـاد واو بـا دسـت‌های خارق‌العاده‌ای کـه داشـت موهـای سـیاهش را نـوازش می‌کـرد. حالا دیگر آن احسـاس گرم وعشـق بی‌قید وشـرط از بیـن رفتـه بـود. رکسـانا از اتومبیـل پیـاده شـد و بـه سـیروس پیوسـت. بـه آرامـی او را در آغوش گرفـت. انـگار وجودشـان در هم ادغام شـد. گونه‌های یکدیگـر را لمس کردند و دردمندانه بوسـیدند. اشک‌هایشـان در قطـرات بـاران گـم شـده بـود. آنهـا در دنیایـی که حـالا کوچکتـر می‌دیدنـد برای اولیـن بار، فقـط یکدیگر را داشـتند.

*****

فصل ۲۹

وقتی که تصمیمات مربوط به آینده‌ی شما در پشت درب‌های بسته و بدون دانش شما توسط بیگانگان گرفته می‌شود...

بعد از انقلاب هیچ نشانه‌ای از بهتر شدن اوضاع به چشم نمی‌خورد. مردم ساده‌لوح ایران هنوز به خمینی امیدوار بودند. دلیلش هم واضح بود، ماشین‌های تبلیغاتی غرب نه تنها به رهبری رادیو بی‌بی‌سی به نشر و تبلیغات دروغ ادامه می‌دادند بلکه حالا تمام وسایل ارتباط جمعی ایران را هم در اختیار داشتند. مهمتر از همه، مردم از تصمیماتی که در پشت دربهای بسته برای آینده‌ی آنها و ایران گرفته می‌شد بی‌خبر بودند. تصمیماتی که عوامل خارجی در آن به‌طور مستقیم و یا غیرمستقیم نقش داشتند و به ملت تحمیل می‌کردند. به جز عده‌ای خودفروخته که در رده‌های بالای حکومت جای داشتند و فقط به دنبال منافع مادی، اجتماعی و پیشبرد اعتقادات سیاسی و مذهبی خود بودند، همگان فکر می‌کردند که تمام تصمیمات را خمینی اتخاذ می‌کرد. آنها اطلاع نداشتند که اکثر دستورات از طرف عوامل خارجی به او دیکته می‌شد.

هر فردی در گوشه وکنار مملکت گروهی را درست کرده بود و برای پیشبرد اهداف سیاسی، مذهبی، اجتماعی و مادی خود به طور پیدا و پنهان فعالیت می‌کرد، خصوصاً ملایان تازه به دوران رسیده که دیگر خود را نمی‌شناختند و خدا را هم بنده نبودند. در سال ۱۹۷۹ میلادی، مقارن با زمانی که شاه به منظور درمان بیماری‌اش به نیویورک سفر کرده بود یکی از این گروه‌های دانشجویی به سفارت آمریکا در تهران هجوم برد و آنجا را اشغال کرد. حرکتی که موجب شد شصت دیپلمات آمریکایی به گروگان گرفته شوند. این اقدام یک صدمه‌ی بزرگ تاریخی به ملت و مملکت ایران محسوب می‌شد. اکثر این دانشجویان نمی‌دانستند که عواملی در دولت آمریکا از تمام نقشه‌ی آنها مطلع بودند و در واقع آنچه را که آنها انجام دادند به طور غیرمستقیم به آنها دیکته شده بود. هدف از گروگانگیری چه بود؟ ۱. با گروگانگیری بهانه‌ای به دست دولتمردان آمریکا داده شد تا تمام منابع مالی ایران را که در زمان شاه در آمریکا ذخیره شده بود ضبط شود. البته این کمک قابل ملاحظه‌ای برای اقتصاد آمریکا محسوب می‌شد که

در آن زمـان در حـال رکـود بـود. ۲. گروهـی از حـزب جمهوریخـواه آمریکا مشـتمل بر جـورج بوش کـه رئیـس سـازمان سـیا بـود به همـراه چهارصد نفـر دیگر توسـط جیمی کارتـر اخراج شـده بودند. ایـن افـراد مسـتقیم بـا عواملی که نقشـه‌ی اشـغال سـفارت و گروگانگیـری را به اجـرا درآورده بودند ارتبـاط داشـتند کـه صرفـاً موقعیـت جیمی کارتـر را در انتخابـات سراسـری آمریکا در مقابـل رونالد ریـگان تضعیـف کننـد. لازم به ذکر اسـت کـه وزارت امـور خارجه‌ی آمریکا از اشـغال سـفارت مطلع بودنـد، بـا ایـن حال درسـت وقتی که دانشـجویان خط امام داشـتند وارد سـفارت می‌شـدند به خرد کـردن اوراق و اسـناد سیاسـی پرداختنـد. بایـد پرسـید چـرا ایـن پرونده‌های سیاسـی قبـل از ورود دانشـجویان نابـود نشـدند و یـا آنهـا را به جـای دیگر منتقـل نکردند. در واقـع این اقدام دسیسـه‌ای بـود کـه این اسـناد به دسـت دانشـجویان بیفتد و در ادامه اسـامی افـرادی که منافـع دولتهای غرب را دنبـال نمی‌کردنـد از آن بـه بیـرون درز کنـد و بدیـن شـکل آنهـا را بـه اتهـام عوامل و جاسوسـان آمریکایـی از گردونـه‌ی قدرت خـارج نماید.

چـرا کارمنـدان سـفارت آمریـکا را ۴۴۴ روز آن هـم در رفاه و امنیت کامل گـروگان گرفتند؟ چرا درسـت بعـد از اینکـه ریـگان در انتخابات پیروز شـد و قسـم یاد کـرد گروگانها بلافاصله آزاد شـدند؟ اینکـه آنهـا را بـه طـور مـدام با چشـمان بسـته و با تهدید اسـلحه در بالکن سـفارت اشـغال شـده به نمایـش می‌گذاشـتند صرفـاً بـرای تحریـک اذهـان عمومـی آمریکا بـر علیه جیمـی کارتر بـود. البته بهانـه‌ی گروگانگیـری، توطئـه‌ی برگردانـدن شـاه بـه ایـران عنـوان شـده بـود. البتـه توده‌ی نـاآگاه جامعـه هـم ایـن نمایـش را بـه قـدرت امام خـود نسـبت می‌دادنـد و در این بـاور بودند که قداسـت او آمریـکا را بـه زانو درآورده اسـت.

تنهـا تعـداد انگشت‌شـماری از افـراد پیرامـون خمینـی آن هـم در بالاترین سـطح، از ایـن واقعه آگاهـی داشـتند کـه چـرا و چه کسـانی بحـران گروگانگیری را شـروع کـرده بودند وادامـه می‌دادند. می‌دانسـتند کـه از دلایـل دیگـر ایـن گروگانگیری اسـتقرار خمینی بـه عنوان قـدرت مطلق و حذف مهنـدس مهـدی بـازرگان بـود که در آن زمان ریاسـت دولـت را بر عهده داشـت. بـازرگان با خمینی دچـار اختـلاف شـده بـود و منافـع ملـی ایـران را مدنظـر داشـت. یکـی از مهمتریـن اختلافـات آنها ادامـه‌ی اعـدام آدم‌هایـی بـود کـه اسـامی آنهـا توسـط آمریـکا و انگلیس بـه خمینی داده شـده بود. خمینـی دانسـته یا نادانسـته بـه ملت و مملکت ایـران اهمیتی نمـی‌داد وصرفاً به جاه‌طلبـی و منافع دولت‌هـای غـرب کـه او را بـر سـر کار آورده بودنـد می‌اندیشـید وآنهـا را بـه هدفشـان رسـانده بود. مهـدی بـازرگان درخواسـت آزادی فـوری گروگانهـا را صـادر کـرد و تهدیـد نمـود کـه اگر آنهـا آزاد نشـوند اسـتعفا خواهـد داد و پر مسـلم بـود که گروگانهـا را آزاد نکردند و او مجبور به اسـتعفا شـد و حـالا خمینـی بـا یـک قدرت مطلـق واقعاً به امام مسـلمین تبدیل شـده بود و حرفـش کلام خدا بود.

عطا ثروتی

گروگان‌ها و گروگانگیران به علت روند غیرمنتظره‌ای که در برنامه‌ی گروگانگیری شکل گرفته بود شگفت‌زده شده بودند. گروگانگیری قرار بود فقط برای مدت کوتاهی به اجرا درآید و بعد از رفتن مهندس بازرگان خاتمه پیدا کند، اما حالا جهت و بعد دیگری به خود گرفته بود. بسیاری خصوصاً مردم عادی خبر نداشتند که در منطقه‌ی قلهک تهران و در پشت درب‌های بسته‌ی خانه‌ای واقع در کوچه‌ی داراب، تقریباً تمام تصمیمات آینده‌ی ایران گرفته می‌شد. حتی بسیاری از همسایگان اطراف هم اطلاع نداشتند افرادی که مدام به خانه‌ی دوریان مک‌گری در رفت و آمد بودند، داشتند در مورد نحوه زندگی، اندیشه و اعتقادات آینده‌ی آن‌ها تصمیم می‌گرفتند و به خمینی و عواملش دیکته می‌کردند. دوریان به فرد قابل اعتماد خمینی تبدیل شده بود. او آنقدر به خمینی نزدیک بود و بر روی او نفوذ داشت که در محل اقامت خمینی و در جوار اتاق او از یک اتاق شخصی برخوردار شده بود. به سختی کسی می‌توانست او را به چالش بکشد. او چشم و گوش خمینی بود.

*****

زمان می‌گذشت و مردم را با برنامه‌ی گروگانگیری سرگرم کرده بودند و اقدامات مخفی سیاستمداران کثیف در جهت نابودی ایران ادامه داشت. نه تنها هیچ مشکلی حل نشده بود بلکه اوضاع هر روز بدتر از قبل بود. بازی اصلی قدرت که از ابتدا بر اساس کنار زدن خمینی و به قدرت رساندن بهشتی چیده شده بود باید به اجرا درمی‌آمد. اما خمینی و اطرافیانش تصمیم گرفتند از گروگان‌ها به منظور تثبیت قدرت مطلق خمینی استفاده کنند. گروهی در حزب جمهوری‌خواه آمریکا هم به طور مخفی به آن‌ها کمک می‌کردند. آن‌ها می‌دانستند که اگر گروگان‌ها آزاد می‌شدند، جیمی کارتر در انتخابات ریاست جمهوری آمریکا رونالد ریگان را شکست می‌داد اما در غیر این صورت ریگان می‌توانست به پیروزی برسد و رئیس جمهور جدید آمریکا شود. اکنون این گروه جمهوری‌خواه در پشت پرده درست برخلاف سالیوان (سفیر آمریکا) که در حال کنار زدن خمینی و به قدرت رساندن آیت الله بهشتی بود، حرکت می‌کردند. اما در رابطه با اجرای این برنامه، دوریان مک‌گری به شدت مخالف به قدرت رسیدن آیت‌الله بهشتی بود و بدون اطلاع کارتر و وزارت خارجه‌ی آمریکا با گروه جمهوری‌خواه همکاری می‌کرد. دوریان با اینکه می‌دانست آیت الله بهشتی بهترین گزینه برای به دست گرفتن قدرت بود اما به دلایل شخصی با آن شدیداً مخالفت می‌کرد. البته واشنگتن توصیه‌های او را نادیده گرفته بود. دوریان از آنجا که در جوانی روابط عاشقانه‌ای با آیت‌الله بهشتی داشت و آن را از همه و مِن جمله سازمان سیا پنهان نگه داشته بود، نمی‌خواست بهشتی وارد میدان رهبری ایران شود. هیچ کس از جمله شخص آیت‌الله بهشتی هم خبر نداشت که دوریان از او

دارای یـک فرزنـد دختـر اسـت. بنابرایـن اگـر او قدرت را به دسـت می‌گرفـت دوریان مجبـور بود به محـل کار او بپیونـدد و هـر روز بـا او در تمـاس نزدیک باشـد وایـن ایده‌ای بود که او و حتی شـخص آیـت الله بهشـتی از آن دوری می‌کـرد. در هـر حـال هنـوز خمینـی حـرف آخـر را مـی‌زد و بـه نظر می‌رسـید بـا بـه دسـت گرفتـن قدرت دیگـر آن خمینی سـابق نبـود و یـا در تمام این مدت داشـت بـه مـردم دروغ می‌گفـت و آنهـا را بـه بـازی گرفتـه بـود. او کامـلاً رنگ و بـوی دیگری داشـت. انگار قـدرت چشـم و عقلـش را کـور کرده بـود. انگار واقعـاً باور کرده بود که رهبر مسـلمانان جهان اسـت. امـا دوریـان هنـوز چشـم و گـوش خمینی بـود و همه می‌دانسـتند که اگر می‌خواسـتند بـه خمینی نزدیـک شـوند و مـورد مهـر، محبت خمینی قـرار بگیرنـد و اعتماد او را جلـب نمایند بایـد با دوریان کنـار می‌آمدنـد. از جملـه‌ی ایـن افراد اسـعد و حسـین بودند کـه با دوریـان تماس داشـتند. دوریان بـرای اسـعد احتـرام زیـادی قائـل بود. به نظر می‌رسـید وجود رکسـانا کـه دوریان را به یـاد دخترش می‌انداخـت در ایـن امـر بی‌تاثیـر نبـود. از طرفـی دوریـان می‌دانسـت کـه اسـعد بـه دنبـال مقـام و مـال و مکنـت نبـود. او مـرد صادقـی بـود کـه بـا هـدف خدمت بـه ملـت و مملکـت ایران برخاسـته بـود. دوریـان همیشـه بـا اسـعد تبادل نظر داشـت. امـا رابطه دوریـان با حسـین متفاوت بـود. آن دو بـه طـور مخفیانـه گاهـی رابطه‌ی جنسـی هم داشـتند. دوریان از هـر ابزاری اسـتفاده می‌کـرد تا به اهـداف خـود برسـد و بـه حسـین بـرای پیشـبرد اهدافـش نیاز داشـت. حسـین یکـی از رابط‌های او بـا مجاهدیـن بود.

دوریـان از آشـپزخانه خـارج شـد و بـر روی نیمکـت نشسـت. در حالی که شـرابش را مینوشـید بـه حسـین نـگاه می‌کـرد کـه بیقرار قدم مـی‌زد . حسـین با اینکه بسـیار باهـوش بـود در عین حال خیلـی هـم سـاده و بی‌شـیله‌پیله و گاهـی بی‌سیاسـت بـود و بیشـتر از روی تعصـب تصمیم‌گیـری می‌کـرد. او مشـروب هـم نمی‌خـورد. دوریـان صدایـش درآمد:

« بشین!، اینقدر قدم نزن...!»

حسـین هـر چنـد از کلام دوریـان خوشـحال نشـد ولی از قـدم زدن بـه دور خودش باز ایسـتاد. لحظـه‌ای مکـث کـرد و بـه سـمت صندلی رفت و ناخوشـایند نشسـت. در این مقطع از زمان حسـین تـا حـدی از قطب‌زاده فاصلـه گرفتـه بـود و بیشـتر بـا بنی‌صدر کار می‌کـرد. شـخصیت حسـین وقطب‌زاده بـا هـم سـازگار نبـود و همیشـه بـا هـم برخـورد می‌کردنـد. از طرفـی می‌دانسـت کـه بنی‌صـدر در آن زمـان بـه خمینـی بیشـتر نزدیـک شـده بـود. دوریـان بـه اسـعد رو کرد:

«دلیلـی کـه مـن از شـما خواسـتم تـا بـه اینجـا بیایـد اینه که، شـما تنها کسـی هسـتی که من میتونـم بهش اعتمـاد کنـم، می‌دونـم کـه نـه دنبـال قـدرت هسـتی و نـه بـه دنبـال پُسـتُ و مالُ و ثروت‌انـدوزی، و هدفتـون فقـط خدمـت بـه مـردم و ایرانـه...، نظر شـما برای مـن بسـیار محترمه...،

می‌بخشید نتونستم به امیر کمک کنم...، اون مرد خوبی بود...، مادرش خیلی به دختر شما محبت کرد...، ای کاش رکسانا ایران رو ترک می‌کرد...، اما من می‌دونم این کار رو نمی‌کنه...، درست مثل پدرش یک دندهِ...، می‌خواستم نظرتون رو در مورد ریاست جمهوری بنی‌صدر بدونم...؟»

صدای زنگ درب بلند شد و صحبت آنها را ناتمام گذاشت. دوریان با تعجب به درب خیره شد. به این فکر می‌کرد که چه کسی قصد داشت در آن وقت از نیمه شب او را ببیند. با کسی قرار ملاقات نداشت. به طرف اسعد و حسین برگشت و از آنها خواست تا به داخل اتاق نزدیک نشیمن بروند و در آنجا مخفی شوند. در حالی که اسعد و حسین به داخل اتاق می‌رفتند تا درب را ببندند صدای زنگ خانه مجدداً بلند شد. دوریان با عصبانیت دکمه‌ی بلندگو را فشارداد:

«بله؟، کی هستید؟»

صدای مردی که به انگلیسی صحبت می‌کرد از طریق سیستم امنیتی بلند شد:

«یک دوست قدیمی و آشنا...!، جف!»

با شنیدن صدای جف، دوریان چند ثانیه فکر کرد وسپس به یاد آورد که او از همکارانش در سازمان سیا است که سالها از او هیچ خبری نداشت. متعجب بود که او در ایران ودر این زمان بحرانی چه می‌کند. دوریان از هر آمریکایی خصوصاً که اگر عضو سازمان سیا بودند و به ایران می‌آمدند چه مخفی یا غیرمخفی اطلاع داشت. دوریان درب را باز کرد و جف که مرد میانسالی بود با کمی اضافه وزن و ترکیبی ناموزون، البته از دید یک زن خصوصاً دوریان که به تناسب اندام مردان حساس بود، جلوی درب ظاهر شد. دوریان کنجکاو به بیرون خانه نگاهی انداخت. اتومبیلی را دید که مقابل درب خانه‌اش پارک بود و چند مرد ایرانی منتظر داخل آن نشسته بودند. دوریان حدس می‌زد که آنها جف را به خانه‌ی او آورده بودند و انگار جف داشت با آنها کار مهم و مشترکی انجام می‌داد. جف منتظر دعوت نشد و به داخل خانه پا گذاشت.

«متاسفم که شما رو از خواب بیدار کردم، اما ضروری بود که ما با هم صحبت کنیم، خصوصاً اینکه من فردا صبح زود ایران رو ترک می‌کنم...، این تنها فرصتیه که می‌تونستم به دیدنت بیام تا کمی صحبت کنیم...»

دقایقی بعد، جف در کنار پنجره‌ی بزرگ مشرف به شهر تهران نشسته بود. شعله‌ی گاز پالایشگاه نفت تهران در پس زمینه‌ی دور جف دیده می‌شد که می‌رقصید و می‌سوخت. جالب بود که جف درست در مرکز شعله دیده می‌شد. دوریان هنوز به این مسئله که جف در تهران چه می‌کرد، می‌اندیشید، خبر داشت که او توسط کارتر به همراه جورج بوش و ۴۰۰ نفر دیگر از سازمان سیا اخراج شده بود. زیرا جرج بوش زمانی که رئیس سازمان سیا بود دولتی در

داخـل دولـت کارتـر بـه وجـود آورده بـود. می‌دانسـت کـه جـف بی‌دلیـل در ایـران حضـور نداشـت بنابرایـن مایـل نبـود صبر پیشـه کنـد. حدس می‌زد کـه برنامـه‌ی او باید بـا گروگان‌هـای آمریکایی ارتبـاط داشـته باشـد. با تسـخیر و به گـروگان گرفتـن کارمندان سـفارت، تمـام آمریکایی‌های مقیم ایـران مخفـی شـده بودنـد، امـا حـالا می‌دیـد که جـف بـدون هیچ مشـکلی و آن هـم بـا محافظین ایرانـی در تهـران آمـد و رفـت می‌کـرد و هیـچ کـس هـم بـه او نمی‌گفـت کـه در بـالای چشـمت ابروست.

«باید امر مهمی باشه که تو این زمان بحرانی و پر خطر به ایران سفر کردی؟!»

دوریـان بـا ایـن پرسـش رادیو را روشـن کرد. صـدای رادیو بی‌بی‌سـی بلند شـد. صـدای رادیو را بلندتر کرد تا حرف‌هایشـان به گوش اسـعد وحسـین نرسـد. سـپس لیوانی آب از آشـپزخانه آورد و در جلـوی جـف گذاشـت و بـر صندلـی نشسـت. منتظـر بـود که او زبـان باز کنـد. جف معطـل نکرد و سـخن گشود:

«مـن چهـار سـاعت دیگـه از ایـران پـرواز می‌کنـم، وقت زیـادی نـدارم بنابریـن میرم سـر اصل مطلـب، مـا می‌دونیـم کـه تصرف سـفارت بـه خاطـر چـی بـود، بـازرگان اسـتعفا داد، امـوال ایـران تـو آمریـکا ضبـط شـد، مرحلـه بعـدی انتقـال قـدرت از خمینـی بـه بهشـتیه و آزادی گروگانهـا، اما گروگانهـا آزاد نمیشـن، تغییـر در برنامـه‌ی گروگانهـا...»

جف کمی از آب لیوان نوشید و به طرف دوریان خم شد و ادامه داد:

«توافـق جدیـد اینـه که ایران گروگانهـا رو پس از انتخابات ریاسـت جمهوری آمریـکا آزاد کنه...، چـرا؟ زیـرا اگـه گروگانهـا آزاد بشـن، کارتـر بـرای دوره‌ی دوم بـاز انتخـاب میشـه...، چیـزی کـه ما جمهوریخواهـان نمیخوایـم...، امـا اگـه گروگانهـا تـو ایـران باقـی بمونن، حتمـاً ریـگان رئیس‌جمهور آینـده‌ی آمریـکا میشـه...، و تیـم مـا، مثـل مـن و تـو و بقیـه بـاز قـدرت رو بـه دسـت می‌گیریـم...، مـن بـه خاطـر همیـن اینجا هسـتم...، که بـا دوسـتانمون، خمینـی را متقاعد کنیـم کـه گروگانها را آزاد نکنـن...، البتـه همـه چیـز درسـت پیـش رفـت و او قبول کرد کـه گروگانهـا را آزاد نکنـه تا بعد از انتخابـات...، مـا دوسـتانی داریـم کـه خیلـی بـه خمینـی نزدیکـن، مثل پسـرش احمد که مسـلماً نمی‌خـواد پـدرش قـدرت رو تحویل بهشـتی بـده، و آیت الله خویینی‌هـا...، البتـه وزارت امور خارجه، سـالیوان و کاخ سـفید از ایـن موضـوع هیچ اطلاعی نـدارن...»

دوریان صحبتش را قطع کرد:

«بـه نظـر میرسـه که شـما اومـدی اینجا که منو بـا خودت همراه کنـی؟ در این صـورت من باید در جریـان همـه چیـز قـرار بگیـرم...، مـن بعیـد می‌دونـم خمینـی فقـط به ایـن دلیل کـه در قدرت باقـی بمونـه با شـما توافق کرده باشـه، بایـد چیز بیشـتری مطالبه کرده باشـه...»

جف با پوزخندی ادامه داد:

«با روی کار آمدن ریگان، آمریکا از ایران در مقابل جنگ با عراق حمایت می‌کنه، ما به ایران اسلحه و مهمات می‌فروشیم و اطلاعات نظامی لازم رو در اختیارشون قرار میدیم...»

دوریان با شنیدن جنگ ایران وعراق کمی نگران شد، می‌دانست که دولت آمریکا از شاه ایران خواسته بود تا به عراق حمله کند و شاه به این درخواست آنها تن نداده بود و این یکی از دلایل برکناری شاه به شمار می‌رفت. او به خواسته‌های غرب پاسخ مثبت نمی‌داد و برخلاف خواسته‌های آنها عمل می‌کرد. شاه حتی برخلاف میل و انتظار غرب، قیمت نفت را در منطقه بالا برده بود. بنابراین دوریان حدس می‌زد که به زودی ایران را به یک جنگ خونین و مخرب با عراق وارد خواهند کرد. می‌دانست که بخشی از برنامه پنتاگون شروع چند جنگ در منطقه بود که از زمان جان اف کندی طرح‌ریزی شده بودند. در ابتدا هم قرار بود که از عربستان سعودی آغاز شود. البته هدف از این جنگها ایجاد نابسامانی و از بین بردن کانون قدرت در منطقه با روی کار آوردن رهبران بی‌لیاقت، بی‌سیاست، نادان و خائن بود تا سران این دولتها نتوانند با هم برای گران کردن نفت به توافق برسند. از این رو مایل بودند همیشه اغتشاش وجنگ در منطقه‌ی آنها ادامه داشته باشد تا نفت را مفت به غرب صادر کنند. البته این دسیسه‌ها عملی هم شد و در واقع به نابودی قدرت اپک انجامید. از طرفی بازار کارخانه‌های اسلحه‌سازی هم داغ می‌شد و فرصت می‌یافتند تا به تمام کشورهای منطقه اسلحه بفروشند.

در یک لحظه دوریان به یاد اسعد و حسین افتاد و نگاهش به طرف اتاق برگشت. جف متوجه نگرانی دوریان شد و نگاه او را تعقیب کرد. آن دو بی‌اختیار به هم نزدیکتر شدند و تُن صدای خود را پائین آوردند:

«اوه، شما باید مهمان داشته باشید؟ یواش صحبت می‌کنیم...، بعد هم آمریکا به صدام چراغ سبز نشان میده و صدام به ایران حمله می‌کنه...، البته ما قبل از تهاجم صدام، هدف اون رو به ایران خبر میدیم...، جنگ که شروع بشه هر دوشون به کمک آمریکا نیاز دارن...، و سلاح‌های مورد نیاز ایران از آمریکا به اسراییل فرستاده میشه و اسراییل هم مخفیانه با سود خوبی به ایران ارسال می‌کنه، می‌بینی...؟، همه برنده خواهند بود...!»

دوریان می‌دید که جف کاملاً به آنچه می‌گفت ایمان داشت و به هیجان آمده بود و احساس قدرت و خود بزرگ بینی می‌کرد. مهمتر از همه دوریان اکنون در موقعیتی قرار داشت که او طالبش بود. جف خود را به دوریان نزدیکتر کرد وبسیار آهسته اما با اعتماد به نفس زیاد ادامه داد:

«ایرانیها به کارتر ودمکراتها هیچ علاقه‌ای ندارن...، من و تو می‌دونیم که ایران هنوز

آمادگـی جامعـه‌ی بـاز و آزاد رو نـداره...، کارتـر اشـتباه کرد، که شـاه رو از کار انداخت، شـاه دوسـت خوبـی بـرای آمریـکا بـود...، مـا نمیتونیـم بـه اشـتباهات کارتـر ادامـه بدیم، بـرای همین مـن اینجا اومـدم، کـه ببینـم تـو بـا ما هسـتی یا نـه...؟»

عکس‌العمـل دوریـان چنـدان موافـق حـال جـف نبـود ومی‌دانسـت کـه بایـد حرفـش را ادامـه مـی‌داد و بـر روی مـخ او بیشـتر کار می‌کـرد: «همون‌طـور کـه می‌دونـی ویلیـام سـالیوان و کاخ سـفید در حـال اجـرای ایـن برنامه هسـتن کـه آیت‌الله بهشـتی رو جانشـین خمینی کنـن، و با روی کار اومـدن بهشـتی تـو بایـد بـا اون کار کنـی، چیزی که مـن می‌دونم تـو از اون متنفر هسـتی...!، از طرفـی تـا بهشـتی قدرت رو به دسـت بگیره، دشـمنانش دسـت به کار میشـن و از کجا کـه رابطه‌ی عشـقی تـو بـا اون و مهمتـر از همـه دختـرت کاترینا کـه پدرش بهشـتیه لُو نـره...!»

دوریـان بـا شـنیدن نام دخترش آنچنان خشـمگین شـد که انگار می‌خواسـت با یـک گلوله جف را خـلاص کنـد، امـا او دوره دیـده بود و می‌دانسـت چگونه احساسـات خـود را کنترل کنـد. ولی این بـار چنـدان برایـش آسـان نبـود. از اینکه جـف از راز بهشـتی و دختـرش اطلاع داشـت متعجب بود. حـالا فکر می‌کـرد کـه به غیـر از او چه افـراد دیگری ممکن بـود از این موضوع خبر داشـته باشـند. جـف می‌دانسـت کـه بـه دوریان شـوک وارد کـرده بود و حـالا بایـد حرفش را ادامـه می‌داد تـا او را آرام می‌کـرد، او بـه کمـک دوریان احتیاج داشـت:

«تـو بایـد بدونـی کـه بـه غیـر از من هیـچ کـس دیگـه‌ای از راز تو اطـلاع نـداره...، و دهـنِ منم قُـرص و محکمـه...، ایـن را هـم می‌دونـم کـه تـو هنوز هم بـا تیم خودتـی و حتماً بـا مـا راه میای...، مـا بایـد خمینـی رو در قـدرت نگه داریـم، تا وقتی اون سـره کار باشـه، گروگانهـا رو آزاد نمی‌کنه، و حـزب جمهوری‌خـواه بـا پیـروزی ریـگان قـدرت را به دسـت میگیـره...، این بـرای ما و بـرای آمریکا خیلـی بهتـره...، کارتـر نمیدونـه چـه می‌کنـه...، خمینـی به تو خیلـی اعتمـاد داره و مهمتـر از همه علاقه‌منـده، تـو بایـد مطمئـن باشـی خمینـی تغییـر موضـع نـده و همـون طور کـه قـول داده هیچ صدمه‌ای بـه گروگانهـا نزنه...»

هـر دو لحظاتـی در سـکوت بـه هـم خیـره شـدند. اگـر کارد بـه دوریـان می‌زدنـد خونـش در نمی‌آمـد. جـف او را بـر سـر یـک دو راهـی ناخوشـایند قـرار داده بـود و برایـش مهم هم نبـود که او چـه راهـی را برمی‌گزینـد. جـف لیـوان آب را برداشـت و کمی نوشـید. سـپس لیـوان را بـر روی میز گذاشـت و بلنـد شـد تـا به سـمت فـرودگاه حرکت کنـد. وقت چندانـی باقی نمانـده بود امـا آخرین ضربـه را هـم بایـد می‌زد:

«و مهمتـر از همـه اگـه میخـوای خمینـی در قـدرت باقـی بمونـه، تنها راهـش اینه کـه، رازت با بهشـتی زیـر خـاک دفـن بشـه...!، اگـه بهشـتی از بین بـره، هیـچ کـس، هیـچ وقـت از راز تـو و اون و

دخترت مطلع نمیشه، خصوصاً سازمان سیا...»

دوریان نمی‌دانست که درست شنیده بود یا نه. جف گفته بود که آیت الله بهشتی باید کشته شود. اگر چنین مطلبی را به زبان آورده بود پس به این معنا بود که تصمیم از بین بردن آیت الله بهشتی گرفته شده بود. جف می‌خواست بیشتر با دوریان وقت بگذراند تا مطمئن شود که او کاملاً قانع شده است و به تیم آنها می پیوندد اما وقتش تنگ بود. دوریان که دوباره نگران این مسئله بود که اسعد و حسین حرف‌هایشان را شنیده باشند به سمت اتاقی که آنها مخفی شده بودند نگاه کوتاهی انداخت و سپس به جف رو کرد:

«وقتی آمدم واشنگتن حتماً بهت زنگ می‌زنم، و بیشتر صحبت می کنیم...، اما حالا باید مطمئن شیم که گروگانها سالم بمونن...!»

جف از سخن دوریان آنچنان از موفقیتش خرسند شده بود که نمی‌خواست او را ترک کند اما باید می‌رفت. در بیرون چراغ‌های کم نور تیر چراغ برق کوچه را کمی روشن کرده بود. تعدادی اتومبیل در طرفین کوچه پارک بودند. درب خانه‌ی دوریان باز شد و جف از آن بیرون آمد. نم نم باران شروع شده بود. جف سوار همان اتومبیلی شد که چند ایرانی در آن به انتظارش نشسته بودند. اتومبیل حرکت کرد و از ماشین دیگری که در صد متری خانه‌ی دوریان پارک شده بود، گذشت. با دور شدن اتومبیل جف، سر دو نفر که خود را در داخل آن مخفی کرده بودند بالا آمد. آنها با احتیاط چراغ‌های عقب اتومبیل جف و خانه‌ی دوریان را بررسی کردند. وقتی مطمئن شدند کسی آنها را ندیده است خیالشان راحت شد.

*****

دوریان اکنون در پشت درب بسته‌ی خانه‌اش ایستاده بود و در جهنم پیشنهاد جف فکر و خیال می کرد. صحت حرف‌های جف به این معنا بود که مردم آمریکا از این دسیسه‌ای که می‌توانست جان گروگانها را به خطر بیاندازد هیچ اطلاعی نداشتند. به نظر می‌رسید سیاستمداران به جان و مال مردم هیچ اهمیتی نمی‌دادند و صرفاً به کسب قدرت و حفظ آن می‌اندیشیدند. هر چند در خانه سکوت محض حکومت می کرد اما در وجود دوریان آتشی شعله‌ور بود که حتی برای لحظاتی طول کشید تا به خود بیاید و متوجه شود که اسعد و به دنبالش حسین از اتاق خارج شده‌اند. هر سه در سکوت لحظاتی بهم نگاه کردند و به تجزیه و تحلیل و بررسی اوضاع پرداختند. حسین که دوباره اعصابش بهم ریخته بود شروع به قدم زدن کرد. دوریان به او خیره شد و به این مسئله فکر کرد که حسین و احتمالاً اسعد باید گزیده‌ای از صحبت‌های او و جف را شنیده باشند که اعصاب حسین این چنین بهم ریخته بود. لحظاتی منتظر ماند تا ایما و اشاره‌ای کنند و یا به موضوعی بپردازند اما آنها کاملاً سکوت اختیار

کـرده بودنـد، از طرفـی مایـل نبـود که از آنها سـوال کنـد، زیرا اگر آنها گفتگویش را نشـنیده باشـند بی‌جهـت کنجکاویشـان را برمی‌انگیخـت. دوریـان از قـدم زدن حسـین بـاز بـه تنـگ آمـد: «ممکنه قـدم زدنتـو متوقـف کنـی...؟! اعصاب آدمـو داغون می‌کنـی...!»

حسـین دوبـاره ایسـتاد و سـعی کـرد تـا بر اعصاب خود مسـلط شـود. حسـین ذاتـاً آدم صبوری نبـود و زود عصبانـی می‌شـد. ایـن یکـی از دلایلـی بود کـه آب او و دوریـان در یک جـوب نمی‌رفت، امـا بهـم نیـاز داشـتند و یـک جـوری یکدیگـر را تحمـل مـی کردند. صدای اسـعد کـه از پنجـره به شـعله‌ی گاز پالایشـگاه تهران خیره شـده بود، بلند شـد و سـکوت را شکسـت:

«بعضـی وقتهـا فکـر می‌کنـم کـه اگـه مـا ایـن طـلای سـیاه رو نداشـتیم، چقـدر خوشـبخت‌تر بودیـم... ایـن نفـت شـده بـلای جـان ملت مـا...، مایـه‌ی درد و رنـج مردم مـا...!»

همیـن سـخنان اسـعد کافـی بـود کـه دوریـان فکر کند کـه آنهـا بایـد صحبت‌هـای او و جف را شـنیده باشـند، بنابرایـن در حالـی که بـه زمین خیره شـده بود صدایش بـا لحنی عمیقاً نگـران بلند شـد و از اسـعد پرسید:

«شـما هیـچ اطلاعـی از ایـن آدم‌هایـی کـه اطـراف خمینـی هسـتن و اون رو قانـع کـردن تـا گروگان‌هـا را آزاد نکنـه داریـد؟ می‌دونیـد اونهـا کـی هسـتن؟»

قبل از اینکه اسعد لب باز کند صدای حسین بلند شد که بسیار هم عصبانی نشان می‌داد:

«شـایعه شـده کـه آدم‌هـای اطـراف رفسـنجانی و خامنـه‌ای از جمله موسـوی خوئینی‌هـا با یک سـناتور جمهوریخـواه ناشـناس و یک سیاسـتمدار شـناخته شـده آمریکایی، که حـدس میزنم جورج بـوش باشـه تـو فرانسـه به طـور مخفیانـه ملاقـات کـردن و ۷۵۰ میلیـون دلار از اونها پـول گرفتن و توافـق کـردن کـه گروگانهـا رو تا بعـد از پایـان انتخابات آمریـکا آزاد نکنـن...، بله دنیـای کثیفیه...!»

دوریـان و اسـعد هنـوز مترصدانـه بـه حسـین خیـره شـده بودنـد تـا او ادامـه بدهـد اما حسـین ترجیـح داد سـاکت بمانـد و اسـعد ناچـار شـد تـا رو به حسـین سـخن بگشـاید:

«این اطلاعات رو از کجا آوردی...؟»

«از یـک دوسـت...، اتفاقـی در جلسـهای بـودم کـه او مسـت کـرده بـود و حالیـش نبـود داره چیزهایـی رو کـه نبایـد می‌گفـت بـا افتخـار تعریـف می‌کـرد و قیافه می‌گرفت و حسـه خـود بزرگ بینـی بهـش دسـت داده بـود...، می‌گفت که یکی از مترجمان جلسـه بـوده...، بعدش هـم یکی دیگه از حاضریـن فـوراً سـرش داد زد و سـاکتش کـرد...، و بعدشـم از اونجـا بردنـش...، من شـخصاً اون رو نمیشناسـم...، دیگهـام ندیدمش...»

حسین لحظه‌ای مکث کرد. درست قبل از اینکه بخواهند بحث را عوض کنند حسین زمزمه کرد:

"انگار سرش رو کردن زیر آب...»

دوریـان بـا نگاهـی خیـره آنچنـان از حسـین عصبانی شـده بود کـه دیگر چیـزی نمانـده بود که برخیـزد و او را بکشـد و تمـام دق و دلیهـای جـف و همه را سـر حسـین بیچـاره خالی کنـد. دوریان بیشـتر از ایـن ناراحـت بـود کـه چنیـن معاملهای دور از چشـم و بـدون اطـلاع او انجام شـده بود، از طرفـی نگـران وضعیـت گروگانهـا بـود. امـا هر جور شـده بـود آرامش خـود را حفظ کرد. بلند شـد و بـه سـمت درب ورودی خانـه رفـت و آن را باز کرد.

«خیلـی دیـر وقتـه و مـن باید کمی اسـتراحت کنم...، امـا نباید هیچ کـدام از ما فرامـوش کنیم، هـر حرفـی امشـب اینجـا زدیم و شـنیدیم بایـد همین جا بیـن خود ما خاک بشـه...!»

حسین خارج شد. دوریان به اسعد که داشت به دنبال حسین خارج می‌شد رو کرد:

«ای کاش دختـر شـما کمـی درک و فهم شـما رو داشـت و ایران رو ترک می‌کـرد...، این بهترین سـناریو برای همه بود...»

اسعد با لبخندی ملایم پاسخ داد:

«شاید شجاعت و درک اون بیشتر از من باشه...، شب بخیر...»

اسعد از منزل دوریان بیرون رفت و درب پشتش بسته شد.

*****

اکنـون سیاسـتهای خمینیـزم هـر روز در ایـران طراحی می‌شـد و به مردم تحمیـل میگردید. هیچ کـس هـم جـرات نداشـت حـرف بزنـد. دیری نگذشـت کـه مردم بـه ایـن حقیقت تلـخ پـی بردند که اگـر در زمـان شـاه بـه خاطـر عقاید سیاسـی دسـت بـه اقـدام خرابکارانـه‌ای می‌زدنـد و گرفتـار قانون می‌شـدند بـا یـک تعهـد آنهـا را آزاد می‌کردنـد و از تمـام حقوق مدنـی برخـوردار بودند. امـا در قانون جدیـد حکومـت اسـلامی بسـیار تفاوتهـا وجود داشـت. فـرد در صورت یـک اعتراض هر چنـد جزئی با یـک برچسـب طاغوتـی و ضدانقلابـی روانـه‌ی زنـدان می‌شـد و شـاید کارش بـه اعدام هم می‌کشـید. از خـدای بخشـنده و مهربـان، آب، نفـت و بـرق مجانـی هم کـه خمینی قبـل از انقلاب قولـش را داده بـود هیـچ خبـری نبـود. به نظر می‌رسـید حکم بیگناهـی و یا اتهـام بعد از انجـام اعدام صادر می‌شـد. البتـه هدفشـان ایـن بـود که با ایجـاد ترس و وحشـت، مـردم را خاموش کنند تا به امیالشـان برسـند. بـرای افـرادی کـه به روحانیت و سیاسـت آنها اعتقاد نداشـتند عرصـه هر روز تنگتر می‌شـد. هر فردی که اسـتطاعت مالی داشـت و دسـتش به دهانش می‌رسـید چمدانهایش را می‌بسـت و از مملکتی که روزی بـه وجـودش عشـق می‌ورزیـد فـرار می‌کـرد. روحانیت بـر همه جا چنـگ انداختـه بـود و خود را وکیـل و وصـی ملـت و مملکـت قلمـداد می‌کـرد. بسـیاری از آدم‌های سـودجو و فرصت‌طلـب هم یک

ته‌ریشـی می‌گذاشـتند و بـه عنـوان مرد خدا به یـک یا دو روحانی می‌چسـبیدند و در غـارت و چپاول امـوال ملـت و منابـع ملی ایران شـریک می‌شـدند. خمینی بـه امام مطلق مسـلمین و نماینـده‌ی خدا بـر روی زمیـن تبدیـل شـده بـود. کلام خـدا مـدام وِرد زبانـش بـود و بـر کسـی هـم جایز نبـود که به حـرف خداماباناـه‌اش شـک کنـد و او را زیـر سـوال ببـرد. بپرسـد چـه خدایی؟ خـدای چه کسـی؟ و یا ایـن پیامهـای الهـی چگونه بـر خمینی و روحانیت نازل شـده اسـت؟.

سـختترین شـرایط بـرای زنـان رقـم خورده بـود و بـا اجرای حجـاب اجبـاری و قوانین اسـلامی در حقشـان اجحـاف شـد. ایـن قانـون بـرای پـری و رکسـانا هـم وجـود داشـت و بایـد از آن پیروی می‌کردنـد. حجـاب بـه کابـوس زنـان ایرانـی تبدیـل شـده بود. مـردم ایـران و خصوصاً زنـان زمانی از ایـن خـواب دردنـاک تهاجـم فرهنـگ اعـراب بیدار شـدند کـه دیگـر دیر شـده بـود. تهاجمی که بعـد از سـیزده قـرن و در یـک قالـب جدیـد دوبـاره بـر ملـت ایـران تحمیـل می‌شـد. مـردم شـاهد بودنـد کـه تمـام پیشـرفتهایی کـه در سـطح ایران توسـط رضا شـاه بـزرگ و فرزنـدش محمدرضا به دسـت آمـده بـود نـه تنها متوقف شـده بود بلکه پسـرفت هـم می‌کـرد. بزرگترین اقدامات ارزشـمند رضـا شـاه، همانـا کوتـاه کـردن دسـت آزمنـد روحانیـان و جریـان کشـف حجاب بـود که بـه عنوان سـنت دیرینـه‌ی اعـراب و زیـر لـوای اسـلام بـر زنـان ایرانـی تحمیـل شـده بود. رضـا شـاه در طول مـدت کوتاهـی کـه در راس قـدرت قـرار داشـت بـا گامهـای موثـر و فوق‌العـاده، ایـران را از ورطه‌ی قحطـی و نابـودی بـه عـزت و اعتبـار رسـانده بـود. محمدرضا شـاه هـم که جوانـی بیش نبـود بعد از تبعیـد او بـه سـلطنت رسـید و راهـش را ادامـه داد و ایـران را از لحـاظ اقتصادی و نظامـی به یکی از پیشـرفته‌ترین کشـورهای دنیـا تبدیـل کـرد. این شـاه جـوان زمانی که به سـلطنت رسـید فقط ۲۱ سـال سـن داشـت. قـوای متفقیـن هنـوز در ایـران بودنـد. او روسـها را کـه نمی‌خواسـتند از مناطق آذربایجـان خـارج شـوند، بیـرون رانـد. در ایـران سـه حزب سیاسـی تشـکیل شـده بود. حـزب توده کـه از روسـها کمـک می‌گرفتنـد و حمایت می‌شـدند، مذهبیون که نـواب صفوی و آیت‌الله کاشـانی رهبـری آن را بـه عهـده داشـتند و از حمایت انگلیسـی‌ها برخـوردار بودند و ملیون یـا حزب جبهه‌ی ملـی کـه مصـدق آن را رهبـری می‌کـرد. شـاه کـه ناگزیـر بـود بـا یکـی از این سـه حـزب همکاری کنـد، جبهـه‌ی ملی را برگزیـد و به کمک مصدق توانسـت نفت را ملـی کند. عده‌ی بسـیاری عقیده داشـتند کـه شـاه و مصـدق دشـمن هـم بودند، امـا در اصل این طـور نبود جفتشـان به ایران عشـق می‌ورزیدنـد و خواسـتار یـک ایـران آزاد بودنـد. امـا دسـت‌های بیگانـه بـه خاطـر منافـع شـخصی خودشـان بـه هـر دسیسـه‌ای روی می‌آوردنـد تا اوضـاع ایـران را برهم بزننـد و در بین‌شـان اختلاف بیاندازنـد. مهمتریـن اقـدام شـاه، بدسـت گرفتـن کنترل قیمـت نفت بود کـه پیش از ایـن خریداران نفـت قیمـت هـر بشـکه را تعییـن می‌کردنـد و صد البتـه معلـوم بود کـه نفت را به هـر قیمتی که مایـل بودنـد می‌خریدنـد، امـا شـاه از ادامـه‌ی ایـن روند جلوگیـری کرد. پـس از این جریـان بود که

قیمت نفت بالا رفت و سیل پول به ایران و سایرکشورهای نفت‌خیز همسایه سرازیر شد و رونق اقتصادی شکل گرفت. حالا کشورهای همسایه این درآمد چشمگیر نفت را مدیون شاه ایران بودند. در واقع این شاه بود که اپک را کنترل می‌کرد و به غرب باج نمی‌داد و این موضوع یکی از مهمترین دلایلی بود که شاه توسط آمریکا و دولت‌های غربی سرنگون شد. البته دو دلیل دیگر هم می‌توان به این دلیل اصلی اضافه کرد:

۱. در زمان شاه، اتحاد جماهیر شوروی قصد داشت از طریق ایران به افغانستان یورش ببرد و با تصرف آنجا بتواند راه خود را به خلیج فارس باز کند. اما نیروی نظامی ایران در ظرف ۲۴ ساعت روس‌ها را از آن خطه بیرون راند و این قدرت‌نمایی ارتش ایران بسیاری را در جهان خصوصاً در خاورمیانه نگران کرد. اسراییل از جمله‌ی این کشورها بود که می‌خواست از لحاظ نظامی همیشه حرف اول را در منطقه بزند اما با حضور ارتش شاه امکانپذیر نبود. ارتشبد فردوست که عامل اصلی خنثی کردن ارتش و سقوط شاه بود در واقع از ماموران سازمان جاسوسی اسراییل (موساد) به شمار می‌رفت. بعدها امان منطقی در این باره فیلمی بنام تپه‌ی ۳۳ ساخت که بنده توفیق نداشتم این فیلم را ببینم، بنابراین نمی‌دانم این فیلم تا چه حد به واقعیت نزدیک است.

۲. بعد از جنگ جهانی، روسها بسیاری از شهرهای ایران را تصرف کرده بودند و پس هم نمی‌دادند. البته با دخالت و فشار آمریکا و به منظور اینکه جنگ دیگری درنگیرد قراردادی به امضاء رسید که به موجب آن روسها مجبور بودند بعد از ۹۹ سال این شهرها را به ایران برگردانند. قفقاز، تاجیکستان و آذربایجان فعلی و... از جمله‌ی این شهرها بودند. سررسید این قرارداد حدوداً ۷ سال بعد از انقلاب ۱۹۷۹ ایران بود. زمانی که اتحاد جماهیر شوروی از هم پاشید. حالا به دلیل همین فروپاشیدگی، روسها موظف بودند مثل انگلیسیها که هنگ‌کنگ را به چین برگرداندند، این شهرها را به ایران واگذار کنند. اما ابرقدرتها به این نتیجه رسیده بودند که شاه با توجه به توسعه و اقتداری که ایران ایجاد کرده بود قطعاً این شهرها را به خاک ایران ملحق می‌کرد و تبعاً بر قدرت اقتصادی ایران افزوده می‌شد. دول غربی وخصوصاً اسرائیل مایل نبودند چنین اتفاقی رخ دهد از این رو اسرائیل یکی از شاخه‌هایی بود که به سقوط شاه کمک کرد. که البته بعد همه این شهرها به کشورهای جداگانه‌ای تبدیل شدند. در واقع اقتدار شاه منافع آزمندانه‌ی کشورهای غربی را تهدید می‌کرد، از طرفی ایران با حاکمیت او، شاهراه عبور نفت از خلیج فارس را تحت کنترل داشت.

برای عده‌ای به مانند پری، حسین، سیروس و حتی رکسانا که در راه برقراری آزادی تلاش کرده بودند، استقرار حکومت خمینی به منزله‌ی شروع یک مبارزه‌ی تازه بود. در واقع دوباره

بـه خانـه‌ی اول برگشـته بودنـد. اما حالا با زمان شـاه تفاوت بسـیاری داشـت. مخالفیـن و معترضین بـه زنـدان و اعـدام محکـوم می‌شـدند. امـا ایـن موضـوع باعـث نمی‌شـد که آنها دسـت روی دسـت بگذارنـد. یکـی از راههـای اطلاعرسـانی، انتشـار مقاله و روزنامه بود. در هر گوشـه و کنـار، گروههایی بـه منظـور سـخنرانی، انتشـار روزنامـه، مجله، جزوه و شـبنامه تشـکیل شـده بود. حملـه‌ی نیروهای امنیتـی بـه مـردم ایـران بـا مصونیت از مجـازات ادامـه داشـت ودرگیری ایدئولـوژی همچنـان رو به رشـد بـود و باعـث ایجـاد ناامیـدی و ناامنـی روز افزون و شـدید می‌شـد. تـرور و آدم‌ربایی بـه عنوان یـک ماجـرای روزانـه بـا هـدف کنـار زدن رقبـای سیاسـی و افـرادی کـه بـه خمینـی و ایدئولـوژی اسـلامی اعتقـاد نداشـتند بـه کار می‌رفت.

پـری و دوسـتانش روزنامـه‌ی کوچکـی راه‌اندازی کرده بودنـد و با کمک‌های یکدیگر، آشـنایان و داوطلبـان آن را اداره می‌کردنـد. هـر چنـد روزنامـه‌ی کوچکـی بـود و بـه طور مجانی پخش می‌شـد امـا روز بـه روز محبوبیـت بیشـتری پیـدا می‌کـرد. مشـخص بود کـه افرادی بـه مانند رکسـانا، پری، حسـین و سـیروس مایـل نبودنـد ویرانـی حاصـل از خمینـی را بپذیرنـد. آنهـا احسـاس می‌کردنـد حضورشـان در ایـن برهـه از زمـان بسـیار مهـم و مفیـد بـود. حسـین از لحـاظ تامیـن منابـع مالی، اطلاعاتـی و نگارشـی کمـک شـایانی می‌کرد. در آن زمان، حسـین مشـاور ابوالحسـن بنی‌صدر بود. بنی‌صدر مشـاور عالـی خمینـی بـود و همچنیـن از او بـه عنوان پسـر خمینـی یاد می‌شـد. خمینی بـه وِی قـول داده بـود کـه او نخسـتین رئیس‌جمهـور ایـران خواهد بود.

پـری مشـغول خوانـدن مقالـه‌ای بود که رکسـانا برای انتشـار در روزنامه نوشـته بـود. متن مقاله او را دچـار تعجـب کـرد. رکسـانا آنقدر به مسـائل ایران آگاهی داشـت و آنها را خـوب تجزیه و تحلیل می‌کـرد کـه گاهـی پـری را بـه تشـویش و شـک می‌انداخـت. این مسـئله‌ای بـود که حتـی اکثریت افـرادی کـه در ایـران متولـد و بزرگ شـده بودند تـوان درک آن را نداشـتند. پری واقعاً می‌خواسـت مقالـه او را چـاپ کنـد، امـا از آنجایـی کـه ممکـن بـود بـه تعطیلـی روزنامـه بیانجامـد و حتی جان رکسـانا را بـه خطـر بیانـدازد صـلاح می‌دیـد نـام او در پـای مقالـه درج نشـود. امـا نمی‌دانسـت کـه چگونـه ایـن خبـر بـد را به رکسـانا بدهد و شـاید هـم نمی‌خواسـت او را از این موضوع مطلع سـازد.

در ایـن روز خـاص، رکسـانا، پـری و چنـد نفـر دیگر مشـغول مرور مقـالات احتمالی بـرای چاپ بودنـد. از آنجایـی کـه همـه‌ی آنهـا در یک اتـاق جمع بودنـد و بوی جوهر چـاپ هم بیـداد می‌کرد، تنفـس آزار دهنـده بـود. پـری با وجـود اینکه احتمال داشـت در معـرض دید مامـوران حکومت قرار بگیرنـد مجبـور شـد پنجـره را بـاز کند تا هـوای اتاق عوض شـود. از بین پـرده، متوجـه‌ی خودرویی شـد کـه چنـد روزی در مقابـل دفتـر آنهـا پـارک می‌کرد و یک یـا دو نفر بـا ریش‌های کوتـاه در آن نشسـته بودنـد. بـا دیـدن پـری آنها خودشـان را بـه کوچه‌ی علـی چپ زدنـد تـا رد گم کرده باشـند.

پـری بـا نگرانـی حـدس می‌زد کـه آنهـا آدم‌های عـادی نبودند. بـدون اینکـه چیزی بـه همکارانش بگویـد از درب پشـتی دفتـر خـارج شـد و خودش را از کوچه‌ی پشـتی به خیابان و به پشـت اتومبیل مشـکوک رسـاند. امـا قبـل از اینکه به آنهـا نزدیک شـود، آنها که پـری را دیده بودنـد حرکت کردند و دور شـدند. پـری مطمئـن بـود کـه آنها دفترشـان را زیر نظـر داشـتند، بنابراین نگرانیـش خصوصاً برای رکسـانا دو چندان شـد.

چنـد سـاعتی گذشـته بـود. پـری و همکارانـش همچنـان در داخـل دفتـر کوچکشـان مشـغول انتخـاب مقـالات نشـریه بودنـد، امـا حـواس پـری جـای دیگـری بـود. هنـوز بـه رکسـانا و اتومبیـل مشـکوک فکـر می‌کـرد. نگاهـش بـه سـمت پسـتوی کوچکـی افتـاد کـه از دفترشـان جدا بـود و به کوچـه‌ی پشـتی راه داشـت. رکسـانا در آنجا مشـغول درسـت کـردن چای بـود. به او پیوسـت. درب را خـوب امتحـان کـرد تا مطمئن شـود که درب قفل اسـت. رکسـانا متوجـه‌ی رفتـار غیرعادی پری شـده بـود امـا قبـل از اینکـه از او علـت را جویـا شـود سـر وصـدای هجوم چند مرد ریشـو و خشـن همـه چیـز را عـوض کرد. جفتشـان بـا تعجب شـاهد این صحنـه بودند که آنهـا با چـوب و چماق به جـان همکارانشـان افتادنـد و ضمـن ضرب و شـتم، هر چه دمِ دستشـان بـود میشکسـتند. آدم وغیر آدم برایشـان فرقـی نمی‌کـرد. انـگار بـه قصـد کشـتن ونابـود کردن آمـده بودند. بـه دنبـال آنها یک روحانـی کـه هفت‌تیـری هـم در دسـت داشـت با دو محافظ مسـلح وارد شـد. بـه کارکنـان زخمی و خونآلـود دفتـر روزنامـه نگاهـی انداخـت و در ادامه سـری به جسـتجو چرخانـد. انگار آنچـه را که به دنبالـش بـود نمی‌دیـد. معلـوم بـود بـه دنبـال پری و رکسـانا می‌گشـت. پری دسـت بـه هفت‌تیرش بـرد تـا بـه آنهـا حملـه کنـد، رکسـانا بلافاصلـه دسـت او را گرفـت و در حالی که پشـت گـوش پری بـه آهسـتگی زمزمـه می‌کـرد، درب پشـتی را گشـود و شـتابزده پـری را از درب بـه بیـرون هل داد:

«تنها کاری که می‌کنی هر دوی ما را به کشتن میدی...، من نمی‌خوام بمیرم...»

پـری بـا شـنیدن «مـن نمی‌خـوام بمیرم» تسـلیم شـد و به همـراه رکسـانا از درب پسـتو بیرون رفـت. درسـت قبـل از اینکـه سـر روحانـی مسـلح جلـوی پسـتو ظاهر شـود درب را پشـت سرشـان بسـتند. رکسـانا بـه خاطـر اینکـه در تهـران بـا حـوادث مختلـف برخـورد داشـت دیگـر بـه فـردی خودسـاخته، قـوی و منطقـی تبدیـل شـده بـود. می‌دانسـت کـه در آن لحظـه، احساسـات و تعصب بی‌جـا فقـط آنهـا را به کشـتن مـی‌داد. یقین داشـت که مـردان مهاجم انسـان‌های کوردلـی بودند و مثـل آب خـوردن آدم می‌کشـتند. البتـه پـری از مرگ باکی نداشـت و نبـرد مسـلحانه برایش عادی شـده بـود امـا بـه خاطـر حفظ جـان رکسـانا، دفتـر و همکارانـش را بـدون دفـاع و نبرد تـرک کرده بـود. بـه محـض اینکـه رکسـانا و پـری از درب عقـب پسـتو بیـرون آمدنـد، اتومبیلی در پشـت دفتر آنهـا ایسـتاد و چنـد مـرد مسـلح به سـرکردگی عبـدالله پیـاده شـدند و به طـرف آنها هجـوم بردند.

عبدالله و مردانش در مقابل آنها قرار گرفتند. پری جلوی رکسانا ایستاد و نگاهش برای لحظاتی در نگاه عبدالله قفل شد. عبدالله به مردان خود دستور داد تا به سایر نیروها در داخل دفتر بپیوندند. مردانش به سمت درب پشتی حرکت کردند. عبدالله در یک چشم بهم زدن خود را به درب رساند و با یک لگ محکم درب و تمام شیشه‌هایش را درهم شکست. مردانش با عجله وارد شدند. عبدالله پس از رفتن آنها خطاب به پری صدایش بلند شد:

«تا دیر نشده برو، جان خودتو اونو نجات بده...!»

پری در شبی که چایخانه‌ی پیتر در آتش می‌سوخت جان عبدالله را نجات داده بود و عبدالله هرگز کمک او را فراموش نمی‌کرد، حتی اگر او تمام چیزهای مهم زندگی خود را فراموش می‌کرد، هرگز نمی‌توانست آن بوسه‌ی پری در جلوی چایخانه را فراموش کند، حالا می‌خواست محبت پری را تلافی نماید. پری فکورانه ماتش برده بود. رکسانا دستش را گرفت و او را با خود همراه کرد. پس از اینکه پری و رکسانا دور شدند عبدالله با عجله به داخل دفتر رفت.

در داخل دفتر دیگر چیزی برای عبدالله باقی نمانده بود که او بخواهد از بین ببرد. همه چیز درب و داغان بر روی زمین پخش و پلا بود. کارکنان دفتر روزنامه با تنی خونین همچنان بر روی زمین افتاده بودند و مردان مهاجم هنوز که هنوز بود به ضرب و شتم آنها ادامه می‌دادند. چشمان عبدالله در جستجوی پیدا کردن افراد آشنای دیگری میچرخید. از پنجره می‌دید که پری و رکسانا داشتند در پیاده‌روی کوچه می‌رفتند. آنچنان خشم و عصیان وجود پری را در برگرفته بود که از دیوانگان چیزی کم نداشت. پس از دیدن عبدالله، حالا پری حتم داشت که سعید در پشت این ماجرا بود و این موضوع او را بیشتر عصبانی می‌کرد. درست همان گونه که سیروس و حاجیه خانم به سعید و خانواده‌اش کمک کرده بودند، پری هم در کنار سایر دوستانش همیشه هوای سعید را داشتند، اما حالا همه‌ی دوستانش با او دشمن شده بودند، زیرا سعید جسم و جان خود به طمع کسب قدرت و مکنت به خشم و کینه آلوده کرده بود و صورت و سیرت واقعی خود را به نمایش گذاشته بود. حالا پری با زنده شدن خاطرات سعید قصد داشت دوباره به دفتر برگردد تا از همکارانش دفاع کند اما رکسانا محکم جلوی او ایستاد:

«اگه تو برگردی من با تو برمیگردم...، دلت میخواهد منو به کشتن بدی...؟!»

برای پری خیلی سخت بود که برنگردد و از نبرد با مزدوران سعید خودداری کند اما از نوع نگاه رکسانا چاره‌ای نمی‌دید که با او همراه شود. پری خشمگین در پیاده‌رو قدم برداشت و رکسانا به دنبالش راه افتاد.

پری با نگرانی اطراف را زیر نظر داشت. می‌دانست تا آنها بخواهند طول کوچه را که به جایی هم راه نداشت طی کنند، مهاجمان برای یافتن آنها وارد کوچه می‌شوند و آنها را

می‌بینند. با تنها هفت‌تیری که او داشت در مقابل چند مرد مسلح کاری از پیش نمی‌برد. چشمش به مردی افتاد که از درب عقب مغازه‌های بیرون آمد. او در حالی که از ساندویچش می‌خورد به طرف اتومبیل پیکانی می‌رفت که در کنار یک دیوار پارک بود. مرد سوار اتومبیلش شد. درست زمانی که اتومبیل می‌خواست حرکت کند پری و رکسانا سر رسیدند. پری درب عقب پیکان را باز کرد و از رکسانا خواست تا سوار شود. رکسانا با کمی مکث سوار شد و پری به دنبالش درب را بست. در همین موقع مرد روحانی به همراه چند تن از مردان مسلح که در جستجوی آنها بودند در کوچه ظاهر شدند. مالک خودرو با تعجب برگشت و به آنها که در صندلی عقب خم شده بودند تا از دید مهاجمین در امان باشند خیره شد. دهانش از جویدن غذا باز ماند. از شیشه‌ی عقب ماشین چشمش به مرد روحانی و افرادش افتاد که در دوردست طعمه‌ی خود را جستجو می‌کردند. مرد که نمی‌خواست خودش را به دردسر بیاندازد، صدایش بلند شد:

«یالا از ماشین برید بیرون...!»

اما وقتی سر اسلحه‌ی پری در کنار سینه‌اش نشست چاره‌ای جز سوکت وحرکت نداشت.

خواهر داری یا نه...؟، وجدان چی؟، عشق به آزادی و میهن چی؟»

مرد نه تنها پاسخی برای پری نداشت بلکه بسیار از مرد بودن خود شرمنده هم شده بود. پایش بر روی پدال گاز رفت و با احتیاط در حالی که مردان مسلح را از آیینه‌های بغل و عقب زیر نظر داشت طول کوچه را طی کرد و به داخل خیابان پیچید و از معرکه دور شد. پری با چشمانی متفکر به رکسانا زل زده بود. او هنوز به فکر مقاله‌ای بود که رکسانا نوشته بود. در حقیقت، او هنوز هم مقاله را با خودش داشت. پری به این موضوع فکر می‌کرد که شاید بهتر بود حقایق گروگان‌های آمریکایی را که از زبان حسین شنیده بود، با رکسانا هم در میان بگذارد. لازم می‌دانست حداقل او به عنوان یک شهروند آمریکایی در جریان بازی‌های سیاسی کشورش قرار بگیرد. یک بازی سیاسی که بر اساس توافق بین خمینی و جمهوری‌خواهان شکل گرفته بود و نه تنها ملت ایران بلکه مردم آمریکا هم از آن بیخبر بودند. اما این را هم می‌دانست که رکسانا آنچنان با مبارزات آنها بُر خورده بود که امکان داشت جانش را از دست بدهد، بخصوص که هنوز با فرهنگ ایران کاملاً آشنا نبود، از طرفی اگر اتفاقی برای او می‌افتاد پری خود را مسئول می‌دانست. رکسانا به هیچ صراطی هم مستقیم نبود و ایران را ترک نمی‌کرد. در واقع جزئی از آنها شده بود و حالا برنامه‌ی یافتن پدرش در اولویت دوم قرار داشت. به نظر می‌رسید رکسانا تصمیم داشت راه پدرش را ادامه دهد. خط‌مشی رکسانا آنچنان پری را به دردسر انداخته بود که دیگر راه پس و پیش نداشت.

بحـران گروگانگیـری، بازیهـای پشـت پـرده، ترورهـا، اعدامهـا و زدن اتهام به منظورخـارج کردن رقبـای سیاسـی همچنـان در ایـران ادامـه داشـت. همان طور کـه خمینی وعـده داده بود ابوالحسـن بنی‌صـدر اولیـن رئیس‌جمهـور ایـران شـد و حسـین بـه عنـوان مشـاور سیاسـی او در امـور خارجی منصـوب گردیـد. البتـه بـا انفجـار بمب در حزب جمهوری اسـلامی و کشـته شـدن آیت‌الله بهشـتی و شـمار دیگـری از یـاران انقـلاب، خمینـی بـه قـدرت بی‌چـون و چـرای حاکمیـت تبدیـل شـده بـود. البتـه ناگفتـه نمانـد که رفسـنجانی کـه از انفجار اطلاع داشـت درسـت کمـی قبـل از برنامه‌ی انفجـار جلسـه را تـرک کـرده بـود. گروه‌های زیـادی در ایـن انفجار دسـت داشـتند. مجاهدین یکی از آنهـا بـود. دوریـان در خفـا بـر علیه واشـنگتن بـرای کنـار زدن بهشـتی کار می‌کرد. حسـین یکی از رابطه‌هـای دوریـان بـا مجاهدیـن خلـق بـود واز قضیـه اطـلاع داشـت وغیرمسـتقیم بـه آن کمـک می‌کـرد. حـالا بـا رفتن بهشـتی، سـاختار قـدرت در ایران شـکل دیگری به خـود گرفته بـود. مبارزه میـان بنی‌صـدر و روحانیـون آغـاز شـده بـود. بنی‌صـدر بـرای مبارزه بـا روحانیـون به طـور مخفیانه بـا مجاهدیـن و بر علیـه روحانیـون اقـدام می‌کرد.

آمریـکا بـا نشـان دادن چراغ سـبز، به صدام حسـین اطمینـان داد تا با حمله به ایران، خوزسـتان را بـه خـاک خـود ملحـق کنـد و یا یک مملکـت فلسـطینی در آنجا برای فلسـطینی‌ها تشـکیل دهد کـه در آن زمـان یاسـر عرفـات رهبریشـان را بـر عهـده داشـت. صدام حسـین با ایـن امید بـه ایران حملـه کـرد و جنـگ هشـت سـاله‌ی ایـران و عـراق که شـاه از شـروع آن خـودداری کرده بـود آغاز شـد. البتـه آمریکایی‌هـا قبـل از تهاجـم صـدام، بـه ایـران اطـلاع داده بودنـد و ایـران هواپیماهـای جنگـی و تانک‌هـای خـود را از پایگاه‌هایـی کـه صـدام قـرار بـود بـه آنجا حملـه کند به جایـی دیگر منتقـل نمودنـد، بنابرایـن ادوات جنگـی ایـران هیـچ صدمـه‌ای ندیدند و بعـد از حمله‌ی صـدام علیه عـراق اسـتفاده شـدند. سـیل اسـلحه‌ی مـورد نیاز ایـران همان طـور که رونالـد ریگان قـول داده بود و حـالا رئیس‌جمهـور جدیـد آمریـکا هم شـده بـود به ایران سـرازیر شـد. البتـه آمریـکا هدفش این بـود کـه جنـگ تـا مدتـی ادامه پیـدا کند و هیـچ یـک از طرفین درگیـر پیروز نشـود تا بـازار فروش اسـلحه را داغ نگه دارد.

یکـی از اهـداف شـروع ایـن جنگهـا از بیـن بـردن مهمات و سـلاح هایی بودنـد که به ایـن ملتها فروختـه شـده بـود و حـالا بایـد نابود می شـدند کـه آنها دوباره مجبور باشـند سـلاح هـای جدید و بیشـتر و مدرنتـری خریـداری کننـد. گروگانها بعـد از پیروزی ریـگان در انتخابات ریاسـت جمهوری آمریکا، بدون هیچ آسـیبی آزاد شـدند. اما سـردرد ریگان برای ارسـال اسـلحه به ایران زمانی شـروع شـد کـه اکثریـت مجلس نماینـدگان آمریکا دموکـرات بودند و برای فروش اسـلحه به ایـران موافقت نکردنـد. بنابرایـن بـه منظـور اینکـه بـه قولـش عمـل نمایـد وجنـگ هـم ادامه پیـدا کند، در پشـت

پرده، بدون اطلاع مجلس نمایندگان وملت آمریکا و در حالی که در ایران، خمینی و آخوندها فریاد "مرگ بر امریکا و اسرائیل" سر می دادند و علیه نابودی اسرائیل رجز می خواندند، این سلاح‌ها از آمریکا به اسرائیل فرستاده می شد و اسرائیل آنها را با قیمت گزاف تری به ایران می‌فروخت و به ایران ارسال می‌کرد. البته بخشی از سود حاصل از فروش این سلاح‌ها، به منظور تأمین بودجه‌ی مبارزانی که علیه دولت سوسیالیستی نیکاراگوئه می جنگیدند اختصاص داده می شد که برای این منظور گروهی در سازمان سیا تشکیل شد که الیور نورث آن را اداره می کرد. آنها وظیفه داشتند که مواد مخدر را از کلمبیا به آمریکا وارد کنند و آنها را در بازار آمریکا بفروشند تا قسمتی از پول اسلحه‌ها هم به این طریق تامین شود. فرجام این ماجرا، واقعه‌ی ایران - کنترا (۱۹۸۷-۱۹۸۵) بود که به رسوایی ایران کنترا گیت یا رسوایی ایران - کنترا معروف شد و الیور نورث به خاطر آن به زندان افتاد.

البته برخلاف پیش‌بینی‌ها و با کمک باقیمانده‌ی ارتشی که شاه فقید برجا گذاشته بود، ایران از عراق پیشی گرفت و چیزی نمانده بود که بصره دومین شهر بزرگ عراق را فتح کند. اما این روندی نبود که غرب وآمریکایی‌ها می‌خواستند اتفاق بیفتد، بنابراین دولت ریگان دست به کار شد وبه کمک عراق آمد وآنها را به سلاح‌های بسیاری مجهز کرد و به عراق اجازه داد به منظور عقب راندن ایرانیها و کردها از سلاح‌های شیمیایی استفاده کند، که آمریکا و دولت ریگان در اختیار عراقی ها قرار داده بود. این اقدام به کشته شدن هزاران نفر انجامید، اما هنوز هیچ فردی در آمریکا از این ماجرای دردناک سخنی بر زبان نیاورد و یا از صدام حسین در مورد نقض حقوق بشر سوالی نکرد.

پری هنوز در این درگیری ذهنی به سر می‌برد که تا چه اندازه می‌توانست رکسانا را در مبارزه‌ای که بر علیه خمینی و ملاها شروع کرده بودند سهیم کند، هر بار هم به این نتیجه می‌رسید که نباید او را تشویق می‌کرد تا بیش از پیش درگیر مبارزه‌ی آنها شود چرا که جان او را در معرض خطر بیشتری قرار می‌داد. اما مشکل اصلی قانع کردن رکسانا بود نه آن چیزی که پری می‌خواست.

✶✶✶✶✶

فصل ۳۰

وقتی پدیده‌ای که در ابتدا شریف به نظر می‌آمد، با غم، ترس، وحشت و بیهودگی جایگزین می‌شود...

تاریکی چادر سیاهش را بر فراز تهران گسترانده بود، مثل چادر تیره‌ای که بر زنان ایران تحمیل کرده بودند و باید تن خود را با آن می‌پوشاندند. یک آسمان ماسه‌ای رنگ شبانه که از ابرهای خاکستری سیاه و سفید باردار محزون متراکم بود در انتظار ریزش عجولانه‌ی خود در جَو تهران به سر می‌برد. اما طولی نکشید که باران هنگامه کرد. در میان غوغای باران انگار طبیعت هم مصمم بود تا زنگار منفی ومخرب انقلاب را بشوید واز تن بزداید. اما باران هم از پس این کار برنمی‌آمد. در واقع کار مردم ایران بیخ پیدا کرده بود. ملتی که ناگهان با مضرات بزرگی مواجه شده بودند و زندگی خود را در حاشیه‌ی ناامیدکننده‌ای می‌دیدند که باید با آن می‌سوختند و می‌ساختند.

پری و رکسانا به اندازه‌ی کافی جوان و پر از شور و شوق بودند که هنوز در این باور و امید باقی بمانند که باران می‌تواند هر چیزی را بشوید و از بین ببرد، حتی ردِ خونی ضخیم و نفسگیر که به نظر می‌رسید همه جا آنها را دنبال می‌کرد و کشوری را به زانو در می‌آورد. آن دو بر پشت‌بام خانه‌ای که مشرف به شهر تهران بزرگ بود در زیر باران نشسته بودند و برای لحظه‌ای، در خود احساس پاکی و افتخار می‌کردند. احساسی که از مخالفت با جبر وخشم حاکمان ایران برانگیخته می‌شد. اشک دردناک ملت ایران داشت از آسمان فرو می‌چکید. برای لحظاتی هم که شده بود آنها مبهوت قطرات باران شده بودند که با شدت از آسمان سقوط می‌کرد و پس از اینکه از مقابل نور چراغ‌های شهر رد می‌شد، بر سر و کول تهران شلاق می‌زد. انگار نه انگار که شلاق خمینی و یارانش که در طول شبانه‌روز بر جسم و جان مردم ایران فرود می‌آمد کافی نبود.

پس از حمله به دفتر روزنامه، آنها به لباس مردانه ملبس شده بودند. می‌دانستند که سعید و یارانش در به در به دنبالشان بودند تا آنها را دستگیر کنند. با لباس مردانه راحتر می‌توانستند

شکل و شمایل خود را از دید آنها پنهان کنند و در سطح شهر به رفت و آمد بپردازند. فقط باید احتیاط می‌کردند که صدای ظریف زنانه‌ی خود را نزد ناکسان نگشایند. به سطح آسمان رو کردند تا به قطرات باران اجازه دهند که بر سیمایشان شلاق بزنند، شاید بتوانند در برابر آن همه رنج و محنتی که بر یکایک ملت ایران روا می‌داشتند آبدیده شوند. برای اینکه بتوانند از آن لحظات صلح‌آمیز و به نوعی رمانتیک استفاده‌ای بهینه داشته باشند به یادآوری خاطرات خوش گذشته پرداختند و برای یکدیگر نقل نمودند.

مادر پری مثل تمام مادرهای ایرانی آرزو داشت فرزندانش در آسایش وصلح و صفا رشد کنند و به زندگی بپردازند. رسیدن به این آرزوهای ساده، گاهاً میسر نبود. اولادهایی به مانند پری مایل نبودند که عقاید پوسیده و دروغین ملایان را که حالا با یک حکومت استبدادی گره خورده بود دنبال کنند. نمی‌خواستند صرفاً به یک مصرف‌کننده‌ی جاهل تبدیل شوند و به خدمت ملایان تنبل و مفتخور درآیند. سرپیچی فرزندان مثل خنجری بر جسم و جان مادران فرو می‌رفت. آنها لحظه‌ای از فکر خبر بازداشت، حبس، شکنجه واعدام عزیزانشان فارغ نمی‌شدند. در ایران انگار مثل حشره‌ای در یک تار عنکبوت عظیم گرفتار شده بودی و باید مُدام در این دام چسبنده‌ی تار، دست و پا می‌زد ی تا خلاص شوی. برای رسیدن به یک آینده‌ی آزاد روشن و تحقق آرمانهای سیاسی، هنری، ایدئولوژیکی، اجتماعی و اقتصادی ناگزیر بودی از جان و مال خود مایه می‌گذاشتی. پری و رکسانا می‌دانستند که برآورده کردن خواسته‌های کشوری که در تاریکی گمشده است به استقامت فوق‌العاده‌ای نیاز دارد که تمام وجود یک انسان مسئول و موظف را در برمی‌گیرد تا برای منافع ایرانیان بجنگد و دست بیگانگان را از خاک زرخیز ایران کوتاه کند. از این رو می‌طلبید که دست در دست هم موانع را از سر راه توسعه‌ی مملکت بردارند تا بتوانند در نظامی عاری از جبر و استبداد دوباره به سرزمین کهن و پربارشان ببالند. توفیقی که صد البته بدون فداکاری و گذشت حاصل نمی‌شد.

رکسانا به یاد روزهایی افتاد که با مادر پری وحاجیه خانم دیدار داشت و با آنها وقت می‌گذراند. دو زنِ کهنسالِ محجوب و رنجور که از منطق، مهربانی و گذشت لبریز بودند. سخنانشان مثل گنجینه‌ای در پشت سکوتشان پنهان بود و در صورت بروز، عمق شخصیت والایشان را نشان می‌داد.

رکسانا و پری به این واقعیت پی برده بودند که از زمان انقلاب، ایران در زمینه‌ی حقوق بشر و ثبات اقتصادی با پسرفت روزافزونی مواجه بود. آنها از اینکه به جای پیشرفت، آزادی و رفاهی که خمینی قول داده بود شاهد اوضاعی بدتر از بد بودند با پریشانی تاسف می‌خوردند. اوج ناراحتی‌شان آنجا بود که دشمن جدید آنها زمانی بهترین دوستشان بود و تلخ‌تر آنکه به

منظور کسب قدرت بیشتر از جانشان مایه می‌گذاشت و این احساسی بود بس تلخ و دردناک. این واقعیت که سعید اکنون دشمنی بود در خدمت دشمنی دَدمنش، عذابشان می‌داد. خمینی با استقرار یک حکومت جبار و ستمگر، تمام مخالفین ریز و درشتش را از دم تیغ می‌گذراند و برای همیشه خاموش می‌کرد. پری و رکسانا واقف بودند که به هیچ کس نمی‌توانستند اعتماد کنند و در معرض یک خطر قریب‌الوقوع قرار داشتند، بنابراین آنها ناگزیر بودند که مدام در حرکت و جابجایی باشند و مثل سارقان به دیدار دوستان و خویشان بروند. کارشان به جایی رسیده بود که دیگر سیروس هم از محل اقامتشان خبر نداشت.

*****

به هر دلیلی که بود پری و رکسانا تصمیم گرفتند تا به دیدن مادربزرگ رکسانا بروند اما بیشتر در نظر داشتند تا شاید بتوانند از اسعد خبری بگیرند. هر چند پری از وضعیت و موقعیت اسعد آگاه بود اما هر چه با خود کلنجار رفت نتوانست رازش را فاش کند. پری از این واهمه داشت که رکسانا خود و پدرش را به دردسر بیاندازد. اما پس از اینکه به مزرعه‌ی مادربزرگ سفر کردند متوجه شدند که مادربزرگ فوت کرده است. آنها بسیار از این مسافرت نادم واندوهگین شده بودند. مزرعه سوت و کور بود. انگار خاک مرده در مزرعه پاشیده بودند. خانه و مزرعه‌ی مادربزرگ اکنون توسط زهرا و مشهدی اداره می‌شد. حالشان جوری بود که انگار به انتظار مرگ روزگار می‌گذراندند تا هر چه زودتر به مادربزرگ بپیوندند. آنها پس از خاکسپاری مادربزرگ، دیگر از اکبر هم هیچ خبری نداشتند.

در مسیر بازگشت، وقایع گذشته مثل رعد و برق در ذهن رکسانا زنده می‌شد و از مقابل چشمان بسته‌اش می‌گذشت. آنچنان واقعی به نظرش می‌رسید که برایش خوفناک بود. بدون اینکه بداند چشم‌هایش بسته است وقایع را یکی پس از دیگری مشاهده می‌کرد. قهوه‌خانه‌ها، مادربزرگ، بمب‌گذاری، مرگ دختربچه، بیرون راندن حاجیه خانم از خانه، مرگ حاجیه خانم در باران، زورخانه، بازجویی، اکبر، خواهر و برادران ناتنی، مرگ پیتر، بلبل، مرگ خالی، مرگ امیر و سرانجام سیروس که در باران به زانو نشست و برای مادرش گریست... و هر آنچه که دوست داشت و کشوری که به آن عشق می‌ورزید، همه داشتند می‌آمدند و می‌رفتند و اشک‌هایش که ناخودآگاه صورتش را خیس کرده بود. اشک‌های سرد و حزینی که به پای هر آنچه که دوست داشت و از بین رفته بود و جامعه‌ای که در میان موج سرکوب دست و پا می‌زد، فرو می‌چکید.

پری هم اندیشه‌های خودش را داشت. مرگ نادر، احساس گناه از آنچه بر ایران و ایرانی می‌گذشت و بخصوص رفتار سعید، پری را به یک انسان سرد و افسرده‌حال تبدیل کرده بود

که تنها می‌خواست انتقام بگیرد و با اعمال تغییرات مثبت اجتماعی گناهانش را جبران کند. تصور می‌کرد هر آنچه که برایش جنگیده بود و بدانها عشق و علاقه داشت مثل یک آب ریخته، از دست داده بود. چه بسیار مایه‌ی تاسف بود که حالا تمام داشته‌هایش در مرگ و انتقام خلاصه می‌شد و انگار به خاطر همین زنده بود و زندگی می‌کرد. تصمیم گرفته بود که با کشتن سعید تمام گذشته را بازنویسی کند و از یاد ببرد. می‌دانست که این موضوع تنها خواسته‌ی او نبود، طیف وسیعی از آدمها به دنبال نابودی این غده‌های سرطانی بودند. اما معتقد بود که تنها او می‌تواند نقش بهتری در این بازی ایفا کند. باید خودش دست به کار شود تا شاید الگویی باشد در جهت تحقق نهضت بزرگ آزادی ایران.

پری می‌دانست که این راه به قیمت از دست دادن جانش تمام می‌شد. در واقع این تعهدی که او نسبت به کشورش احساس می‌کرد دربرگیرندهی حکم اعدامش بود. هر چند تقدیرش مرگ بود اما از آن باکی نداشت و با افتخار به استقبالش می‌رفت و تصمیم گرفته بود تا آخرین نفس بجنگد و ایران را از دست روحانیان آزاد کند. اما در طول مسیر به این نتیجه رسیده بود که دیگر به صلاح رکسانا نبود که در این مبارزه در کنار او باشد. پری گمان می‌کرد که او به مانند وِی مرگ را به جان نخریده بود و چنین سرنوشتی را نمی‌پذیرفت. درست یا غلط، پری عقیده داشت که رکسانا بدون اینکه بداند بیشتر به منظور خوشحال کردن، تشویق و دیدن پدرش در این عرصه پا گذاشته بود، خصوصاً که پری برای استفاده کردن از او هنوز احساس گناه می‌کرد و معتقد بود که به او مدیون است. بنابراین پری تصمیم گرفته بود تا قبل از اینکه مرگ رکسانا را به چشم ببیند راهش را از او جدا کند و به دنبال پیدا کردن راهی باشد که او از ایران خارج شود، اما این امر چندان ساده به نظر نمی‌رسید. رکسانا اگر هم می‌خواست ایران را ترک کند گذرنامه‌ای در اختیار نداشت و به دنبال بسته شدن سفارتخانه‌ی آمریکا حتی نمی‌توانست گذرنامه‌ی جدیدی دریافت کند. از طرفی او هنوز یک آمریکایی بود و با وجود برنامه‌ی گروگانگیری نمی‌توانست به راحتی وارد فرودگاه شود و با هواپیما ایران را ترک کند. اوضاع رکسانا بسیار بدتر از آن چیزی بود که تصور می‌شد.

*****

رکسانا و پری سرانجام سالم به تهران بازگشتند. آنها فقط یک شب را در مزرعه سر کرده بودند. همیشه هم حجاب اسلامی بر تن داشتند و فقط کمی از چشم‌های آنها دیده می‌شد و سعی می‌کردند در شب رفت و آمد کنند. تاکسی در طول شب میراند. رکسانا در صندلی عقب نشسته بود و متفکرانه خیابان را تماشا می‌کرد. به یاد شب اولی افتاد که با نادر داخل تاکسی نشسته بود. همان خیابانها و چراغها بود فقط به جای نادر، پری در کنارش نشسته

بـود، البتـه نسـبت به شـب اول، نگرانیش صد چندان شـده بـود و خودش را از همـه حتی از خودش هـم مخفـی می‌کـرد. آزادی فـردی، شـعف و امیـدواری از دیگر شـرایط مناسـبی بود کـه حالا جای خـود را بـه فـرار از حبـس، وحشـت و ناامیـدی داده بـود. اکنـون ایران بـرای او به یک زنـدان بزرگ شـباهت داشـت. تاکسـی همـان مسـیر مشـابه را طـی می‌کـرد، کوچـه‌ای که بـه خانه‌ی مـادر پری منتهـی می‌شـد. چشـمان پری بـه دو اتومبیل افتـاد که چند مرد داخل آن نشسـته بودند. مشـخص بـود در قسـمت تاریکتـر خیابـان پـارک کـرده بودند تا کمتـر در معرض دید باشـند. وقتی چشـمش بـه دو موتورسـوار دیگـر افتـاد کـه در صـد متـری آنها قـرار داشـتند، مطمئن شـد که آنهـا ماموران مخفی دولت هسـتند که در کمین گرفتن کسـی انتظار می‌کشـند و شـاید هم زاغ سـیاه او را چوب می‌زدنـد تـا در صورت ظهـور دسـتگیرش کننـد. تاکسـی قبـل اینکـه بخواهـد در مقابـل کوچـه‌ی آنهـا توقـف کنـد بـا نـدای پـری به راهـش ادامـه داد. چنـد کوچـه آن طرفتر از تاکسـی پیاد شـدند و بلافاصلـه تاکسـی دیگـری گرفتنـد و دوبـاره بـه سـمت خانـه‌ی مادریـش حرکـت کردنـد. داخـل کوچـه‌ای شـدند کـه خانـه‌ی مادر پری قرار داشـت. از کنار مردانـی که هنوز در اطـراف کوچه انتظار می‌کشـیدند، گذشـتند. تاکسـی بـه درخواسـت پـری بـه داخل کوچـه‌ای پیچیـد که بعـد از خانه‌ی مـادرش قـرار داشـت. تاکسـی بـه ته کوچـه رفت و با نـدای پـری در جلوی خانـه‌ای ایسـتاد. پری و رکسـانا پیـاده شـدند. پـری در حالـی کـه محتاطانه به سـر کوچـه نگاه می‌کـرد، زنگ خانـه‌ای را زد و منتظـر ماند.

کوچـه باریـک بـود و راننـده فضایـی بـرای دور زدن نداشـت از این رو بـا ناراحتی مجبور شـد تا بـا دنـده‌ی عقب بـه طرف سـر کوچه حرکـت کنـد. در همین حـال همـان دو موتورسـوار مامور در سـر کوچـه ظاهـر شـدند و پـس از مکثی کوتاه به سـمت داخـل کوچه حرکـت کردند. انـگار متوجه نبودنـد کـه تاکسـی بـه طـرف آنهـا در حـال خـروج از کوچـه بـود و فضایی وجود نداشـت کـه خود را از کنـار او رد کننـد. پـری بـا دیـدن موتورسـوارها دسـتش را بـه سـمت هفت‌تیـرش بـرد کـه در جیبـش قـرار داشـت. سـلاحش را محکـم گرفـت و آماده‌ی شـلیک شـد. راننـده‌ی تاکسـی وقتی به موتورسـوارها رسـید توقـف کـرد. عصبانـی پیاده شـد و فریادش برخاسـت:

«آخـه مگـه کـوره بابـا قوری هسـتین؟ کوچه بن بسـته و من به دیوار چسـبیدم، آخه سـره قبره بابـای من میخواید برید...؟ چطوری؟ از روی سـقف تاکسـی...؟»

موتورسوارها پیاده شدند.

«خفه شو... اون دو تا زن کی هستن؟، این وقت شب از کجا اونها رو بلند کردی...؟»

راننـد تاکسـی کـه حـدس مـی‌زد آنهـا مامـوران سـاوانا هسـتند و از آنها دل خوشـی نداشـت و نمی‌خواسـت بـا آنهـا درگیـر هم شـود، پاسـخ داد:

«اولا که من اونها رو بلند نکردم بلکه سوارشون کردم...، در ثانی اونها از تشییع جنازه‌ی یکی از بستگانشون اومده بودن...، برای اون هم باید از شما اجازه بگیریم...؟ بعدشم من این نصف شبی دارم جون می‌کنم که یه لقمه نون حلال دربیارم...، راهه منو باز کنین برم...»

«خفه شو بشین تو تاکسیت...!، دلت می‌خواد بری اونجا که عرب نی انداخت...؟»

راننده‌ی تاکسی که نمی‌خواست دچار دردسر شود سوار تاکسی‌اش شد و درب را بست. ماموران موتورسوار پیاده به طرف پری و رکسانا حرکت کردند. با دور شدن آنها غُر زدن راننده شروع شد و به خاطر حمایت از انقلاب بر خودش لعنت می‌فرستاد و دین، خمینی و مردان موتورسوار را به فحش می‌کشید. پری با نگرانی هفت‌تیرش را در مشتش محکمتر فشرد. هنوز ماموران چند خانه‌ای با آنها فاصله داشتند که درب حیاط باز شد و سوفیا که یکی از دوستان قدیمی پری بود در مقابلش پدیدار گشت. گیج و گنگ به پری و رکسانا خیره شده بود. پری بلافاصله کمی از حجاب خود را کنار زد. سوفیا از دیدن پری تعجب کرده بود. پری بی‌درنگ سوفیا را بغل کرد و روبوسی آنها شروع شد. تا سوفیا می‌خواست به خودش بیاید، پری دست رکسانا را گرفت و پس از اینکه داخل شد، درب حیاط را پشت سرشان بست.

دو مامور حکومتی به درب خانه‌ی سوفیا رسیدند و به وارسی اطراف پرداختند. راننده تاکسی که هنوز منتظر بود تا آنها برگردند و موتورهایشان را حرکت دهند با ناراحتی به دشنام خود ادامه می‌داد. چراغ کم نوری در طبقه‌ی دوم خانه‌ی سوفیا روشن شد و بلافاصله دستی پنجره‌ی خانه را با کشیدن پرده‌ای پوشاند. ماموران لحظاتی در تاریکی پنهان شدند و به پنجره نظر دوختند. منتظر بودند تا ببینند اهل خانه از لای پرده، به سمت بیرون سرک می‌کشند. اما انتظارشان نتیجه‌بخش نبود.

دو مامور موتورسوار نمی‌توانستند ببینند که پری، رکسانا و سوفیا پشت پرده‌ی ضخیم اتاق، نگران در سکوت ایستاده بودند. چراغ اتاق را خاموش کردند و پری از درز پرده و بدون اینکه با آن تماس داشته باشد به سمت بیرون نظر دوخت. هنوز هفت‌تیرش را در جیب مشت کرده بود. در نور ناچیز کوچه کسی قابل رویت نبود. کوچه فقط با سه چراغ تیر برق که از هم فاصله‌ی بسیاری داشتند روشن می‌شد. سرانجام پس از گذشت لحظاتی صدای حرکت موتورسیکلت‌ها بلند شد. آنها همچنان در داخل اتاق ساکت باقی ماندند تا صدا به طور کامل دور شد با این حال به هیچ وجه مطمئن نبودند که آنها واقعاً رفته باشند، بنابراین محض احتیاط هیچ کدام در جلوی پرده ظاهر نشدند.

طولی نکشید که به اتاق نشیمن رفتند و در زیر نور شمع به گفتگو پرداختند. گفتمانی پیرامون گذشته، آینده، انقلاب و آینده پری و رکسانا. سوفیا همکلاسی پری در زمان دبیرستان

بود اما نتوانسته بود مثل پری در کنکور سراسری قبول شود و به دانشگاه راه یابد، بنابراین پس از ازدواج به خانه‌داری روی آورده بود، اما دورادور همیشه با هم در تماس تلفنی بودند و از حال یکدیگر باخبر می‌شدند. جلال، شوهر سوفیا بالاخره از خواب بیدار شد و پس از ورود به اتاق نشیمن با آغوشی گشاده از پری و رکسانا استقبال کرد. پری او را به عنوان مردی مهربان می‌شناخت اما بسیار محافظه‌کار بود و به هیچ عنوان تمایل نداشت خانواده‌اش را با کارهای سیاسی درگیر کند و آرامش آنها را بهم بریزد. جلال فقط تا کلاس ششم سواد داشت اما کاسب بسیار موفقی بود. به جریانات دولت و ملت هیچ کاری نداشت و تنها به دنبال آرامش خود و خانواده‌اش بود. اما پری در قطب مخالف جلال قرار داشت. پری امیدوار بود که وقتی پای مرگ و زندگی در میان بود حتی مردی به مانند جلال هم خطر را بپذیرد و به دوست زنش کمک کند و آنها را از خانه خود بیرون نیاندازد.

مهربانی و دوستی همیشه در فرهنگ ایرانی از جایگاه والایی برخوردار بود. یک دوست واقعی همواره از جان و مالش مایه می‌گذاشت تا بتواند به دوستش یاری برساند. پری خبر نداشت که جلال موتورسوارها را از پشت پنجره دیده بود و حالا خودش را بر سر یک دو راهی می‌دید که هر انتخابش می‌توانست تبعات تلخی به دنبال داشته باشد. هر چند مخفی کردن آنها باعث می‌شد زندگی او و خانواده‌اش به خطر بیفتد اما بیرون راندنشان هم صورت خوشی نداشت. می‌دانست که باید یک عمر با احساس این گناه می‌ساخت و از شرم در مقابل همسرش می‌سوخت. بنابراین بین بد و بدتر، بد را برگزید. بعد از نیمه شب بود که جلال از اجرای برنامه‌ی خود ناراحت نبود. آنها محتاطانه از تاریکی شب استفاده کردند و در سکوت محض، خود را به پشت حیاط خانه‌ی جلال رساندند. مثل سارقان از کنار دیوار و درختان رد شدند و به پشت ساختمانی رسیدند که مادر پری در آن زندگی می‌کرد. حیاط جلال درست در پشت همان ساختمانی قرار داشت که مادر پری یکی از اتاق‌های آن را اجاره کرده بود. جلال نردبان بلندی را که در کنار دیوار قرار داشت در سکوت بلند کرد و به دیوار ساختمان مذکور تکیه داد. پری با احتیاط پله‌های نردبان را طی کرد و به پنجره‌ای رسید. با احتیاط سرک کشید و به داخل نگاه کرد. فرداد دوست و همسایه‌ی مادرش را دید که وافور و منقلش هنوز به راه بود. اما خودش در حالی که وافور به دست داشت و کتابی هم بر روی زانوهایش باز بود در کنار دیوار چرتش برده بود. از اینکه فرداد در اتاقش تنها بود خیالش راحت شد. بر روی آخرین پله پا گذاشت و حالا که تا زیر سینه در جلوی پنجره قرار گرفته بود، آهسته و محتاط به شیشه چند ضربه زد. اما هیچ فایده‌ای نداشت. انگار فرداد از فرط خستگی و کشیدن مواد زیاد از حال رفته بود. او معمولاً در تمام طول شب بیدار می‌ماند و به کشیدن مواد، خواندن کتاب و نوشتن شعر می‌پرداخت ولی در عوض بیشتر زمان روز می‌خوابید. پری

معمولاً در مقابل فرداد خیلی شکیبا بود و حوصله به خرج می‌داد اما آن شب دیگر داشت عصبانی می‌شد.

فرداد همسایه‌ی بسیار آرام و مهربانی بود. به ندرت با کسی حرف می‌زد مگر اینکه با او وجه اشتراکی داشت. همیشه مشغول مطالعه بود و در حال و هوای خودش قرار داشت. در جوانی دوستان ناباب او را به مواد مخدر آلوده کرده بودند. هر چند او تنها پسر یک خانواده‌ی بازاری ثروتمند بود که در شمال تهران زندگی می‌کردند اما خانواده با وجود کوشش بسیار، موفق به ترک اعتیاد او نشده بودند. حالا پدرش این اتاق را آن هم به اصرار و التماس مادرش گرفته بود تا فرداد به تنهایی زندگی کند، به همه هم گفته بودند که فرداد برای ادامه‌ی تحصیل به آمریکا مهاجرت کرده است. پدرش دیگر با او ارتباطی نداشت و تنها مادرش بود که به دیدنش می‌آمد. او در سر کوچه با فرداد قرار ملاقات می‌گذاشت و هر چه می‌خواست به او می‌داد و می‌رفت.

فرداد بر حسب اتفاق، آن روز مادرش را با چشمان اشکبار دیده بود و از همین رو با مصرف مواد زیاد به سختی چیزی را تشخیص می‌داد. او صدای ضربه زدن به شیشه‌ی پنجره را می‌شنید اما عکس‌العملش بسیار کند بود. چشمانش را دفعاتی باز و بسته کرد و با تعجب به پری خیره شد که از پشت پنجره به او علامت می‌داد تا پنجره را باز کند. اما پری را در هیبت یک حیوان وحشی تجسم می‌کرد که در فیلمها دیده بود و از ترس جلوی چشمانش را برای لحظاتی گرفت و دوباره باز کرد. پری دیگر داشت صبرش لبریز می‌شد. می‌ترسید یکی از همسایه‌ها اتفاقی او را ببینند و با فریاد دزد دزدش همه چیز لو برود و بدتر از همه جلال و سوفیا را هم به دردسر بیاندازد. پری به تلاش در جلب توجه فرداد ادامه می‌داد. فرداد هنوز هم به خیال اینکه داشت با شیطانی که به سراغش آمده بود می‌جنگید شمشیر خود را برداشت و به سمت پنجره رفت تا با او بجنگد. یکی از سمفونی‌های نانوشته هم از ضبطش داشت پخش می‌شد و در سرش به صدا درآمده بود. به پنجره که نزدیک شد برای لحظاتی پری را دید. شکل و شمایل پری و حیوانات با یکدیگر جایگزین می‌شدند.

«این مواد زهره ماری لعنتی!، از مردی انداختت فرداد...!، یه روزی باید ترکش کنی...، از فردا....!، فردا...!»

فرداد بالاخره پنجره را به آرامی باز کرد.

«پری؟!، پرنده شدی...؟!»

پری با کمی آرامش داخل شد. رکسانا هم به دنبال پری به درون اتاق فرداد پا گذاشت. فرداد از آنجایی که رکسانا را نمی‌شناخت، گیج و حیران دوباره صدایش بلند شد:

«پرنده بارون شده...!، زاییدی پری...؟!»

پـری بلافاصلـه بـه پائیـن نـگاه انداخـت وقتـی از همه چیز مطمئن شـد جـلال سـریعاً نردبان را برداشـت و در کنـار دیـوار خواباند. پـری بی‌درنـگ پنجـره را پشـت سـرش بسـت و پرده را کشـید. فـرداد کـه هنـوز گیـج و خمار بـود زبان گشـود:

«از کی یاد گرفتی که از دیوار خونه‌ی مردم بالا بری...؟»

پری دست او را گرفت و به کنار منقلش برد و در ادامه دیگر پرده‌های اتاق را بست.

«قول میدم اگه ساکت باشی و خوب گوش کنی بهت یاد بدم...»

پـری و رکسـانا چـاره‌ای نداشـتند مگـر صبـر و حوصلـه کننـد تـا فـرداد به خـود بیاید. سـاعتی گذشـت تـا اثـر موادهـا از بیـن بـرود و فـرداد تقریبـاً حالـت عـادی خـود را بـاز یابـد. فـرداد کـه بـا اعتیـاد، دیگـر تمـام وقتـش را صـرف اسـتعمال مـواد مخـدر کـرده بـود حـالا بـرای اولیـن بـار در زندگـی احسـاس می‌کـرد کـه یـک نفر بـه کمـک او احتیـاج دارد و او به جـز مصرف مـواد می‌تواند بـرای دیگـران مفیـد هـم باشـد. اکنـون فرداد یک تنـه محافظت رکسـانا و پـری را در مقابـل نیروی خونخـوار خمینـی بـه عهـده گرفتـه بـود، از همین رو بسـیار احسـاس غـرور می‌کرد. در کنـار چای، مقـداری نـان، کـره و پنیـر مهیا کـرد و در سـفره‌ی کوچکی از مهمانهایـش پذیرایی نمـود. فرداد که انـگار خـود را در قبـال حاجـت پـری مسـئول می‌دیـد، چند مرتبـه خواسـته‌ی او را تکرار کـرد تا به وِی اطمینـان دهـد هـوش و حواسـش جمـع اسـت و خرابـکاری نمی‌کند.

فـرداد می‌دانسـت کـه پـری با خیلـی از زنـان ایرانی تفاوت داشـت. درسـت مثل یک ببر بسـیار شـجاع و نتـرس بـود. پـا بـه پـای هـر مـردی کار می‌کـرد و از خانـواده‌اش نگهـداری می‌نمـود و به هیـچ کـس بـاج نمی‌داد. او سـطحی فکر نمی‌کرد و بسـیار باهوش و اهـل مطالعه بـود، البته طبیعت مهربانـی داشـت بخصـوص وقتـی پـای خانـواده و دوسـتانش به میـان می‌آمد. امـا حالا فـرداد برای اولین‌بـار او را بسـیار شـکننده می‌دیـد کـه به کمـک وِی نیاز داشـت. کمک برای دیـدن مادرش که تنهـا چنـد اتـاق بـا او فاصله داشـت. پـری نیازمند آغـوش گرم مـادرش بود تـا از محبـت و انرژی او بهره‌منـد شـود و بـا پنـد و کلامـش بـه او جرات و تـوان بیشـتری ببخشـد. توانی کـه در آن لحظات حسـاس بـه کارش می‌آمـد. فـرداد بـرای نخسـتین بار ضعـف را در سـیمای پری می‌دیـد و پری هم هیـچ مشـکلی نداشـت کـه ضعفـش را بـروز دهـد. هـر چند پـری تنها چنـد اتاق بـا مـادرش فاصله داشـت امـا نمی‌توانسـت و نبایـد بی‌گـدار بـه آب می‌زد. می‌دانسـت که سـعید حتماً جاسوسـانی در محیـط زندگـی مـادرش گمـارده بـود تـا رفـت و آمدها بـه اتـاق مـادرش را زیر نظـر بگیرنـد. فرداد بـرای اینکـه خیـال پری را از تشـویش خـارج کنـد زمزمه کرد:

«تو شیش ماه گذشته نه مستاجری اسباب‌کشی کرده رفته و نه کسی اومده...»

اما با این حال آنها باید جانب احتیاط را در نظر می‌گرفتند. پری از گوشه‌ی پرده به کنترل بیرون پرداخت. چراغ تمام اتاقها خاموش بود و کسی به چشم نمی‌خورد. به نظر می‌رسید همه خوابیده بودند. پاسی از نیمه شب گذشته بود. پری و به دنبالش رکسانا محتاطانه از اتاق فرداد خارج شدند و در بالکن طبقه‌ی دوم به طرف اتاق مادرش حرکت کردند. هنوز حجاب کامل اسلامی بر تن داشتند. به پنجره‌ی اتاق مادرش رسیدند. پرده کشیده بود. پری از درز پرده می‌دید که مادرش به نماز و مناجات می‌پرداخت. هر چند پری دیگر به خدا، امام و پیغمبر اعتماد و اعتقادی نداشت اما نمی‌خواست دنیای مادرش را خراب کند. حداقل پیرزن دلش به این خوش بود که هنوز هم خدایی وجود داشت و بالاخره یک روزی دعاهای او را اجابت می‌کرد. اما وقتی از مادرش می‌شنید که به منظور شفای کسالتش دست به دامان امام زین‌العابدین بیمار می‌شد چطور می‌توانست به او بفهماند که اگر زین‌العابدین قدرت شفا بخشی داشت اول خودش را شفا می‌داد تا در اثر بیماری نمیرد، چطور می‌توانست به او تفهیم کند که تمام این مزخرفات برای کنترل و سرکیسه کردن مردم عامی ساخته و پرداخته شده است.

پری با تانی چند ضربه‌ای به درب زد. لحظاتی طول کشید تا کمی پرده کنار رفت و مادرش به بیرون نگاه کرد. وقتی با تعجب مادرش روبه‌رو شد بلافاصله مقنعه‌اش را از جلوی صورتش کنار زد و چهره‌ی خود را به مادرش نشان داد. مادر بی‌درنگ درب را گشود. پری و رکسانا وارد شدند و درب بسته شد. پری وقتی دید بچه‌ها بیدارند و در انتظار او بر سر جایشان نشسته‌اند تعجب کرد. بچه‌ها در بغل پری جای گرفتند. مدتها بود که از او بی‌خبر بودند. رکسانا یکبار دیگر شاهد گریه‌ی مادر و بچه‌ها بود، ولی این‌بار اشکها در سوکت ریخته می‌شد. پری بعد از مرگ نادر تنها یار و یاور آنها بود. دل تو دلشان نبود که اگر پری را از دست بدهند چه باید می‌کردند. اما چه می‌دانستند که پری و نادر قدم در یک راه بدون بازگشت گذاشته بودند. اما مادر طبق معمول دست به دامان خدا و ائمه بود.

پری می‌دید که مادر سر به زیر انداخت و اشک‌آلود به سجاده‌اش رجوع کرد و به ادامه‌ی مناجاتش مشغول شد. مادر در چنین مواقعی همیشه به سراغ یخچال می‌رفت تا برای پذیرایی مهمانش چیزی بیاورد. در واقع این صحنه حاوی پیغامی برای پری بود. می‌دانست که در یخچال مادرش چیزی برای خوردن وجود نداشت. پس دیگر نیاز نبود که او درب یخچال را باز کند تا مادرش را بیش از این شرمسار و پریشان نماید. این در واقع اولین ثمره‌ی انقلاب اسلامی بود. پری در آن لحظه هیچ احساسی به جز تمنای مرگ نداشت. می‌دید به جای اینکه به نزدیکترین عزیزانش برسد به خدمت میهن و ملتش کمر بسته بود و داشت خود و

خانواده‌اش را فدای آنها می‌کرد. با استیصال به صحت و سُقم عملکردش می‌اندیشید. مادرش حتی از او نپرسیده بود که چرا به شکل و هیبت حجاب اسلامی درآمده بود. پوششی که به آن هیچ اعتقادی نداشت. اما تا حالا پری دریافته بود که مادر همیشه به نیت و رفتار بچه‌هایش پی می‌برد. مادرش می‌دانست که او به مانند نادر دچار دردسر شده بود. دردی که تلخ‌تر از مرگ نادر به نظر می‌رسید. شاید مادر، چوب مهربانی بیش از حدش را می‌خورد خصوصاً که همیشه خصوصیات اخلاقی خوب را به فرزندانش منتقل می‌کرد و زندگی‌اش به گونه‌ای بود که انگار برای دیگران زندگی می‌نمود. شیوه‌ای از زندگی که در فرزندانش هم درونی شده بود و حالا دانسته یا نادانسته خود را مقصر می‌دانستند و احساس گناه می‌کردند.

در این میان، رکسانا تمام تلاش خود می‌کرد تا اوضاع بهتر شود. بچه‌ها از پری بریده بودند و حالا با رکسانا و به خصوص با موهایش بازی می‌کردند اما بی سر و صدا بودند. انگار همه می‌دانستند که باید ساکت و سوت و کور باشند. حتی لامپ برق را هم روشن نکرده بودند و از لامپ کم نوری که همیشه روشن نگه میداشتند استفاده می‌کردند. درب یخچال توسط پری باز شد. رکسانا وقتی چشمش به یخچال خالی افتاد به عمق فاجعه‌ای که انقلاب اسلامی رقم زده بود پی برد. حال رنجور مادر پری را با تمام وجودش احساس می‌کرد. در حالی که هنوز با بچه‌ها مشغول بازی بود، دست در جیبش برد. پاکتی که حاوی تمام پولهایش بود را لمس کرد. پولهایی که عمو اکبر، مادربزرگ، حاجیه خانم و سیروس به او داده بودند. می‌دانست که چه باید می‌کرد فقط منتظر فرصتی مناسب بود.

سرانجام زمان خداحافظی فرا رسید. می‌دانستند که قبل از سحر و بیدار شدن همسایه‌ها باید به اتاق فرداد برمی‌گشتند. رکسانا به منظور خداحافظی مادر پری را در آغوش گرفت. دستش دوباره به داخل جیبش رفت و پاکت پولها را با احتیاط و دور از چشم همه درآورد و با مهارت در زیر سجاده‌ی پیرزن پنهان کرد. می‌دانست که مقدار پولها به اندازه‌ای بود که تا چند ماه و شاید یکسال مخارج آنها را تامین کند. بعد هم شاهد در آغوش گرفتن مادر و دخترش پری بود. آنها جوری در آغوش هم بودند که گویی این آخرین باری بود که یکدیگر را می‌دیدند. انگار بچه‌ها هم چنین حسی داشتند. جفتشان در گوشه‌ای نشسته بودند و به آنها نگاه می‌کردند. ساکت و با اندوهی عمیق. صحنه‌ای که نه تنها پری بلکه رکسانا هم از تماشایش رنج می‌برد. پری نمی‌توانست از خودش نپرسد کدامین انتخابش روا بود. مسئولیتی که در قبال ملت و میهنش داشت و یا وقت و نقشی که او باید صرف تامین نیازهای خانواده می‌کرد. پاسخی به هر شکل گران و غمناک. پرسشی که او در پاسخش ناتوان بود. کاش حداقل به این جمله می‌اندیشید «چراغی که به خانه رواست، به مسجد حرام است»

*****

به محض بازگشت به اتاق فرداد، پری او را در آغوش گرفت و بر گونه‌هایش بوسه کاشت. فرداد از حرکت پری دچار یک شور و شوق وصف‌ناپذیر شد. مادر پری وقتی در هنگام خداحافظی او را در آغوش داشت زیر گوشش زمزمه کرده بود که در غیاب او، فرداد همیشه به آنها سر می‌زد و برایشان غذا می‌آورد. این مرام و خصلتی بود که پری در مورد فرداد نمی‌دانست و حالا داشت از او تشکر می‌کرد و نشان می‌داد که چقدر از او سپاسگزار است. درسی که رکسانا، پری و خانواده‌اش گرفته بودند بسیار آموزنده بود. فرداد با اینکه در خدمت مواد مخدر بود اما به دیگران مهر، عطوفت و نیکی هدیه می‌کرد اما افرادی به مانند خمینی، روحانیون و سعید که مدعی بودند دیندار و خداپرستند، تنها به مردم ظلم می‌کردند، اموالشان را به یغما می‌بردند و جانشان را نابحق می‌ستاندند.

*****

فصل ۳۱

اگر حالا وقت گریه کردن نبود...، پس هیچ وقت گریه کردن معنی نداشت....

این روزها زندگی برای رکسانا و پری بسیار خطرناکتر شده بود. خانه بدوش بودند و نمی‌دانستند شب و روزشان را کجا باید سر می‌کردند. اجباراً همیشه در حال حرکت از جایی به جای دیگری بودند. اوضاع ایران هنوز هم از کنترل خارج بود و رو به پایین حرکت می‌کرد. برخلاف وضع و اوضاع همه، فرداد روز به روز بهتر می‌شد و تغییرات جسمانی و روحی در او کاملاً مشهود بود و بیشتر از همه خودش از این بهبودی و تغییر ابراز خرسندی می‌کرد. این دگرگونی مثبت از زمانی شکل گرفت که فرداد با پری و رکسانا وارد همکاری شد و دامنه‌اش را گستراند. فرداد وظیفه‌ی رفت و آمد آنها به خانه‌ی مادر پری را به عهده گرفته بود. هر چند نقش یک رابط را داشت اما مثل یک عضو خانواده به مادر و نوه‌های او می‌رسید و به نظر می‌آمد جای نادر را برای مادرش پر کرده بود. این محبتها و خیرخواهی‌ها به او کمک کرده بود تا خود را بشناسد و بیشتر از همه، اعتماد به نفس پیدا کند و آن سوی زندگی زیبا را هم تجربه کرده و از آن لذت ببرد. هر روز مصرف موادش کمتر می‌شد. رفت و آمدهای شبانه‌ی پری به شیوه‌ی شب اول هنوز از طریق خانه‌ی سوفیا و در غیاب همسرش صورت می‌گرفت. فرداد پنجره را همیشه باز می‌گذاشت وحتی اگر خانه هم نبود پری و رکسانا می‌توانستند به آنجا آمد و رفت کنند.

در یک شب بارانی، فرداد خیلی دیر به اتاقش برگشته بود. مطمئن شد که همه‌ی پرده‌ها بسته بودند و داخل اتاقش دیده نمی‌شد. پری و رکسانا در اتاقش حضور داشتند. فرداد به آنها اطلاع داد که تاخیرش به خاطر دیدن عبدالله بود که پرس و جو می‌کرد تا خانه‌ی مادر پری را بیابد و او هم نمی‌خواست با وِی روبه‌رو شود و در ادامه افزود که در حال حاضر عبدالله در اتاق مادر پری حضور دارد. پری و رکسانا بسیار نگران و خشمگین شدند. پری بلافاصله هفت‌تیرش را امتحان کرد و از روزنه‌ی کوچک کنار پرده به وارسی بیرون پرداخت. پری می‌دانست عبدالله با سعید کار می‌کرد. اما مادرش نمی‌توانست به عبدالله کمکی کند چون از

فعالیت‌های سیاسی پری هیچ اطلاعی نداشت. پری هیچگاه مادرش را در جریان فعالیت‌های سیاسی خود قرار نمی‌داد، یقین داشت که فقط باعث ناراحتی او می‌شد. از آنجایی که پری و عبدالله از دیرباز با هم دوست بودند بنابراین مادرش او را به داخل اتاق دعوت کرده بود. پری که صبرش لبریز شده بود فرداد را به سمت اتاق مادرش فرستاد تا سر و گوشی آب دهد. فرداد هم با غرور و اعتماد به نفس از جلوی پنجره‌ی اتاق مادر پری با احتیاط رد شد. عبدالله را دید که بر روی یک صندلی و پشت به پنجره نشسته بود و مادر پری داشت با چای از او پذیرایی می‌کرد. در هنگام برگشت، عبدالله از نگاه مادر پری متوجه‌ی فرداد شد. فرداد و عبدالله در بیرون خانه با هم هم‌کلام و چندی صحبت کرده بودند، عبدالله دیده بود که به چه اتاقی او وارد شده بود. فرداد سریعاً وارد اتاقش شد تا مبادا عبدالله از اتاق خارج شود و او را به صحبت بگیرد.

*****

فرداد، پری و رکسانا در کف اتاق تاریک فرداد نشسته بودند و در خصوص هدف عبدالله با ذهن خود کلنجار می‌رفتند. حدس می‌زدند عبدالله به دنبال پهن کردن دامی بود تا پری را گیر بیاندازد، اما اگر چنین بود پس چرا رکسانا و پری را از دفتر روزنامه فراری داده بود در حالی که به راحتی می‌توانست آنها را دستگیر کند و یا همان جا به زندگی‌شان پایان دهد. آنها در فکر و خیال چراها در سکوت و تاریکی بهم زل زده بودند. صدای زدن درب اتاق سکوت را شکست. موج ترس و نگرانی تمام وجود فرداد را فرا گرفت تا جایی که خیال می‌کرد بدنش فلج شده است اما با دیدن پری که اسلحه‌اش را درآورده بود و داشت امتحان می‌کرد فرداد کمی جان گرفت. پری از درز پرده عبدالله را دید که زیر باران به انتظار باز کردن درب ایستاده بود. چند ضربه‌ی دیگر به درب زد. پری رو به فرداد زبان گشود:

«بهتره درو باز کنی و از شرش خلاص شی، وگرنه ممکنه ول نکنه و مردم رو از خواب بیدار کنه...، تو راهش نده...»

سپس به اتفاق رکسانا به طرف پستویی رفتند که پنجره‌ی رفت و آمد شبانه‌شان در آنجا بود و به منزل سوفیا راه داشت. پرده‌ی ضخیمی را که در جلوی آن آویزان کرده بودند، کشیدند. بعد از رفت و آمدهایی که به خانه‌ی فرداد داشتند آن پرده را زده بودند که بتوانند در خلوت خود لباس عوض کنند. حالا آنها بیشتر وقت خود را با فرداد می‌گذراندند و فرداد از این جریان خصوصاً از قایم باشک بازی‌های شبانه بسیار خرسند بود، چرا که معمولاً رفت و آمدهای آنها پس از نیمه‌های شب از طریق نردبان و از پشت حیاط منزل سوفیا صورت می‌گرفت و اگر شوهر سوفیا در خانه حضور داشت و به مسافرت کاری نمی‌رفت مجبور

می‌شـدند مثـل سـارقان از درب معمولـی سـاختمان و با تـرس و لـرز و نگرانی ورود و خروج داشـته باشـند. هیـچ کـس حتـی مادر پـری هم نمی‌دانسـت کـه آنها در اتـاق فـرداد مخفی شـده‌اند. فرداد از پنجـره بـه سـمت بیـرون نگاهـی انداخـت و عبـدالله را در زیر بـاران دید. سـعی کرد بـا یک نفس عمیـق کمـی بـه خـود آرامـش دهـد. درب را باز کـرد و بلافاصله دسـتش را در جیبش بـرد تا لرزش دسـتش را از چشـم عبـدالله پنهـان کرده باشـد.

«سـلام رفیـق، جایـی بـرای رفتـن نـدارم، میتونـم شـب رو اینجا سـر کنم؟، قـول میـدم قبل از طلـوع آفتـاب بزنـم بیـرون...، بـد جوری یـک دفعه بـارون گرفـت...، جایی هم بـرای رفتن نـدارم...»

فـرداد بـه دنبال کلماتی می‌گشـت تا پاسخ منفی‌اش را نشـان دهـد اما عبدالله منتظـر نماند و از تـرس اینکـه فـرداد درب را بـر روی او ببندد بدون دعوت وارد شـد و در گوشـه و کنار درب نشسـت. خیسـخیس شـده بود. فرداد بـا صدای بلند زبان گشـود:

«خُـب اینجـا انـگار کاروان سراسـت...!، همـه همیـن جور بـدون دعوت میـان تـو...!، خب خوش آمدی...!»

فرداد قصد داشـت تا به دوسـتانش ندا دهد که عبدالله خودسـرانه و بدون دعوت داخل شده است.

«گفتم که بارون بَدیه...، فردا قبل از طلوع آفتاب وقتی بارون کمتر شد، می‌زنم بیرون...!»

امـا تمـام فضایـی کـه فـرداد بـرای خـوردن، خوابیدن و پخـت و پز داشـت فقط یک اتـاق و یک پسـتو بسـیار کوچـک بـود کـه اسـباب‌های اضافـه‌اش را در آنجـا انبار کـرده بـود. فرداد قـوری را پر از آب کـرد و بـر روی چـراغ گذاشـت تـا بـرای مهمـان ناخوانـده‌ی خود چای درسـت کنـد. در واقع بـه ذهـن فـرداد خطـور کـرده بود که اگـر بـا او ملایمـت و مهربانی کند شـاید می‌توانسـت اطلاعات مفیـدی از وی بـه دسـت بیاورد.

«مـن عـادت نـدارم از کسـی پذیرایی کنـم...، از سیاسـت هـم متنفرم...، تـو می‌تونـی بمونی که گرم بشـی و بعد بـری...»

عبدالله نمی‌توانست صبر کند تا فرداد کلامش به پایان برسد بنابراین میان حرفش پرید:

«قبـل از اینکـه سـعید مـن رو پیدا کنه و بکشـه، بایـد پری رو پیـدا کنم...، می‌دونی کجا میشـه پری رو پیـدا کرد...؟»

صـدای عبـدالله متفاوت‌تـر از آن بـود کـه فـرداد از وِی بـه خاطـر داشـت. می‌دانسـت کـه بایـد اطمینـان او را بیشـتر جلـب می‌کـرد تـا عبـدالله ادامـه دهـد و بیشـتر حـرف بزنـد.

«رفیـق، خیلـی وضعـت بهـم ریختـه...!، بدتـر از منـی...، بـرای همیـن مـن نمی‌خوام با سیاسـت کاری داشـته باشـم...، رو همیـن حسـاب مـن چیـزی در مـورد پـری نمی‌دونـم...، فکـر می‌کنی من

میخوام سعید من رو هم بکشه...؟»

در یک لحظه به فرداد این احساس دست داد که چقدر برای پری و رکسانا مهم شده است. می‌دید که خودش هم از بازی سیاسی خودش خوشش آمده بود. دریافته بود که ذهنش بدون مصرف مواد مخدر چقدر روشن و بهتر کار می‌کرد.

«رفیق، چه چیزی تو رو آزار میده؟ این چیه که اینقدر مهمه که تو رو تو این بارون آورده اینجا، و دنبال پری می‌گردی...؟» عبدالله با تعجب به فرداد زل زده بود. هیچ وقت فرداد را بدون حالت خمار و لول ندیده بود. سکوت لحظاتی بینشان فاصله انداخت. عبدالله به اطراف اتاق نگاهی کرد و به پرده‌ای که در جلوی پستو آویزان بود خیره شد.

پشت پرده‌ی پستو، جایی که رکسانا و پری اجباراً مخفی شده بودند فضای بسیار کمی وجود داشت. با بدنهای به هم چسبیده به دیوار تکیه داده بودند و پاهایشان در جلویشان تا شده بود. در واقع خودشان را به نحوی در بین اسبابهای فرداد چپانده بودند. می‌دانستند که هر جنبشی می‌توانست به تولید صدایی بیانجامد و آنها را لو دهد. تمام عضلات بدنشان تحت فشار بود. پری از درز کوچکی، عبدالله را زیر نظر داشت. هفت‌تیرش در مشتش آماده بود. پری، عبدالله را خسته و بیقرار می‌دید. وقتی صحبت می‌کرد صدایش ضعیف بود. این همان عبداللهی نبود که پری سالها او را می‌شناخت. اما به خودش یادآوری می‌کرد که بعد از انقلاب خیلی از آدمها عوض شده بودند و به هیچ کس نمی‌شد اعتماد کرد، حتی بهترین دوستی که با او بزرگ شده بود. کم‌کم فضای تنگ داخل پستو داشت بر روی آنها اثر می‌گذاشت. پری با زحمت و احتیاط بلند شد و به طرف خانه‌ی سوفیا نگاهی انداخت. در این فکر بود که برای بیرون رفتن از پستو با چراغ قوه به سوفیا علامت بدهد تا او بیاید و نردبان را پای دیوار بگذارد. پری و رکسانا خوب می‌دانستند که هر چه زودتر باید از پستو خارج می‌شدند. حتی تصورش هم نمی‌کردند که بتوانند تمام شب را در آن فضای کوچک سر کنند. خوشبختانه صدای ریزش باران که به پشت بام برخورد می‌کرد به اندازه‌ی کافی بلند بود که اگر صدای ناخواسته‌ای از پستو بلند می‌شد به گوش عبدالله نرسد. البته این که بخواهد با روشن و خاموش کردن چراغ قوه به سوفیا علامت بدهد هم گزینه‌ی عاقلانه‌ای نبود. آن شب شوهر سوفیا در منزل حضور داشت. از طرفی عبدالله می‌توانست نور را از پشت پرده ببیند و اگر او آمده بود تا آنها را به دام بیاندازد، کارشان تمام بود. پری اسلحه خود را یک بار دیگر امتحان کرد. سپس با احتیاط چراغ قوه را از کنار پنجره برداشت. صلاح می‌دید که فقط یک بار آن را روشن و خاموش کند، امکان داشت افراد دیگری او را اتفاقی می‌دیدند و به حرکتش مشکوک می‌شدند. نمی‌شد حدس زد که چه کسانی در همسایگی زندگی می‌کردند. بسیاری خصوصاً در جنوب شهر که

آنها سکونت داشتند از طرفداران پر و پا قرص و سرسخت خمینی بودند. رکسانا هم برخاست. پری دستش را به سمت پایین پنجره بیرون برد تا نور به داخل منعکس نشود. چراغ قوه یک بار خاموش و روشن شد. در انتظار ماندند تا شاید فرجی شود و سوفیا آنها را ببیند. احتمال اینکه او به واسطه‌ی حضور شوهرش متوجه‌ی آنها شود خیلی کم بود.

نگاه پری به سمت عبدالله برگشت. از بخت بد و حضور عبدالله بسیار عصبانی و ناامید بود. دوباره هفت‌تیرش را امتحان کرد. برایش مثل روز روشن بود که او با یک انگیزهای وارد محل اقامت فرداد شده بود. شک نداشت که او می‌خواست اطلاعاتی کسب کند. از این رو نقش یک قربانی را بازی می‌کرد تا بتواند اعتماد فرداد را جلب نماید. پری فقط می‌توانست امیدوار باشد که فرداد در چاه عبدالله نیفتد و بند را آب ندهد. پری در کنار دیوار چمباتمه زد و به آنها چشم و گوش سپرد. رکسانا هم در کنارش نشست و دست او را به نشانه‌ی حمایت گرفت. تنها می‌توانستند به عملکرد خودشان تکیه کنند.

«من کارهای بسیار بدی انجام دادم...، رفیق می‌دونم که وسط جهنم جامه...، باید از این به بعد کار درست رو بکنم...، اشتباه کردم، مغزم رو خورده بودن...، فریبم دادن...، سعید لامذهبه قاتل فریبم داد...، خمینی بی‌دین همه‌ی ما را فریب داد...، گفت ضد انقلابیون رو لو بدین...، منه احمقه خر هم خواهرم را لو دادم...، خیال می‌کردم به اسلام خدمت می‌کنم...، اونها گرفتنش، اونها به نام اسلام بارها بهش تجاوز کردن، شکنجَش دادن، خواهر من...، زیر شکنجه رفت...، مُرد، مادرم از خونه بیرونم کرد و دیگه نمی‌خواد ببینتم...، حق هم داره...، من خواهرمو با دست‌های خودم کشتم...»

بغض عبدالله ترکید و اشکهایش از گوشه‌ی چشمانش بیرون زد. به سختی صدا از گلویش بیرون می‌آمد:

«خیال می‌کردم برای اسلام این کارو می‌کنم...، آخه اسلام گفته باید به زن تجاوز کنی تا ازش اقرار بگیری؟، این اسلامیه که خمینی آورده؟ دیگه نه مادرم محلم میزاره نه هیچ یک از فامیل...، فقط آرزو می‌کنم مثل خواهرم بمیرم...، جرات خودکشی هم ندارم...!»

فرداد حالا احساس می‌کرد که به سنگ صبور دیگران تبدیل شده بود و از این جریان به وجد می‌آمد. دستمالش را به عبدالله داد تا اشکهایش را پاک کند. حتی دستمال کثیفش هم مهم شده بود. احساس می‌کرد در آن لحظه مهمتر از همیشه بود. مردی در مقابلش نشسته بود و با عجز و لابه به گناهانش اعتراف می‌کرد. نه تنها پری و رکسانا بلکه حالا فرداد هم می‌دید و حس می‌کرد که دام انقلاب خمینی دامن عبدالله را هم گرفته بود و می‌سوزاند. او می‌فهمید که چگونه این آتش انقلاب دروغین بسیاری از مردم را فریب داد تا به آنچه که

اعتقـاد نداشـتند دسـت بزننـد و در نهایـت به ندامت و گناه دچار شـوند. عبدالله یکـی از این قربانیان و افـراد گمراه انقـلاب بود.

«یـه بسـت داری بکشـیم...، میخـوام درد خودمـو فرامـوش کنـم...، مـن واقعـاً بـه اون احتیـاج دارم...، خواهـش می‌کنـم...، مـن نمی‌تونـم بخوابـم، خواهش می‌کنم کابوس شـوم نمیـزاره بخوابم...، خواهـش می‌کنـم...!»

البتـه منظـور عبـدالله تریاک بـود. قطرات اشـک از روی صورتش سُـر می‌خورد و فـرو می‌چکید. فـرداد گیـج و گنـگ بـه او نـگاه می‌کـرد. آنچنـان تحـت تاثیـر قـرار گرفتـه بـود کـه دیگـر چیـزی نمانـده بـود اشـکهای خـودش هـم در بیایـد. پـری و رکسـانا بسـیار نگـران بودنـد و دعـا می‌کردنـد فـرداد تسـلیم نشـود و بسـاط تریـاک را فراهم نکنـد. وقتی فـرداد از جلوی دیدش ناپدید شـد گمان بـرد کـه او بـه خواهـش عبـدالله گـردن نهـاده اسـت. پری بـه این فکـر می‌کرد که شـاید همـه اینها یـک نقشـه و بـازی مذهبـی بود که فـرداد را در حین تریاک‌کشـی بـه دام بیاندازنـد و در یک لحظه افـراد سـعید از درب و دیـوار وارد شـوند تـا همـه‌ی آنها لـو بروند. بـار دیگر پری محکـم هفت‌تیرش را امتحـان کـرد و بـر روی پاهایـش بلنـد شـد. کارش داشـت به جاهـای باریک می‌کشـید و امیدش رنـگ می‌باخـت. پـری بیشـتر نگـران رکسـانا بـود. فکـر می‌کـرد اگـر رکسـانا در کنـارش نبـود او می‌توانسـت وارد کار و زار شـود و دل بـه دریـا بزنـد و هفت‌تیـرش را روی سـر عبـدالله بگـذارد تـا بفهمـد او چـه کاره اسـت. باکـی هـم نداشـت که بخواهـد او را با یـک گلوله خلاص کند. پـری آماده بـود تـا به عبـدالله حملـه کند کـه صدای فـرداد بلند شـد:

«گریـه نکـن رفیـق، مـرد که گریـه نمی‌کنه، نگـران نباش من همه چیزو درسـت می‌کنـم...، آره رفیـق مـرد کـه نبایـد گریـه کنه، مـن نمی‌خوام تـو گریه کنـی...، بیا رفیق...، من که کسـی نیسـتم، امـا هرگـز گریـه نمی‌کنم... نگـران نباش من همه چیـز را زیر کنتـرل دارم... آره... نگـران نباش...»

فـرداد دوبـاره در جلـوی چشـم پری ظاهر شـد و در حالی که به طور غیرمسـتقیم بـا پری حرف مـی‌زد بـه او علامـت مـی‌داد کـه نگـران نباشـد و خاطـرش جمـع باشـد کـه او همـه چیـز را تحت کنتـرل دارد. سـپس در کنـار عبـدالله نشسـت و بـا احتیاط بـه طرف پـرده لبخند زد:

«رفقـا نبایـد نگـران باشـند...، من همـه چیزو تحـت کنتـرل دارم...، آره رفیق همه چیـز آرومه...، گریـه بی‌گریه...»

حـالا پـری نگرانـی‌اش دوچندان شـد. حـدس می‌زد فرداد تسـلیم شـده بـود. رکسـانا هفت‌تیر را از دسـت پـری گرفـت و بـا اشـاره از او خواسـت آرام باشـد و زیر گوشـش هـم زمزمه کـرد که باید صبـر و حوصله اختیـار کرد.

طولـی نکشـید کـه فـرداد داشـت به عبـدالله یاد مـی‌داد چگونـه لول تریـاک را آمـده می‌کنند و

مشـغول گفتـن داسـتان زندگی خود شـد کـه بیشـتر اعتماد عبدالله را به دسـت بیاورد:

«نگـران نبـاش رفیـق مـن هـم تو جهنم هسـتم، همـه‌ی ما تـو جهنم هسـتیم...، مدتهاسـت که هسـتم...، هـر روز وشـب آرزو می‌کـردم بمیـرم...، هر کجـا بریم بدتر از اینجـا که نمیتونه باشـه...، اما حـالا کمـی امیـدوار شـدم، ایـن روزا احسـاس می‌کنم بیدار شـدم، احسـاس می‌کنم مَرد شـدم...»

تریاک آماده شـد و آنها مشـغول کشـیدن شـدند. پری و رکسـانا نگران و مضطرب آنها را تماشـا می‌کردنـد. فـرداد صحبتـش گل کرده بود:

«رفیـق گفتـم کـه مـرد گریـه نمی‌کنـه...، فقط حـرف بـزن، همه چیـزو بریـز بیرون کـه راحت شـی، برات خوبـه...، بریزشـون بیـرون...، بگو...!»

عبدالله در حین کشـیدن تریاک، سـرفه‌اش بلند شـد. عادت به کشـیدن نداشـت. وسـط کشیدن و اشـک ریختـن بـه نصیحت فرداد هـم گوش می‌داد. امـا دوباره نطقش باز شـد:

"مـن ممکنه چند روزی بیشـتر زنده نباشـم...، بـرای همین هم رفتم دیدن مادر پری، می‌خواسـتم بهـش بگـم و اقـرار کنم که چـه اتفاقی برای پسـرش نادر افتـاد...، که اگه پریـرو ندیدم اونهـا بدونند...، امـا نتونسـتم گریـه‌ی پیـرزن‌رو ببینـم...، هیچـی بهـش نگفتم...، مـن می‌خوام قبـل از مـرگ، به پری بگـم، امـا ممکنـه فرصتی برای دیدن اون نداشـته باشـم، سـعید منو پیدا می‌کنه میکشـه...»

فرداد لبخند زد و از تریاک کامی گرفت و گفت:

«گفتـم کـه گریـه نکـن، میتونـی به من بگـی...، از کجا کـه من یـه روزی پری‌رو نبینـم!؟، من از طـرف تو بهـش میگم...، بریزشـون بیـرون...، خودتو راحت کـن رفیق...!»

لحظاتـی طـول کشـید تـا عبـدالله ادامـه دهـد. حـرف زدن برایـش سـخت و سـخت‌تر می‌شد. اشـک می‌ریخـت و بریـده بریـده حـرف مـی‌زد :

«مـن خواهرمـو کشـتم...، من بهترین دوسـتم نادرو آتیش زدم...، کشـتمش...، با دسـت خودم...، بـه اون دروغ گفتـم...، گفتـم سـیروس می‌خواهـد ببیندش...، نـادرم حرفمو قبول کرد و بـا من اومد، بردمـش بـه یـه انباری بـزرگِ کالا تو جنوب شـهر...، یـه بازاری صاحبش بود، سـعید گفـت می‌خواد فقـط باهـاش حـرف بزنـه...، اما نامرد بـه من دروغ گفته بـود...، فریبم داد...، وقتی رسـیدیم سـعید و چنـد نفر از آدمهـاش از در و دیـوار بیـرون زدن...، گفتـه بـود تنهـا می‌خواسـت با اون حـرف بزنه...، چنـد نفر پیـت حلبـی دستشـون بـود، وقتی شـروع کـردن بـه پاشـیدن بنزینهـا روی نـادر از بوش فهمیـدم بنزیـن بـودن، سـعید کبریـت‌رو کشـید و تـوی چشـم‌های نـادر خیـره شـد، نـادر بیچـاره خیـال می‌کـرد سـعید داشـت بـا اون شـوخی می‌کرد و می‌خواسـت اونـو بترسـونه...، لبخـند به لب داشـت...، امـا لبخنـدش چنـدان دوام نداشـت، سـعید کبریـت‌و انداخت روی نـادر و نادر گُـر گرفت،

و دیگه لبخندش دیده نمی‌شد، هر چی فریاد زدم، داد زدم التماس کردم دیگه دیر شده بود، فقط می‌تونستم تماشا کنم بهترین دوستم‌و با دست خودم به قتلگاهش برده بودم...، همه اونها از سوختن نادر لذت می‌بردن و به کاری که کرده بودن افتخار می‌کردن...، همین جور ازش عکس می‌گرفتن...، اما نادر هیچ فریادی نکشید، مستقیم توی چشم‌های من و سعید نگاه می‌کرد و تو آتش می‌سوخت، صداش دراومد و گفت، «خداحافظ ایران، خداحافظ مادر، خداحافظ پری»، سر سعید داد زدمُ و پرسیدم، چطوری تونستی این کار وحشتناکُ و بکنی، اون بهترین دوست تو بود...، چرا به من دروغ گفتی، سعید بدون احساس، مثل یه چوب خشک، مثل یه سنگ سرد توی چشم‌های من خیره شدُو جواب داد، اون خوک کثیف مامور ساواک بود...، نکنه تو هم یکی از اونها هستی...، هیچ گونه پشیمانی و همدلی تو چشماش دیده نمی‌شد، فقط خشم، کینه و گرگ‌صفتی رو می‌دیدم...، می‌دونستم که باید کوتاه بیام وگرنه خودم‌رو هم به روز نادر می‌انداختن...، مجبور بودم کنارشون وایستم و به خنده و شادیشون نگاه کنم و ببینم نادرو با دست خودم آتش زده بودم...، از اونجا نرفتن تا اون کاملاً سوخت...، بعدش هم عکس‌ها رو تو اعلامیه‌های شبانه خودشون پخش کردن و گفتن نادر عضو گروه اونها و ضد شاه بود و ساواک سوزوندش...، درست همون کاری که با سینما رکس آبادان کردن...، دروغ و دروغ...!»

گلوی عبدالله حالا گرفته بود و به سختی صدایش درمی‌آمد. باید لحظاتی حوصله می‌کرد تا افکارش را جمع کند. بدنش به لرزه افتاده بود. رکسانا پری را محکم در آغوش نگه داشته بود تا به او آرامش دهد. اما هیچ دارویی در آن موقع بر روی پری کارگر نبود. درد و رنج آن دو مشترک بود. پری نمی‌توانست جلوی اشکهایش را بگیرد. اشکها در سکوت، صورتش را خیس کرده بود. همه هنوز منتظر بودند که عبدالله ادامه دهد. اما از سکوت طولانیش معلوم بود که او به پایان خط رسیده است. گلویش گرفته بود و دیگر توان نداشت زبان بگشاید. زخمی که مدتها در جسم و جانش رشد کرده بود حالا ترکیده بود و انگار تمام وجودش در چرک، خون، رنج و تنفر دست و پا می‌زد . فرداد به عبدالله خیره شد. خیال می‌کرد پای قصه‌پردازی بنام، باورنکردنی و متفاوت نشسته بود که بالاخره به عنوان یک قهرمان، خود را در قصه قاطی کرده بود و به خاطر نقشی که در اعمال وحشت داشت باید به اعدام محکوم می‌شد. دوباره ندامت و تاسف در کلامش تکرار شد:

«من به جهنم میرم...، من خیلی آدم کشتم...، به خاطر اسلام...، فکر کردم این کار را برای اسلام می‌کنم...، من اشتباه کردم...، من میخوام بمیرم...!»

فرداد واقعاً دلش برای او سوخته بود و می‌خواست دوباره تکرار کند"رفیق گریه نکن...، مرد

کـه گریـه نمی‌کنـه...» امـا حرفـش را خـورد. می‌دانسـت کـه حـالا زمـان گریه کـردن بـود و ربطی هـم بـه مـرد بـودن نداشـت. چرا نبایـد گریه می‌کـرد وقتی در قتـل عام و قسـاوت بر علیـه مردمش شـریک بـود. بـه هـر حـال او زخمـی بـر تاریخ کشـورش زده بـود. اگر حـالا وقـت گریه کـردن نبود پـس هیـچ وقـت گریـه کـردن معنـی نداشـت و بـه کار نمی‌آمـد. فـرداد فقـط می‌توانسـت تریـاک بیشـتری بـه منظـور تحمـل درد و رنجـش تجویـز کند. ایـن تنها دارویی بـود کـه در آن لحظه با آن آشـنا بـود. ایـن تنهـا راهـی بود کـه عبدالله می‌توانسـت از احسـاس گنـاه خود فـرار کند.

«بیا رفیق به این دوا بیشتر احتیاج داری...، بیشتر از این هم ندارم...»

«مـن مـرد نیسـتم، مـن ضعیفـم، مـن ذهنُـو عقلـم رو بـه دشـمنان اسـلام و ملتم تسـلیم کرده بـودم...، اونهـا سـره منـرو بـا دروغ پـر کـرده بـودن...، مـن بـاور کـرده بـودم کـه تـو راه خـدا قـدم برمیداشـتم، بعـد از گذشـت چنـد مـاه تـلاش و پارتـی بـازی و دسـت بـه دامـن چند تا ملا شـدن، تونسـتم خواهرمـرو از اعـدام نجـات بـدم و بیارمـش خونه، امـا ای کاش میذاشـتم اعدامـش کنن...، بـرای نجـات اون خیلـی دیـر شـده بـود...، اون بـه خاطـر تجاوز و شـکنجه‌های مـداوم وحشـیانه، نه دیگـه جسـمی بـراش مونـده بود و نـه روحی...، مثل یـک کالبد خالـی و بیحس...، مرده بـود...، وقتی بـه اون نزدیـک شـدم، اون جـوری مـن زل زد که انگار منُو نمی‌شـناخت و یا نمی‌خواسـت بشناسـه، بعـد تـو صورتـم تـف انداخـت...، سـاعتها تفش‌رو از صورتم پـاک نکردم، تو چشـم اون هیـچ تفاوتی بیـن مـن و متجاوزیـن شـکنجه‌گرش نبـود، همـه‌ی مـا یکـی بودیـم...، درسـت هـم فکـر می‌کـرد، توجیـه اونهـا بـرای تجـاوز بـه خواهـرم ایـن بود کـه اون باکـره بـود، و خدا دختـره باکـره‌رو از مرگ محافظـت می‌کنـه، بنابرایـن اونهـا بایـد بـه اون تجـاوز کنـن کـه دیگه باکـره نباشـه و پـس از اون، طبـق قوانیـن اسـلامی محافظـت نمی‌شـد و سـزاواره مـرگُ و اعـدام بـود...، ایـن همـون چیزیـه که اونهـا گفتـن، صبـح روز بعـد، خـودش‌رو حلـق آویـزان کـرد، مـن اونجا بـودم، خـودم بدن سردشـو آوردم پائیـن...، مـن مَـرد نیسـتم...، اگه مرد باشـم همـه‌ی اونهایی که بـه خواهرم تجـاوز کردنو باید بکشـم...، سـعیدرو بایـد صـد بار بکشـم...، بعـد هـم خودمُو...»

فـرداد در خلسـه‌ی تریـاک خـم شـد و چشـمش بـه سـوراخ کوچکـی افتـاد کـه بـر روی دیـوار بـود. بـرای فـرار از آنچـه کـه می‌شـنید آرزو داشـت بتوانـد درون آن بخـزد و بـرای همیشـه گـم شـود. دسـت‌های پـری و رکسـانا بـرای حمایـت از یکدیگـر در هـم قفل شـده بـود. در تـلاش بودند تـا جزئیـات وحشـتناک سـخنان عبـدالله را هضـم کننـد. ادامـه‌ی حرف‌های عبـدالله، کمـی به پری آرامـش داد:

«ایـن زندگـی، جهنمـی بیـش نیسـت...، اما من بی‌سر وصدا نمی‌میرم!، مـن تا زمانـی که توی چشـمان سـعید نگاه نکنم و سَـره جنازه‌ی اون واینسـتم نمی‌میرم...!»

برای یک لحظه‌ی کوتاه، امواج یک سکوت در فضای اتاق نشست و احساس شد. مانند بوی پیاز و سیب‌زمینی گندیده‌ای که قابل تحمل نمی‌توانست باشد. صدای ریزش باران که بر لاشه‌ی شهر تهران شلاق می‌زد بر سکوت مستولی شد. مثل حرکات متضاد در یک سمفونی کابوس، که با رقص ملودی قطرات باران قاطی می‌شد. انگار موسیقی نفیسی بود که جملات حماسی عبدالله را همراهی می‌کرد. این ارکستر طبیعی، آنها را از کابوس خاطرات عبدالله به زمان حال برگرداند. رکسانا احساس می‌کرد که روی صحنه‌ی تاتر مشغول بازی در یک نمایشنامه‌ی عجیب و خشن بود که فرجامی نداشت. شب از نیمه گذشته بود و همه‌ی آنها خسته بودند. دیگر قادر نبودند که حتی ثانیه‌ای چشمان خود باز نگه دارند. آنها امیدوار بودند که شاید با خواب بتوانند ذهنیت هولناک خاطرات عبدالله را فراموش کنند.

*****

باران فروکش کرده بود. نور صبحگاهی که از پنجره‌ی کوچک پستو به داخل می‌تابید باعث شد پری و رکسانا از خواب بیدار شوند. هر چند در طول شب تلاش کرده بودند بیدار بمانند اما خواب بر آنها غلبه کرده بود و به ناچار تمام شب را در زندان کوچک پستو سر کردند. درد و کوفتگی در تمام بدنشان احساس می‌شد. بعد از اینکه توانستند با زحمت دست و پای خود را کمی حرکت دهند و روی پاهای خود به ایستند با دقت و احتیاط به ارزیابی وضعیت پرداختند. از اینکه خوابشان برده بود چندان خرسند نبودند چون کنترل اوضاع و احوال از دستشان در رفته بود و نمی‌دانستند در طول خوابشان چه گذشته بود. یادشان می‌آمد که فرداد و عبدالله هنوز بیدار بودند. از درز پرده داخل اتاق را جستجو کردند. از فرداد و عبدالله هیچ خبری نبود. پری با احتیاط پرده را بیشتر باز کرد. فقط فرداد را می‌دید که جلوی پنجره ایستاده بود و به بیرون نگاه می‌کرد. پرده نیم باز بود. فرداد با خشمی که در چهره داشت شمشیر خود را از روی دیوار برداشت و از درب بیرون رفت.

پری و رکسانا آرام و محتاط از مخفیگاه خود بیرون آمدند و به سمت پنجره رفتند. پری پرده‌ی نیمه باز اتاق را کاملاً بست طوری که فقط از درز ناچیزی می‌شد بیرون را دید. چشمشان به عبدالله افتاد که در بالای پله‌ها ایستاده بود و به حیاط نگاه می‌کرد. فرداد هم شمشیر به دست در کنارش قرار داشت. مادر و خواهرزاده‌های پری و تقریباً همه مستاجرها از اتاق‌های خود بیرون آمده بودند و به آنچه که در حیاط می‌گذشت توجه داشتند. هر چند پری و رکسانا به تمام حیاط اشراف نداشتند اما به خوبی می‌توانستند پیرمردی را ببینند که بر روی لبه‌ی حوض بزرگ وسط حیاط نشسته بود و به چند تکه اسباب و اثاثیه‌ای که در مقابلش پخش و پلا بود، نگاه می‌کرد. پیرمرد سر به زیر انداخته بود. گویی شرم تمام وجودش

تـــار

را فـرا گرفتـه بـود و بـر تنش شـلاق مـی‌زد. همسـر پیرش اشـک‌ریزان بـر روی زمین نشسـته بود و نفریـن می‌کـرد. چنـد تکـه لبـاس بر روی او پرت شـد و یکـی از جامه‌هـا صورتش را پوشـاند. معلوم بـود تمـام زندگـی آنهـا همین چنـد تیکه اسـبابی بود کـه از اتاق محل سکونت‌شـان، بیـرون ریخته شـده بود.

هیـکل فربـه‌ی مـردی کـه ته‌ریشـی هم گذاشـته بـود از داخـل اتاق محـل سکونت‌شـان بیرون آمـد. آخریـن خِـرت و پرتهـای آنهـا را جلـو روی پیرزن پـرت کرد.

«گنـاه کـردم به شـما جا دادم...؟ سـه ماهـه اجاره ندادیـن...، هِـری...، برید یه جای دیگـه...، من کـه بنگاه خیریـه‌ی امام رضا نیسـتم...»

همـه همسـایه‌ها بـه هیـکل درشـت، چـاق و قلـدر صاحبخانـه خیـره شـده بودنـد و بـرای زوج مسـن دلسـوزی می‌کردنـد. صاحبخانـه دیگـر قلـدری، تکبـر و سـنگدلی را بـه اوج خودش رسـانده بـود و انـگار خـدا را هـم بنـده نبـود. چیـزی که او را بسـیار متمایـز می‌کـرد پیراهن یقـه آخوندی و تسـبیح بـزرگ ریزدانـه و ته‌ریشـش بـود. به نظر می‌رسـید مسـتاجران جـرات دخالت و مقابلـه با او را نداشـتند. عـده‌ای سـاکت و غمگیـن به تماشـا نشسـته بودند و تعدادی هم سـرافکنده بـه کارهای روزانـه خـود می‌پرداختنـد. شـاید زندگـی به انـدازه کافی برای آنها سـخت بـود و نمی‌خواسـتند آن را بـرای خـود سـخت‌تر کنند.

در ایـن حـال و احـوال، درب سـاختمان بـاز شـد و چنـد راس گوسـفند بع‌بع‌کنـان وارد شـدند. مـرد بلندبـالا و تنومنـدی هـم به دنبالشـان بـود که با یک چوبدسـتی بلنـد و کلفت آنهـا را هدایت می‌کـرد. مـرد تنومنـد بـه کمـک صاحبخانـه، گوسـفندان را بـه طـرف همـان اتاقـی بـرد کـه محل زندگـی زوج پیر بـود. گوسـفندان را داخـل اتـاق کردنـد و درب را بسـتند. سـپس صاحبخانـه رو به همـه‌ی مسـتاجرین با صـدای بلندی فریـاد زد:

«همینـه کـه هسـت...، حداقـل گوسـفندا زبـون بسـته‌اَن و حـرفُ‌و ادعـا نـدارن...، اگـه دوسـت نداریـن جـل و پلاسـتون‌رو جمـع کنیـد و بریـد یـه جـای دیگـه...!»

نوچه‌ی صاحبخانه در حالی که به چوبش تکیه داده بود سخن او را ادامه داد:

« اصـلا حاجـی مـی خـواد اینجـا را بسـازه...، هری...، کسـی زورتـون نکرده کـه اینجا بمونید...، خونـه همـه جا هسـت...، دوسـت نداریـد همدم گوسـفندا باشـید برید...، گوسـفندهای بیشـتری هم تو راهـه...!»

بـه نظر می‌رسـید مسـتاجرانی کـه تـا حـالا جـرات دخالـت و مقابلـه بـا صاحبخانه را نداشـتند بـا دیـدن گوسـفندان، صبـر و شـکیبایی خـود را از دسـت داده بودنـد و حـالا همـه از هـر کاری که مشـغول آن بودنـد بـاز ایسـتادند و بـه امیـد واکنشـی بهـم خیـره شـدند. البته معـدود مسـتاجرانی

بودنـد کـه از نیـت صاحبخانـه اطـلاع داشـتند و می‌دانسـتند کـه او قصد داشـت همه را بیـرون کند تـا آنجـا را بکوبـد و از نـو بسـازد. زندگی به اندازه‌ی کافی برای مسـتاجران سـخت بـود و اکنون باید بـوی گَنـدِ گوسـفندان را هـم تحمـل می‌کردنـد. یک یـا دو نفـر از سـاکنین بالاخره جـرات کردند و صـدای اعتراضشـان بـه قصـد دفـاع از زوج پیر و آوردن گوسـفندان بلند شـد:

«آخـه حاجـی مراد اینکه درسـت نیسـت ما همدمه گوسـفندا باشـیم!، مگـه ما آدم نیسـتیم...؟، آخـه مگه تـو مکه نرفتـی...؟!»

"آدم هسـتین یـا نیسـتین بـه مـن هیـچ ربطـی نـداره... اگـه دوسـت ندایـن بریـد یـه جـای دیگـه...!»

پیـرزن بیچـاره بالاخـره اشـک‌ریزان خـودش را بـه پـای صاحبخانه انداخـت و پایـش را گرفت و التماسـش شـروع شد:

«حاجـی مـراد، خـدارو خـوش نمی‌یـاد...!، بـه امام رضا قَسَـمِت میـدم ایـن کارو نکـن...، مگه تو خـدارو نمی‌شناسـی؟، آخـه مـنُ‌و ایـن پیرمرد کجـا می‌تونیم بریـم...؟، به خـدا، به علی هیـچ کَسُ‌و کاری هـم نداریـم...، یـه کـم دنـدون رو جیگـر بـزار مـا هر جـوری شـده یـه کاری می‌کنیـم اجارتُو تمامُـو کمـال میدیم...!»

صاحبخانـه بـا شـدت، پیـرزن را بـه کنـاری پرت کرد. سـر پیرزن در اثـر برخورد بـا لبه‌ی حوض شکسـت و خون از سـرش سـرازیر شـد. پیرمرد از دیدن خون سـر عیالش به خشـم آمد. برای اینکه غـرور خـود را در مقابـل همسـایه‌ها و همسـرش حفـظ کنـد بـا عصبانیت از جـا بلند شـد. نگاهی به اطرافـش انداخـت و بعد رو عیالش زبان گشـود:

«منُو ببخش!، درسته این زندگی جهنمه...، اما من که هنوز نمردم...!»

پیرمـرد ماهیتابـه‌ی کهنـه‌ای را از روی زمین برداشـت و به صاحبخانه حمله‌ور شـد. او را غافلگیر کـرد و بـر سـرش کوبیـد. صاحبخانه کـه انتظار چنین حرکتی را نداشـت، عصبانی شـد و بـه پیرمرد حملـه کـرد. مـرد چمـاق‌دار هـم بـه او پیوسـت و بـه کتـک زدن و تنبیـه پیرمـرد مشـغول شـد تـا زهرچشـمی از همه گرفته باشـد.

در تمـام ایـن مـدت، فـرداد کنـار عبـدالله و در بـالای پله‌هـا ایسـتاده بـود و در حال تماشـای این نمایـش دردنـاک، چشـم از صاحبخانـه برنمی‌داشـت. هر انـدازه که خشـمش قُوَت می‌گرفت دسـته‌ی شمشـیر را بیشـتر در مشـتش می‌فشـرد. یک شمشـیر ایرانی بسـیار قدیمی که پدرش در هجدهمین سـالگرد تولـدش بـه او هدیـه داده بـود. پس از اینکـه پـدرش او را از خانه بیرون رانده بود این شمشـیر یکـی از معـدود وسـایل مهمـش بـه حسـاب می‌آمد که بـه همراه خـودش آورده بـود و به عنـوان یک یـادگار ارزشـمند خانوادگـی از آن نگهـداری می‌کـرد. بـا وقـت زیـادی کـه همیشـه داشـت هـر زمان

تار

حوصله‌اش سر می‌رفت به تنظیف و تیز کردن شمشیر مبادرت می‌ورزید، تا جایی که تیغه‌ی بُرانش، برگه‌ای کاغذ را با یک حرکت آرام به دو نیم تبدیل می‌نمود. او همیشه شمشیر را بر دیوار اتاقش آویزان می‌کرد تا از دیدنش شاد شود و به یاد خانواده‌اش بیفتد. فرداد ناخودآگاه که برای دیگران و از جمله خودش غیرمنتظره بود شمشیر را بالا برد و در حالی که روی هوا می‌چرخاند از پله‌ها به طرف پائین سرازیر شد. تیغه‌ی شمشیرش در برابر تشعشع خورشید می‌درخشید و انعکاس نور تیغه بر عالم و آدم می‌تابید. او با فریاد انتقام که هرگز به گوش خودش هم نخورده بود به طرف صاحبخانه می‌رفت. اما قبل از اینکه به صاحبخانه برسد، فریاد چند جوان که در مقابل درب ساختمان ظاهر شده بودند، او را متوقف کرد.

«گوشته قربونی...، گوشته قربونی...!»

با شنیدن صدای جوانان، فرداد برای لحظاتی گیج شده بود. قدری طول کشید که او به منظور جوانان پی ببرد و بفهمد که آنها خبر توزیع گوشت قربانی را می‌دادند. با تعجب می‌دید که تقریباً همه به جز یک یا دو نفر، تمام جریان را فراموش کرده بودند و به دنبال دریافت گوشت قربانی با عجله از درب ساختمان بیرون می‌رفتند. حتی مادر و خواهرزاده‌های پری هم رفته بودند. حالا فقط زوج پیر، دو تن از سالخوردگان از کار افتاده، حاجی مراد، مرد چماقدار، فرداد با شمشیری که در هوا ثابت مانده بود و عبدالله که هنوز بالای پله‌ها قرار داشت در محیط خارجی ساختمان حضور داشتند. فرداد که از این جریان غیرمنتظره ناخشنود بود زیرلب زمزمه کرد:

«هر وقت می‌خوای یه تکونی بخوری و آدم بشی، این شکم لعنتی جلوتو می‌گیره...، کارد بخوری ای شکم...!»

در داخل اتاق، پری و رکسانا عصبانی و مضطرب به سمت بیرون خیره شده بودند و در خود می‌سوختند، خصوصاً وقتی دیدند حاجی مراد دوباره به جان پیرمرد افتاد و با همراهی مرد چماقدار او را به باد کتک گرفت. پیرمرد به درون آب حوض سقوط کرد اما هنوز در زیر کتک‌های آنها دست و پا می‌زد. چیزی نمانده بود که پری از شکل زندگی مخفیانه بیرون بیاید و به کمک پیرمرد بیچاره بشتابد. در حالی که در دستی هفت‌تیر داشت با دست دیگرش می‌خواست درب را باز کند اما با دیدن عبدالله از حرکتش باز ماند. با تعجب می‌دید که عبدالله به یکباره در صحنه ظاهر شد و دست حاجی مراد را از پشت گرفت. چشمان عبدالله و حاجی مراد لحظاتی در هم قفل شد. حاجی مراد از چشمان خون‌آلود عبدالله به وحشت افتاد، خصوصاً که برای اولین بار او را می‌دید. قنداق هفت‌تیر عبدالله آنچنان بر پیشانی حاجی مراد کوبیده شد که او هم مثل پیرمرد به داخل حوض سقوط کرد و با آب یکی شد.

مرد چماقدار به طرف عبدالله حرکت کرد اما شمشیر فرداد در هوا نمایان شد و با یک حرکت برق‌آسا بر روی دست او فرود آمد و ضمن اینکه چماق از دستش افتاد، خون از دست مضروبش فوران زد. شمشیر فرداد زیر گلوی نوچه‌ی صاحبخانه نشست و جرات حرکت را از او گرفت. نوچه از مشاهده‌ی هفت‌تیر عبدالله و شمشیر فرداد چیزی نمانده بود که خود را خراب کند. با ترس و لرز عقب‌نشینی کرد و تماشا را بر جنگ و جدال ترجیح داد. عبدالله چند ضربه‌ی دیگر بر سر و صورت حاجی مراد وارد کرد. پیرمرد مستاجر در داخل آب حوض با خوشحالی نظاره‌گر صحنه بود. عبدالله شمشیر را از فرداد گرفت و به سمت پیرمرد دراز کرد.

«طبیعت مسیر خودشو طی می‌کنه و به هر انسانی شاید فقط یک بار فرصت میده که حق خودشو طلب کنه، این بار نوبت شماست، شاید هرگز فرصت دیگه‌ای پیدا نکنی...!»

پیرمرد به شمشیر خونین نگاهی انداخت. شمشیر را از دست عبدالله گرفت و در بالای سر حاجی مراد ایستاد. او گیج و منگ در آب دست و پا می‌زد. پیرمرد شمشیر را بالا برد و به حاجی مراد خیره شد. حاجی مراد جرات حرکت نداشت. سکوت محض حکومت را به دست گرفت. همه چشم‌ها به پیرمرد بود تا به تلافی کتک‌هایی که خورده بود دمار از روزگار حاجی مراد درآورد. حاجی مراد که تا چند لحظه‌ی پیش، به مانند شمر ذی الجوشن جولان می‌داد حالا مثل یک موش ترسو خود را در آب جمع کرده بود. پیرمرد در میان تعجب همه، شمشیر را به آرامی پائین آورد و بر روی لبه‌ی حوض گذاشت.

«خدا تو این دنیا که به فکر ما نبود، من نمی‌خوام اون دنیارو هم با انتقام از خودم بگیرم....، بدی‌رو با بدی جواب دادن رسم خدا نیست....، ارزششو نداره.... من از حق خودم گذشتم....، اما من ضامن خدا نیستم...»

پیرمرد از حوض بیرون آمد و به طرف عیالش رفت. مشغول جمع‌آوری اسبابهایش شد. صاحبخانه که از ترحم پیرمرد شوکه شده بود در آب نشست و سرش را به شکرانه‌ی زنده بودن به سمت خدای آسمان بالا برد. اما در بالای سرش، تیغه‌ی شمشیر فرداد را در میان تشعشع آفتاب می‌دید و عبدالله که شمشیر را در دست داشت و با نگاهی آمیخته با خشم و نفرت به او خیره شده بود. سپس پای عبدالله بر روی سینه‌اش نشست و او را به زیر آب فشار داد. حاجی مراد برای نجات جانش به تکاپو افتاد و خود را از زیر دست و پای عبدالله بیرون کشید. بعد هم فریاد و سر و صدایش بلند شد. عبدالله که خون جلوی چشمانش را گرفته بود هفت‌تیرش را کشید و یک گلوله در مغزش خالی کرد. صاحبخانه در آب غلتید. آب حوض با خونش رنگین شد. طولی نکشید که جسم حاجی مراد از جنب و جوش باز ایستاد. انگار خدا صدایش را نشنیده بود و تشکر از خدا هم فایده‌ای نداشت. همه گیج و گنگ به جنازه‌ی بیجان صاحبخانه خیره شده بودند.

بـا شـلیک گلولـه‌ی عبـدالله همـه چیـز عـوض شـده بـود. آنهـا خـوب می‌دانسـتند بـا شـنیدن صـدای گلولـه اگـر هـم آدم‌هـای سـعید کـه سـر کوچـه کشـیک می‌دادنـد، وارد عمـل نمی‌شـدند، پلیس‌هـای دیگـر بلافاصلـه اقـدام می‌کردنـد. اما مـزدوران سـعید برای آنها خطر بیشـتری داشـتند.

«رفیق باید در ری...!، باید قایم شی...!، آخه گوله چرا در کردی...؟!»

عبـدالله بـا شـنیدن صـدای فـرداد بـه خود آمـد و به طـرف او برگشـت. در حین همیـن حرکت، نگاهـش بـه پنجـره‌ی اتـاق فرداد افتاد. پری و رکسـانا را در پشـت پنجـره اتاق دید که ماتشـان برده بـود. پـری بـا شـلیک گلولـه و کشـته شـدن صاحبخانـه، هـاج و واج پـرده را کمی بیشـتر بـاز کرده بـود و همیـن هـم موجـب شـد عبـدالله آنهـا را ببیند. عبـدالله با دیـدن پری معطـل نکرد و بـا عجله بـه سـمت اتـاق فـرداد راهی شـد. دیگـر دلیلی بـرای آنها باقـی نمانده بود کـه خود را مخفـی کنند. فـرداد کـه از ایـن کار عبـدالله چنـدان خرسـند نبـود بـا اعتـراض و در حالـی کـه بـه سـمت اتاقش می‌رفـت صدایـش بلند شـد:

«گیـره عجـب دیونـه‌ای افتادیـم!، آخه مرد حسـابی مگـه تو هم لولـی...؟ به جای اینکـه از قفس در ری خودتـو کـردی تـو قفس...، کـه مارو به کشـتن بدی...؟"

در داخـل اتـاق فـرداد، نگاه‌هـای پری و عبدالله که هر دو اسـلحه به دسـت داشـتند در هم قفل شـده بود. فرداد وارد شـد و لحظه‌ای بـه آنها زل زد.

«الان مثلـه مـور و ملـخ می‌ریـزن اینجـا و همـه‌ی مـارو کـت بسـته می‌بـرن اونجایـی کـه عرب نـی انداخـت...، خـوب رفیقـی هسـتی خوب!، تـو که مارو داری به کشـتن میـدی، حالا اگـه یه دفعه می‌کشـتنمون بـد نبـود، بدیـش اینـه که اونجا مـواد پیدا نمیشـه و از بی‌خمـاری می‌میریـم...، خب تـو کـه دسـت بـه گولـه درکردنـت بـد نیسـت، خـب یـه گولـه هم همـون بیـرون بـه ما مـی‌زدی و خلاصمون می‌کـردی...!»

بـا حرف‌هـای فـرداد، پـری بـه خـود آمـد. چاره‌ای نداشـت مگـر اینکـه به عبـدالله اعتمـاد کند. یقیـن داشـت کـه اگـر عبـدالله را جـا می‌گذاشـت حتمـاً او توسـط سـعید گیـر می‌افتـاد و در زیـر شـکنجه آنهـا را لـو مـی‌داد و در آن صورت بـرای مادرش گران تمام می‌شـد. می‌دانسـتند که خروج از درب خانـه امـکان نداشـت و تنهـا راه فرارشـان از طریـق نردبـان بود. پـری و به دنبالش رکسـانا و بـا اشـاره‌ی پـری، عبـدالله هم وارد پسـتو شـد. پری پنجـره را باز کرد و از خدا خواسـت که سـوفیا یکبـار دیگـر بـه کمـک آنها بیایـد و دوسـتی‌اش را ثابت کند. سـوفیا دوسـتی‌اش را ثابت کـرده بود. نردبـان در پـای دیـوار قـرار داشـت. سـوفیا بـا شـنیدن صدای شـلیک گلوله به درسـتی حـدس زده بـود کـه منبـع صـدا بایـد از سـمت خانـه‌ی مادر پـری باشـد و احتمـال می‌داد کـه آدم‌های سـعید بایـد مخفیـگاه آنهـا را پیدا کرده باشـند.

پری اول رکسانا را پایین فرستاد و بعد خودش و به دنبالش عبدالله از نردبان پائین رفتند. عبدالله نردبان را برداشت و با راهنمایی پری آن را در زیر جایگاهی که همیشه مخفی می‌کردند قرار داد. همه به سمت داخل خانه‌ی سوفیا ناپدید شدند. اما فرداد در اتاقش ماند و تصمیم گرفت با مواد مخدر خود را از خود بیخود کند. مادر پری و نوه‌هایش به همراه مستاجران دیگر وارد شدند و در حالی که همه گوشت قربانی به دست داشتند با حیرت به جنازه‌ی خون‌آلود حاجی مراد خیره شدند که در آب حوض شناور بود. نوچه‌ی حاجی مراد هم از ترس، فرار را برقرار ترجیح داده بود تا گیر قانون نیفتد. مادر پری بسیار نگران بود. می‌دانست پری یک جوری با این ماجرا ارتباط داشت. هر چند پری به او چیزی نگفته بود اما یک حسی به او می‌گفت که پری و رکسانا توی اتاق فرداد مخفی بودند. بنابراین با احتیاط به طرف اتاق خود رفت.

در یک چشم بهم زدن حیاط از آدم‌های سعید و دیگر نیروهای پلیس پر شده بود و اتاق به اتاق را می‌گشتند. آنها از هیچ کوششی برای ترساندن ساکنین و گرفتن اطلاعات خودداری نمی‌کردند. اسباب و اثاثیه‌های مستاجرین به هر طرف پخش و پلا می‌شدند. گوشت‌های قربانی حرام همه شده بود و در آن لحظه به تنها چیزی که فکر نمی‌کردند گوشت قربانی بود. سعید جستجوی اتاق مادر پری را برای خودش گذاشته بود. با چند تن از مردانش وارد شد و آنها به تجسس مشغول شدند و اثاثیه‌ی خانه را به هم ریختند. مادر پری نوه‌های مضطربش را در آغوش گرفته بود و از آنها محافظت می‌کرد. درست مثل پری، مادر از آن بیدها نبود که با این بادها بلرزد. دایماً هم با یک نگاه منزجرانه به سمت سعید خیره شده بود. اما سعید انگار نه انگار که مادر بهترین دوستش را می‌شناخت. او بارها نان و نمک این خانواده را خورده بود. بی‌شرمی و سنگدلی از وجود سعید می‌بارید. سعی می‌کرد به مادر پری نگاه نکند. مادر به این نکته می‌اندیشید و از خودش می‌پرسید که چطور این مرد، روزگاری دوست فرزندانش بود و چطور آدمها را آن جور که در قلبشان هست نمی‌شد دید و شناخت تا مادامی که از جلد خود بیرون بیایند و ذاتشان را نشان دهند.

دقایقی بعد، سعید وارد اتاق فرداد شد. تمام اتاق بهم ریخته و اثاثیه درب به داغان بود. فرداد بر روی مبل کهنه‌ای دراز کشیده بود و تقریباً با جسمی نیمه‌جان داشت از حال می‌رفت. قبل از اینکه آنها به اتاقش حمله کنند مقداری تریاک داشت که باید از شر آنها خلاص می‌شد تا گیر نیفتد. از آنجایی که دلش نمی‌آمد تریاک‌ها را دور بریزد و زمانی هم برای کشیدن نداشت، تریاک‌ها را خورده بود. هر چند مقدار تریاک‌ها زیاد نبود اما امکان داشت به مرگش بیانجامد. فقط گذشت زمان مشخص می‌کرد چه بلایی سرش می‌آمد. سعید لگد محکمی به فرداد زد. فرداد به سختی می‌توانست چشمانش را باز کند. سعید به سمت

پستو رفت و از پنجره به طرف بیرون نگاه کرد. انگار در حیاط خانه‌ی سوفیا به دنبال نشانی از پری و رکسانا می‌گشت. پرنده در حیاط پر نمی‌زد . فقط گوشه‌ی از نردبان دیده می‌شد. قبل از اینکه فکری به ذهن سعید خطور کند صدای فرداد که به سختی تکلم می‌کرد، بلند شد:

«من اون پدرسگه بی‌دین‌و کشتم...!، تنها کار درستی بود که تو عمرم کردم...!»

اما چه کسی می‌توانست حرف‌های نامفهوم یک معتاد را باور کند. سعید، وقتی هم نداشت که برای ادعای فرداد هَدر دهد. سعید فقط به دنبال یافتن پری، رکسانا و سیروس بود. در حالی که آنها از اتاق خارج می‌شدند فرداد به زمزمه‌اش ادامه می‌داد:

«ببین این تریاک لعنتی چی به سر آدم میاره...؟!، اعتراف به قتلم که می‌کنی جزو آدمها حسابت نمی‌کنن...، بابا من آدم کشتم...، آدمکُشم...، قاتلم...، منو ببرید...، نه خیر وقتی که آدم نیستی نیستی دیگه...، بهتره سر بزاری و بمیری...!»

آخرین نفر هم از اتاق خارج شد.

*****

با کمک سوفیا، عبدالله در عرض چند دقیقه به حجاب اسلامی زنانه ملبس شد که هویت خود را از پاسداران اسلام پنهان کند. قبل از اینکه شوهر سوفیا برگردد هر سه نفر با احتیاط از درب خانه بیرون رفتند. در سایه‌ی دیوار و مثل گربه‌هایی که با پاهای سبک وزن بر روی مروارید سفید و براق راه می‌رفتند، به طرف سر کوچه حرکت کردند. به محض اینکه به خیابان شلوغ رسیدند فریاد همان جوان‌های مخبر گوشت نذری، توجه‌شان را جلب کرد. تقریباً در پنجاه متری آنها مرسدس بنز سیاه رنگی پارک بود و مردم برای گرفتن گوشت قربانی به دورش جمع بودند. خود را با جمعی که با عجله به سمت مرسدس سیاه می‌رفتند، قاطی کردند که از دید پاسداران متجسس پنهان نگه دارند. به مرسدس رسیدند. زنی با لباس اسلامی در ماشین نشسته بود و با دستکش‌های تیره، بسته‌های کوچک گوشت قربانی را از پنجره به دست مردم می‌داد. راننده هم در کنار مرسدس ایستاده بود و عکس‌های خمینی را در بین مردم پخش می‌کرد. مردم برای دریافت گوشتی ناچیز سر و دست می‌شکستند. مشخص بود که بسیاری از فقر رنج می‌بردند و در تامین معیشت خود مشکل داشتند.

دست کوچکی دست رکسانا را لمس کرد. رکسانا بلافاصله با وحشت برگشت و دختر بچه‌ای را در جلوی خود دید که به او خیره شده بود. در دستی عکس خمینی و در دست دیگر یک بسته‌ی گوشت قربانی را به همراه داشت.

«کدوم‌و میخوای؟، عکس یا گوشتو...؟»

اما دختر بچه معطل نشد تا رکسانا تصمیم بگیرد. عکس خمینی را به رکسانا داد و با بسته‌ی گوشت دوان‌دوان از او دور شد. پری دست رکسانا را که ایستاده بود و به رفتن دختربچه نگاه می‌کرد، گرفت و کشید. رکسانا به خود آمد و به دنبال پری به راه افتاد. پری و رکسانا هنوز عبدالله را زیر ذره‌بین گرفته بودند و به او اعتماد کامل نداشتند، خصوصاً وقتی می‌دیدند که با رفتار و طرز راه رفتن زنانه آشنایی نداشت. نگران شدند که حضور او فقط آنها را به دردسر می‌انداخت. پری به رکسانا اشاره کرد و کمی از او فاصله گرفتند. دوان‌دوان خود را به یک تاکسی رساندند که با یک نیش ترمز هنوز کاملاً متوقف نشده بود. جفت‌شان سوار تاکسی شدند و پری از راننده خواست که سریعاً حرکت کند. راننده از آیینه‌ی عقب، عبدالله را می‌دید که در پوشش زنانه مثل مردان پشت تاکسی می‌دوید. اما تاکسی از او فاصله گرفته بود.

چند خیابان دورتر، راننده‌ی تاکسی در ترافیک سنگین تهران اعصابش بهم ریخته بود و به خاطر اشتباه خودش که جلوی یک اتومبیل شخصی پیچیده بود سر راننده‌ی شخصی داد می‌زد. به نظر می‌رسید اعصاب همه درب و داغان بود و همه در لبه‌ی پرتگاه و به دنبال انتقام بودند. تاکسی در ترافیک شلوغ متوقف شد و راننده به غُر زدنش ادامه داد. در تمام این مدت پری متفکرانه به رکسانا خیره شده بود و نگاه از او برنمی‌داشت. به محض اینکه چراغ سبز شد و تاکسی به راه افتاد، پری فی‌الفور از تاکسی بیرون پرید و درب را بست. حرکتش آنچنان سریع بود که راننده فرصت توقف نداشت. از آنجایی هم که چراغ سبز بود و در وسط چهارراه قرار داشت نمی‌توانست توقف کند. رکسانا هم بلافاصله درب تاکسی را باز کرد که به دنبال پری پیاده شود اما ناچاراً از بوق اتومبیلی که به موازات آنها حرکت می‌کرد درب را بست. صدای راننده‌ی تاکسی هم بلند شد و حالا با خشمی دوچندان سر رکسانا فریاد کشید:

«دره لامذهب‌و ببند...!»

رکسانا همچنان که دستگیره‌ی درب را به دست گرفته بود با تعجب، به پری نگاه می‌کرد که او را گم نکند. راننده‌ی تاکسی پس از رد کردن چهارراه با عصبانیت ترمز زد. رکسانا منتظر توقف تاکسی نماند و با عجله پیاده شد. به سمتی که پری دوان‌دوان دور می‌شد، می‌دوید. بدون احتیاط از لابه‌لای ماشینها زیگزاگ می‌رفت و به بوق و فریاد راننده‌ها توجهی نمی‌کرد. رکسانا سریعاً خودش را به طرف دیگر خیابان رساند و به دنبال پری سراسیمه دوید. سرانجام او را در بین جمعیت دید و خودش را به وِی رساند. از پشت سر پری را گرفت و متوقف کرد.

«چرا می‌خوای از شره من خلاص شی؟!»

پری بی‌تاب، نگران و پریشان دست رکسانا را گرفت و او را به طرف کوچه‌ی خلوتی برد. صدایش بلند شد. به سختی می‌توانست تکلم کند:

«چرا نمی‌خـوای بفهمـی؟ بـودن بـا مـن یعنـی بمـب سـاعتی بـه خـودت بسـتن...!، جونت هر لحظـه در خطـره...، کشـته شـدن تـو آخریـن چیزیـه کـه مـن می‌خـوام شـاهدش باشـم، خواهـش می‌کنـم...، بایـد مـن‌و ول کنـی...!»

پری قصد داشت از کوچه خارج شود اما فریاد رکسانا او را متوقف کرد:

«تـورو ول کنـم، بعـد کجا بـرم...؟ کجـارو دارم کـه بـرم...؟، مـن جـز تو هیچ کسـی‌رو نـدارم...! هیـچ کـس و هیچ جـا...!»

«برگـرد آمریـکا، وقتـی آبها از آسـیاب افتـاد بابات میاد پیشـت، خواهش می‌کنم راکسـی برگرد، برگـرد...، جونت مهمتر از دیـدن پدرته...!»

قبـل از اینکـه پـری از کوچـه بیـرون بـرود صـدای رکسـانا دوبـاره او را متوقـف نمود. رکسـانا با ناامیـدی زمزمـه کرد:

«مـن نمی‌تونـم برگـردم آمریکا، پاسـپورتم هنوز دسـتِ سـاواکه...، سـفارتی هم وجود نـداره که مـن پاسـپورت بگیـرم، هیـچ جـا بـرای رفتـن نـدارم، حتـی نمی‌تونـم یه اتـاق تویـه متل بگیـرم که شـب‌و سـر کنـم...، من خونـه به دوشـم...!»

پری کلام او را قطع کرد:

«رکسـانا، گوشـاتو بـاز کـن، ایـن مبـارزه‌ی تـو نیسـت، قبـل از اینکـه خیلی دیـر بشـه و جونتو واسـش بـزاری خواهـش می‌کنـم بـرو...، برگـرد، بـرو سـفارت سـوئیس...، اونهـا کمکت می‌کنـن...!»

پری حرکت کرد و رکسانا به دنبالش راه افتاد.

«ایـن بـه همـون انـدازه‌ای که مبـارزه تو، پـدرم و سیروسـه، مبارزه‌ی منم هسـت...، من از شـما جـدا نیسـتم و خـون منـم رنگین‌تر از خون شـما نیسـت...!»

«راکسـی چـرا نمی‌خـوای بفهمـی...؟، بـودن تـو بـا مـن بـرای هـر دومـون خطرناکه...، مـن مثه بمبـی هسـتم کـه هـر آن ممکنـه منفجـر شـه و هر کسـی اطرافـم باشـه رو میکشـه...، من نـادرو از دسـت دادم، نمی‌خـوام مـرگ تـورو ببینـم...، منـو ول کـن...، دنبـال من نیـا...!»

پـری از کوچـه بیـرون رفـت و با عجله سـوار یک تاکسـی شـد. تاکسـی حرکـت کـرد و از مقابل دیـدگان رکسـانا دور شـد. حالا رکسـانا احسـاس درماندگـی می‌کرد. با اینکه تاکسـی مدتـی بود که از مقابـل چشـمانش ناپدیـد شـده بـود امـا او هنـوز به سـمتی که تاکسـی رفته بـود نگاه می‌کـرد. با یـک حـس ناامیـدی در کنـار دیوار نشسـت. نمی‌دانسـت بـه کجا بـرود و یا به چه کسـی پنـاه ببرد. هرگـز در یـک چنین احسـاس تنهایـی، وحشـت و ناامیدی گرفتار نشـده بود.

*****

فصل ۳۲

هنگامی که زندانی عقاید و اعمال خود می‌شوی...

تاکسی در چند صد متری سفارت سوئیس متوقف شد. رکسانا که در صندلی عقب نشسته بود به چند پاسدار مسلح که در اطراف سفارت پخش بودند و رفت و آمد به سفارت را زیر نظر داشتند، خیره شده بود. پس از تصرف و بسته شدن سفارت آمریکا، سفارت سوئیس در آن زمان حافظ منافع آمریکا شده بود و به نیاز شهروندان آمریکایی رسیدگی می‌کرد. رکسانا قصد داشت وارد سفارت سوئیس شود و از آنها برای برگشت به آمریکا وشاید هم راهنمایی کمک بگیرد. راننده منتظر بود که او پیاده شود. درست وقتی که درب را باز کرد تا پیاده شود چشمش به مرد میانسالی افتاد که در پیاده‌رو با احتیاط به طرف سفارت می‌رفت. چشم آنها برای چند لحظه به هم افتاد. رکسانا به همین علت برای لحظاتی از پیاده شدن منصرف شد و با نگاهش مرد را دنبال کرد. ناگهان افرادی که لباس شخصی به تن داشتند به مرد میانسال که انگار تمام تلاشش را کرده بود تا شکل و شمایلش را عوض کند حمله‌ور شدند و او را محاصره کردند. چند تن از پاسداران هم به آنها پیوستند. صدای راننده که متوجه‌ی رکسانا شده بود بلند شد:

«به در سفارت نمیرسی...، اونها میگیرنت...، همه جا پخشن...!»

درب تاکسی بسته شد و راننده حرکت کرد. طولی نکشید که تاکسی در مقابل یک کتاب فروشی با نام کامران توقف کرد. کتاب فروشی در شمال تهران و در خیابان وزرا قرار داشت. کامران، صاحب کتاب فروشی، دوست صمیمی سیروس بود. رکسانا به همراه سیروس دفعاتی با وی ملاقات داشت. او تا اندازه‌ای می‌توانست به انگلیسی و فرانسه صحبت کند. کمی چاق بود و عینک نسبتاً کلفتی هم می‌زد. مطالعات زیادی داشت و قبل از انقلاب خبرنگار ورزشی روزنامه اطلاعات بود. از هنر و بخصوص هنر سینما آگاهی بسیار داشت. او همیشه سیروس را آماج نقدهای منفی خود قرار می‌داد. البته نیت مغرضانه‌ای نداشت کما اینکه به‌طور خصوصی به رکسانا گفته بود که فقط قصد داشت سیروس دچار غرور و خود بزرگ بینی نشود و بر معلوماتش بیافزاید. رکسانا لحظاتی در تاکسی ماند و اطراف را خوب بررسی کرد. در داخل

کتاب فروشی هیچ خبری از کامران نبود. وقتی مطمئن شد که همه چیز امن به نظر می‌رسد و مورد مشکوکی وجود ندارد کرایه را پرداخت کرد و از تاکسی پیاده شد. به داخل کتاب فروشی رفت. مردی بلند بالا و سنگین وزن که ریش و سبیلی هم داشت از پستوی مغازه بیرون آمد و به او نگاه کرد. سعی داشت رکسانا را بشناسد. رکسانا قبلاً او را ندیده بود، بنابراین تصمیم داشت آنجا را ترک کند. اما مانده بود که به کجا برود. او جایی برای رفتن نداشت.

«کامران هست؟، من دوستش هستم...»

*****

باران در حال ریزش بود. رکسانا در یک شب خیس و غم‌انگیز در کوچه‌ای خلوت به دیوار سرد و نمناکی تکیه داده بود و برای اینکه از دید پاسداران در امان باشد در بین مقداری آشغال پناه گرفته بود. به کامران هم دیگر نمی‌توانست امیدوار باشد. آن طور که از همکارش شنیده بود کامران به خاطر مشکلات خانوادگی در خارج از تهران حضور داشت. سکوت و مرگ در پیرامونش سلطه می‌کرد. ناگهان صدایی به گوشش رسید:

«تو هم معتادی؟، شرم بر هر دوی ما، ببین، من که همیشه این جوری نبودم، اتفاقات ناگوار و غیرمنتظره به این روزم انداخت، آره، یه روزی ما هم آدم بودیم، احترام داشتیم...، اما مثل اینکه حالا دیگه هیچ کس ما رو نمی‌شناسه، خشونت زیاد...، می‌دونی گاهی خشونت و درد زیاد باعث میشه که خشونت و درد دیگه احساس نشه، و معنی نداشته باشه...»

صدا از پشت چند کارتون خیس مقوایی شنیده می‌شد. با احتیاط یکی از کارتونها را کنار زد. چشمش به یک مرد جوان افتاد که به نظر می‌آمد سی سال هم سن نداشت. لاغر اندام و معتاد. تکه نانی را که از قطرات باران خیس شده بود با دستی به سمت یک سگ سفیدی دراز می‌کرد اما سگه انگار سردش بود و حال خوردن نداشت. جوان معتاد ادامه داد:

«تنها رفیقیه که از دوران طلایی باهام باقی مونده...، همه ولم کردن...!»

به نظر می‌رسید آسمان تحت تاثیر درد و افسوس جوان معتاد، از خشم بر شدت بارش باران افزوده بود. جوان روی خود و سگش را با چند کارتون و هر چیز دم دستی دیگر پوشاند تا از شلاق باران در امان باشند، اما از روزنه‌ی ناچیزی به رکسانا خیره شده بود. رکسانا مات و مبهوت به عمق باران سرد و غمگین نگاه می‌کرد. انگار خاطرات گذشته‌اش را فراموش کرده بود. خاطراتش آنقدر قدیمی به نظر می‌آمدند که به شکل سیاه و سفید کمکم محو می‌شدند. حتی خاطرات مادرش مثل یک عکس قدیمی در حال اضمحلال بودند. اندوهش از یادآوری خاطرات نادر، پیتر و سیروس، تشدید شد و اشکش درآمد. احساس می‌کرد از درون خالی شده بود. در

تمنـای پیـدا شـدن سـیروس لحظه‌شـماری می‌کرد. سـیروس و پـدرش بارقه‌هایـی از امیـد بودند که او را از یـاس و مـرگ دور می‌کردنـد و بـه او انـرژی می‌دادنـد تـا زنـده بمانـد و بـه زندگی ادامـه دهد.

آن شـب بـه دلایلـی نامعلـوم توانسـته بـود بـا تمسـک بـه خاطـرات گذشـته بـه عمـق عشـق و تنهایـی پـی ببـرد. به یـاد مادربزرگش افتاد که رشـته‌کوهی از صبر و شـکیبایی بود. پیرزن، انگشـتر و گردنبنـدی را کـه از زمـان تولد او تهیه کرده بود سـال‌های سـال در صنـدوق جواهراتش نگهداری کـرد تـا بـه او هدیـه کنـد و بی‌آنکـه مایوس شـود بـه امیـد آمدنش منتظـر ماند تا سـرانجام به سـر منـزل مقصـودش رسـید. به یـاد عمو اکبرش افتـاد که مثل خداونـدگار امین از هدایـای مادربزرگش نگهـداری می‌کـرد. بـا یـاد حاجیـه خانـم، بی‌اختیـار لبخنـد بـر چهـره‌اش نشسـت. پیرزن بـه او که یـک دختـر آمریکایـی بیگانـه بـود پنـاه داد و به ماننـد فرزندانـش از او به گرمـی پذیرایی کـرد و به وِی عشـق ورزیـد. بـه یـاد مردانـی از تبار آزادگی افتاد. سـیروس و پـدر عزیزتر از جانش. انسـان‌های فـداکاری کـه زندگانـی خویـش را وقـف ملـت و میهـن کـرده بودنـد. بـه همـه‌ی آن افـرادی فکـر می‌کـرد که دوستشـان داشـت واکنون به آنها دسترسـی نداشـت. رکسـانا حـالا از این واهمه داشـت کـه مبـادا بـه افـراد دیگـری عشـق بـورزد و مثـل گذشـته تـک تکشـان را از دسـت بدهـد. برخلاف یـادآوری خاطـرات کودکـی کـه از کمبـود عشـق وتنهایـی بی‌پایانش رنج می‌بـرد، سـایر خاطرات به او عشـق و امیـدواری می‌بخشـید و در وجـودش آرامشـی برقـرار می‌کرد.

وقتـی بـه پـری و سـیروس می‌اندیشـید بـه ایـن نتیجـه می‌رسـید کـه جنـگ واقعـی آنهـا تازه آغـاز شـده بـود. مبـارزه‌ای که پیـش از انقلاب هـم به منظـور تحقق آزادی فـردی، برابـری و عدالت اجتماعـی دنبـال می‌کردنـد. امـا ایـن بـار در مقابـل یـک دشـمن بیرحـم، خشـن و خونخـوار قـرار داشـتند. دشـمنی کـه رکسـانا هـم می‌خواسـت در برابرش بایسـتد و در مبـارزه‌ی پری و سـیروس شـریک باشـد. حـالا بـا رفتـن شـاه بـا یـک حکومـت مسـتبد و خونخـوار سر و کار داشـتند که در جایجـای ایـران، آرامـش، امنیـت و تفنـن را از مردم سـلب می‌کرد. حـالا زندگی مبارزیـن راه عدالت وآزادی بـه شـماره افتـاده بـود. هـر آن احتمـال داشـت حصـار تلـخ جبـر و سانسـور بر سرشـان فرو بریـزد و آنهـا را در زیـر آوارش دفـن کند. اکنـون بزرگترین دغدغـه‌ی آزادیخواهان ایـن بود که جان خـود را حفـظ کنند.

بـرای آمریکایی‌هایـی کـه در ایـران باقـی مانـده بودنـد، زندگی سـخت وشـاید بسـیار خطرناک شـده بـود. رکسـانا بـه همیـن دلیـل بـا پوشـش وحجـاب اسـلامی در انـزوای کامـل به سـر می‌برد. تنهـا بـه کمـک سـیروس امیـدوار بـود. آرزو می‌کرد کـه او در ایـران حضور داشـته باشـد. زندگی در سـایه‌ی تهدیدهـای سـعید بزرگتریـن نگرانـی او محسـوب می‌شـد. شـهر در خـواب بود و بـاران هم بیرحمانـه بـر سـر و کولـش تازیانـه می‌زد . احسـاس می‌کـرد مثل یک حیوان در قفسـی بـزرگ گیر

افتـاده بـود. بـه چـاره‌ای نجـات بخش می‌اندیشـید. شـاید باید پـری را پیـدا می‌کرد حتـی اگر پری مایـل نبـود او در کنارش باشـد.

دو اتومبیـل کـه دارای سرنشـین‌های پاسـدار بود بر سـر کوچـه توقف کرد. قلب رکسـانا از رویت آنهـا بـه تپـش افتـاد وتـرس و لـرز بـر وجودش مسـتولی شـد. چند پاسـدار از ماشـین پیاده شـدند. رکسـانا محتاطانـه هـر چـه بیشـتر خـود را در زیر کارتون‌هـای خیس پنهـان کرد تا جایـی که دیگر نقطـه‌ی دیـدی نداشـت. می‌دانسـت که باید قوی باشـد. در سـکوت و سـکون مانده بود تـا مبادا نظر آنهـا را جلـب کنـد. صدایشـان را می‌شـنید کـه در حـال گفتگو بودنـد اما نه بـه اندازه‌ای کـه بتواند حرفشـان را بفهمـد. دقایقـی سـخت و طولانـی سـپری شـد تـا سـرانجام صـدای حرکـت اتومبیل‌ها برخاسـت و بـه تدریـج دور شـد. دیگـر خبـری از نور چـراغ اتومبیل آنها نبـود. به نظر می‌رسـید آنها رفتـه بودنـد و خطـر رفـع شـده بـود، امـا بـا این حـال رکسـانا چنـد دقیقـه‌ای بی‌حرکت باقـی ماند تـا مطمئـن شـود که تلـه‌ای در کار نباشـد. بـا احتیاط گوشـه‌ی کارتونی را برداشـت و به طرف سـر کوچـه نـگاه کـرد. از پاسـداران خبـری نبـود اما بایـد هر چـه زودتر یـک راه و چاره‌ای پیـدا می‌کرد. محـض اطمینـان کامـل در پیرامونـش چشـم چرخانـد. نگاهش به یک کیوسـک تلفن عمومـی افتاد و بر روی آن فیکس شـد. باران کیوسـک تلفن را به رگبار بسـته بود. رکسـانا در افکارش غرق شـد. بـا دیـدن کیوسـک تلفـن ناخـودآگاه امیدوار شـده بود. بـه جسـتجو در جیب‌هایش پرداخـت. طولی نکشـید کـه در لابـه‌لای کاغذهـای خود، تکـه کاغذی را پیـدا کرد. بـر روی متن کاغذ کـه با قطرات بـاران داشـت خیـس می‌شـد نظر دوخـت. چشـمانش به طرف کیوسـک تلفـن عمومی برگشـت که در زیـر نـور چـراغ بـرق خیابـان تـک وتنها بود. می‌دانسـت چـاره‌ای نداشـت مگر آنکه ریسـک کند.

لحظاتـی بعـد، بـا تـرس واحتیـاط در کـف کیوسـک تلفـن نشسـته بـود تـا قابـل رویـت نباشـد امـا گوشـی تلفـن در زیـر گوشـش زنـگ می‌خـورد. کیوسـک از پایین‌تنـه‌ی فلـزی واز پنجره‌هـای شیشـه‌ای مشـبک در بالاتنـه تشـکیل شـده بـود. نـوای بـاران وصـدای برخـوردی کـه بـا کیوسـک داشـت بـا هم قاطی شـده بـود و گاه دلنشـین و گاهـی خوفنـاک به گوش می‌رسـید. صـدای دوریان مک‌گـری از داخـل گوشـی تلفـن شـنیده می‌شـد:

«الو... الو...!»

درسـت وقتـی که دوریان قصد داشـت گوشـی را بگـذارد صدای ضعیف و خسـته‌ی رکسـانا بلند شـد و زمزمه کرد:

«منـو یـادت میـاد؟ شـماره‌ی خودتـو روی پله‌هـای سـفارت بِهـم دادی...، مـن تـو یـه وضعیتِ خیلـی بـد وخطرناکـی گیـر افتـادم...، کمـک می‌خـوام...!»

دوریـان احتیـاج بـه فکـر کردن نداشـت. حـدس می‌زد کـه صاحب صدا چه کسـی می‌توانسـت

باشـد. او هرگز رکسـانا را فرامـوش نکرده بود.

«راکسی کجایی...؟»

هـر چنـد بـاران بی‌امـان می‌باریـد امـا بـا زندگـی پیچیـده و پرتلاطمـی کـه دوریـان در ایـران داشـت بـاران مشـکلی بـه حسـاب نمی‌آمـد.

دوریـان بـه محـل ملاقات با رکسـانا رسـید اما هیـچ نشـانی از او نمی‌یافت. کیوسـک تلفن خالی بـود. بـه طـرف کوچـه‌ی خلـوت پیچیـد و بـر سـر کوچـه ایسـتاد و در زیـر نـور چـراغ اتومبیلش به جسـتجو پرداخـت. دفعاتـی چـراغ اتومبیـل را خاموش و روشـن کـرد تا اگر رکسـانا از تـرس مخفی شـده باشـد بـا علامـت او بیـرون بیایـد. اما انگار رکسـانا آب شـده بود و رفتـه بود زیر زمین. درسـت وقتـی کـه می‌خواسـت بـا دنـده‌ی عقـب از سـر کوچـه خـارج شـود در فاصلـه‌ی دوری از او، شـبح زنـی بـا حجـاب اسـلامی در مقابـل نـور چـراغ ماشـینش نمایان شـد که از بیـن کارتون‌هـای خیس وآشـغال‌های کنـار دیـوار کوچـه بیرون آمـده بود.

«راکسی...؟!»

صـدای دوریـان کـه از اتومبیـل پیاده شـده بـود به رکسـانا اطمینان داد کـه در مقابل نـور چراغ اتومبیـل او قـرار داشـت، بنابرایـن بـا قـوت قلب به سـمت دوریان رفت و سـوار شـد. اتومبیل از سـر کوچه دور شـد.

در داخـل اتومبیـل، تنهـا رگبار باران بود که به ماشـین برخورد می‌کرد وسـکوت را می‌شکسـت. دوریـان اسـعد و اکبـر مدتهـا بود کـه به دنبال رکسـانا می‌گشـتند. دوریان قبـلاً از فِرِد خواسـته بود کـه رکسـانا را پیـدا کنـد تـا بتوانـد او را بـه آمریـکا برگردانـد. هر چنـد حـالا او را پیدا کـرده بود اما بـه هدفـش نرسـیده بود، رکسـانا هنـوز در تهران حضور داشـت. او عمیقـاً با اوضاع و مشـکلات ایران درهـم آمیختـه بـود. در نظـر دوریـان، رکسـانا بـه یـک عروسـک خیمه شـب بازی شـباهت داشـت کـه از او سوءاسـتفاده کـرده بودنـد و حـالا مثـل یـک گوسـفند در صفی قرار داشـت که بایـد قربانی می‌شـد. امـا حـالا جـای شـکرش باقی بود کـه حداقـل می‌توانسـت رکسـانا را در پناه خـود بگیرد و قبـل از اینکـه بـه خاطـر دل پاکـش قربانی شـود، او را به آمریـکا بازگرداند.

دوریـان می‌دانسـت کـه از زمـان اولیـن ملاقات‌شـان، رکسـانا یـک راه طولانی را طی کـرده بود. راهـی کـه حـالا او را به عنوان یک دشـمن خطرناک حکومت در لیسـت سـیاه سـاوانا قـرار داده بود، بنابرایـن مصلحـت نمی‌دیـد کـه او را اسـتنطاق کنـد. آنچه کـه مهم بـود او حالا به فرشـته‌ی نجاتی شـباهت داشـت که باید رکسـانا را سـالم بـه آمریـکا برمی‌گرداند. دوریـان اولین سـوال بین‌المللیاش را بـه زبان آورد:

«پاسپورتتو داری...؟»

«ساواک هیچ وقت به من پسش نداد...!»

رکسـانا وقتـی پاسـخی از جانـب دوریـان دریافـت نکـرد، بـه طرفش برگشـت و بـه او نـگاه کرد. دوریـان بـه آیینـه‌ی عقـب خیره شـده بود. رکسـانا به پشـت سـرش نظر دوخت. چشـمش بـه چراغ گـردان یـک یـا دو اتومبیل پاسـدار افتاد کـه آنهـا را تعقیب می‌کرد و از آنها می‌خواسـت بیایسـتند. رکسـانا از مشـاهده‌ی آنهـا دچـار اضطـراب شـد اما می‌دید کـه دوریان خم بـه ابرو نمـی‌آورد و هیچ نگرانـی در او دیـده نمی‌شـود. بـه نظـر می‌رسـید خیلـی خونسـرد بـه این می‌اندیشـد که حـالا باید کـدام مهـره‌ی شـطرنج را حرکـت دهد. پاسـداران سـپاه به خشـونت و بی‌رحمـی مشـهور بودند، اما اتومبیل‌هـای آنهـا هیـچ نشـان و علامتـی نداشـت. یکـی از ماشـین‌های پاسـداران از آنهـا سـبقت گرفـت و دوریـان را مجبـور کـرد کـه توقـف کنـد. بـا توقـف دوریـان، اتومبیـل پاسـداران در پـس و پیـش ماشـین آنهـا قـرار گرفـت و راه آنهـا را مسـدود کرد. از هـر اتومبیل چند پاسـدار مسـلح پیاده شـد وآنهـا را محاصـره کـرد. مسلسـل‌های آنها به سـمت رکسـانا و دوریـان نشـانه رفته بـود. بدون اسـتثنا همـه ته‌ریـش گذاشـته بودنـد و یکـی دو نفـر هـم ژاکت سـبز ارتش آمریـکا بر تن داشـتند. دو نفـر بـه طـرف پنجـره‌ی دوریـان آمدنـد. یکی از آنهـا که مسـن‌تر بود و ژاکت سـبز ارتـش آمریکا بـر تـن داشـت و احسـاس خدایـی هـم می‌کرد با سـر اسـلحه ضرباتـی آرام به شیشـه‌ی پنجـره زد. دوریـان شیشـه را پاییـن کشـید. پاسـدار مسـن بـا تکبـر بـر روی زمیـن تف کـرد. تمام تـلاش خود را می‌کـرد تـا چهـره‌ای خشـن و رفتـاری تهدیدآمیـز و نامحترمانـه داشـته باشـد. سـایر نیروهـا بـه آن دو پاسـدار خیـره شـده بودنـد و بـا ایمـا و اشـاره گفتگـو می‌کردنـد. در واقـع ایـن شـیوه‌ای بود کـه بـرای بـه وحشـت انداختـن و ترسـاندن مظنونیـن خـود بـه کار می‌بردنـد. هـر چند با ایـن کار رکسـانا را بـه وحشـت انداختـه بودند امـا دوریان ایـن حقه‌ها را کهنه کـرده بود و بـر روی او تاثیری نداشـت. در حقیقـت اینهـا تکنیک‌هایـی بودنـد کـه او به روسـای آنهـا یـاد داده بود. دوریان داشـت از همـان تکنیـک بـر علیـه آنهـا اسـتفاده می‌کرد. تصمیـم گرفته بـود که اگر لازم باشـد تمام شـب را در اتومبیـل بنشـیند وآنهـا را در زیـر بـاران نگـه دارد تـا خـود به حـرف بیایند. بالاخره موفق شـد و پاسـدار مسـن کـه معلـوم بـود فرماندهـی آنهاسـت مجبـور شـد زبان بـاز کنـد. او دریافتـه بود که دوریـان بیـدی نبـود که با ایـن بادهـا بلرزد.

«آمریکایی!؟ دارید فرار می‌کنید...؟»

دوریان آرام لبخند زد و با زبان فارسی سخن گشود:

«بله، ما آمریکایی هستیم...، اما فراری نه...!»

پاسدار مسن با لحن مسخره‌آمیزی ادامه داد:

«آره! ؟ آمریکایی از سفارت آمریکا؟، مخفی شدید...؟»

دست پاسدار مسن به طرف دستگیره درب رفت تا درب را باز کند. درب قفل بود. همه به او خیره شده بودند و او به خاطر اینکه جلوی دیگران کنف نشده باشد دستش از پنجره به داخل رفت و درب را باز کرد.

«بیرون...!»

دوریان خونسرد به رکسانا اشاره کرد که پیاده نشود سپس به طرف پاسدار مسن برگشت وادامه داد:

«نه...، هیچ کس از این ماشین بیرون نمی‌یاد...، من میخوام یک چیزی رو از کیفم دربیارم، تو باید اونرو ببینی...، به من که شلیک نمی‌کنید...؟!»

رکسانا متعجب به دوریان خیره شده بود و می‌دید که دوریان منتظر جواب پاسدار نماند و کیفش را برداشت. او بی‌توجه به تمام اسلحه‌ها که به سمت او آماده‌ی شلیک شدند، برگه‌ی مکتوبی را از درون یک پاکت کوچک بیرون آورد که در داخل کیفش قرار داشت. نوشته‌ی برگه را از درون ماشین به پاسدار نشان داد.

«شاید شما باید این نوشته رو ببینی...؟!»

دست پاسدار مسن به طرف برگه رفت تا آن را بگیرد اما دوریان برگه را وِل نکرد وداخل ماشین نگه داشت. پاسدار هر چه سعی کرد نتوانست برگه را از دست دوریان بگیرد.

«شما نمی‌خواید که من دستم رو بیرون بیارم تا باران مهر امام خمینی شمارو بشوره...؟!، علاوه بر این امام شخصاً به من گفته که این نوشته رو به کسی ندم...، اگه مشکلی داری چطوره دنبال من به خانه‌ی امام بریم و خودت از اون سوال کنی...!»

پاسدار مسن پس از اینکه چشمش به مُهر خمینی افتاد و متن برگه را خواند به یکباره تمام رفتار و کردارش زمین تا آسمان نسبت به دوریان و رکسانا تغییر کرد. سپس دستور داد تا مسیر را برای عبور ماشین دوریان باز کنند. دوریان حالا مورد احترامش قرار گرفته بود وهمه‌ی آن مهاجمین و متخاصمین به محافظین او تبدیل شده بودند. سایر پاسداران و بخصوص رکسانا چون از متن نوشته خبر نداشتند از تغییر رفتار پاسدار مسن دچار تعجب شده بودند. نمی‌دانستند که خمینی در آن برگه نوشته بود که دوریان در هر نقطه از ایران چه دولتی و چه ملتی بدون هیچ مانعی اجازه‌ی رفت و آمد دارد. در زمانی که همه‌ی آمریکایی‌های ساکن در ایران خود را پنهان کرده بودند و از ترس و وحشت حتی حاضر نبودند خود را در روز روشن نشان دهند، دوریان مثل رئیس پلیس و بدون هیچ مشکلی در سطح شهر تهران رفت و آمد می‌کرد. در آن مقطع، پاسداران خمینی در جای‌جای شهر پخش بودند و هر فرد سواره و پیاده‌ی ایرانی و خارجی را نگه می‌داشتند و با توهین از آنها پرس و جو می‌کردند. دوریان

می‌دانست که هیچ‌کس جرات نداشت که به او نگاه چپ بیاندازد. البته هیچ یک نمی‌دانستند که دوریان چشم و گوش خمینی بود و خمینی بدون اجازه‌ی او آب هم نمی‌خورد. صدای پاسدار مسن خطاب به همکارانش بلند شد:

«اونها از خوده ما هستن، آزادن برن...» و بعد رو به دوریان کرد: «مادام ما شما رو اسکورت می‌کنیم که مانعی براتون پیش نیاد...»

دوریان سر به تایید تکان داد. رکسانا زبانش از تعجب بند آمده بود. می‌دید تمام پاسداران در ماشین‌های خود نشستند و دوریان هم شیشه‌ی پنجره را بالا کشید. حالا آنها در خیابانهای خلوت و بارانی تهران مثل روسای مملکت اسکورت می‌شدند. از چراغ قرمز که در باران می‌رقصید، بدون توقف عبور کردند. رکسانا یک دقیقه‌ای طول کشید تا به خود بیاید و پرسشگرانه زمزمه کند:

«شما تو این مملکت چه کارهای...؟!»

دوریان آنچنان در افکارش غرق بود که حتی صدای رکسانا را هم نمی‌شنید. رکسانا هم در انتظار پاسخ، به او خیره شده بود. دوریان مایل نبود تا در این مورد وارد صحبت شود. موضوعی او را رنج می‌داد و فکرش را مشغول کرده بود. می‌خواست قبل از اینکه به صورت جدی به نقطه‌ی خطرناکی برسد آن را با خودش حل کند. البته به نظر می‌رسید هیچ مشکلی نبود که دوریان قادر به حل آن نباشد. او یکی از بهترین نیروهای دوره دیده‌ی سازمان سیا بود، با این حال و به هر دلیلی که بود وقتی به رکسانا می‌رسید همه چیز برایش متفاوت می‌شد و او را درگیر احساسات عمیقی می‌کرد و این حالتی بود که موجب وحشت و نگرانی او می‌شد. دوریان می‌دانست که زندگی انسان به مویی بند بود و در یک لحظه می‌شد یک موقعیت آرام و آسان را به یک جریان خطرناک و فاجعه بار تبدیل کرد، مقوله‌ای که در مورد شرایط رکسانا بسیار صدق می‌کرد. رکسانا متوجه دوریان شد که با لبخندی ملایم به او نگاه می‌کرد وانگار از آن لحظه لذت هم می‌برد، اما بالاخره صدایش درآمد:

«حتما این جمله‌رو که مردها در مورد زنها میگن، شنیدی!، نه میشه بدون زنها زندگی کرد و نه میشه با اونها زندگی کرد!، نمونه‌ی بارزش منم...!، زنی که هیچ مردی نمیتونه بدونش و یا باهاش زندگی کنه...!، اما تنها کسی که نباید از بابت من نگران باشه تویی...، باید راهی پیدا کنیم که هر چه زودتر تو ایرانو ترک کنی...!»

اتومبیل دوریان در میان اسکورت پاسداران فاصله گرفت و در تاریکی خیابان ناپدید شد.

* * * *

دوریـان حولـه‌ای تمیـز برای رکسـانا آمـاده کـرد و از حمام خارج شـد. به طرف آشـپزخانه رفت تـا کمـی غـذا تهیه کند. می‌دانسـت که رکسـانا باید گرسـنه باشـد. رکسـانا با چشـمانی بسـته برای لحظاتـی زیـر دوش آب گـرم ایسـتاده بـود تـا کمـی آرامـش بگیـرد. بخـار آب گـرم فضـای حمام را پوشـانده بـود. رکسـانا از ضعف وخسـتگی ناچار شـد بر کف حمام بنشـیند و زانوهایـش را در آغوش بگیـرد. چشـم‌هایش بـاز شـد. در میـان قطـرات ریـزش آب و بخـار موجـود بـه آبـی کـه بـه سـمت کفشـور حمـام می‌رفـت خیـره شـده بـود. احسـاس می‌کـرد جریـان آب روایتگـر داسـتان زندگـی اوسـت. انـگار ماحصـل تمـام داشـته‌هایی کـه بـرای به دسـت آوردنشـان تلاش کـرده بود داشـت به درون کفشـور می‌ریخـت و از بیـن می‌رفـت. گمـان می‌کرد کـه تمام وقتـش را تلف کـرده بود. خود را موجـودی شکسـته و ناتـوان می‌دیـد. از خـودش شـرمگین بود. او در زندگی شکسـتی نداشـت اما حـالا تمـام ناکامی‌هایـش را در سـفر بـه ایـران تجربه کرده بـود. بی‌اختیار بـه یاد مـادر وکودکی‌اش افتـاد. دورانـی کـه در رفـاه و راحتـی رشـد کـرده بـود. از اینکـه بی‌موقع و قبـل از آنکه صابـون دنیا بـه تـنـش بخـورد در مورد پدر و مادرش قضاوت نادرسـتی داشـت احسـاس شرمسـاری می‌کـرد، اما در عیـن حـال بـه نقطـه‌ی خودسـازی هـم رسـیده بـود. به جایـی کـه می‌توانسـت مفید و سـازنده باشـد. امیـدوار بـود از تجربه‌هایـی کـه بـه آسـانی هـم به دسـت نیـاورده بود در مسـیر یـک زندگی جدیـد بـه کار ببـنـدد و بـه سـمت روشـنایی حرکـت کنـد. می‌دانسـت ندامـت و ناامیـدی بـا عقـل و منطـق مغایرت داشـت.

طولـی نکشـید کـه چنـد تکـه از لباس‌هـای دوریـان را بـر تـن کـرده بود. شـلواری جیـن و یک بلـوز راحتـی. وارد آشـپزخانه شـد. دوریـان بـا دیـدن لباس‌هایـش که بـه تن رکسـانا انـدازه نبودند و چنـدان هـم بـه چهـره‌ی او نمی‌آمدنـد، چـاره‌ای نداشـت کـه فقـط لبخند بزند. سـاعتی گذشـت. دوریـان و رکسـانا بـه خوردن شـام مشـغول شـدند. کباب و پلـوی ایرانی کـه به کمـک یکدیگر تهیه کـرده بودنـد. زندگـی طولانـی در ایـران آنهـا را به خـوردن غذاهـای محلی عـادت داده بـود. دوریان دوبـاره آنچـه را کـه در ذهن داشـت تکـرار کرد:

«تو باید هر چه زودتر ایران‌رو ترک کنی...»

«چطوری؟، من پاسپورت ندارم...!»

"بـه محـض اینکه گذرنامـه‌ی آمریکایی تو فرودگاه نشـون بـدی فوری دسـتگیرت می‌کنن...!» و بـا تاملـی ادامـه داد: «باید یـه گذرنامه‌ی کانادایی بـرات بگیرم...، خیلـی مطمئنتره...»

نگاه نگران‌کننده‌ای در رکسانا زنده شد.

«فکر می‌کنی بتونی کمک کنی که من برای یکبار هم که شده پدرمُو ببینم...؟»

و ایـن سـوالی بـود که دوریان نمی‌خواسـت از رکسـانا بشـنود، بنابرایـن او بایـد در اینجا صداقت

به خرج می‌داد و افکارش را با او در میان می‌گذاشت:

«می‌دونـم خیلـی آرزو داری کـه پدرتُـو ببینـی...، امـا دشـمنان پـدرت خیلی بیشتـر از گذشته شـدن...، بـودن تـو در اینجـا هـم بـرای تـو خطـر داره و هـم بـرای اون...، من گمـان می‌کنـم که ما قبـلاً در مـورد ایـن موضـوع صحبت کردیم...، دشـمنان پـدرت به محـض اینکه از وجود شـما اطلاع پیـدا کنـن بـرای از بیـن بـردن اون شمارو هـدف قرار میـدن...، بـرای نجات جـان خـودت و پدرت تـو بایـد فکـره دیدنِ اون‌رو از سـرت بیـرون کنی و هر چـه زودتر از ایـران خارج بشـی...، یک کلام، ختـم ایـن کلام...، ایـن برای هر دوی شما بهتـره...!»

فصل ۳۳
وقتی به اشتباه خود پی می بری که بسیار دیر شده و در آتش آن می‌سوزی...

زمان می‌گذشت و سیاست‌مداران کثیف و خودفروخته برنامه‌های مخفیانه‌ی خود را بدون در نظر گرفتن منافع و مصالح جامعه پیش می‌بردند. بحران گروگانگیری کارمندان سفارت آمریکا هنوز به عنوان موضوع داغ روز، حل نشده بود. همه می‌جنگیدند تا بر کرسی قدرت و مکنت بنشینند. تقریباً بدون وقفه هر روز ترور شخصیت‌هایی که رقیب یکدیگر بودند ادامه داشت و این جریان به فحاشی‌های مطبوعاتی هم کشیده شده بود. مذهبیون و گروه‌های چپ بیشترین ترورها را از طریق بمب‌گذاری و عوامل موتورسوار وابسته به خود انجام می‌دادند، اما هنوز هم یک کوچه در شمال تهران که بنام داراب معروف بود برای مبارزان کسب قدرت از اهمیت و علاقه‌ی بیشتری برخوردار بود. کوچه‌ای که خانه‌ی دوریان مک‌گرای در آن قرار داشت و رفت و آمدها به منظور جلب رضایت دوریان که ضامن قرابت و التفات خمینی بود صورت می‌گرفت.

چراغ‌های تیر برق که تقریباً در فواصل پنجاه متری از هم قرار داشتند کوچه‌ی داراب را روشن می‌کردند. اتومبیل‌ها در طرفین کوچه و در فاصله‌های مختلف پارک بودند. در برخی ماشین‌ها سرنشینانی وجود داشت که خود را از دید دیگران مخفی می‌کردند. جالب بود که بسیاری از همسایه‌ها از دوریان که در واقع مهم‌ترین ساکن کوچه بود چیزی نمی‌دانستند. آنها هیچ اطلاعی نداشتند که در جلسات شبانه‌ای که در منزل او تشکیل می‌شد تقریباً تمام تصمیمات آینده‌ی مملکت رقم می‌خورد و بر مردم ایران تحمیل می‌شد. امشب هم با شب‌های دیگر هیچ تفاوتی نداشت، فقط ترافیک داخل و خارج منزل دوریان غیرمنتظره سنگین بود. هر چند شرکت‌کنندگان تمام تلاش خود را می‌کردند که ساکت و ناشناخته به خانه رفت و آمد کنند اما در این شب بخصوص به علت تراکم رفت و آمد افراد، پنهان شدن چندان ساده نبود.

در چند صد متری منزل دوریان، آیت‌الله بهشتی در صندلی عقب اتومبیلی نشسته بود. اتومبیل در قسمت تاریکی از کوچه پارک بود که با نور تیرهای چراغ برق فاصله داشت. درون ماشین به خاطر شیشه‌ی دودی قابل رویت نبود. راننده هم سعی می‌کرد تا خود را مخفی نگه دارد. آیت‌الله بهشتی چشم از خانه‌ی دوریان برنمی‌داشت. بسیار هم ناراحت و عصبانی نشان

مــی‌داد. خــودروی آنهــا تنهــا خودرویــی نبــود کــه اوضاع خانــه‌ی دوریــان را زیر نظــر داشــت. تقریباً در صــد متــری آیــت‌الله بهشــتی، حســین و دوســتش در داخــل اتومبیلی نشســته بودند و بــه ورود و خــروج مراجعیــن خانــه توجه داشــتند. دوســت حســین دوربینی در دســت داشــت و گاهــی از برخی افــراد عکــس هــم می‌گرفــت. در اتــاق طبقــه‌ی دوم یــک خانــه کــه در روبه‌روی منــزل دوریــان قرار داشــت، چنــد مامور ســازمان ســیا اعــم از آمریکایــی و ایرانی با پیشــرفته‌ترین ســلاح‌ها جمــع بودند و یکــی از آنهــا در پشــت دوربینــی که از گوشــه‌ی پرده به ســمت خانــه‌ی دوریان زوم شــده بود همه چیــز را زیــر نظــر داشــت. آنهــا در آنجا مســتقر شــده بودنــد تــا در مواقع ضــروری بــرای محافظت از دوریــان اقــدام کنند.

ســاعت حــدوداً ســه نصف شــب بــود. درب کوچــه‌ی منزل دوریــان باز شــد و مراجعین خســته و کوفتــه از داخــل خانــه بیــرون آمدنــد و مثل دزدها در ســکوت و تانی ســوار اتومبیل‌های خود شــدند و کوچــه را تــرک کردنــد. در میــان آنهــا رفســنجانی، دکتر چمــران، قطب‌زاده و یــک زن ایرانی بنام ســودابه دیــده می‌شــد. ســودابه مُــلازِم بســیار نزدیــک دوریــان بــود. آیــت‌الله بهشــتی، کــه هنــوز در اتومبیــل خــود ســاکت نشســته بــود همه چیــز را زیر نظر داشــت. اتومبیل‌هــا یکی پــس از دیگری از کنــار او می‌گذشــتند و از کوچــه خــارج می‌شــدند. از چهره‌ی بهشــتی پیــدا بود که چنــدان از حضور آنهــا در منــزل دوریــان خوشــحال نبــود، زیــرا بعــد از خمینــی او بــه عنوان دومیــن قــدرت انقلاب از جایگاهــی برخــوردار بــود و ایــن جلســات بــدون اطلاع و حضور او تشــکیل می‌شــد.

*****

در داخــل منــزل، دوریــان آخرین جرعه‌ی شــراب خود را نوشــید و لیوان شــراب را داخل ســینک گذاشــت. بســیار خســته بــود. نگاهــش به طــرف اتاقی رفت کــه رکســانا در آن اســتراحت می‌کرد. در طــول زمانــی که رکســانا در منزلش به ســر می‌برد جلســه‌های خــود را دور از اتاق او تشــکیل می‌داد. فقــط ســودابه از وجــود رکســانا اطــلاع داشــت. دوریــان خســته بــه ســمت اتاق خــواب خــود حرکت کــرد. قبــل از اینکــه بــه اتاقش برســد صــدای زنگ خانــه او را متوقف کــرد. دوریان متفکرانــه به درب خیــره شــد. بــرای باز کــردن درب تردید داشــت. پــس از اینکه صــدای زنــگ و انتظــار مراجعه‌کننده ادامــه پیــدا کــرد، دوریــان حــدس زد کــه احتمالاً یکــی از افرادی کــه در جلســه حضور داشــت بنابر دلایلــی برگشــته بــود، بنابرایــن رفــت و درب را بــاز کــرد. با دیــدن آیت‌الله بهشــتی که در آســتانه‌ی درب ایســتاده بــود ناگهــان جــا خــورد وخســتگی‌اش دوچندان گشــت. ابروانــش را درهم کشــید و با ناخرســندی بــه او خیره شــد. انگار بهشــتی آخریــن فردی بود که دوریان می‌خواســت بــر روی زمین ببینــد. آیت‌الله بهشــتی از نشســت‌هایی کــه بــدون اطــلاع او در خانــه‌ی دوریان برپا می‌شــد بســیار عصبانــی بــود. او قــرار بــود به عنوان رهبــر ایــران جایگزین خمینی شــود و دوریان هم در زیر دســت

او کار کند، بنابراین بسیار شاکی بود که چرا بدون اطلاع او این جلسات در خانه‌ی دوریان که از زمان‌های قدیم با هم رابطه‌ی صمیمی داشتند برگزار می‌شد. او حالا آمده بود تا از علت این نشستها آگاه شود. بهشتی احتمال می‌داد که دوریان داشت به او خیانت می‌کرد و با وِی رو راست نبود.

«به نظر میاد من تنها کسی هستم که به خونه‌ی تو و به جلسات پنهانی اینجا دعوت نشدم...؟!»

آیت‌الله بهشتی بدون دعوت وارد خانه شد و درب را بست. دوریان می‌دانست که حق با او بود اما از آنجایی که نمی‌خواست با او سر این موضوع کلنجار برود سخنش را نشنیده گرفت. دوریان نگران بود که رکسانا با صدای بلند وخشم‌آلود بهشتی بیدار شود بنابراین سعی کرد تا او را از اتاق خواب رکسانا دور کند وهر چه زودتر هم از شَرش خلاص شود. با لفظی آهسته و ملایم، بهشتی را به سمت آرامش سوق داد. البته از قبل با رکسانا قرار و مدار گذاشته بود که اگر او در جلسه‌ای حضور داشت و یا فردی را ملاقات می‌کرد رکسانا باید در اتاقش می‌ماند و خود را از چشم همه پنهان می‌نمود تا هر چه زودتر او را به آمریکا می‌فرستاد. مهمتر از همه، دوریان نسبت به آیت‌الله بهشتی حساسیت خاصی داشت و حالا از حضور غیرمنتظره‌ی او ناراحت بود. او به هیچ وجه نمی‌خواست رکسانا از رابطه‌ی عاشقانه‌ای که آنها در گذشته داشتند آگاه شود. دوریان به خاطر شباهت‌هایی که در زندگی رکسانا و دخترش کاترینا وجود داشت به رکسانا اهمیت بسیاری می‌داد. جفتشان از پدران ایرانی بودند که به دلیل فعالیت‌های سیاسی، هیچ اطلاعی از آنها نداشتند. رابطه‌ی بهشتی و دوریان سالها بعد از زندگی زناشویی اسعد و لیندا اتفاق افتاده بود. رابطه‌ی عاشقانه‌ای که حالا در وجود دوریان به خشم وتنفر تبدیل شده بود. اما بهشتی برای اینکه در قدرت باقی بماند به دوریان نیاز مُبرمی داشت و این جدایی و گسستگی برای او قابل قبول نبود و می‌خواست این پیوند دوباره ادامه پیدا کند.

بهشتی بی‌درنگ بیان خشم‌آلود و بلندش را ادامه داد اما در عین حال آن را کنترل می‌کرد تا قهر دوریان را برنیانگیزد.

«چه اتفاقی افتاده که من دیگه غریبه شدم و غیرقابل اعتماد و به جلسات خصوصی شما دعوت نمیشم؟ وقتی که ما همه می‌دونیم که طبق قرارهای قبلی با واشنگتن هر چه زودتر من باید قدرت‌رو از این خمینی پیره خرفتِ خر تحویل بگیرم...!، خیال می‌کنی سفیر شما سالیوان با من بازی می‌کنه؟ من قبل از اینکه اون به آمریکا بره سه روز پیش با اون ملاقات کردم...!»

دوریان برای اینکه ذهن او را منحرف کند و از پاسخ دادن طفره برود کمی دامن خود را

تنظیـم کـرد و بـر روی چهـار پایـه‌ای در کنـار آشـپزخانه نشسـت و بـا لبخنـد معصومانـه و حـق به جانـب بـه او گوش سـپرد.

«مـا قبـلا صحبـت کردیـم و قـرار گذاشـتیم که چطـور خمینـی باید به قم بـره و فقط بـر اوضاع نظارت داشـته باشـه...، خمینی هم این رو قبول داشـت...، شـاید سـالیوان درسـت میگه، که خمینی واقعـاً وهـم ورش داشـته و خیـال می‌کنه که امام شـده...!؟»

بهشـتی لحظاتـی در انتظـار پاسـخ دوریـان مکـث کـرد امـا دوریـان در سـکوت هنـوز بـه ایـن موضـوع فکـر می‌کـرد کـه چگونـه از شـر او خلاص شـود. بهشـتی وقتی با عـدم پاسـخگویی دوریان روبه‌رو شـد ادامـه داد:

«آیا چیزِ دیگه‌ای پشت پرده جریان داره که من از اون بی‌اطلام؟"

البتـه ایـن تخصـص دوریـان بـود کـه بـرای جریان‌هـای غیرقابـل پیش‌بینـی کـه امکان داشـت اتفـاق بیفتد آمادگی داشـته باشـد. از دسـت خودش ناراحـت و عصبانی بود که در جریان جاسوسـی بهشـتی و شـاید عده‌ای دیگر قرار نداشـت. خود را در قبال این سـهل‌انگاری مسـئول می‌دانسـت و مصمـم بـود کـه بعـداً بـه این موضوع رسـیدگی خواهـد کرد، امـا در حال حاضر باید از شـر بهشـتی خـلاص می‌شـد. بـه نظـرش می‌طلبیـد که باید بهشـتی را در تاریکی شـب اما خرسـند و امیـدوار به خـارج از منزلـش بدرقـه می‌کـرد و از عهـده‌ی ایـن کار هـم برمی‌آمـد. دوریـان می‌دانسـت که عدم همـکاری بـا جِـف موجب نمی‌شـد که آنها نقشـه‌ی خـود را پیش نبرنـد، از طرفی خمینـی هم حالا از گروگانهـا بـرای ثبـات قـدرت خویـش اسـتفاده می‌کـرد، بنابرایـن باید نگران این مسـئله می‌بود کـه در ایـن جنـگ قدرت شـاید جـان گروگانهای آمریکایـی به خطـر میافتاد. در صورت بـروز چنین اتفاقـی او شـخصاً خود را مسـئول می‌دانسـت، زیـرا او بر روی خمینی بسـیار نفوذ داشـت و هر آنچه را کـه بـه او دیکتـه کـرده بـود درسـت از آب درمی‌آمـد بنابراین بـا توجه بـه اعتمادی که به دسـت آورده بـود مانـدن در کنـار خمینـی تقریبـاً و شـاید یقینـاً سـلامت گروگانهـا را تضمیـن می‌کـرد. از طرفـی اگـر آیت‌الله بهشـتی بـه قدرت می‌رسـید او باید هـر روز با وِی تمـاس می‌گرفـت و این برای او غیرقابـل تحمـل بـود. دوریـان از بهشـتی تنفـر داشـت. البتـه ایـن احتمـال هـم وجود داشـت که اگـر بهشـتی جانشـین خمینـی می‌شـد، به توافقـی کـه برخـی از جمهوری‌خواهان با خمینی بسـته بودنـد، پایبنـد نمی‌مانـد و ایـن امـر شـاید جـان گروگانها را که در دسـت طرفـداران خمینـی بود به خطـر می‌انداخـت بنابرایـن تـا زمانـی کـه از شـر بهشـتی خـلاص نمی‌شـدند او بایـد در ایـن خیال خـوش باقـی می‌مانـد که بـه زودی جانشـین خمینی خواهد شـد.

بـه محـض ایسـتادن دوریـان، بهشـتی بـر روی مبلـی نشسـت. آنها بـه خصوصیات هم آشـنایی داشـتند. بهشـتی، دوریـان را خیلـی خـوب می‌شـناخت و بـه سـادگی در دام حقه‌هـای او نمی‌افتاد.

«چرا تو با مجاهدین چندین نشست داشتی؟ چرا با آدم‌های مار صفتی مثل رفسنجانی، قطب‌زاده و دیگران در خفا ملاقات می‌کنی؟ چه صحبتهایی تو این ملاقات‌ها میشه که من توش غریبه‌ام؟، هدفت از این ملاقات‌ها چیه؟ چرا تو مخالف آزادی گروگانها هستی؟»

دوریان قبل از اینکه عذر بهشتی را بخواهد به یکی از نگاه‌های دوران طلایی رابطه‌شان متوسل شد تا بهشتی را گمراه کرده و با خود همراه کند. دوریان می‌دانست که بهشتی هنوز خاطر او را می‌خواست و آن روابط جنسی و عاشقانه از یادش نرفته بود.

«نصف شبه و منم خسته و کوفته‌ام، الان زمان زیر سوال بردن وفاداری یا شک به یکدیگه نیست.... ما همه توی یک تیم هستیم.... دیر وقته و منه خسته باید بخوابم.... ما می‌تونیم بعداً این صحبت‌هارو ادامه بدیم...!»

بهشتی از یک لیوان که بر روی میز کنار مبل قرار داشت قدری شراب سفید نوشید. از نوع نشستن و نوشیدن شراب معلوم بود خیال رفتن نداشت. دوریان به خونسردی و لبخند دوستانه‌ی خود ادامه داد.

«باید خونسردی خودت‌رو حفظ کنی...، وگرنه ما همه بازنده میشیم.... این چیز غیرعادی‌ای نیست که بعد از هر انقلابی همه برای به دست گرفتن قدرت تلاش میکنن، به حقه و نیرنگ دست می‌زنن، اما کسی برنده میشه که خونسردی خودشو حفظ کنه.... حرف منو می‌شنوی؟ هیچ چیز عوض نشده.... اگه سالیوان گفته شما جانشین خمینی هستی، پس این اتفاق میافته...، فقط باید خونسرد و صبور باشی...!»

به هر دلیلی که بود لبخندهای دوریان افاقه کرده بود اما نه در آن جهتی که دوریان می‌خواست. به یکباره تمام خاطراتی که بهشتی با دوریان داشت در ذهنش زنده شده بود. او را متوجه‌ی این واقعیت کرده بود که تمام رابطه‌های بیست و چند ساله‌شان همه و همه بر اساس دروغ، تزویر و ریا شکل گرفته بود. حتی آن عشق‌ورزی و روابط جنسی که سالها ادامه داشت همه بر اساس مصلحت‌کاری بنا شده بود. بهشتی جدا از دوریان، خود را هم خوب می‌شناخت. تجدید خاطرات ذهنی سبب شد تا بهشتی آرام شود وحداقل بداند که او با چه کسی سر و کار دارد. حالا آیت‌الله بهشتی به بازی با دوریان برگشته بود و می‌توانستند به یکدیگر اجازه دهند تا آن یکی فکر کند که او برنده شده است، اما برای بهشتی شروع و ادامه‌ی رابطه‌های حسنه و عاشقانه‌ی قدیمی جریانی حیاتی بود تا بتواند پا برجا بماند و ماحصل یک عمر مبارزه را از دست ندهد. بهشتی می‌دانست که او بیش از هر زمان دیگری به کمک دوریان نیاز داشت و به هر قیمتی بود نمی‌توانست بگذارد رابطه‌شان شکرآب شود. ماندن در کنار دوریان او را به جانشینی خمینی نزدیک می‌کرد. از همین رو، شور وهیجانی

در وجـود بهشـتی شـکل گرفـت تـا فقـط خلاقیتـش گل کنـد. او به الفـاظ وحـرکات نـرم مهربانانه و لطیفـی متوسـل شـد کـه در گذشـته بـر روی دوریـان افاقـه می کـرد. بـه سـمت دوریـان رفـت تا رضایـت او را جلـب کند.

«خـب، تـو درسـت میگـی...، حق با توسـت...، دوسـتی و رابطه‌ی ما به سـالها سـال می‌رسـه، ما یـه راه طولانـی رو بـا هـم طـی کردیـم...، به هـر حال بـه زودی همه چیز درسـت میشـه...، به زودی ایـن خمینـیِ پیره سـگ میره قم و مـن قدرتُو بـه دسـت می‌گیرم...، صد البتـه که تو هـم دفترتو از محـل خمینـی بـه محـل مـن منتقـل می‌کنـی...، وقتـی مـن قدرتُـو دسـت گرفتـم تو دیگـه نیاز نیسـت بـرای سـازمان سـیا کار کنـی...، بایـد اسـتعفا بـدی و تمـام وقـت کنار مـن باشـی...، هر چی که بخـوای در اختیارت میـذارم...»

دوریـان حـالا فقـط می‌خواسـت قبـل از اینکـه بهشـتی را بـه تصور یـک هیولای وحشـتناک در آشـپزخانه‌ی خـود بکشـد، او خفـه شـود وخانـه‌اش را ترک کنـد و بفهمد کـه او یـک کالای گرانبها نیسـت کـه بخواهـد بـا آن معامله و داد و سـتد کند و در صورت لـزوم برای انتقام مورد اسـتفاده قرار دهـد. دوریـان بـه کاوش در گذشـته‌اش پرداخـت و قـدری تامل کرد. یک یـادآوری تلـخ از رابطه‌ای کـه او بـا آیـت‌الله بهشـتی در گذشـته داشـت. بـه ایـن نتیجـه می‌اندیشـید کـه او از ابتـدا در یـک رابطـه‌ی اشـتباه گام برداشـته بـود. بـه یـاد زمانی افتاد که شـانزده سـال بیشـتر نداشـت و سـازمان سـیا او را بـه خدمـت گرفت. او توسـط وارن بدون خانواده به ایران آورده شـد. هیچ کـس او را توجیه نکـرده بـود کـه عواقـب خطیـری در کمینش قـرار داشـت. برای دختـر جـوان و زیبایی مثـل او، آن لحظـات بسـیار هیجـان‌آور بـود و احسـاس قدرت می‌کرد. دوسـت داشـت همه‌ی آنچه را که در سـر راهـش قـرار می‌گرفـت تجربـه کنـد و برقـراری رابطه بـا آیت‌الله بهشـتی که همـکار او بـود، یکی از آنهـا بـود، امـا او هیـچ تصوری از عواقـب این موقعیت بحـث برانگیز نداشـت. اگر چـه از رابطه آن دو در سـنین جوانـی در تهـران جلوگیـری شـد، امـا بعدها وقتی بهشـتی بـه فرانکفـورت در آلمان رفت و مسـجد آنجـا را درسـت کـرد آن دو دوبـاره و بـر حسـب اتفـاق ملاقـات کردنـد و رابطه‌ی عشـقی آنهـا در خفـا شـروع شـد، کـه نتیجـه اش به بـاردار شـدن دوریـان انجامید. به هـر حال ایـن جریان بـرای او مثـل آبـی بـود کـه بـر روی زمیـن ریخته شـده بود و دیگـر نمی‌توانسـت آن را جمـع کند.

بعدهـا کـه سـنی از او گذشـت و چند پیراهن بیشـتر پاره کـرد، دریافت که رابطـه‌ی او با آیت‌الله بهشـتی چنـدان عاقلانـه نبـود، خصوصاً وقتـی کـه اتفاقـی که از او بـاردار شـد. حالا کـه تـازه از خواب بیـدار شـده بـود بایـد در مورد جنینی که در شـکم داشـت تصمیـم می‌گرفت. تصمیمی کـه چندان آسـان بـه نظر نمی‌رسـید. هر چند سـازمان سـیا سـعی کرده بـود از او یـک آدم بی‌تفاوت، خونسـرد و بی‌احسـاس بسـازد امـا دوریـان هنـوز در قبـال بچـه‌ای کـه در شـکم داشـت احسـاس مسـئولیت

می‌کرد. اگر چه به خاطر حرف‌های که داشت در کشته شدن انسان‌های بسیاری سهیم بود اما اکنون حتی از فکر سقط فرزندش دچار عذاب وجدان می‌شد، بنابراین تصمیم گرفت بدون اطلاع سازمان سیا بچه‌اش را نگه دارد. با توجه به شغلی که داشت و مدام در مسافرت بود نگهداری از کاترینا چندان کار آسانی نبود. هر چند او به کاترینا عشق می‌ورزید اما مشکلات نگهداری کاترینا سبب شد تا دوریان از بهشتی بسیار متنفر شود. به همین دلیل او به طور کامل با آیت‌الله بهشتی قطع رابطه کرد و هرگز به او نگفت که از وِی صاحب فرزند است. کاترینا هم از وجود بهشتی هیچ اطلاعی نداشت و خیال می‌کرد پدرش در یک عملیات کشته شده است. دوریان با وجود اینکه می‌دانست بهشتی به جاسوس دوجانبه تبدیل شده بود اما از ارائه‌ی این گزارش به سازمان سیا خودداری کرد، زیرا نگران بود که سازمان سیا به وجود کاترینا پی ببرد. بهشتی علاوه بر اینکه خبر مربوط به کمونیست را در اختیار ساواک و سازمان سیا قرار می‌داد، اخبار مربوط به آمریکا و ایران را هم به سازمان جاسوسی شوروی (K.G.B) گزارش می‌کرد.

حرکت و لبخند دوریان این احساس را به آیت‌الله بهشتی منتقل کرد که دوباره دوریان را خریده است. بهشتی با حرکت عاشقانه به سمت دوریان رفت و دست او را گرفت. دوریان با این حرکت بهشتی از فکر و خیال گذشته بیرون پرید.

«وقتی من قدرتُو به دست بگیرم، تو هر چی که بخوای در اختیارت میذارم...، ایران متعلق به تو میشه...، همه چیز میشه مثل گذشته...، دوران بسیار خوبی بود...؟»

دوریان دستش را فوراً عقب کشید. هر چند توی دلش بر جفتشان لعنت می‌فرستاد اما می‌دانست که برای خلاص شدن از شر او باید ظاهراً یک نمایش در حد جایزه‌ی اسکار اجرا می‌کرد، بنابراین لازم بود تا احساس تنفری را که نسبت به او داشت در آن لحظات بروز نمی‌داد. به خاطر موقعیتی که داشت صلاح نمی‌دید به او آسیبی برساند و کارش بیخ پیدا کند، اما حرکات احساسی و الفاظ عاشقانه‌ی بهشتی که او را لمس کرد و به طرف خودش کشید، عنان و اختیار از دست دوریان در رفت و کاسه‌ی صبرش لبریز شد. دوریان با عصبانیت و با احساس عمیقی که در صدای بلندش وجود می‌شد زبان گشود:

«بزار یه چیز بین ما روشن بشه و روشن بمونه، هر اتفاقی تو گذشته افتاد، بد یا خوب مربوط به گذشته است، و بسیار اشتباه بود، باید از همین الان فراموش شه و همین جا هم خاک بشه...، و هیچ کس از اون مطلع نشه...، همه‌ی اون خاطرات باید چال شه...، و این چیزیه که من میخوام و هیچ چیز تو این مورد قابل بحث و گفتگو نیست...!»

بهشتی خوب می‌دانست که به هر قیمتی بود باید دوریان را با خود همراه می‌کرد و در

کنـار خـود نگـه می‌داشـت و از هـر ابـزاری کـه در اختیـار داشـت در ایـن راه اسـتفاده می‌کـرد، بـه همیـن منظـور بـا سیاسـت و آمادگـی قبلـی بـه دیـدن دوریـان آمـده بـود و حالا کـه می‌دیـد ابزار علاقـه‌اش افاقـه نمی‌کـرد دسـتش در جیبـش رفـت و بـا لبخنـدی رضایـت بخـش به همـراه پاکتی بیـرون آمـد. دسـت دوریـان را گرفـت و پاکـت را در کف دسـت او گذاشـت.

«یـه چکـه پنـج ملیـون دلاریـه...، مـن می‌دونم کـه چیـزه ناقابلیـه...، البتـه، وقتی مـن قدرتُو به دسـت گرفتـم تـو هـر چیزی بـه هر انـدازه که بخـوای در اختیـارت قرار میـدم...»

بهشـتی کـه دسـت دوریـان را در اختیـار داشـت بـا حرکتـی آرام و ماهرانـه، او را بـه طرف خود کشـید و بدنـش را در آغـوش خـود قـرار داد. ایـن معاشـقه بزرگتریـن اشـتباه بهشـتی بـود. دوریان مانـنـد ذغـال سـنگ‌های گداختـه‌ای که در شـعله‌های آتـش می‌سـوختند و حالا بـر روی آنها بنزین هـم ریختـه بودنـد، از تمـاس بـا اندام بهشـتی، گُر گرفـت. آنچنان عصبانی شـده بود که آتش خشـم تـا عمـق وجـودش رخنـه کرده بود. بسـان یک شـیر ژیان که انگار شـکارش را در زیر دسـت و پایش داشـت و بایـد بـا حملـه‌ی نهایـی او را میدریـد بـه آیت‌الله بهشـتی نـگاه کـرد و در حالی کـه دیگر کنتـرل خشـم و نفرتـش را از دسـت داده بود، صدایش بلند شـد:

«تـو فکـر می‌کنـی می‌تونـی منو بـا پول بخـری...؟ فکـر می‌کنی من کی هسـتم؟، فکـر می‌کنی دختـرت فقـط پنج ملیون دلار ارزش داره...؟ من بیسـت سـاله که از اون نگهـداری می‌کنم...!»

دوریـان در یـک آن بـه خـود آمـد و متوجه شـد کـه بنـد را آب داده بـود. در این حـال و احوال ناگهـان بـه یـاد رکسـانا افتـاد کـه در اتاقـی نـه چنـدان دور اسـتراحت می‌کرد. رکسـانا ممکـن بود حرف‌هـای آنهـا را شـنیده باشـد. دوریـان بـه سـمت اتـاق او خیره شـد. فقـط می‌توانسـت آرزو کند کـه رکسـانا خوابیـده باشـد. بهشـتی کـه از شـنیدن خبـر دختـرش جـا خـورده بـود و بـا تعجب به دوریـان نـگاه می‌کـرد، صدایـش بلند شـد:

«ما با هم یه دختر داریم...؟!»

دوریـان بـا شـنیدن صـدای بهشـتی بـه خـود آمـد و قدری خـود را جمـع و جـور کـرد. از فاش کـردن رازش پشـیمان بـود. بـه طـرف درب ورودی خانـه رفـت و آن را بـاز کـرد.

«بیرون...!»

بهشتی ادامه داد:

«گفتـی بیسـت سـاله ازش نگهـداری می‌کنـی...؟ یعنـی دخترمون الان بیسـت سالشـه...؟ اسـم دخترمـون چیه...؟

دوریان در حالی که سعی می‌کرد خشم خود را کنترل کند به او رو کرد.

«اتفاقی که بین ما افتاد اشتباه بود...، از نظر من همه چیز مرده و اگه تو بخوای از این بر علیه من استفاده کنی، اون وقت هیچ کس قادر به نجات تو نیست، حتی خدا...، شنیدی حتی خدا...! این خبر همین جا خاک میشه...!»

دوریان او را گرفت و به طرف درب برد و از خانه بیرون کرد.

«دیگه هم بدون خبر قبلی اینجا پیدات نشه...! همه جا چشم و گوشها بازه و میتونن ببینن و بشنون...، آخرین چیزی که ما می‌خوایم اینه که تورُو ببینن که این وقت شب از خونه‌ی من خارج میشی...!»

اما بهشتی آدمی نبود که به این راحتی تسلیم شود، او هنوز امیدوار بود خصوصاً وقتی شنیده بود که از رابطه با دوریان صاحب دختری هم شده است. با فروتنی و احساسی عمیق دوباره زمزمه کرد:

«دخترمون، اسمش چیه...؟»

دوریان پرسش او را نشنیده گرفت.

«خواهش می‌کنم برو...، اگه سالیوان گفته شما قدرتُو در دست می‌گیری، راست گفته...، برو، تو کارهای مهمتری داری که باید فکرتُو بر روی اونها متمرکز کنی...!»

دوریان درب را بست و بهشتی پشت درب ناپدید شد. دوریان از این اتفاق غیرمنتظره بسیار از خودش عصبانی بود. به آشپزخانه رفت و با نوشیدن لیوانی آب به کابینت آشپزخانه تکیه داد. متفکرانه چشماهایش را بست تا بتواند بر خشم و اعصاب خود مسلط شود. لحظاتی در سکوت محض، همه چیز برایش تاریک و رنگ باخته بود. اما طولی نکشید که صدای رکسانا به گوشش رسید:

«اون حق داره بدونه پدرش کیه...!، این حقشه که اونو بشناسه...!»

دوریان آنچنان در آن لحظه غرق شده بود که لحظاتی طول کشید تا چشم‌هایش را باز کند و ببیند رکسانا در کنارش به کابینت تکیه داده است و به او نگاه می‌کند. حالا دوریان می‌دانست که حداقل در مقابل رکسانا چیزی برای مخفی کردن ندارد. حتم داشت او تمام حرف‌های آنها را شنیده بود و از وجود دخترش خبر داشت. برای اولین بار احساس کرد که در مقابل رکسانا پوچ و توخالیست. لحظاتی به او نگاه کرد. انگار کاترینا در مقابلش ایستاده بود. زندگی رکسانا و کاترینا بسیار به هم شباهت داشت. کاترینا تاکنون از ماهیت واقعی پدرش اطلاع نداشت. دوریان مایل بود تا از دخترش به خاطر سالها دروغی که در مورد پدرش گفته بود تقاضای بخشش کند. دست رکسانا بر روی دست دوریان نشست. از این حرکت، آنچنان

احساس گرمـی بـه دوریـان دسـت داد کـه انگار تمـام غم‌هایـش از بیـن رفـت. عاجزانـه زمزمه‌اش بلند شـد:

«شـما زیاد از کاترینای من بزرگتر نیسـتی، خیلی خیلی شـبیه هم هسـتین، سرسـخت و قوی، مصمـم و بـا اراده و جسـور، و در عیـن حـال خیلـی مهربـان و با احسـاس، هر دوی شـما پـدر ایرانی داریـن...، هـر دوی شـما مـادرانِ خودتـون‌رو از اینکـه اونها رو از شـما جـدا کردن ملامـت می‌کنید، از اینکـه شـمارو از بـودن در کنـار پـدر که سـال به سـال بزرگ شـدن شـما رو تماشـا کنـن محروم کـردن عصبانـی هسـتید، شـما هـر دو پدرانـی داریـن کـه زندگـی خودشـون رو تو سیاسـت وقف و تلـف کـردن...، و بـه هیـچ جایـی هم نمیرسـن...، هـر دو به حدی تـو ایدئولـوژی مقـدس آرمانگرای خـود غـرق و مصممنـد کـه هرگـز حقیقـت رو نمی‌بینـن...، اما پـدره تو مَرده بسـیار درسـت، پاک و قابـل احترامیـه و خیلـی بـا پـدر کاترینای مـن فرق می کنـه...!»

اینهـا اولیـن جملاتـی بودنـد کـه رکسـانا در مـورد پـدرش از دوریـان می‌شـنید و بـه ایـن معنا بـود کـه او پـدرش را می‌شـناخت و پـدرش هنوز زنـده بود. حـالا امید اینکـه بتواند پـدرش را ببیند دوبـاره در وجـودش جـان گرفتـه بود و می‌دانسـت دوریـان این توانایی را داشـت کـه او را به پدرش برسـاند. دوریـان ادامه داد:

«می‌دونـی...، مـن می‌تونـم شـاه مملکتـو از تخـت پاییـن بکشـم، جنـگ بیـن دو کشـور راه بنـدازم...، صلـح برقـرار کنـم...، امـا حتـی قـادر نیسـتم یـک گفتگوی سـاده بـا دختر خودم داشـته باشـم...! کـه بهش بگـم بـر من چه گذشـته و چرا این اتفاقـات افتاده، بهـش بگم وقتی کـه تو جوان هسـتی گاهـی تـورو فریـب میـدن و یه دنیـای رویایـی بزرگی بـرات میسـازن...، چیزی کـه در ابتدا بـرات واقعـاً مثـل یـه رویـای بزرگـه، امـا وقتـی می‌فهمـی ایـن رویا چیـزی نیسـت جز یـه هیولای کثیـف، دنیایـی پـر از دروغ، تزویر و کُشـتُو کشـتار، کـه خیلی دیر شـده و تو چنان داخل نجاسـت فـرو رفتـی کـه امـکان بیـرون آمـدن ازش تقریبـاً غیرممکنه و اگـه بیرون هـم بیای هیـچ وقت بوی تعفنـش از قلبـت بیـرون نمیره...»

دوریـان بایـد کمـی تامـل مینمود تـا از ترکیـدن بغضش جلوگیـری می‌کـرد. بدون اینکـه بداند آب در چشـم‌هایش جمـع شـد. ایـن می‌توانسـت اولیـن باری باشـد که گریه‌ی دوریان آشـکار شـده بود. دوریـان ادامه داد:

«تـو یـک جـوری میخـوای بـه دخترت بگـی کـه چـی بـه سـرت اومـده، و چـه طـوری فریـب خـوردی کـه اون راه تـورو نـره...، امـا...، قبـل از اینکـه دهـانِ خودتـو بـاز کنـی، در محکـم جلـوی صورتـت بسـته میشـه و انـگار داری بـا دیـوار صحبـت می‌کنـی...، نمیخوان هیچـی‌رو بشـنون، انگار دارن بـه حـرف دشـمن خودشـون گـوش میکنـن...»

رکسانا حالا دو دستی، دست‌های دوریان را در آغوش گرفت و مستقیم به او نگاه کرد.

«خیلی خوبه که حرفتو می‌فهمم...، من هم همین حالتو با مادر خودم دارم...، اما تو می‌تونی هر چی بخوای به من بگی، من می‌دونم چه جوری پیغام شمارو به کاترینا بدم...، او زبانِ مَنُو می‌فهمه...»

دوریان یک آن به خود آمد و متوجه شد که تاکنون بیش از اندازه دردِ دل کرده بود و باید بحث را عوض می‌کرد:

«موندن شما در اینجا خیلی طولانی شده...، برای خود تو هم خوب نیست، فردا گذرنامه‌ات حاضر میشه و بلافاصله باید پرواز کنی و برگردی...، امیدوارم مردم این کشور اونقدر قوی باشن که از این آتشِ خانمانسوز سالم بیرون بیان...، فقط میشه امید داشت...!»

*****

فصل ۳۴

وقتی تمام داشته‌هایت را از دست داده‌ای و تحت تعقیب پاسداران جوخه‌ی اعدام هم قرار داری...

هـوای تهـران در اواخـر یـک بعد از ظهر، سـرد و مه‌آلود بود. ابرهـا باردار بودند و هـر آن احتمال ریـزش بـاران وجـود داشـت. ماشـین دوریان در چند صد متری از سـفارت کانادا متوقف شـد. سـعی داشـتند جلب توجـه نکننـد. پاسـداران مسلح و لبـاس شـخصی‌های حکومتـی در اطراف سـفارت حضـور داشـتند و بـه دنبـال شـکار آمریکایی‌هایـی بودنـد کـه می‌خواسـتند بـه خاطر اوضـاع وخیم و فـرار از خـاک ایـران بـه سـفارت کانـادا پنـاه ببرنـد. از همیـن رو دوریـان صـلاح می‌دیـد رکسـانا کمـی دورتـر از سـفارتخانه پیـاده می‌شـد تـا بدون جلـب توجه پاسـداران خـود را به سـفارت کانادا می‌رسـاند. بـه دلیـل تعطیلـی سـفارت آمریـکا، شـهروندان ایـن کشـور به سـفارتخانه‌ی کشـورهای دیگـر خصوصـاً کانـادا و سـوئیس مراجعـه می‌کردند.

رکسـانا بـا حجـاب اسـلامی از ماشـین پیـاده شـد و در پیـاده‌رو بـا احتیـاط بـه سـمت سـفارت حرکـت کـرد. خـود را قاطـی جماعتـی کـرده بـود کـه بـه نظـر می‌رسـید بـرای تظاهـرات آمـاده می‌شـدند. احسـاس می‌کـرد بـه درون آب یـک دریاچـه‌ی یخـزده‌ی کوهسـتانی پریـده بـود و حالا قبـل از اینکـه بتوانـد از آب بیـرون بیاید تحت تاثیر سـرمای شـدید تمام سیسـتم عصبـی‌اش مُختل شـده بـود. قبـل از اینکـه حتـی فرصتـی پیـدا کنـد تـا چند قدمـی به طـرف درب سـفارت بـردارد، در فاصلـه‌ای از او همهمـه‌ای آغـاز شـد. می‌دیـد دو لبـاس شـخصی، هفـت تیـر به دسـت گرفته‌اند و میخواهنـد یـک زن و شـوهر را دسـتگیر کننـد. آن دو زوج تـلاش می‌کردنـد تـا خـود را بـه درب سـفارت برسـانند. شُـویِ زن با آن دو مرد گلاویز شـد تا همسـرش فرصتی داشـته باشـد خود را به درب سـفارت برسـاند. در حالـی کـه زن بـا رسـیدن بـه درب سـفارت، داخل شـده بود، شـوهرش با شـلیک پاسـداری خون‌آلـود شـد و بـه زانو بر زمین سـرد سـقوط کرد، بـا این حال هنـوز به تقلایش ادامـه مـی‌داد تـا مطمئن شـود همسـرش به درب سـفارت رسـیده باشـد. چند پاسـدار مسـلح دیگر بـه طـرف مـرد زخمـی حملـه‌ور شـدند. در یک لحظـه همه چیز بهـم ریخت. نگاه رکسـانا به سـمت دوریـان برگشـت امـا هیـچ خبـری از او نبود. حالا رکسـانا دوبـاره تنها و درمانده شـده بـود و در بین

جمعیت برای نجات جان خود می‌اندیشید. پاسداران هر فرد معترضی را بی‌چون و چرا مورد ضرب و شتم قرار می‌دادند و تعدادی را هم دستگیر می‌کردند.

رکسانا گیج و نگران در اطرافش چشم می‌چرخاند تا راه چاره‌ای پیدا کند. او اکنون در میان ازدحام جمعیت مثل یک عروسک پارچه‌ای به هر سو به جز درب سفارت رانده می‌شد. حالا با این اتفاق جلوی درب سفارت هم خلوت شده و اگر می خواستی به آن نزدیک شوی مثل گاو پیشانی سفید دیده می شدی. و طوری هم که پاسداران داخل جمعیت و اطراف در جستجو بودند و به‌نوعی هم می‌خواستند از مردم زهر چشم بگیرند، رکسانا گمان می کرد که احتمالاً هر لحظه امکان داشت پاسدارها او را شناخته و بالطبع وِی دستگیر می شد و شاید هم مثل شوهر بیچاره‌ی آن زن فراری، او را هدف گلوله قرار می‌دادند و جانش را می‌ستاندند، اما مرد بیچاره حالا حداقل دلش خوش بود که زنش با ورود به داخل سفارت نجات پیدا کرده بود حتی اگر به قیمت از دست دادن جانش تمام می‌شد. با وجود همه‌ی خطراتی که رکسانا با آن درگیر بود انگار نمی‌توانست به یاد سیروس نیفتد و به قدرت عشقش پی نبرد. اما این احساس قشنگ و لطیف لحظاتی بیش طول نکشید و او می‌دانست که باید چاره‌ای می‌اندیشید. باری دیگر در جستجوی دوریان به اطرافش نگاهی انداخت اما هیچ خبری از دوریان نبود فقط گفتار او در ذهنش منعکس می‌شد:

«اگه تو گرفتاره اونها بشی جونه پدرترو هم به خطر میندازی...، دشمنان پدرت خیلی بیشتر از گذشته شدن... من ده روزی در تهران نیستم، خیلی خوبه که تو راهی هستی، چرا که ماندنت اینجا به تنهایی سلاح نیست... »

رکسانا می‌دانست که اوضاع مملکت به حدی وخیم بود که اگر گرفتار می‌شد شاید دوریان هم نمی‌توانست به او کمک کند. گاهی پیش می‌آمد که خمینی هنگامی در جریان یک واقعه قرار می‌گرفت که دیگر کار از کار گذشته بود. رکسانا هنوز در میان موج جمعیت شنا می‌کرد. از لابه‌لای جماعت متوجه‌ی چند پاسدار شد که به طرف او حرکت می‌کردند. رکسانا برای اینکه آنها را گمراه کند به خانواده‌ای که در کنارش حرکت می‌کردند ملحق شد. با آنها به گفتگو پرداخت و از پاسداران فاصله گرفت. به محض اینکه به خیابان اصلی رسید بدون معطلی در اولین تاکسی گذری سوار شد. تاکسی به راه افتاد و از آن محل فاصله گرفت. پاسدارها وقتی سر رسیدند دیگر نشانی از او نمی‌یافتند.

بغض آسمان ترکید و اشکهایش بر پهنه‌ی زمین سرازیر شد. تاکسی در یک جاده‌ی پیچ در پیچِ خارج از شهر میراند. راننده به خاطر اینکه از محدوده‌ی شهر خارج شده بود نگران به نظر می‌رسید، خصوصاً وقتی متوجه شده بود که با یک مسافر جوان آمریکایی سر و کار دارد که در حجاب اسلامی خود را از دید دیگران و مشخصاً پاسداران پنهان کرده است، اما از بارش

بـاران کـه باعث شـده بود داخل تاکسـی چنـدان قابل رویت نباشـد احسـاس رضایت می‌کرد. رکسـانا در جسـتجوی محلـی بـود کـه بایـد پیـاده می‌شـد، هر چنـد در آن هـوای بارانـی و مه‌آلـود چیزی به نظـرش آشـنا نمی‌آمـد امـا حدس می‌زد که داشـت به مقصـد مورد نظرش نزدیک می‌شـد. سـرانجام بـا شـنیدن صـدای پـل چوبـی کـه تاکسـی از روی آن عبور کـرده بود، صدای رکسـانا بلند شـد:

«همین جا بایستید...!»

تاکسی توقف کرد و راننده به طرف رکسانا برگشت.

«مطمئن هستید همین جاست...؟!»

رکسـانا بـا سـوال راننـده تازه یـادش افتاد که نمی‌بایسـت آدرس دقیـق مقصدش را لـو می‌داد و بـه هیـچ کـس حتی بـه یک راننـده‌ی تاکسـی اعتماد می‌کـرد. شـاید او بعداً بـه سـراغش می‌آمد و یـا راپُرتـش را بـه نیروهای حکومتی مـی‌داد بنابرایـن با اطمینان زبان گشـود:

«می‌بخشید!، اشتباه کردم برید جلوتر...، نه اینجا نبود الان یادم اومد پشته یه دکانه...!»

راننـده حرکـت کـرد. سـرانجام در چند صد متر جلوتر به محلی رسـید که از چند خانه تشـکیل شـده بـود و دکانـی هـم به تنهایـی در جلـوی خانه‌ها خودنمایـی می‌کرد. تاکسـی ایسـتاد. راننده به طرف رکسـانا برگشـت و دوباره پرسید:

«مطمئن هستید این همون جاییه که می‌خواید برید...؟، اشتباه نمی‌کنید...؟!»

رکسـانا بـا تاییـد و تصدیـق، کرایـه‌ی راننـده را پرداخت کرد و از تاکسـی پیاده شـد. بـا عجله به سـمت دکان رفـت و در پشـت دکان از دیـد راننـده ناپدید شـد. لحظاتی در پشـت دکان منتظر ماند تـا از رفتـن و دور شـدن تاکسـی مطمئـن شـود، امـا به نظر می‌رسـید راننـده خیال نداشـت حرکت کنـد و بـه نوعـی نگران او بـود. از آنجایی که رکسـانا احتمال می‌داد راننده‌ی تاکسـی به جسـتجوی او مبـادرت ورزد تصمیـم گرفـت از آنجـا دور شـود. هـوا هـم طوفانـی شـده بـود. رکسـانا در بیـن زمین‌هـای پشـت دکان بـه بیراهـه زد. از کنـار دو خانـه گذشـت و خود را تـا آنجا که می‌توانسـت از دکان دور کـرد. راننـده‌ی تاکسـی کـه جداً دلواپس او شـده بود در پشـت دکان به جسـتجو پرداخت امـا وقتـی او را ندیـد، برگشـت و بـا تاکسـی از آنجا دور شـد. رکسـانا بـرای اینکه از دیـد همگان در امـان باشـد تصمیـم گرفـت بـه جـای راه اصلـی از زمین‌هـای گل‌آلـود بـرای رسـیدن بـه محلی که مخفیـگاه سـیروس قـرار داشـت اسـتفاده کنـد. قـدم برداشـتن در زمین‌هـای گل‌آلـود و آن هـم در هـوای طوفانـی چنـدان آسـان نبـود. پاهایش تـا زانو تـوی گل فـرو می‌رفت.

رکسـانا در حالی که در جسـتجوی پیدا کردن کلبه‌ی سـیروس بود ناگهان با کولاکی سـهمگین کـه بـا رعـد و بـرق همراه بـود از جا کنده شـد. شـاخه‌ی درختی شکسـت و در حال سـقوط بر روی

سرش بود که او خود را به طرفی پرت کرد. بر لبه‌ی تپه‌ای لغزنده فرود آمد. خاک زیر پایش با جریان سریع سیلی که به او رسیده بود خالی شد و رکسانا از بالای تپه به داخل گل و لای دامنه سقوط کرد. چیزی نمانده بود که در سراشیبی تپه به درون رودخانه‌ی خروشان بیفتد اما با هر تلاشی که بود دستش را به شاخه‌ای بند کرد و از سقوط خود جلوگیری نمود. در واقع این همان رودخانه‌ای بود که از کنار کلبه‌ی سیروس رد می‌شد. بدنش در گل و لای مدفون شده بود. مثل یک موش آب کشیده می‌خواست زاز زار گریه کند اما می‌دانست که بزرگترین دشمنش ترس و ناامیدیست بنابراین نمی‌توانست اجازه دهد که این امواج منفی در وجودش رخنه کند. هر قطره‌ی باران مثل ضربه‌ی تازیانه‌ای بر سرش فرود می‌آمد، با این حال، خود را مجبور می‌دید که بر احساساتش تکیه نکند. می‌دانست که باید در نزدیکی همان پل چوبی باشد که در حوالی کلبه‌ی سیروس قرار داشت، فقط باید آن را پیدا می‌کرد. در زیر نور رعد و برق، تصویر کم فروغ سازه‌ای را دید که در بالای رودخانه قرار داشت و به نظر می‌رسید همان پل چوبی بود. چانه‌ی خود را به سینه‌اش چسباند و با تمام توان خود را از داخل گل و لای بیرون کشید. به سمت پل حرکت کرد. از نور رعد و برق مسیر خود را دنبال می‌کرد. بالاخره به پل چوبی رسید و کلبه‌ی سیروس را پیدا کرد. حالا باید به جایی می‌رفت که سیروس کلید کلبه را در آنجا مخفی کرده بود. با اینکه کلید در روز روشن و آرام هم به سختی یافت می‌شد، مانده بود حالا چگونه می‌تواند در این آب و هوای نامساعد آن را پیدا کند، اما نجات جانش به پیدا کردن کلید بستگی داشت. تمام بدنش از سرما می‌لرزید. بالاخره کلید را پیدا کرد. مطمئن شد که محکم کلید را در مشت لرزانش نگه داشته است. کنار درب کلبه چسبید تا باد و بوران او را از جا نکند. از کنار پنجره به داخل کلبه نگاه کرد تا مطمئن شود همه چیز برای ورودش امن است. در حالی که دستش به شدت میلرزید درب را باز کرد و داخل کلبه شد. با هر زحمتی که بود درب را بر روی هجمه‌ی باد و طوفان بست و چفت را انداخت.

رکسانا در حالی که مثل بید به خود می‌لرزید به دنبال راهی بود که خود را گرم کند. بی‌اختیار به یاد سیروس افتاد و اینکه او چطور آتش داخل بخاری را روشن می‌کرد. یاد سیروس وعشقی که به او داشت انگار به امید و توانش افزوده بود. ابتدا باید از مَضرت لباس‌های خیس و گل‌آلودش فارغ می‌شد. تنها یک شلوار و کت کهنه از سیروس پیدا کرد و آن را پوشید. به درست کردن آتش مشغول شد. فقط سه تیکه هیزم در کلبه باقی مانده بود. یکی از کتاب‌های سیروس را برداشت و در زیر چوب‌های داخل بخاری کوچک قرار داد. با کبریتی که پیدا کرده بود کتاب را آتش زد و آتش به چوبها سرایت کرد، اما هنوز از سرما به خود می‌لرزید. غیرممکن بود که با تقریبا تنی لخت حتی در کنار آتش دوام بیاورد. دیری نپائید که خودش را با هرچه دم دستش می دید پوشانده بود و در کنار بخاری دراز کشید. آنچنان تب و لرز شدیدی بر اندامش افتاده بود که انگار با

یـک زلزلـه‌ی ده ریشـتری برابـری می‌کرد. چشـمانش بـه آتش بخاری افتـاد که دیگر گرمایی نداشـت و بـه زودی هـم خامـوش می‌شـد. به اطرافش نظـر دوخت و نگاهش بـر روی کتابهای سـیروس ثابت ماند. کتابهـا تنهـا چیزی بودنـد که می توانسـت بـرای ادامه آتش اسـتفاده کند.

*****

طوفانـی کـه بـه نظر می‌رسـید هرگز پایانی نداشـت بالاخره در طول شـب فروکش کـرد و زمین و زمـان آرام گرفـت. کلبـه‌ای کـه روزگاری محـل اختفا و آرامش روحی سـیروس بـود و در آن اوقات دلپذیـری می‌گذرانـد، حـالا بـه زنـدان تاریـک، سـرد و غمگین رکسـانا تبدیل شـده بود. رکسـانا در طـی مـدت نامحـدودی کـه در کلبه بـه انتظار سـیروس و یا مرگ خویـش روزگار می‌گذارنـد به این واقعیـت پـی بـرده بـود کـه با حضور در ایران، دسـت و پای پدر، سـیروس و پری را بسـته بـود و آنها را از مبـارزه در راه اعتقـادات شـخصی و تشـکیل ایرانـی بهتـر بازداشـته بـود. بـه یاد مـادرش افتاد و بـرای اولیـن بـار او را از تـه وجـودش درک کـرد، امـا نمی‌دانسـت کـه اگر از ایـن زندان، جان سـالم بـه در می‌بـرد آیـا او را در آغـوش می‌گرفـت تـا احساسـش را نسـبت بـه او ابـراز کنـد. از زمانـی که وارد ایـران شـده بـود هیـچ وقـت تـا این حـد ناامید و افسـرده نبود. گرسـنگی بـر او غالب شـده بود. چنـد روزی بـود کـه هیـچ غذایـی نخـورده بود. نه پولی در بسـاط داشـت و نـه توان و جراتـی که به دکان بـرود تـا خوراکـی تهیـه کنـد. بی‌اختیـار به یـاد حاجیـه خانـم و پذیرایی‌های مفصلـش افتاد. چشـمانش را بسـت و خود را بر سـر سـفره‌ی حاجیه خانم تجسـم کرد و مشـغول خوردن شـد. این تصـور حداقـل بـرای لحظاتـی او را از فکـر و خیـال گرسـنگی و درد و لرز فارغ کـرده بود.

چشـمانش بـاز شـد و از دوران خـوش خانـه‌ی حاجیه خانم بیرون آمد. چشـمش به شـبح مردی افتـاد کـه در آن سـوی رودخانـه بـر روی بلنـدی ایسـتاده بـود و بـه پنجـره‌ی کلبـه نـگاه می‌کـرد. سـیروس در روزهـای خـوشِ زندگـی بـه او گفتـه بـود کـه اگـر دچـار مشـکلی شـد می‌توانسـت به کلبـه‌اش پنـاه ببـرد. بـه رکسـانا خاطر نشـان کـرده بـود کـه او را در آنجا پیـدا خواهد کـرد. اما این دلیـل نمی‌شـد کـه رکسـانا در امـن و امـان باشـد. شـاید در زمـان سـلطنت شـاه ایـن امـکان وجود داشـت امـا نـه در زمـان خمینـی جبار کـه همـه جـا بـوی خـون، اعـدام، کشـتار و حبس مـی‌داد. شـاید حـالا یکـی از آدمهـای خونخـوار خمینـی او را زیـر نظر داشـت. اما رکسـانا دیگر تـوان حرکت نداشـت کـه بـه جـای امنتـری فـرار کنـد. دوریان هـم که بهـش گفته بـود در مسـافرت اسـت. تنها می‌توانسـت بـا کوله‌بـاری از یـاس و انـدوه، سرنوشـتش را به دسـت خدا بسـپارد. چشـمانش بسـته شـد و خالـی از هـر گونه احساسـی از هوش رفت. رکسـانا نمی‌دانسـت کـه پیرمـردی از روز اول او را دیـده بـود و هـر روز گاه و بیـگاه ظاهـر می‌شـد و از بیـرون کلبـه بـه او سـر می‌زد.

*****

فصل ۳۵

وقتی تو بیشتر از یک تاریخچه را با هم به اشتراک می‌گذارید...

دوباره قدیمی‌ترین و غم‌انگیزترین شوخی در ایران مد شده بود:

«اگر هر عمامه‌ای را از سر هر روحانی برداری، می‌تونی ببینی که در زیرش نوشته شده نماینده‌ی انگلیس»

برای بسیاری از مردم روشن شده بود که آخوندها توسط انگلیسی‌ها و به منظور پیشبرد اهداف و حفظ منافعشان ساخته و پرداخته شده بودند. در حقیقت در طول ۱۵۰ سال گذشته، بسیاری از اعضای ارشد روحانیت در قم و مشهد و تقریباً همه آنها از دولت انگلیس برای اجرای منافع آنها حقوق دریافت می‌کردند. انگلیسیها هر زمان لازم می‌دیدند، از زبان آخوندها هر مسئله‌ای را به اسلام ربط می‌دادند و برای ایجاد هرج و مرج، مردم اسلامگرای نادان را به خیابانها می‌آوردند و از آنها به منظور پیشبرد منافع خود استفاده می‌کردند. خمینی یکی از این روحانیونی بود که از حمایت انگلیسی‌ها برخوردار شد و از آنها جیره دریافت می‌کرد. در واقع این انگلیسی‌ها بودند که وقتی در زمان شاه، خمینی در خطر اعدام قرار داشت به کمکش آمدند. نماینده‌ی سفارت انگلیس به دیدار آیت‌الله محمد کاظم شریعتمداری رفت و پس از اینکه سبیل او را چرب کرد از وِی خواست تا نزد شاه از خمینی شفاعت کند. شریعتمداری که یکی از بزرگترین روحانیان آن زمان بود و با دربار هم ارتباط داشت به دیدن شاه رفت و از او تقاضا کرد تا خمینی را ببخشد و به تبعید بفرستد. شاه فقید با وساطت آیت الله شریعتمداری، خمینی را بخشید و او را به عراق تبعید کرد. در خصوص روی کار آمدن خمینی می‌توان به پاره‌ای از سخنان پرزیدنت کارتر، رئیس جمهور آمریکا استناد کرد:

«وقتی ما تصمیم گرفتیم شاه ایران را برکنار کنیم با دوستمان انگلیس صحبت کردیم و آنها گفتند در عراق شخصی بنام آیت‌الله خمینی دارند، که ما هم از آن برای سرنگونی شاه استفاده کردیم...»

اما جالب اینجاست که وقتی خمینی بر مسند قدرت نشست در نخستین گام آیت‌الله شریعتمداری را برکنار کرد و به طور مخفیانه او را از بین برد. فردی که خمینی زندگی خود را

به او مدیون بود، زیرا شریعتمداری امامت خمینی را قبول نداشت.

حالا برای افرادی به مانند اسعد، سیروس، پری و رکسانا مسجل شده بود که روحانیون خود را نیروی بی‌رقیبی می‌پنداشتند که باید بدون چون و چرا بر ایران حکومت کنند. دست نشانده‌هایی که در راس آنها خمینی بود و خود را هم به عنوان امام شیعیان جهان معرفی می‌کرد. دیگر هیچ جایی برای ابراز عقاید فردی وجود نداشت. اسعد که حالا می‌شنید خمینی هر روز چه چرندیات و مزخرفاتی را به نام اسلام و کلام خدا و پیغمبر به خورد مردم می‌داد و به زور اسلحه بر آنها تحمیل می‌کرد، از خود متنفر می‌شد. او خودش را در بروز این جریان تلخ مسئول می‌دانست و احساس شرم و گناه می‌کرد. معتقد بود که به نوعی در روی کار آمدن خمینی نقش داشت. اسعد درخواست کرده بود تا با خمینی دیداری داشته باشد و دغدغه‌هایش را با او در میان بگذارد، اما به یکباره از دیدن او منع شده بود و انگار خمینی او را نمی‌شناخت، از همین رو چون می‌دانست دوریان مک‌گرای بر روی خمینی نفوذ بسیاری داشت، بارها به دیدن او می‌رفت. اما شکی نبود که دوریان هم در کنار خمینی بود تا مطمئن شود که او به جای منافع ملت ایران، منافع آمریکا و دولت‌های غرب را دنبال می‌کند. به خاطر همین اختلاف عقاید اسعد کم‌کم داشت به یکی از دشمنان انقلاب تبدیل می‌شد.

برای افرادی به مانند اسعد، سیروس، حسین و پری که زندگی خود را وقف پیشبرد منافع ملی ایران کرده بودند جهت‌گیری نامعکوس خمینی بسیار ناراحت‌کننده و غیرقابل قبول بود. عملکرد خمینی برخلاف وعده‌هایی بود که او در فرانسه و در خصوص تاسیس یک دولت سکولار بعد از شاه داده بود و به واسطه‌ی همین بشارتها بود که بسیاری از خمینی حمایت کرده بودند. اما حالا عملاً می‌دیدند که خمینی تمام قول‌هایش را زیر پا گذاشته بود و داشت به تاسیس یک حکومت مذهبی خودکامه دست می‌زد که هیچ کس در آن حق نداشت به او اعتراض کند و در مقابلش بایستد. البته این همان چیزی بود که آمریکا، انگلیس و سایر غربیها می‌طلبیدند و به همین منظور او را بر مسند قدرت نشانده بودند، زیرا در یک حکومت سکولار قادر نبودند چهار هزار نفری را که آمریکا و انگلیس معرفی کرده بودند، اعدام کنند. اعدامیها افرادی بودند که منافع و مصالح ایران و ایرانیان را مد نظر داشتند و به حکومتی که خمینی زیر نام شریعت اسلام بنا کرده بود اهمیتی نمی‌دادند.

رکسانا که خود یک آمریکایی بود از خواندن و شنیدن دروغ‌هایی که مقامات آمریکایی درباره‌ی شخصیت خمینی تحویل مردم ایران و دنیا می‌دادند بسیار رنج می‌کشید. مثلاً یک مقام آمریکایی بنام اندرو اظهار کرده بود:

«در نهایت خمینی به عنوان یک مرد مقدس مورد ستایش قرار خواهد گرفت...»

یا ویلیام سالیوان، سفیر آمریکا در دوران ریاست جمهوری جیمی کارتر که درباره او گفته بود: «خمینی یک چهره‌ای است شبیه گاندی...»

حتی جیمز بیل در ۱۲ فوریه ۱۹۷۹در این‌باره عنوان کرده بود:

«خمینی یک مجاهد عصبانی نیست بلکه مردی با صداقت و بی‌عیب و نقص است...»

رکسانا با شنیدن این گفتارهای نابحق به عقل سلیم مقامات آمریکایی شک کرده بود. گمان می‌کرد همه‌ی آنها مست بودند و یا از استعمال مواد مخدر در هپروت سیر می‌کردند. رکسانا پی برده بود که قطعاً با این سیاست کذب می‌خواستند جهت سرنگونی شاه، خمینی را به ملت ایران بفروشند تا نفت را مفت به یغما ببرند. مسئله‌ی بغرنجی که شاه با آن کنار نیامد و از همین رو سلطنت خود از دست داد.

*****

در یکی از روزهای ظاهراً آرام تهران، جلسه‌ی حزب جمهوری اسلامی با شرکت بیش از ۳۵۰ نفر تشکیل شده بود. در میان آنها اسعد و دوستش محمد هم حضور داشتند. تقریباً اکثر حضار روحانی بودند. موضوع بحث هم پیرامون ایدئولوژی خمینی و اسلام بود. مطلبی که برای عده‌ی معدودی به مانند اسعد و دوستاش قابل قبول نبود تا جایی که حتی تحمل نداشتند که بنشینند و به سخنانشان گوش دهند. اسعد در پیرامون سالن اجلاس چشم می‌چرخاند. با دیدن اکبر هاشمی رفسنجانی که جلسه را ترک می‌کرد متعجب شد. او یکی از افراد اصلی و تقریباً سومین مرد قدرتمند ایران بود و باید در جلسه باقی می‌ماند. چشم‌های اسعد به آیت‌الله محمد بهشتی افتاد که رئیس جلسه بود و قدرتمندترین فرد بعد از خمینی محسوب می‌شد. او فردی بود که به خیال خودش به زودی قدرت را از خمینی تحویل می‌گرفت، اما در پشت پرده همیشه به خمینی توهین می‌کرد و او را به باد انتقاد می‌گرفت. اسعد و بهشتی مدت‌های مدیدی بود که با هم ارتباط داشتند و بیشتر به خط فکری یکدیگر نزدیک بودند و از همین رو اسعد از او حمایت می‌کرد. اما حالا می‌دیدند عده‌ای فرصت طلب که هیچ نقشی در پیشبرد انقلاب نداشتند وهیچ کس آنها را نمی‌شناخت اکنون تهریشی گذاشته بودند و حتی برخی از آنها با به تن کردن عبا و عمامه یک شبه مسلمان و آخوند هم شده بودند. البته واضح بود که آنها فقط به منظور کسب قدرت و ثروت از خمینی و اهدافش حمایت می‌کردند، از همین رو در برابر او و اطرافیانش سر تعظیم فرود می‌آوردند و از تملق آنها خودداری نمی‌ورزیدند. افرادی به مانند اسعد که سال‌های سال با وقف زندگانی خود به دنبال تشکیل یک حکومت سکولار بودند تا به جای اسلام و منافع دولت‌های خارجی در خدمت ملت و مملکت ایران باشد از مشاهده‌ی چنین اوضاع تاسف‌باری رنج می‌بردند.

اسـعد متفکرانـه بـه آیـت‌الله بهشـتی خیـره شـده بـود و انگار در سـکوت به یـادآوری گذشـته و گفتگـو بـا او فکـر می‌کـرد. بـه یـاد زمانـی افتـاد کـه در یک اتـاق بـزرگ به همـراه جمعـی دیگر در حضـور خمینـی نشسـته بودنـد. خمینی بر روی یک تشـک قرمز و سـیاه جُلوس کرده بـود و دوریان هـم بـا حجـاب اسـلامی در کنـارش قـرار داشـت. عـده‌ی زیـادی هـم در بیـرون منتظـر بودنـد تا با خمینـی دیـدار کننـد. البتـه همه می‌دانسـتند که دوریان چشـم و گـوش خمینی بود. اما مسـئله‌ای کـه از همـه پوشـیده نبـود تذکـرات گاه بـه گاهـی بـود کـه او در گـوش خمینـی زمزمه می‌کـرد تا مطمئـن شـود خمینـی توصیه‌هـای او را دنبـال می‌کنـد. اسـعد چـون از رابطـه‌ی بهشـتی و دوریان اطـلاع داشـت بـه همیـن دلیل بـه یـاد آن روز به خصـوص افتاده بـود. در واقع بهشـتی ضمـن اقرار ایـن رابطـه، او را در جریـان دختـر مشترکشـان هـم قـرار داده بـود، از همین رو اسـعد بـه حال خود و بهشـتی افسـوس می‌خـورد، زیـرا جفتشـان بـه یک سرنوشـت محکوم شـده بودند، اما شـاید دلش بـه حـال بهشـتی بیشـتر می‌سـوخت. هـر چنـد از دور و نزدیـک واقعیتهـا را ملاحظه می‌کـرد اما از خـود بهشـتی هم شـنیده بود کـه دوریان در زمانهـای قدیم از او برای پیشـبرد اهداف خود اسـتفاده می‌نمـود و حـالا خمینـی را آلـت دسـتش قـرار داده بـود. البتـه بـر آنهـا پوشـیده نبود کـه خمینی در ابتـدا بایـد بـا دوریـان و اهـداف او همراه می‌شـد و الا نمی‌توانسـت در قـدرت باقـی بماند و جای پای خـود را محکـم کند.

سـیبی بـه سـینه‌ی اسـعد برخـورد کـرد و او را از فکر و خیال گذشـته بیرون آورد. متوجه شـد که یکـی از روحانیـان کـه انـگار از دسـت یکـی از حضار عصبانی شـده بود بـا فریادی معترضانه سـیبی به سـمت او پـرت کـرده بـود که با کنار کشـیدن فـرد مورد نظر، سـیب بـه او برخورد نمـوده بود.

«اول اسـلام، در مقابـل اسـلام مردم چه خری هسـتند؟! ایـران چه معنی میده در مقابل اسـلام؟ هیـچ چـی...، مـا انقـلاب کردیم که اسـلام بـر مردم حکومـت کنـه...، ما برای اسـلام قیـام کردیم نه ایـران، نه مردم...، مـردم و ایران فدای اسـلام...!»

برخورد سـیب و شـنیدن سـخنان روحانی کافی بود که صبر اسـعد لبریز شـود و از سـر جایش برخیزد و زبان بگشـاید:

«چطـور می‌تونیـد تمـام ملـت ایرانـرو مجبور کنیـد اونچه‌رو که شـما اون‌رو اسـلام میگین قبول کنـن...؟! بـا کشتنشـون؟ این چیزی نیسـت کـه من از اسـلام می‌دونم و می‌شناسـم...، ایـن اعدام‌ها بایـد متوقـف شـن، این اعدامها ضد اسـلام هسـتن...، ایـن زورگوییها باید متوقف شـن...، شـما با این کاراتـون داریـد بـه اسـلام خیانـت می‌کنیـد، ضـرر می‌زنیـد...، این همـون چیزیه کـه انگلیسـیها تو مـخ شـما کـردن و میخـوان...، همـون چیزیه که غـرب می‌خـواد، همون چیزیه که دشـمنان اسـلام میخـوان...، دشـمنان ایـران و ملت ایـران میخوان ما دنبـال کنیم...!»

اسـعد بـه یکبـاره بـا اعتـراض تمـام روحانیـان روبه‌رو شـد، به طـوری که همـه قصد داشـتند به طـرف او حملـه کننـد. محمـد دوسـت اسـعد دسـت او را گرفـت وهـر دو بـه سـمت درب خروجـی راهـی شـدند. می‌دانسـتند کـه دیگـر جایشـان آنجا نبود. امـا صدای یکـی از آنها که اسـعد را تعقیب می‌کـرد تـا او را کتـک هـم بزنـد بلندتـر از سـایرین به گوش اسـعد می‌رسـید:

«چطـور جـرات می‌کنـی چنیـن مزخرفاتیـرو بلغـور کنـی...؟ شـاید مـا نتونیـم گُنده‌هایـی مثل شـمارو وادار کنیـم کـه اسـلامو دنبـال کنـن و آدم بشـن...، امـا می‌تونیـم بچه‌هاتـون‌رو آمـوزش بدیـم...، راه صـواب رو از راه کفـر بهشـون نشـون بدیـم...!»

امـا اسـعد نمی‌توانسـت قبـل از اینکـه جـواب او را بدهـد از جلسـه خـارج شـود. برگشـت و در چشـمان ورقلمبیدهـاش کـه حـالا چنـد نفـری هـم او را نگـه داشـته بودنـد، خیره شـد.

«دیـن یـک موضـوع شـخصیه، رابطه بین انسـان و خداسـت...، باید از سیاسـت و بخصوص دولت جـدا باشـه...، مملکـت مـا از اقـوام و ادیـان مختلفـی تشـکیل شـده مـا موظـف بـه تنظیـم و تدوین قوانینـی هسـتیم کـه تمام آحـاد مردم ایرانـرو در نظر بگیـره، آیا اونهایی که به اسـلام اعتقـاد ندارن حـق نـدارن تو ایـران زندگی کنـن، ایرانی نیسـتن...؟»

«نه که نیستن...، اگه نمیخوان از ایران اسلامی برن...!»

هـر چنـد اسـعد با منطـق و برهان سـخن می‌گفت امـا هیچ گوش شـنوایی وجود نداشـت، فقط داشـت برای خودش دشـمنان بیشـتری می‌تراشـید. افراد بیشـتری به سـمت اسـعد هجوم بردند و او مجبـور شـد تـا جلسـه را تـرک کنـد. در راه ترک جلسـه تعادلش بهم خـورد و فرصتـی در اختیار یکـی از مهاجمیـن قـرار داد تـا بالاخـره مشـتی بـه صـورت او حوالـه کند. ضارب سـپس بـا فریادی سـخن رانـد که بـرای اسـعد صدها برابـر از ضربه‌ی مشـت رنج‌آورتـر بود.

«خیـال می‌کنـی مـا نمی‌دونیم تو کی هسـتی؟ از اون دختـره آمریکاییت معلومه، که جاسـوس کی هسـتی...!، تو جاسـوس آمریکایی‌ها هسـتی!، تو و ارباب آمریکاییت به زودی به جهنم واصل میشـید...!»

اسـعد بـا شـنیدن «دختـر آمریکاییـت» آنچنـان بهـم ریخته بـود که نمی‌دانسـت خـون از دماغ مضروبـش فـرو می‌چکیـد و صورتـش کبـود شـده بـود. حـالا فقـط بـه حفـظ جـان دختـرش فکـر می‌کـرد خصوصـاً اینکـه چنـد روزی بـود کـه از رکسـانا هیچ اطلاعی نداشـت. بـه این فکر افتاد که نکنـد دشـمنانش رکسـانا را دسـتگیر کـرده باشـند. خوب می‌دانسـت کـه برای بـه زانـو درآوردن او کافـی بـود رکسـانا را بگیرنـد و بـر علیه او اسـتفاده کنند. اسـعد اکنـون آنچنان منقلب شـده بود که گویـی در آنجـا حضور نداشـت.

در همیـن گیـرودار حسـین کـه بـه دنبـال اسـعد آمـده بـود وارد شـد و خود را بـه او رسـاند. به کمـک محمـد، اسـعد را از مهاجمینـش حفـظ کرد و به طرف بیـرون برد. تمام هوش و حواس اسـعد

معطـوف ایـن مسئله بـود کـه اکنـون دختـرش در کجـا حضـور دارد. هر چنـد می‌خواسـت در این خصـوص حسـین را زیـر سـوال ببـرد اما بـه دلیل حضور محمـد ترجیح داد سـکوت اختیـار کند. در آن روزهـا بـه چشـم خـود هـم نمی‌توانسـت اعتمـاد کند حالا می‌خواسـت بهترین دوسـتش باشـد.

امـا اسـعد خبـر نداشـت کـه دوریان با حسـین تمـاس گرفته بـود و با اطـلاع از اینکه رکسـانا به سـفارت نرفتـه بـود می‌خواسـت بدانـد که آیا او یا سـیروس از رکسـانا هیـچ اطلاعی در دسـت دارند یـا خیـر. دوریـان وقتـی فهمیده بود که اسـعد در جلسـه‌ی حزب جمهـوری حضور دارد با آشـفتگی، حسـین را فی‌الفـور بـه آنجـا فرسـتاده بـود تا اسـعد را از جلسـه خـارج کند. اسـعد نمی‌دانسـت که چـرا حسـین بسـیار نگـران بـود و عجله داشـت که او را هـر چه زودتر از سـاختمان خـارج کند.

حسـین، اسـعد و دوسـتش محمـد بـا عجله از سـاختمان خارج شـدند و بـه سـمت اتومبیلی که دورتر از سـاختمان پارک شـده بود حرکت کردند. در داخل اتومبیل، سـیروس و راننده منتظرشـان بودنـد. برحسـب اتفـاق سـیروس چنـد سـاعتی بیـش نبـود کـه به ایـران بازگشـته بـود و بـه اتفاق حسـین خـود را بـه آنجـا رسـانده بـود. صورت تراشـیده‌ی سـیروس کـه سـالهای سـال از یک ریش متراکـم برخـوردار بـود و لبـاس کامـلاً غربـی او جـز نخسـتین تغییـرات بارزی بـود که نظر اسـعد را بـه خـود جلـب کـرد. اسـعد حـدس مـی‌زد کـه سـیروس قصد نداشـت خـود را بـه ماننـد جماعت انقلابـی کـه حـالا بـا گذاشـتن ته‌ریـش و پیراهـن گشـاد بـدون یقه کـه سـمبلی از انقلابیگـری بود هماهنـگ نشـان دهـد. سـیروس چهـار چشـمی اطـراف را زیـر نظـر داشـت. با دیـدن آنها بـا عجله بـه طـرف اسـعد آمـد و بـه او کمـک کـرد تـا سـوار شـود. حسـین نگـران و بـا عصبانیت خطـاب به سـیروس فریاد زد:

«زود باشید...، حرکت کن...، از اینجا دور شید...!»

حسـین حتـی بـه سـیروس هـم نگفتـه بـود کـه چـه اتفاقـی قـرار بـود در آنجـا بیفتـد، فقـط می‌خواسـت آنهـا هـر چـه زودتـر از آن محـل دور شـوند. حسـین بعـد از حرکـت اتومبیـل آنهـا، بـا عجلـه بـه سـمت ماشـینش حرکـت کرد که چنـد صد متر بـا او فاصله داشـت، اما نه بـا عجله‌ای که جلـب توجـه کنـد. به ماشـینش رسـید و درب را باز کرد. قبل از اینکه سـوار شـود نـگاه متفکرانه‌ای بـه سـاختمان انداخـت. در ایـن پرسـش بـه سـر می‌بـرد کـه ادعـای دوریان تا چـه حد می‌توانسـت صحـت داشـته باشـد. هنوز چشـمش را از سـاختمان برنداشـته بود کـه ناگهان صدای مهیـب انفجار و مـوج حاصـل از آن او را بـه زمیـن پـرت کـرد. حسـین در واقع به جوابش رسـید. سـاختمان حزب منفجـر شـده بـود. حسـین از زمیـن برخاسـت و در ماشـینش نشسـت و با سـرعت از آنجا دور شـد.

در چنـد خیابـان دورتـر، سـیروس، محمد، اسـعد و راننـده که مـرد جوانی بود با شـنیدن صدای انفجـار، پرسشـگرانه بـه عقـب نـگاه کردنـد. راننـده‌ی جوان فـوراً رادیو را روشـن کرد. طولی نکشـید

که رادیو خبر انفجار ساختمان حزب جمهوری اسلامی را با حرارت پخش کرد. اسعد تازه متوجه شده بود که چرا حسین آنقدر عجله داشت آنها را از ساختمان دور کند و در واقع حسین جان او را نجات داده بود. اما این واقعیت که این انفجارها، اعدامها و هرج و مرجها تمام وجود او را پاره‌پاره می‌کرد سخن گزافی نبود، زیرا این همان انقلابی نبود که آنها برایش جان داده بودند. اسعد بی‌اختیار و در حالی که به سمت بیرون خیره شده بود زیرلب زمزمه کرد:

«رکسانا...!»

شاید سیروس تنها سرنشین ماشین بود که منظور اسعد را درک می‌کرد. خوب می‌دانست که او نگران سلامتی دخترش بود، خصوصاً که از طریق حسین در جریان ناپدید شدن رکسانا قرار گرفته بود. سیروس درد سنگین اسعد را حس می‌کرد. سیروس که پیش از رفتن به آمریکا تقریباً تمام وقتش را با اسعد می‌گذرانید همیشه سعی داشت که اسعد را قانع کند تا به دیدن رکسانا برود اما اسعد به ادله‌ی اینکه او را زیر نظر دارند و ممکن است جان دخترش به خطر بیفتد همواره از دیدن رکسانا خودداری می‌ورزید، با این وجود اسعد همیشه از موقعیت رکسانا خبر داشت و در جریان فعالیت‌هایش قرار می‌گرفت فقط در بیست الی سی روز اخیر بود که اطلاعی از او در دست نداشت. سیروس محتاط و نگران، به سمت بیرون خیره شده بود و فکر می‌کرد شاید هم حق با اسعد بود، به هر حال اسعد چند پیراهن بیشتر از او پاره کرده بود و از این حیث نگرانی‌اش را درک می‌کرد. به نظر می‌رسید سیروس برای اولین بار قبول کرده بود که این اکراه اسعد، نه بر اساس خودخواهی بلکه بر پایه‌ی عشق به فرزندش بود.

چند اتومبیل آتش‌نشانی با سرعت از کنار آنها گذشتند و در جهت مخالف به سمت صحنه‌ی انفجار دور شدند. با قطع شدن تدریجی صدای آژیر ماشین‌های آتش‌نشانی، سکوت در اتومبیل حاکم شد. محمد دیگر نمی‌توانست ساکت بماند:

«زمانه غریبیه، به هیچ کس نمیشه اعتماد کرد، حتی به چشمت، امروز دوستتن و فردا دشمنت...، کشتن برای قدرت و مکنت...، ما با خودمون چه کردیم...؟!»

صدای راننده بلند شد:

«این انقلاب از راه خودش منحرف شده، مشخصه که انقلاب بدترین مسیره ممکن‌رو طی می‌کنه، مسیری که به دیکتاتوری ختم میشه...، و درد و رنج مردمو بیشتر و بیشتر می‌کنه...!»

محمد ادامه داد:

«گاهی اوقات نمی‌دونم چه کسی انقلاب کرده و برای چی...؟!، این خانم آمریکایی که تو همه جا هست، دستور صادر می‌کنه و همه از اون میترسن، کیه؟، حتی خمینی هم از اون حساب میبره...!»

محمد منتظر جواب بود اما صدایی از هیچ کس در نیامد، بنابراین ادامه داد:

«مملکـت و انقـلاب‌رو، آدم‌هـای نامرئیـه پشـت صحنـه اداره میکنـن، و ما هیـچ کارهایـم...، ول معطلیـم...، مـا فقـط مهره‌هـای شـطرنجی هسـتیم که هـر وقـت بخـوان حرکتمون میـدن...!»

بالاخره صدای اسعد بلند شد. صدایش بسیار غمگین و افسرده بود:

«بـه همیـن خاطـر مـن دیگـه آرزو نـدارم کـه مسـئول ایـن فاجعه باشـم...، مـن این رو بـه اون روح‌هایـی میسـپارم کـه خشـم بیشـتری دارن...، یعنـی مـا هنـوز یـاد نگرفتیـم که بـا زورُ و اسـلحه و تـرور، نمیشـه بـر کشـوری حاکـم شـد؟، چـرا نمی‌دونیـم و نمی‌فهمیـم، ماحصلـه ایـن اقدامـات وحشـیانه فقـط سوءاسـتفاده، فسـاد و دیکتاتوریـه، و در نهایـت هـم بـه یه شـورش مردمـی دیگه‌ای منجـر میشـه، و بازنده‌هـا همیشـه همـون افـرادی هسـتن کـه بـه زور متوسـل شـده بـودن، ایـن مملکـت بـه خونریزی بیشـتری نیـاز نـداره...!»

سرنشـینان ماشـین نمی‌دانسـتند کـه اسـعد بـرای اولیـن بـار در زندگـی بـه مرگ فکـر می‌کرد و خـودش هـم متعجـب بـود که دیگـر نمی‌خواسـت آن اهدافـی را که در تمـام طول عمـرش دنبال کـرده بـود ادامـه دهـد. بـه ایـن موضوع می‌اندیشـید کـه دیگر زمـان آن فرا رسـیده بود کـه به خود و خانـواده‌اش رسـیدگی کنـد. در تمـام مدتـی کـه اسـعد در فکـر و خیـال غرق شـده بود، سـیروس می‌توانسـت صحبت‌هـای آنهـا را بشـنود، امـا توجهـی او بـه موتورسـیکلتی بـود کـه از دور آنهـا را دنبـال می‌کـرد و حـالا وقتـی ماشـین در پشـت چـراغ قرمـز متوقـف شـد، در کنار ماشـین ایسـتاد. سرنشـین‌های موتورسـیکلت دو مـرد بودنـد و انـگار در انتظـار سـبز شـدن چـراغ لحظـه شـماری می‌کردنـد. مـردی کـه در پشـت سـر راکب موتورسـیکلت نشسـته بود ژاکت گشـادی بر تن داشـت کـه بـه نظـر می‌رسـید وسـیله‌ی بزرگـی را در زیر آن مخفی کـرده بود. بـا توجه به اینکه بسـیاری از ترورها توسـط موتورسـوارها انجام می‌شـد سـیروس از حضور آنها نگران شـده بود. به جز سـیروس، بقیـه در فکـر و گفتگـو بودنـد و بـه موتورسـوارها هیـچ توجهی نداشـتند. سـیروس هنوز بـا احتیاط و بـدون اینکـه توجهـی موتورسـوارها را جلـب کنـد آنهـا را زیر نظر داشـت. البتـه نگرانـی او بیمورد نبـود. بـه محـض اینکـه چـراغ سـبز شـد و ماشـینها بـه حرکـت درآمدنـد، موتورسـیکلت بلافاصلـه شـتاب گرفـت و خـود را بـه کنـار اتومبیـل آنهـا رسـاند. ژاکـت سرنشـین عقـب موتورسـیکلت کنار رفـت و بـا مسلسـل آنهـا را به رگبار گرفت. سـیروس کـه در تمام مدت با هوشـیاری آنهـا را زیر نظر داشـت بی‌درنـگ وارد عمـل شـد و اسـعد را بـر کف ماشـین خوابانـد. اقدام او موجب شـد که اسـعد بـه طـور خطرنـاک مـورد اصابـت گلوله‌ها قـرار نگیـرد. اما محمـد و راننـده‌ی جوان شـانس چندانی نداشـتند و خون‌آلـود از پـا درآمدنـد. راننـده کنترلـش را از دسـت داد و اتومبیـل پـس از انحراف در جـوی کنـار خیابـان افتـاد و به درختی برخـورد کرد. موتورسـیکلت هم در میان ترافیک ناپدید شـد.

سیروس متزلزل و خونین، به خود آمد و بلافاصله اسعد را چِک کرد. فقط یک یا دو گلوله نه چندان کاری به او اصابت کرده بود. اما راننده و محمد بدجوری زخمی شده بودند و توان حرکت نداشتند. مردم هم مثل مور و ملخ ریخته بودند و قصد کمک داشتند و البته سر و دست هم می‌شکستند که ببینند اینبار چه کسی ترور شده بود. خوشبختانه هیچ کدامشان را نمی‌شناختند. سیروس خود را جمع و جور کرد و از ماشین پیاده شد. اسعد را بیدرنگ از ماشین خارج کرد و به پیاده‌رو برد. سیروس می‌دانست که باید صحنه‌ی حادثه را ترک کنند. بنابراین محتاطانه اسعد را بلند کرد و از کمک مردم هم بهره گرفت و خود را به خیابان اصلی رساند. بلافاصله یک تاکسی گرفت و به اتفاق اسعد در تاکسی نشست. قبل از حرکت به راننده‌ی تاکسی وعده داد که خسارت وقت و خونین شدن ماشینش را تمام و کمال پرداخت خواهد کرد. وقتی قصد داشت درب تاکسی را ببندد نگاهش به پسربچه‌ای افتاد که در کنار خیابان ایستاده بود و به او نگاه می‌کرد. پسر بچه تک و تنها بود. انگار هیچ کس را نمی‌شناخت و هیچ کس او را نمی‌دید و اصلاً وجود خارجی نداشت. تاکسی حرکت کرد و پسربچه و سیروس کمکم از هم دور شدند و نگاه آنها قطع شد. خون از بدن اسعد و سیروس جاری بود. زخم‌های سیروس سطحی بودند، اما زخم‌های اسعد جدیتر به نظر می‌رسید و به درمان و پانسمان بیمارستانی نیاز داشت.

در حالی که تاکسی از محل حادثه دور می‌شد، مردم ماشین آسیب دیده را محاصره کرده بودند و جنازه‌های خونین محمد و راننده را بیرون می‌آوردند. بدون اینکه آنها را بشناسند بر روی دست گرفتند و با فریاد مرگ بر آمریکا، شهید شهید و ستایش خمینی به راه افتادند. عده‌ای هم طبق معمول به مشاجره‌ی سیاسی پرداختند. تاکسی از جلوی مسجد بزرگی بنام حسینیه ارشاد عبور کرد. سیروس با آن مسجد آشنا بود. هنگامی که او در مقطع دبیرستان تحصیل می‌کرد خانه‌ی آنها روبه‌روی مسجد و در باغی بزرگ قرار داشت اما وقتی این مسجد را در آنجا ساختند آنها از آن محل کوچ کردند، زیرا آن مسجد به کانون اصلی مخالفان شاه تبدیل شده بود.

*****

سرانجام تاکسی به ساختمان بیمارستان رسید و متوقف شد. سیروس و راننده به کمک هم اسعد را به داخل منتقل کردند.

*****

فصل ۳۶

قدم زدن در جاده‌ی بهشت به قیمت ریختن خون مردم...

حالا شمال تهران جایی که اکثر ثروتمندان سکنی داشتند به مرکز تمام دسیسه‌ها، قرار و مدارها و تصمیم‌گیری‌های آینده‌ی ایران تبدیل شده بود. این ثروتمندان جدید کسانی بودند که نه تنها با زور اسلحه، املاک و دارایی‌های مردم را غصب کرده بودند بلکه حتی بسیاری از آنها را به حبس و اعدام محکوم می‌کردند و فقط تعدادی از آنها شانس می‌آوردند و از مملکت متواری می‌شدند. روشنفکرانی که در پشت این انقلاب شوم قرار داشتند، به تدریج از خواب بیدار می‌شدند و می‌دیدند که خود محکوم کار اشتباه خود شده‌اند و اگر شانس به آنها رو می‌کرد و با حبس، ترور و یا اعدام از بین نمی‌رفتند، فقط می‌توانستند تماشاگر باشند که گروه جدیدی که شاید تا آن زمان هیچ سهمی در این انقلاب نداشتند و قرار نبود هیچ قدمی هم در راستای اداره‌ی کشور بردارند حالا سوار بر اسب قدرت شده بودند و احساس خدایی می‌کردند و خدا را هم بنده نبودند.

طولی نکشید که افرادی به مانند اسعد که نیم قرن از حیات خود را به پای مردم و انقلاب ریخته بودند و سیروس هم که اجباراً مدتی با این جریان درگیر بود، از وضع موجود احساس تنفر، ناامیدی و شاید گناه می‌کردند. این تنفر در حسین، پری و دوستانشان نمود بیشتری داشت.

نیمه‌های شب بود. درست وقتی که اسعد و سیروس در بیمارستان بستری بودند حسین داشت زنگ درب خانه‌ی دوریان را می‌زد. او آنچنان خشمگین بود که حتی متوجه نشد چراغی در پنجره‌ی دوم خانه‌ی مشرف به منزل دوریان روشن شده بود و کسی داشت از پشت پرده حرکات او را زیر نظر می‌گرفت. بالاخره دوریان در حالی که لباس خواب به تن داشت درب را باز کرد. خواب‌آلود و بسیار لوند و سکسی ظاهر شده بود. دوریان از اینکه حسین را با نگاهی متفاوت و در آن موقع از شب می‌دید احساس خوشایندی نداشت، اما می‌خواست بداند که جریان از چه قرار بود. از طرفی او به خوبی می‌توانست از خودش دفاع کند. برگشت و به طرف آشپزخانه حرکت کرد. حسین داخل شد و درب را پشت سر خود بست. دوریان به جای

اینکه بر روی مبل بنشیند و راحت باشد ترجیح داد حالت عادی خود را حفظ کند و به طرف آشپزخانه برود تا به اسلحه‌ای که در آنجا و برای روز مبادا مخفی کرده بود دسترسی داشته باشد. دوریان منتظر بود تا بداند حسین چه مشکلی داشت که نتوانسته بود تا صبح تحمل کند و بعد به دیدن او بیاید. بسیار نگرانِ حالت عصیان‌زده حسین بود. هیچ وقت حسین را این چنینن عصبانی ندیده بود. حسین معطل نکرد و صدایش آمیخته با خشم و تنفر بلند شد:

«من تازه از خواب بیدار شدم و به ذهنم رسید که آیا من این حق‌رو دارم که در مورد مرگ و زندگی دیگران تصمیم بگیرم، یا اینکه عده‌ی زیادی بیگناه رو بکشم که اهداف مسخره، حیوانی و شیطانی خودم‌رو پیش ببرم...؟!، تازه فهمیدم من به خودم دروغ می‌گفتم، همون جور که به من دروغ گفتن...، تو به من دروغ گفتی، منُو سر کار گذاشتی که این همه آدمُو بکشید...، منه احمق که به دام تو افتادم...!، همه چیزت دروغه و تو هیچ چیزت صداقت و درستی وجود نداره، من چقدر احمق بودم که به حرف تو گوش دادم تا تو سرقت موزه‌ی ایران باستان به تو کمک کنم...، منه احمق باور کرده بودم که برای حفظ جواهرات از دستبرده سارقانه! غاقل از اینکه خود ما سارق بودیم! این سرقت برای این بود که آثار تاریخی مردم ایران در یک جای امن حفظ بشه...، آیا این جای امن لیبی بود و مردم ایران هم قذافی است...؟»

حسین در حد جنون‌آمیزی، عصبانی و پریشان بود. صدایش شروع به لرزیدن کرد. انگار تمام آن فشارهای عاطفی رنج‌آور گذشته حالا در وجودش بروز کرده بودند.

«دزد جواهرات سلطنتی، فرح و شاه نبودند ما بودیم، ما از همون مردمی که مثلاً برای اونها می‌جنگیم دزدیدیم، چهارصد میلیون دلار ثروت همین مردمُو دزدیدیم و به لیبی فرستادیم، نگهبان‌های بیگناهِ موزه‌رو کشتیم و زیر نام اسلام و به دروغ گناهشونو به گردن شاه انداختیم و اونهارو به دروغ شهید راه انقلاب به مردم معرفی کردیم...، همه چیزه تو و خمینی دروغ و تزویره...!»

حسین داشت به سرقت آثار هنری و جواهرات سلطنتی ایرانی از موزه‌ی هنرهای ایران باستان اشاره می‌کرد که توسط دوریان و سرهنگ ویلیام بیکر طرح‌ریزی و به اجرا درآمده بود. از ظاهر دوریان می‌شد فهمید که از لحن صدا و موضع منفی حسین، ناراضی بود. خسته و بی‌حوصله نشان می‌داد و داشت اذیت می‌شد. می‌دانست که حسین در آن وقت از شب فقط برای یک شماتت اخلاقی و انسانی به آنجا نیامده بود. مجبور شد کلام حسین را قطع کند واِلا ممکن بود تمام شب به سخنرانی اخلاقی‌اش ادامه می‌داد. دوریان به خود یادآوری کرد که او هم برای چنین سخنرانی‌هایی آمادگی دارد:

«شاید یادت رفته باشه که تو دنیای سیاست، عدل و نابرابری معنی و مفهوم نداره، و جایی

بـرای مقایسـه‌ی گنـاه و بیگناهـی نیسـت، هـدف فقـط اینه که بـه نتیجـه‌ی مطلوب برسـی، و مهم نیسـت چطـور...، بـه هـر حـال اگـه تـو در مـورد دزدیـدن جواهـرات سـلطنتی مشـکل و یا سـوالی داری...، چـرا نمیـری از امـام خـودت...» و بـه عکـس خمینـی کـه در قابی بـر روی میز قرار داشـت اشـاره کـرد و ادامـه داد: «... خمینـی سـوال کنـی؟ وقتـی کـه امامـه تـو اون‌رو یـک امـر خدایـی و خدمـت در راه اسـلام میدونـه و دزدیـدن اونهـارو تاییـد می‌کنـه مـن و تو چـه کاره هسـتیم؟، وقتی اون کُشـتنِ نگهبانـانِ مـوزه‌رو امـری واجـب در راه اسـلام می‌دونـه و اونهـارو شـهید در راه انقـلاب خطـاب می‌کنـه، بـا ریختـن خـون اونهـا بهشـت‌رو بـه اونهـا وعـده میـده، نـه مـن...، نـه شـما...، نه مـردم...، و مطمئنـاً نـه اسـلام...، تـوان و یـا حـق اعتـراض نـدارن...، خمینـی امامه مسـلمینه، حرف حرفـه اونـه، اون خـودش ملتـه، اسـلامه، اون حـالا امـام و خدای شماسـت...!»

حسـین بـا شـنیدن سـخنان دوریـان دیگـر کنتـرل اعصـاب و احساسـاتش را از دسـت داده بود. عصبی و احساسـاتی شـدن بزرگترین ضعف حسـین بود. اشـک چشـمانش را پوشـاند. بغض گلویش را گرفـت و نفسـش تنـگ شـد و چیـزی نمانـده بـود که خفه شـود. هر چند او سـعی داشـت تا خود را کنتـرل کنـد، امـا ابـراز چنین احساسـی نیـاز به منطق و تعـادل افکار داشـت که حسـین آن را از دسـت داده بـود و نمی‌دانسـت چـه میگوید:

«اون امـام و خـدای مـن نیسـت...، خمینـی امامـه مـردم ایـران نیسـت...، او امامیـه کـه شـما و انگلیسـیها بـرای بیچـاره کـردن مـردم ایران و بـرای اهـداف کثیفتون سـاخته و پرداختـه کردید...!»

حسـین بـرای لحظاتـی سـاکت شـد تـا افـکارش را جمـع و جـور کند. بـه قصد خروج به سـمت درب حرکـت کـرد، سـپس متوقـف شـد و بـه طـرف دوریـان برگشـت. قیافـه‌ی حسـین مخـوف و وحشـتناک شـده بود.

«تـو حتـی بـه پـدر دختـر خـودت هـم رحـم نکـردی...!، بـه خاطـرِ کشـتن بهشـتی، سـیصد و پنجـاه نفـره دیگـه‌رو هـم بـه کام مـرگ فرسـتادی...!، تـو و سیاسـتمدارات فقـط بـه خودتـون و بـه مـردم خودتـون فکـر می‌کنیـد و ایران برای شـما پشـیزی اهمیـت نداره، تنهـا چیزی که برای شـما اهمیـت داره پیشـبرد هدف‌هـای شـیطانی خودتونـه کـه نفتُـو مفـت برای شـرکت‌های نفتـی فراهم کنیـد و کارخونه‌هـای اسلحه‌سـازیتون اسـلحه‌های بیشـتری بفروشـن و بـه کشـتن مـردم بیگنـاه ادامـه بِـدن...، همینو بـس...!»

دوریـان در یـک لحظـه دچـار تاسـف و ندامـت شـد که چـرا حسـین را به داخـل خانـه راه داده بـود. او گمـان می‌کـرد کـه حسـین حامل خبـر خاصی بود که بعد از انفجار و کشـته شـدن بهشـتی در نصـف شـب بـه دیـدن او آمـده بـود، اما حـالا می‌دید که حسـین داشـت از کنترل خارج می‌شـد و احتمـال می‌رفـت بـه او حملـه کنـد. بـا احتیـاط هفت‌تیرش را که در پشـت پیشـخوان آشـپزخانه

مخفـی کـرده بـود امتحـان کرد تا در صورت لزوم از آن اسـتفاده کند. اسـلحه اکنون در دسـتش قرار داشـت. البتـه دوریـان بسـیار کار کشـته بـود و همـه‌ی موقعیت‌هـا را میس‌نجیـد و بـا منطـق عمل می‌کـرد. می‌دانسـت کـه زنـده‌ی حسـین بیشـتر بـه کارش می‌آمد. بـدون اینکه حسـین بدانـد از او بـه خاطـر ارتباطـی که بـا مجاهدیـن خلق و خصوصـاً با شـخص بنی‌صدر داشـت، اسـتفاده می‌کرد. بنی‌صدر بـه خمینـی بسـیار نزدیـک بـود و خمینـی او را به چشـم پسـرش می‌دیـد. دوریـان بارها بـا حسـین خوابیـده بـود و رگ خـواب حسـین را در دسـت داشـت، اما این‌بـار کمی با گذشـته فرق می‌کـرد، بـه هـر حـال اگـر لازم بـود از کشـتن حسـین هـم هیـچ ابایی نداشـت. حـالا دوریـان هم کاسـه‌ی صبـرش لبریـز شـده بـود و با اعصابـی بهم ریختـه فریادش بلند شـد:

«تـو هیـچ خبـری از اینکـه مـن به چی اهمیـت میدم و بـه چی اهمیت نمیـدم نـداری...!، تو هم بـا خیلـی از اونهایـی کـه بـه اصطلاح خـود رو فداییـان و انقلابیـون راهه امـام میدونن و عقـل کُل و امـا در حقیقـت در خوابـن و از حقایـق پشـت پرده هیچـی نمیدونن و بدون اطلاعات کافی و درسـت در مـورد اونچـه کـه در پشـت درهای بسـته اتفاق میافتـه قضاوت میکنـن و فقط از روی احسـاس و مصلحـت خودشـون عمـل میکنـن...، هیچ تفاوتی نـداری!، زندگی هرگـز اون طور که بـه ظاهر اتفاق میافتـه و تـو می‌بینـی نیسـت و شـما ایـن حقیقتُـو نمی‌بینیـد...، مـن اینجا معلـمِ اخـلاقُ‌و اقتصادُو سیاسـت شـما نیسـتم کـه بـه شـما بگـم بین کشـور مـن و تو چـه می‌گـذره، اما یـه چیزو بـه یقین می‌تونـم بِهت بگـم که کشـته شـدن بهشـتی و یکـی دو نفر دیگـه در واقـع خدمت به ایـران و ملت ایـران بود...!»

صـورت حسـین از شـدت عصبانیـت مثل گوجه فرنگی قرمز شـده بـود و انگار داشـت از لپهایش خـون می‌چکیـد. فریـادش بـه طـرف دوریان بلند شـد و بـه او فرصت نداد تـا حرفـش را ادامه دهد:

«شما با کشتن بهشتی و سیصد و پنجاه نفر دیگه به مردم و به کشور من، لطف کردید...؟»

انگشـت دوریـان بـر روی ماشـه‌ی هفت‌تیرش رفت که حالا در زیر یکی از قفسـه‌های آشـپزخانه مخفـی کـرده بـود. آمـاده‌ی شـلیک شـد، امـا چکانـدن ماشـه آخریـن کاری بـود که او می‌خواسـت انجـام دهـد زیـرا صـدای شـلیک گلوله توجـه همسـایه‌ها را بـه او جلب می‌کـرد. از نظر همسـایگان ایرانـی، او فقـط یـک بانـوی آرام آمریکایـی بـود کـه ایـران و ایرانیـان را خیلـی دوسـت داشـت و به خاطـر همیـن هـم مثـل بسـیاری دیگـر از آمریکایی‌هـا ترجیح داده بـود در ایـران باقی بماند و این دلیلـی بـود کـه آنهـا دوریـان را خیلـی دوسـت داشـته باشـند و بـه او احتـرام بگذارند. البتـه رفت و آمدهـای شـبانه بـه منـزل او را بـه حسـاب این گذاشـته بودند کـه او یـک آمریکایی بود و دوسـتان زیـادی داشـت و ایـن بـرای آمریکایی‌هـا عیـب محسـوب نمی‌شـد. در واقـع آنهـا بـه همسـایگی بـا دوریـان افتخـار می‌کردنـد و بـه هیـچ عنـوان نمی‌توانسـتند بـاور کننـد کـه دوریـان مغـز متفکـر و

صـدای خمینـی دجـال بـود. دوریـان می‌دانسـت که با صـدای شـلیک گلولـه، همسـایه‌ها در عرض چنـد ثانیـه بـه کمـک او می‌شـتافتند و ایـن چیـزی نبودکـه او می‌خواسـت اتفـاق بیفتد.

بـا اینکه یک تیم از ماموران سـازمان سیا، متشـکل از افـراد ایرانی و آمریکایـی در خانه‌ی مقابل دوریـان مسـتقر بودنـد و بـه طـور بیسـت و چهـار سـاعته از او محافظت می‌کردنـد اما دوریـان نباید جانـب احتیـاط را از دسـت مـی‌داد، بنابراین سـعی کرد تا حسـین را آرام کند:

«بلـه، درسـته کـه بهشـتی قرار بود جایگزین شـاه بشـه...، اما واشـنگتن هیچی در مورد بهشـتی و تیمش نمی‌دونسـت...، نمیدونسـتن که اون مامور کا.گِ.بِ روسهاسـت...، نمیدونسـتن که بهشـتی می‌خـواد ایـران‌رو بـه یـک فلسـطین دیگـه تبدیـل کنـه...، من نمی‌خواسـتم و اجـازه هـم نمی‌دادم چنیـن اتفاقـی بیافتـه...، بـا تمـام بدیهایـی کـه من بـه ایران کـردم، و بـه اون افتخـار نمی‌کنـم، اما یـک چیـزو می‌دونـم...، مـن عاشـق ایـران و ایرانیهـا هسـتم...، ایرانیـان مهربانتریـن و باهوشـترین انسـان‌هایی هسـتند کـه مـن تاکنون دیـدم...، امـا کمی زود بـاور و بسـیار فرصت‌طلبنـد...!»

شـاید دوریـان بـرای اولیـن بار بود که دروغ نمی‌گفت و ایران و ایرانیها را بسـیار دوسـت داشـت. امـا حسـین خریـدار حرف‌هـای او نبـود و از تجربـه‌ای کـه بـا او داشـت و اینکـه چطور همـه چیز را بـه بـازی می‌گرفـت درس عبـرت گرفتـه بـود. دیگـر نمی‌توانسـت سـخنان دوریـان را وَلُـو در قله‌ی حقیقـت بپذیرد.

«مـردم ایـران وکیلُـو وصـی نمیخـوان کـه براشـون تصمیـم بگیـرن، خودشـون قـادر هسـتن سرنوشت‌شـون‌رو انتخـاب کنـن...!»

فشار خون دوریان بالا زده بود، اما این‌بار حسین باید او را آرام می‌کرد.

«کـدوم مـردم؟ اون مردمـی کـه یـک روز بـه خاطـر مصـدق ریختـن تـوی خیابونهـا و روز بعـد بـرای شـاه هـورا کشـیدن و مرگ بـر مصدق گفتـن، یا مردمی کـه چند وقتـه پیش فریـاده مرگ بر شـاه سـر دادن و بـرای امامشـون خمینـی سـینه چاک کـردن که اونهـارو به بهشـت ببـره...؟، کدوم مـردم...؟ فقـط خـدا میدونـه کـه دفعـه‌ی بعـد کـه مـرگ بـر خمینـی سـر میـدن به کـی زنـده باد میگـن...؟ کـدوم مـردم؟ شـاید اونهایـی‌رو میگـی کـه وطن و ملت خودشـون‌رو میفروشـن کـه برای رفتـن بـه آمریـکا و کانـادا جـواز بگیـرن و یا به قـدرت و مکنت برسـن...؟ و یـا آدمهایی مثـل تو، که اونقـدر تـو رادیکالـه ایدئولـوژی خودشـون گم شـدن کـه همه چیـزو فقط سـیاه می‌بینن و سـفیدُو خاکسـتری براتون هیـچ معنی نـداره...؟»

دوریـان کنترلـش را از دسـت داده بـود. هـر آنچـه که بر روی پیشـخوان آشـپزخانه قرار داشـت بـا حرکـت سـریع دسـتش به اطـراف پراکنـده کرد و موجب شکسـتن آنها شـد. سـپس ادامـه داد:

«خلایـق هـر چـه لایـق...، هیـچ چیـز مجانـی بـه کسـی داده نمیشـه، اگـه مـردم آزادی و حـق

خودشـون‌رو میخـوان، بایـد بـرای چیزی کـه میخوان بلند شـن و بجنگـن، باید با هـم حرکت کنن، وگرنـه هیـچ کـس هیـچ چیـز بـه اونهـا نمیـده...، بنابرایـن اگـه تـو دلت بـه حالـه مردمت میسـوزه اونهـارو روشـن کـن...، وگرنـه کشوری پـر از گوسـفند داریـد کـه همیـن جـور مثـل یه گلـه دنبال چوپـان راه میافتـن و اگـه خطـا کنـن با سـگهای وحشـی و درنـده‌ی گلـه روبه‌رو میشـن...!»

چشـمان دوریـان بـه تنهـا مـدادی افتاد که هنـوز بر روی پیشـخوان آشـپزخانه باقی مانـده بود، با هـر قدرتـی کـه داشـت ضربهای به مـداد زد که مداد به ته اتاق نشـمین پرت شـد. دوباره زبان گشـود:

«پـس هیـچ وقـت بـه خـودت اجـازه نـده کـه بخوای بـه من بگـی که احسـاس گنـاه کنـم...، یا نـه...، چطـوره تـو آینـه نـگاه کنـی و از خـودت بپرسـی چنـد نفـرو خـودت کشـتی!؟ کی به تـو این حقُـو داده بـود؟ بنابرایـن تـو بهتـر از مـن نیسـتی...، در حقیقت تـو خیلی بدتـری...!»

دوریـان آنچنـان داغ شـده بـود کـه دیگـر مجـال نمـی‌داد کـه حسـین زبـان بگشـاید. بـه نظـر می‌رسـید کـه او داشـت خـود را از شَـر تمـام چیزهـای رنج‌آوری کـه مدتهـا در وجودش انبار شـده بـود خـلاص می‌کـرد.

«بـه خـود روشـنفکرت نـگاه کن، تو یه نمونشـی کـه فقط فریـاد خیرخواهی مردمرو سـر میدی، و فریـاد گنـاه و بدبختـی مردمتـو بـه گـردن دیگـران میندازی، بـرو تو آینه بـه خودت نـگاه کن و از خـودت بپـرس، تویـی کـه مردمـه بیسـواد و نـادان‌رو که برای مصـدق ریختن تـو خیابونهـا و بعدش هـم بـرای شـاه مقصـر می‌دونـی، تو خودت چـه گلی به سـر این مملکـت زدی؟ مگه توی روشـنفکر و دوسـتانت نبودیـد بـا اینکـه می‌دونسـتید خمینـی‌رو سـازمان سـیا و انگلیسـی‌ها دارن روی کار میـارن بـه شـاه پشـت کردیـد و بـرای حمایـت خمینـی سـینه سـپر کردید و یقـه دریدیـد و خون دادیـد و خمینـی‌رو یـه شـبه امـام مسـلمین کردیـد...؟ پـس چرا انگشـتِ خبـط و خیانتـو به طرف سـازمان سـیا می‌گیریـد...؟ مردمـه نـادان از دخالـت آمریـکا و انگلیـس بیاطـلاع بودن...، شـماها که نبودیـن...؟!، حـالا کـی مقصـره...؟، حالا کـی احمق و گناهـکاره...؟، چطـور جرات می‌کنـی دیگرانرو مقصـر بدونـی وقتـی خـوده شـما بـه سـازمان سـیا پیوسـتید و بهـش کمـک کردیـد کـه شـاه‌رو از سـلطنت بیانـدازه، اون وقـت خودتونـرو پاک و بی‌گنـاه می‌دونید...؟ اگه شـما صلاح مردمُـو میخواید بـه جـای مقصـر کـردن دیگـران خودتونو درسـت کنیـد، ...، بعـدم به مـردم خودتون آمـوزش بدید تـا بفهمنـد اسـلام یـا هـر ایدئولـوژی مذهبی کـه وارد سیاسـت بشـه فقط بـه نابودی زندگـی خوده اونهـا منجـر میشـه...، بهشـون بفهمونیـد خرافات مذهبی فقـط به خوده اونهـا ضرر میزنه...، بهشـون بفهمونیـد کـه پایـه و اسـاس همـه‌ی ادیـان یه چیـزه، اما ایـن جامعه و مردم اون کشـور هسـتن که نبایـد اجـازه بِـدن رهبـران دینـی یا سیاسـی بـا دروغ و خرافـات اونهارو کنتـرل و سرکیسـه کنن...، بایـد بفهمـن کـه وقتی فسـاد و دروغ پشـت دین پنهان میشـه پایه و اسـاس اون‌رو از بیـن میبره...!»

دوریـان دیگـر بـه آخـر خـط رسـیده بـود ولازم می‌دیـد قبـل از اینکـه حسـین را بکشـد و یا از بیـرون مـورد سـوءقصد قـرار بگیـرد، او را از خانه بیـرون کند، بنابراین اسـلحه‌ی خـود را بیرون آورد و بـه طرف حسـین نشـانه رفت.

«گناهـه آمـدنِ خمینـی بـه گردن شـما روشـنفکرانه نـه هیچ کـسِ دیگه...، شـمایی کـه اونقدر تـو ایدئولـوژی خودتـون گـم شـدید کـه حتـی تاریـخ خودتـون‌رو هـم فرامـوش کردیـد...، نـژاد بـزرگ و افتخارآفریـن ایرانـی‌رو از یـاد بردیـد، حتـی کـورش بـزرگ و افتخـارات ایـران و ایرانـی‌رو نمی‌شناسـید...، نـگاه کنیـد به کشـورهای دیگـه که چه بـا آدمهایی مثل کـورش بـزرگ می‌کنند...، شـاید از اونهـا یـاد بگیریـد...، از طرفـی از کجـا کـه آمریـکا و انگلیـس بـا روی کار آوردن روحانیـون خدمـت بزرگـی بـه ایـران و ملـت ایـران نکـرده باشـند...؟ چـرا کـه تـو مـدت کوتاهی چیزی‌رو که شـما روشـنفکران قرنهـا نتونسـتید بـه ملـت مسـلمانتون بفهمونیـد، روحانیـون بـا ترویـج فسـاد و بی‌عدالتـی کـه تـو جامعـه ایجـاد می‌کنـن، بالاخـره مـردم‌رو آگاه میکنـن کـه دشمنشـون آمریکا و انگلیس نیسـتن...، دشمنشـون روحانیون و خرافات دینی هسـتن...!، و در نهایت، شـاید اونها دسـت از اعتقـاد بـه قول‌هـای دروغینـی کـه یـک قـرن روحانیون بـه اونهـا دادن و اونهـارو کنترلُـو اذیت و آزار و سرکیسـه کـردن، دسـت بـرذارن و ریشـه‌ی اسـلامه دروغین رو تو این خاک باسـتانی خشـک کنـن و ایرانـه متمـدن‌رو دوبـاره بسـازن...، و اون آغـاز امپراطـوری پرافتخاره پارسـه، که بـار دیگه بر پایـه‌ی احتـرام و عشـق بنـا میشـه، امـا آدم‌هـای خودخواهـی مثل شـما هیـچ نقش و جایگاهی تو اون شـکوه و عظمـت نخواهند داشـت...!»

حـالا غیرممکـن بـود کـه حسـین بتوانـد نـگاه از هفت‌تیر دوریـان بردارد کـه با عصبانیـت آن را در هـوا می‌چرخانـد و او را بـه طـرف درب خروجـی تعقیـب می‌کرد. چیـزی نمانده بود کـه هفت‌تیر دوریـان در دهـان حسـین جـا بگیرد و او ماشـه را بچکاند. دوریان انـگار در اوج دیوانگی قرار داشـت.

«و بـه مـن هـم طـوری نـگاه نکـن که تو یـک آدم بی‌گنـاه و حق بـه جانبی هسـتی...! تـو از من خیلـی بدتـری!، امـا واقعیـت اینـه که تو سـرتو کردی زیـره برف و خیلـی چیزها و بخصـوص ماهیته خودتـو نمی‌بینـی...!، و ایـن بی‌هویتـی برای ایرانـو ایرانیـان خیلی خطرناکتـر...! بهتر بـری توی اینه بـه قیافـه‌ی خـودت نـگاه کنـی و از خـودت بپـرس، کی به تـو اجـازه داده بـود که دختـر بی‌گناهی مثـل رکسـانا را گـول بزنـی و بفرسـتی اینجـا و جانـش و بخطر بنـدازی فقـط بخاطر اهـداف کثیف خـودت؟ مـی بینـی کـه جـون هیچ کـس بـرای تو هیـچ ارزشـی ندرد؟ مـی دونـی کـه اون بدبخت مدتـی اسـت گـم شـده و هیچکس نمی دونه کجاسـت؟ زنده اسـت یا مـرده؟ آنوقت تـو خودتو پاک مـی دونـی و بقیـه را کثیـف؟ آدم‌هـای مثـل تو بایـد از خودشـون خجالت بکشـند...! تو بـا آن ملاها هیـچ فرقـی نـدار... شـاید هم بدتـری باشـی...؟ از خانه برو بیـرون تا نکشـتمت......! «

دوریان نمی‌دانست که با حرف‌هایش، حسین را تکان داده بود و او حالا به رادیکالیسم خود اذعان داشت. حسین بسیار احساس پوچی می‌کرد و از خودش متنفر شده بود. اکنون با شک و تردید، به تمام اعتقاداتش فکر می‌کرد. نمی‌توانست صحت سخنان دوریان را رد کند. تمام حرف‌های او بر عقل و منطق سوار بود. حسین حرفی برای گفتن نداشت. درب خانه را باز کرد و خارج شد، اما نه قبل از اینکه آخرین کلامش را بر زبان جاری کند:

«تو مریضی...!»

دوریان متفکرانه به درب خیره شده بود، اما نمی‌دانست که حسین برای اینکه خود را از زیر بار حقایق خالی کند کلام آخرش را بر زبان آورده بود. سخنان حقی که بدان اذعان داشت اما برایش سنگین بود. دوریان پاسخ داد:

«و تو یک آدم مرده...!»

در بیرون خانه، چند نفر از تیم محافظین دوریان، پراکنده بودند و حسین را زیر نظر داشتند. یکی از آن‌ها که با تفنگ دوربین‌دار به سمت منزل دوریان نشانه رفته بود تا در صورت خبط و خطای حسین، او را خلاص کند از پشت تفنگ بلند شد و نفس راحتی کشید.

*****

پاسی از نیمه شب گذشته بود. تهران پس از یک روز پر از حادثه و کشتار در خواب به سر می‌برد، اما بی.بی.سی خواب نداشت و دائماً اخبار مربوط به بمب‌گذاری مرکز حزب جمهوری اسلامی و کشتن بهشتی را تکرار می‌کرد. برای حسین بسیار دشوار بود که اتفاقات بیست و چند ساعت گذشته و بخصوص ماجرای منزل دوریان را تحمل کند. در شبهه‌ی فعالیت‌هایش به سر می‌برد و عقلش به جایی قطع نمی‌داد. مستقیماً به سمت بیمارستانی رفت که اسعد و سیروس در آنجا بستری بودند. شاید بدون اینکه بداند می‌خواست از راهنمایی‌های دوستی که همیشه او را از فعالیت‌های مخربش بر حذر میداشت برخوردار شود. حسین پس از اینکه اسعد و سیروس خود را به بیمارستان رسانده بودند، هیچ خبری از آن‌ها نداشت.

طولی نکشید که حسین به ساختمان بیمارستان رسید. در طول راهروی بیمارستان با تانی به دنبال اتاقی می‌گشت که اسعد در آن بستری بود. به اندازه‌ی کافی با فضای بیمارستان‌ها آشنایی داشت. بارها به منظور عیادت دوستان هم‌قطارش به این مکان‌ها رفت و آمد می‌کرد. همیشه هم این ملاقات‌ها به طور مخفیانه انجام می‌شد. بالاخره اسعد را پیدا کرد و داخل اتاق شد. اسعد بر روی تخت خوابیده بود. به نظر می‌رسید که در بیهوشی به سر می‌برد. متعجب بود که چرا سیروس را در اطراف اسعد نمی‌دید. نگران شد که شاید برای سیروس اتفاقی

افتـاده باشـد. اسـلحه‌ی خـود را که در زیـر ژاکت سـبز آمریکایی خود مخفـی کرده بود، آمـاده کرد. بـا احتیـاط و بیسـر و صـدا درب حمـام و دستشـویی را بـاز کـرد. سـیروس را دید که بر روی کاسـه توالـت نشسـته بـود و در حـال اجابت مـزاج خوابش برده بـود. دسـتش را باند پیچی کـرده بودند. به نظـر می‌رسـید کـه از فـرط خسـتگی و نگرانی در آنجـا خوابش برده بود. حسـین بی سـر و صدا وارد شـد. در کـف توالـت نشسـت و زانوهایـش را بغـل کرد، امـا هفت‌تیرش هنوز در دسـتش آمـاده بود.

دیـدن سـیروس آن هـم بـا شـلوار پاییـن افتـاده و بعـد از آن همـه دشـواری، غنیمتـی بـود که حداقـل لبخنـد ملایمـی بـر چهره‌ی حسـین بنشـاند. حسـین همیـن جور بـه سـیروس زل زده بود تـا او از خـواب بیـدار شـود. تماشـای سـیروس ناخـودآگاه او را بـه یـاد گذشـته انداخـت. بـه دوران دبیرسـتان و اینکـه چگونـه یکدیگـر را ملاقات کردند. چشـم‌های حسـین ناخودآگاه بسـته شـد و از فضـای توالـت بیمارسـتان بیرون آمد. فریـاد خاطرات جوانـی در ذهنش طنین انداخـت. انگار صدای خـود را در سـکوت ذهنی‌اش می‌شـنید و گذشـته در مقابل چشـمانش به نمایـش درمی‌آمد. فریادی کـه در سـکوت ذهنـش آغـاز شـده بود دیگـر توان نداشـت کـه در ذهنش حبـس گـردد. بغضش به آرامـی ترکیـد و بـه گفتگـو پرداخت. نمی‌دانسـت روی سـخنش با سـیروس بود یا با خـودش گفتگو می‌کـرد. قطـرات اشـک، صـدای لرزانـش را همراهـی می‌کـرد تـا آرامتر ذکر شـود:

«مهـم نیسـت کـه تـو چقدر تـلاش کنی کـه همه چیـزو درسـت انجام بـدی، بالاخره وهمیشـه یـک جـوری یـک چیـزی درسـت پیـش نمیـره و بهـم می‌خـوره و اون جوری کـه فکر می‌کـردی و می‌خواسـتی نمیشـه...!، همـه چیـز بـه رنجُو دردسـر ختم میشـه...!»

صـدای هـر چنـد ضعیف و بغض‌آلود حسـین باعث شـد سـیروس از خـواب بیدار شـود و نگاهش بـه حسـین بیفتـد که با چشـم‌های بسـته در کنـارش چمباتمه زده بود و بـا تاثر و ناامیـدی درد دل می‌کـرد. سـیروس کـه هرگـز او را ایـن چنیـن پریشـان و شـکننده ندیده بـود، مبهـوت و خواب‌آلود همیـن جـور بـه حسـین زل زده بـود. حسـین هنـوز هـم نمی‌دانسـت که روی سـخنش با سـیروس بـود یا بـا خـودش درد دل می‌کرد.

«حداقـل در گذشـته بـه شـما فرصتـی می‌دادنـد تـا دیدگاه‌های سیاسـی خودتـو تغییر بـدی...، بـا یـک تعهدنامـه آزاد می‌شـدی...، امـا تـو حکومـت اسـلامی اول شـمارو اعـدام می‌کنـن و بعد اگه بخـوان بـه اتهامـت رسـیدگی می‌کنـن...، بدتـر از اعدامـت هـم اینـه کـه بـرای تحویـل جسـدت از خونـوادت میخـوان کـه هزینـه‌ی گلوله‌هایـی که خرجـت کردنـو بپـردازن...، والِا جنازه بی‌جنـازه...، مـن خـودم‌رو مقصر می‌دونـم...، من احسـاس گنـاه می‌کنم...، مـن به مردمـه خودم ظلم کـردم...!»

سـیروس عمـلاً داشـت می‌دیـد کـه حسـین درهم شکسـته بـود. او بعـد از آن همـه مجاهدت و رنجـی کـه بـه منظـور برقراری یـک حکومت سـکولار در ایران کشـیده بود حـالا داشـت در قهقرای

ناکامی، ندامت و احساس گناه دست و پا می‌زد. حال و روز سیروس هم بهتر از حسین نبود. اندوهی عمیق بر او هم غلبه کرده بود. سیروس می‌دانست که حسین همیشه در فعالیت‌های سیاسی خود صداقت داشت و به مانند او و بسیاری دیگر، تمام زندگی‌اش را فدای دموکراسی در ایران کرده بود. یادش نرفته بود که در دولت قبلی و درست زمانی که سیروس وارد آمریکا شده بود، از طریق پدرش برای حسین پیغام فرستادند و از او خواستند که از فعالیت‌های سیاسی دست بکشد و به ایران بازگردد تا بتواند در دولت پیشین مقام شایسته‌ای داشته باشد و به پیشرفت ایران کمک کند، اما حسین پیشنهاد آنها را رد کرده بود. حتی تلاش‌های شیرین نشاط، دختر رئیس گارد جاویدان شاه هم که با حسین در لس‌آنجلس آشنا شده بود و به هم علاقه‌ای پیدا کرده بودند، کاری از پیش نبرد. شیرین مایوس به ایران برگشت و با یک افسر دیگر ازدواج کرد. بارها حسین به سیروس گفته بود که او چقدر خاطر شیرین را می‌خواست و از رفتن او بسیار ناراحت بود. پس از رفتن و ازدواج شیرین بود که رابطه‌ی حسین با رکسانا آغاز شد. ایرانی بودن حسین و اینکه او در صف مخالفین شاه قرار داشت به رکسانا امید داده بود که از طریق حسین بتواند خبری از پدرش بگیرد. از همین رو رکسانا بیشتر به حسین نزدیک شد و به او اعتماد کرد.

حالا سیروس می‌دید که دوستش در یک ندامت و افسردگی عمیق غرق شده بود و فکر می‌کرد که باید او را به حال خود می‌گذاشت تا در خلوت با گذشته‌اش کنار می‌آمد، و با آن تسویه حساب می‌کرد تا شاید اندکی از درد و رنج او می‌کاست. بنابراین باید به او اجازه می‌داد و در واقع او را تشویق می‌کرد، و بهترین تشویقش سکوتش بود تا حسین به صحبتش ادامه دهد و خودش را خالی کند. حسین ادامه داد:

«من احساس گناه می‌کنم...، من در حقه مردمم بد کردم...، اجازه دادم اون عوضی از من استفاده کنه...، اون از من برای سرقت از ملت ما استفاده کرد...، تو باید درباره‌ی اون بدونی...، دوریانو میگم...، اون پشته سرقته تمام آثار هنری و جواهرات سلطنتی از موزه‌ی کاخ گلستان و موزه ایران باستان بود...، ما همه‌ی جواهرات و آثار هنری‌رو دزدیدیم...، خمینی می‌دونست و با دزدیدنشون موافقت کرد...، سرهنگ ادوارد بیکر رهبر عملیات‌رو به عهده داشت، سرهنگ توکلی خائن رابط اون تو ارتش بود که سربازها، جیپ و کامیون‌های ارتش و مجوزهای ارتش برای عبور از حکومت نظامی تو خیابون‌های تهران‌رو در اختیار تیم قرار داد...»

حسین مجبور شد تا به بغضش مجالی بدهد و چند لحظه‌ای تأمل کند. البته در آن زمان، شاپور بختیار همچنان نخست وزیر بود و هنوز هم قانون حکومت نظامی اجرا می‌شد و برای عبور در خیابان‌ها اجازه‌ی ارتش لازم بود که سرهنگ مقدم مجوز تردد را برای تیم دزدها فراهم

کـرده بود. حسـین ادامه داد:

"دوریـان و سـرهنگ مقـدم، منُـو متقاعـد کـردن کـه قصـد دارن جواهراتـرو بـدزدن و اونهـارو تـو محـل امنـی محافضـت کنن...،گفتـن خبـر دارن کـه شـاه و فـرح قصـد کـردن جواهراتـو بدزدن و از مملکـت خـارج کنـن و اونهـا میخـوان مانـع بشـن...، چنديـن روز آمـوزش ديديـم...، سـرهنگ مقـدم خائـن کامیونهـا، جیپها، سـربازها و سـلاحهای ارتشـرو بـرای اسـتفاده در اختیار ما قـرار داد، نمی‌دونـم دلیـل ایـن کاره اون چـی بـود و چـرا...، صبـح زود بود که مـا از منطقه‌ی قلهک به سـمت مـوزه حرکـت کردیـم، چنـد نفـر از مـا یونیفرم افسـرای ارتش‌رو پوشـیدیم، مـن یکی از اونهـا بودم، رفسـنجانی یکـی از معماران اصلی سـرقت بـود...، کاروانی حـدود چهار کامیون ارتش بـه دنبال چند جیـپ ارتـش و پشتِ کامیونهـا چند ماشـین شـخصی تـو خیابونهای تهران وسـط حکومـت نظامی بـه طـرف مـوزه‌ی ایران باسـتان حرکـت کردن، داخـل کامیونها پر از سـربازان مسـلح بـود که بدون اینکـه بدونـن بـرای دزدیـدن از ملـت ایران، ملتی کـه برای محافظت از اونها قسـم یاد کـرده بودن با آمریکایی‌هـا هـم دسـت شـده بـودن، کاروان ما از عـده‌ای که تو خیابـون فریاده مرگ بر آمریکا سـر مـی‌دادن رد شـد، مـردم نـادان مـرگ بـر آمریکا می‌گفتـن و بیخـه گوششـون آمریکایی‌ها مشـغول دزدیـدن امـوال و هویـت اونهـا بـودن، مـن هـم از داخل جیپ بـه اونها خیره شـده بـودم و به خودم افتخـار می‌کـردم، وقتـی که اونهـا تو خواب مشـغول اجرای اوامـر دروغین امامشـون خمینی بودن و مـرگ بـر آمریکا می‌گفتن، منم لباس افسـرای ارتشـرو پوشـیده بودم و داشـتم می‌رفتـم ثروت ملتِ ایرانو از دسـت شـاه و فرح نجات بِدم...، بالاخره به خیابون فردوسـی و موزه ایران باسـتان رسـیدیم، کامیونهـا جلـوی مـوزه ایسـتادن و سـربازها بلافاصله از اون خارج شـدن و برای محافظـت از موزه در اطرافُو جلوی اون پخش شـدن، نه کسـی می‌تونسـت وارد بشـه و نه کسـی می‌تونسـت خارج بشـه، چنـد تـا تیـم هم مسـیرهای منتهی به موزهرو بسـتن، چندین سـربازُو یه افسـر قبل از مـا وارد موزه شـدن، نمی‌دونـم اونهـا واقعـی بـودن و یـا مثل مـن قلابی...، بعـدش هم سـرهنگ بیکر کـه اون هم یونیفـرم افسـرای ارتـش ایـران رو پوشـیده بـود وارد موزه شـد، من منتظر رسـیدن دوریـان بودم، و اوضـاع بیـرون و زیـر نظـر داشـتم، تـا بالاخره دوریـان آمد و مـن و دوریـان دو نفر دیگـه داخل موزه شـدیم، دیـدم کـه افـراد مسلح تـو مـوزه پراکنـده انـد و همـه ی کارگـرا و نگهبان‌های مـوزه رو تو اتاقـی جمـع کـردن و همه روی زمین دراز کشـیدن و دهانُو دسـتُو پـایِ نگهبانهارو هم بسـته بودن، جنـازه‌ی چنـد تـا نگهبـان کـه کنارشـون خونینُو مالیـن افتاده بـود و یکی دو تـا از اونها هم داشـتن بـا مـرگ دَسـتُو پنجـه نـرم می‌کـردن، ترسُـو نگرانی به دِلُـو جانشـون افتاده بـود، چند تا سـرباز هم بـا اسـلحه هاشـون بـه طـرف اونها نشـانه رفته بودن کـه مبادا از جاشـون جُـم بخورن، یکـی دو تا از سـربازها کـه قطعـاً قلابـی بـودن، اسلحه‌هاشـونو تو هـوا می‌چرخونـدن و به همه هشـدار مـی دادن کـه اگـه از اونهـا پیـروی نکنـن کشـته می‌شـن...، منـه خـر هنـوز هم فکـر می‌کـردم کـه جواهرات

رو برای مردمِ خودمون می‌بریم که از اونها محافظت کنیم، چند تا آمریکایی دیگه هم بودن، عده‌ای که معلوم بود کارشون بسته‌بندی اشیاء هنری و جواهرات بود، سرهنگ بیکر هم در حال رهبری بود، دوریان نگاهی به اطراف کرد، و از نحوه‌ی عملیات راضی به نظر می رسید، فکر می کنم حدوده هجده تا بیست جعبه بسته بندی شده بود و بعد هم همه اونهارو باره کامیونها کردن و تمام کارمندا و نگهبانهارو هم دستُو پا و دهان بسته توی کامیونها ریختن و کاروانها دوباره حرکت کردن، کامیون حامله جعبه‌های اشیاء هنری و جواهرات از اونی که کارمندا و نگهبانهارو حمل می کرد جدا شد، همه‌ی کارمندا و نگهبانهارو مرده و زنده به یه خونه‌ی امن تو منطقه‌ی نارمک بردن، جعفر شفیع‌زاده که از ابتدا در جریان دزدی همراه تیم بود با ابوشریف، تروریست معروف پاکستانی که هر دو کاره ترور و کشتن‌رو برای آخوندها انجام می‌دادن و رهبری گروهی که از خمینی محافضت می کردرو به عهده داشتن، نگهبانی اونهارو به عهده گرفتن...، چقدر مسخره است که یه دفعه بدترین دشمن تو بهترین دوستت میشه، ابوشریف کسی بود که در لیست خطرناکترین تروریستها از طرف سازمان سیای آمریکا تحت تعقیب بود و سیا همه جا دنبالش می گشت...، اما یه دفعه دوست اونها شد و برای محافضت از خمینی، اون‌رو به فرانسه بردن و بعد هم با خمینی به ایران اومد...»

حسین دیگر به سختی می توانست از ریختن اشکش جلوگیری کند. قطرات اشک از روی گونه‌هایش سُر می‌خوردند و بر کف توالت می‌چکیدند. صدایش داخل بغضش گیر کرده بود و بریده بریده و به سختی شنیده می‌شد:

«بعد هم رفسنجانی و دوریان به این نتیجه رسیدن که بهتر بود تمام نگهبانها و کارمندان موزه‌رو بکشن و گناه مرگ اونها و دزدیدن جواهراترو به گردن شاه و فرح بندازن و از کشته‌شدگان به عنوان اولین شهدای انقلاب یاد کنن، و همین کارُو هم کردن و روز بعد اونهارو تو بهشت زهرا دفن کردن و خمینی اونهارو اولین شهدای انقلاب نامید و بی.بی.سی هم به دروغ، صدای خمینی و خبره دزدیده شدن جواهراتِ سلطنتی از موزه‌های ایران باستان و کاخ گلستان و کشته شدن کارمندا و نگهبانان موزه به دستور شاه و فرحرو، دقیقه به دقیقه پخش می کرد...»

شنیدن این کلمات آخر برای سیروس بیشتر از همه زجرآور بود. سیروس می دانست حسین به این نتیجه رسیده بود که دیر و یا زود در این مبارزه کشته می شود، بنابراین می خواست همه حقایقی را که می دانست با او در میان بگذارد که او یک روزی آنها را ثبت و برای هموطنانش افشا کند. بنابریان باید خوب بحرف‌های حسین گوش می‌داد و آنها را بخاطر می‌سپارد، گاهی هم برای خودش یادش بر می داشت. بنابراین سرا پا گوش بود و سکوتش را ادامه داده بود که حسین ادامه بدهد و حرفش را بزند.

«حادثه اخیر تو فرودگاه مهرآباد، زد و خورد و تیراندازی بین محمد منتظری، رینگوی معروف، با نگهبانهای فرودگاه به خاطر این بود که اون داشت تمام آثار هنری و جواهرات دزدیده شده‌رو به دستور خمینی از ایران به لیبی می‌برد...، هیچ کس هم نتونست جلوشو بگیره، خمینی مقداری از اونهارو به قذافی داد به خاطره بخاطر شانزده میلیون دلاری که قبلاً از طریق قطب‌زاده بهش داده بود تا برای برکناری شاه استفاده کنه... بقیه اش را هم برادر کارتر که مشاور قذافی بود بردن آمریکا...»

سرانجام سیروس روبه‌روی حسین نشست. با گرفتن دست حسین می‌خواست از دوستش حمایت کند و در این زمان سخت به او تسلی دهد. قصد داشت به او بفهماندکه تنها نیست و فقط نباید خود را در قبال این اتفاقات مقصر بداند، می‌خواست به او بگوید که او تنها نبود و همه آنها فریب این موج خانمانسوز را خورده بودند و قربانی آن شده‌اند، حسین برای لحظاتی طولانی بی‌هدف و گنگ به سیروس خیره شد. حمایت سیروس نه تنها حسین را از خاطرات تلخ گذاشته‌اش بیرون نیاورد بلکه او را بیش از پیش به گذشته برد. به زمانی که جوان بود. زمانی که دردناکترین خاطرات را با پدرش داشت. زمانی که در نوجوانی، پدرش، مادر بیگناهش را به زیر شلاق گرفته بود و او به همراه مادر بی‌دفاعش اشک می‌ریخت. زمانی که مادرش را از دست داد و گرفتار نامادری شد. زمانی که او به خاطر دفاع از برادران کوچکترش در مقابل پدرش میایستاد و در زیر شلاق‌های او قرار می‌گرفت و به جای آنها تنبیه می‌شد و هر چند اشک خشم در چشمانش جاری بود اما صدایش را می‌خورد تا مبادا او را شادمان کند. اما به جای حسین، برادرانش هومن و حسام برای او با صدای بلند و بی‌دفاع اشک می‌ریختند.

حالا اشک‌هایی که از گونه‌های حسین جاری می‌شد سوز بیشتری داشت. صدای پژمرده‌ی او آنچنان سیروس را تحت تاثیر قرار داده بود که او بی‌اختیار با حسین اشک می‌ریخت و به سخنانش گوش می‌داد.

«حتی تو زمان کودکی...، هر چه بیشتر سعی می‌کردم پدرمُو راضی کنم که اون از تنبیه من و برادرانم خودداری کنه هیچ فایده‌ای که نداشت هیچ، بدتر هم می‌شد، هر چند تمام گناه‌های برادرامو به عهده می‌گرفتم که منو به جای اونها تنبیه کنه، هیچ وقت کتک زدنش تمامی نداشت، حالا هم تمامه زندگیتو وقف روشن کردن مردم می‌کنی، که حقو از باطل بشناسن، اما انگار کورو کر بودن...، و هیچ فایده‌ای که نداشت هیچ...، در آخر تازه به اونجا میرسی که شاید تو خودت تمام عمرت اشتباه می‌کردی... و این خود تو بودی که کورو کر بودی...!، و در اصل بیشتر به همون مردمی که قصد کمک داشتی خیانت کردی و به اونها اذیتو آزار رسوندی...!»

سیروس هنوز دست‌های حسین را در میان دستانش نگه داشته بود تا از درد و رنجش بکاهد. در تمام مدتی که آنها با هم صحبت می‌کردند تنها به یک نتیجه رسیده بودند که هر چند حالا پشیمانی و انتقام دست به دست هم داده‌اند اما در حال حاضر هیچ جایگاهی برای آنها وجود ندارد. در واقع هر دو به گذشته تعلق داشتند وهیچ کمکی به حال و آینده نمی‌کردند. دریافته بودند که زمان حال تولد جدیدی بود برای تغییر آنچه که در گذشته اتفاق افتاده بود واین همان معیاری بود که اهمیت داشت و نه هیچ چیز دیگری. اما حسین هنوز درد داشت و تمام سفره‌ی دلش را باز نکرده بود.

«من به مردم و به کشورم خیانت کردم ...، من نمی‌فهمم چطور ما همه چنین اشتباهی کردیم؟، واقعاً چطور این اتفاق افتاده...؟»

"این یه حمله‌ی دیگه‌ی اعرابه، از نوع جدیدش...»

حسین و سیروس با شنیدن صدای اسعد، متعجب شدند و بی‌اختیار به طرف اتاق برگشتند و نگاه کردند. اما همین کافی بود که حسین از دنیای گذشته بیرون بیاید و برخیزد و به اسعد بپیوندد. سیروس هم به او پیوست. لحظاتی به هم نظر دوختند و سرانجام حسین رو به اسعد، سکوت را شکست:

«ببین بعد از این همه تلاش و ریاضت به کجا رسیدی...؟، تو چشم دوستانه گذشته و دشمنانه امروزت، شما که روح و اساسه انقلاب بودی، حالا بدترین دشمن اونها هستی...، و به مرگت راضین...!»

سیروس به حسین رو کرد.

«ما باید بدون در نظر گرفتن شرایطش، اونرو فوری به یک مکان امن منتقل کنیم...»

حسین پاسخ داد:

«من قبلا فکرشو کردم...، اونو می‌برم بروجرد...، من اونجا فامیل وجای امن زیاد دارم...، وقتی جای اسعد مشخص شد با من تماس بگیر، آدرسشو بهت میدم...، اما ما باید هر چه زودتر رکسانارو پیدا کنیم، اون مدتی است که ناپدید شده، تو می دونی کجا می تونه باشه...؟ «

*****

فصل ۳۷

وقتی در مکانی پنهان می‌شوی که فقط مرگ می‌تواند تو را پیدا کند...

صاعقه و باد و بوران بار دیگر بر سر و کول تهران تازیانه می‌زد. به نظر می‌رسید این روزها حتی طبیعت هم به مردم ایران روی خوش نشان نمی‌داد و به عضوی از لشکر کفار خمینی تبدیل شده بود. این آب وهوای نامساعد پیام‌آور وضعیت دشوارتری بود که به رکسانا تحمیل می‌شد. او ده روزی بود که در کنار شومینه‌ی کلبه‌ی سیروس در تب و لرز می‌سوخت و با مرگ دست و پنجه نرم می‌کرد. هر چند به سختی می‌توانست چشمان خود را بگشاید واطرافش را ببیند اما به خوبی می‌دانست که تمام کتاب‌های سیروس و هر آنچه را که در کلبه وجود داشت در آتش شومینه سوزانده بود تا خود را گرم نگه دارد. اما حالا نه چیزی برای سوزاندن داشت و نه توانی در بدنش بود تا بتواند قدمی بردارد. حتی چند تکه چوب تری را که در بیرون کلبه پیدا کرده بود از شدت سرما سوزانده بود با اینکه می‌دانست دود غلیظ حاصل از سوختن چوبهای تر، نفس کشیدن را برای او سخت می‌کرد و ساکنین اطراف را از وجود او آگاه می‌ساخت.

رکسانا در هاله‌ی یاس و تشویش از مرگ قرار داشت. دائما از خود بی‌خود می‌شد و به خود برمی‌گشت. حتی اگر می خواست از کلبه بیرون زده و تقاضای کمک کند یارای آن را نداشت. چون گمان می‌کرد هیچ آدمیزادی از وجود او در کلبه اطلاعی نداشت بنابراین کور سوی امیدی هم نداشت که فردی او را بیابد. فقط به سیروس می‌توانست امیدوار باشد که او هم در آمریکا با زنش سرگرم بود. آنچنان در واقعیت مرگ خویش به سر می‌برد که صدای کوبیدن درب کلبه برایش هیچ معنی و مفهومی نداشت. ضرباتی که به درب وارد می‌شد هر لحظه بلندتر به گوش می‌رسید. ذهنش گرگ‌هایی را تجسم می‌کرد که در پشت پنجره پیدا و پنهان می‌شدند و می‌خواستند شیشه‌ی پنجره را بشکنند. صدای مهیب رعد و انعکاس برق آسمان برای لحظاتی کوتاه قامت گرگ گرسنه‌ای را نشان داد که انگار از تلفیق آدم و گرگی وحشی تشکیل شده بود. رکسانا با اندک توانی که داشت روی صورتش را پوشاند و بدنش را

به دیوار شومینه چسباند. زانوهایش را در آغوش گرفت و به موجودی کوچکتر و ناتوان‌تر تبدیل شد. با شنیدن صدای شکسته شدن شیشه‌ی پنجره، چشم‌هایش بسته شد و آنچنان به سرعت از هوش رفت که دگر آنجا نبود.

مرزی بین وحشت و حساسیت وجود داشت و سیروس باید خود را در نقطه‌ای متعادل پیدا می‌کرد. بیم از اینکه اگر او را به سرعت حرکت می‌داد شاید جانش را به خطر می‌انداخت بنابراین می‌طلبید که سیروس دست به عصا حرکت می‌کرد. در ابتدا به مداوای رکسانا مشغول شد. رکسانا را در آغوش گرفت و سعی کرد تا او را گرم کند. می‌دید که در کلبه، دیگر چیزی برای افروختن آتش وجود نداشت. باران هم بشدت می‌بارید. در حالی که با موهای رکسانا بازی می‌کرد و به تمیز کردن صورت او مشغول بود، در گوشش زمزمه کرد:

«صدای منو می‌شنوی؟ تو نمی‌تونی منو ترک کنی...؟، اومدم ببرمت پیش بابات...، تو زنده میمونی...، صدای منو می‌شنوی چی میگم؟، تو نمی‌تونی منو باباتو ترک کنی...!»

*****

سرانجام چشمان رکسانا باز شد، اما دیگر تاریکی، سرما و تب و لرزی وجود نداشت. نگران مرگ هم نبود. همه چیز سفید و گرم و نرم بود. چشمان کم سویش درون اتاق بیمارستان چرخید و نگاهش به سیروس افتاد که در کنار تختش بر روی صندلی نشسته بود و از فرط خستگی در خواب به سر می‌برد. دست‌های سیروس هنوز دستش را در آغوش داشت تا به او اطمینان دهد که در امن و امان است. رکسانا مایل نبود چشم از روی مردی بردارد که جانش را نجات داده بود و عاشقانه دوستش داشت.

برای رکسانا دیگر مهم نبود که در آن لحظه کجا بودند و چه اتفاقی افتاده بود همین که سیروس در کنارش حضور داشت برایش کافی بود. با نوازش بازوی سیروس، احساس خود نشان داد و او را از خواب بیدار کرد. نگاهشان در هم قفل شد و برای لحظاتی زمان و مکانشان از معنی و مفهوم افتاد. انگار تار و پودشان را در هم تنیده بودند و در یک دنیای ماورایی قرار داشتند. سرانجام صدای سیروس سکوت را شکست:

«آماده هستی بالاخره پدرتو ببینی و بغلش کنی...؟»

رکسانا برای شنیدن این جمله سال‌ها لحظه‌شماری کرده بود. هر چند هنوز بدنی سست و بی‌حال داشت، اما انگار کلام سیروس گرمای امیدوارکننده‌ای به وجودش بخشیده بود. صداقت محض را در پرسش ناب سیروس احساس می‌کرد. در نگاه سیروس غرق شده بود. مهم نبود چقدر باید تلاش می‌کرد تا چشمانش را باز نگه دارد، او برای این کار آماده بود و دیگر نمی‌خواست

چشمانش را ببندد و دیگر سیروس را نبیند. دست سیروس را در آغوش گرفت و آهنگ صدای او در گوشش نجوا کرد:

«آماده هستی بالاخره پدرتو ببینی و بغلش کنی...؟»

*****

فصل ۳۸

وقتی مایلی به هر اقدامی دست بزنی تا از دوستانت محافظت کنی حتی اگر به قیمت مُردَن یا کشتن باشد...

یک روز پاییزی زیبا در تهران سپری می‌شد. رنگ‌های گرمِ طبیعتِ پاییزی به شهر جلوه‌ی دیگری بخشیده بود. عبدالله در پشت یک قفس بزرگ کبوتر که بر روی پشت بام خانه‌ای قرار داشت نشسته بود و ظاهراً به کبوترها دانه می‌داد و با آنها بازی می‌کرد اما با تغییر قیافه‌ای که داده بود و بخصوص با وجود مسلسلی که در کنارش قرار داشت به نظر می‌رسید که جریان چیز دیگری بود. در ایران وعمدتاً در قسمت جنوب شهر تهران، بسیاری از مردان خود را به پرورش و پرواز کبوترها سرگرم می‌کردند. آنها قفسه‌ای مفتولی بزرگی را در پشت بام خانه‌های خود می‌ساختند و کبوترهای خود را در آن نگهداری می‌کردند. معمولاً به صورت روزانه آنها را پرواز می‌دادند و از تماشای پروازشان لذت می‌بردند، خصوصاً اگر کبوتر آنها بالاتر از کبوتر دیگران اوج می‌گرفت و یا کبوتر غریبی را با خودش پایین می‌آورد، به وجد می‌آمدند و دچار غرور بیشتری می‌شدند. همه این کبوترها اسم داشتند و آنها را به اسم صدا می‌کردند. قرقی و طوقی از نام‌های معروفی بود که بر روی کبوترها می‌گذاشتند. چند قفس بزرگ دیگر در پشت بام خانه‌های همجوار و بعضاً دورتر دیده می‌شدند و مردانی هم به تمیز کردن قفسها و پراندن کبوترها مشغول بودند. البته این کار در اواخر حکومت شاه ممنوع شده بود چرا که برای پروازهایهوایی خطرناک بود، اما حالا باز از سر گرفته شده بود. نگاه تعقیبی عبدالله به دست‌های کبوتر افتاد که از پشت بام خانه‌ای نسبتاً دور به پرواز درآمده بودند. دستهی کبوترها در مسیر پرواز خود از بالای مسجدی که در حوالی ته کوچه قرار داشت عبور کردند. عبدالله در واقع پشت قفس کبوترها پنهان شده بود و از فاصله‌ی چند صد متری، مسجد را زیر نظر داشت. فریاد نکره‌ی آخوندی که از چهار بلندگوی بالای مناره‌ی مسجد شنیده می‌شد تا کیلومترها گوش‌ها را می‌آزرد.

به نظر می‌رسید که عبدالله پشت بام خانه‌ای را با دقت انتخاب کرده بود تا بتواند به مسجد دید کافی داشته باشد. از آنجایی که یکی از معممین مسجد از آخوندهای متنفذ

حکومتـی بـود از ایـن رو ایـن مسـجد در میـان سـایر مسـاجد از معروفیـت بیشـتری برخـوردار بود. در آن روز به نظر می‌رسید مجلـس ختـم یکی از شـهدای معـروف را برگـزار می‌کردنـد. در اطراف مسـجد نگهبانـان مسـلح بسـیاری در حـال مراقبـت بودنـد. در آن زمـان مرسـوم شـده بـود کـه اگـر فـردی می‌خواسـت در زندگـی عـادی، سیاسـی و اجتماعـی خـود پیشـرفت کنـد بایـد بـه آدم‌هـای بانفـوذ متوسـل می‌شـد، از همیـن رو می‌طلبیـد کـه تـه ریشـی می‌گذاشـت و پیراهـن بـدون یقـه‌ی نسـبتاً کثیـف و کهنـه‌ای هـم بـه تـن می‌کـرد و بـا حضـور در مسـاجد و شـرکت در مراسـم آنهـا مطمئـن می‌شـد کـه آدم‌هـای بانفـوذ، کـه معمـولا معممیـن بودنـد او را ببیننـد و بداننـد کـه او یکـی از افـراد فعـال و دائمـی مسـجد بـه شـمار میرود.

در فاصلـه‌ی چنـد صـد متـری از مسـجد، چشـم‌های عبـدالله بـه ماشـینی افتاد کـه در سـر کوچه ایسـتاد و سـیروس از آن پیاده شـد. سـیروس کمـی اطراف را وارسـی کرد و بـه سـمت داخل اتومبیل خـم شـد. معلـوم بـود کـه داشـت بـا کسـی گفتگـو می‌کـرد. عبدالله دوربینـش را از کنـار خود برداشـت و بـه درون اتومبیـل نـگاه کـرد. در صندلـی جلـو، زنـی را بـا عینـک آفتابـی دید کـه در حجاب اسـلامی قیافـه‌ی خـود را مخفـی کـرده بـود. عبدالله حـدس می‌زد کـه او بایـد رکسـانا باشـد. سـیروس وارد کوچـه شـد و بـه سـمت خانـه‌ای کـه او در بـالای پشـت بامـش کشـیک می‌داد حرکت کـرد. مسـجد در مسـیر حرکـت سـیروس و تـه کوچـه قـرار داشـت. عبدالله می‌دانسـت کـه او و دوسـتانش زمان عجیـب و خطرناکـی را در ایـران پشـت سـر می‌گذاشـتند. همـه‌ی آنهـا یـک زندگـی زیرزمینـی را در پیـش گرفتـه بودنـد، خصوصـاً آنهایـی کـه بـا حسـین مـراوده داشـتند انـگار بـا یـک بمـب همراه بودنـد کـه هـر لحظـه امـکان داشـت منفجـر شـود، زیـرا حسـین مشـاور بنی‌صـدر در امـور سیاسـی بـود و بـه عنـوان یکـی از بهتریـن مقاله‌نویسـان سیاسـی در روزنامـه‌ی خصوصـی بنی‌صـدر (انقلاب اسـلامی) قلـم می‌زد، امـا بنی‌صـدر بـا خمینـی و آخوند‌ها درافتـاد و بـه فرانسـه گریخـت، اکنون سـاوانا و سـپاه دربـه‌در بـه دنبـال اطرافیان و بخصوص حسـین بودنـد که در راس ایـن ماموران پیگرد، سـعید بهتریـن دوسـت دوران جوانیـش قـرار داشـت. جمهـوری اسـلامی فقـط بـه تعقیـب فـردی کـه بـه دنبالـش بـود اکتفـا نمی‌کـرد، آنهـا پـدر، مـادر و هر شـخص دیگـری را کـه می‌توانسـتند، دسـتگیر می‌کردنـد و شـکنجه می‌دادنـد تـا بچه‌هـای خـود را لـو دهنـد. پـدر حسـین هـم از ایـن قاعـده مسـتثنی نبـود. پـس از اینکـه او را دسـتگیر کردنـد هـر روز پیرمـرد را بـه زیـر شـکنجه می‌گرفتنـد تا از هـوش می‌رفـت. آنقـدر کـف پاهـای او را بـا سـیم‌های خـاردار فلـک کـرده بودنـد کـه دیگـر تـوان راه رفتـن هـم نداشـت، امـا بـا ایـن وجـود پیرمـرد سـکوت اختیـار کـرده بـود و پسـرش را لـو نمی‌داد، شـاید او در اعمـاق قلـب خـود بـه ایـن نتیجـه رسـیده بـود کـه بـا رفتـار خشـونت‌آمیزی کـه او در گذشـته بـا فرزندانـش داشـت، حسـین را بـه طـرف ایـن بـازی خطرنـاک سـوق داده بـود. بـه یـاد زمانـی افتاد کـه حسـین را بـا کمربنـد خـود کتـک می‌زد. می‌دانسـت ایـن اعمـال مخـرب او باعـث شـده بـود کـه

حسین ایران را به مقصد آمریکا ترک کند و در آنجا به گروههای ضد شاه بپیوندد، از همین رو پیرمرد خود را مسئول می‌دانست و به خاطر تربیت نادرستی که داشت زبان باز نمی‌کرد. پیرمرد هر چند مجروح و ناتوان شده بود اما ترجیح می‌داد در زیر شکنجه‌های آنها بمیرد اما پسرش را به مقامات تسلیم نکند.

سیروس سرانجام پیام حسین را دریافت کرده بود و با اینکه می‌دانست حضور در اطراف حسین برای او بسیار خطرناک بود اما به دلیل عدم‌اعتمادی که به اطرافیانش داشت، چاره‌ای نداشت که شخصاً به دیدن حسین برود و از محل اسکان و اختفای اسعد مطلع شود. البته سیروس قبل از اینکه به طرف حسین حرکت کند باید با رکسانا اتمام حجت می‌کرد:

«از ماشین پیاده نشو...، مهم نیست چه اتفاقی میافته...، اگه دیدی اتفاقی افتاد و یا من برنگشتم به دنبال من نگرد، مستقیم برو سفارت سوئیس، حتی اگه مجبور شدی از اسلحه استفاده کن...»

رکسانا از هفت‌تیری که سیروس در داخل داشبرد ماشین جاسازی کرده بود اطلاع داشت. او از اینکه سیروس در مورد احتمال بروز خطر صحبت می‌کرد اما در عین حال لبخند بر لب داشت متعجب بود. رکسانا امیدوار بود که موضوع ملاقات سیروس درباره‌ی دیدن پدرش باشد و نه اینکه بخواهد راهی پیدا کند تا او بتواند از ایران خارج شود. رکسانا در هنگام ترک دوریان، می‌دانست که برای خروج از ایران خیلی دیر شده بود. او اعتقاد داشت که دقیقاً به مانند پدرش، در مبارزات آنها سهیم بود و به همین دلیل ترک ایران گزینه‌ای نبود که او به آن فکر کند. از طرفی رکسانا به الهام‌های خاص سیروس ایمان داشت که اتفاقات را قبل از وقوع در خواب و رویا می‌دید. او فکر می‌کرد که شاید سیروس به خاطر پیغامی که در خواب دریافت کرده بود با او چنین مطلوب و مقبول رفتار می‌کرد اما قبل از اینکه نگرانی‌اش را با سیروس در میان بگذارد، صدای سیروس بلند شد:

«نه، من چیزه جدیدی‌رو تو خواب ندیدم...، و نمی‌دونم چه اتفاقی قراره بیفته، این روزا اوضاع عادی نیست...، هیچ چیز طبیعی به نظر نمی‌رسه، حتی رویاهای من...!»

سیروس در کنار پنجره‌ی طرف رکسانا، به ماشین تکیه داده بود و در حالی که اطرافش را زیر نظر داشت و با رکسانا صحبت می‌کرد، سعی داشت به مردم وانمود کند که آنها زن و شوهر هستند:

«من فقط نگرانم...، من فقط میگم که باید مراقب بود...»

سیروس به سمت مسجد به راه افتاد اما بعد از دو قدم به سمت رکسانا برگشت و به انگلیسی زبان گشود:

«خواهـش می‌کنـم یـادت باشـه...، لازم نیسـت یه قهرمان باشـی...!، زنـده موندن یعنـی قهرمان بـودن...، مـن بایـد حسـین‌رو ببینـم و بعـد از اون بـه طرفـه پـدرت حرکـت می‌کنیـم...، اگـه چیزه مشـکوکی دیـدی حرکـت کـن...، می‌دونـی کجـا بـری...، من پیـدات می‌کنـم...»

درسـت زمانـی کـه سـیروس بـه سـمت محـل سـکونت حسـین به داخـل کوچـه حرکـت کرد، پخـش صـدای نمـاز از بلندگوهـای مسـجد شـروع شـد. سـیروس بـه سـمت خانـه‌ی حسـین و در جهـت مسـجد حرکـت می‌کـرد. رکسـانا روسـری و عینـک خـود را مرتب کـرد و با نگاهـش به رفتن سـیروس نظـر دوخـت تـا جایی کـه سـیروس ناپدید شـد.

سـر و صدایـی کـه از آن طـرف خیابـان بلند شـده بود نظر رکسـانا را به خود جلب کـرد. نگاهش بـه آن طـرف خیابـان برگشـت. چنـد پاسـدار مسـلح را می‌دیـد کـه یـک دختر و پسـر جـوان را در محاصـره‌ی خـود داشـتند و از آنهـا پـرس و جـو می‌کردنـد. یکـی از پاسـدارها بـه مرد جوان سـیلی زد و او را بـا جبـر و زور بـه داخـل ماشینشـان انداخـت و درب را بسـت. دختـر جوان هم به ماشـین دیگـری منتقـل شـد. نگاه یک پاسـدار به سـمت رکسـانا برگشـت. رکسـانا بی‌درنگ نگاهـش را از او دزدیـد و بـه طرفـی کـه سـیروس رفتـه بود چشـم دوخت تـا توجهـی آنها را بـه خود جلـب نکند.

در وسـط کوچـه‌ای کـه بـه مسـجد می‌خـورد سـیروس پشـت درب خانـه‌ای کـه بایـد داخـل می‌شـد، منتظـر بـود. درب بـاز شـد و سـیروس با لبخند پسـر جوانی کـه او را می‌شـناخت به درون حیـاط پـا گذاشـت. سـیروس بـه دنبال جـوان، از کنار حوضـی که در وسـط حیاط قرار داشـت عبور کـرد. جـوان از پنجـره‌ی قـدی، کـه تا سـینه‌های او می‌رسـید بـالا رفت و داخل اتاق شـد. سـیروس جلـوی پنجـره ایسـتاد. جـوان را در داخـل اتـاق می‌دیـد کـه بـا عجلـه بـه چنـد نفری پیوسـت که داشـتند پاسـور بـازی می‌کردنـد. خبری از حسـین نبود. حسـین ناگهـان در آسـتانه‌ی درب ورودی کنـار پنجـره ظاهـر شـد. دو رفیـق قدیمـی لحظاتـی در سـکوت بـه هـم چشـم دوختنـد و انـگار با نگاهشـان صحبـت می‌کردند. حسـین از سـه چهـار پله‌ای پائین آمـد و به طرف حـوض حرکـت کرد. در کنـار شـیر آب، بـر لبـه‌ی حوض نشسـت. شـیر آب را بـاز کرد و به شستشـوی دسـت و صورتش مشـغول شـد. انـگار داشـت گناهانش را می‌شسـت و شـاید هم خـود را بـرای گفتگو آمـاده می‌کرد. سـیروس جـوری بـر لبـه‌ی حـوض نشسـت تـا بتوانـد خـوب حسـین را تماشـا کنـد. منتظر بـود تا او زبـان بگشـاید. حداقـل تـا گرفتـن آدرس اسـعد می‌توانسـت صبـر پیشـه کنـد. بـه نظر می‌رسـید کـه جفتشـان در ابتـدا بایـد دلخوری‌هـای محبـوس خـود را آزاد می‌کردنـد و بـه صلح می‌رسـیدند، خصوصـاً سـیروس کـه از حسـین بـه دلیل سوءاسـتفاده از رکسـانا دلخور بـود و به واسـطه‌ی حرمت رفاقتشـان هرگـز بـا او در میـان نگذاشـته بـود. حسـین هـم به ظـن خود، سـیروس را بـه دلیل عدم تعهـد بـه آرمان‌هـای آزادیخواهانـه و کمـکاری در قبـال خدمت به مـردم، مقصر می‌پنداشـت و او را

سرزنش می‌کرد. اکنون در بدترین شرایط زمانی که پای مرگ و زندگی جفتشان در میان بود رودرروی هم نشسته بودند و قرار بود تعهد به دوستی طولانی خود را مَحک بزنند، بنابراین قاطعانه در انتظار کلام یکدیگر به سر می‌بردند. سرانجام این حسین بود که سکوت طولانی را شکست:

«من همیشه تو این فکر بودم...، که اگه من هم مثل همه‌ی مردم عادی یک زن واقعی داشتم، و چند تا بچه‌ی قدو نیم قد، و هر شب بعد از کاره روزانه به خونه می‌رفتم و سر اونها داد می‌زدم که این کارو بکنید و اون کارو نکنید و قد کشیدنشون رو تماشا می‌کردم، ازدواجشون رو بعد هم نوه‌دار شدن...، چه احساسی داشتم...؟، شاید هم بهتر بود...، و راضی‌تر بودم ...!، اما اینو می‌دونم که هیچ وقت دست روی اونها بلند نمی‌کردم...»

سیروس که انتظار نداشت حسین وارد چنین مبحثی شود باید کمی در این خصوص می‌اندیشید تا سخنش را آغاز می‌کرد:

«من هنوز بچه‌ای ندارم که بفهمم چه احساسی داره...، اما حس می‌کنم باید خیلی لذتبخش باشه، شاید هم مقدس‌تر از ادای واجبات دینی...!، واقعیت اینه که من تو این مورد کمی گیجُو گنگم...، خصوصاً ازدواجم...»

اما حسین آنچنان با افکارش درگیر بود که انگار حرف‌های سیروس را نشنیده بود. دوباره کمی آب به صورتش پاشید و همین جور که به آب خیره شده بود و قطرات آب از صورتش می‌چکید، ادامه داد:

«انگار که همین دیروز بود که تو می‌خواستی یه فوتبالیست حرف‌های بشی...، سعید می‌خواست وکیل بشه...، و نادر می‌خواست کشتیگیر بشه...، من می‌خواستم بسکتبالیست بشم و برم آمریکا تو تیم لاکر بازی کنم...»

دوباره مشتی آب به صورتش پاشید تا به اعصاب خود آرامش ببخشد و برای خالی کردن دردهای دلش نیرو داشته باشد.

«اما حالا ببین چی شدیم...!، تو یه همسره آمریکایی داری و آواره‌ی آمریکا شدی...، شدی نویسنده...، سعید شده وکیل مدافع شیطان...، نادر هم که خدابیامرزه به دستِ بهترین دوستش ناکام شد...، و من هم پشیمان از زنده بودن...»

حسین به خاطر بغضی که داشت، مکث کوتاهی کرد. سیروس تازه فهمیده بود که حسین به صورتش آب می‌پاشید تا او اشک‌هایش را نبیند.

«شدم یه بی‌خانمانه آواره، ترس از زندگی کردن و ترس از خوابیدن...، چطور میشه قبول

کـرد، نـادر توسـط بهترین دوسـت ما سـعید به آتش کشـیده شـده باشـه...؟!، چی میتونـه آدمو این جور عوض کنــه...؟!»

«شاید هم اون همینی که هست بوده اما حالا نقاب از چهره‌اش برداشته...»

حسـین از جایش برخاسـت و به سـیروس خیره شـد. کمی آرامتر شـده بود. چشـمش به شـلوار جین سـیروس افتـاد که انـگار نو بود.

«تنهـا یـه چیـزه که بـه آمریکایی‌ها اعتبـار داده، اون هم شـلوار جینه شـونه، خیلی بـا دوامه...» و بـه شـلوارش اشـاره می‌کنـد: «تنهـا دارایـی منـم همین شـلواره کهنـه‌ی جینـه که پاره‌پوره شـد ه...»

نـادر مـی دیـد حسـین درسـت مـی گفـت، شـلوارش پـاره پـوره شـده بـود، سـیروس مشـغول درآوردن شـلوارش شـد.

«کمی به تنت کوتاهه، اما کارتو راه میندازه...، من یکی دیگه دارم...»

سـیروس شـلوارش را درآورد و بـه طـرف حسـین گرفت. حسـین بـا لبخندی شـلوارش را کند و بـا سـیروس عـوض کـرد. لحظاتی طول کشـید تـا آنها شـلوارهای یکدیگر را پوشـیدند. حسـین زبان گشود:

«حالا اگه خودت نیستی، یادت همیشه با من خواهد بود...»

و بـه سـمت سـاختمان برگشـت و بـه طـور اتفاقـی چشـمش بـه عبـدالله افتاد کـه از پشـت بام آنهـا را تماشـا می‌کـرد. سـیروس هـم متوجـه‌ی او شـده بـود. عبـدالله بـه حسـین علامت‌هایـی مـی‌داد. احسـاس نگرانـی در چهـره‌ی حسـین گل کـرد. به طرف سـیروس برگشـت. لحنش بسـیار نگران‌کننـده بـود:

«این روزها هر بار که می‌بینمت، خیال می‌کنم آخرین باره که می‌بینمت...!»

سـیروس خـوب می‌دانسـت کـه حسـین و پـری زندگـی زیرزمینـی در پیـش گرفته بودنـد و هر روز بایـد محـل سـکونت خـود را تغییـر می‌دادنـد. هیـچ بعیـد نبـود آن افرادی کـه امروز دوسـت و مـورد اعتمـادت بودنـد فـردا در زیـر شـکنجه و بـرای نجـات جـان خـود زبـان بـاز نکنند و تـو را لو ندهنـد. سـیروس می‌دانسـت کـه اگـر نیروهـای حکومتـی بـه این خانـه هجـوم می‌آوردنـد او را هم دسـتگیر می‌کردنـد. بزرگتریـن نگرانی آنها سـعید بود کـه تمام دوسـتان و اطرافیان را می‌شـناخت. سـیروس بـه خاطـر وضعیـت رکسـانا می‌خواسـت هر چـه زودتـر آدرس اسـعد را از حسـین بگیرد و آنجـا را تـرک کنـد و البتـه قصد دیگـرش پیدا کردن پـری بود تا شـاید بتواند او را به جـای امن‌تری منتقـل نمایـد و در یـک فرصـت مناسـب او را بـه اتفاق اسـعد از ایران خـارج کند.

سیروس درباره‌ی پری از حسین پرسید که با جواب سربالای او روبه‌رو شد، هر چند به سیروس گفته بود که شاید پری در راه دیدن آنها باشد. حسین ادامه داد:

«پری از وقتی که اون اتفاق برای نادر افتاد، دیگه اون پری سابق نشد...، فقط در فکرو خیاله انتقام از سعیده و زنده موندن براش اهمیتی نداره...، بارها بهش گفتم من در موقع مناسب با سعید تسویه حساب می‌کنم...، بهش گفتم که به خاطره مادرش هم که شده باید زنده بمونه...، گفتم خونوادش بهش احتیاج دارن...، اما به هیچ صراطی مستقیم نیست...، انگار تمام احساساتشو از دست داده، کُورُو کَر...، برای همین هم خیال می‌کنم برای نجات پری خیلی دیر شده باشه... تا دیر نشد رکسانا و اسعدو نجات بده...»

سیروس دوست نداشت چنین حرف‌هایی را بشنود.

«حسین می‌تونی شفاف‌تر حرف بزنی...؟، کجا می‌تونم پری رُو پیداش کنم...؟»

سنگدانه‌ای در کنار پای حسین افتاد. نگاه حسین دوباره به طرف عبدالله برگشت. مشخص بود که عبدالله به او علامت‌هایی می‌داد. سیروس می‌دید که حسین به یکباره دگرگون شد و با تشویش متفکرانه‌ای زمزمه کرد:

«من همیشه فکر می‌کردم که آزادی هیچ وقت به آسونی به دست نمی‌یاد...!، باید همیشه عده‌ای قربانی بشن...، زندگی ما مهم نیست...، به نظر بعضیها، انقلاب به پایان رسیده، اما این فقط آغازه ایثار ما و ملت ماست...، روحانیون صد برابر بدتر از شاه هستن...، با تمام فعالیت‌هایی که انجام دادیم، به این نتیجه رسیدیم که فقط تاریخو تکرار کردیم...، یه دیکتاتور خشکُو خشن و بیرحمُو جایگزین شاه کردیم...»

سیروس هنوز به پاسخ اینکه کجا می‌تواند پری را پیدا کند نرسیده بود، از طرفی دلواپس رکسانا هم بود. کارش داشت بیش از اندازه طول می‌کشید. تاخیرش باعث می‌شد که رکسانا با گمان‌های هولناک آنجا را ترک کند، بنابراین باید هر چه زودتر نشانی اسعد را از حسین می‌گرفت و برمی‌گشت، اما درد دل حسین هنوز ادامه داشت. نگرانی سیروس بی‌مورد نبود. رکسانا در اندیشه‌ی تردیدآمیز ترک آنجا به سر می‌برد. چشمان نگرانش در جستجوی هر گونه حرکت غیرعادی در سیر و سفر بود. نگاهش به دسته‌ی کبوترانی افتاد که از بالای خانه‌ها در پرواز بودند. کبوترها به سمت مرد میانسالی می‌رفتند که بر روی بام خانه‌ای که در کنار مسجد قرار داشت، در انتظارشان نشسته بود. قبل از اینکه کبوترها بخواهند بر روی بام خانه بنشینند با صدای ناگهانی بلندگوهای مسجد، ترسیدند و دوباره اوج گرفتند و از مرد میانسال دور شدند. سایه‌ی پرواز کبوترها بر روی گروهی پسربچه‌ی نوجوان افتاد که بین ده تا پانزده سال سن داشتند. آنها در واقع بچه‌های سازمان یافته‌ای بودند که در پیاده‌رو رژه می‌رفتند.

همـه ژاکت‌هـای سـبز سـربازی بر تن داشـتند و تفنگـی را بر روی شـانه‌های خود حمـل می‌کردند. بـا پارچـه‌ی سـبز رنگـی کـه به پیشـانی خـود بسـته بودند بـه رسـم نوحه‌خوانی و سـینه‌زنی شـعار می‌دادنـد:

«مرگ بر آمریکا...، جانم فدای اسلام...، جانم فدای امام خمینی...، مرگ بر آمریکا...»

سـایه‌ی گـذرای کبوترهـا زمانـی از روی بچه‌هـا رد شـد کـه بـه رکسـانا رسـیده بودنـد. رکسـانا همانـند سـایر مـردم بـا تعجـب بـه آنهـا خیـره شـده بـود. ایـن صحنـه بـرای او صـورت بسـیار ناراحت‌کننـده و هولناکـی داشـت، زیـرا عمـلاً داشـت می‌دید کـه چگونه قلـب این بچه‌هـای بیگناه و معصـوم را بـه جـای عشـق و محبـت از خشـم، تنفر و کشـتار پـر می‌کردند. دیـدن آنها رکسـانا را بـه یـاد گذشـته انداخت. بـه دوران قبل از انقـلاب که گروهی پسـربچه‌ی نوجوان با پوشـیدن کفن، مـرگ بـر شـاه سـر داده بودنـد و مثـل همیـن بچه‌هـا رژه می‌رفتند. امـا برخـلاف گذشـته اینبار نه تنهـا رکسـانا از جایـش تـکان نخـورد و آنهـا را دنبال نکـرد بلکه به نظـرش سوءاسـتفاده از بچه‌های کـم سـن و سـال کـه با اهـداف سیاسـی، مـادی و خصوصـاً مذهبـی صـورت می‌گرفت یـک جنایت آشـکار محسـوب می‌شد.

رکسـانا خالـی از هـر گونه احسـاس خوشـایند به سـربازان نوجوان امـام خمینی خیره شـده بود کـه در میـان جمعیـت از او دور می‌شـدند. بـدون استثنا همه مردم برمی‌گشـتند و با تعجـب به آنها نـگاه می‌کردنـد، امـا در میـان جمعیـت، زن محجبـه‌ای را دید که بـه رژه‌ی بچه‌ها توجهی نداشـت. او آرام بـه طـرف و جهـت رکسـانا حرکـت می‌کـرد. نـوع رفتـار و کـردار او بـا دیگـران بسـیار تفاوت داشـت. رکسـانا نگـران شـده بـود و نمی‌توانسـت چشـم از او بـردارد. زن محجبـه وقتـی بـه جلـوی کوچـه رسـید متوقـف شـد و بـه تـه کوچـه و بـه جایـی که مسـجد بـود کمی نـگاه کـرد. دوبـاره به طـرف رکسـانا برگشـت و بعـد از اینکـه او را قـدری ورنـداز کرد به سـمتش قدم برداشـت. رکسـانا با نگرانـی قصـد داشـت حرکـت کنـد اما دیر شـده بـود. فی‌الفـور هفت‌تیـری را که سـیروس در داخل داشـبورد جاسـازی کـرده بود برداشـت و در دسـترس خـود پنهان کـرد. زن محجبه آرام به ماشـین نزدیـک شـد و بـه کنـار پنجـره تکیه داد. رکسـانا گیج و گنگ داشـت بـه راه و چـاره‌ای فکر می‌کرد کـه صـدای زن محجبه بلند شـد:

«مـن همیشـه سـعی کـرده‌ام یـک دختـری باشـم که مـادرم می‌خواسـت، یـک شـوهر خـوب و مهربانـی پیـدا کنـم و چنـد تـا نـوه‌ی قد و نیـم قد بـرای مادرم درسـت کنـم...، اما حقیقـت این بود کـه مـن هیـچ وقـت یـک دختر عـادی نبـودم و ایـن چیزی بـود کـه از عهده‌ی مـن برنمی آمـد...»

رکسـانا با شـنیدن صدای پری آنچنان ذوق زده شـده بود که درب ماشین را باز کرد تا پیاده شود.

«پری...؟!»

اما پری به کمک باسنش، جلوی باز شدن درب را گرفت و پس از بستن درب، حرفش را ادامه داد:

«چند بار باید به تو بگم این مبارزه‌ی تو نیست و تا جونتُو در این راه از دست ندادی برگرد آمریکا...، اگه من حقه انتخاب داشتم که جای تو باشم یا جای خودم، من قطعاً جای تورو انتخاب می‌کردم و فوری برمی‌گشتم آمریکا...، و جونمو نجات می‌دادم...»

آنها در نشان دادن احساس گرمی که نسبت به یکدیگر داشتند از پیرامون خود غافل شده بودند. پسربچه‌ای که در یک دست بادکنک قرمز و در دستی دیگر بستنی داشت در کمی دورتر ایستاده بود و به رکسانا نگاه می‌کرد، اما زمان صلح و تماشای او چندان دوام نداشت. پسربچه‌ی دیگری با شتاب سر رسید و بادکنک را از دستش ربود و در پیاده‌رو به سرعت فرار کرد. پسربچه با تولید سر و صدا و با فریاد دزد و دشنام به دنبال دزد بادکنکش راهی شد. چشمان پری و رکسانا به سمت سر و صدای پسربچه برگشت. می‌دیدند که پسربچه‌ی دزد در حال فرار به یک یا دو نفر برخورد کرد و بر زمین وِلو شد. این به پسربچه‌ی مظلوم فرصت داد تا به محض اینکه پسرک ظالم از زمین بلند شده بود سر برسد و برای گرفتن بادکنکش به او حمله کند. جنگ و دعوا میانشان درگرفت. بادکنک در حین دعوای آنها از دست پسربچه‌ی دزد رها شد و به سمت آسمان صعود کرد اما زد و خورد آنها هنوز ادامه داشت. طولی نکشید که پسر بچه‌های دیگری جمع شدند و عده‌ای به تشویق آنها قد علم کردند.

درست در همین موقع نگاه پری به انتهای کوچه و به درب مسجد افتاد که عده‌ای از آن خارج می‌شدند. مشخص بود که مراسم ختم تمام شده بود و مدعوین مشغول خروج از مسجد بودند. در میان آنها همان معمم چاقی که در غصب خانه‌ی مادر سیروس دیده بودند، حضور داشت. به دنبال او، سعید در میان مردان مسلحش از مسجد خارج شد و همه به طرف سر کوچه حرکت کردند. با دیدن سعید، بدن گُر گرفته‌ی نادر در مقابل چشمان پری زنده شد که در آتش می‌سوخت. مردم نادان به مرد معمم نزدیک می‌شدند و به نشانه‌ی احترام به او تعظیم می‌کردند و برخی هم دستش را می‌گرفتند و می‌بوسیدند. صدای پری مثل آتش زیر خاکستر، کوتاه و عمیق شکست:

«به نظر میرسه دوباره تو در زمان و مکانی که نباید باشی ظاهر شدی...!، بهتره این‌بار حرف گوش کنی و فوری از اینجا بری...، وگرنه هرگز پدرتو نمی‌بینی...، ما به جای اینکه متاسف باشیم که چه به سره نادر و پدرت اومد، مثل اونها میشیم و انتقام می‌گیریم...، راکسی، خواهش می‌کنم برو...، والا اینبار تویی که می‌میری...»

پری چند قدمی برداشت. سپس ایستاد و به طرف رکسانا برگشت. چند لحظه به او چشم

دوخـت و زمزمه کرد:

«شـاید بهتـر باشـه تـو زنـده بمونـی کـه وقتـی بـه آمریـکا برگشـتی، از مـردم خودتـون سـوال کنـی، اگـه اونهـا تـو آینـه نگاه کنـن و همه چیـزرو برعکس کنـن و خودشـون‌رو جای ما بـذارن، باز هـم خیـال می‌کنـن، کاریـرو کـه کارتـر و آمریـکا با مـردم ایران کـردن و این همـه بدبختیُ و قتلُو کشـتارُو شـکنجه‌رو بـا آوردن خمینـی بر مـردم ما تحمیل کـردن‌رو حق و عدل انسـانی می‌دونن...؟، فقـط بـه خاطـر نفت ارزان و فروختن اسـلحه‌ی بیشـتر برای کشـتن و نابـودی مردم بیگنـاه...؟، این همـه جنایـت میتونـه بـرای مـردم شـما قابـل قبـول و اخلاقـی باشـه...؟، از اونهـا بپرس کـه آیا این مـرامُو اخـلاق بـه معنـای مسـیحیت، یهودیت، اسـلام یا هر دیـن دیگریه کـه برای آسـایش و منافع اقتصادی و سیاسـی خودشـون به کشـتار کـودکانُ و زجرُو شـکنجه دادن زنان مبادرت کنـن...؟، لطفاً فقـط از اونهـا سـوال کن...!، چـه اتفاقی برای انسـانیت افتـاده...؟»

سـپس چـادر و روسـری خود را میـزان کرد و به داخل کوچـه رفت. آرام به طرف سـعید و معمم چـاق حرکـت کـرد. رکسـانا گیـج و گنگ به پری خیره شـده بـود و عقلش به جایی قطـع نمی‌داد. از سـیروس هـم هیـچ نشـانی نبـود. به سـرش زده بود که به دنبـال پری بـرود و او را از انتقـام منصرف کنـد و یـا بـه او بپیونـدد و بـه وِی یاری برسـاند، اما فکر می‌کرد کـه در هر صورت پـری را لو می‌داد و بـا توجـه بـه حضـور مـردان مسـلح سـعید، جـان جفتشـان را بـه خطـر می‌انداخـت. به هر شـکل خـود را بازنـده ایـن میـدان می‌دانسـت، امـا اگـر اقدامی هم نمی‌کرد شـاید یـک عمر بایـد در عذاب وجـدان چنیـن تصمیمـی می‌سـوخت و می‌سـاخت. بالاخـره هفـت تیر را برداشـت و داخـل جیبش پنهـان کـرد و از ماشـین پیـاده شـد. دوان دوان به طرف پـری حرکت کرد.

«پری!، وایسا...!، چی کار داری می‌کنی...؟»

پـری بـا خشـم، رکسـانا را گرفـت و بـا احتیـاط او را بـه داخـل یـک درگاهی کـه از دید سـعید پنهـان بـود هـل داد. او را بـه درب چسـباند و در چشـمانش زل زد.

«میخـوای منُـو خودتُـو بقیـه‌رو به کشـتن بـدی...؟، چـرا نمیخوای بفهمـی این جنـگ، جنگ تو نیسـت...، برگـرد...، تنهـا کاری کـه می‌کنـی اینـه کـه داری همـه‌ی مـارو به کشـتن میـدی...!، اینو میفهمـی...؟، بـرو قبـل از اینکه دیر بشـه...، بـرو...!»

امـا رکسـانا نمی‌خواسـت سـخنان آمرانـه‌ی پری را بشـنود و بپذیـرد. او حتی عصبانی‌تـر از پری بـه نظر می‌رسـید.

«ایـن بـه همـون انـدازه کـه جنگـه شماسـت، جنگه منـم هسـت...، اگـه تـو بجنگـی...، من هم میجنگـم...، مـن بـا تـو و کنـار تـو می‌مونم، هیـچ کس هـم نمیتونه منـو منصرف کنـه...، اگـه قراره بمیـری!، مـن هـم با تـو می‌میـرم...!»

پـری دیگـر داشـت کنتـرل خود را از دسـت مـی‌داد. رکسـانا صدای ضربـات قلبش را می‌شـنید. پـری بایـد هـر چـه زودتـر می‌رفـت وِالا ممکـن بـود جـان بسـیاری را بـه خطـر می‌انداخـت. پـری محکـم رکسـانا را بـه در کوبید.

«مـن تـو ایـن دنیـا هیچ چیـزی ندارم کـه به کسـی ببخشـم...، جـز وجودمُو بـه ایرانـم، روحمُو بـه مردمم، و دوسـتیمو بـه تو...»

حـالا اشـک در چشـمان پـری حلقـه زده بـود و کلمات به سـختی از تـه گلویش بیـرون می‌آمد. درب خانـه هـم از سـر وصدایشـان بـاز شـده بـود و دختـری از اهل منزل بـه آنها نـگاه می‌کرد.

«راکسـی تـو بایـد زنـده بمونی، زِندَت بیشـتر به این مـردم کمک می‌کنه تـا مُـردَت...، باید زنده بمونـی و بـه مردمت بگـی این جا چـی میگذره...»

و بعـد هـم رکسـانا را بـه داخـل خانـه هـل داد و او در بغـل دختـر جـوان و مـادرش که بـه آنها پیوسـته بـود، قـرار گرفت.

«خواهـش می‌کنـم داخـل نگهـش داریـد، نزاریـد بیـاد بیـرون...، می‌خـواد خودشـو بـه کشـتن بده...»

و درب حیاط را بسـت. در حالی که مادر و دختر، رکسـانا را محکم نگه داشـته بودند، او داشـت گیـج و مُـردَد بـه صحـت و سُـقم حرف‌هـای پری فکـر می‌کرد. انـگار در بیـن زمین و آسـمان معلق بـود. پـری بـا عجلـه آنجـا را تـرک کـرد و در کوچـه بـا تانی بـه طرف سـعید قـدم برداشـت. کاروان سـعید و آن روحانـی چـاق کـه نامش شـیخ آصـف بود به سـمت او در حرکـت بودند. شـیخ آصف از کسـانی کـه گاهگاهـی بـه او نزدیک می‌شـدند و دسـتش را می‌بوسـیدند دچار شـعف و خـود بزرگ بینـی شـده بـود بـه نحـوی که می‌ایسـتاد و دسـتش را هـم دراز می‌کـرد تا مردم ببوسـند.

پـری در حالـی کـه بـه آرامـی پیش می‌رفـت لحظاتـی به عبـدالله که همچنـان در بالای پشـت بـام حضـور داشـت نـگاه کرد. مشـخص بود بـه هـم علامت‌هایـی می‌دادند. عبـدالله به طـرف حیاط خانـه نگاهـی کـرد و از روی پشـت بام به سـمت داخـل منزل ناپدید شـد.

در داخـل حیـاط خانـه‌ی همسـایه و در زیـر پله‌هـا، مـادر و دختـر جـوان هنـوز رکسـانا را در بغـل داشـتند و مـادر در حـال نصایـح مادرانـه‌اش بود. رکسـانا می‌خواسـت فریـاد بزند امـا صدایش درنمی‌آمـد فقـط بانـگ سـخنان پـری بارهـا و بارها در ذهنش تکرار می‌شـد. رکسـانا بـا یک حرکت ناگهانـی قصـد داشـت خـود را از زیـر دسـت و بـال مـادر و دختـر برهانـد و فـرار کنـد امـا با سـیلی محکـم و فریـاد خشـم‌آلود مادرانـه‌ی مـادر، لحظاتی شـوکه شـد.

«فکر می‌کنی با کشته شدنت چیرو ثابت می‌کنی...؟، هیچی...، به مادره بدبخته خودت فکر کن...!»

روی پشــت بام‌هــای مشــرف بــه کوچــه درســت مثــل فیلم‌هــای آلفــرد هیچــکاک، چنــد کلاغ نشســته بودنــد و غارغــار می‌کردنــد.

در همیــن حــال و در کنــار حــوض، حواس حســین هنوز محو خاطرات گذشــته با ســیروس بود. عبــدالله کــه در حــال آمــاده کــردن مسلســلش بــود وارد حیاط شــد. بــا اشــاره‌ای که به ســمت درب حیــاط خانــه داشــت، حســین را از فکر خاطرات گذشــته بیــرون آورد. نگرانی و اضطــراب در چهره‌ی حســین و عبــدالله مــوج می‌زد. عبــدالله رو به حســین کرد.

«دروغ نمی‌گفت...، داره میره دنبال سعید...!»

ســپس مسلســلش را در زیــر ژاکتــش مخفــی کــرد و بــا رفتــن بــه ســمت درب حیاط، شــتابزده خــارج شــد. حســین هــم به یکبــار از جا برخاســت و با عجلــه از پنجره بــه داخل اتاق رفت. ســیروس بــه دنبــال او بــه ســمت پنجــره‌ی اتــاق حرکــت کــرد. حتم داشــت کــه اتفاق بدی قــرار بــود بیفتد.

«در مورد چی حرف میزنه! ؟ حسین چه اتفاقی داره میافته...؟»

ســیروس هنــوز بــه پنجــره‌ی اتــاق نرســیده بــود که حســین و دوســتان ورق‌بــازش، مسلســل به دســت بــه دنبــال او از پنجــره بیــرون پریدنــد. مسلســل‌ها را در زیــر ژاکت‌هایشــان پنهــان کردنــد. حســین جلــوی ســیروس ایســتاد و بقیــه بــه طــرف درب حیــاط راهی شــدند. حســین برگــه کاغذ تا شــده‌ی کوچکــی را به ســیروس داد.

«آتشــه جهنــم داره گُــر می‌گیــره...، اگــه میخــوای خودتو راکســی توش نســوزید و زنــده بمونید هــر چــه زودتــر از اینجــا دورش کــن...، وقتشــه کــه باباشــو ببینــه...، اســعد تــو خونــه‌ی مادربزرگــه مرحوممه...»

حســین بــه ســمت درب حیــاط حرکــت کــرد امــا قبــل از اینکه ســیروس مجالــی بــرای واکنش داشــته باشــد، ایســتاد و بــه طرفش برگشــت.

«از طــرف مــن به رکســانا بگو، متاســفم کــه بهــش دروغ گفتم و ازش سوءاســتفاده کــردم...، بگو کارم درســت نبــود...، مــن اشــتباه کــردم...، معطل نکن تــا دیر نشــده از اینجــا دورش کن...!»

و به راه افتاد.

«قضیه چیه حسین...؟، پس پری چی...؟»

حسین دوباره ایستاد و به طرف سیروس برگشت.

«بــرای نجــات پــری خیلــی دیــر شــده...، نــه مــن نــه تــو و نه هیــچ کــسِ دیگــه نمیتونه بــه اون کمــک کنــه...، حداقــل اون دختــره بیچــاره‌رو نجات بــده...، از اینجــا دورش کن...، وگرنــه هم خودت کشــته میشــی و هم راکســی...، بــرو...»

و سیروس را گرفت و در حالی که او را به طرف بیرون درب حیاط هدایت می‌کرد، ادامه داد:

«به طرف مسجد نگاه نکن...، مواظب باش، اگه بشناسنت هم خودت کشته میشی هم راکسی...، برو...، میفهمی حالا برو...، تو باید اسعد و راکسیرو از این مملکت ببری...، یادت نره تو یه هنرمند و نویسنده هستی، تو باید قلم بزنی نه شمشیر...، قدرت قلم تو از شمشیر حسین و مسلسل ما بیشتره...، زنده بمون و مردمُو روشن کن...، عجله کن...، مستقیم برو به طرف ماشینت و از اینجا دور شو...، منُو بچه‌های دیگه به کمک تو احتیاج نداریم...، دیدار ما به قیامت...»

سیروس خوب حسین را می‌شناخت، می‌دانست مجالی برای گفتگو وجود نداشت. دقیقاً وقتی که پری چند متری از درب خانه به طرف سعید دور شده بود، سیروس وارد کوچه شد و بدون اینکه به طرف پری و سعید نگاه کند در جهت مخالف قدم برداشت، او در یک لحظه پری را در حجاب اسلامی دیده بود که به طرف سعید حرکت می‌کرد اما چون پری را در حجاب اسلامی نشناخته بود به راه خود ادامه داد. سیروس در حالی که با عجله مسیر کوچه را طی می‌کرد نگاه زودگذرش به رکسانا افتاد که در جلوی درب باز همان خانه‌ی همسایه در تلاش بود تا خود را از دست مادر و دختر جوان برهاند. سیروس بلافاصله برگشت تا از وجود رکسانا مطمئن شود. بی‌اختیار ترس و نگرانی وجودش را فرا گرفت و به طرف سعید نگاه کرد. در نگاه اول شیخ آصف و به دنبالش سعید را دید که در میان پاسداران مسلح به طرف زن محجبه حرکت می‌کردند. سیروس انگار تازه پی‌برده بود که زن محجبه در واقع همان پری خودشان باید باشد که داشت به طرف سعید می‌رفت. حالا سیروس خود را بر سر یک دو راهی می‌دید که باید برای نجات پری یا رکسانا دست به انتخاب می‌زد. حسین به اتفاق دو نفر دیگر از خانه خارج شد و به طرف او حرکت کرد. سیروس اکنون به صحت کلام حسین پی برده بود که امید چندانی برای نجات جان پری وجود نداشت، اما رکسانا هنوز در شرایط بدی نبود که جانش به خطر افتاده باشد. سیروس با عجله به سمت رکسانا حرکت کرد. به سختی می‌توانست خشم و نگرانی خود را کنترل کند.

«مگه من به تو نگفتم از ماشین پیاده نشو...، بیا...، عجله کن...، ما باید از اینجا بریم...»

و از مادر و دختر جوانش قدردانی کرد. در ادامه رکسانا را گرفت و با خود همراه نمود اما رکسانا کوتاه نمی‌آمد و قصد داشت به طرف پری برود و به او کمک کند.

«نه...!، باید به پری کمک کنیم...!، اون داره خودشو به کشتن میده...!»

صبر سیروس دیگر لبریز شده بود. رکسانا را محکم به طرف خودش کشید و با خشمی عمیق به چشمانش زل زد:

«مـن واقعـاً از ایـن طرز رفتارت خسـته شـدم...، سـاکت بـاش...، وگرنه هـر دوی مارو به کشـتن میـدی...، بـرای کمـک بـه پری دیر شـده، اگه منـو تو بتونیـم به زنده مونـدن خودمـون کمک کنیم خیلـی هنر کردیم...، پس سـاکت شـو...، و حرکـت کن...!»

همـان طـور کـه سـیروس رکسـانا را گرفتـه بود و او را به سـمت ماشـین می‌بـرد نگاه رکسـانا از روی پـری برداشـته نمی‌شـد. می‌دیـد که پری ایسـتاد و به سـمت او برگشـت. مهم نبـود آنها چقدر از هـم دور بودنـد، نگاهشـان بـه هـم افتـاد و بـه نظر می‌رسـید کـه داشـتند از یکدیگـر خداحافظی می‌کردنـد. نـگاه پـری بـه طـرف سـعید برگشـت و دوبـاره بـه سـمت او بـه راه افتـاد. رکسـانا خوب می‌دانسـت کـه پـری داشـت به طـرف مرگ قـدم برمیداشـت. پـری منتظر بـود تا سـعید فاصله‌اش را بـا شـیخ آصـف کـم کند. هدفش سـعید بـود و قصد داشـت به بهانـه‌ی دادن عریضه و یا بوسـیدن دسـت شـیخ آصف از پاسـداران محافظ عبـور کند و بعـد خود را با یـک حرکت سـریع و ناگهانی به سـعید برسـاند. پری در حالی که پاکتی در دسـت داشـت و نشـان می‌داد می‌خواهد به شـیخ آصف بدهـد از صـف پاسـداران عبـور کـرد و خود را به شـیخ آصف رسـاند. درسـت وقتی که دسـت شـیخ آصـف بـه سـمت پری دراز شـده بـود تا پاکت را بگیرد و یا او دسـتش را ببوسـد، نگاه پری به سـعید افتـاد، متوجـه شـد کـه سـعید به او مظنون شـده بـود و در حالـی که مسـتقیماً به وِی نـگاه می‌کرد دسـتش داشـت بـه طرف اسـلحه‌اش می‌رفـت. پری می‌دانسـت کـه اگر بلافاصلـه وارد عمل نشـود، کشـته می‌شـد. بنابرایـن تصمیـم خود را گرفـت، حتی اگـر از آن راضی نبـود، لااقل می‌دانسـت این تنهـا شـانس و انتخـاب او در آن لحظـه بـود. بـا یـک حرکـت سـریع و قبـل از اینکه سـعید فرصتی بـرای جلوگیـری از او داشـته باشـد، دسـت شـیخ آصـف را گرفـت و بـه دور مچ او دسـتبند زد، سـر دیگـر دسـتبند بـه مچ دسـت خـودش قفل شـده بود. در حالی که شـیخ آصف گیج و گنـگ به نظر می‌رسـید او را با خودش به طرف سـعید کشـاند. مسـتقیماً به چشـمان سـعید زل زد. بلافاصله هم یـک نارنجـک از جیبـش درآورد و حلقـه‌ی ضامنـش را کشـید. چادر و روسـری از سـرش رها شـد و بـر روی زمیـن افتـاد، چندیـن نارنجـک دیگر هم به بدن پری بسـته شـده بـود. موهـای بلند و صاف او بـر روی شـانه‌هایش افشـان شـد. بـدن زیبـای پـری بـا مـواد منفجـره پوشـانده شـده بود، بـا این وجـود هنـوز اندامش بسـیار زیبـا به نظر می‌رسـید.

همه گیج و گنگ به طرف پری نشانه رفتند. فریاد شیخ آصف از ترس و وحشت بلند شد:

«شلیک نکنید...!، هیچ کس شلیک نکنه...!»

شـیخ آصـف می‌دانسـت کـه اگـر گلوله‌ای به سـمت پری شـلیک شـود تیکـه‌ی بزرگ بدنشـان گوششـان خواهـد بـود. از ایـن رو میهراسـید کـه یکـی از پاسـدارها ندانسـته بـه طرف پری شـلیک کنـد. عابـران فـرار را بـر قـرار ترجیح داده بودند و هر سـوراخ سـنبه‌ای را بـا هر قیمتـی می‌خریدند.

صدای دعا و ثنا هنوز از بلندگوهای مسجد پخش می‌شد ولی اینبار به گوش شیخ آصف شیرین و دلپذیر نبود، انگار داشتند دعای مرگش را می‌خواندند.

سیروس ایستاد و به طرف پری برگشت. داشت صحنه‌ای را تماشا می‌کرد که در خواب هم ندیده بود، البته می‌دانست که هیچ کاری از دستش برنمی‌آمد. برای نجات پری خیلی دیر شده بود. می‌دید پری با هر قدرتی که داشت شیخ آصف را به طرف سعید می‌کشید. پری قصد داشت خودش را به اندازه‌ی کافی به سعید نزدیک کند تا همه‌ی آنها در انفجار قربانی شوند. اما سعید با علم به این ترفند خود را به همان اندازه از پری دور می‌کرد و منتظر فرصتی بود تا پری را خلاص کند. سر و صدای پاسداران که گیج و گنگ شده بودند و عقلشان هم به جایی قطع نمی‌داد با صدای بلندگوهای مسجد قاطی شده بود و انگار موزیک پایان زندگی آشیخ آصف و همراهانش را می‌نواخت.

آشیخ آصف آنچنان ترسیده بود که دیگر رنگ به رخسار نداشت و مثل بید می‌لرزید. دیگر آن غرور، تکبر و قدرت را در خود نمی‌دید و احساس نمی‌کرد. حالا جایش عوض شده بود. پاسداران هم از این ترس مرگبار بینصیب نبودند. می‌دانستند که راه پس و پیش نداشتند و مرگ زندگی آنها را به شدت تهدید می‌کرد. پری برای چنین زمانی لحظه‌شماری کرده بود. او از زمان شنیدن خبر مرگ برادرش سوگند خورده بود که آن دو را بکشد و انتقام سوزاندن نادر را بگیرد. فریاد پری با اعلام اسامی افرادی که نابحق به دست آنها و روحانیون دیگر، کشته و یا اعدام شده بودند، به موزیک متن اضافه شد. پری می‌خواست اطمینان حاصل کند که صدایش به گوش همه می‌رسید، یقین داشت که این لحظه در تاریخ ثبت می‌گشت و سینه به سینه نقل قول می‌شد.

«نادر امامی، فاطمه نوری، اکبر رحیمی، اکبر محمدی، افلاطون قاسمی، امیر عباس هویدا، تیمسار رحیمی، تیمسار علی نشاط...»

با ذکر اسامی امیرعباس هویدا، تیمسار علی نشاط، تیمسار رحیمی و سایر امیران زمان شاه، پری به اشتباهی که آنها مرتکب شده بودند اشاره می‌کرد. پری با این کارش حتی حسین و سیروس را هم شگفت‌زده کرده بود. با ذکر نام نادر، اشک در چشمان پری جمع شده بود اما با تمام درد و اندوهی که داشت ادامه داد:

«برای همه‌ی مردم بیگناه و شجاع ایران، همه‌ی کسانی که به‌طور غیرقانونی و ناعادلانه توسط شما و همکارانتون اعدام شدن، به نام اونها و به نمایندگی از دادگاه ملت ایران، من عدالت‌رو بر روی شما اجرا می‌کنم و شمارو به خاطره خیانت به ملتُو مملکت به اعدام محکوم می‌کنم...!»

پـری می‌دانسـت کـه شـاید نتوانـد به سـعید خیلـی نزدیک شـود، نگران بود که شـاید سـعید از معرکـه بگریـزد، بنابرایـن بایـد کار را تمـام می‌کـرد، حداقـل ایـن انتظـار می‌رفت که سـعید پس از انفجـار بمـب بـه شـدت زخمـی می‌شـد، از همیـن رو بـا تمام نیرو و شـتابی که داشـت شـیخ آصف را به طرف سـعید کشـید و در حالی که نگاهش به سـمت سـیروس، رکسـانا و حسـین برگشـته بود بـا افتخـار آخرین جملاتـش را فریاد زد:

«مرگ بر دیکتاتورها، مرگ بر آخوندها، مرگ بر دیکتاتور اسلامی...!»

و سـرانجام نارنجـک را منفجـر کـرد. صـدای انفجـار بـه حـدی مهیب بـود کـه تـا کیلومترها به گـوش می‌رسـید. پـری، آشـیخ آصـف و اطرافیـان او در مقابل چشـمان رکسـانا، سـیروس و حسـین تکـه تکـه شـدند. خـون و تکه‌های پاره‌پـاره‌ی آنهـا در همه جا پخش بـود. برای لحظاتـی همه گیج و گنگ شـده بودند. سـیروس، حسـین و رکسـانا در جسـتجوی کشـته‌ی سـعید در اطراف صحنه‌ی حادثـه چشـم می‌چرخاندنـد. صـدای بلندگوهای مسـجد هنـوز بلند بود.

از صـدای مهیـب انفجـار تمام آسـمان اطراف از پرندگانی پوشـیده شـده بود که از تـرس به پرواز درآمـده بودنـد. پـرواز نامنظـم و آشـفته‌ی آنهـا، آیینـه‌ی تمام قـد اتفاقاتی بـود که با ظهـور انقلاب اسـلامی در سـرزمین ایران رخ می‌داد.

تکه‌هـای بـدن پـری در میـان تکـه پاره‌هـای بدن قاتـلان ملت قابل تشـخیص نبود و ایـن بهایی بـود کـه پـری می‌خواسـت در اِزای آزادی ملـت و میهنش بپردازد. مردان مسـلحی که کشـته نشـده بودنـد حـالا زخمـی و خونیـن، اسـلحه‌های خـود را جهت شـلیک در دسـت داشـتند و سـردرگم به دور خـود می‌چرخیدند.

در آن سـوی کوچه، سـیروس، رکسـانا و حسـین هم وضع و حالشـان بهتر از دیگران نبود. مدتی طـول کشـید تـا بـه خـود بیاینـد و بـه حقیقـت کار پـری پی ببرنـد، هـر چند هنـوز نمی‌توانسـتند مـرگ دلخراش او را هضـم کنند. رکسـانا که تحملش را از کـف داده بود با حرکتی سـریع و ناگهانی خـود را از دسـت سـیروس رهانیـد و به طـرف جنـازه‌ی پاره‌پاره‌ی پری راهی شـد.

«پری...!»

سـیروس بـه دنبـال رکسـانا از جـا کنـده شـد. رکسـانا اسـلحه‌ای را کـه در جیب داشـت بیرون آورد. آمـاده‌ی کشـتن بـود. کسـی کـه یک عمـر از دوسـتی، محبت و صلـح دم می‌زد حـالا آماده‌ی کشـتن بـود. رکسـانا در خـواب هـم نمی‌دیـد کـه یـک روزی دسـت بـه چنیـن اقدامـی بزنـد امـا نمی‌دانسـت چـه کسـی را بایـد هـدف قـرار دهد.

از سـمت مقابل، حسـین، عبدالله و دوستانشـان به طرف رکسـانا و سـیروس می‌آمدند. چشـمان سـیروس دورادور و در محـل انفجـار بـه سـعید افتاد کـه بالاخره از جایش بلند شـده بـود و با دیدن

تهاجم رکسانا، توجهش به آنها جلب شد. با گامهایی سریع و با همراهی مردانش به طرف آنها حرکت کرد. پر مسلم بود که سیروس، رکسانا، حسین و چند نفر دیگر توان مقابله با افراد مسلح سعید را نداشتند. سیروس می‌دانست که حالا سعید مثل یک مار زخمی و خونین برای نیش زدن و کشتن کمر بسته بود بنابراین باید هر چه زودتر رکسانا را از آنجا دور می‌کرد.

کبوترها بر فراز کوچه در پرواز بودند و به دور خود می‌چرخیدند و انگار می‌خواستند بدانند که فرجام خونخواری آدمهای روی زمین به کجا میانجامد. از بلندگوهای بالای منارهی مسجد بلافاصله فریاد مرگ بر منافق و مرگ بر آمریکا آغاز شد و مردم را به جهاد در مقابل دشمنان اسلام تشویق می‌کرد و طبق معمول همیشه فریاد بُکشید، بُکشید تا به بهشت بروید را نوید می‌داد.

حسین که با عصبانیت به طرف رکسانا می‌آمد متوجه‌ی یک فرد لباس شخصی شد که انگار یکی از افراد مخفی پاسداران بود و قصد داشت به رکسانا شلیک کند. حسین بلافاصله به طرف او شلیک کرد و بعد از رفع خطر به سرعت خود را به رکسانا رساند و او را گرفت. در تلاش بود تا او را از سمت محل انفجار برگرداند.

«عقلتو از دست دادی...؟، میخوای خودتو به کشتن بدی...؟، برگرد...!»

اما رکسانا نجات جانش را با چنان خشم و تنفری پاسخ داد که حسین انتظارش را نداشت. رکسانا مثل یک حیوان وحشی در حالی که بر سر حسین فریاد می‌کشید، او را کتک می‌زد و انگار داشت به حسین پیغام می‌داد که از کارهای او خوشحال نیست.

«به نامِ انقلاب، دخترانِ جوان فدای آرمانِ شما مردانِ خودسرُو مستبدُو خودخواه میشن، فدای خودخواهی و قدرتطلبی تو و امسال تو، تو بیشتر از یک حیوان نیستی، انسان و قهرمان پری بود، نه تو...!»

"برای قضاوته انسان بودن و نبودن وقت زیاد هست...!»

رکسانا که فکر می‌کرد حسین، پری را به این کار واداشته بود هیچ علاقه‌ای نداشت تا نصایح او را بشنود. از خشم چنان سیلی محکمی به حسین زد که او را به یاد آخرین سیلی پدرش انداخت که در نوجوانیش چشیده بود. برای فردی به مانند حسین که زود جوش می‌آورد و کنترل اعصابش را از دست می‌داد، این حرکت رکسانا به معنای عبور از خط قرمزی بود که او به آن حساسیت شدیدی داشت. خوشبختانه قبل از اینکه کارشان به جاهای باریک بکشد، سیروس سر رسید و رکسانا را گرفت و از حسین دور کرد. اما در این گیرودار گلوله‌ای به سیروس اصابت کرد و خون از بازوی چپش سرازیر شد. با تیر خوردن سیروس توجه حسین به طرف سعید و پاسدارانش برگشت وآنها مشغول شلیک کردن به طرف سعید و مردانش شدند تا سیروس و

رکسـانا فرصتی برای فرار داشـته باشـند. حسـین چیزی برای از دسـت دادن نداشـت، می‌دانسـت که دیـر و یـا زود بایـد بـا سـعید شـاخ به شـاخ می‌شـد. حتـم داشـت دیـر یـا زود آنهـا او را می‌گرفتند و بـه زندگیـش پایـان می‌دادنـد، بنابرایـن کمـک به نجـات جان رکسـانا حداقـل کاری بود که از پسـش برمی‌آمـد، امـا رکسـانا اصـلاً بـه زندگـی فکـر نمی‌کـرد، اندوهی کـه از دیدن مـرگ پری بـر وِی غالب شـده بـود در قالـب درکـش نمی‌گنجیـد، مـرگ تنهـا چیـزی بـود کـه بـه آن فکـر نمی‌کرد. پـری نه فقـط بهتریـن دوسـت بلکـه جـای خواهر نداشـته‌اش را پر می‌کرد. رکسـانا با تلاش به سـمت حسـین چرخیـد و مطمئـن شـد کـه آخرین حرفـش را هم زده باشـد:

«شما ترسو هستید!، شما از مردم برای کارهای کثیف خودتون استفاده می‌کنید...!»

امـا حسـین وقتـی بـرای شـنیدن حرف‌هـای رکسـانا نداشـت، خطـر نزدیـک شـدن سـعید و نیروهایـش خیلـی جدی‌تـر از حرف‌هایـی بـود کـه رکسـانا مـی‌زد . تنهـا می‌طلبیـد کـه از خـود، سـیروس و رکسـانا دفـاع کنـد. نبـرد حسـین، عبـدالله و دوستانشـان بـه سـیروس فرصـت داد تـا با تـلاش فـراوان رکسـانا را بـه ماشـین سـر کوچه برسـاند. او را بـه داخل ماشـین هل دهـد و خود نیز بـا تعجیـل سـوار شـود و حرکـت کنـد. سـیروس وقتـی از سـر کوچـه رد شـد ناگهـان ترمز شـدیدی گرفـت و بـا دنـده‌ی عقـبِ پرگازی از روی جـدول خیابان عبور کـرد و خود را به داخل کوچه رسـاند و در حالـی کـه بـه طـرف حسـین فریـاد مـی‌زد بـه آنها نزدیک شـد:

«سوار شو...، سوار شو...!»

ماشـین نزدیـک آنهـا توقـف کرد. اما حسـین و عبدالله در شـرایطی قرار نداشـتند که فـرار کنند و خـود را بـه داخـل ماشـین برسـانند. حتی اگر برای لحظاتی هم از نبرد دسـت می‌کشـیدند، شـاید کشـته می‌شـدند. حسـین با عصبانیـت به طرف سـیروس فریاد می‌کشـید:

«برو...، منتظر من نباش...، برو...، خودتونو از اینجا دور کنین...!»

«حسین!، سوار شو...، سوار شو...، من بدون تو نمیرم...!، سوار شو...!»

در همین گیرودار صدای شـلیک چند گلوله و شکسـته شـدن شیشـه‌ی جلوی ماشـین، سیروس را بـه خـود آورد، می‌دیـد کـه رکسـانا بـه طـرف چند پاسـدار که در سـر کوچـه ظاهر شـده بودند و قصـد شـلیک داشـتند، تیرانـدازی کـرده بـود. دو نفـر از آنها به ضرب گلوله‌ی رکسـانا کشـته شـدند و الباقـی عقب‌نشـینی کردنـد. سـیروس بـا تشـویش رکسـانا را به زیـر صندلی فشـار داد. سـپس به طـرف پاسـداران سـرعت گرفـت. اما رکسـانا آدمـی نبود کـه آرام بگیرد. بـا عجله خود را بـه صندلی عقـب رسـاند و بـه هر پاسـداری کـه می‌دید شـلیک می‌کرد و آنهـا را از پـا درمی‌آورد. رکسـانا ثابت کـرده بـود کـه هیـچ ابایـی نداشـت کـه بـه خاطـر دفـاع از دوسـتانش کشـته شـود. سـیروس عملاً داشـت می‌دیـد کـه زندگـی در ایـران چقـدر رکسـانا را عـوض کرده بـود. رکسـانا دیگـر آن دختری

نبـود کـه با به دسـت گرفتن اسـلحه و کشـتار مخالفت می‌کرد. مشـاهده‌ی کشـتارهای پیش و پس از انقـلاب بـه شـدت بـر روی او تاثیر گذاشـته بود. کمک رکسـانا موجب شـد که آنها مجـدداً صحیح و سـالم وارد خیابـان شـوند. امـا سـیروس خیـال نداشـت حسـین را ترک کنـد. به ذهنش رسـید تا صنـدوق عقـب ماشـین را بـاز کنـد. بـا کشـیدن اهرم کنـار صندلـی‌اش، صنـدوق عقب را بـاز کرد و دوبـاره فریـادش بـه طـرف حسـین بلند شـد و از او می‌خواسـت که بـه داخل صندوق عقب ماشـین بپـرد، امـا حسـین سـرگرم نبـرد بـود و مجالی نداشـت که خـود را به ماشـین برسـاند. سـعید که از مقاومـت حسـین و یارانـش به خشـم آمـده بود و می‌خواسـت خونشـان را بریزد به هر فـردی که در تیررسـش قـرار می‌گرفـت، شـلیک می‌کـرد. جنـگ و گریـز آنها به خیابان کشـیده شـد.

حسـین بالاخـره بـه طـرف صنـدوق عقـب ماشـین سـیروس حرکـت کـرد، اما بـه محـض اینکه قسـمتی از صنـدوق را گرفـت تـا سـوار ماشـین شـود چنـد گلوله‌ی سـعید و یارانـش بـه او برخورد کرد، بنابراین از سـرعت و توانش کاسـته شـد و نتوانسـت سـوار ماشـین شـود. سـیروس چاره‌ای به جـز حرکـت نداشـت در غیـر ایـن صـورت سـعید و یارانـش بـه آنهـا نزدیـک می‌شـدند و راحت‌تـر می‌توانسـتند آنهـا را از پـای دربیاورنـد. بـا گلوله‌هایـی کـه بـه طـرف سـیروس شـلیک شـد او برای لحظاتـی کنترل ماشـین را از دسـت داد. ماشـین منحرف شـد و بـه جدول کنار خیابـان برخورد کرد و بـر روی هـوا بلند شـد. حسـین کـه از هنوز قسـمتی از صندوق ماشـین را گرفته بود بـه داخل نهر آب کنـار پیـاده‌رو پرت شـد.

سـیروس قبل از اینکه بتواند کنترل ماشـین را به دسـت بگیرد از روی پلی وارد پیاده‌رو شـد. از روی بسـاط چنـد دسـت فروش عبـور کرد و همان طـور که عابرین وحشـتزده از جلوی ماشـین فرار می‌کردنـد و بـه او دشـنام می‌دادنـد او بـا سـرعت از پل دیگـری وارد خیابـان شـد. ورود ناگهانی‌اش باعـث شـد ماشـینش از بغـل بـه یـک اتوبـوس برخـورد کنـد و اتوبـوس منحـرف شـود. یـک یـا دو ماشـین پاسـدار کـه سـیروس را تعقیـب می‌کردنـد با اتوبوس برخورد کردند و مسیرشـان سـد شـد، ایـن جریـان به سـیروس فرصتـی داد تا به سـرعت از معرکـه بگریزد.

حسـین کـه بدجـوری زخمـی شـده بـود در میان جریـان آب نهر خـود را بـه زیر پلی رسـاند و در آنجـا مخفـی شـد. او بـا احتیـاط سـرش را از آب بیرون آورد و در جسـتجوی عبدالله سـرک کشـید. از میـان قطـرات آب و خونـی کـه جلوی چشـمانش را گرفته بـود در فاصله‌ای نـه چنـدان دور عبدالله را دیـد کـه پاسـداران او را مثـل یـک حیـوان زخمی محاصر کـرده بودند و برخـی با لگد و قنـداق تفنگ بـر سـر و کولـش می‌کوبیدنـد. هر چند حسـین نمی‌توانسـت ببینـد که عبـدالله از خون خـود گلگون شـده بـود امـا می‌دیـد کـه هنوز مسـتقیماً به سـعید که بـه طـرف او می‌آمد نـگاه می‌کرد و بـه دنبال فرصتـی بـود کـه او را بـا یـک تیـر خلاص کنـد. عبدالله آنچنـان زخمی بود کـه قلبش داشـت از تپش

می‌ایستاد. با رسیدن سعید، او با اندک توانی که در وجودش باقی بود اسلحه‌اش را بالا آورد و به طرف سعید نشانه رفت. به سختی می‌توانست سعید را از پشت مژه‌های به خون نشسته‌اش ببیند، اما سعید قبل از اینکه او بتواند ماشه را بکشد، در حالی که در چشمان او خیره شده بود و در آتش خشم می‌سوخت با شلیک چند گلوله عبدالله را خلاص کرد. سعید از اینکه عبدالله در آخرین لحظات زندگی چشم از او برداشته بود و نمی‌خواست غرور و شادی‌اش را ببیند بسیار خشمگین، خونش را می‌خورد، در عوض چشمان عبدالله در نگاه پسرک کوچکی قفل شده بود که در چند متر آن طرفتر چمباتمه زده بود و با دست‌هایی که به زیر چانه‌اش داشت در سکوت و حیرت به آنچه که می‌گذشت فکر می‌کرد. بسیار دردناک بود که چشمان عبدالله بسته شد و اشکهای پسربچه را که در سکوت بر روی گونه‌هایش سر می‌خورد، نمی‌دید. او قبل از اینکه ببیند آن پسربچه برای او، خود و ایران می‌گرید تمام کرده بود.

حالا سعید مثل یک ببر زخمی دربه‌در به دنبال حسین، سیروس و رکسانا می‌گشت. آنچنان از فرار کردن آنها خشمگین بود که دیگر خودی و غیرخودی را نمی‌شناخت.

چشمان حسین در زیر پل، بسته شد. ترجیح می‌داد دیگر چیزی را نبیند. می‌دانست که باید منتظر موقعیت مناسبی باشد تا بتواند از زیر پل خارج شود و سالم از آنجا بگریزد. با اینکه می‌دانست بدجوری زخمی شده بود اما چاره‌ای نداشت که حداقل تا زمان تاریکی هوا تحمل کند. حسین نمی‌دانست که یکی از دوستانش با چالاکی توانسته بود خود را در میان مردم عادی جا بزند و از مرگ نجات یابد و حالا در تمام این مدت منتظر فرصت مناسبی بود که حسین را از آنجا خارج کند. او وقتی که آبها از آسیاب افتاد از یکی دو تن از دوستانش کمک گرفت و حسین را با عجله از زیر پل خارج کرد. او را به خانه‌ی یکی از دوستانش برد که در خارج از شهر قرار داشت. دوستی که دست بر قضا پزشک هم بود. خوشبختانه جراحاتش چندان جدی نبود اما باید مخفیانه مدتی را در آنجا استراحت می‌کرد. حسین بعد از آن حادثه یک زندگی زیرزمینی را در پیش گرفت و از همه برید. هیچ کس نمی‌دانست کجاست و چه می‌کند. سعید و نیروهای امنیتی ساوانا همه جا به دنبالش بودند.

*****

اوایل عصر بود. ماشین سیروس خارج از شهر و در یک جاده‌ی خلوت پیش می‌رفت. رکسانا در کنارش نشسته بود و خیره به جاده نگاه می‌کرد. با اسلحه‌ای که هنوز در کنارشان قرار داشت می‌شد حدس زد که هیچ چیز هنوز امن نبود. در تمام مدتی که از دست سعید فرار کرده بودند، سیروس لب باز نکرده بود. رکسانا هم ترجیح داده بود او را به حال خود بگذارد و سکوت کند. اکنون سرخی شفق خورشید، مستقیم در چشمان خواب‌آلود سیروس منعکس

می‌شد و دید او را سخت کرده بود. بالاخره خواب بر سیروس غالب شد و پلک چشمانش بر روی هم قرار گرفت. از همین رو ناگهان کنترل ماشین را از دست داد. تا بخواهد هدایت ماشین را به دست بگیرد ماشین در پی انحراف، از تپه‌ی کوچکی به پایین سرازیر شد و بر لب جوی آبی متوقف گشت. این اتفاق ناگهانی انگار مغز سیروس را تکان داده بود. به نظرش می‌رسید که تمام آنچه را که ساعت‌ها در دلش حبس کرده بود باید بیرون می‌ریخت. درست مثل بمبی که منفجر شده باشد با مشت‌هایی گره کرده و پیاپی، فرمان و داشبرد ماشین را به باد کتک گرفت. اما تنها داشت به خودش صدمه می‌زد. طولی نکشید که از دستان رقصانش خون جاری شد و به همه جا پاشید. سیروس از درون فریاد می‌زد اما صدایش در گلو خفه شده بود و بر زبان نمی‌آمد. سرانجام سرش در سوگ پری به سمت آسمان بالا رفت و بغضش ترکید و صدایش بلند شد:

«من نمی‌فهمم مگه هیچ خدایی تو آسمان ایران نیست...؟ پس خدای ایران کجاست...؟ پس عدالت خدایی که مگن چه شده...؟ دیگه چقدر خونریزی...؟ پس خدای ما کجاست...؟ چرا پیداش نیست...؟»

دست رکسانا با احتیاط بالا رفت و پشت سر سیروس را لمس کرد. رکسانا می‌دانست که باید با صبر و ملاحظه رفتار می‌کرد. سیروس از گرمای دست رکسانا کم‌کم آرام شد. دستی که پر از عشق بود. سیروس، رکسانا را در آغوش گرفت و مثل یک نوزاد که در بغل مادرش پناه گرفته باشد می‌گریست. در ذهنش نمی‌گنجید که چنین اتفاقی رخ داده بود. هیچ پاسخگویی وجود نداشت که از ابهاماتش بکاهد. بهترین دوستانش را فقط به خاطر اینکه می‌خواستند به ملت و میهنشان خدمت کنند یکی بعد از دیگری از دست داده بود. رها کردن دوست زخمی‌اش در خیابان، اقدام انتحاری پری، هیچ کدام برایش قابل باور نبود. از خودش می‌پرسید که چطور ممکن بود این اتفاقات دردناک رخ داده باشد...؟ چه کسی مقصر بود؟

✵✵✵✵✵

فصل ۳۹

وقتی که ملودی سکوت بوسه می‌زند، درخشش نور و امید آغاز می‌شود...

در یـک روز پائیـزی، سـیروس در حومـه‌ی سـوت و کـور شـهر بروجـرد می‌رانـد. بـاد ملایمی از پنجره به داخل ماشـین می‌وزید و بر رخسـار رکسـانا دسـت نوازش می‌کشـید. رکسـانا متفکرانه به تیرهـای برقـی کـه از کنارشـان می‌گذشـتند خیره شـده بـود. در تشـویش اتفاقاتی که شـاید دوباره رخ می‌دادنـد، تیرهـا را می‌شـمرد. تیرهایـی کـه در امتداد جـاده تا انتهـای منتهی ادامه داشـتند. او فقـط بـا ایـن هـدف به ایـران آمده بـود تا پـدرش را پیدا کنـد اما در پیـچ و خم حوادث وحشـتناک غیرقابـل کنترلـی گرفتـار شـده بـود. حادثـه پشـتِ حادثه، درسـت مثـل تکتـکِ تیرهای بـرق ادامه داشـت و بـه پایـان مسـالمت‌آمیزی ختم نمی‌شـد.

رکسـانا چنـدان امیـدوار نبـود کـه بتوانـد در ایـن سـفر بـا پـدرش ملاقـات کنـد، اینکـه شـاید اتفاقـات تلـخ جدیـدی رخ دهـد او را نسـبت بـه همـه چیـز بدبین کـرده بود. هـر چند او بـه منظور یـک پـرس و جـوی شـش ماهـه بـه ایـران آمده بـود اما حـالا مدتهـا می‌گذشـت و او به امیـد دیدن پـدرش و بـا خریـدن تمـام مخاطـرات هنـوز اَندر خَم یـک کوچه بـود. البتـه همچنان از بابـت اینکه حسـین او را بـه منظـور پیشـبرد آرمان‌هـای سیاسـی‌اش بـه ایـران فرسـتاده بـود، رنـج می‌کشـید. چشـمان رکسـانا دورادور بـه شـفق زیبـای خورشـید افتاد، جایـی که زمیـن و خورشـید در ملاقاتی نزدیـک یکدیگـر را میبوسـیدند. رکسـانا منکـر ایـن بخشـش نبـود کـه بعـد از پشـت سـر گذاشـتن پسـتی و بلندیهـای فـراوان هنـوز زنـده بـود و داشـت نفـس می‌کشـید. حالا تنهـا آرزویـش این بود کـه چشـمش بـه افـق گرم و آفتابی آسـمان روشـن شـود و تمـام ناملایمـات پایـان یابد و سـرانجام بتوانـد پـدرش را در آغـوش بگیرد.

طولـی نکشـید کـه پرتوهای غروب خورشـید از لابـه‌لای برگهـای رنگارنگ درختان کـه در کنار رودخانـه‌ای خروشـان امتـداد داشـت صورتش را گرم کرد و مثل چراغ چشـمک‌زن به بازی مشـغول شـد. درختـان بـه خاطـر اینکـه به هـم نزدیکتـر بودنـد و جذابیت چشـم نوازی داشـتند، بـر هزاران هـزار تیـر برق خشـک و خشـن می‌ارزیدنـد. صدای جریـان آب رودخانـه، وزش باد ملایـم و برگهای

رنگارنگ درختانی که به زمین و زمان زیبایی ابدی میبخشید، همه و همه دست به دست هم داده بود تا رکسانا به هیچ مشکلی فکر نکند. طولی نکشید که رکسانا با ترمز ناگهانی سیروس، از دنیای زیبای خیالی خود بیرون آمد. در فاصله‌ی نه چندان دور، چشمش به خانه‌ای افتاد که در کنار رودخانه و در بین درختان پوشیده از برگهای رنگارنگ پاییزی قرار داشت. انگار قسمتی از یک تابلوی نقاشی بود که یک نقاش چیره‌دست کشیده بود. با امیدی که در دلش زنده شده بود به سیروس نگاه کرد. در هیجان پرسشی بود که سالها انتظارش را می‌کشید. آیا این همان خانه‌ای بود که باید در آنجا با پدرش دیدار می‌کرد؟، اما سیروس بدون هیچ پاسخی از ماشین پیاده شد و به طرف رکسانا حرکت کرد. کنار پنجره به ماشین تکیه داد. رکسانا جرات پیاده شدن نداشت، می‌ترسید که یک بار دیگر مایوس شود. سیروس قدم برداشت به رصد کردن محیط اطراف مشغول شد تا از صحت مقصدش اطمینان حاصل کند. چشم‌های سیروس به اکبر افتاد که در بالکن جلوی خانه ظاهر شد. دست اکبر به نشانه‌ی خوش آمدگویی بلند شد و بعد به طرف رودخانه اشاره کرد. نگاه سیروس به سمتی که اکبر با دست نشان می‌داد، چرخید. لبخند و آرامش در چهره سیروس نشست.

سیروس به سمت ماشین رفت و درب طرف رکسانا را باز کرد. رکسانا نگران و مضطرب پیاده شد. او چون اکبر را هنوز ندیده بود، پرسشگرانه به سیروس خیره شد. نگاه رکسانا با اشاره‌ی سیروس به طرف رودخانه برگشت. در کنار رودخانه و در چند صد متری آنها، مردی به درختی تکیه داده بود و انگار در خواب و یا در خلسه قرار داشت. از آتشی که در جلوی مرد می‌سوخت دود کمی برمی‌خاست و رقصان در هوا ناپدید می‌شد. در کنار آتش، یک قابلمه و دو قوری چای پیدا بود. در فاصله‌ی چند متری از مرد، چند گوسفند می‌چریدند. نزدیک آنها صمد جوان مشغول جارو کردن برگهای درختان بود. صمد با دیدنشان ایستاد و با تعجب به آنها خیره شد. سپس با نگرانی چوب دستیاش را برداشت و روی هوا بلند کرد و آماده‌ی نبرد بود. سگ سیاه و سفیدی که در نزدیکی صمد دراز کشیده بود با دیدن حرکات صمد از خواب بیدار شد و در کنار او قرار گرفت. وقتی چشمش به سیروس و رکسانا افتاد خورخور خفیفش بلند شد. صمد با دیدن اشاره‌ی اکبر، چوب‌دستی‌اش را پایین آورد و با سگش به افراد ناآشنا نظر دوخت. رکسانا هنوز متوجه‌ی منظور سیروس نشده بود تا اینکه اکبر را در بالکن خانه دید.

با اشاره‌ی سیروس، رکسانا مضطربانه اما با آرامشی ناآشنا از تپه‌ی کوچکی به سمت مرد سرازیر شد. برگهای خشک و رنگارنگ پاییزی در حکم تیکتیک عقربه‌های ساعت در زیر پایش به صدا درمی‌آمد. انگار قبل از اینکه پدرش را در آغوش بگیرد ثانیه‌ها برایش به شمارش درآمده بود.

وقتـی بـه کنـار پـدرش رسـید بسـیار خوشـحال بود کـه او هنـوز در خواب به سـر می‌بـرد. حالا فرصـت داشـت تـا لحظاتـی پـدرش را در سـکوت و آرامـش تماشـا کند و تمـام جزئیـات صورتش را ببینـد و بـه ذهنـش بسـپارد. تصاویر جاودانهای که مسـلماً در خاطـرش باقی می‌ماند. احسـاس گرم و آرامش‌بخشـی به او دسـت داد و در تمام وجودش جاری شـد. احسـاس عشـقش آنقدر عمیق بود کـه تمـام آن خاطـرات تلـخ و جهمنـی گذشـته را بـه فراموشـی سـپرد. می‌دانسـت که حـالا پدرش در مقابـل او نشسـته بـود و بایـد قبـل از اینکـه اتفاقـی می‌افتـاد او را در آغوش می‌گرفـت. ناگهان با یـادآوری تجربه‌هـای تلـخ گذشـته، به ذهنش رسـید کـه نکنـد او مرده باشـد، اما طولی نکشـید که خـود را بـه خاطـر چنیـن احساسـی سـرزنش نمـود و ذهنـش را از نفـوس بد پـاک کرد. بـه خودش اطمینـان داد کـه دیگـر نبایـد روزگار تا این حد بیرحم باشـد. چشـمان رکسـانا به بند سـاعت جیبی پـدرش افتـاد کـه از جیـب کتـش بیـرون آمده بود. کـت در نزدیکی رکسـانا بـه درختی آویـزان بود. بـا احتیـاط دسـتش را دراز کـرد و سـاعت را از جیـب کتـش بیـرون آورد. چنـد لحظه‌ای به سـاعت نظـر دوخت. یک سـاعت بسـیار قدیمـی بود.

صمـد و سـگش حـالا نشسـته بودنـد و او را تماشـا می‌کردنـد. حتـی گوسـفندان هـم دیگـر نمی‌چریدنـد و انـگار منتظـر بودنـد تـا حرکـت بعـدی او را ببینند. رکسـانا درپوش متصل به سـاعت جیبـی را بـاز کـرد. عکسـی را می‌دیـد که مربوط بـه دوران جوانی اسـعد، لیندا و کودکـی‌اش بود که در آغـوش پـدرش جـای داشـت. البته به محض باز شـدن سـاعت، ملودی آشـنایی کـه او در کودکی بارهـا شـنیده بـود پخش می‌شـد. ملـودی «هاش لیتل بی‌بـی...»، آهنگی که مشـابهی آهنـگ ایرانی لالایـی کـن مـرغ مـن...، بود. رکسـانا مشـغول زمزمه کـردن ترانه‌ی آهنگ شـد.

بـا بلنـد شـدن صـدای آهنـگ سـاعت جیبی، چشـمان اسـعد باز شـد. بـا دیـدن رکسـانا گیج و ذوق‌زده، دسـت و پایـش را گـم کـرده بـود. انگار رکسـانا او را جادو کـرده بود و یا شـاید از فرط ذوق و شـادی تـوان حرکـت نداشـت. تنهـا کاری که بـه ذهنش می‌رسـید ریختن یک چـای داغ در هوای خنـک غـروب پاییـزی بود. اسـتکان چـای را بـا لبخند بغض‌آلـودی به طرف رکسـانا گرفت. رکسـانا کـه در شـوق و هیجانـش غـرق شـده بود اسـتکان را گرفـت و بر روی زمین گذاشـت. دسـت پدرش را گرفـت و بـا حرکتـی محترمانـه از او دعـوت کـرد تـا بلند شـود. اسـعد مثـل یک طفل شـیرخواره کـه از مـادرش تبعیـت می‌کـرد بلنـد شـد. اسـعد و رکسـانا بـه رقصـی آرام مشـغول شـدند. صدای سـازدهنی صمد با آهنـگ سـاعت جیبی اسـعد قاطی شـد و کمکم جای آن را گرفت. دسـت رکسـانا چنگکـی را کـه صمـد بـرای جمـع آوری برگهـا اسـتفاده می‌کـرد برداشـت و بـا فرم رقص مشـغول جمـع‌آوری برگهـا شـد. حتـی سـگ صمد هـم صدایش درآمـده بـود و او هم آواز سـر مـی‌داد. حالا اسـعد تمـام خاطـرات تلخ و شـیرین گذشـته‌اش را از یـاد برده بود و انـگار رکسـانا در اولویت همه‌ی

افکار، شادی و آینده‌اش قرار داشت. اکنون تمام تلاشش را می‌کرد تا هنر رقص خود را به دخترش نشان دهد.

سیروس هنوز در بالای تپه به ماشین تکیه داده بود و اشک شادی در گوشه‌ی چشمانش دیده می‌شد. حال و روز اکبر هم مثل سیروس و شاید بهتر از او بود. اکبر در بالکن خانه از تماشای آنها لذت می‌برد.

اسعد و رکسانا در حال زمزمه‌ی آهنگ لالایی کن و رقص سما بودند. اشک شوق سیمایشان را خیس کرده بود. هر چند که اسعد نمی‌خواست حتی از کوتاه‌ترین لحظات آن صحنه بگذرد، اما خاطرات گذشته داشت در ذهنش زنده می‌شد. خاطرات زمانی که رکسانا دو سه سال بیشتر نداشت و آنها به همراه لیندا، زندگی شادی را در آلمان غربی می‌گذراندند. رکسانای کوچک در آغوش لیندا بود و به اسعد که در حال نواختن تار، لالایی زمزمه می‌کرد، زل زده بود.

«لالایی کن مرغ من دنیا دو روزه...»

لیندا هم مشغول خواندن می‌شود، اما نه آهنگ لالایی را، آهنگ هاش لیتل بی‌بی را:

«هاش لیتل بی‌بی هیچ حرفی نزن...، بابا می‌خواد برات پرنده بخره...»

و اسعد در تقابل دوستانه با لیندا، قویتر می‌نواخت و بلندتر می‌خواند و همین طور شوخی و شادی آنها ادامه داشت.

ذهن اسعد با ریزش برگهای درخت بالای سرش به زمان حال برگشت. رکسانا در حین رقص و برای اینکه شور تازه‌ای برانگیزد درخت را تکان داده بود تا برگهای زرد و نارنجی‌اش برقصد و بر سر و کولشان بریزد. گوسفندها با ریختن برگها کنجکاوانه به طرف آنها هجوم بردند و به نظر می‌رسید آنها هم در تلاش برای پیدا کردن برگها با اسعد و رکسانا می‌رقصیدند.

هر چند سیروس احساس می‌کرد که لحظات مقدسی مابین پدر و دختر جریان داشت اما مایل بود که به شعف آنها رنگ و بوی شاد بیشتری ببخشد، از همین رو در هارمونیکایش دمید و بر روی تپه به رقص مشغول شد. حالا انگار تمام طبیعت در حال رقصیدن بود. صدای رودخانه، غروب نارنجی خورشید، درختان رنگارنگ، نسیم پاک طبیعت، ریزش رقصان برگهای پاییزی، گوسفندان و صمد که خیال می‌کرد با سیروس در رقابت بود و باید بلندتر ساز می‌زد. عشق و محبت به معنای واقعی کلمه به نمایش درآمده بود و انگار همه‌ی آنها در ادغامی هماهنگ در طبیعت یکی شده بودند. دیگر برایشان مهم نبود چه منبعی چقدر قدرت داشت، به نظرشان هیچ فرآیندی نمی‌توانست این لحظات ناب را از آنها بگیرد. آنها با زمین و زمان یکی شده بودند. رکسانا برگها را از روی زمین چنگ زد و بر روی پدرش پاشید و با شادمانی

زمزمه کرد:

«بابا، بالاخره پیدات کردم...!»

اما بغض به اسعد اجازه نمی‌داد که زبان بگشاید، انگار لال شده بود، فقط اشک می ریخت، اشک خوشحالی.

✱✱✱✱✱

فصل ۴۰

وقتی که معجزه‌ی درمان درد تو کسی است که بی‌نهایت دوستش داری...

بهترین هنرمند، طبیعت است. طبیعت به عنوان یک هنرمند پر از اعجاز، عالی‌ترین تابلوها را خلق می‌کند. بهار با آن طراوت و شکوفه‌های رنگارنگش، تابستان با سرسبزی و میوه‌های گوناگونش، پاییز که یک برگریز هزار رنگ است و زمستان که با آن چادر سپیدش، دلربایی می‌کند. قطعاً هیچ هنرمندی نمی‌توانست به مانند طبیعت، آن صحنه‌ی زیبا را در ملاقات اسعد و رکسانا به تصویر بکشد.

اسعد در بالکن کوچک طبقه‌ی دوم خانه نشسته بود و داشت از احساسات تازه و تقریباً عجیب و غریبی لذت می‌برد که از زمان آمدن رکسانا در او ریشه دوانده بود. از زمانی که لیندا و رکسانای سه چهارساله‌اش را ترک کرده بود این نخستین باری بود که در زندگی احساس صلح و آرامش می‌کرد.

از زمانی که رکسانا به زندگی‌اش وارد شده بود او به فرجام فعالیت‌هایی می‌اندیشید که در گذشته انجام داده بود. اقداماتی که به خاطر آرمان‌های مقدس خود و به منظور خدمت به ملت و میهنش انجام می‌داد و آنها را فدای خانواده‌اش می‌کرد. اما از آنجایی که همه چیز در طبیعت در یک نظم و ترتیب شروع می‌شد و در یک زمان معین به پایان می‌رسید و در هیچ چیز ابدیت و استثنایی وجود نداشت، بنابراین اسعد به این نتیجه رسیده بود که دیگر در پایان راهش قرار داشت و حالا باید به ماحصل فعالیت‌های سیاسی‌اش فکر می‌کرد. هر چند او به خاطر خدمت به ملت و میهنش، زندگی خود و خانواده‌اش را وقف کرده بود اما باید می‌دید که آیا این همه تلاش و از خود گذشتگی ارزشش را داشت، آیا می‌ارزید که خانواده‌اش را فدای آرمان خود می‌کرد و آنها را در رنج و عذاب قرار می‌داد. اسعد احساس گناه می‌کرد زیرا نتایج فعالیت‌های سیاسی‌اش بسیار روشن بود. او زندگی خود و خانواده‌اش را برای هیچ و پوچ فدا کرده بود. هر چند از عملکردش پشیمان نبود اما به خاطر اینکه از خمینی حمایت کرده بود خود را سرزنش می‌کرد و بیش از هر کار دیگری دچار عذاب وجدان می‌شد. فکر می‌کرد که چقدر او و هم‌قطارانش

ساده‌لوح بودند کـه کورکورانه از آخونـد جماعت حمایت کردند.

در همیـن حـال و احـوال و در ایـوان زیر بالکن، رکسانا در کنار سیـروس نشسـته بود. سیروس اسلحه خـود را چـک می‌کرد تا مطمئن شـود آماده‌ی شلیـک اسـت. رکسـانا بـه او خیره شده بود. نـه تنهـا در بـاورش نمی‌گنجیـد بلکـه برایـش قانع کننـده هـم نبـود کـه سـیروس دسـت به اسـلحه ببرد و آدم بکشد.

«آیا تا به حال از اسلحه‌ای شلیک کردی...؟»

نـگاه جسـتجوگرانه‌ی سـیروس بـه دنبـال مهمان ناخوانـده‌ای در اطـراف و در بیـن درختـان مشـغول بـود و بـه رکسـانا پاسـخی نـداد. در واقع جوابی نداشت تـا به رکسانا بدهـد، او حتی طـرز کار بـا اسـلحه را هـم بلـد نبـود اما حالا اسلحه به دست گرفته بود و محافظت از رکسانا و اسعد را بـر عهده داشت. سیروس می‌دانست کـه بالاخره عوامل حکومتی، دیر یا زود پیدایشان می‌شد. از آن جایـی کـه حـالا نبـض زندگی اسـعد و رکسانا تـا حد زیادی به حرکت او بسـتگی داشـت بایـد آنهـا را از ایـران خـارج می‌کـرد، از همیـن رو در جسـتجوی پیـدا کردن راهی مناسـب، دیگـر آرام و قرار نداشت. نگرانی و اضطراب خواب را از چشمانش گرفته بود. سیروس می‌دانست که دشـمنی بـه ماننـد سـعید بـه دنبـال آنها بـود. او طبیعـت حیوانی سـعید را خوب می‌شـناخت. یـک مار سـمی زرد رنـگ زخمی بـود که فقط می‌خواسـت نیش بزند و طعمه‌هایش را از پا دربیاورد. از آنجایی کـه حـالا بـر مسـند قدرتـی تکیـه زده بـود در تکبر سـیر می‌کـرد و خـدا را هم بنـده نبـود. از تمام دوستان قدیمی‌اش کـه خـوب او را می‌شـناختند کاملاً بریـده بـود و در عطـش پول و قـدرت مثل یـک حیـوان وحشـی گرسـنه می‌دریـد و یکـه تـازی می‌کرد.

از طرفی سـیروس ایـن نگرانـی را هـم داشـت کـه ارتباطـش بـا دنیـای خـارج قطـع شـده بود و نمی‌دانسـت در تهـران چـه میگـذرد و ایـن بی‌خبـری باعـث می‌شـد کـه او در اخـذ تصمیماتـش دچـار تزلـزل شـود. اکبـر تنهـا رابـط آنهـا بـود کـه او هم مدتـی پیش آنجـا را تـرک کرده بـود و در بازگشـتش تاخیـر داشـت. بـه غیـر از اکبـر، حسـین تنهـا شخصی بـود که از جـا و مکان آنها خبـر داشـت و سـیروس از او هـم هیـچ اطلاعاتـی در دسـت نداشـت. سـیروس نگـران ایـن موضوع بود که آنهـا دسـتگیر شـوند و در زیـر شـکنجه جـا و مکانشـان را لـو بدهند.

البتـه سـیروس بیـش از یـک ماهـی می‌شـد کـه از همسـر آمریکایی‌اش هیـچ خبـری نداشـت و ایـن موضـوع نگرانـی او را تشـدید می‌کـرد. می‌دانسـت کـه جولیـا ممکن بـود از نگرانـی به هر کـس و ناکسـی زنـگ بزنـد و اوضـاع را بدتـر کند، امـا با این تفاسـیر باز هم بـه این نتیجه رسـیده بـود کـه در آن مقطع از زمان، اسـعد و رکسـانا بـر هر چیز دیگری ارجحیت داشـتند و خـود را در قبـال آنهـا مسـئول می‌دانسـت. هـر چنـد می‌توانسـت آنهـا را تـرک کند و بـه آمریکا بازگـردد و در

کنـار جولیـا بـه یـک زندگـی آرام ادامـه دهد، اما اسـعد بـه قطب‌نمای اخـلاق و مرام او تبدیل شـده بـود و رکسـانا هـم داروی احساسـات درونیـاش بـود و بـه روح و روانش تازگـی می‌بخشـید، بنابراین نمی‌خواسـت از آنهـا جـدا شـود. سـیروس در آن لحظات تنهـا به ایـن ماموریت می‌اندیشـید که آنها را از ایـران خـارج کند.

*****

روزهـا و شـبها می‌گذشـتند و آنهـا تمـام لحظـات را بـا وحشـت و تـرس سـپری می‌کردنـد، خصوصاً شـبها کـه بـا کوچکترین صـدا از خـواب می‌پریدنـد و دوبـاره آرام می‌گرفتند. سـیروس در یـک صبـح زود بـرای اینکـه سـر و گوشـی آب بدهد و بتوانـد با اکبر تمـاس بگیرد به شـهر رفته بود. اسـعد داشـت نهـال آلبالو می‌کاشـت تـا حداقل در ایـن چند روز آخر عمـر یک کار مفیـد انجام داده باشـد. صمد به همراه سـگش از دور پیدا شـد و دوان دوان به خانه رسـید. در حالی که سـگش با او همـگام بـود از چنـد پلـه بالا رفـت و در ایوان ایسـتاد. کمی به اطـراف نگاه کرد و بعد از دیدن اسـعد و لبخنـد او وارد خانـه شـد. اسـعد می‌دانسـت که صمد داروهایـش را آورده بود. سـگِ صمد هر چند از عـدم ورود بـه داخـل خانـه خوشـحال نبـود اما می‌دانسـت که بایـد بیـرون درب منتظـر می‌ماند. صمـد داروهـای اسـعد را در جـای خاصـی کـه هـر دو می‌دانسـتند مخفـی کـرد و در زمـان خروج، درب را محکـم بـه هـم زد تـا شـاید رکسـانا خبـردار شـود و او را ببیند. عشـق لامذهب پیـر و جوان نمی‌شـناخت و پـر مسـلم بـود کـه او به رکسـانا علاقه‌مند شـده بـود و از دیـدن او لذت می‌بـرد، اما وقتـی رکسـانا را می‌دیـد از خجالت آب می‌شـد و سـرش را پایین می‌انداخت. اسـعد همـان طور که مشـغول کاشـتن نهالش بود زیرچشـمی صمد و سـگش را زیر نظر داشـت. می‌دید که سـگ چقدر از برگشـتن صمـد خوشـحال شـده بـود. بیاختیار ایسـتاد و بـه رفتاری که سـگ با صمد داشـت نگاه کـرد. بـه ایـن موضـوع می‌اندیشـید کـه چقدر خـوب بود انسـانها مـرام و مسـلک سـگها را در پیش می‌گرفتنـد، زیـرا سـگها همیشـه بـه صاحبان خـود وفـادار می‌ماندنـد و از آنها محافظـت می‌کردند. برایشـان هـم مهـم نبـود که آنهـا ثروتمند باشـند یا فقیـر، جوان یـا پیر، زن یا مرد، سـیاه یا سـفید. تنهـا بلدنـد کـه یار و یاور صاحبانشـان باشـند. هر چه بیشـتر با صاحبشـان وقت بگذرانند بیشـتر به آنهـا وابسـته می‌شـوند و حمایتشـان می‌کنند. هـر غذایی را هم که جلویشـان بگذارند با خوشـحالی میخورنـد و هیـچ اعتراضی هـم نمی‌کنند.

اسـعد می‌دیـد هـر وقـت صمـد داروهایـش را مـی‌آورد در هنـگام برگشـتن و تـرک خانـه بدون هیـچ عجلـه‌ای در کنـار دوچرخـه‌ی او می‌ایسـتاد و در حسـرت داشـتن یکـی از آنهـا غرق می‌شـد. گاهـی هـم بـه بهانـه‌ی تمیـز کـردن و یـا کمـک بـرای بـردن دوچرخه بـه داخـل ایـوان، آن را بغل می‌کـرد و در ایـن خـواب و خیـال بـه سـر می‌بـرد کـه انـگار داشـت دوچرخـه‌ی خـودش را حمـل

می‌کـرد. آن روز هـم بـا روزهـای دیگـر هیچ تفاوتی نداشـت. صمد مشـغول عشـق بازی بـا دوچرخه و حمـل آن بـه داخـل ایـوان بـود کـه بالاخـره عشـق دیگـرش یعنـی رکسـانا از خانه خارج شـد. در دسـتش یـک سـینی بـا مقـداری شـیرینی، قوری چـای، قندان و سـه دسـت اسـتکان نعلبکـی قرار داشـت. بـا دیـدن صمـد، در کنـارش ایسـتاد و به او شـیرینی تعارف کـرد. طبق معمول سـر صمد از خجالـت پاییـن افتاد و کمی طول کشـید تا دسـتش دراز شـد و یکی از شـرینی‌ها را برداشـت، البته بـازی سـگش بـا رکسـانا بـه او کمک کـرده بود تـا نگاهش بـه نگاه رکسـانا نیفتـد، بعد هـم فی‌الفور از پله‌هـا سـرازیر شـده بـود. رکسـانا هـم بـه دنبـال او و سـگ صمـد هم بـه دنبـال رکسـانا از پله‌ها پاییـن رفتنـد. سـگ کـه متوجه‌ی دور شـدن صمد شـده بود پارسـکنان به دنبـال او دویـد و خود را بـه صمد رسـاند و بـه همراه او دور شـد.

بعـد از رفتـن آنهـا، رکسـانا بـه طرف پدرش رفت و سـینی را پای درختی گذاشـت. بـرای پدرش اسـتکانی چـای ریخت. سـپس به او پیوسـت. نهالی را برداشـت و بـه درون چالهای کـه پدرش کنده بـود گذاشـت. در حالـی کـه او نهـال را نگـه داشـته بـود، اسـعد بـه دور نهال خـاک می‌ریخـت. آنها از سـکوتِ کار کـردن در کنـار هـم نهایـت لـذت را می‌بردنـد. از نظـر رکسـانا، کاشـتن درخـت یک حرکـت نمادیـن در ایـران باسـتان بود کـه یک زندگی تازه را نوید می‌داد. سـرانجام رکسـانا سـکوت را شکست:

«من تنها چیزهایی که درباره‌ی شما می‌دونم اون چیزی که مادرم بهم گفته...»

اسـعد لحظاتـی بـه رکسـانا نـگاه کرد. می‌دانسـت کـه بالاخره بایـد زبان بـاز می‌کـرد و حقایق و احسـاس خـود را با دختـرش در میان می‌گذاشـت:

«خیلـی سـالها پیـش بـود، تـو خیلـی کوچیک بـودی که مـن آلمان‌رو تـرک کـردم...، منو شـاید یـادت نیـاد...، امـا هرگـز اُمیده دیدن تورُو از دسـت ندادم و همیشـه به اُمیـده دیدن تو زنـده موندم...»

اسعد چند لحظه مکث کرد تا افکار خود را جمع و جور کند:

«جـای خالیـت همیشـه تـو زندگیـم احسـاس می‌شـد، کمکـم تبدیـل به یـک دغدغـه‌ی بزرگ شـد کـه مجبـورم کـرد باهـاش روبـه‌رو بشـم...، زندگـی همیشـه اون جـوری که تـو فکـر می‌کنی و نقشـه می‌کشـی و میخـوای پیـش نمیره...، همیشـه یه اتفاقـات پیش‌بینی نشـده‌ای می‌افتـه و همه چیـزو تغییـر میـده...، مـن از بـودن در کنـار تو محـروم بودم، اونجـا نبودم کـه ببینم بزرگ میشـی، بـه تـو کمـک کنـم...، و این بزرگترین پشـیمانی من بـود...، حالا میبینـم که تو یه خانم زیبا، شـجاع و متفکری شـدی...»

اسـعد چرخیـد، سـپس برگشـت و بـه چشـمان رکسـانا زل زد، امـا آن لبخنـد و آرامـش قبلی از صورتـش رفتـه بود.

«مـن خیلـی خوشـحالم و بـه خـودم می‌بالـم کـه تـو بـه چنیـن زن زیبـا و متفکـری تبدیـل شـدی...، اگـه امـروز روزه آخـره زندگیم باشـه، چشـمامو با آرامـش می‌بندم و می‌دونـم و میخوام که تـو روی ایـن زمیـن بـا سـلامت و خوشـحالی قـدم بزنی چـرا که زمیـن با بودن تـو به مـکان بهتری تبدیـل میشـه...، حـالا چطوره کمـی از خودت بگـی...، از مدرسـه...»

رکسـانا قبـل از اینکـه سـخنی بگویـد اسـتکان چـای را برداشـت و بـه دسـت پدرش داد. اسـعد کنـار درختـی نشسـت و مشـغول نوشـیدن شـد، بـه رکسـانا که هنوز مشـغول تمـام کردن کاشـتن نهـال بـود نـگاه می‌کـرد. رکسـانا می‌دانسـت کـه درس و مدرسـه و خصوصـاً دکتر و مهندس شـدن در جمـع ایرانیـان بسـیار اهمیـت داشـت و آرزوی هـر پـدر و مـادری بود که فرزندانشـان بـه چنین مقامـی برسـند کـه آنهـا را دکتـر و مهنـدس صـدا کنند و نه به اسـمی کـه روی آنها گذاشـته بودند. صدای رکسـانا بلند شـد:

«مـن دُرسـت از دبیرسـتان به UCLA رفتم...، همیشـه می‌خواسـتم اقتصاد بخونـم، اما به علوم سیاسـی تغییـر دادم و بعـدش هم به هنر...، و آخره کار هم آرشـیتکت شـدم...»

اسعد با تعجب زمزمه کرد:

«مهندس معمار ساختمان...؟»

«آره...، معمـار سـاختمان...، بـه همـون انـدازه کـه مامـان از ایـن رشـته بـدش میـاد، شـما باید خوشـتون بیـاد...؟ مامـان همیشـه می‌خواسـت مـن موزیـک بخونـم، پیانـو بزنـم، بازیکـن حرفـه‌ای تنیـس بشـم...، تنهـا کاری کـه ما همیشـه می‌کردیم بحث وجدل بـود...، هنوز هم کارمـون همینه...، امـا وقتـی در مـورد شـما سـوال می‌کـردم اعصابـش بهـم می‌ریخـت و دادُو بیـدادش بلند می‌شـد و بحثمـون بـالا می‌گرفـت و مـن همیشـه بایـد کوتـاه می‌اومـدم و یـا خونه‌رو تـرک می‌کـردم...»

رکسـانا بشـقاب شـیرینی را جلوی پدرش گرفت. اسـعد یکی از آنها را برداشـت. اما حواسـش به تنهـا چیـزی که نبود شـیرینی و خـوردن آن بود. رکسـانا ادامه داد:

«امـا بایـد یـک واقعیت‌رو در مـورد مامان بگـم...، اوایل فکـر می‌کردم اون از شـما متنفـره...، اما بعـد فهمیـدم مامـان واقعـاً عاشـق شـما بـود و هنـوز هـم هسـت و عصبانیتش هـم به همیـن خاطر بـود، راهـی بـود کـه اون عصیانه درون خودشـو خالی کنـه تا نبودن شـما بهش صدمه نزنـه...، مامان هرگـز بـا کسـی ازدواج نکـرد و حتـی ندیـدم یـه دوسـت پسـر بـه معنـای رابطه‌ی جنسـی داشـته باشه...»

اسـعد سـکوت اختیـار کـرده بود و به این مسـئله می‌اندیشـید که آیا دیر نشـده بود کـه بخواهد و یـا بتوانـد گذشـته را تغییـر دهـد. رکسـانا متوجـه‌ی سـکوت و تغییـر چهـره‌ی اسـعد شـده بود و فکـر می‌کـرد کـه شـاید بهتـر بود گفتگـو را ادامـه ندهد. احسـاس خوبی نداشـت از اینکـه پدرش را

برنجانـد و یـا بـه او بی‌احترامـی کـرده باشـد، امـا تـاب و توان ایـن را هم نداشـت که بـرای گفتمانی در آینـده صبر پیشـه کنـد، بنابرایـن زمزمه کرد:

«شما چی...؟، مامانُ‌رو دوست داشتی...؟»

رکسـانا نمی‌دانسـت کـه ایـن سـخت‌ترین و مشـکل‌ترین پرسشـی بـود کـه اسـعد را در مقابـل آن قـرار مـی‌داد. نـگاه و توجهـی اسـعد به طـرف نهالی که با دخترش کاشـته بود برگشـت. سـکوت محـض برقـرار شـد و بالاخره زمزمـه کرد:

«می‌دونـی بالاخـره مـن در زندگـی یـک کار مفیـد کـردم...، شـاید در آینـده مـردم از میـوه و سـایه‌ی تـو اسـتفاده کنـن، فقط خشـک نشـو...!»

رکسـانا کـه می‌دانسـت پـدرش در صـدد بود تـا موضوع صحبـت را تغییـر دهد و از پاسـخ دادن طفـره بـرود به او نـگاه کـرد و صدایش بلندتر شـد:

«مامان‌رو دوست داشتی یا نه...؟، من میخوام بدونم...؟»

مدتهـای مدیـدی بـود کـه اسـعد بـه این موضـوع فکر نکـرده بـود. آنقدر زیاد که شـاید عشـق و دوسـت داشـتن را فرامـوش کـرده بـود تا اینکه سـر و کله‌ی رکسـانا پیدا شـد. حالا باید به پرسشـی پاسـخ مـی‌داد کـه نیـم قـرن می‌شـد کـه بـه آن فکر نکـرده بـود و آن هـم در مـورد فردی بـود که خیلـی دوسـتش داشـت. چطـور می‌توانسـت بـه دختـرش توضیـح دهـد و او را قانـع کند کـه وقتی آنهـا را تـرک کـرد، بایـد بیـن آنهـا و کمک بـه ملـت و میهنش یکـی را انتخـاب می‌کرد، امـا یادش آمـد کـه بـا فرسـتادن پول کافی، رکسـانا و لیندا را در رفاه کامـل قرار داده بـود از همین رو این حق را بـه خـود مـی‌داد تـا مدتـی به یـاری میهن و ملتش می‌شـتافت تـا اینکه اوضـاع روبه‌راه می‌شـد و می‌توانسـت بـه نـزد خانـواده‌اش برگـردد. البته امیـدوار بود کـه آنهـا او را به خاطر چنیـن تصمیمی درک کننـد و ببخشـند و حتـی بـه ایران بیاینـد و به او بپیوندنـد، اما هیچ چیز به وفـق مراد او پیش نرفـت و اتفاقـات یکـی بعـد از دیگـری همـه چیـز را تغییـر داد تـا جایی که عشـق از یـادش رفت و تنهـا امیـدی در او باقـی مانـده بود کـه بتواند روزی دختـرش را ببیند. در هر حال اسـعد با تصمیمی کـه اتخـاذ کـرده بود بـه خانواده‌اش ایـن پیغام را مـی‌داد که این ملـت و میهنش بود کـه در اولویت دلدادگـی‌اش قـرار داشـت. حالا پس از گذشـت این همه سـال او در مقابل دختر ارجمندش نشسـته بـود و بـه حـق، فرزندش را سـزاوار پاسـخی می‌دانسـت که در آسـتین نداشـت. واقعیت ایـن بود که اگـر اسـعد می‌توانسـت زمـان را بـه عقب برگردانـد حتمـاً همـه چیـز فـرق می‌کـرد و دیگـر چنین راهـی را برنمی‌گزیـد. اسـعد بـه آرامـی زمزمه کرد:

«ایـن...، ایـن قضیـه مـال خیلـی وقـت پیشـه...، اتفاقـات زیـادی تو ایـن مـدت افتـاده...، خیلی چیزهـا از اون زمـان تغییـر کـرده...»

رکسانا از پاسخ اسعد چندان خرسند نبود و کمکم داشت صبرش لبریز می‌شد.

«در مورد همسر ایرانیت چطور؟، دوستش داری...؟»

رکسانا هیچ نمی‌دانست که پدرش را لای منگنه قرار داده بود. البته او از این جریان هم خبر نداشت که در ایران، مردانِ هم سن و سال اسعد با فرهنگی بزرگ شده بودند که از ابراز احساسات عاشقانه‌ی خود نسبت به زنان امتناع می‌کردند و آن را مردانه نمی‌دانستند و عقیده داشتند که علاقه و احساس به جای گفتار باید در رفتار مرد جلوه کند، اما اسعد حالا علاقه داشت تا پاسخ دخترش را بدهد بنابراین تلاش می‌کرد تا کلمات مناسبی را پیدا کند:

«من... من مطمئن نیستم بدونم معنی عشق چیه... شاید هم اصن یادم رفته باشه عشق چیه... شاید اگه چهل سال دیگه عمر کنم تازه عشق وعشق ورزیدنو یاد بگیرم...»

به نظر می‌رسید اسعد هر چه بیشتر حرف می‌زد بیشتر در باتلاق پاسخ‌های نامناسبش فرو می‌رفت. رکسانا با شنیدن پاسخ پدرش بی‌اختیار به یاد سیروس افتاد.

«آیا کسی اینجا همسره خودشو دوست داره...؟»

از آنجایی که این پرسش مستقیماً به اسعد مربوط نمی‌شد بنابراین او راحت‌تر می‌توانست به این پرسش پاسخ دهد:

«هیچ تفاوتی بین اینجا وجاهای دیگه نیست... همه همسران خودشونو دوست دارن... اما گاهی اتفاق میافته که ناخواسته گرفتاره یک بحران پیشبینی نشده‌ای میشی و اونقدر در اون غرق میشی، که عشق، فرزندان، همسران، همه با هم قاطی میشن، و درگیره یه مبارزه‌ی دردناکو غم‌انگیز میشن که از دستِ تو خارجه... اما تو هیچ وقت از عشق ورزیدن و دوست داشتن عزیزانت مثل فرزندانی که میوه‌های زندگی تو هستن غافل نمیشی...!»

رکسانا پرسش‌های زیادی داشت که می‌خواست پدرش به آنها پاسخ دهد، حداقل از پاسخ این پرسشها می‌توانست پدرش را بهتر بشناسد. برایش سوال بود که چطور آنها می‌توانستند عشق خود را به فرزندانشان ابراز کنند اما قادر نبودند همین عشق و علاقه را به همسران خود نشان دهند، با همسرانی که همبستر می‌شدند و با آنها معاشقه می‌کردند. همسرانی که همان فرزندان را برایشان به دنیا آورده بودند. رکسانا حتی در این پرسش بزرگ به سر می‌برد که چطور پدرش می‌توانست یک زن روستایی را به همسری برگزیند که حتی سواد خواندن ونوشتن هم نداشت، اما خودش از تحصیلات عالیه برخوردار بود و از نظر فکری زمین تا آسمان با او تفاوت داشت، بنابراین آنها چگونه می‌توانستند در موضوعات مختلف یکدیگر را درک کنند و با هم تعامل و ارتباط داشته باشند. رکسانا با علم به اینکه با هر یک از این سوالات می‌توانست پدرش را بیش از پیش ناراحت کند، ترجیح داد ساکت بماند.

» تـار

البتـه حضـور سـیروس کـه در آن لحظه از شـهر برگشـته بود به اسـعد و رکسـانا کمـک کرد تا از آن موقعیت نه چندان مطلوب خلاص شـوند. نگاه و حواس رکسـانا به سـمت سـیروس برگشـت. به طـرف کسـی کـه بیانـدازه دوسـتش داشـت امـا او را نمونه‌ی دیگـری از پـدرش می‌دید. شـکی نبود کـه او عاشـق سـیروس بـود، امـا آیـا این عشـق ارزش آن را داشـت که یک عمـر از شـادیاش بگذرد. رکسـانا هـم بـه ماننـد پـدرش پاسـخی بـرای خود نداشـت فقـط می‌دانسـت وقتـی سـیروس می‌رفت غمـی عظیـم بـر وجـودش سـایه می‌انداخـت وهنگامـی کـه برمی‌گشـت روحش تازه می‌شـد. رکسـانا بـه ایـن فکـر می‌کـرد کـه وقتـی سـیروس دوبـاره او را تـرک کند آیـا برمی‌گردد، آیـا می‌توانـد دوباره او را ببیند.

✾✾✾✾✾

فصل ۴۱

ازدواج مصلحتی در سایه‌ی احساس گناه و برای زنده ماندن...

صدای بیامان باران که بر بام خانه چنگ می‌انداخت باعث شده بود که رکسانا در عالم خواب و بیداری باقی بماند. برای اینکه بتواند به خوابش کمک کند به تلفیق امواج صدای باد و باران گوش می‌داد که یکی از اعجازهای موسیقی هایی طبیعت بود. آهنگی که مثل سایر معجزات طبیعت زبان و ملودی خاص خود را داشت. آوایی که رکسانا می‌پسندید و به او آرامش می‌داد. او با چشمان باز بر روی تخت دراز کشیده بود اما چیزی را نمی‌دید. ذهنش مملو از پرسشهای بدون پاسخ بود. او همیشه فکر می‌کرد که پس از دیدن پدرش به لس‌آنجلس برمی‌گشت، اما اکنون که با پیدا کردن او، ماموریتش به پایان رسیده بود نسبت به خیلی چیزها احساسات تازه و متفاوتی داشت، دیگر بازگشت به آمریکا، آن هم به تنهایی برنامه‌ای نبود که ذهنش را مشغول کند، اگر هم قصد برگشتن در کار بود، باید حتما پدرش همراه او باشد، البته چندان هم آسان نبود حتی اگر می‌خواست به آن زندگی امن، راحت و عادی لس‌آنجلس برگردد، او گذرنامه هم نداشت. اما به هر حال بعد از پستی و بلندی‌های فراوان سرانجام خود را در کنار پدرش می‌دید، احساس می‌کرد که دیگر به گذرنامه‌ای احتیاج نداشت. برای اولین بار حس می‌کرد که زندگی‌اش کامل شده بود. او حتی اتاق خواب خود را در طبقه‌ی دوم و در کنار اتاق پدرش انتخاب کرده بود تا به او نزدیک باشد و بتواند در زمان لازم به او سر بزند و اگر اتفاقی در شب افتاد، فوراً خبردار شود. با اینکه سیروس در طبقه‌ی اول استراحت می‌کرد و همیشه گوش به زنگ بود اما رکسانا بدون هیچ دلیلی همیشه مضطرب بود و خواب و خوراک نداشت. با اینکه می‌دانست بدنش به استراحت نیاز مبرم داشت اما همیشه یک چیزی او را نگران می‌کرد و به آرامشش لطمه می‌زد ، هر چند می‌دانست که سیروس و اکبر در تلاش بودند تا آنها را از ایران خارج کنند.

رکسانا امیدوار بود که در کنار پدرش کمی به صلح و آرامش برسد، اما این نوع چشم داشت فقط در چند روز نخست به واقعیت پیوست و پس از آن زندگی به کامشان تلخ شده بود زیرا رکسانا به عینه می‌دید که پدرش هر روز ضعیف‌تر می‌شد و از بنیه می‌افتاد و غبار

غـم بیـش از پیـش بـر چهـره‌اش می‌نشسـت. بـه نظر می‌رسـید اثـرات سـوء سـالها مبارز سـرانجام بـر او مسـتولی شـده بـود وداشـت او را از پـا درمـی‌آورد. رکسـانا نمی‌دانسـت کـه پـدرش بـه خاطر اینکـه او در کنـارش حضـور داشـت احسـاس نگرانـی می‌کـرد و از خواب و خـوراک افتاده بـود، و یا چیـز دیگـری کـه او از آن هیـچ اطلاعی نداشـت. اسـعد می‌دانسـت که هـر آن ممکن بود قـوم کفار شـبیخون بزننـد و جـان دختـرش را بـه خطـر بیاندازنـد. او بـه خاطـر همیـن دلهـره‌ای کـه داشـت سـاعتها در اتاقـش قـدم مـی‌زد و بـه فکر فـرو می‌رفت. اما به هر شـکل او یا سـیروس هـر روز صبح بـا آمـاده کـردن چـای داغ و صبحانهـای لذیذ رکسـانا را سـورپرایز می‌کردند. مهم نبـود صبحها، چه سـاعتی رکسـانا از خواب بیدار می‌شـد، همیشـه یکی از آنها یا هر دو در آشـپزخانه حضور داشـتند و صبحانـه را هـم آمـاده می‌کردنـد تـا عشقشـان را بـه او نشـان دهنـد. البتـه چالـش و بحث بر سـر اینکـه چـه کسـی آشـپز بهتری بود هم پیوسـته ادامه داشـت و در نهایت هم رکسـانا توسـط آنها در جایـگاه داوری می‌نشسـت و او بـود کـه بایـد بهترین غذا و آشـپز را انتخـاب می‌کرد. ایـن وظیفه‌ای بـود کـه نیـاز بـه دیپلماسـی و تاکتیـک بزرگـی داشـت و صـد البتـه کـه سیاسـت داور هـم بدتر از آنهـا نبود و رکسـانا سـعی داشـت همیشـه هـر دو را خوشـحال نگـه دارد. بالاخـره روزها همیشـه با وعده‌هـای غذایـی خوشـمزه و مکالمـه‌ی لذتبخـش بیحـد و حصـر بـه پایـان می‌رسـید و شـبها بـا نواختـن سـاز و خواندن آهنگهای قدیمی ادامه داشـت. در طول این مدت اسـعد و سـیروس همیشـه سـعی می‌کردنـد تا رکسـانا شـاد و سـرحال باقـی بماند.

امـا در یـک شـب خاص دیگر آن شـور و شـادمانی در خانه جریان نداشـت. سـیروس اوایـل روز در یکـی از ماموریتهـای اسـرارآمیز خـود به شـهر رفتـه بود و در بازگشـت به خانه تاخیر داشـت. اسـعد و رکسـانا به شـدت از تاخیر سـیروس نگران بودند. اسـعد به خاطر اینکه رکسـانا متوجه نگرانی او نشـود بـه بهانهـی اسـتراحت بـه اتاقش رفته بـود، اما در تمام مـدت مترصدانـه در جلوی پنجره ایسـتاده بود و بـه جـاده و درختـان اطـراف نـگاه می‌کـرد. رکسـانا هـم قدم مـی‌زد و مـدام از پنجره به بیـرون نظر میدوخـت تا شـاید نشـانی از سـیروس بیابد. البتـه او هم آداب و رسـوم ایرانیها را خوب یـاد گرفته بود و نگرانـی خـودش را از پـدرش پنهـان می‌کـرد. از آنجایـی کـه بیشـتر وقتهـا برای سـوالاتش پاسـخی دریافـت نمی‌کـرد و شـاید بـا جوابهـای نادرسـت روبـه‌رو می‌شـد بنابرایـن ایـن را هم آموختـه بود که باید کمتر سـوال کند. رکسـانا از سـیروس شـنیده بود که پدرش در راس اسـامی لیسـت سـاوانا قرار دارد و باید دسـتگیر و اعدام شـود، حالا اینکه سـعید یکی از آن ماموران بود که دربه‌در به دنبالشـان می‌گشـت، او را بیشـتر نگـران می‌کـرد، حتـی سـیروس به او گفتـه بود که بـه دنبال آنها هم هسـتند تـا دستگیرشـان کننـد و بنابراین باید خیلی مراقب خودشـان باشـند. حالا با این تاخیری که سـیروس داشـت رکسـانا نگـران شـده بود که نکند سـیروس گیـر افتاده باشـد و با اقـرار او محل سکونتشـان لو برود. در همین هنگام صدای آرام و کوتاه هارمونیکای سـیروس از پشـت درب بلند شـد. رکسـانا نگران

و مضطرب به درب زل زد. گمان می‌کرد که شاید نقشه‌ای باشد که عوامل حکومتی در پیش گرفته‌اند بنابراین برای باز کردن درب تردید داشت.

*****

عصر روز بعد رکسانا تصمیم گرفت تا برای همه کیک درست کند و برای خوشحال کردن پدرش، هنر پختن یک غذای لذیذ ایرانی را به رخ‌اش بکشد. اعتقاد داشت چه راهی بهتر از این بود که با دست پختش، زندگی، عشق و همبستگی خانواده را جشن بگیرد. رکسانا در حالی که مشغول خورد کردن سبزیجات و تهیه‌ی مایحتاج اولیه غذا بود در عین حال به پدرش توجه داشت که در بیرون و پایین پله‌ها وظیفه‌ی خورد کردن چوب برای شومینه را به عهده گرفته بود. صمد به همراه سگ وفادارش سر رسید و طبق معمول داروهای اسعد را آورده بود. این بار صمد کنار اسعد ایستاد و داروها را به دست اسعد داد و در خورد کردن چوبها به او کمک کرد. در همین احوال سگ صمد به طرف چند گوسفند که جلوی طویله مشغول خوردن بودند رفت و به قصد بازی به طرف قوچی پارس کرد. قوچ که ترسیده بود و انگار خیال می‌کرد سگ می‌خواهد به او حمله کند به سمتش هجوم برد و با یک شاخ، سگ را به طرف گوسفندهای دیگر پرت کرد. سگ بیچاره که واق و واقش هم بلند شده بود فرار را بر قرار ترجیح داد اما قوچی که سگ به او برخورد کرده بود برای دفاع کردن از خود وارد میدان شد، دست بر قضا قوچ اولی را در برابر خود یافت و با او شاخ به شاخ در جنگ شد، اسعد و صمد که آمده بودند تا آنها را از هم جدا کنند، کشمکش و جنگ، آنها را به سمت دوچرخه برد و یکی از آنها محکم به دوچرخه برخورد کرد و دوچرخه بر روی زمین افتاد. بالاخره اسعد و صمد قوچ‌ها را جدا کردند. در حالی که اسعد به جمع و جور کردن چوب‌های خورد شده مشغول شده بود، صمد گوسفندها را به طرف طویله هدایت کرد و درب را بست. سگش هم هنوز در اطرافش پارس می‌کرد.

اسعد همین جور که چند تکه چوب در دست داشت و می‌خواست از پله‌ها بالا برود چشمش به صمد افتاد که در راه برگشت از طویله، دوچرخه را دید که بر روی زمین افتاده است، بنابراین ایستاد و کمی با حسرت به آن زل زد، بعد هم دوچرخه را برداشت و با تردید اینکه آن را در کنار دیوار قرار دهد و یا به سمت ایوان ببرد به فکر فرو رفت. اسعد تصمیم گرفت او را با فکر و خیال دوچرخه تنها بگذارد بنابراین از پله‌ها بالا رفت. اسعد این دوچرخه را ده سالی می شد که داشت، حالا هم اکبر آن را از خانه‌ی اسعد به اینجا آورده بود که اگر او می‌خواست به شهر برود از آن استفاده کند. صمد بالاخره تصمیم گرفت دوچرخه را به داخل ایوان منتقل کند. او طبق معمول همین جور که در خیال داشتن یکی از آنها سیر می کرد

دوچرخـه را برداشـت و از پله‌هـا بـالا بـرد. درسـت در همیـن حـال رکسـانا وقتـی دیده بـود پدرش جلـوی درب و در کنـار پنجـره ایسـتاده و بـه طـرف پایین نـگاه می‌کنـد از درب خارج شـد تا چوبها را از دسـت او بگیرد:

«بِدشون به من...!»

اسعد چوبها را به رکسانا داد:

«من هنوز هم نفس می‌کشم و می‌تونم به خودم برسم...!»

بعـد هـم بـه صمـد رو کرد کـه دوچرخه را در کنـار دیوار ایوان گذاشـته بود و همیـن جور به آن نـگاه می‌کـرد و انـگار نمی‌خواسـت از آن دل بکند. صدای اسـعد، صمد را بـه خود آورد:

«صمد بهش بگو من هنوز هم سرحال هستم و مَردِه کارم و می‌تونم به خودم برسم...!»

صمـد بـا دیـدن رکسـانا بـاز خجالتـش گل کـرد و سـرش بـه زیـر افتـاد و لحظاتی طول کشـید کـه زبانـش باز شـود:

«اسعدخان، هنوز هم مرد هستن...!»

رکسانا سر شوخی را با صمد باز کرد:

«مطمئن هستی مرد هست و زن نیست...!»

شـوخی رکسـانا بیـش از آن بـود کـه صمـد تحملـش را داشـته باشـد. از خجالـت داشـت آب می‌شـد. بـه ذهنـش رسـید کـه بایـد ایـوان را تـرک کنـد تـا از آن موقعیـت خـلاص شـود:

«می‌بخشید من دیرم شده...!»

صمـد بـه راه افتـاد، امـا درسـت در حالی که از کنار اسـعد رد می‌شـد اسـعد دسـتش را گرفت و او را متوقـف کـرد. صمـد بـا تعجب و به خیال اینکه شـاید کار اشـتباهی از او سـر زده باشـد نگران و مضطـرب برگشـت و به اسـعد زل زد. سـگش کـه از پائین پله‌ها تماشـا می‌کرد یکـی دو پارس کوتاه هـم کـرد. اسـعد و صمد در انتظار شکسـتن سـکوت به هـم زل زده بودند:

«مـن دیگـه پیرشـدم و دیگـه نیـاز نـدارم کسـی‌رو تحـت تأثیـر قـرار بـدم...، مـن عشـقُو حالمُو بـا ایـن دوچرخـه کـردم...، امـا شـما جـوون و پـر انـرژی هسـتی...، ایـن دوچرخه بیشـتر بـه درد تو میخـوره تـا مـن...، دوچرخـه از ایـن به بعـد مال توسـت...، با خـودت ببر تـا راحت‌تر بتونی بـه اینجا رفـتُ و آمـد کنی...»

صمـد آنقـدر گیـج شـده بود که انگار گوشـه‌ایش سـخنان اسـعد را نشـنیده بـود و یـا در باورش نمی‌گنجیـد. بی‌اختیـار بـه طـرف رکسـانا نـگاه کـرد و بـه نظـر می‌رسـید از او کمـک می‌طلبیـد. رکسـانا چوبهـا را بـه کنـاری گذاشـت و رفـت دوچرخـه را برداشـت و آورد و بـه طـرف صمـد گرفت:

«دوچرخه سواری بلدی یا باید یاد بگیری...؟»

«بلدم نباشه چند بار که خورد زمین و زخمُو زیلی شد یاد میگیره...»

صمد با شنیدن سخن اسعد تازه باورش شد که اسعد دوچرخه را به او بخشیده بود، اما صمد هنوز آنچنان ذوق زده بود که عقلش به جایی قد نمی‌داد. رکسانا دوچرخه را به طرف صمد برد.

«نشون بده ببینم دوچرخه‌سواری بلدی یا نه...!»

صمد بالاخره دوچرخه را با ناباوری گرفت و چنان ذوق‌زده به سمت پایین پله‌ها پرواز کرد که انگار دوچرخه‌ای در دست نداشت. لحظاتی سرگرم دویدن با دوچرخه بود که صدای پارس سگش، او را به خود آورد. صمد بر روی دوچرخه پرید، اما به همراه دوچرخه بر زمین نقش بست. وقتی که به زمین خورد، فهمید که باید احساسات خود را کنترل کند. دوباره بر دوچرخه سوار شد و سگش هم پارسکنان به دنبالش راه افتاد. صمد تازه یادش افتاد که رکسانا از او خواسته بود تا هنر دوچرخه سواریش را نشان دهد. صمد بر روی دوچرخه به نمایش و بازی مشغول شد اما دوباره کنترلش را از دست داد و محکم زمین را بوسید، اما بلافاصله بلند شد و بر روی دوچرخه پرید و با سرعت به همراه سگش در بین درختان ناپدید شد.

رکسانا چنان از کار پدرش خرسند بود که باید از او تشکر می‌کرد، به سمت پدرش رفت و او را در آغوش گرفت و محکم نگه داشت. سپس کنار او نشست. خوشحالی صمد آنها را به هم نزدیکتر کرده بود. اسعد بدون اینکه رکسانا پرسشی کرده باشد دنبال کلماتی می‌گشت که بتواند احساسات خود را بیان کند. می‌خواست از آنچه که رنجش می‌داد صحبت کند و به پرسشی که پاسخ نداده بود جواب دهد. دست دخترش را در دستش گرفت:

«از من پرسیدی که چرا دوباره ازدواج کردم...؟، کسی که به من کمک کرد از زندان فرار کنم گرفتارو زندانی شد...، بعدشم شنیدم آزاد شده بود، اون تو زندان ساواک زنده موند اما تو راه بازگشت به دهکده‌ی خودش در یک تصادف اتوبوس کشته شد، سه نفر کشته شدن و اون یکی از این سه نفر بود، پس از شنیدن خبر، به دیداره خونوادش رفتم...، با اکبر رفتیم...، نصفه‌های شب بود...، دیدم همسرُو دو تا بچه‌ی قدُو نیم قد داشت...، خیلی ناراحت بودم...، احساس گناه می‌کردم ...، خصوصاً وقتی شنیدم هیچ کَسُ‌و کاری هم نداشتن...، کمی پول براشون فرستاده بودیم...، تا اینکه اکبر پیشنهاد کرد بهتره با همسرش ازدواج کنم...، حداقل کاری بود که برای شوهرش که به خاطر من کشته شده بود می‌کردم، نگهداری از بچه‌هاش...، اکبر فکر می‌کرد که این برنامه کمکم می‌کرد که گیر نیفتم...، البته خیلی هم احساس تنهایی می‌کردم...، از من خیلی جوونتر بود اما قبول کرد و خوشحال هم بود...، بعدشم

باز بچه‌دار شد...، چیزی که من انتظار نداشتم اتفاق بیفته، اما اتفاقی بود که افتاده بود....، البته از دِهشون کوچ کردیم و رفتیم تو یه دِهی که اونهارو دیدی، جایی که هیچ کس منو نمی‌شناخت، بعدشم معلم شدم...»

وقتی اسعد در مورد نامادری ایرانی رکسانا صحبت می‌کرد، رکسانا چنان تحت تاثیر قرار گرفته بود که فکر می‌کرد اگر او هم جای پدرش بود دست به چنین کاری می‌زد، از همین رو با جرات افکارش را بر زبان آورد:

«تو کار درستی کردی....، اگه من هم بودم همین کارو می‌کردم....، اون زن با محبتیه....، بچه‌ها...، خیلی بامزه هستن....، اما نگران نباش، وقتی ما به آمریکا رسیدیم همه اونهارو کم کم میبریم پیش خودمون آمریکا....، این تنها راه درستشه...!»

اسعد دست او را گرفت و محکم توی دستش نگه داشت. او حالا بیشتر به داشتن رکسانا افتخار می‌کرد. در حالی که بغض گلویش را گرفته بود زمزمه کرد:

«دختر دوست داشتنی من...!»

اما صدایش آنقدر آرام بود که فقط خودش می‌توانست صدای خودش را بشنود.

*****

فصل ۴۲

وقتی زندگی طبق برنامه پیش نمی‌رود و عشاق جدا می‌شوند...

آسمان از ابرهای سیاه پوشیده شده بود و حاکمیت قوم شیطانی کفار بر سرزمین کهن ایران را به تصویر می‌کشید و رعد و برق نشان‌دهنده‌ی ظلم و ستم بریده بریده‌ای بود که توسط این قوم سیاه، بی‌رحمانه بر پیکر ملت ایران تازیانه می‌زد. اسعد این روزِ تاریک و مرطوب را با دکتر به شب رسانده بود. اکبر که بالاخره پیدایش شده بود در کنار اسعد و در ایوان خانه نشسته بود و به دور از گوشه‌ای دیگران با او گفتگو می‌کرد.

در اتاق نشیمن طبقه‌ی اول، سارا دختر بزرگ اسعد داشت به برادر و خواهر کوچکترش رسیدگی می‌کرد. مقداری تنقلات و شیرینی جلوی برادرش گذاشت و در پی یافتن خواهر کوچکترش، شهناز بود. می‌دید که او در جستجوی رکسانا از آخرین پله‌ی طبقه‌ی دوم هم بالا رفته بود. شهناز در طول راهروی طبقه‌ی دوم، سرگردان و کنجکاو به اولین اتاق خالی رسید، سپس به طرف اتاق بعدی رفت و درب نیمه باز بود، با احتیاط وارد شد. در اتاق نور مختصری که فقط برای رویتی ناچیز لازم بود وجود داشت. رکسانا را دید که با لباس‌های روزانه بر روی تخت خوابیده بود. رکسانا همیشه با لباس معمولی می‌خوابید تا برای هر اتفاق ناگهانی آمادگی داشته باشد. شهناز ساکت وارد اتاق شد و در کنار تخت ایستاد. در چشم او، رکسانا مثل یک دختر شاه پریان بود که جلوی او دراز کشیده بود و منتظر بود که او را لمس کند.

رکسانا از خواب برای فرار از فکر و خیال و فشارهای روحی حاصل از خطرات احتمالی که آنها را تهدید می‌کرد، بهره می‌برد. اما در خواب هم آرامش نداشت و خوابهای وحشتناکی مثل حمله سعید به خانه و گیر افتادن آنها و از این قبیل به سراغش می‌آمد و با نگرانی و اضطراب از خواب می‌پرید و اولین کارش این بود که از اتاق خواب پدرش بازدید کند تا مطمئن شود او در امن و امان است. رکسانا دیگر از بازی هر روزه‌ی انتظار وامید خسته شده بود. به این نتیجه رسیده بود که آنها نمی‌توانستند برای همیشه در آنجا مخفی شوند و دیر یا زود سعید و افرادش آنها را پیدا می‌کردند، خصوصاً که پدرش اسعد هر روز ضعیف‌تر و بیمارتر می‌شد، از همین رو خوابهای وحشتناکش بیشتر و بیشتر شده بود.

البتــه گاهــی خواب‌هــا و رویاهــای شــیرینی هــم بــه ســراغش می‌آمدنــد. در خــواب می‌دیــد که پــدر ومــادرش در کنــار هــم در حــال خنده و مــزاح بودنــد و او در حالی کــه در آغوش ســیروس قرار داشــت بــا راز و نیازشــان آمیختــه بــود. آن شــب یکی از آن شــبهایی با خوابهای شــیرین بــود وخیال بیــدار شــدن نداشــت ونمی‌خواســت بــه کابوس‌هــای روزانــه برگــردد. ســرانجام شــهناز خیلــی آرام موهــای رکســانا را بــا لمســی شــروع به نــوازش کرد. باعث شــد رکســانا از خواب بیدار شــود. رکســانا بــا دیــدن شــهناز لحظاتــی در تعجــب فرو رفــت، اما از دیدنش خوشــحال شــد و با دســتانی بــاز او را در آغــوش گرفــت. تمــام نگرانیهــا و اضطرابهایــش بــرای لحظاتــی از بیــن رفــت، اما مثل همیشــه که اوقــات خــوش چنــدان دوام نداشــت، لحظه‌هــای شــیرینش با شــنیدن صــدای اکبر که از ایــوان خانه می‌آمــد دوبــاره رنــگ باخت.

«بــرادر وقتشــه کــه دســت از قّــد بــودن بــرداری، اگــه بــه فکــر خــودت نیســتی حداقــل بــه فکر اون دختــره بیچــاره بــاش کــه ایــن همــه راه اومــده باباشــو ببینــه...، تــا حالا هــر چه کــردی من پات ایســتادم و پشــتت بــودم، بــه حرفــت گــوش دادم، حــالا وقتشــه که یــه دفعه تــو به حــرف من گوش کنــی...!، اونقــدر هــم هــی به اینــو اون نامــه ننویــس...، با ایــن کارهات هــم خودتو به کشــتن میدی، هــم همــه‌ی مــارو، همــم اون دختــره بیچــاره‌رو...، آخــه اگــه او آخونــدا قابل اعتمــاد بودن کــه حالُو روز مــن‌و تــو ایــن نبــود، اونهــا بــه فکــر اســلام و خــدا هــم نیســتن اونوقــت تــو بهشــون نامه‌نــگاری می‌کنــی...؟! و میخــوای بــه فکــره تــو باشــن...؟! تــا حالا تــو دیگه بایــد فهمیده باشــی کــه آخوند اگه بتونــه مادرشــو هــم بــرای منافــع خــودش میفروشــه...، اونوقت تو میخــوای به فکــره منُو تــو و ایران باشــن...؟ نجاتــه ایــران دیگــه دیر شــده...، ایران دیگه از دســت رفتــه...، دیگه هیچ وقت به زمان شــاه بــر نمیگــرده...، بایــد جاتُــو عــوض کنیم...، میترســم با ایــن کارهات پیــدات کنن...، خواهــش می‌کنم بــرادر از ایــن بــه بعد بایــد وقتتو بــه خونــوادت اختصاص بــدی...!»

اسعد انگار حرف‌های اکبر را نشنیده بود.

«نامــه‌ی مــن کــه بهشــون برســه همــه چیــز حــل میشــه...، نگــران نباشــید...، حــالا بایــد بریــم تــو، مــن کمــی بچه‌هــا رو ببینــم...، بهتــره هــر چــه زودتــر اونهــارو از اینجــا ببــری...!، ببیــن می‌تونی رکســانارو هــم بــا خــودت ببــری...؟!، مهــم جــون اونــه، اگــه از اینجــا بــره همــه چیز حلــه...»

رکســانا بــا شــنیدن ســخنان پــدرش متحیرانــه بــه ســمت بیــرون نــگاه کــرد. ریــزش بــاران کــه داشــت شــدیدتر می‌شــد انــگار پیــام ظلــم و ســتم بیشــتری را گوشــزد می‌کــرد. بوســهی شــهناز بــر گونــه‌ی رکســانا نشســت و او را بــه خــود آورد. رکســانا به شــهناز نگاه کــرد اما فکر و حواســش پیش حرف‌هایــی بــود کــه از زبــان اکبــر و اســعد شــنیده بــود. حــدس مــی‌زد کــه هــر آن امــکان دارد او را بــرای رفتــن بــه پائیــن صــدا کننــد. رکســانا به درســت کــردن موهای شــهناز مشــغول شــد. طولی

نکشید که موهای شهناز به شکلی زیبا درست شد و دستان کوچک شهناز در دست‌های رکسانا بود و از پله‌ها پایین می‌رفتند. همه چشمها به طرف آنها برگشت. سکوت همه جا را فرا گرفته بود، فقط صدای ریزش باران سکوت را میشکست. رکسانا و شهناز در چشم همه بسیار زیبا بودند. اکبر با دیدن آنها به سمت پله‌ها رفت. وقتی آنها به پایین پله ها رسیدند اکبر با لبخند رضایت بخشش از آنها استقبال کرد.

«امیدوارم که شما بالاخره اینجا چند لحظه آرامشُ‌و تجربه کرده باشید...؟»

بعد هم به سمت سارا و احمد که منتظر دیدن رکسانا بودند نظر برگرداند و از آنها خواست تا از رکسانا خداحافظی کنند. سارا به طرف رکسانا رفت و او را در آغوش گرفت و بوسید، سپس با گفتن «دوستت دارمِ...» انگلیسی او را سورپرایز و خوشحال نمود. رکسانا به دنبال نابرادری کوچکش، احمد بود، اما او مثل همیشه خجالت می‌کشید. به هر شکل احمد با ناز وادا به طرف رکسانا رفت و او را بغل کرد، اما شهناز او را کنار زد و در آغوش رکسانا قرار گرفت. رکسانا که از استقبال و محبت آنها غافلگیر شده بود شهناز را بلند کرد و در آغوشش جای داد. شهناز او را بوسه بارانِ می‌کرد. مشاهده‌ی این لحظات برای اسعد جادویی بود، فراتر از آنچه که آروز داشت.

سیروس از تماشای رکسانا، اسعد و بچه‌ها، دچار احساس ناشناخته‌ای شده بود. فکر می‌کرد که هر چند همه در لحظات شیرینی به سر می‌بردند، اما شاید این آخرین باری بود که آنها یکدیگر را در آغوش می‌گرفتند. از طرفی سیروس با دیدن آنها، به یاد جولیا افتاده بود. اندوهی سنگین بر وجودش سایه افکند. از خودش می‌پرسید که آیا او هم باید در آرزوی داشتن فرزندی به سر می‌برد. شاید اگر فرزندی داشت زندگی‌اش بهتر از اسعد نبود. شاید او هم فرصت این را نداشت که بزرگ شدن فرزندانش را تماشا کند. احساس گناهی عظیم تمام وجودش را فرا گرفت که چقدر زندگی‌اش را متلاطم کرده بود و چرا جولیا باید با این مشکلات و ناملایمت کنار می‌آمد. جولیا از این جریانات هیچ اطلاعی نداشت ونمی‌خواست با این جور گرفتاریها دست و پنجه نرم کند. او فقط خواهان یک زندگی آرام و صلحآمیز بود. واژه‌هایی به مانند گناه، مسئولیت، قضاوت، عدالت، روز دادخواهی، بهشت و جهنم در ذهنش به نبرد پرداخته بودند و رنجش می‌دادند. به این فکر می‌کرد که چرا و چقدر زندگی را به کام خود و اطرافیانش تلخ و خطرناک کرده بود. افکارش درست مثل پروانه‌ای از یک گل به گل دیگر جابه‌جا می‌شد، با این تفاوت که پروانه دنیای شیرین و زیبایی را تجربه می‌کرد اما او در یک دنیای غمانگیز و منفعل قرار داشت. پروانه در عطر و شهد گلها غرق بود و سیروس داشت به مادرش فکر می‌کرد. به تمام مشقاتی که بر مادرش تحمیل شده بود. مادری که او

را از آب و گل درآورده بود و به او هویت بخشیده بود تا انسان خوب و خیرخواهی باشد اما در عوض بهترین دوستش او را از خانه‌ای که پنجاه سال در آن زندگی کرده بود بیرون انداخت. احساس می‌کرد که او در این جنایت مقصر ومسئول بود زیرا اگر او سعید را به خانه‌شان دعوت نمی‌کرد شاید چنین اتفاقی رخ نمی‌داد.

دوباره به یاد جولیا افتاد واینکه در مورد او عادلانه رفتار نکرد. زنی که او را دوست داشت. زنی که به او قول داده بود تا در کنارش بماند و در غم و شادی‌اش شریک باشد، اما با او رو راست نبود و دروغ پشتِ دروغ تحویل او داده بود. جولیا حتی خبر نداشت که سفره‌ای کاری سیروس نه به اروپا بلکه به ایران صورت می‌گرفت. اقدامات او می‌توانست جولیا را دچار مشکلات عدیده‌ای کند. چرا باید جولیا را در چنین شرایطی قرار می‌داد، اما چه می‌توانست بکند، جوابش بسیار دردناکتر از آن بود که بتواند تصور کند، اینکه بخواهد به آمریکا بازگردد و در کنار جولیا به یک زندگی آرام و ساده‌ای ادامه دهد به این معنا بود که او باید به آنچه که اعتقاد داشت و به آنها عشق می‌ورزید پشت پا می‌زد و آنها را فراموش می‌کرد. باید تمام آنچه را که برای به دست آوردنشان جنگیده بود کنار می‌گذاشت. مهمتر از همه او باید رکسانا را در ایران خطرناک، تک و تنها رها می‌کرد، آن هم بدون هیچ پشتوانه و گذرنامه‌ای. او به اسعد قول داده بود. چگونه می‌توانست تمام آن دوستانی را که همیشه در کنارش بودند به یکباره کنار می‌گذاشت و به آمریکا برمی‌گشت و خیال می‌کرد هیچ کدام وجود خارجی نداشتند.

سرانجام به دوستان و انسان‌هایی فکر می‌کرد که برای رسیدن به یک زندگی مطلوب جان داده بودند تا ایران بهتری داشته باشند، تا همه در مساوات و برابری زندگی کنند. حالا او یکی از آن بازماندگانی بود که مشعل ادامه‌ی این مبارزه به دست او هم داده شده بود. او اکنون یکی از مسئولین حفظ سرزمین کوروش بزرگ بود. کوروش که اولین منشور حقوق بشر را در جامعه‌ی بشریت به یادگار گذاشته بود. البته این وظیفه‌ی سنگینی بود که سیروس به عهده گرفته بود و تحمل این رسالت گران برایش بسیار دشوار و شاید غیر ممکن بود و می‌دانست که بالاخره در زیر بار این مسئولیت خم می‌شد و می‌شکست، اما در عین حال چگونه می‌توانست نسبت به استعمارگران، دزدان و کلاهبردارانی که داشتند سرزمینش را غارت می‌کردند بی‌تفاوت باشد و صرفاً به نظاره بنشیند؟

*****

نگاه اکبر به ساعتش افتاد. نگران شد. داشت دیرشان می‌شد. در حالی که به اسعد نگاه می‌کرد به جمعآوری وسایلش مشغول شد. اما هنوز امیدوار بود که اسعد را قانع کند تا با آنها راهی شود. اکبر ترتیب فرار اسعد و رکسانا را داده بود. قرار بود آنها را به مرز پاکستان برسانند

و به دنبال خروج از مرز به سفارت آمریکا ببرند. اما اسعد از خر شیطان پایین نمی‌آمد و به هیچ وجه حاضر نبود ایران را ترک کند، حتی اگر به قیمت جانش تمام می‌شد. او معتقد بود که زادگاهش ایران بود و باید در خاک ایران دفن می‌شد، فقط می‌خواست رکسانا را از ایران فراری بدهند، رکسانا هم غیرممکن بود بدون پدرش ایران را ترک کند.

اسعد به این نتیجه رسیده بود که یک عمر فداکاری و در رنج و عذاب قرار دادن خود، خانواده و عزیزانی که به آنها عشق می‌ورزید هیچ حاصلی به جز احساس گناهی جانسوز نداشت. با وجود اینکه یک عمر در راستای بهبود اوضاع مملکت قدم برداشته بود حالا مشاهده می‌کرد که ملت در عذابی گران قرار داشت و سرنوشت سرزمین کهنش را به قوم ویرانگر تاتار تقدیم کرده بود و این موضوع برای او درد سنگین غیرقابل تحملی بود که می‌خواست به خاطرش بمیرد. اما او پس از طی کردن پستی و بلندیهای فراوان حتی در این آخرین لحظات زندگی‌اش هم تسلیم نمی‌شد و نمی‌خواست خاک ایران را ترک کند. انگار دم و بازدمش فقط با آب و هوای ایران سازگار بود. اعتقاد راسخ داشت که ترک ایران به معنای به زیر سوال بردن تاریخ و هویت ملت و کشورش بود.

اکبر بچه‌ها را برای عزیمت و ترک اسعد آماده کرده بود. هر کدام وسایل خود را در دست داشتند. فقط همان چند ساعت را وقت داشتند که با پدرشان وقت بگذارانند و تا هوا روشن نشده بود باید او را ترک می کردند که نظر کسی را به پدرشان جلب نکنند. بچه‌ها نمی‌دانستند که شاید این آخرین باری باشد که پدر خود را می‌دیدند. آنها همان طور که در باران و طوفان شدید آمده بودند دوباره باید در زمان باد و بوران آنجا را ترک می‌کردند، زیرا پیش‌بینی می‌کردند که در آن هوای بسیار نامساعد، هیچ کس حتی ماموران حکومتی که در کمین نشسته بودند از پناهگاه‌های خود بیرون نمی‌آمدند.

اما ترک کردن اسعد برای بچه‌ها چندان آسان نبود. هر چند اسعد به دروغ وانمود کرده بود که یک در سفر کاری قرار دارد و به زودی پیش آنها برمیگردد اما برای قانع کردن بچه‌ها خیلی دیر شده بود. آنها به هیچ وجه راضی نبودند که رکسانا و اسعد را ترک کنند. هر سه با چشمانی اشکبار یکی پس از دیگری رکسانا را به قصد بوسه‌ی خداحافظی در آغوش می‌گرفتند. راضی نبودند که از او جدا شوند. التماس می‌کردند و از او می‌خواستند که پدرشان را راضی کند که آنجا بمانند و یا جفتشان با آنها همراه شوند. سارا اشک‌ریزان رکسانا را بغل کرد و زبان گشود:

«ما اگه شما با ما نیاید نمیخوایم از اینجا بریم، ما پیش شما می‌مونیم...، خواهش می‌کنم با بابا حرف بزن...، ما نمیخوایم از شما جدا بشیم...»

تـــار

اکبـر نگـران بـود کـه داشـت دیرشـان می‌شـد وهـر لحظـه روشـنایی صبحگاهـی رخ می‌نمود و بـرای آنهـا خطرنـاک بـود. تک‌تـک بچه‌هـا را از آغـوش رکسـانا جـدا کـرد امـا جـدا کـردن شـهناز برایـش تقریبـاً غیرممکـن می‌آمـد. بـا گریـه و شـیون، محکـم بـه رکسـانا چسـبیده بـود و بـه هیچ وجـه حاضـر نبـود کـه از او جدا شـود. رکسـانا در حالی که شـهناز را محکـم در آغـوش گرفته بود و سـعی داشـت تـا او را آرام کنـد چشـمش بـه اسـعد افتاد. پـدری را می‌دید کـه پیری و ضعـف، توان حرکـت را از او گرفتـه بودنـد. می‌دانسـت کـه پـدرش نـه راه پس داشـت و نـه راه پیش. امـا در یک چیـز عـزم وجزمـش راسـخ بـود. او نمی‌توانسـت بـا بچه‌هـا راهـی شـود و بچه‌ها هـم نمی‌توانسـتند بیشـتر آنجـا بماننـد. رکسـانا چـاره‌ای نمی‌دید کـه خود شـهناز را به سـمت بیرون حمل کنـد. اکبر بـرای آخریـن بـار اسـعد را در آغـوش گرفـت. دو مرد کهنسـال در سـکوت اشـک می‌ریختنـد. انگار بـه خیالشـان هـم نمی‌رسـید کـه بخواهند اشـک بریزنـد. اما جفتشـان در یـک چیز همـرای وهمراه بودنـد، زندگـی مثل رودخانه‌ای خروشـان جاریسـت که هـر آن جهتش را عوض می‌کند و در مسیر خـود هـر چیـزی را با خـود می‌برد و هیچ راه برگشـتی هـم برای چیزهـای مغروق باقـی نمی‌گذارد. ایـن جریـان متلاطـم سـرانجام در زیـر زمین دفن می‌شـود و یا بـه دریا می‌ریـزد و با تبخیـر در زیر آفتـاب داغ در هـوا ناپدیـد می‌گردد.

بـاران شـدیدتر شـده بـود. کاروان اکبـر و بچه‌هـا و بـه دنبالشـان رکسـانا و شـهناز از خانه خارج شـدند و از پله‌ها با سـرعت به طرف ماشـین رفتند. بچه‌ها سـوار شـدند اما شـهناز شـیون سـر داده بـود و از بغـل رکسـانا جـدا نمی‌شـد. اکبـر بـه کمک سـارا و رکسـانا آمد و بالاخـره او را اشـک‌ریزان از آغوش رکسـانا جدا کرد. به زور شـهناز را سـوار ماشـین کردند و درب را بسـتند. اما شـهناز کوتاه نمی‌آمـد و از روی پاهـای سـارا خـود را به پنجره رسـاند. صورت اشـک‌آلودش را به شیشـه‌ی پنجره چسـباند و بـه طـرف رکسـانا گریه و التماسـش را ادامه داد. می‌خواسـت که او را نجـات دهد و پیش خـود نگـه دارد، امـا گریـه و شـیونش در میـان صـدای رگبـار باران گم شـده بـود که بر سـر و کول ماشـین تازیانـه مـی‌زد، فقـط صـورت معصومش بر سـینه‌ی انسـان چنگ دلکش می‌زد. اما رکسـانا بـه جـز اینکـه از درون بگریـد و برای شـهناز محزون شـود کاری از دسـتش برنمی‌آمد. آنهـا باید هر چـه زودتـر می‌رفتنـد. رکسـانا بـه اکبـر نزدیک شـد و برای آخریـن بـار او را بغل کرد.

«بـه خـودت بـرس، خیلـی ممنـون کـه از بچه‌هـا نگهـداری می‌کنـی...، قـول میـدم اونهـا رو از اینجـا بـا خودم ببـرم...»

لحظاتـی فقـط صـدای بـاران بـود و آنها در سـکوت به هـم نگاه می‌کردنـد. هر دو در جسـتجوی کلماتـی بـرای خداحافظـی از یکدیگر بودند، بالاخره اکبر سـکوت را شکسـت:

«مواظـب خـودت بـاش، من بـرای تو بیشـتر از پدرت نگرانـم...، ما زندگـی خودمونـو کردیم، اما

تو خیلی جوون هستی و بی‌گناه و نباید درگیر این مشکلات ما بشی...»

اکبر به طرف ماشین رفت تا حرکت کند اما ناگهان یادش افتاد که هدیه‌ای برای رکسانا آورده بود. به سمت صندوق عقب رفت و دربش را باز کرد. بسته‌ی نسبتاً بزرگی را که در داخل پارچه‌ای پیچیده شده بود، درآورد و به رکسانا داد.

«من فکر نمی‌کنم پدرت مشکلی داشته باشه که تو این یادگاری رو داشته باشی!؟ قدیمی‌ترین و محبوب‌ترین تارشه...، خدا نگهدارت باشه...»

و بعد با عجله سوار ماشین شد و در داخل باران ناپدید گشت. رکسانا در زیر باران ایستاد و به عمق ریزش باران خیره شد اما فقط صدای باران را می‌شنید و اشکهای شور و دردناکش مثل باران اسیدی گونه‌هایش می‌سوزاند و تا اعماق قلبش نفوذ می‌کرد. در فکر و خیالش قطرات باران مثل یک معجزه به دانه‌های خاموش و بلورین برف تبدیل شد و کابوسش را به یک خیال کودکانه تبدیل کرد. حضور خدا را در فضا احساس می‌کرد که به او پیام امیدواری می‌داد و اینکه زندگی یک دگرگونی مداوم است. اما ریزش باران هم قادر نبود غم‌های رکسانا را بشوید و با خود ببرد. نگاه رکسانا به سمت خانه برگشت و متوجه شد که پدرش در تمام این مدت از پشت پنجره او را تماشا می‌کرد.

هر چند در داخل اتاق نشمین، از باران خبری نبود اما طوفان فکر و خیال در چشمان قرمز و متورم اسعد به خوبی دیده می‌شد. از اینکه احتمال داشت هرگز فرزندانش را نبیند رنج می‌کشید، رکسانا همچنان در زیر باران، خیس در روبرویش ایستاده بود و به هم زل زده بودند. اسعد نمی‌دانست چگونه می‌توانست او را به آمریکا بفرستد. می‌دانست که در ایران جانش در خطر بود و او خود را در قبال هر اتفاقی مسئول و مقصر می‌پنداشت. تنها به قول سیروس امید بسته بود که دخترش را به زیر بال و پرش گرفته بود و می‌خواست او را از ایران خارج کند. سیروس که در تمام این مدت از پنجره‌ی دیگری همه چیز را زیر نظر داشت در کناری نشسته بود و به دختر و پدر نگاه می‌کرد و در فکر آینده‌ی خود غرق بود.

*****

داخل اتاق نشمین رکسانا به باز کردن هدیه‌ی عمویش مشغول شد. اسعد و سیروس نمی‌توانستند از این صحنه چشم بردارند. رکسانا به آرامی پارچه را از دور بسته باز کرد. اکبر سعی کرده بود که آداب و رسوم آمریکایی را خوب انجام داده باشد. آن را در یک کاغذ رنگ و وارنگی پیچیده بود. رکسانا کاغذها را به آرامی از دور بسته باز کرد. کمکم قامت یک تار قدیمی بسیار زیبا نمایان شد. اسعد و سیروس غافلگیرانه در تماشای رکسانا محو بودند. خصوصاً وقتی که با دیدن تار قدیمی، چهره‌ی رکسانا مثل غنچه‌ای زیبا شکفته شده بود.

رکسانا با یک شور غیرقابل توصیف، تار را به طرف اسعد گرفت.

«عمو اکبر گفت، خیال نمی‌کنه که شما مشکلی داشته باشی که این مال من باشه...!؟»

بغض چنان گلوی اسعد را گرفته بود که صدایش به سختی شنیده می‌شد:

«این بهترین کاریه که عمو اکبرت تاکنون انجام داده...!»

«پس کمی برای ما می‌زنی...؟»

«با تمام وجودم...!»

رکسانا به طرف پدرش رفت و تار را به او داد، اسعد نگاهی به تار انداخت. تاری که خاطرات سال‌های زیادی را در کاسه‌ی خود جای داده بود و از آنها محافظت می‌کرد. تاری که در نوع خودش بی‌نظیر بود. انگار تنها سازی بود که با یک ظرافت هنرمندانه ساخته شده بود. مثل ارتباط عاشق و معشوق، انگشتان اسعد تار را لمس کرد و به سیم‌ها رسید. گویی انگشتانش مشغول بوسیدن لب‌های سیمی معشوق بود. صدای تار اسعد بلند شد و انگار تمام خاطراتی که در بطنش نهفته بود با فریادی منعکس شد. اما فریادی دلنشین که با صدای باران بیرون قاطی شد و در فضای خانه طنین انداخت. صدا، صدای ایران بود، آوای یک عمر خاطره‌ی خوش و غم‌انگیز، نوای مردم مظلوم ایران، بانگ شاکیانه آن‌ها بر علیه ظلم و استبداد. با بلند شدن صدای آواز اسعد که با آوای تار همراه شده بود، لحظه‌ای شگفت‌انگیز برای رکسانا رقم خورد. اسعد با چشم‌های بسته می‌نواخت و می‌خواند. او بالاخره قالب خود را شکسته بود و خود را در میان عشق می‌دید. انگار مثل مغروقی در زمان و مکان با صدای تار درهم آمیخته بود.

رکسانا در حالی که متحیرانه در صدای ساز و آواز غرق بود به اسعد و سیروس نگاه می‌کرد. پدرش که زندگی متلاطمی را پشت سر گذاشته بود و سرانجام پس از آن همه فداکاری و کوشش در یاس و افسردگی قرار داشت و برای مردم سرزمینش هم ظلم و ستم بیشتری خریده بود. هر چند مبارزات اسعد هیچ حاصلی نداشت اما او به هیچ وجه نسبت به راهی که در آن قدم برداشته بود هیچ تردیدی نداشت و نه تنها احساس ندامت نمی‌کرد بلکه هنوز هم به اعتقاداتش پایبند بود. برای او تا همین اندازه هم کافی بود که برای کمک به ملتش قدم برداشته بود و اعتقاد داشت که بالاخره ملتش بیدار و آگاه خواهند شد و قوم آخوند، آخوندیسم و استعمار انگلیس را سرکوب خواهند کرد. سیروس هم که او را بسیار دوست داشت اما در پیچ و خم مبارزات، او را از دست داده بود. البته برای رکسانا این واقعیت روشن شده بود که چه معنی داشت خود را با چنین زندگی نامعلومی درگیر می‌کرد که در آن از فردای خود هم خبر نداشت. به نظر می‌رسید که انسان بر موجی سوار بود و در تعیین مسیر حرکتش هیچ

گونــه نقــش و اختیــاری نداشــت. رکســانا فکــر می‌کــرد کــه اگــر در آمریــکا بــه جــای حســین بــا ســیروس ملاقــات کــرده بــود حــالا همــه چیــز فــرق می‌کــرد و حتــم داشــت کــه او بــه جــای جولیــا همســر ســیروس بــود، امــا در عیــن حــال می‌دانســت کــه شــاید در شــرایط بدتــر از حــالا قــرار می‌گرفــت. امــکان داشــت کــه بــه سرنوشــت مــادرش دچــار می‌شــد. شــبهای طولانــی بی‌خوابــی و انتظــار بی‌پایــان را بایــد بــه پــای عشــقی صــرف می‌کــرد کــه فایــده‌ای نداشــت، درســت مثــل حــالا کــه یــک میلیــون مایــل دورتــر و در شــهر لس‌آنجلــس، زنــی بــا انگشــتری در انگشــت خــود، بی‌صبرانــه منتظــر شــوهرش بــود و از همــه غم‌انگیزتــر او حتــی نمی‌دانســت شــوهرش در کجــا بــه ســر می‌بــرد و چــه زمانــی برمی‌گشــت و قطعــاً ایــن ماجــرا تکــرار زندگــی مــادرش بــود، جریانــی کــه بــرای او بــه هیــچ وجــه قابــل قبــول نبــود و در تــاب و تحملــش نمی‌گنجیــد. رکســانا در نــگاه ســیروس می‌خوانــد کــه انــگار او داشــت بــا تردیــد بــه تاســی از شــیوه‌ی زندگــی پــدرش می‌اندیشــید.

فضــا و جریــان جشــن آنهــا بــا صــدای هارمونیــکای ســیروس کــه شــروع بــه زدن کــرده بــود عــوض شــد و شــور و شــادی بیشــتری گرفــت. رکســانا از فکــر و خیــال بیــرون آمــد و بــه آنهــا پیوســت. امــا نقطــه‌ی اشــتراک همــه آنهــا یــک چیــز بــود، شــاید ایــن لحظــات دیگــر تکــرار نشــود. رکســانا بــا تماشــای ســیروس کــه بــدن خــود را بــه صــورت موزون بــا موســیقی همــراه می‌کــرد و بــرای او می‌زد و می‌رقصیــد، از خــود بی‌خــود شــد و حــس می‌کــرد آنچنــان در هیجــان و عشــق غــرق شــده بــود کــه انــگار داشــت از بــالای کــوه بــه پاییــن ســقوط می‌کــرد. می‌دانســت کــه اســعد و ســیروس تمــام تــلاش خــود را می‌کردنــد کــه بــرای او لحظــات شــیرینی را خلــق کننــد و او بایــد از ایــن اوقــات تکــرار نشــدنی، زیبــا و دوســت داشــتنی نهایــت لذت را ببــرد. رکســانا می‌دانســت که هیــچ وقــت این لحظات شــیرین را فرامــوش نمی‌کــرد و ایــن سرنوشــت بــود کــه همیشــه حــرف آخــر را می‌زد .

*****

فصل ۴۳

هدف از دیدن خواب آینده این است که زندگی را هدایت کنید تا واقعیت مسیر شما را تعیین کند....

در سکوت شب، رکسانا در بالکن طبقه دوم نشسته بود و به آسمان پوشیده از ستاره نگاه می‌کرد. زیبایی جاودانه‌ی ابدیت، مانند الماس‌های درخشان در مقابل چشمانش با هم نورافشانی و معاشقه می‌کردند. شب از نیمه گذشته بود و برخلاف اسعد و سیروس خواب به چشمان رکسانا نمی‌آمد. پدرش در چند متری‌اش نشسته بود و در دنیای تفکراتش سیر می‌کرد. رکسانا هر روز به پدرش وابسته و نزدیکتر می‌شد و فکر اینکه او را حتی به علت کهولت و بیماری از دست بدهد رنج می‌کشید. بزرگترین نگرانی پدرش، دوستان قدیمی او بودند که حالا به خونخوارترین دشمنانش تبدیل شده بودند.

رکسانا در یک پتوی ضخیم خود را پیچیده بود. نگاهش از آسمان پرستاره به رودخانه‌ی آرام سفر کرد و علیرغم نسیم سرمای آب احساس گرما می‌کرد. به یاد لحظات صلح‌آمیز و آرامش بخشی افتاد که در کنار رودخانه نشسته بود و با پدرش راز و نیاز می‌کرد. تازه به یادش افتاد که پدرش در چند متری‌اش نشسته بود. رکسانا با علم به اینکه زمان قرابت بسیار محدود و گذرا بود خود را مجبور کرد تا از پدرش سوالی را بپرسد که از آن واهمه داشت، سوالی که برای یافتن پاسخش از آنسوی کره‌ی زمین به این نقطه سفر کرده بود:

«من گاهی اوقات نمی‌تونم بفهمم که چه طور شما تونستید یک دختر کوچک و همسرتون رو که واقعاً عاشقتون بود و هر دو به تو احتیاج داشتند رو ول کنی بری....؟!»

اسعد گمان می‌کرد اهمیتی نداشت که چه پاسخی می‌داد، قطعاً برای رکسانا قابل قبول نمی‌توانست باشد. ناخودآگاه تکنیک و آداب و رسوم ایرانی، به کمکش آمد، اینکه به جای پاسخ مستقیم، به دور دنیا سفر کند و بعد هم در این خیال باشد که پرسش و پاسخ در بین این سفر طولانی فراموش شود و جایش را به موضوع دیگری بدهد.

«بیمار برای بهتر شدن به پزشک نیاز داره، ماشین‌آلات ساختمانی بدون نظر و خواست مهندسین قابل استفاده نیستن....، من یک اقتصاددان بودم، کشوره من به عصره جدیدی از

اقتصاد و سیاست احتیاج داشت...، این همون چیزیه که من برای اون تحصیل کردم، به همین دلیل فکر می‌کردم باید برمی‌گشتم و دینمو به ملتو مملکتم ادا می‌کردم...، وقتی تصمیم گرفتم، در اون زمان، به نظر می‌اومد تصمیم صحیحی بود...!»

پاسخ اسعد بر روی رکسانا که چندان با آداب و رسوم ایرانی آشنایی نداشت افاقه نکرد، او یاد گرفته بود که به صورت مستقیم و روشن پاسخ‌هایش را بشنود از همین رو احساس بدتری در اعماق قلبش زنده شد و او نتوانست آن تلخی را که در ذهن و صدای او ایجاد شده بود پنهان کند:

«بنابراین، این برای شما خوب و درست بود که دختر کوچیک و همسر خودتون‌رو که عاشق تو بود و به تو احتیاج داشت‌رو رها کنی و بری، انهم فقط به خاطر اینکه باید به کشور و ملتت کمک می‌کردی...!»

اسعد در گوشه‌ی دیوار قرار گرفته بود و در مقابل برداشتی قرار داشت که توجیه‌اش چندان راحت نبود:

«آدمها خلق شدن که به هم کمک کنن...، به درد هم برسن...، نه فقط به خودو منافع خودشون فکر کنن...، در اون زمان من به میلیونها مادر فکر می‌کردم که بچه‌های گرسنه‌ی خودشون‌رو تو بغل داشتن و با چشم اشکبار به دنبال غذا برای اونها می‌گشتن...، هرگز به چشم بچه‌های گرسنه نگاه کردی؟ کار آسونی نیست که اشک اونها تو چشم تو هم جاری نشه...، مگر اینکه انسان بودن برای تو معنی و مفهومی نداشته باشه...، من می‌دونستم که شماها حداقل غذا برای خوردن داشتین...، جا و مکان امنو گرمی داشتین...، بنابراین وظیفه‌ی خودم می‌دونستم که برگردم و برای درماندگان بجنگم، برای بشریت بجنگم...، البته همیشه فکر می‌کردم که می‌شد یه جوری هماهنگ کنم که هم به ملت و کشورم کمک کنم و هم در خدمت شما باشم...، اما اونجور که فکر می‌کردم نشد...، همه چیز به یکباره تغییر کرد و مسیره زندگیه منو در سراشیبی قرار داد...، وقتی از خواب بیدار شدم، خیلی دیر شده بود...، زندانی شدم و با دنیای بیرون بیگانه...، همه‌ی درها پشت سرم بسته شدن...، اما من مسئولیت اونچه بر من گذشت‌رو می‌پذیرم و مجبورم با عواقب انتخابهایی که انجام دادم زندگی کنم...، مهم نیست که اونچه کردم صحیح بودن یا نه، حقیقت اینه که حالا با احساس گناه زندگی می‌کنم، احساس می‌کنم نه تنها برای ملتو کشورم کاری نکردم بلکه موجب بدبختی و رنجُو نابسامانی بیشتری برای اونها شدم...، به خاطر همین هم احساس گناه می‌کنم و تحمل ادامه‌ی زندگی برام چندان آسون نیست...، احساس این گناه مثل شَته داره تمامه شیرهی وجودمو میمکه ...، شتهای که مهم نیست یه درخت چقدر کهنسال، بلند و قوی باشه، بالاخره

از درون می‌پوکه و از پا درمیاد...!»

رکسانا با دیدن احساس دردی که در سیمای پدرش بود به او نزدیک شد. او را در آغوش گرفت و محکم نگه داشت تا این درخت کهنسال از پا نیفتد. صدای جریان آب رودخانه کمی به آرامش آنها کمک می‌کرد. رکسانا در اندیشه‌ای عمیق فرو رفت. او از زمان کودکی فکر می‌کرد که بخش بزرگی از زندگی‌اش گم شده بود و آن تیکه‌ی گمشده پدرش بود. حالا می‌دانست که او و مادرش چندان نقشی در رفتن پدرش نداشتند. البته پدرش را هم به خاطر ترک آنها مقصر نمی‌دانست و او را سرزنش نمی‌کرد، بلکه به او حق می‌داد و احترام بیشتری هم قائل بود. فکر می‌کرد چطور او می‌توانست پدرش را به خاطر اینکه تلاش کرده بود به مردم کشورش کمک کند تا زندگی بهتری داشته باشند سرزنش نماید. وقتی خودش را جای بچهی فقیر و گرسنهای می‌گذاشت که هر روز باید برای سیر کردن شکمش اشک می‌ریخت، بیشتر پدرش را تحسین می‌کرد و او را دوست می‌داشت. در حالی که پدرش را در آغوش داشت متوجه شد که ماشین سیروس در جلوی خانه پارک نبود. به فکر سیروس افتاد. سیروس معمولاً شب هنگام غیبش می‌زد، نمی‌دانست که آیا آن شب هم یکی از آن شبها بود. خانه را گشت. سیروس دوباره مثل ارواح ناپدید شده بود. فقط خدا می‌دانست که او چه زمانی دوباره برمی‌گشت و آیا اصلاً دوباره سیروس را می‌دید، اینکه او و پدرش تنها مانده بودند و هر آن در معرض خطر قرار داشتند رکسانا را بسیار نگران کرده بود.

*****

فصل ۴۴

هنگامی که شما مجبور هستید به دشمن خود اعتماد کرده و از او طلب کمک کنید...

تاکسی در یکی از خیابانهای شمال تهران در حرکت بود. به طرف سعدآباد تجریش می‌رفت. صدای دعا و روضه‌خوانی از بلندگویی در فاصله‌ی دور شنیده می‌شد که به نظر می‌رسید از سمت مسجدی می‌آمد، اما وقتی تاکسی به یک خانه‌ی بسیار لوکس رسید و در جلوی خانه توقف کرد معلوم شد که صدای روضه از آنجا برمی‌خاست. در اطراف خانه تا چشم کار می‌کرد اتومبیل‌های لوکس و گران قیمت آخرین مدل از مرسدس و ....، پارک بودند. بنظر می رسید، این ماشینها، دعوت، مجوز ورود به آن خانه‌ی بسیار لوکس بود. سیروس از تاکسی پیاده شد. آن خانه برای سیروس آشنا بود. او بارها به عنوان مهمان به آن خانه رفت و آمد داشت با این تفاوت که در آن زمانها مهمانی رقص و پایکوبی در خانه برگزار می‌شد و نه مجلس روضه‌خوانی و دعا. بزرگترین تفاوت هم در ریخت و قیافه‌ی مهمانان آشکار بود. مثل گذشته آخرین مدهای لباس پاریس، غرب و شرق به چشم نمی‌خورد. حالا همه‌ی لباسها به طرح اسلامی بود و از کروات، کت و شلوار، ریش‌های تراشیده، موهای شانه شده و تر و تمیز خبری نبود. پیراهن‌های بدون یقه، تهریش، عبا، عمامه و تسبیح مد روز شده بود. تنها کسی که نسبت به گذشته تغییر نداشت سیروس بود. او با ظاهری ساده شلوار لی‌اش را به پا داشت و پیراهن ساده‌ای هم بر تن کرده بود.

سیروس کنار دروازه‌ی ورودی خانه‌ی حاجی محمدزاده ایستاده بود. برای ورود به خانه تردید داشت. سیروس یادش نرفته بود که قبل از انقلاب بارها به این خانه آمده بود. اما در آن مراسمها بساط شادی، جشن، رقص و پایکوبی برقرار بود و همیشه هم یکی از خواننده‌های معروف برنامه اجرا می‌کرد. بساط کباب و انواع غذاها مهیا بود و همه چیز رنگ و وارنگ و نشاط‌آور جلوه مینمود. حالا مداح و روضه‌خوان به جای خواننده‌ی معروف جولان می‌داد و غم و زاری به جای خنده و شادی در مراسم جریان داشت. تا پیش از انقلاب وقتی سیروس به چیزی احتیاج داشت که نمی‌خواست برادرش از آن اطلاع داشته باشد به نزد حاجی محمدزاده

می‌رفت تا از او کمک بگیرد. او در واقع کار چاق‌کنش بود و البته حق‌الزحمه را هم می‌گرفت. مثل آزادی رکسانا از دست ساواک. حالا سیروس برای اینکه بتواند رکسانا و اسعد را از ایران خارج کند و جانشان را نجات دهد به کمک حاجی محمدزاده احتیاج داشت، اما فرق معامله در این بود که این‌بار محمدزاده از سیروس خواسته بود تا به دیدارش برود.

هر چند خیلی چیزها عوض شده بود و قدرتمندان، زندانی، فراری و بیکار شده بودند و مذهبیون دزد و کلاهبرداران بر مسند قدرت جای داشتند اما هیچ چیز برای حاجی محمدزاده عوض نشده بود. هنوز هم همان کاری را ادامه می‌داد که قبلاً به آن می‌پرداخت. قبلاً از ساواک برای شناسایی آدمهای ضد حکومتی حقوق می‌گرفت و در جنوب شهر بساط روضه‌خوانی تشکیل می‌داد و حالا برای جمهوری اسلامی همین روند کاری را در پیش گرفته بود فقط با این تفاوت که بساط رقص و پایکوبی شاد شمال تهرانش به مجلس روضه‌خوانی، غم و زاری تبدیل شده بود. البته او حالا با حکومتی همکاری می‌کرد که بسیار ظالم و خونخوار بود.

حاجی محمدزاده مثل بسیاری از فرصت‌طلبان دیگر، تا متوجه شده بود که شاه در حال سقوط است بی‌درنگ از شاه برید و به خمینی پیوست، در حقیقت او به یکی از دوستان و مشاوران نزدیک به احمد خمینی تبدیل شده بود، بنابراین سیروس برای رفتن به نزد او تردید داشت. فکر می‌کرد که شاید او جا و مکان رکسانا و اسعد را لو می‌داد و آنها گیر می‌افتادند، زیرا که او هم مثل همه‌ی معممین که لباس روحانیت را به منظور کلاهبرداری و فریب مردم به تن کرده بودند، تسبیح به دست گرفته بود و با در پیش گرفتن راه و رسم دینی به جاسوس و همکار روحانیان تبدیل شده بود. اما سیروس می‌دانست که خوشبختانه، حاجی محمدزاده همیشه او را دوست داشت، به حدی که سعی می‌کرد و امیدوار بود که سیروس دامادش شود و هنوز هم امیدش را از دست نداده بود. از طرفی سیروس هم برای کمک به رکسانا و اسعد هیچ راه دیگری نداشت، ناگزیر بود که وارد خانه شود و با محمدزاده گفتگو کند. بنابراین وارد شد. اما چند قدمی برنداشته بود که یک مرسدس سیاه رنگ آخرین مدل با سرعت وارد شد و سیروس چاره‌ای نداشت که برای باز کردن راه فوراً به داخل باغچه‌ی گلها وارد شود. مرسدس جلوی ساختمان توقف کرد و راننده به سرعت پیاده شد تا درب را برای مسافرینش که در صندلی عقب نشسته بودند باز کند. اما قبل از او چند نفر دیگر که ریشهای کوتاه هم داشتند با سلام و صلوات و با عجله خود را به مرسدس رساندند و دربهای مرسدس باز شد. دو شیخ که عباهای متفاوت قهوه‌ای و سیاه رنگی به تن داشتند با تملق پیاده شدند. صدای لبیک و صلوات جمعیت برخاست و آقایان روحانی با عزت و احترام به سمت ساختمان حرکت کردند. هنوز داخل نشده بودند که گروهی دیگر وارد حیاط شدند و به طرف ساختمان حرکت کردند.

سیروس از موقعیت استفاده کرد و با آنها قاطی شد و با احتیاط به داخل ساختمان رفت.

سیروس وقتی وارد شد و چشمش به جلسه‌ی روضه‌خوانی افتاد، نمی‌توانست به یاد گذشته نیفتد و به تفاوت‌هایش توجه نکند. اینکه رقص، شادی، پایکوبی و آواز جای خود را به روضه‌خوانی، غم و زاری داده بود و به طور کلی جامه‌های سیاه به جای لباس‌های مدرن رنگارنگ و شاد خودنمایی می‌کرد. از آن همه غذا، میوه، شیرینی، شراب و گارسون‌های پیراهن سفید با کروات و جلیقه‌ی سیاه خبری نبود، مردانی با تهریش که پیراهن بدون یقه و سیاهی بر تن داشتند جایشان را گرفته بودند که چای و حلوا پخش می‌کردند. سیروس که با خانه بسیار آشنا بود از لای جمعیت سیاه‌پوش خود را به پای پله‌هایی رساند که به طبقه‌ی دوم ختم می‌شد. دو نگهبان سیاه‌پوش که اسلحه داشتند پای پله‌ها، ورود و خروج به طبقه‌ی بالا را کنترل می‌کردند. سیروس با بیان اینکه او از مهمانان و دوستان صمیمی حاجی محمدزاده است از پله‌ها بالا رفت البته پس از اینکه یکی از نگهبانان توسط بی‌سیم استعلام اجازه‌ی ورود او را گرفته بود.

سیروس در راهروی نسبتاً بزرگ، اتاق‌های پر از مهمانان مهم مملکتی را برای یافتن محمدزاده پشت سر می‌گذاشت. اکثر آنها معممین بودند که به خوردن انواع غذاها، نوشیدنی‌های مختلف و همچنین کشیدن تریاک مشغول بودند، برخلاف طبقه‌ی پائین که از این خوراکی‌ها خبری نبود و فقط حلوا و چای پخش می‌کردند. سیروس سرانجام از مردی که یک سینی پر از غذا را حمل می‌کرد سراغ حاجی محمدزاده را گرفت. او سیروس را به جلوی دربی برد که دو پاسدار مسلح در مقابلش کشیک می‌دادند. از او خواست که پشت درب منتظر بماند. چند ثانیه‌ای از آمدنش نگذشته بود که صدای آشنایی که اسمش را صدا می‌کرد به گوشش رسید. سیروس متوجه محمدزاده شد که در کنار دیوار درب ایستاده بود و مثل گذشته تر و تمیز و کت و شلواری نبود. ریشی گذاشته بود و پیراهن بدون یقه و شلوار گشادی بر تن داشت. محمدزاده، سیروس را بغل کرد و بوسید و به خاطر آمدنش ابراز خوشحالی نمود. داخل اتاق چند نفر از معممین و یکی دو نفر لباس شخصی که همه بدون استثنا ریش داشتند نشسته بودند. از نوع غذاها، منقل و وافورها معلوم بود که آنها از همه مهمتر بودند. بوی تریاک با چنان شدتی به مشام سیروس رسید که نتوانست تأثیر آن را حس نکند. سیروس به دلیل اینکه پدرش یک خان تریاکی بود، نسبت به تریاک بیش از حد حساسیت داشت بنابراین با اعتیاد مخالف بود و همیشه از مواد مخدر دوری می‌کرد. سیروس در نخستین لحظات دیدارش متوجه این موضوع شد که محمدزاده حالا یک عنوان دیگر به نام خود اضافه کرده بود تا بتواند در جمع جدید خود جا بیفتد، اکنون همه او را حاجی محمدزاده خطاب می‌کردند. سیروس به سختی از این عنوان استفاده می‌کرد، حاجی زبان گشود:

«می‌دونم که اهل دودُو دم و فربه شدن نیستی...، با من بیا...!»

سیروس به دنبال او به راه افتاد و بعد از اینکه از دو اتاق گذشتند وارد دفتر محمدزاده شدند. درب اتاق بسته شد. حاجی محمدزاده به دفترش علاقه‌ی خاصی داشت، زیرا در داخل دفترش با همه همان جوری که می‌خواست رفتار می‌کرد و از تظاهر خبری نبود. چند جعبه‌ی چوبی کوچک و لوکس کندوکاری شده در کنار میزش روی هم چیده شده بود. از طرز کار بی‌عیب و نقصی که در ترمیم چوب حکاکی شده وجود داشت مشخص بود که جعبه‌ها کیفیت موزهای داشتند. حاجی محمدزاده نشست و نگاهش از روی سیروس برداشته نمی‌شد. اولین چیزی که نظرش را جلب کرد ریش تنظیم شده‌ی سیروس بود که سالهای قبل از انقلاب صورت او را تزئین می‌کرد اما حالا و پس از انقلاب که ریش و خصوصاً محاسن کوتاه به عنوان نمادی از مسلمان انقلابی مد شده بود در او دیده نمی‌شد. صورتش تر و تمیز بود. دلیلش هم واضح بود، حاجی محمدزاده می‌دانست که سیروس هیچ وقت جذب جو سیاسی و عقیدتی نمی‌شد و همیشه مخالف این طریقت انسانی بود مگر اینکه مطمئن می‌شد آن سیر و سلوک جنبه‌ی معنوی داشت و در جهت خدمت به خلق پیش می‌رفت. محمدزاده می‌دانست که سیروس منتظر بود تا او سر صحبت را باز کند بنابراین سخن گشود:

«من از مرگ برادرت و بخصوص مادرت خیلی متاسفم...، دلم می‌خواست کمک کنم، ولی برای اونها خیلی دیر شده بود...، اما من میتونم به خودت کمک کنم و تو به کمک من احتیاج داری...، به نظر میرسه شما دشمنان زیادی داری و اصلی‌ترین و خونخوارترین اونها بهترین دوستت سعیده...، من شخصاً از قبل اون‌رو دوست نداشتم، خصوصاً وقتی که برای کمک به رکسانا پیش من اومدی و شنیدم چطوری از این دختر بی‌گناه سوءاستفاده کرده بود، بیشتر ازش بدم اومد...!»

حاجی محمدزاده کمی به فکر فرو رفت و سپس ادامه داد:

«من می‌دونم که در حال حاضر فشارهای زیادی روی تو است و ناراحتیهای زیادی داری، اما من میتونم بهت کمک کنم...، این بین منو تو بمونه، و جایی درز نکنه، من با خمینی رابطه‌ی مستقیم دارم و بارها به طور خصوصی با اون ملاقات کردم...، و همیشه و هر وقت بخوام میتونم به دیدنش برم...، من مطمئن هستم که اگه از اون درخواستی کنم روی منو زمین نمیذاره...، تو باید زندگی خودتو نجات بدی و هر چه زودتر از اینجا بری...!»

سیروس متفکرانه در چشم‌های محمدزاده زل زده بود. هنوز منتظر بود که از او بیشتر بشنود، اما محمدزاده ساکت شده بود. سیروس چندان خوشحال به نظر نمی‌رسید. از سخنان محمدزاده این طور برداشت می‌کرد که اسم او و رکسانا هم در کنار اسم اسعد به لیست اضافه

شده بود و حالا همه‌ی نیروهایی امنیتی برای یافتن آنها بسیج شده بودند. سیروس وقتی دید محمدزاده در سکوت باقی مانده بود صدایش بلند شد:

«من از محبت شما همیشه برخوردار بودم و ازتون تشکر می‌کنم، این رو هم با شما هم عقیده هستم که به کمک شما نیاز دارم، برای همین هم هست که اینجا هستم، به تنها کسی که می‌تونم اعتماد کنم شمائین، بنابراین این‌رو هم می‌دونم که اگه شما بتونید به من کمک کنید، همین جور می‌تونید به یکی دو سه نفر دیگه هم کمک کنید...!»

سیروس لحظاتی داشت حرفش را سبک و سنگین می‌کرد که چگونه ادامه بدهد تا جا و مکان رکسانا و اسعد را لو ندهد و اسمشان را به زبان نیاورد:

«من باید یکی دو سه نفر رو با خودم از مرز فراری بدم...، و برای همین هم به کمک شما احتیاج دارم، همین طور به مقداری پول، من کاملاً دستم خالی خالیه، وقتی به آمریکا برگردم قرضم‌رو حتماً به شما ادا می‌کنم...»

لبخند حریصانه و شیطانی بر لبهای حاجی محمدزاده ظاهر شد. آنچه از سیروس شنیده بود همان چیزی نبود که انتظار داشت از او بشنود. هر چند پول و ثروت برای او مهم بود اما نه وقتی که پای سیروس در میان بود. سیروس برای او به مانند پسری بود که از دست داده بود. تمام امیدش در این خلاصه می‌شد که بالاخره یک روز سیروس از دخترش خواستگاری می‌کرد و دامادش می‌شد، خصوصاً در حال حاضر بیش از هر موقع دیگری آرزو داشت که سیروس دخترش را به زنی بگیرد و او را با خود به آمریکا ببرد و با رفتن یکی از دخترانش راه رفتن بقیه را هم برای رفتن به آمریکا هموار کند. البته حاجی محمد زاده از اینکه سیروس در آمریکا ازدواج کرده بود، بی اطلاع بود. محمدزاده به طرف گاو صندوقش رفت. در حالی که مشغول باز کردن درب آن بود، به سیروس رو کرد و سخن گشود:

«سیروس عزیز، تو لازم نیست که به من هیچ پولی‌رو پس بدی...!»

و پاکتی را از داخل صندوق درآورد. سر پاکت را باز کرد و به طرف سیروس گرفت.

«ببین من هرگز پولی‌رو که برای نجات رکسانا به من دادی دست نزدم...، خانواده‌ی شما همیشه به من محبت داشته و کمک کرده، خصوصاً برادرت امیر که خدا رحمتش کنه...، چه مَرده نیکوکار و خوبی بود...، از اون گذشته من شمارو همیشه مثل پسری که از دست دادم دوست داشتم و دوست خواهم داشت...، بیا این پولی که به من دادی بهت پس میدم، اگه بیشتر هم خواستی فقط لب تر کن...، شاید هم بعداً دختره من که دلش می‌خواهد بیاد آمریکا، اونجا که اومد بهش خدمت کنی و مواظبش باشی...، البته اگه راهی پیدا شه که پاش به اونجا برسه...!»

البته محمدزاده حرف دخترش را پیش کشیده بود که سرنخی به سیروس بدهد تا او داوطلبانه تقاضای کمک و ازدواج با دخترش را مطرح نماید و او را با خود به آمریکا ببرد، اما هر چه منتظر ماند کام سیروس به سخن باز نشد، البته محمدزاده از علت سکوت سیروس آگاه بود، می‌دانست که او در زیر فشارهای زیادی که قرار داشت گیج و گنگ شده بود، امید داشت بالاخره آرزویش عملی می‌شد و از همین رو دوباره ادامه داد:

«شما شاید ندونید که اسم همه‌ی شما تو همه‌ی مرزها در لیست قرار داره، شما به راحتی نمی‌تونید کشور رو ترک کنید، دستگیر میشید، اما نیازی نیست که به این مشکلات فکر کنی، همون طور که گفتم، من میتونم به تو کمک کنم تا تمامه مشکلاتت حل بشه و بتونی همون طور که میخوای به اینجا بیای و بری، و همچنین دوستت، دختر آمریکایی‌رو با هیچ مشکلی از کشور خارج کنی...»

سیروس صحبتش را قطع کرد.

«و در عوض من چه کاری باید برای شما انجام بدم؟»

«به من اعتماد کن و با دوستت سعید ملاقات کن... ما همه‌ی اینهارو سه نفری بین خودمون حل می‌کنیم... اگه سعید از خره شیطون پائین نیومد، من شخصاً از خمینی کمک می‌گیرم...»

سیروس با شنیدن اسم سعید چندان خرسند نشده بود. در یک لحظه با تردید، اعتمادش به حاجی محمدزاده سلب شد. سیروس از صدای درب زدن ناگهانی، یکه خورد، اما به نظر می‌رسید حاجی محمدزاده انتظار آن را داشت. دو مرد در حالی که جعبه‌ی چوبی بزرگی را حمل می‌کردند، وارد شدند. سیروس می‌توانست حدس بزند که جعبه‌ها حاوی کمکهایی بود که مردم در مراسم روضه‌خوانی به امام خود، خمینی پیشکش کرده بودند تا بهشت را برای خود بخرند، اما مطمئن نبود. حمل‌کنندگان جعبه را در جایی که حاجی محمدزاده نشان داده بود، کنار یکی دوتا جعبه‌ی دیگر قرار دادند و از اتاق خارج شدند. حاجی محمدزاده با لبخندی بر لب، درب یکی از جعبه‌ها را باز کرد تا محتوایش را به سیروس نشان دهد. پر از پول و جواهراتی بود که مردم در راه خدا انفاق کرده بودند.

«کار من اینه که کمکهای مالیه پنج مسجدرو جمع کنم، این کمکهای مردم از مسجد گیاهی نبش خیابانه سعدآباد... کمکهای جلسه‌ی امروز باید بیشتر هم باشه... من اول سهم خودم‌رو برمیدارم بعد هم بقیه شو بین چند تا روحانی تقسیم می‌کنم، یه مقداریش‌رو هم به چند تا بنیاد خیریه‌ی امام میدم، که البته اونجا هم همه چیز زیر دستِ روحانیونه و می‌خورنو میچاپن... می‌بینی هیچ چیز که تغییر نکرده هیچ، بدتر و بدتر هم شده، من به برادرتون

گفتم که به شاه بگه که باید از انگلیسیها یاد بگیره و حقوق روحانیونو افزایش بده، اما انگار اون گوش نکرد و حالا چه کسی در قدرته؟ روحانیت! اونها همه چیز رو از دست مردم درمیارن، به غارت منابع مملکتمون ادامه میدن،... و گوره پدره مردم نادان....!»

حاجی محمدزاده مقداری از اسکناسها را از داخل جعبه برداشت و به طرف سیروس گرفت.

«بیا این هم سهم تو از مال امام....، برو تو آمریکا خرج کن...»

محمدزاده وقتی دید سیروس پولها را نمی‌گیرد، آنها را در جیب سیروس چپاند.

«نگران نباش، مطمئن هستم تو کار بهتری با اونها می‌کنی تا این آقازاده‌ها، مگه تو چیت از اونها کمتره...»

سیروس پولها را از جیبش درآورد و به داخل صندوق ریخت. حاجی محمدزاده به سمت سیروس خم شد و زمزمه کرد:

«وقتی اصلُ و نسب تو خون آدمی باشه هیچ کاریش نمیشه کرد، با اونها باقی میمونه و البته این از پدرُو مادره آدم میاد....، خصوصاً مادر،...، اما عزیزه من، این چیزا در مرامُو مسلک آخوند خریدار نداره، اونها به هیچ چیزُو هیچ کس رحم نمی‌کنن و اهمیتی نمیدن که چند نفر رو میکشن....، اونها برای موندن تو قدرت اینجا هستن و شرمُو حیا هم ندارن....، تازه هم به قدرت رسیدن و تشنه و دیوانه‌ی نشون دادن قدرتشون و نگه داشتن اونن...، اسلام و مردم هم هیچ ارزشی برای اونها ندارن....، میخورنُو میبرن....، راهکارشون هم قتلُ و خشونتُ و ایجاد ترس و وحشت بین مردمه که مردم چشمشون و ببندن و صدا از هیچ کس درنیاد....، بنابراین نصیحت من به تو اینه که باید هر چه زودتر از اینجا بری... شما باید با اونها معامله کنی...»

سیروس سخت در این فکر بود که آیا می‌توانست به حاجی محمدزاده اعتماد کند، اما در آن مقطع از زمان اگر به او اعتماد نمی‌کرد دستش برای درخواست و دریافت کمک به جایی هم بند نبود.

❋❋❋❋

فصل ۴۵

وقتی که هیچ راهی برای فرار از خطر مرگ نداری و مجبوری با خونخوارترین دشمن خود روبه‌رو شوی...

یک شب مهتابی و آرام بود البته نه برای سیروس که در مسیر بازگشت به سمت مخفیگاه بروجرد می‌راند. چند روز از ملاقات سیروس و محمدزاده گذشته بود. سیروس در طول این مدت داشت افکارش را سبک و سنگین می‌کرد تا شاید با سعید روبه‌رو شود. ته دلش از این امر راضی نبود و احساس خوبی هم نداشت. او حتی از شنیدن نام سعید دچار شک و تردید می‌شد و نشانه‌های خشم و نفرت در تمام وجودش ریشه می‌دوانید. هنوز برایش سوال بود که چرا محمدزاده خیلی تلاش می‌کرد تا او با سعید گفتگو کند. محمدزاده به سیروس قول داده بود که میتواند جانش را نجات دهد و مشکلاتش را حل نماید، اما سیروس می‌دانست که او حتماً پیش شرطی برای مساعدتش در نظر گرفته بود، حتم داشت که باید با دخترش ازدواج می‌کرد و او را با خود به آمریکا می‌برد و بعداً پای سایر دخترانش را هم به آمریکا باز می‌کرد. اما محمدزاده و بسیاری دیگر خبر نداشتند که سیروس در آمریکا ازدواج کرده بود. سیروس آنچنان در فکر و خیال غرق شده بود که حتی نمی‌دانست هشت ساعت در پشت فرمان نشسته بود و داشت می‌راند. انگار عقلش به جایی قطع نمی‌داد، اما از اینکه توانسته بود مقداری پول از محمدزاده بگیرد بسیار خرسند بود، برای اینکه بتواند رکسانا و اسعد را از مملکت خارج کند به این پول نیاز داشت.

سیروس در حال رانندگی بالاخره به این نتیجه رسید که اگر قرار بود با سعید گفتگو کند بهتر است بدون واسطه و به تنهایی با او روبه‌رو شود. به هر دلیلی که بود او نه تنها به سعید بلکه به محمدزاده هم اعتماد نداشت. اما سرانجام لازم دید که با سعید گفتگو کند. هوا کمکم داشت تاریک می‌شد. سیروس پس از طی کردن مناطق مختلف، حالا به منطقه‌ای رسیده بود که برف همه جا را پوشانده بود و هنوز هم ادامه داشت. هوا سرد بود. کامیونی با سرعت از کنار ماشین سیروس رد شد. از این عبور گذرای کامیون، مقداری برف بر روی شیشه‌ی جلوی ماشینش پاشید و بالاخره او را به خود آورد. متوجه شد که به شهر بروجرد رسیده بود.

تصمیـم گرفـت کـه بـه سـعید زنـگ بزنـد و بـا او گفت‌وگـو کنـد. برای تمـاس تلفنـی بـا سـعید هم هیـچ مشـکلی نداشـت، زیـرا سـعید در خانه‌ی مادری‌اش که به زور گرفته بود زندگی می‌کرد و شـماره‌ی تلفنـش همـان شـماره‌ی قدیمـی بـود. بالاخـره تلفنخانـه‌ی شـهر را پیـدا کـرد و داخـل شـد.

طولـی نکشـید کـه تلفـن خانـه‌ی مـادری سـیروس زنـگ خـورد. امـا اینبـار صـدای مـادرش نبود کـه از پشـت خـط می‌آمـد. صـدای سـعید بـود. صـدای مـردی کـه یـک روز بهتریـن دوسـتش بـود. صـدای مـردی کـه مـادرش را بـا زور اسـلحه از خانـه و کاشانه‌اش بیـرون رانـده بود و از تـُن صدایش پیـدا بـود کـه بـه کار خـود افتخـار هـم می‌کـرد و البتـه طبیعـی بود کـه بـا شـنیدن صـدای سـعید، خشـم دردناکـی در وجـود سـیروس زنـده شـود. لحظاتـی در سـکوت بودنـد تـا اینکـه صـدای سـعید بلنـد شـد. از سـکوت سـیروس حـدس زده بـود کـه او بایـد در پشـت خط تلفن حضـور داشـته باشـد.

«واسـه‌ی تـو بایـد خیلـی سـخت باشـه کـه تصمیـم گرفتـی بـا دشـمن خـودت صحبـت کنـی،...»

سـیروس نفـس عمیقـی کشـید و سـعی کـرد تـا احساسـات خـودش را کنتـرل کنـد، امـا از این تجسـم رنـج می‌کشـید کـه حـالا سـعید بـر روی همـان صندلـی بـرادر و یـا صندلـی مادرش نشسـته باشـد و در حیـن گفتگـوی تلفنـی پاهـای خـود را هـم بـر روی مبـل قرمـز رنگـی کـه در جلـوی آن قـرار داشـت دراز کنـد. سـیروس اشـتباه نمی‌کـرد. تصـورش درسـت بـود. او تـازه بـادی هـم به قـب قبـش انداختـه بـود و خـدا را هـم بنـده نبـود. سـیروس بـرای اینکـه بتوانـد خشـم و احساسـات خود را کنتـرل کنـد سـعی کـرد تـا بـا یـادآوری خاطـرات گذشـته بـه خـودش کمـک کنـد تـا حـرف بزنـد. بـه یـاد زمانـی افتـاد کـه در جوانـی بـه همـراه نـادر و سـعید در سـفری کوتـاه بـه لب سـاحل شـمال رفتـه بودنـد و حسـابی خـوش گذراندنـد. آنهـا تعطیـلات چنـد روزه‌ی خـود را در یـک ویـلای لوکس مشـرف بـه دریـای کاسـپین سـپری کـرده بودنـد. در حیـاط ویـلا، اسـتخر بزرگـی وجـود داشـت. در یکـی از همیـن روزهـا، نـادر و سـیروس لبخندزنـان بـه صـدای هـای و هـوی سـعید و زنـی فاحشـه گـوش می‌دادنـد کـه در یـک اتـاق نزدیـک مشـغول معاشـقه بودنـد. لحظـه‌ای بعـد، صـدای سـعید کـه بـه اوج ارضـا رسـیده بـود برخاسـت و در ادامـه سـکوت برقـرار شـد. سـیروس بـا نگرانـی درب اتـاق را بـاز کـرد و بـه اتفـاق نـادر بـه داخـل خیـره شـد. سـعید بـا زنـی لخـت بـر روی تخـت دراز کشـیده بود و از او دسـت برنمیداشـت. سـرخی رژه لـب بـر روی صـورت سـعید دیـده می‌شـد. زن کـه میانسـال و نسـبتاً سـنگین وزن بـود، بی‌حوصلـه خـودش را بـالا کشـید و بـه دیـوار پشـت تخـت تکیـه داد. در حالـی کـه داشـت سـیگاری را روشـن می‌کـرد بـه طـرف سـیروس و نـادر برگشـت.

«دوسـتتون دیگـه باکرگیشـو از دسـت داد،...، خرجتـون زیادتـر شـد،...، زن ندیـده اسـت...!»

سـیروس درب را بسـت و بـا همراهـی نـادر، آهنـگ تولـدت مبـارک و دامادیـت مبـارک را بـرای سـعید خواندنـد و بـا خنـده و شـادی او را بـه بـاد شـوخی گرفتنـد. درب اتـاق بـاز شـد و سـعید ماننـد

۴۸۰

کســی کـه قلـه‌ی دماونـد را فتـح کـرده باشـد و یا مثل سـردار بزرگی که لشکر دشـمن را شکسـت داده اسـت، لخـت در جلـوی درب ظاهر شـد. در ادامـه از درب ورودی خانه خارج شـد و پیروزمندانه بـه داخل اسـتخر پرید.

صـدای سـعید کـه از پشـت خـط تلفـن می‌آمـد، سـیروس را از دنیای خاطـرات گذشـته بیرون آورد. سـیروس پیـش خـودش فکـر می‌کـرد که زندگی چقـدر کوتـاه و غیرقابل پیش‌بینی بـود. انگار همیـن دیـروز بـود. سـه دوسـتی کـه صمیمـی و جدا نشـدنی به نظر می‌رسـیدند. سـیروس گوشـی تلفـن را بـه گـوش خـود نزدیـک نمـود. نفـس آهسـته و آرامـی کشـید و افکار خـود را جمـع و جور کرد.

«دشـمنان در ذهـن آدم ایجـاد میشـن...، و ذهـن میتونـه تغییـر کنـه...، دوسـتی در روح متولد میشـه...، و روح جاودانـه اسـت...»

سـیروس از باجـه‌ی تلفـن بـه سـمت بیرون سـرک کشـید تا مطمئن شـود کسـی بـه صحبت او گـوش نمی‌دهـد. همـان طـور که انتظار داشـت کسـی در اطرافـش نبـود، بنابرایـن ادامه داد:

«مـن می‌خـوام چنـد نفرو از ایـران خارج کنم بـرای همین به کمـک احتیـاج دارم...، هر چقدرم هزینـه‌اش باشـه، می‌پـردازم...، فکـر کـردم مـن هیـچ وقـت، هیـچ چیـز از تـو بـه عنـوان دوست درخواسـت نکـردم...، ایـن تنهـا درخواسـت من از توئـه...!»

و سـکوتی طولانـی بینشـان فاصلـه انداخت. نیازی نبود که سـیروس اسـامی کسـانی را ذکر کند کـه می‌خواسـت از ایـران فـراری دهـد، حتـم داشـت که سـعید حـدس می‌زد کـه آنها چه کسـانی هسـتند. می‌دانسـت کـه حـالا سـعید مخصوصاً سـکوت کـرده بـود تـا احسـاس قـدرت خـود را به خـودش و بـه سـیروس ثابـت کند امـا بالاخـره صدایش بلند شـد:

«زندگـی خـودت بـرات مهمتره یا رکسـانا و اسـعد...؟» و بعـد از چند لحظه‌ای سـکوت ادامه داد: «اگـه اسـعدُو مسـموم کنـی و بکشـی مـن می‌تونـم بـه تـو و رکسـانا اجـازه بدم کـه از ایـران خارج بشید...!»

سـیروس از پیشـنهاد سـعید، سـرگیجه گرفـت و از تمـاس تلفنی‌اش پشـیمان شـد. درخواسـت او را بسـیار شـرورانه و غیرقابـل تصـور می‌دیـد. او سـعید را تـا بـه این انـدازه خشـمگین و بد طینت ندیـده بـود. تـازه متوجه شـده بـود که هیچ انسـانی نمی‌توانسـت این چنیـن بی‌رحم باشـد. از اینکه بـا یـک هیولای سـنگدل سـالها پیمان دوسـتی بسـته بود از خـودش بـدش می‌آمد. می‌دانسـت که اگـر او اکنـون در کنـارش قـرار داشـت خـدا باید بـه فریادش می‌رسـید، امـا باید خشـمش را کنترل می‌کـرد تـا سـعید متوجـه نشـود، می‌دانسـت که سـعید از خشـم او لذت می‌بـرد و احسـاس قدرت می‌کـرد، پـس لازم بـود بـا خونسـردی بـه بازی ادامـه می‌داد، شـاید فرجی حاصل می‌شـد و سـعید

را بر سر عقل می‌آورد و او را قانع می‌کرد که به خواسته‌ی او جواب مثبت بدهد، از طرفی شاید هم برای خروج آنها مدتی وقت می‌خرید. سعید قبل از ادامه‌ی صحبت اندکی صبر کرد تا سیروس را بیشتر نگران کند و برتری خود را به رخش بکشد، آخر او یک عمر در مقابل سیروس کم می‌آورد و احساس حقارت می‌کرد.

«همون طور که گفتم این یک معامله‌ست...، زندگی اسعد در مقابل زندگی تو و رکسانا...، در حقیقت من احتیاج به معامله هم ندارم...، با پیشنهاد خود اسعد و با نامه‌ای که فرستاده خودش معامله کرده، زندگی خودش در مقابل خروج دخترش رکسانا از ایران...، من فقط میخوام به تو یک فرصتی داده باشم که جون خودتو نجات بدی...، افتخار کشتن اسعد در مقابل آزادی خودت و رکسانا و خروج هر دوی شما بدون هیچ اشکالی از ایران...، البته دو روزم بیشتر فرصت نداری...، اگه آدم‌های من وارد عمل بشن، مطمئن باش که حمام خون راه میفته...، و خوده تو هم در این حمام خون غرق میشی...، من اگه جای تو بودم از این فرصت استفاده می‌کردم و جون خودمو نجات می‌دادم...، اسعد مثل یه آدمه مُردَست، به هر حال...، من فقط میخوام زندگی تو رو نجات بدم...، دوست قدیمی...»

انگار بدن سیروس با شنیدن حرف‌های سعید فلج شده بود. ترس و نگرانی تمام وجودش را فرا گرفته بود. کمی طول کشید تا پاسخ سعید را بدهد:

«من باید به این موضوع فکر کنم...، زود باهات تماس می‌گیرم...»

و بعد گوشی را گذاشت و از کیوسک خارج شد. به طرف درب که می‌رفت پیرمردی را دید که با کلیدی در دست منتظر خروج او بود تا درب را قفل کند. سیروس به علت رانندگی طولانی خسته و خواب‌آلود بود. دستش از جیبش بیرون آمد و انعامی به پیرمرد داد و از درب خارج شد. برف می‌بارید و خیابان خلوت و تقریباً ساکت بود. سیروس با طمانینه در خیابان ساکت حرکت می‌کرد. بی‌اختیار به تیر چراغ برقی تکیه داد و به فکر فرو رفت. انتظار هوای سرد و بارش برف را نداشت و سرما بر وجودش اثر می‌گذاشت. اما هوای سرد کمترین مشکلی بود که او می‌توانست با آن مقابله کند. احساس می‌کرد که فرد و یا افرادی او را مخفیانه و دورادور تعقیب می‌کنند و زیر نظر دارند. اما کسی را نمی‌دید. به طرف ماشینش رفت. سوار شد و حرکت کرد. اما بعد از اینکه مسافتی از شهر خارج شد در جاده ایستاد و شیشه را پایین کشید. هوای داخل ماشین داشت خفه‌اش می‌کرد. مات و مسکوت به دور دست نظر دوخت. دوباره احساس می‌کرد که او را دنبال می‌کنند. اما هر چه به تجسس اطراف مشغول شد نه چراغی به چشمش می‌خورد و نه کسی را می‌دید. فکر کرد دچار توهم شده بود و اعصابش داشت با او یه قُل دو قُل بازی می‌کرد، اما صدای زوزه‌ی گرگ‌ها که از دور دست به گوشش

می‌رسید واقعی بودند. به طرف تپه‌ها و به سمت جایی که صدای گرگ‌ها از آنجا می‌آمد خیره شد. احساس می‌کرد چشمان گرگ‌ها و یا سایه‌هایی او را دیده بودند و زیر نظر داشتند. شیشه را بالا کشید و مطمئن شد که درب‌ها قفل هستند. ترسی وجودش را فرا گرفت اما نمی‌دانست از چه چیزی می‌ترسید. تمام سعی خود را می‌کرد که احساس ترس را از وجود خود دور کند. او نمی‌توانست به خودش اجازه بدهد که در چنین زمان حساسی ترس به دلش راه پیدا کند.

حرف‌های سعید، ذهنش را درگیر ترس و تشویشی کرده بود که پایانی نداشت. باور نمی‌کرد که اسعد بدون اینکه به آنها اطلاع بدهد برای دشمنان خود نامه فرستاده بود و می‌خواست با آنها معامله کند. در صورت صحت این موضوع حتم داشت که صمد در انجام این کار به او کمک کرده بود. به این فکر می‌کرد که شاید سعید درست می‌گفت و او باید بیشتر به خودش و به جولیا اهمیت می‌داد تا اینکه بخواهد به فکر نجات رکسانا و اسعد باشد. از اینکه با جولیا رو راست نبود و به خاطر مبارزات انقلابی خود پیوسته به او دروغ گفته بود احساس بدی داشت. مگر جولیای بیچاره چه گناهی کرده بود که باید زندگی‌اش را بدون اینکه بداند فدای مبارزات سیاسی او می‌کرد. نمی‌دانست که چرا این موضوع، او را نسبت به خودش متنفر کرده بود. نمی‌توانست فکر نکند که برای کدامین هدف او همه چیز را فدا کرده بود، هدفی به نام ایران. در قبال آن چه چیزی به دست آورده بود، جز خشم و دلهره‌ای ویرانگر که در وجودش رخنه کرده بود و حالا با یک تلقی بیمارگونه فکر می‌کرد که در نابودی کشورش نقش زیادی داشت. از درکش فراتر، پیشنهاد دلهره‌آوری بود که سعید به او داده بود که در حال حاضر نمی‌توانست موقعیت و اقتدار او را انکار کند. چگونه می‌توانست دستش را به خون مردی آلوده کند که برای او احترام فراوانی قائل بود. مرگ تدریجی ملت و میهنش تنها نتیجه‌ی وحشتناک و غم‌انگیزی بود که سیروس در مقابل چشمانش می‌دید و حالا تحمل چنین دردی که خود را در قبال آن مسئول می‌دانست چندان آسان نبود.

*****

بارش برف شدیدتر شده بود و سیروس در جاده‌ی خلوت و ساکت، دید مناسبی نداشت. زمین بسیار لغزنده بود. خاطرات تلخ گذشته در ذهن سیروس زنده می‌شدند و به نمایش درمی‌آمدند. بیرون راندن مادرش از خانه و کاشانه‌اش، مرگ مادرش، خودکشی و مرگ برادرش، سوزاندن نادر توسط بهترین دوستش، بدنهای خونین دوستانش در مقابل جوخه‌های اعدام و جنازه‌های آویزان بر طناب دار. واقعاً چه بلایی بر سر مردم ایران نازل شده بود. افکار و خاطراتی از این دست، مثل خوره به جان سیروس افتاده بود و داشت عذابش می‌داد.

آنچنان در فکر و خیال غرق شده بود که حتی متوجه نبود که در یک جاده‌ی پر پیچ و خم لغزنده‌ای می‌راند که از کنار رودخانه‌ای خروشان می‌گذشت. بالاخره اتومبیلش سر خورد و کنترلش را از دست داد. اتومبیل به طرف رودخانه سرازیر شد و چرخ جلوی ماشین در چاله‌ای افتاد. اتومبیلش بر لبه‌ی رودخانه قرار گرفت و باعث شد از فکر و خیال بیرون بیاید، اما هنوز آنچنان در خودش بود که متوجه نشده بود که پیشانی‌اش در اثر برخورد به کنار درب ماشین کمی خون آمده بود.

دفعاتی سعی کرد تا با دنده‌ی عقب حرکت کند اما چرخ‌های جلوی ماشین در چاله درجا می‌چرخیدند و تکان نمی‌خوردند. سیروس با نگرانی عجولانه‌ای اتومبیل و چراغ‌ها را خاموش کرد. به فکرش رسیده بود که شاید او را دنبال کرده باشند، بنابراین اگر حدسش درست بود، نمی‌خواست آنها محل خانه را پیدا کنند. فکر می‌کرد که همان بهتر بود که اتومبیلش در چاله افتاده بود تا در کنار رودخانه از دید آنها محفوظ بماند. سیروس می‌دانست که به هیچ‌کس نمی‌توانست اعتماد کند. از کجا معلوم که حتی همین محمدزاده، او را به سعید وحکومتیها نفروخته باشد. از اینکه مردم این چنین عوض شده بودند گیج و گنگ بود. انگار این مردم همان آدم‌هایی نبودند که آنها را می‌شناخت و با آنها و در میان آنها بزرگ شده بود. شاید هم او از همان ابتدای خلقت، کور و کر بود و مردم را آن طور که باید نشناخته بود. سیروس با احتیاط به طرف خانه‌ای که اسعد و رکسانا در آنجا مخفی بودند حرکت کرد، اما یک لحظه هم از اطراف خود چشم و گوش برنمی‌داشت و مدام از لابه‌لای درختان سر به فلک کشیده به اطرافش نظر می‌دوخت تا از عدم دنبال شدنش اطمینان حاصل کند. می‌کوشید که خود را از دید هر چیزی وَلُو درختان، پنهان نگه دارد. هر چند هیچ چیزی را نمی‌دید اما خیال می‌کرد که موجودات نامرئی او را دنبال می‌کنند. شاید آنها سایه‌های گرگ‌های گرسنه بودند که در آن صورت هر لحظه امکان داشت به او حمله کنند. سیروس با این توهم هولناک بر سرعت گام‌های خود افزود.

در فاصله‌ای نه چندان دور و از پشت پنجره‌ای پوشیده از برف، نگاهی به سمت بیرون خیره شده بود و به نظر می‌رسید او هم مثل سیروس در انتظار اتفاق ناخوشایندی به سر می‌برد.

طولی نکشید که سیروس به خانه رسید و نگران در ایوان ایستاد. به سمت درختان سپیدپوش خیره شد. با همان حال نگران بر روی یک صندلی پوشیده از برف نشست. سرش را به دیوار خیس تکیه داد و چشم‌هایش را بست. برف هنوز می‌بارید و با مهربانی بر روی صورتش می‌نشست. سیروس در تلاش بود تا از این همه فکر و خیال نتیجه‌ای بگیرد و یا لااقل برای یکی از صدها سوالی که در ذهن داشت، پاسخی پیدا کند، اما هیچ فایده‌ای نداشت.

دقایقی بعد، بخار چای داغ در هوای سرد متصاعد می‌شد و در زیر بارش برف ناپدید می‌گشت. اسعد که در سکوت و احتیاط از خانه خارج شده بود، چای به دست در کنار سیروس نشست. او هم به سمت لابه‌لای درختان خیره شد. به نظر می‌رسید هر دو به دنبال یک چیز بودند، آیا فرد و یا سایه‌ای را می‌دیدند که به آنها نزدیک می‌شد. دست اسعد به طرف سیروس دراز شد و یکی از چایی‌ها را به او داد. آنها در سکوت شب و با تماشای ریزش دلنشین برف به نوشیدن چایی مشغول شدند. جفتشان می‌دانستند که باید سکوت را رعایت می‌کردند تا رکسانا بیدار نشود. او در اتاق طبقه‌ی دوم بالای سرشان خوابیده بود. آنچه که جالب بود هیچ کدامشان نمی‌دانستند که هر دو داشتند به ماجراهای زندگی یکدیگر فکر می‌کردند، به اینکه شاید یک نیروی نامریی آنها را بر سر راه یکدیگر قرار داده بود، به اینکه هر دو از یک خانواده‌ی ثروتمند و با نفوذ آمده بودند. در حالی که می‌توانستند مطابق میل خانواده‌های خود به یک زندگی عادی و بدون دغدغه ادامه دهند اما در مسیر دشوار مبارزات عام‌المنفعه قدم برداشته بودند. آنها نمی‌توانستند ببینند و تحمل کنند که دولتمردان غیرمردمی و خصوصاً مذهبی با دروغ و تزویر، مردم بسیار ساده‌لوح و خوش قلب را گمراه می‌کردند و از آنها به منظور کسب موقیعت سیاسی و مادی خود بهره می‌بردند، خصوصاً کشورهای استعمارگری به مانند انگلیس که با نفوذ خود، روحانیت را تشکیل داده بودند و از آنها برای نابودی ملت و مملکت ایران استفاده می‌کردند. البته قصد آنها از ورود به صحنه‌ی مبارزات سیاسی، تغییر سیاست جهانی نبود، فقط می‌خواستند ملت مهربان خود را مطلع و آگاه سازند، اما ماحصل تمام کوشش‌هایشان به هیچ و پوچ تبدیل شده بود و برای آنها جز احساس رنج و گناه ره‌آورد دیگری نداشت. رنجی که از مشکلات فراوانی سرچشمه می‌گرفت که بر ملت و خانواده‌ی خود تحمیل کرده بودند و خود را در بروز این فلاکت مقصر می‌دانستند. آنها دیگر فهمیده بودند که هیچ نقش و کنترل محسوسی بر اوضاع نداشتند و می‌دیدند که نه تنها تمام اتفاقات سال ۱۳۳۲ دوباره تکرار شده بود بلکه حتی یک حکومت مستبد و خونخوار در زیر نام اسلام بر مملکت جولان می‌داد.

اسعد گاهی در این آرزو به سر می‌برد که چه خوب می‌شد سیروس با دخترش ازدواج می‌کرد اما با گذشت زمان که بیشتر سیروس را شناخته بود عطای چنین آرزویی را به لقاءاش بخشیده بود. در واقع سیروس را آینه‌ی تمام قد خود می‌دید و نمی‌خواست دخترش به همان روزگاری دچار شود که مادرش لیندا در چاهش افتاده بود. می‌دانست که فقط پاکی و راستی برای یک زندگی آرام کفایت نمی‌کرد. دریافته بود که سیروس هم به مانند او، به ملت و مملکتش تعلق داشت. حالا جفتشان واقف شده بودند که بدون داشتن یک پایگاه قدرتمند و پشتیبانی یکپارچه‌ی مردمی راه به جایی نمی‌بردند.

اسعد و سیروس هنوز در سکوت به مرور خاطراتشان مشغول بودند و در حین تماشای ریزش برف، وضعیت یکدیگر را سبک و سنگین می‌کردند. سیروس کمی از چای خود را نوشید و در حالی که به داخل برفها خیره شده بود سکوت را شکست:

«این بار ما چه اشتباهی کردیم؟، چرا ما نمی‌تونیم با این مردم به یک نتیجه‌ای برسیم و این ملتو آزاد کنیم...؟»

اسعد پاسخ داد:

«برای من دیگه دیر شده که به دنبال دلیل این حقیقت باشم...، و یا بفهمم چه اشتباهی رخ داده، این‌رو به جوون‌ها میسپارم...» و با کشیدن نفس عمیقی ادامه داد: «من مطمئن هستم که برادران و خواهران جوون و پرشوره ما یه روز از خواب بیدار میشن و به این موضوع پی میبرن که تا این روحانیت انگلیسی تو مملکت هست هیچ چیز در اینجا تغییر نمی‌کنه و فقط به نابودی اسلام و ایران ختم میشه، و در آخر جوونها و نسل آینده از اسلام گریزان میشن و ریشه‌ی اسلام تو ایران خشک میشه...، و این بهترین چیزیه که این انقلاب اسلامی میتونه به ملت ایران هدیه کنه...»

از لبه‌ی سقف خانه، انباشته‌ای از برف جدا شد و پس از برخورد با نرده‌ی ایوان در جلوی آنها فرود آمد. برفی که بر روی سر و کولشان پخش شده بود موجب شد آنها به خود بیایند. نگاه سیروس بیاختیار به طرف اسعد برگشت. حتی در تاریکی شب هم می‌توانست اشک‌های اسعد را ببیند که در گوشه‌ی چشم‌هایش حلقه زده بود. خوب می‌دانست که اسعد به خاطر تمام ناملایمات و اتفاقاتی که در زندگی‌اش رخ داده بود اشک می‌ریخت. به خاطر بلایی که بر سر ملت و مملکت آورده بود و خود را در قبال آن مسئول می‌دانست گریه می‌کرد، اما این باعث نمی‌شد که سیروس نگرانی خود را از او پنهان کند، بنابراین زبان گشود:

«چطور تونستی به سعید اطمینان کنی و با اونها وارد معامله بشی...؟، چرا به من نگفتی که واسشون نامه نوشتی...؟»

اسعد کمی به سیروس نظر دوخت و زمزمه کرد:

«من به اونها اعتماد ندارم و به اونها نگفتم که کجا هستم...، من فقط به اونها پیشنهاد دادم...، اگه با خروج شما و رکسانا موافقت کنن، من خودمرو در اختیار اونها قرار میدم...، قرار بود جواب اونهارو بگیرید...، به همین دلیل از شما خواستم اول با سعید ملاقات کنید...»

پس از سخنان اسعد، نگرانی و اضطراب سیروس دوچندان شد. از جایش برخاست و به سمت داخل درختان خیره شد. لااقل از اینکه به دیدن سعید نرفته بود و تنها با او یک گفتگوی تلفنی داشت، خرسند بود، اما یک حسی به او می‌گفت که به محمدزاده هم نباید

اطمینان می‌کرد. از کجا معلوم که محمدزاده با سعید در تماس نبود و او را تا به اینجا دنبال نکرده بود. سیروس حالا یقین داشت که آنها او را تعقیب کرده بودند. با چشمانی پر از تشویش به تجسس منطقه مشغول شد. نگران به طرف اسعد برگشت که او هم از جایش بلند شده بود.

«ما باید هر چه زودتر از اینجا بریم...، من حتم دارم که اونها منو دنبال کردن و هر آن ممکنه به ما حمله کنن...!»

سیروس درب ورودی را باز کرد تا وارد خانه شود اما صدای آرام اسعد که هنوز به طرف درختها خیره شده بود او را از حرکت بازداشت.

«به هر حال تو می‌دونی که من سِل دارم و در حال مرگم...، بنابراین رفتن و نرفتنم هیچ فرقی نمی‌کنه...، من دارم می‌میرم...، اگه اونها تو رو دنبال کرده باشن پس همه‌ی ما در خطریم...، اما اگه اونها منوُ ببینن که هنوز اینجا هستم این به شما فرصت میده که رکسانارو شبونه و مخفیانه از اینجا دور کنی...، این تنها چیزیه که ما می‌تونیم برای اون انجام بدیم...، من به تو ایمان و اعتماد دارم، می‌دونم که تو اون‌رو تنها نمیزاری و هر جوری شده از ایران خارج می‌کنی...، این تنها خواسته‌ی من پیرمرد از تو است...، خواهش می‌کنم با من مخالفت نکن و این‌بار رو به خواسته‌ی من عمل کن...، که من حداقل با کمی آرامش بمیرم...، این برای همه بهتره...»

آنها لحظاتی به هم نگاه کردند و به نظر می‌رسید هیچ یک سخنی برای گفتن نداشتند. سیروس می‌دانست که به هیچ وجه نمی‌توانست اسعد را قانع کند تا با آنها همراه شود. اسعد سکوت را شکست:

«داشتم فراموش می‌کردم، امروز روز تولد رکساناست، و من فکر کردم اون‌رو سورپرایز کنم...، جشن کوچیکی ترتیب دادم، بیا بریم تو...، وقت زیادی نداریم....، شما باید بعد از جشن تولدش حرکت کنید...»

اسعد وارد خانه شد. سیروس وقتی به داخل خانه پا گذاشت، سرش برگشت و به طرف درختان خیره شد، غرق در فکر و خیال....

*****

فصل ۴۶

هنگامی که امید برای بقاء به معنای پنهان کردن حقیقت است...

پاسی از نیمه شب گذشته بود، دیر وقت‌تر از آن بود که هر مرد عاقلی با صدای تار خود همه را از خواب بیدار کند، اما برای اسعد زمان دیگری باقی نمانده بود. به نظرش می‌رسید که در آن موقع از شب، نواختن دلنشین تار بهترین راه برای بیدار کردن رکسانا بود و البته بی‌ثمر هم نبود. رکسانا که در طبقه‌ی دوم مست خواب بود با صدای تار اسعد بیدار شد. به دنبال صدای تار از اتاقش بیرون آمد و در بالای راهپله قرار گرفت. با کمال تعجب می‌دید که اتاق نشیمن فقط با نورافشانی شمعها برای یک جشن تولد تزئین شده بود. پدرش با لبخندی در زیر یک تابلوی کاغذی ایستاده بود و داشت تار می‌زد. بر روی تابلو «تولدت مبارک رکسانا» نوشته شده بود. رکسانا به طرف پدرش حرکت کرد. در داخل آشپزخانه، سیروس پیش‌بندی بسته بود و در انتظار آمدن رکسانا، یک کیک از ماست در دست داشت که شمع قرمز رنگی در وسطش روشن بود. وقتی سر و کله‌ی رکسانا در اتاق نشیمن پیدا شد سیروس در حالی که آهنگ تولدت مبارک را به انگلیسی و فارسی می‌خواند از آشپزخانه بیرون آمد. رکسانا با دیدن سیروس آنچنان ذوق زده شده بود که می‌خواست به طرفش برود و او را در آغوش بگیرد و بوسه باران کند، اما خود را کنترل کرد. به هر شکل از بازگشت سیروس که باعث شده بود او از ترس و نگرانی فارغ شود بسیار خوشحال بود. اسعد به سیروس پیوست تا به اتفاق او برای رکسانا بخوانند و برقصند. رکسانا آنقدر در عشق محصور شده بود که توان نداشت جلوی اشکهایش را بگیرد. از اینکه پدرش برخلاف او هنوز روز تولدش را فراموش نکرده بود در تعجب به سر می‌برد. سیروس کیک را جلوی او نگه داشت. رکسانا می‌دید که شمع وسط ماست چندان پایداری نداشت و هر لحظه امکان داشت بیفتد و در ماست بخوابد. ابتکار استفاده از ماست به جای کیک برایش جالب‌تر از هر چیز دیگر بود. خصوصا اینکه پدرش و سیروس خود ماست می زدند. و حتم داشت این‌بارماست را ضخیم‌تر زده بودند که شمع در آن بیاستد. رکسانا بالاخره شمع را فوت کرد، هر چند شعله‌اش خاموش شد اما همان طور که حدس می‌زد شمع بر سطح ماست خوابید.

در حالی که شادی رکسانا و اسعد ادامه داشت، سیروس هم ظاهراً سعی می‌کرد تا نگرانی‌اش را از رکسانا پنهان کند، از همین رو بهانه‌ای گرفت و لحظاتی اتاق را به سمت ایوان خانه ترک کرد تا اوضاع و احوال بیرون را کنترل کند. برف هنوز می‌بارید و اوضاع جَوی به حدی نامساعد بود که نمی‌توانست جایی را خوب ببیند. سکوت محض در محیط برقرار بود.

*****

طولی نکشید که سیروس به داخل اتاق نشیمن برگشت. با اینکه باطنی بسیار نگران و مضطرب داشت اما با دیدن رکسانا که در کنار پدرش نشسته بود و به نوا و نوازندگی‌اش گوش می‌داد، تمام تشویش خود را از یاد برد و به نوعی آن را در پشت لبخندی که بر چهره‌اش نشانده بود پنهان نمود. نگاهش در اطراف خانه سیری کرد و مجدداً به سمت آنها برگشت. سپس سازدهنی‌اش را از جیبش بیرون آورد و در حالی که به طرف رکسانا می‌رفت به زدن و رقصیدن مشغول شد. رکسانا با نزدیک شدن سیروس از جایش برخاست و به او پیوست. رقصشان با خنده و شادی و در میان آوای سازی که به سو سوی شمعها صفا می‌بخشید ادامه پیدا کرد. بعد از چند آهنگ شادی‌بخش، رکسانا پدرش را هم با رقص خود همراه کرد. حالا با صدای آهنگ ساز دهنی سیروس، اسعد و رکسانا به رقص کردن مشغول شدند. رکسانا و سیروس هر چند با تعجب به اسعد نگاه می‌کردند اما نمی‌خواستند که او از رقصیدن باز بماند، اما بعد از یک یا دو آهنگ، اسعد بالاخره خسته شد. هر چند چنین لحظاتی شاید هرگز تکرار نمی‌شد اما فکر و خیال نگران سیروس و اسعد بیشتر معطوف دنیای بیرون از خانه بود.

رکسانا می‌دید که پدرش از فرط خستگی به تنگی نفس افتاده بود. سیروس با اشاره‌ی اسعد از زدن هارمونیکا خودداری کرد. اسعد در سکوت بعد از جشن به طرف رکسانا برگشت، لحظاتی به چشمان او نگاه کرد. تبسم رضایتبخشی بر لب داشت.

«من سنِ زیادی ازم گذشته و مثل شما جوونها توان ندارم ادامه بدم...، باید استراحت کنم...، اما بهتره شما جشنو ادامه بدید...»

بعد هم رو به سیروس کرد و کلامش را ادامه داد:

«شاید بهتر باشه تو طبیعت برفی زیبای بیرون شادی کنید که من هم بتونم کمی استراحت کنم...»

و دوباره به طرف رکسانا برگشت و پس از اینکه لحظاتی به او نگاه کرد، زبان گشود:

«تولدت مبارک دختر زیبا و دوست داشتنیم...، تولدت مبارک...!»

«ممنونم دَدی...!»

«بابا...!، من بیشتر دوست دارم بابا صِدام کنی...!»

"ممنونم بابا...!»

«سپاسگزارم دختر زیبا و دوست داشتنیم...، اما پدر پیرو فرتوتت فقط یه خواهش ازت داره، و اون اینه که میخواهم به من قول بدی تا زمانی که تو ایران هستی به سیروس اعتماد کنی و هر چی بهت گفت گوش کنی...، این تنها خواسته‌ی من از دختر زیبا و دوست داشتنیمه...!»

رکسانا هر چند از سخنان پدرش قدری غافلگیر شده بود، اما به احترام سرش را تکان داد.

«باشه بابا...!»

اسعد بوسه‌ای بر پیشانی دخترش کاشت و محکم او را بغل کرد. بعد از یک آغوش طولانی از رکسانا جدا شد و به سمت طبقه‌ی دوم از پله‌ها بالا رفت. در حین حرکت برای اینکه رکسانا اشکهای جاری چشمانش را نبیند هرگز به طرف او برنگشت. نگاه سیروس و اسعد برای آخرین بار به هم افتاد. هر چند جفتشان به ظاهر لبخند بر چهره داشتند و تمام سعی خود را می‌کردند که همه چیز را به خاطر آرامش رکسانا عادی جلوه دهند، اما در باطن بسیار نگران و مضطرب بودند و می‌دانستند که این آخرین باری است که رکسانا پدرش را می‌بیند، اما وقتی اوضاع به خداحافظی ختم می‌شود هیچ چیز عادی و خوشحال‌کننده نمی‌تواند باشد. سیروس و اسعد می‌دانستند که اگر می‌خواستند به نجات رکسانا امیدی داشته باشند باید قبل از روشن شدن هوا او را از آنجا دور می‌کردند. اسعد در بالای پله‌ها از دید رکسانا ناپدید شد. رکسانا که نمی‌دانست شاید این آخرین باری باشد که پدرش را می‌دید همین طور به بالای پله‌های خالی خیره شده بود. رکسانا آنچنان در احساس امنیت و شادکامی غرق بود که از دنیای پر از تشویش و متلاطم سیروس و پدرش هیچ اطلاعی نداشت. صدای سیروس او را به خود آورد:

«بهتره ادامه‌ی جشن تولدتو توی هوای آزاد و زیر برفها ادامه بدیم...، که بابات هم بتونه استراحت کنه...، شاید هم من به کمک تو احتیاج داشته باشم...، ماشینم توی جاده لیز خورد آخرشم گیر کرد لبه رودخونه...، میتونیم توی ماشین جشن تولدتو ادامه بدیم...، لطفاً کیف خودتو به همراه لوازمه اولیه را بردار...»

رکسانا در تعجب پرسش‌گرانه‌ای به سر می‌برد که چرا سیروس چند پتو برداشت و بر روی ساک نسبتاً بزرگی که از قبل آماده کرده بود انداخت تا با خودشان ببرند، سیروس که متوجه‌ی این حالت او شده بود بی‌درنگ ادامه داد:

«لطفا از من سوال نکن...، من برای کمک به ترتیب فرارمون از ایران به کمک تو نیاز دارم...، راستش باید به شهر هم بریم و برای پاسپورتی که باید برات گرفته شه، عکس بگیریم...، که

دچار مشکل نشیم...، باید قبل از اینکه هوا روشن بشه خودمونو به شهر برسونیم تا مطمئن بشیم کسی نبینتمون...»

رکسانا با عجله به اتاقش در طبقه‌ی دوم رفت تا لوازمش را بردارد. نگاه سیروس به تار اسعد افتاد که اکبر به رکسانا هدیه داده بود. بلافاصله آن را برداشت و داخل پتویی پیچید و در کنار وسایلی گذاشت که باید با خود می‌بردند. در همین موقع رکسانا به اتاق نشمین برگشت. ساک کوچکی را در دست داشت. با دیدن سیروس کمی نگران شده بود، اما به خاطر داشت که یکی دو بار زندگی خود و سیروس را در معرض خطر مرگ قرار داده بود و نمی‌خواست مجدداً این برنامه را تکرار کند، باید به سیروس اعتماد می‌کرد. سرانجام رکسانا به دنبال سیروس راه افتاد. سیروس در حالی که لوازم مورد نیاز خود حمل می‌کرد از درب عقب خانه به طرف رودخانه خارج شد.

در بیرون خانه زوزه‌ی گرگ‌ها با آهنگ جریان آب رودخانه درهم آمیخته بود. برف و سرما بیداد می‌کرد. سیروس و به دنبالش رکسانا به لب رودخانه رسیدند و به سمت اتومبیلش حرکت کردند. سیروس حدس می‌زد که اگر سعید و نیروهایش او را تعقیب کرده باشند قاعدتاً باید در اطراف جاده‌ی منتهی به خانه کمین کرده باشند بنابراین آنها باید در سکوت و احتیاط تا آنجا که می‌توانستند از جاده دور می‌شدند تا به اتومبیلش می‌رسیدند و بعد راه چاره‌ای برای خارج شدن از آنجا پیدا می‌کردند، این را هم می‌دانست که دیر یا زود باید نقشه‌اش را با رکسانا در میان می‌گذاشت اما نه تا وقتی که لازم بود، زیرا که نمی‌خواست او را بترساند و یا رکسانا از رفتن با او خودداری ورزد.

اسعد داخل بالکن بزرگ جلوی اتاقش ایستاده بود و در زیر بارش برف با احتیاط به سمتی که سیروس و رکسانا رفته بودند نگاه می‌کرد. عاجزانه از خدای خود می‌خواست که آنها سالم از آنجا دور شوند، حتی با شنیدن زوزه‌ی گرگ‌ها از آنها هم کمک می‌طلبید. هر چند سیروس و رکسانا از دید او ناپدید شده بودند اما هنوز هم نمی‌خواست بالکن را ترک کند. به دلش افتاده بود که شغالها و گرگ‌ها داشتند در لابه‌لای درختان راه می‌رفتند و سایه‌ی حرکت زیرکانه‌ی آنها را می‌دید، اگر هم آنها سایه‌ی نیروهای سعید بودند با دیدن او حواسشان از سیروس و رکسانا پرت می‌شد و به آنها فرصت می‌داد تا از منطقه‌ی خطر دور شوند، از همین رو اسعد در وسط بالکن و در زیر بارش برف نشست و به شستن دست، صورت و گرفتن وضو مشغول شد. مطمئن بود که آنها او را می‌بینند، اما زیرچشمی به طرف درختان و به سمتی جایی که رکسانا و سیروس رفته بودند نگاه می‌کرد و همه چیز را زیر نظر داشت.

سیروس و رکسانا در کنار رودخانه به راهشان ادامه می‌دادند. رکسانا متوجه شده بود که

نگاه سیروس از روی خانه و از لابه‌لای درختان برداشته نمی‌شد و خیلی هم عجله داشت. با نگرانی نگاهش در جهت نگاه سیروس چرخید. سیروس که متوجه او شده بود بسیار آهسته به طرف رکسانا زمزمه کرد:

«گرگ‌ها امکان داره هر لحظه از بین درختها پیداشون بشه...، باید بسیار ساکت باشیم وعجله کنیم...»

سیروس سعی خودش را کرده بود اما به نظر می‌رسید رکسانا قانع نشده بود.

*****

در داخل بالکن، اسعد با دستمال سفیدی به خشک کردن دست و صورتش مشغول بود. او یقین داشت که اگر عبادتش با خدا کمی به تاخیر می‌افتاد حتماً خداوند او را به خاطر آخرین خداحافظی با دخترش می‌بخشید. هر چند سیروس و رکسانا از دید او ناپدید شده بودند اما هنوز در قلب و ذهنش حضور داشتند و هرگز دور نمی‌شدند، حتی وقتی چشمانش را برای نیایش بسته بود، تصویر آنها را در مقابل دیدگانش می‌دید.

اسعد حضور عزرائیل را در اطراف خود احساس می‌کرد که انگار آمده بود جانش را در آن شب سرد برفی بستاند، اما یک آرامش و صلحی دلنشین در وجودش رخنه کرده بود و او را برای استقبال از مرگ آماده می‌کرد. گویی زندگی او قبل از مرگ به عقب برگشته بود. به مانند یک کودک کوچک دستها و صورت خود را به سمت آسمان گرفت و در تماشای بارش برفی محو شد که تماس آن را بر روی صورت و دهان بازش احساس می‌کرد. اجازه داد تا دانه‌های برف چشمانش را هدف بگیرند و بپوشانند، اما طعمشان را بر روی زبان خود می‌چشید. در حالی که آهنگ گرگ‌ها در گوشش می‌پیچید، ذهنش به زمان کودکی دخترش سفر کرد. انگار همین دیروز بود که رکسانا در آغوشش گریه می‌کرد و اسعد برای خواباندنش آهنگ لالایی کن دختر من را می‌خواند. اسعد ناخودآگاه خود را داخل اتاق پیدا کرد که در آینهی کوچک روی دیوار خود را می‌دید. انگار داشت با خودش هم خداحافظی می‌کرد، اما هنوز به زمزمه‌ی آهنگ لالایی کن دختر من ادامه می‌داد، حتی وقتی که پای سجاده‌اش آماده‌ی به جا آوردن نماز بود، تصویر رکسانا را در کنار سجاده‌اش می‌دید که به او لبخند می‌زد. عاجزانه سرش را بالا گرفت و به سمت خدا نگاه کرد. امیدوار بود که خدای بزرگ به فکر دخترش باشد و از او محافظت کند. اشک از گوشه‌ی چشمانش جاری شد و از گونه‌های سردش به سمت پایین سُر خورد. انگار ناراحتی و اندوه اسعد سنگین‌تر از آن بود که قبل از آمدن عزرائیل او را نَکُشد.

*****

تــار

در کنـار رودخانـه، رکسـانا محکم سـیروس را گرفتـه بود تا بتوانـد تعادلش را توی بـرف و زمین لغزنـده حفـظ کند. سـیروس چاره‌ای نداشـت که وسـایلی را در دسـتش جابجا کند تا رکسـانا بتواند بـازوی او را بـه راحتـی بگیـرد. هـر چـه بیشـتر در آن هـوای برفـی و مه‌آلـود جلو می‌رفتنـد حرکت سـایه‌ی گرگ‌هـا در لابـه‌لای درختـان، بیـش از پیـش سـیروس را نگـران و مضطـرب می‌نمـود، اما تمـام سـعی‌اش را می‌کـرد کـه حـواس رکسـانا را پـرت کنـد تا متوجـه‌ی آنها نشـود. حالا سـیروس مطمئـن بـود کـه ایـن حرکـت سـایه‌ها نمی‌توانسـت فقـط مختـص گرگ‌های گرسـنه باشـد، حتم داشـت سـعید و نیروهایـش او را از تهـران دنبـال کـرده بودنـد و حالا داشـتند به طـرف خانه حرکت می‌کردنـد، بنابرایـن بایـد هـر چـه زودتـر رکسـانا را از آن منطقـه دور می‌کـرد. سـایه‌ی گرگ‌هـای درنـده نزدیکتـر می‌شـدند. قلب جفتشـان به تپـش افتاده بود. سـرانجام بـه تپه‌ی کوچکی رسـیدند کـه اتومبیـل سـیروس در پائیـن آن تپـه و در لـب رودخانـه گیـر کـرده بـود. سـیروس بـا عجلـه و احتیـاط خـود را بـه ماشـینش رسـاند. درب صنـدوق عقـب را گشـود و هـر آنچـه را کـه در دسـت داشـت داخـل ماشـین گذاشـت. سـپس بـا همان تعجیلـی که داشـت درب‌هـای عقب ماشـین را باز کـرد و صندلی‌هـا را خوابنـد. رکسـانا در حالـی کـه تـار پـدرش را حمـل می‌کـرد بـه طـرف صندلی جلـو ماشـین رفـت و در آنجا نشسـت. تـار را با احتیـاط در صندلی عقـب قرار داد. سـیروس نگران و مضطـرب بـه طـرف خانه نظـر دوخت، سـپس نگاهـش به طرف رکسـانا برگشـت.

«مـن یکـی از پتوهـارو انداختم توی برفها، توی ماشـین بمون تا من برم پیـداش کنم برگردم ...»

سـیروس منتظـر پاسـخ رکسـانا نمانـد، بلافاصلـه درب را بسـت و بـه بـالای تپه رفت. به سـمت خانـه خیـره شـد. چیـزی نمی‌دیـد. در ایـن فکـر بـود حالا کـه رکسـانا در داخـل اتومبیـل از چنگ گرگ‌هـا محفـوظ بـود بـا عجله به طـرف خانه بـرود تا ببینـد ومطمئن شـود که سـایه‌ها، گرگ‌های گرسـنه بودنـد نـه آدمهـای سـعید. بـا عجلـه بـه سـمت خانـه حرکـت کـرد. دیری نگذشـت کـه با رقـص نـور چـراغ قوه‌هایـی کـه در لابـه‌لای درختـان مه‌آلود اطـراف خانه می‌دید، شـکش بـه یقین تبدیـل شـد. آدمهـای سـعید داشـتند مثـل مـور و ملخ بـه طـرف خانه حرکـت می‌کردند. سـیروس می‌دانسـت کـه هیـچ راهی بـرای نجات اسـعد وجود نداشـت. نگاهش به طرف ماشـین برگشـت. در ایـن فکـر به سـر می‌بـرد که حداقـل باید تمـام افـکارش را بـر روی نجات رکسـانا متمرکـز می‌کرد.

رکسـانا کـه از تاخیـر سـیروس نگـران شـده بـود از ماشـین پیـاده شـد و از تپـه‌ای کوچـک بالا رفـت. وقتـی بـه بالای تپه رسـید متوجـه‌ی نور چراغ قوه‌هایی شـد کـه در لابه‌لای درختـان مه‌آلود در رقـص بودنـد و بـه طـرف خانه‌ی پـدرش نزدیک می شـدند. تازه متوجه‌ی نگرانی سـیروس شـده بـود. رکسـانا می‌دانسـت کـه نیروهـای سـعید داشـتند به سـمت پـدرش می‌رفتنـد. رکسـانا زیرلب زمزمـه کرد:

عطا ثروتی *

«بابا...؟!»

و بعد بدون اینکه به خطری فکر کند با عجله به طرف خانه حرکت کرد. هر چند برف و باد و بوران بر سر و صورت و دیدگانش تازیانه می‌زد و حرکتش را دشوار می‌کرد اما همچنان به طرف خانه و حتی پیدا کردن سیروس به راهش ادامه می‌داد. صدای گرگ‌های گرسنه مثل موسیقی خوفناک مرگ در گوشش می‌پیچید.

*****

درست در زمانی که رکسانا با عجله به سمت پدرش حرکت می‌کرد، ناگهان درب و پنجره‌های طبقه‌ی پائین خانه از جا درآمدند و تکه‌های چوب و شیشه به اطراف پخش شدند. مردان مسلح سعید با چراغ قوه‌های خود به داخل خانه هجوم بردند. نور چراغ قوه‌هایی که در فضای داخل خانه جابه‌جا می‌شد نشان می‌داد که آنها در حال جستجو بودند. هر دربی را که پیدا می‌کردند بلافاصله می‌شکستند و داخل می‌شدند. رقص نور چراغ قوه‌هایی که بر روی دیوار راه‌پله که به طرف طبقه‌ی دوم می‌رفت ادامه داشت. سرانجام نورها وارد یکی از اتاق‌ها شدند و همه بر روی اسعد که مشغول ادای نمازش بود ثابت ماندند.

«الله اکبر...»

و این صدای اسعد بود که از سجود بلند شده بود و با آرامش و بدون اعتنا داشت نمازش را می‌خواند، در حالی که مردان امام با مسلسل‌های خود به دورش حلقه زده بودند. اسعد به رکوع رفت.

«الله اکبر...»

با اینکه اسعد به تنهایی مشغول ادای نماز بود اما این مردان مسلح امام بودند که در ترس و تشویش قرار داشتند، انگار آنها با یک شیر درنده‌ی وحشی رودررو شده بودند. همه در انتظار آمدن رئیس خود لحظه شماری می‌کردند. بالاخره به دنبال ورود چند مرد مسلح دیگر، سر و کله‌ی سعید پیدا شد. با دیدن اسعد، خند بر لبانش نشست. انگار افتخار دیگری را برای امامش کسب کرده بود. چند ماهی بود که تمام سوراخ‌سنبه‌ها را به دنبال اسعد می‌گشتند. اما انگار هیچ یک جرات نداشتند که به او نزدیک شوند، ولی سعید که در وقاحت و بی‌رحمی رو دست نداشت نتوانست منتظر بماند تا اسعد نمازش را تمام کند بنابراین با لگدی او را بر روی زمین دراز کرد و نمازش را شکست. سعید حتی حرمت نماز را هم نگه نداشت. اسعد در آرامش تمام به یکایک آنها نگاه کرد و سرانجام به سعید چشم دوخت.

اسعد ناخودآگاه به یاد زمانی افتاد که عوامل ساواک در زمان حکومت شاه به خانه‌ی او

ریختنـد. آنهـا منتظـر ماندنـد تـا اسـعد نمـازش را تمـام کنـد و بعـد او را با احتـرام دسـتگیر کردند و بـا خـود بردنـد، امـا حـالا ایـن مردان بـه ظاهر مسـلمان امـام حتی بـه او اجـازه ندادند تـا نمازش را تمـام کنـد. حـالا کـدام مسـلمان‌ترند؟ اسـعد در حالـی کـه تـوی چشـمان سـعید زل زده بـود به زمزمه‌ی شـاهنامه مشـغول شـد.

کلام شـاعرانه‌ی اسـعد اعتـراض کنایه‌آمیـزی نسـبت بـه رفتـار سـعید، نیروها وخصوصـاً امامش بـود کـه خود را سـپاهیان اسـلام می‌نامیدنـد، اما کارهای آنها از اسـلام هیـچ بویی نبرده بود. اسـعد آینـده‌ی خـود را بـه خوبـی جلـوی چشـمانش می‌دیـد و از مـرگ هراسـی نداشـت. تنهـا آرزویـش نجـات دخترش بـود. می‌دانسـت تـا زمانی کـه سـعید و نیروهایش بـا او سـرگرم بودند، سـیروس و رکسـانا وقـت بیشـتری پیـدا می‌کردنـد تـا از آن جا فـرار کنند.

سـعید بـا لگـدی ناگهانـی، اسـعد را از فکـر و خیال رکسـانا بیـرون آورد. سـپس با فشـار لگدش او را بـر روی زمیـن دراز کـرد. تعـدادی از دندان‌هـای اسـعد در اثر لگد سـنگین سـعید شکسـته بود و خـون داشـت از دهـان و دماغـش جـاری می‌شـد. اسـعد در حالی کـه دندان‌های شکسـته‌اش را از داخـل دهانش برمیداشـت بـه زمزمه‌ی شـاهنامه‌خوانی‌اش ادامه مـی‌داد و صدایش هم بلندتر شـده بود. با اسـتقامت اسـعد، خشـم سـعید بیشـتر و بیشـتر می‌شد.

حـالا نـور چـراغ قوه‌ی سـعید در اطراف اتـاق می‌چرخید و بر روی اشـیای قیمتی ثابت می‌شـد. یکـی از مردانـش آنهـا را برمی‌داشـت و بعـد نـور دوبـاره بـه حرکتـش ادامه مـی‌داد. پرتو چـراغ قوه بـر روی تصویـری از سـیروس و رکسـانا متوقـف شـد. سـعید عکـس را برداشـت و بـه آن زل زد. بـه نظـر می‌رسـید مانند شـیر گرسـنه‌ای کـه به دنبـال طعمه‌اش بـود عکس را بـر روی زمیـن انداخت و بـه مردانـش رو کرد.

«اونها اینجا هستن!، خونه‌رو خوب بگردین...!»

صدای یکی از نیروهایش بلند شد:

«همه جا رو گشتیم، هیچ اثری از اونها نیست...»

اما این پاسخی نبود که برای سعید قابل قبول باشد.

«دوباره بِگردین...، باید اینجا باشن...!»

و بـه داخـل بالکـن رفـت و در هـوای مه‌آلـود برفـی، لحظاتـی بـه دور دسـتها و به سـمت جایی کـه درختهـا بودنـد خیـره شـد. سـپس نگاهـش بـه طـرف اسـعد برگشـت کـه هنـوز بـه زمزمـه‌ی شـاهنامه‌خوانی‌اش ادامـه مـی‌داد. سـعید در حالی که از روی خشـم و نفرت دنـدان قروچه می‌رفت، زمزمـه کرد:

«اونها باید همین اطراف باشن، باید پیداشون کنید...!»

و در ادامه با حرکت سر به یکی از مردانش اشاره کرد تا کارش را شروع کند. مامور با پیت بنزینی که در دست داشت وارد عمل شد و بر روی اسعد و بعد هم در اطراف اتاق بنزین پاشید، اما این اقدام باعث نشد که اسعد خم به ابرو بیاورد و از جایش تکان بخورد، برعکس صدایش برای خواندن شاهنامه بلندتر هم شده بود. برای لحظاتی اسعد شاهنامه‌خوانی‌اش را متوقف کرد و به سعید نظر دوخت.

«می‌بینم شما تو کاره خودتون بسیار تجربه دارید...، به همین طریق سینما رکس آبادان را هم به آتش کشیدید و آن همه مردم بیگناه‌رو زنده زنده تو آتیش سوزوندید...!، و بهترین دوستت نادر رو هم به همین شکل جزغاله کردی...!»

هر چه اسعد بیشتر استقامت می‌کرد و به او طعنه می‌زد، سعید بیشتر عصبانی می‌شد. سعید وارد اتاق شد و کبریتی را کشید. شعله‌ی کبریت روی صورت سعید می‌رقصید و خشمش را در نوری دوچندان به تماشا می‌گذاشت. چشمان اسعد و سعید در هم قفل شد. حالا اسعد با صدای بلندتری شاهنامه می‌خواند و از سرزمین ایران و کوروش بزرگ می‌گفت. سعید که به سر حد جنون رسیده بود و داشت به سمت درب خروجی حرکت می‌کرد کبریت شعله‌ور را بر روی اسعد انداخت. اسعد و اطرافش به یکباره گُر گرفت. سعید و نیروهایش بعد از اینکه مطمئن شدند اسعد کاملاً آتش گرفته بود و سرتاسر اتاق هم داشت در آتش می‌سوخت، آنجا را ترک کردند. طولی نکشید که اسعد در میان شعله‌های آتش ناپدید شد. در حالی که صدایش ضعیفتر می‌شد به طرف پنجره‌ی قدی حرکت کرد و خود را به داخل بالکن رساند. همچنان که در آتش می‌سوخت، کمکم به زانو سقوط کرد و صدایش قطع شد. حتی بارش برف هم توان نداشت جانش را نجات دهد.

*****

رکسانا به راحتی نمی‌توانست در برف سنگینی پیش برود که بر روی زمین نشسته بود، خصوصاً که نمی‌خواست نگاهش را از روی خانه‌ای بردارد که پدرش در آن بود و حالا داشت در آتش می‌سوخت. پاهایش را با تلاش از عمق برف بیرون می‌کشید و پیش می‌رفت. بوی هوایی که به مرگ آلوده بود کمکی به تنفسش نمی‌کرد. صدای گرگ‌ها نزدیکتر می‌شدند و انگار در چند قدمی‌اش قرار داشتند. ناگهان فردی از لابه‌لای درختان به طرف رکسانا هجوم برد و او را محکم به زمین زد. دستی دهانش را گرفت تا صدایی از او بلند نشود. متعاقباً صورت سردی گوشش را لمس کرد و با تانی صدایش بلند شد:

«صدات دربیاد مرگمون حتمیه...، اونها همه جا هستن...، یه لشکرن و همشونم مسلح...، ما

باید اینجارو هر چه زودتر ترک کنیم وگرنه هر دومون کشته میشیم...»

لحظاتی طول کشید تا رکسانا متوجه شود که حمله‌کننده سیروس بود و او را محکم در بغلش داشت. هرگز در صدای سیروس چنین خشمی را تجربه نکرده بود. انگار او به یک حیوان وحشی تبدیل شده بود. هر چند صورت رکسانا بر روی برفها یخ زده بود اما در آن لحظه تمام هوش و حواسش پیش سیروس و پدرش بود. مهم نبود که سیروس چقدر از دستش عصبانی شده بود او هنوز به عشقش اعتماد کامل داشت. بغض گلویش را گرفته بود. تمام تلاشش را می‌کرد تا صورتش را از روی برفها بردارد و به طرف خانه نگاه کند. برای پدرش خیلی نگران بود. حالا از گوشه‌ی چشمانش شعله‌های آتش را حتی در بین بارش برف و مه سنگین می‌دید که سرتاسر خانه را دربرگرفته بود. می‌توانست تصور کند که پدرش داشت در بین شعله‌های آتش جزغاله می‌شد. تماشای چنین صحنه‌ای بسیار دردناک بود اما رکسانا چشم از خانه برنمی‌داشت. هر چند آنها در لابه‌لای درختان از دید سربازان امام در امان بودند اما شعله‌های آتش، اطراف خانه را کاملاً روشن کرده بود و آنها شبح سربازان مسلح امام را به خوبی می‌دیدند که داشتند به دنبالشان می‌گشتند.

شاید دردناکتر از سوختن پدرش، صدای فریاد حیوانات اهلی خانه بود که داشتند در داخل آتش طویله می‌سوختند. گوسفندان و بزهایی که رکسانا هر روز با آنها بازی می‌کرد و و بهشون می رسید. حالا او هیچ توانی نداشت که به فریادشان برسد و به آنها کمک کند. اما نیروهای امام هم انگار نه انگار، داشتند اموال مسروقه‌ی خانه را در ماشینهای خود می‌گذاشتند و در عین حال به جستجوی آنها می‌پرداختند و به نظر می‌رسید از این جنایتهایشان لذت هم می‌بردند. رکسانا تنها به این نکته فکر می‌کرد که مگر انسان می‌توانست تا این حد بی‌رحم باشد. مگر خدایی وجود نداشت که چنین ظلم و جنایتی را ببیند و آن را متوقف کند. اما هیچ پاسخی از خدا هم دریافت نمی‌کرد. دیدگان سیروس و رکسانا در دور دست به قامت یوسف افتاد که در بالای تپه‌ای ایستاده بود و صحنه را تماشا می‌کرد. هر چند صورت او را از دور نمی‌دیدند اما پیدا بود که یوسف از دیدن صحنه‌ی آتش‌سوزی خرسند نبود. یوسف با شنیدن ضجه‌ی حیوانات که خود را به پشت درب بستهی طویله می‌کوبیدند تا جانشان را نجات دهند، با شلیک دو گلوله، قفل درب طویله را هدف قرار داد و از بین برد. درب باز شد و شعله‌های آتش از داخل به سمت بیرون زبانه کشید. چند حیوان بزرگ و کوچک که در آتش شعله‌ور بودند از درب طویله بیرون زدند و به داخل درختان و برفها فرار کردند اما چندان شانسی برای زنده ماندن نداشتند. بعضی از آنها به تنهی درختان برخورد کردند و بر روی برفها افتادند. آنها در خشم آتش نیروهای امام همچون مردم ایران می‌سوختند و جان می‌دادند.

سرانجام نگاه سیروس و رکسانا به قامت سعید افتاد که به همراه نیروهای خود در نزدیکی یوسف ظاهر شد و در خشم پیدا نکردن آنها به اطراف چشم دوخت. نگاهش به سمت آنها افتاد و لحظاتی به طرفشان خیره شد. سیروس نمی‌دانست که آیا سعید آنها را می‌دید یا نه، اما فاصله بسیار زیاد بود و با توجه به اینکه آنها در پشت درخت‌ها مخفی شده بودند بعید به نظر می‌رسید بتواند آنها را ببیند، اما سیروس به هیچ چیز نمی‌توانست اعتماد کند، حتی به احساس و نگاه خود.

یوسف همین جور به سعید خیره شده بود. هر چند از او چیزی جز حس تنفر در دل نداشت اما برای اینکه بتواند حقوق بازنشستگی‌اش را حفظ کند مجبور بود چند سال دیگر به عنوان راننده در رکابش باشد، از همین رو به ظاهر لبخند بر لب داشت و کارهایش را تایید می‌کرد، اما در باطن از خودش هم بدش می‌آمد و تحمل ادامه‌ی زندگی برایش دشوار شده بود. صدای سعید همه نگاه‌ها را به طرف او جلب کرد:

«معطل چی هستید...، اونها باید تو همین اطراف قایم شده باشن...، اگه هم فرار کرده باشن از اینجا نباید دور شده باشن...، برید پیداشون کنید...»

با دستور سعید تمام نیروهای امام به طرف درخت‌ها، رودخانه و به سمت سیروس و رکسانا راهی شدند. نور چراغ قوه‌های آنها بر روی درختان سپیدپوش می‌رقصید. یوسف و یکی دو نفر دیگر هم سوار اتومبیل‌های خود شدند و به راه افتادند، اما سعید باقی مانده بود تا مطمئن شود که اسعد کاملاً در آتش سوخته باشد. در واقع می‌خواست رکسانا و سیروس را پیدا کند و پیش اسعد ببرد و آنها را هم در کنار او بسوزاند.

با تمام این خطرات رکسانا کوتاه نمی‌آمد. می‌دانست که پدرش داشت در آتش می‌سوخت و می‌خواست خودش را به او برساند. می‌خواست از بودن و نبودن او در خانه اطمینان حاصل کند. رکسانا خطرات و رنج‌های بسیاری را پشت سر گذاشته بود که در کنار پدرش باشد و نمی‌توانست او را در این موقعیت وحشتناک تنها بگذارد و فرار کند. می‌خواست حداقل پس از این همه رنج و خطر از پدرش خداحافظی کند. از پدری که با اعتقاداتی راسخ، یک عمر بر علیه ظالمان ایستادگی کرد و به نفع مظلومین از خود و خانواده‌اش گذشت. رکسانا در این فکر بود که او می‌توانست در کنار پدرش بماند و بر علیه ظلم بجنگد حتی اگر او را هم در آتش می‌سوزاندند، اما سیروس طوری دهان و بدن او را محکم بر روی برف‌ها نگه داشته بود تا با حرکت و سر و صدا، موقعیت‌شان را لو ندهد، با این حال هر چند به دشواری، اما لب‌هایش در زیر پنجه‌های نیرومند سیروس حرکت می‌کرد و اشک‌هایش در برف و سرما جاری بود و فریادش هم اگر چه در کف دستان سیروس خفه شده بود، اما ادامه داشت:

«بابا...؟، نه!، نه...!»

«دیگـه بـرای گریـه و زاری دیـر شـده...، تـو می‌تونـی مـارو هم بـه سرنوشـت اون دچـار کنی...، امـا آروزی پـدرت زنـده مونـدن تو بـود...، حداقل این آخرین آرزوشـو بـرآورده کن...، زنـده بمون...!»

رکسـانا می‌توانسـت خشـم و نفـرت سـیروس را در صـدای خفـه و بغض‌آلـودش احسـاس کنـد. خشـم و نفرتـی کـه از اقدامـات ظالمانـه‌ی سـعید سرچشـمه می‌گرفت. رگ‌هـای متـورم گردنش از شـدت عصبانیـت حتـی در تاریکـی شـب هم دیده می‌شـد. رکسـانا می‌دانسـت با وجود پشـت سـر گذاشـتن خطـرات فـراوان، بارهـا و بارها زندگی خود و سـیروس را بـه خطر انداخته بـود. نگاهش به نـگاه سـیروس افتـاد و برای لحظاتـی تمام وجودش از عشـق و محبت او لرزید. از خودش می‌پرسـید کـه آیـا دوبـاره بایـد زندگـی خـود و بخصـوص سـیروس را به خطـر می‌انداخـت. نگاهش مجـدداً به سـمت خانـه‌ی مشـتعل برگشـت، امـا حرف‌های سـیروس کمکم داشـت بـر رویش اثر می‌گذاشـت. داشـت آرام می‌شـد و قـدرت اختیـار و اسـتقامت خود را به دسـت میآورد. صدای زمزمه‌ی سـیروس دوبـاره در گوشـش پیچیـد. صدایی کـه آوای عشـق و محبت بود:

«بایـد بریـم...، هـر لحظـه ممکنـه اونهـا به مـا برسـن...، بابات می‌دونسـت کـه اونهـا دارن میان، اون زندگـی خودشـو بـرای نجات شـما بـا اونها معاملـه کرد تا تـو بتونی زنـده بمونی...، تـو باید زنده بمونـی...، تنهـا بـا زنـده مونـدن میتونـی بـه آخریـن آرزوی پـدرت احتـرام بـذاری...!، حـالا وقت قُد بـودن نیسـت...، اگـه عاقلانـه رفتـار نکنـی هر دوی مـارو به کشـتن میدی...، مـن نمیخـوام بمیرم...، متوجه میشـی؟، مـن نمیخوام بمیـرم...!»

چشمانشـان لحظاتـی در هـم قفـل شـد. هـر دو می‌دانسـتند کـه اسـعد داشـت در شـعله‌های آتـش می‌سـوخت از همیـن رو بـرای لحظاتـی کوتـاه، جفتشـان دردی را کـه داشـتند می‌کشـیدند بـا یکدیگـر شـریک شـدند. کمکـم رکسـانا بـه ایـن نتیجه رسـیده بود کـه باید بـه سـیروس اعتماد می‌کـرد. سـیروس بالاخـره پـس از اینکه مطمئن شـد رکسـانا آرام شـده اسـت، دسـتش را از جلوی دهـان او برداشـت و بـه او کمـک کـرد تـا از جایـش برخیـزد، سـپس در حالـی کـه او را در بغـل داشـت بـه طرف ماشـین حرکـت کردند، اما نگاه رکسـانا از روی خانه‌ی مشـتعل برداشـته نمی‌شـد. سـیروس وقتـی یکـی دو تـن از سـربازان امـام را در لابـه‌لای درختان دوردسـت دید، دوباره رکسـانا را بـر روی برفهـا خوابانـد و روی او را بـا بـدن خـود پوشـاند تـا از دیـد آنهـا پنهـان بمانـد. رقص نور چـراغ قوههـا بـر روی درختان و برفها ادامه داشـت. بعد از اینکه از دور شـدن خطـر اطمینان حاصل کردنـد دوبـاره بلنـد شـدند و بـه راهشـان ادامـه دادنـد، اما نـگاه رکسـانا هیـچ وقـت از روی خانه‌ی مشـتعل کـه پـدرش در آن می‌سـوخت برداشـته نمی‌شـد. پرتو چـراغ قوه‌ها بـر روی درختـان ادامه داشـت و بـه آنهـا نزدیـک و نزدیکتر می‌شـد.

بالاخره سیروس و رکسانا به بالای تپه‌ی کوچکی رسیدند که اتومبیل سیروس در پائین همان تپه بر لب رودخانه گیر کرده بود. درست وقتی که نگاه جفتشان برای آخرین بار به سمت خانه‌ی مشتعل برگشت، خانه با صدای مهیبی جلوی چشم آنها منفجر شد. قدرت انفجار ناگهانی خانه به اندازه‌ای بود که حتی آنها را که در فاصله‌ی دوری قرار داشتند از ترس به عقب و به سمت پائین تپه پرت کرد و به طرف رودخانه غلتاند. اگر اتومبیل جلوی راه آنها نبود چه بسا به داخل آب رودخانه می‌افتادند. سیروس با عجله بلند شد و درب اتومبیل را باز کرد. رکسانا رفت و در ماشین نشست. سیروس در پی ورود به داخل آب رودخانه، مشغول برداشتن گل و سنگ‌هایی شد که جلوی چرخ را سد کرده بود اما حواسش از نور چراغ قوه‌های مهاجمین که بر روی شاخسار درختان می‌رقصیدند و به آنها نزدیک می‌شدند برداشته نمی‌شد. سیروس می‌دانست که تنها راه نجات آنها رودخانه بود، اما در ابتدا باید اتومبیل را حرکت می‌داد، این را هم می‌دانست که جای چرخ اتومبیلش را برف پر کرده بود و تا آنها به بالای تپه نمی‌رسیدند در آنجا از دیدشان محفوظ بودند. اما حالا صدای مهاجمین به گوششان می‌رسید. سیروس زیر چرخ‌های جلو را خالی کرد. سپس درب ماشین را باز کرد و با خلاص کردن دنده مشغول هُل دادن ماشین شد، اما اتومبیل از جایش تکان نمی‌خورد. سیروس به پشت اتومبیل رفت و دوباره ماشین را هل داد. رکسانا پیاده شد و با هل دادن قسمت جلوی ماشین به سیروس کمک کرد. سیروس نمی‌خواست ماشین را روشن کند تا صدایش مهاجمین را به طرف آنها بکشاند. بالاخره اتومبیل کمی به سمت رودخانه حرکت کرد. رکسانا با این حرکت ناگهانی اتومبیل، کنترل و تعادل خود را از دست داد و پس از لیز خوردن به داخل آب یخ‌زده‌ی رودخانه افتاد. سیروس که صدای ناله‌ی رکسانا را شنیده بود به طرفش نظر دوخت، اما او را نمی‌دید. با عجله خود را به جلوی ماشین رساند و او را داخل آب یخ‌زده‌ی رودخانه دید که داشت به خود می‌لرزید. صدای دندان‌هایش که از شدت سرما به هم می‌خوردند شنیده می‌شد. سیروس هر چه سعی کرد نتوانست دستش را به رکسانا برساند. فشار آب رودخانه هم به حدی بود که رکسانای سرمازده نمی‌توانست خود را از آب بیرون بکشد، فقط با هر نیرویی که داشت خود را ثابت نگه داشته بود تا فشار آب رودخانه او را با خود نبرد. سیروس با عجله وارد رودخانه شد و سپر ماشین را محکم با یک دست چسبید و دست دیگرش را به سمت رکسانا دراز کرد و با هر زحمتی که بود دست او را گرفت و به طرف خود کشید، اما بیرون آوردن رکسانا که مثل بید به خود می‌لرزید چندان آسان نبود. نگاه سیروس به سمت بالای تپه افتاد و متوجه‌ی نورهای چراغ قوه شد که دیگر نزدیک شده بودند. سیروس با هر زحمتی که بود با یک دست درب را چسبید و با دست دیگرش رکسانا را بغل کرد و از آب بیرون کشید و به داخل اتومبیل هل داد، سپس با عجله وارد ماشین شد و

بـا چنـد پتـو و دیگر پوشـاک دم دسـتی تن خیـس او را پوشـاند.

نـور و صـدای مهاجمیـن بیـش از پیش نزدیکتر شـده بـود. سـیروس از اتومبیلش پیاده شـد و با هـر قدرتـی که داشـت آن را هـل داد، اما هیـچ امیدی نبود، اتومبیل از سـر جایش تـکان نمی‌خورد. در بـالای تپـه، چشـم سـیروس بـه ماشـینی افتاد که سـر رسـید و رد شـد. سـیروس سـریعاً خود را در زیـر ماشـین پنهـان کـرد، امـا انـگار دیر شـده بود. نـور چراغ قـوه‌ای کـه از داخل ماشـین اطراف را می‌کاویـد او را لـو داده بـود. ماشـین متوقـف شـد و بـه سـمت عقـب حرکـت کـرد. پـس از بـاز شـدن درب ماشـین، نـور چـراغ قـوه سـیروس را در کانون توجـه‌اش قرار داد. سـیروس وحشـت‌زده هفت‌تیـرش را بیـرون کشـید و بـه طـرف کسـی کـه در بـالای تپه ایسـتاده بود نشـانه رفـت. خیال می‌کـرد کـه شـخص نامعلـوم سـعید بـود. امـا با دیـدن یوسـف نگرانـی‌اش کمتر شـد. کمـی به هم خیـره شـدند. سـیروس می‌دانسـت که یوسـف همیشـه در گذشـته معتمد، وفـادار و قابـل اطمینان بـود، امـا نمی‌دانسـت کـه آیـا او هـم مثـل سـایرین رنـگ عوض کـرده بـود یا نه. بـا تعجـب دید که یوسـف بـه داخل ماشـینش برگشـت و به سـمت عقـب رفت و چراغهایـش را خاموش کرد. سـیروس بـه طـرف درب اتومبیلـش قـدم برداشـت تا از وضعیت رکسـانا آگاه شـود. رکسـانا به خـود می‌لرزید و از ناتوانـی قـادر نبـود زبان بگشـاید. سـیروس دوباره به هل دادن ماشـین مشـغول شـد. ناگهان در کمـال تعجـب مشـاهده کرد که ماشـین یوسـف از بـالای تپه به طرف او سـرازیر شـد. قبـل از اینکه سـیروس مجالـی برای فکر کردن داشـته باشـد ماشـین یوسـف به اتومبیل سـیروس برخـورد کرد و آن را از جـا کنـد و بـه داخـل رودخانـه حرکـت داد. جریان آب ماشـین را به طرف پائیـن رودخانه با خـود همـراه کـرد. سـیروس که هنـوز درب اتومبیلـش را محکم نگه داشـته بـود با تـلاش زیاد خود را بـه داخـل ماشـین کشـاند. درب را بـا هـر زحمتـی که بود بسـت تـا از ورود آب به داخـل اتومبیل جلوگیـری کند.

درسـت وقتـی کـه ماشـین سـیروس از دیـد یوسـف ناپدیـد شـد، اتومبیل سـعید در بـالای تپه توقـف کـرد و بـه دنبالـش چنـد تـن از مـردان مسلح امـام هم سـر رسـیدند. همـه به یوسـف که از ماشـینش بیـرون آمـده بـود خیـره شـده بودنـد. حـالا اتومبیلـش جـای ماشـین سـیروس را در لب رودخانـه گرفتـه بـود. یوسـف زبان گشـود:

«ماشین لیز خورد و کنترلش از دستم در رفت...!»

*****

در چنـد صد متـری پائیـن رودخانـه، جریـان آب داشـت ماشـین سـیروس را بـا خـود می‌بـرد. سـیروس سـعی می‌کـرد ماشـین را در وسـط جریـان آب نگـه دارد تـا بـا فشـار آب بیشـتری از آن منطقـه دور شـوند امـا بی‌انـدازه نگـران حـال رکسـانا بـود کـه حتی رمـق نداشـت پاسـخ او را بدهد

البته در این میان از عملکرد یوسف بسیار خرسند بود که مثل فرشته‌ی نجات به کمک آنها آمده بود.

با اینکه بدن رکسانا با تمام پتوها و هر کت و ژاکتی که در دست داشتند پوشانده شده بود اما هنوز مثل بید به خود میلرزید و سرما قدرت کلامش را گرفته بود، البته تلاش می‌کرد تا چشمانش بسته نشود و از هوش نرود، از همین رو به سیروس خیره شده بود و داشت می‌دید که او چگونه با رودخانه‌ی سرد و متلاطم در حال نبرد بود. سیروس تمام تلاش خود را می‌کرد که در طول مسیر، اتومبیل به تخته سنگهای بزرگ و کنده‌ی درختان برخورد نکند و متوقف نشود. می‌دانست تا آنجا که ممکن بود باید از آن منطقه دور می‌شدند. اما با وجود تمام تلاشی که می‌کرد با پیچیدن مسیر رودخانه، ناگهان شاخه‌ی درختی در مقابل اتومبیل ظاهر شد و به شیشه‌ی جلوی ماشین برخورد کرد. شیشه شکست و خرده شیشه‌ها با شدت بر سر و صورت سیروس پاشید، اما برای سیروس مهم نبود که برخورد شیشه خرده‌ها چقدر دردناک بود و خون از سر و صورتش بیرون می‌زد و آب سرد هم بر پیکرش می‌پاشید، او فقط سعی می‌کرد تا اتومبیلش را کنترل کند. سیروس و رکسانا تصمیم خود را گرفته بودند تا تسلیم سعید نشوند و این لذت را به او ندهند که مرگ آنها را تماشا کند. بالاخره بعد از طی کردن چند کیلومتر، رودخانه در پایین دست پهن‌تر و فشار جریان آب کمتر شد. سیروس اتومبیل را در کنار رودخانه و زیر شاخه‌های چند درخت که از دید دیگران در امان بود متوقف کرد. با توقف اتومبیل، نگاه سیروس به طرف رکسانا برگشت و با دستی پاهای لرزان او را لمس کرد. رکسانا با دیدن سیمای خونین سیروس، لحظاتی رنج و لرز خود را از یاد برد و بیشتر نگران وضعیت او شد.

سیروس بی‌درنگ به عقب اتومبیل رفت و لحظاتی رکسانا را در آغوش گرفت. صورتش به صورت رکسانا چسبید و خون‌های جاری، کمی رخسار سرد او را گرم کرد. سپس صورت رکسانا را در میان دست‌های خود گرفت و در چشمان او نگاه کرد.

«من اینجا هستم...، تو خیلی قویتر از این هستی که سرما بتونه تو رو از پا در بیاره...، بابات خودش‌رو کشت که تو زنده بمونی و تو زنده میمونی...، من مطمئنم روحش کنارته و داره تو رو تماشا می‌کنه...، و از تو می‌خواد که زنده بمونی...، و تو زنده میمونی...، صدای منو می‌شنوی؟، تو زنده میمونی...، و چشماتو نمی‌بندی...!»

سیروس می‌دانست که درجه‌ی حرارت بدن رکسانا به شکل خطرناکی پایین آمده بود و باید او را کمی گرم می‌کرد. با عجله لباس‌های خود و همچنین جامه‌های خیس رکسانا را از تنش درآورد و او را در آغوش گرفت تا با حرارت بدنش رکسانا را گرم کند. حالا هر دو در زیر

تمام پتوها از دید ناپدید شده بودند. سیروس با دمیدن نفسش سعی داشت تا هوای بسته‌ی محیطشان را گرم کند. سیروس تمام سعی خود را می‌کرد تا رکسانا از هوش نرود. مدام در گوش او زمزمه می‌کرد و او را می‌جنباند، اما می‌دانست که باید منتظر یک معجزه باشد تا زندگی او را نجات دهد. سیروس در عین حال با کوچکترین صدایی که از بیرون می‌شنید نگران و بیمناک می‌شد و پتو را از روی صورتش کنار می‌زد و به تجسس اطراف می‌پرداخت. انگار به دنبال رقص نور چراغ قوه‌ها و یا سایه‌ی گرگ‌های گرسنه بود، اما چیزی به چشمش نمی‌خورد، بنابراین نگرانی‌اش تا حدی برطرف می‌شد و روی سرش را می‌پوشاند و به گرم کردن و صحبت با رکسانا مشغول می‌شد.

در این حال وهوا، ناگهان فکری به ذهن سیروس خطور کرد. با عجله رکسانا را به طرف صندلی جلوی ماشین حرکت داد و مشغول باز کردن قسمتی شد که صندوق عقب ماشین را پوشانده بود. برای باز کردنش نیاز بود تا با چاقویی قسمتی از آن را پاره می‌کرد. سوراخی باز شد و دستش را از آن قسمت باز به داخل صندوق عقب وارد کرد و به جستجو پرداخت. بالاخره پارچه‌ای را بیرون آورد که دور چیزی پیچیده بود. پارچه را باز کرد و بطری مشروبی ظاهر شد. پس از باز کردن درب بطری، دوباره خود و رکسانا را به زیر پتو برد و به او مشروب نوشاند. شاید مشروب بهترین دوایی بود که در آن لحظه می‌توانست برای کمک به رکسانا تجویز کند.

*****

هر چند نیروهای سعید می‌توانستند در چند صد متری آنها باشند و جانشان را به خطر بیاندازند، اما با تماس بدن لختشان به ناگهان هر دو در هم گم شدند و به هیچ خطری فکر نمی‌کردند. گرمای بدن سیروس آنچنان اندام رکسانا را گرم کرده بود که او دیگر لرزشی احساس نمی‌کرد. سینه‌های لخت و بلوری‌اش داشت با سینه‌ی عضلانی و پُر موی سیروس بوسه بازی می‌کرد. جفتشان برای چنین لحظه‌ای صبر و زمان زیادی را خرج کرده بودند. در باورشان هم نمی‌گنجید که در چنین شرایط خطرناکی در آغوش یکدیگر قرار بگیرند و از خود بی‌خود شوند. شور و احساس عشق آنها از هر تشویش محتملی قویتر بود. هیچ صدایی به گوش آنها نمی‌رسید مگر آوای مسکوت عشق که با صدای دلنشین رودخانه در هم آمیخته بود. حالا گرگ‌های گرسنه هم مثل آواز دلپذیری در گوششان می‌پیچید. هر دو بی‌اختیار تسلیم احساسات خود شده بودند. نفسشان عمیق‌تر شد. سرانجام عشق را چشیدند و آن را به مانند شراب شیرین شیراز نوشیدند. دیری نپائید کنترل احساس خود را از دست دادند و بدنشان در آتش عشق شعله‌ور شد. ریتم حرکاتشان، سمفونی بود که فقط قلب آنها می‌توانست بنوازد و گوششان می‌توانست و می‌خواست بشنود. هر چند آنها در معرض خطر

قریب الوقوع قرار داشتند اما با این حال چشمان جفتشان بسته شد و با هم یکی شدند.

*****

سیروس با صدایی که از بیرون شنیده بود از خواب پرید. چند لحظه طول کشید تا به جا و مکان خود پی ببرد. رکسانا هنوز در آغوشش جای داشت. سیروس بلافاصله و با تشویش و احتیاط از پنجره‌ی برف گرفته‌ی ماشین به سمت بیرون نگاه کرد تا منبع صدا را بیابد. در چند متری اتومبیل چند گرگ گرسنه را دید که به اتومبیل خیره شده بودند. برف هنوز می‌بارید. گرگ‌ها جدا از چشم‌های نافذی که داشتند مثل برف سفید بودند. سیروس تازه متوجه شده بود که آنها با نوشیدن تمام شراب، ناخودآگاه از هوش رفته بودند. سیروس با نگرانی به رکسانا نگاه کرد. او هنوز خوابیده بود. نگاه سیروس دوباره به طرف گرگ‌ها برگشت و داشت به چاره‌ای می‌اندیشید. از اینکه گرگ‌ها در هنگام خوابشان از پنجره‌ی شکسته‌ی ماشین به آنها حمله نکرده بودند متعجب بود. فکر می‌کرد که شاید خدا چند قلاده گرگ جادویی را فرستاده بود تا از آنها محافظت کند. گویی مادر طبیعت هم با گرگ‌های جادویی همدست شده بود تا آنها از دید دشمنان خونینشان در امان باشند.

سیروس نمی‌دانست چرا از گرگ‌ها هیچ ترسی به دل نداشت، اما با این حال رکسانا را بلافاصله رها کرد و با یافتن اسلحه آماده شد تا در صورت لزوم به آنها شلیک کند. سپس مجدداً رکسانا را در آغوش گرفت تا او را تحت حمایت خویش قرار دهد. رکسانا با صدای گرگ‌ها و با حرکت سیروس بیدار شد و نگاهش به نگاه سیروس افتاد. تشویش و اضطراب را در چشمان او می‌دید. نگاه رکسانا، نگاه سیروس را تعقیب کرد و چشمانش به گله‌ی گرگ‌ها افتاد. می‌دید که یکی از گرگ‌ها از جایش بلند شد و لحظاتی در اطراف سایر گرگ‌ها و در نزدیک اتومبیل پس و پیش رفت و بعد ایستاد و به آن دو خیره شد. سپس بر روی برفها نشست. سایر گرگ‌ها هم از او پیروی کردند. رکسانا با گرگ‌ها که با هم ارتباط برقرار می‌کردند با دقت بیشتری به طرف آنها زل زد. چشمان گرگی که گویا رهبر آنها بود در نگاه رکسانا قفل شد. طولی نکشید که گرگ با زوزهای آرام، سرش را جنباند و با تانی بر روی برفها خوابید. لبخند بر چهره‌ی رکسانا نشست. لبخندی که به گرگ‌ها نشان می‌داد که با آنها دوست است و آنها را به رفاقت و آرامش دعوت می‌کند. رکسانا احساس می‌کرد که گرگ‌ها نیامده بودند که به آنها صدمه‌ای بزنند. با اینکه هنوز به مرگ غمناک پدرش فکر می‌کرد، اما در آن لحظه یک احساس آرام و صلح‌آمیز بین او و گرگ رهبر ایجاد شده بود. رکسانا به سرش زد تا به طرف گرگ‌ها برود و آنها را نوازش کند اما ضعف و کسالت به او اجازه نمی‌داد که به سمتشان قدم بردارد. نگاهش به اسلحه‌ی سیروس افتاد که در دستش آماده نگه داشته بود. جفتشان

می‌دانستند که شلیک یک گلوله، نیروهای سعید را از وجود آنها آگاه می‌کرد و به سمتشان می‌آورد، بنابراین استفاده از هفت‌تیر کمکی به آنها نمی‌کرد. حوادث وحشتناک شب گذشته در ذهنشان زنده می‌شد و به نمایش درمی‌آمد. نگاه رکسانا به سمت خانه‌ای که پدرش در آن زنده زنده سوخته بود برگشت. تنها چیزی که می‌دید سپیدی برف بود و سکوت. باور آنچه که اتفاق افتاده بود آنقدر عمیق بود که به نظر می‌رسید واقعیت نداشت و اصلاً اتفاق نیفتاده بود. انگار خواب و خیالی بیش نبود. اما اینکه آنها در تلاش بودند تا این فاجعه و حقیقت تلخ را قبول نکنند هیچ فایده‌ای نداشت. این حقیقت وجود داشت و حقیقت را نمی‌شد انکار کرد.

رکسانا نمی‌دانست که چرا بدون دلیل به دنبال تار پدرش می‌گشت. تار را پیدا کرد و به نوازش آن مشغول شد. شاید تار پدرش به او کمک می‌کرد تا حقیقت این فاجعه‌ی تلخ را بپذیرد و شاید هم با نوازش تار، روح پدرش در تار زنده شده بود و داشت با او سخن می‌گفت. رکسانا احساس پوچی می‌کرد. پتو را از روی شانه‌هایش برداشت و به دور تار پیچید. سرما بر او غالب شد، اما برایش مهم نبود، می‌خواست آخرین یادگار پدرش محفوظ بماند. نگاه رکسانا به طرف سیروس برگشت. متوجه شد که در تمام این مدت سیروس مشغول تماشای او بود. رکسانا دوباره خود را در آغوش سیروس جای داد. به نظر می‌رسید به کمک سیروس و به قدرت عشقشان نیاز داشت تا بتواند فاجعه‌ی مرگ پدرش را تحمل کند، اما سیروس در دنیای تفکراتش غرق بود. او می‌دانست که از این پس با مشکلات دشوارتری روبه‌رو خواهد شد. این که بتواند از رکسانا محافظت کند و ترتیب فرارش را بدهد کار ساده‌ای نبود. ابتدا باید او را به جای امنی منتقل می‌نمود تا بعد راهی برای خروج از ایران پیدا می‌کرد. اما چطور و به چه کسی می‌توانستند اعتماد کنند. هیچ دوستی برای آنها باقی نمانده بود. به هر طرف که نگاه می‌کردند دشمنان خونخواری را می‌دیدند که فقط می‌خواستند خونشان را بریزند.

صدای یکی از گرگ‌ها آنها را به خود آورد. می‌دیدند که گرگ رهبر از جایش بلند شده بود. کمی به طرف آنها زوزه کشید و بعد به سمت داخل درخت‌های یک تپه‌ی کوچک به راه افتاد. سایر گرگ‌ها هم از او تبعیت کردند و به دنبالش راه افتادند و از آنها دور شدند. با دور شدن گرگ‌ها، سیروس و به دنبالش رکسانا با احتیاطی که داخل آب نیفتند از داخل ماشین بر روی خشکی پریدند. هنوز زمان چندانی از رفتن گرگ‌ها نگذشته بود که نگاه سیروس از روی گرگ‌ها به طرف جاده‌ی باریکی افتاد که شبحی از دور به سمت آنها می‌دوید. بلافاصله هفت‌تیرش را آماده کرد. بسیار نگران و مضطرب شده بودند. خود را در پشت درختان مخفی کردند و شبح را زیر نظر گرفتند. اما با نزدیک شدن شبح، سیروس، سگ صمد جوان را دید که بطرف آنها می‌آمد و صمد هم پشت او بود. آنها با دیدن صمد نفسی به راحت کشیدند،

بنظر می‌رسید سگه آنهـا ر اپیـدا کـرده بود. سـگ بـه آنهـا نزدیک شـد و به طـرف رکسـانا دوید. رکسـانا او را در بغـل گرفـت. انگار سـگ می‌خواسـت رکسـانا را گرم کنـد. اگر امیدی بود که رکسـانا از کابوسـی وحشـتناک بیـدار شـود، دقیقاً با دیـدن صمد جوان این اتفـاق برای رکسـانا رخ داده بود. صمـد بلافاصلـه و در حالـی کـه اشـک می‌ریخـت با عجله مشـغول صحبت شـد:

«رفتـم براتـون آذوقـه ببـرم...، دیـدم خونه سـوخته بود، حتـی برفم روی خاکسترشـو پوشـونده بـود، خیـال کـردم اشـتباه رفتـم، کمی اطرافو نـگاه کردم، همه چیز سـر جـاش بود به غیـر از خونه، تـا اینکـه چنـد تـا پاسـدار از لای درختها ظاهـر شـدن، اول دوچرخَمـو ازم گرفتن، و بعـدَم یه کتکه مفصلـی بِهـم زدن کـه بهشـون بگم شـما کجائیـد...، من که نمی‌دونسـتم کجائیـد...، گفتـم حتماً تو آتـش سـوختین...، یکـی از اونهـا گفـت، امکان نداره مـا همه‌ی خونـه‌رو قبل از آتش زدن گشـتیم...، گفتـم می‌خواسـتن برنـد تهـرون حتماً شـبانه رفتن...، یکـی از اونها گفـت، اگه رفته بودن مـا اونهارو می‌دیدیـم...، مـا اونـو دنبـال کردیـم رفـت تـوی خونـه، منـم گفتـم آخـه اونهـا همیشـه از بیراهـه میـرن...، گفـت از کـدام بیراهـه، بـه تپه اشـاره کردم...، بعدشـم منـو ول کـردن و چند تـا از اونها به طـرف تپـه رفتـن...، منـو ول کـردن امـا دوچرخمُو بِهـم نـدادن...، من می‌دونسـتم که شـما تو آتش نسـوختین و تمـام صبح داشـتم دنبالتون می‌گشـتم...»

بعـد هـم بـا چشـمان گریانـش که تـار هم شـده بود و بـه سـختی می‌توانسـت ببیند، اطـراف را جسـتجو کـرد و دوبـاره به طرف سـیروس برگشـت.

«پس آقا اسعد کجان...؟، تو آتیش سوخت...؟!، مگه اینجا خدا وجود نداره...؟!»

نـه سـیروس و نـه رکسـانا پاسـخی بـرای او نداشـتند. هـر سـه بـه هـم زل زده بودند تـا بالاخره صـدای گرگـی آنهـا را بـه خـود آورد. نـگاه هـر سه‌شـان بـه طـرف صـدا برگشـت. گـرگ بزرگی را می‌دیدنـد کـه بـالای تپـه ایسـتاده بـود و بـه آنها نـگاه می‌کرد. صـدای سـیروس که همیـن جور به گـرگ نظـر دوخته بـود ناخـودآگاه بلند شـد:

«داره میگه، تا سعید زنده هست جونه هیچ یک از ما در امان نیست...»

*****

از آنجایـی کـه رکسـانا رمـق چندانـی نداشـت تـا بتوانـد بـه تنهایـی حرکـت کند، سـیروس زیر شـانه‌های او را گرفتـه بـود و بـه او کمـک می‌کـرد، البتـه این باعث نمی‌شـد کـه صمد بیـکار بماند، او بـرای اینکـه بـه آنهـا کمـک کنـد در حد توانـش، برف و یخها را از سـر راه رکسـانا کنـار می‌زد تا او بتوانـد راحت‌تـر قـدم بـردارد. آنهـا می‌دانسـتند کـه سـعید و قـوای دولتی هنـوز که هنـوز بود در سراسـر منطقـه پراکنـده بودنـد و بـه دنبـال آنها می‌گشـتند و ایـن صمد بود کـه آنهـا را از بیراهه و دور از چشـم دیگـران بـه محـل امنـی در خانه‌ی خود که بـا مادر پیـرش زندگی می‌کـرد انتقال داد

تا با رسیدن اکبر، رکسانا کمی بهبود یابد.

*****

کامیون کوچکی که پشتش را با علف و آشغال تا نیمه پر کرده بودند در کنار جاده‌ای کوچک پارک بود. منطقه‌ای خارج از شهر که خانه و سکنه‌ای نداشت. در پشت فرمان کامیون، اکبر به انتظار نشسته بود تا رکسانا سوار شود. رکسانا و سیروس به بدنه‌ی بیرونی کامیون که در مجاورت تپه‌ای قرار داشت تکیه داده بودند. صمد که چوبی به دست داشت به همراه سگش در نزدیکی آنها بر روی یک بلندی نشسته بودند و به آنها نگاه می‌کردند. روی تپه و در لابه‌لای درختان، یکی دو قلاده گرگ هم بر روی برفها که همه جا را پوشانده بود لم داده بودند و به آنها نظر داشتند. همه‌ی آنها خصوصاً رکسانا و اکبر با پوشیدن لباس‌های محلی تغییر قیافه داده بودند تا هویتشان را از دید دیگران مخفی نمایند. پر مسلم بود که سیروس و رکسانا مایل نبودند که از یکدیگر خداحافظی کنند. رکسانا به طرف سیروس برگشت و در نگاه او غرق شد. اشک‌هایش از دید سیروس پنهان نبود. زمزمه کرد:

«میخوام تو بدونی...، من از اومدن به اینجا پشیمون نیستم...!»

درد و غم به خوبی در صدای سیروس احساس می‌شد:

«می‌دونم، اما لطفاً به حرفِ اکبر گوش کن...، برای تو اینجا دیگه امن نیست...، به خاطره خواسته‌ی باباتم که شده زنده بمون...، به خاطره عشقی که در دل داری...، من میخوام تو زنده بمونی...»

نگاه رکسانا به سمت آرام یکی از گرگ‌ها برگشت که انگار حرف‌های سیروس را تائید می‌کرد. لحظاتی به آنها زل زد و سپس زبان گشود:

«خونه‌ی تو جایی که قلبت اونجاست...، من حس می‌کنم تو خونه‌ی خودم هستم...»

هر دو به کمی وقت نیاز داشتند تا شرایط و احساس خود را در آن لحظات هضم کنند. رکسانا مجدداً ادامه داد:

«من هیچ وقت نتونستم درک کنم که چرا عشق گاهی اوقات بدترین دشمن ادمه؟ و چرا غَمُو درد به همراه داره؟ وقتی که عشق همیشه باید به روحُو جسم، شادی و نشاط هدیه کنه...!»

سیروس با درد مضاعفی پاسخ داد:

«شاید عشق واقعی باید عشقی ممنوع باشه که برای همیشه زنده و جاویدان بمونه...، و هرگز نمیره...»

سیروس به طرف رکسانا برگشت و در حالی که به چشمانش نگاه می‌کرد ادامه داد:

«اگه من بمیرم، این وظیفه‌ی توست که صدای مردم ما باشی، باید این فاجعه‌ای که بر ملت ما تحمیل کردن رو ثبتُو منتقل کنی...، دنیا باید بدونه اینجا چه اتفاقی داره میافته...!»

رکسانا به چشمان مهربان سیروس زل زد و تصویرش در اشکهای او منعکس شد.

«این تویی که باید زنده بمونی...، این وظیفه توست که این فاجعه‌رو برای آیندگان ثبت کنی تا اونها چنین اشتباهی‌رو تکرار نکنن...، تو به اونها تعلق داری...، نه به من و نه به خودت....، درست مثله پدرم...»

سپس دست سیروس را گرفت و او را محکم بغل کرد. اشک‌های رکسانا صورت سیروس را سرد و اندوهش را بیشتر نمود. هر چند دوری از سیروس برای رکسانا بسیار سخت بود اما برخلاف میلش چاره‌ای نداشت که از او جدا شود. درب کامیون را باز کرد و به طرف سیروس برگشت:

«من هیچ وقت نتونستم بفهمم که چرا همیشه آخرین کلام باید خداحافظی باشه...!؟»

رکسانا سوار شد و درب را بست. اکبر تار قدیمی اسعد را که از روی صندلی برداشته بود تا رکسانا بنشیند، به او داد. تار پدرش در دامانش قرار گرفت و دست‌هایش بر روی تار نشست. تاری که یادگار پدرش بود و یاد و خاطرات پدرش را همیشه در او زنده نگه می‌داشت. کامیون آهسته به سمت افق حرکت کرد و انگار قلب و روح سیروس را هم با خود برد.

طولی نکشید کامیون و قلب سیروس در افق ناپدید شدند. حالا سیروس مانده بود با صمد، سگش و گرگ‌های بالای تپه. همه و همه در سکوت برف سپید و پاک، خاموش بودند. سیروس در دانه‌های بلوری برف غرق شده بود و به آنچه که به نظر می‌رسید ابدی است می‌اندیشید. مرگ و ترک، ماحصل تمام داشته‌ها و دلخوشی‌های زندگانی‌اش بود. اما انگار رکسانا هنوز در کنارش بود و با صدای غمناک، مایوسانه و خشم‌آلود در گوشه‌ایش زمزمه می‌کرد. از وظیفه‌ای که به عهده‌اش گذاشته بود می‌گفت، از آشکار کردن توحش انسانی نسبت به انسان دیگر.

*****

فصل ۴۷

صدای تار غذای روح...

ابرها بر فراز تهران چتر خاکستری پهن کرده بودند. انگار داشتند در غم اسعد می‌گریستند، خصوصاً بر فراز خانه‌ی مادری سیروس که سعید با زور اسلحه آن را تصاحب کرده بود. از زمانی که سعید، مادر پیر سیروس را از خانه‌اش آواره کرده بود به ندرت کسی در ایوان خانه ظاهر می‌شد. بعد از رفتن حاجیه خانم، دوستان پرنده‌اش بارها در اطراف ایوان جمع می‌شدند و آواز سرمی‌دادند که حاجیه خانم را خبر کنند اما پیوسته ناامید شده بودند و آواز آنها کم کم نوای غم گرفته بود. سعید با دیدن جمع پرندگان فقط به ذهنش می‌رسید که آنها را شکار کند و به سیخ کباب بکشد. پرندگان وقتی حاجیه خانم را دیگر ندیدند و فهمیده بودند که صاحب جدید خانه یک فرد جانی خونخوار است کم‌کم از اطراف ایوان خانه دور شدند و به ندرت پیدایشان می‌شد. اما سعید آرام نمی‌نشست و برای جلب توجهی آنها در ایوان دانه می‌پاشید و با پیدا شدن پرندگان صدای مهیب شلیک تفنگ سعید بلند می‌شد و پرنده‌ای را در خون خود می‌غلتاند. او حتی به بدن‌های کوچک تکه‌تکه شده و غیرقابل خوردن برخی از پرندگان هم رحم نمی‌کرد و خونخواریش را ادامه می‌داد.

آن روز ابری هم مثل بسیاری از روزهای دیگر، سعید هفت‌تیری در یک دست داشت و در دست دیگرش گوشی تلفنی را حمل می‌کرد که یک روز بر گوش حاجیه خانم بوسه می‌زد. سیروس در پشت خط تلفن بود. از آنجایی که می‌دانست با مادر مهربانش گفتگو نمی‌کرد بنابراین لبخند و شعف از سیمایش رخت بربسته بود. غمی داشت جانکاه و خشمی گران که حتی سیم‌های تلفن هم با آن آشنایی نداشت. نگاه شیطانی، تهدیدآمیز و خشم‌آلود سعید در آن سوی خط تلفن جانشین لبخند مهربان، ملکوتی و چهره‌ی شاد حاجیه خانم شده بود که حالا داشت به صدای سیروس گوش می‌داد:

«من تو رو تماشا می‌کنم...، هر روز...، هر شب...!»

سعید در حالی که چشمانش به دنبال شکار پرنده‌ای بود به داخل ایوان پا گذاشت. با خشم منتظر بود تا سیروس ادعایش را ثابت کند. شک و نگرانی هم به دل سعید افتاده بود

و تمام اطراف را جستجو می‌کرد اما هیچ نشانی از سیروس نمی‌یافت، فقط سکوت تلفنی طولانی سیروس کمکم روی اعصاب سعید اثر گذاشته بود و داشت او را بسیار عصبانی و خشمگین می‌کرد. حالا انگار نشکستن سکوت هم به نشان پیروزی و اقتدارشان تبدیل شده بود و سعید نمی‌خواست آن کسی باشد که ابتدا این سکوت را می‌شکست، خصوصاً اینکه مخاطبش سیروس بود که به او زنگ زده بود. سعید تنها به این موضوع فکر می‌کرد که دوست قدیمی‌اش برای نجات جان خود و رکسانا به التماس بیفتد و او هم با وعده‌های دروغین آنها را به دام بیاندازد و خودش تیر خلاص را بر فرق سرشان خالی کند. تحقق این جریان دردناک، بزرگترین لذتی بود که سعید در انتظارش لحظه شماری می‌کرد.

سرانجام چشمان خونین سعید به کبوتری افتاد که در انتهای ایوان بر روی نرده‌ها نشست و در جستجوی غذا بود. کبوتر دیگری هم آمد و در کنار کبوتر اول جا خوش کرد. سعید با دیدن پرندگان بی‌گناه، ذهن شیطانی‌اش به کار افتاد. می‌دانست که به سیروس دسترسی نداشت. گوشی را بر روی شانه‌اش گذاشت و با هفت‌تیرش به سمت پرنده‌ای معصوم نشانه رفت. صدای مهیب شلیک گلوله در گوش پرندگان معصوم پیچید و یکی از آنها را بدون مجال جنبشی تکه‌تکه کرد. اما سعید که هنوز راضی به نظر نمی‌رسید کبوتر سپید دوم را که به پرواز درآمده بود، نشانه گرفت و در خون خود غلتاند. گوشت و پرهای خون‌آلود پرنده‌ی معصوم در هوا پخش شد و به سمت ایوان و حیاط خانه سقوط کرد. سعید با کشتن پرندگان، هفت‌تیرش را با لذت به سمت هوا بلند کرد و آرزو داشت سیروس قدرت او را می‌دید و احساس می‌کرد. سعید با خشم در گوشی تلفن زمزمه کرد:

«من دوست ندارم کسی منو تماشا کنه...!»

سعید نمی‌دانست که سیروس از پشت پرده‌ی پنجره‌ی طبقه‌ی دوم یک خانه که مشرف به ایوان خانه‌ی مادرش بود داشت او را می‌دید، اما ذهنش از آنجا به جای بسیار دوری سفر کرده بود و انگار داشت گرگ تنهایی را بر روی تپهای برفی مشاهده می‌کرد که ایستاده بود و از خشم زوزه می‌کشید، به نظر می‌رسید قلب گرگ هم از کشته شدن پرندگان بیگناه و معصوم به درد آمده بود و داشت معترضانه می‌گریست. اعتراض گرگ مثل ناقوس کلیسا در گوشه‌ای سیروس به صدا درآمده بود و انگار داشت با سیروس گفتگو می‌کرد. سیروس هنوز گوشی تلفن را به دست داشت و در سوگ کشته شدن پرنده‌ها به سر می‌برد. چشمانش مشغول تماشای پرواز پرهای خون‌آلود پرنده‌ای بود که هر روز به دیدار مادرش می‌آمد و به عنوان یکی از دوستان شفیقش در ایوان خانه می‌نشست. پر مسلم بود که این حرکت غیرانسانی سعید برایش قابل تحمل نبود. در باورش نمی‌گنجید که دوست دیرینه‌اش این

چنیـن بیرحـم بـود و حـالا در قامـت یـک قاتل و هیولایـی وحشـتناک از رفتارش لذت هـم می‌برد.

سـعید از بـازی روانـی سـیروس کم‌کـم داشـت عصبانی می‌شـد. حـالا کشـتن پرندگان نـه تنها از خشـمش نکاسـته بـود بلکـه بـر عصبانیتـش افـزوده بـود. دیگر نمی‌خواسـت بـه بازی با سـیروس ادامـه بدهـد. با خشـم گوشـی تلفـن را به داخـل خانه پرت کـرد و به انـدام تکه‌تکه شـده‌ی پرنده‌ها کـه در کـف ایـوان پخـش شـده بود خیـره شـد. آنچنـان اعصابش به هـم ریخته بـود که بـا لگدمال کـردن تکه‌هـای بـدن پرنـدگان داشـت خشـمش را خالـی می‌کـرد امـا در عیـن حـال بـه تجسـس اطـراف خـود هـم مشـغول بـود. احتمالـش را مـی‌داد کـه سـیروس خیلـی بـه او نزدیـک باشـد. بـه اطرافـش نظـر دوخـت امـا به مـورد مشـکوکی برنمی‌خـورد. هفت‌تیرش توی هـوا بلند شـد و زمزمه کرد:

«به زودی همه‌ی شما می‌میرید...!»

و بالاخـره نگاهـش بـه پنجـره‌ی خانـه‌ای در مقابـل ایـوان افتـاد و بـه خیـال اینکـه نـوری بـه چشـمش خـورده بـود، بـه آنجـا خیره شـد، اما بـه نگاهش چنـدان اطمینان نداشـت. حـالا اعصابش کامـلاً بـه هـم ریختـه بـود امـا نگاهـش همچنـان بـه طـرف پنجـره‌ی آن خانـه ثابـت مانـده بـود. پـرده کنـار رفـت و سـیروس در پشـت پنجـره ظاهـر شـد. بـا اسـلحه‌ی دوربیـن‌داری سـینه‌ی او را نشـان گرفتـه بـود. سـعید می‌دانسـت کـه چشـمانش خطـا نکـرده بـود و هر لحظـه گلولـه‌ی گرمی می‌توانسـت قلبـش را بشـکافد و همـان کاری را بـا او بکنـد کـه او بـا سـایرین کـرده بود، اما سـعید مطمئـن نبـود که سـیروس توان و شـهامت شـلیک و کشـتن را داشـته باشـد. بی‌اختیـار همان طور کـه بـه طـرف سـیروس خیره شـده بـود زمزمـه کرد:

«تو قلبه شـلیک و کشـتن نداری!، تو عاشـق پیشـه هسـتی...، عاشـق صلح و زن‌های آمریکایی...، کشـتن از تو بر نمیاد...!»

سـعید هفت‌تیـرش را بـه طـرف سـیروس حرکـت داد امـا قبـل از اینکه بتواند به سـمت او نشـانه بـرود صـدای شـلیک گلولـه‌ای در گوشـش پیچیـد. گلولـه‌ای که زوزه‌کشـان بـه طـرف او در راه بود و درسـت در قلبـش نشسـت. سـعید از شـدت اصابـت گلوله بر کـف ایوان پرت شـد. صورتـش در بین و روی تکه‌هـای متلاشـی شـده‌ی پرندگانـی قـرار گرفـت کـه آنها را کشـته بود. بـا ناباوری به سـینه‌اش نـگاه کـرد. تـازه فهمیده بود که گلوله هیچ دوسـتی ندارد و نه می‌شناسـد و تنها می‌کشـد. از سـینه‌ی شـکافته‌اش خـون بیـرون مـی‌زد. در حالـی کـه ناباورانـه بـه طرف سـیروس خیره شـده بـود با کمک دسـت‌های خون‌آلـودش کـه بـر روی نرده‌هـای ایـوان قرار گرفـت با زحمت کمـی خود را بالا کشـید. از بیـن نرده‌هـای ایـوان دوبـاره چشـمانش به سـیروس افتـاد، اما انـگار گرگـی را در برفهـا می‌دید که سـرش را به طرف آسـمان بلند کرده بود و صدای زوزه‌اش داشـت گوشـش را کر می‌کرد. شـبح گرگ

و سیروس در مقابل چشمانش عوض می‌شد. سعید شگفت‌زده شده بود از اینکه او هم داشت طعم غیرطبیعی مرگ را می‌چشید، همان فرجام نطلبیده‌ای که با ارتکابش نسخه‌ی حیات صدها تن را پیچیده بود، اما در باورش نمی‌گنجید که این سرنوشت ناخواسته به دست بهترین دوستش که هرگز از سلاحی شلیک نکرده بود رقم خواهد خورد. انسانی که فقط در فازِ مثبتِ صلح، عشق و معرفت غوطه‌ور بود و با دنیای منفی آشنایی نداشت. سعید همان طور که به طرف سیروس خیره شده بود و قبل از اینکه بر کف ایوان دراز شود در زیر لب زمزمه کرد:

«حالا هیچ تفاوتی بینِ من و تو وجود نداره....، ما هر دو قاتلیم...!»

سعید آرزو می‌کرد اگر سیروس کلامش را نمی‌شنید، حداقل حرکت لب‌هایش را می‌خواند اما نمی‌دانست همین قاتلی که در سیروس دیده بود و با او گفتگو می‌کرد ماحصل عملکرد نادرست او و حکومت غیرمردمی‌اش بود و حالا دودش داشت چشم خودش را کور می‌کرد. سعید در بین بدن پاره‌پاره‌ی پرندگان دراز شد و مثل اعضای بیجان آنها در خون خودش خوابید. در یک خواب ابدی. البته با مرگ او، پرندگانی نبودند که در هوا به پرواز درآیند و روح او را تا آن سوی ابدیت بدرقه کنند. روحش تنهای تنها بود. چشمان سعید بسته شد و تاریکی مطلق بر او غالب گشت. چند تن از مردان مسلح سعید شتاب‌زده وارد ایوان شدند و با دیدن جنازه‌ی خون‌آلود سعید، گیج و گنگ به دنبال ضارب می‌گشتند. تمام پنجره‌ی خانه‌های اطراف بسته بود و هیچ پرنده‌ای هم پر نمی‌زد. در این حال و احوال ناگهان ابرهای تیره و تاریک کنار رفت و هوای روشن و تازه‌ای داشت در پهنه‌ی آسمان طلوع می‌کرد.

*****

رکسانا به این فکر می‌کرد که به عنوان یک انسان چطور می‌تواند به عدالت خوش‌بین باشد وقتی می‌بیند کشورهای استعمارگر به خاطر منافع شخصی و مادی و بخصوص بردن نفت ارزان، زندگی و حقوق آدم‌های دیگر را این چنین پایمال می‌کنند و خود را در قبال درد و رنجی که بر مردم تحمیل می‌دارند گناهکار و مسئول نمی‌شمارند. انگار جان ملت‌های دیگر برایشان هیچ ارزشی ندارد. رکسانا به این موضوع می‌اندیشید که حالا وقت آن است که از خود بپرسیم اگر این اتفاقات بر سر ما نازل می‌شد چه می‌کردیم؟، اگر این بی‌عدالتی‌های رنج‌آور بر سر برادران، خواهران، مادران، پدران و فرزندان ما تحمیل می‌شد آیا هنوز هم دم از عدالت می‌زدیم؟ آیا اقدامات آمریکا و انگلیس که به منظور به دست آوردن نفت ارزان، باعث برکناری شاه شدند و در زیر پرچم دموکراسی، خمینی و معممین خونخوار را بر مردم ایران تحمیل کردند، انسانی است؟! آیا این اعمال غیرانسانی از دیدگاه مسیحیان، یهودیان و هر دین و مذهب دیگری قابل قبول است؟ آیا این دنیایی است که ما برای عزیزان خود می‌خواهیم؟،

در یکـی از مناطـق شـرقی ایـران و در منتهی‌الیـه یـک غـروب چشـم‌نواز، تابـش خورشـید بـه دامنـه‌ی کوه‌هـای خشـن جلـوه‌ی زیبایـی بخشـیده بـود، امـا ایـن صحنه‌ی مطبـوع باعث نمی‌شـد مخاطـرات یـک عبـور غیرمجـاز مرزی سَرسَـری گرفتـه شـود. در پائیـن صخره‌ها یک پیکان سـفید در جـاده‌ای متـروک و سـوت و کـور حرکـت می‌کـرد و داشـت سرنشـینانش را به مقصـدی نامعلوم می‌بـرد. تیرهـای بـرق و تلگرافـی کـه در طرفیـن جـاده نصب بود تـا انتهـای منتهی امتداد داشـت. بـاد ملایمـی از پنجـره‌ی پیـکان بـه داخـل می‌وزیـد و دسـت نوازش بـر دسـت‌های ظریف رکسـانا می‌کشـید کـه بـر روی تـار قدیمـی پـدرش قـرار داشـت و از آن محافظت می‌کـرد. تاری کـه یادگار یـک شـبِ شـادِ خاطره‌انگیـز بـا عزیزترین افرادی بـود که در زندگی داشـت و حالا مثـل ملت مظلوم ایـران در خاموشـی تلخـی بـه سـر می‌بـرد. به نظر می‌رسـید رکسـانا از ایـن واهمه داشـت که حتی آخریـن یـادگار پـدرش را هم از دسـت بدهـد. اکبر در کنـارش مشـغول رانندگی بود. هر دو سـاکت بودنـد. رکسـانا لبـاس محلـی بر تن داشـت تا شـناخته نشـود. سـاعت جیبی اسـعد در کف دسـتش ظاهـر شـد و بـا انگشـتان ظریـف و زیبایـش آن را لمس کـرد. آهنـگ و ترانـه‌ی دوران کودکی‌اش به دنبـال بـاز کـردن درپـوش سـاعت بـه گوشـش می‌رسـید. برایـش اهمیتـی نداشـت کـه روزگار چه خوابـی بـرای آینـده‌ی او دیـده بـود، تنهـا چیزی کـه برایش مهـم و مانـدگار بود سـیمای پدرش در میـان شـعله‌های آتـش و نـوای دلنشـین تـارش بـود که مُدام در گوشـش نواخته می‌شـد.

«خـواب دیـدم کـه یـک شـمع بـا شـعله‌ای بلنـد می‌سـوخت، بـرای مـدت کوتاهـی، دیـدم که میلیونهـا کبوتـرِ سـفید داشـتن پـرواز می‌کـردن و بعـد هـم تـو تاریکـیِ شـب ناپدیـد شـدن...»

پیکان در انتهای جاده که با شفق آسمان درهم آمیخته بود به سمت آینده‌ای نامعلوم ناپدید شد.

*****

در تپـه‌ای دور، مابیـن درخـت‌زاری کـه از بـرف پوشـیده شـده بود و جز سـپیدی رنـگ دیگری دیـده نمی‌شـد، گرگـی بـر روی برفها لم داده بود. در نزدیکی او، سـیروس در پوششـی برفی نشسـته بـود و مـات و مبهـوت داشـت بـه سـمت بقایـای همـان خانه‌ی سـوخته نـگاه می‌کـرد. به جز چند دیـوار خـراب، از خانـه اثـر دیگـری بـه چشـم نمی‌خـورد و همـه چیـز در زیـر پوشـش بـرف پنهان بـود، جایـی کـه یـک انسـان خیرخـواه با یک اقـدام غیرانسـانی نابخشـودنی، از بین رفته بـود. به نظر می‌رسـید کـه در آنجـا از تمـدن و بشـریت هیـچ نشـانی نبود. سـکوت بود، سـپیدی و بـادی ملایم. گـرگ کـه انـگار احسـاس تنهایی می‌کرد، بلند شـد و به طرف سـیروس رفـت و در کنار او ایسـتاد. از شـدت بـرودت اشـک در رخسـار سـیروس یـخ زده بـود. آنچنـان در آن فاجعه‌ی غیرانسـانی غرق شـده بـود کـه حضـور گـرگ را در کنـارش احسـاس نمی‌کرد. گـرگ، سـیروس را به خـود آورد و به حضـورش پـی بـرد. گـرگ در کنـار سـیروس لـم داد و به ماننـد او به سـمت بقایای خانه خیره شـد.

انگار می‌خواست به سیروس نشان دهد که او هم از این فاجعه‌ی غیرانسانی، آگاه و افسرده‌خاطر بود، اما هیچ کدام از خاکستر بدن اسعد خبر نداشتند که آیا در زیر برف‌ها مدفون بود و یا با حرارت شراره‌های آتش در هوا متصاعد شد و به ناکجاآباد سفر کرد. سیروس به گرگ نگاهی انداخت و پس از اینکه سرش به سمت خانه‌ی سوخته برگشت زیرلب زمزمه نمود:

«دیگه برای گریه کردن، فریاد زدن، دعوا کردن و برای تغییر اونچه که به تاریخ پیوسته، خیلی دیره....، کاری باقی نمونده که انجام بدیم فقط ثبت و ضبط این تاریخ دردناک...»

پایان.